Arbeitszeit – Zeitarbeit

Manfred Bornewasser • Gert Zülch (Hrsg.)

Arbeitszeit – Zeitarbeit

Flexibilisierung der Arbeit als Antwort
auf die Globalisierung

Herausgeber
Prof. Dr. Manfred Bornewasser
Ernst-Moritz-Arndt-Universität
Greifswald, Deutschland

Prof. Dr. Gert Zülch
Karlsruher Institut für Technologie
Karlsruhe, Deutschland

Der Initiator dieser Veröffentlichung, die Fokusgruppe „Zukunftsorientierte Arbeitszeitformen", welche sich aus den Projekten ARBWOL (FKZ: 01FH09046), FlexPro (FKZ: 01FH09022), Flex4Work (FKZ: 01FH09161) und SCHICHT (FKZ: 01FH09124) zusammensetzt, wurde mit Mitteln des Bundesministeriums für Bildung und Forschung und des Europäischen Sozialfonds gefördert und vom Deutschen Zentrum für Luft- und Raumfahrt als Projektträger betreut. Die Verantwortung für den Inhalt der einzelnen Beiträge liegt bei den Autoren.

ISBN 978-3-8349-3149-8
DOI 10.1007/978-3-8349-3739-1

ISBN 978-3-8349-3739-1 (eBook)

Die Deutsche Nationalbibliothek verzeichnet diese Publikation in der Deutschen Nationalbibliografie; detaillierte bibliografische Daten sind im Internet über http://dnb.d-nb.de abrufbar.

Springer Gabler
© Springer Fachmedien Wiesbaden 2013

Lektorat: Stefanie A. Winter

Gedruckt auf säurefreiem und chlorfrei gebleichtem Papier

Springer Gabler ist eine Marke von Springer DE. Springer DE ist Teil der Fachverlagsgruppe Springer Science+Business Media.
www.springer-gabler.de

Geleitwort der Herausgeber

Sachbücher sollen nicht nur ansprechend informieren, sondern auch wissenschaftlich Innovatives präsentieren. Dabei sind Innovationen oftmals dadurch ausgezeichnet, dass sie auf den Schultern von Vorgängern entstanden sind und in der Regel auch nicht von einem einzelnen Forscher, sondern von einem Team von Wissenschaftlern, oftmals sogar aus unterschiedlichen Disziplinen, erarbeitet wurden. Dies alles trifft auch auf den vorliegenden Herausgeberband zu. Er ist aus einer Gruppe von Wissenschaftlern und Praktikern heraus entstanden, die sich aus der Zusammenarbeit in der Fokusgruppe "Zukunftsorientierte Arbeitszeitformen" im Rahmen des BMBF-Förderschwerpunkts "Balance von Flexibilität und Stabilität in einer sich wandelnden Arbeitswelt" kannten. Sie repräsentieren nicht nur unterschiedliche Disziplinen, sondern auch sich ergänzende Bereiche wie die universitäre Forschung und die wirtschaftliche Praxis. Gerade diese Diversität bildet eine wesentliche Voraussetzung für Innovationen. Es bleibt zu hoffen, dass die günstigen Voraussetzungen durch ein Forschungsförderungsprogramm des Bundes adäquat genutzt wurden, um den relevanten Themenkomplex "Arbeitszeit – Zeitarbeit" in anregender Weise darzustellen.

Jedes Buch bietet Anlass, Dank zu sagen. Dank gebührt allen Autoren aus der Fokusgruppe, die einen Beitrag beigesteuert und sich dabei allen Vorgaben in formaler und zeitlicher Hinsicht unterworfen haben. Ganz besonders bedanken möchten wir uns bei den Autoren, die als Gäste aus anderen Projekten bereit waren, einen Beitrag zu verfassen. Nicht zuletzt möchten wir uns bei Herrn Dr. Zettel für seine hervorragende Betreuung der Fokusgruppe bedanken, die sich in seinem Vorwort widerspiegelt. Es war uns eine Freude, mit allen Autoren im Kontext der Fokusgruppe und im Kontext dieses hier vorliegenden Buches zusammen gearbeitet zu haben.

Kaum ein Buch würde erscheinen, gäbe es nicht im Hintergrund eifrige Mitarbeiterinnen und Mitarbeiter, die von Anfang an die koordinierenden Fäden in der Hand gehalten und gerade im finalen Stadium das Ziel nicht aus dem Auge verloren haben. In unserem Falle gebührt drei Mitarbeiterinnen ein herzlicher Dank. Das sind auf Karlsruher Seite Dr. Patricia Stock und auf Greifswalder Seite Sandra Lemanski, die beide über die beiden letzten Jahre unermüdlichen Einsatz gezeigt haben. Ferner möchten wir uns bei Antonia Unger bedanken, die die mühsame Aufgabe auf sich genommen hat, sämtliche Beiträge in eine verlagsgerechte Form zu bringen. Nicht zuletzt möchten wir uns auch beim Verlag bedanken, der vermittelt über viele kompetente Mitarbeiterinnen das Buch pünktlich zum Abschluss der Projekte auf den Markt gebracht hat. Nun wünschen wir uns, dass es möglichst viele interessierte Leser finde, die durch ihre Lektüre unser aller Bemühen belohnen.

Zum Abschluss noch der Hinweis auf zwei Formalitäten:

Die nachfolgenden Beiträge in diesem Buch spiegeln nicht in jedem Falle die Auffassung der Herausgeber wider. Vielmehr sind für die Inhalte die zu jedem Beitrag angegebenen Verfasser verantwortlich.

Zugunsten der besseren Lesbarkeit wird auf die Nennung beider Geschlechterformen verzichtet und nur die männliche Form verwendet. Die Autoren weisen jedoch ausdrücklich darauf hin, dass dies als geschlechtsneutrale Bezeichnung erfolgt und die weibliche Form stets eingeschlossen ist.

Greifswald und Karlsruhe, im September 2012

Prof. Dr. Manfred Bornewasser   *Prof. Dr.-Ing. Dipl.-Wirtsch.-Ing. Gert Zülch*

Vorwort

Die Balance von Flexibilität und Stabilität in einer sich wandelnden Arbeitswelt

Deutschland ist eines der innovativsten Länder der Welt. Mit der Positionierung im Spitzenbereich der globalen Innovationsrankings verbindet sich die Herausforderung, die Innovationskraft und Beschäftigungsfähigkeit auch langfristig auf hohem Niveau zu erhalten. Eine Gesellschaft, deren Wirtschaft, Beschäftigung und damit sozialer Wohlstand zu einem wesentlichen Anteil auf Innovationen basiert, muss hoch flexibel sein. Einen wichtigen Schlüsselfaktor auf dem Weg zu einer dauerhaften Spitzenposition im weltweiten Ranking stellt daher diejenige Strategie dar, die eine ausgewogene Balance zwischen Flexibilität und Stabilität herstellt.

Flexibilitätsanspruch und Flexibilitätsdruck werden noch verstärkt durch die hohe Wettbewerbsintensität auf globalisierten Märkten, die schnelle Diffusion neuer Technologien sowie die sozialen und demografischen Veränderungen in der Gesellschaft. Der Notwendigkeit zu einer hohen Flexibilität und Veränderungsbereitschaft steht das Bedürfnis von Menschen und Organisationen nach Verlässlichkeit und Stabilität gegenüber. Trotz der gegenwärtig in der öffentlichen Diskussion hervorgehobenen Rolle von „Flexibilität" in der Wettbewerbs- und Standortdiskussion ist „Stabilität" ein wesentlich weniger erforschtes, aber gleichsam bedeutendes Element im Innovationsprozess. Wie flexibel muss ein Unternehmen sein? Wie viel Stabilität kann zugesichert werden, ohne dass ein System starr wird? Diese Fragen betreffen Unternehmen und Beschäftigte gleichermaßen: Ohne ein Mindestmaß an Stabilität sind weder Arbeitsplatzsicherheit noch planbare Erwerbsbiografien noch Kundenbindung, Einzigartigkeit sowie Personal- und Organisationsentwicklung möglich.

Das Bundesministerium für Bildung und Forschung (BMBF) richtete 2008 zur Beantwortung dieser Fragen einen gesonderten Forschungsförderschwerpunkt unter dem Titel „Balance von Flexibilität und Stabilität in einer sich wandelnden Arbeitswelt" ein. Aufgabe des Förderschwerpunkts, der unter dem Dach des BMBF-Forschungs- und Entwicklungsprogramms „Arbeiten – Lernen – Kompetenzen entwickeln. Innovationsfähigkeit in einer modernen Arbeitswelt" eingerichtet wurde, war es, die Chancen und Risiken herauszufiltern, die sich aus den Ansprüchen zwischen den Polen der „Stabilität" auf der einen und „Flexibilität" auf der anderen Seite in der Arbeitswelt ergeben, und praxisnahe Lösungen zu entwickeln.

Den Herausforderungen für die Arbeitsgestaltung stellten sich Politik, Forschung und Praxis gemeinsam. Bis 2013 werden 41 Verbundvorhaben mit insgesamt 156 Teilprojekten gefördert, in denen unterschiedliche Flexibilisierungsstrategien entwickelt, erprobt und optimiert wurden. Aufgrund seiner Relevanz für die Beschäftigungssicherung und Entwicklung wurde der Förderschwerpunkt über den Europäischen Sozialfonds (ESF) kofinanziert. In allen Verbundvorhaben arbeiteten Partner aus Wirtschaft, Forschung und intermediären Einrichtungen auf enge Weise zusammen.

In dieser Veröffentlichung werden die Ergebnisse aus mehreren Projekten vorgestellt, die sich insbesondere mit neuen Arbeitzeit- und Beschäftigungsformen auseinandergesetzt haben. Nach dem von der Bundesagentur für Arbeit im Januar 2012 vorgelegten Bericht „Arbeitsmarkt in Deutschland" sind derzeit mehr als 900.000 Menschen in der Zeitarbeit beschäftigt. Diese Zahl hat sich damit in den vergangenen zehn Jahren in Deutschland verdoppelt, wobei der Anteil an den sozialversicherungspflichtigen Beschäftigungsverhältnissen aktuell bei unter 3 % liegt. Parallel sinkt der Anteil an Vollzeitbeschäftigung tendenziell ab.

Gleichzeitig weist eine weitere Entwicklung in die Richtung, vermehrt leistungsorientierte Konzepte der indirekten Steuerung, wie Zielvereinbarungen oder neue Entlohnungsformen, in Unternehmen anzuwenden, die für den einzelnen Beschäftigten mit einem deutlich höheren Anspruch an die Selbstorganisation und eigenverantwortliche Gestaltung der Erwerbsbiografie verbunden sind. Auch bei der Vollzeitbeschäftigung ist eine zunehmende Flexibilisierung von Arbeitszeit, Qualifikationsanforderungen, Arbeitsort und Entlohnung festzustellen. Den Chancen der Zeitarbeit für einen (Wieder-)Einstieg in den Arbeitsmarkt stehen dabei die erhöhten Risiken gegenüber, aus der Beschäftigung heraus auch schnell wieder arbeitslos zu werden.

In den Projekten, die ihre Ergebnisse in der vorliegenden Veröffentlichung vorstellen, wurden Flexibilisierungsansätze diskutiert, die eine gesellschaftliche Kultur der Veränderungsfähigkeit ermöglichen und unterstützen. Tragfähige Organisationsmodelle für Produktionssysteme, inner- und überbetriebliche Kooperationsstrategien oder Konzepte für interne und externe Vertrauensbeziehungen wurden entworfen und wirtschaftlich wie gesellschaftlich nachhaltige Konzepte für zukunftsorientierte Arbeitszeitformen, Arbeits- und Beschäftigungsformen oder eine bessere Vereinbarkeit von beruflichem und außerberuflichem Engagement („Work-Life-Balance") erarbeitet. Dank dieser Projekte und der durch sie begründeten Fokusgruppe wird ein fundierter Beitrag sowohl zur wissenschaftlichen Diskussion als auch zur betrieblichen Gestaltung eines umfassenden Personal- und Organisationsmanagements geleistet. Die Konzepte für einen zukunftsweisenden Einsatz der Zeitarbeit berücksichtigen zusätzlich wichtige Aspekte hinsichtlich Gesundheit und Prävention, Weiterbildung, Demografie, Partizipation und Führungskultur im Arbeitsprozess. Daher nehme ich diese Gelegenheit gerne wahr, um mich an dieser Stelle bei allen beteiligten Projektpartnern für die ausgezeichnete Kooperation während der Förderphase zu bedanken. Es ist zu wünschen, dass die Instrumente in zahlreichen weiteren Unternehmen Anwendung finden und diese erfolgreich dabei unterstützen, sich zukünftigen Herausforderungen mit einer nachhaltigen Flexibilisierungsstrategie zu stellen.

Dr. Claudio Zettel
Projektträger im Deutschen Zentrum für Luft- und Raumfahrt e. V.
Innovative Arbeitsgestaltung und Dienstleistungen

Inhaltsübersicht

Einleitung

1 Flexibilisierung der Arbeit als Anpassungsstrategie von Betrieben und Arbeitnehmern

Manfred Bornewasser, Gert Zülch

1.1   Arbeit und Zeit als interdisziplinärer Betrachtungsgegenstand

Arbeit ist mit Zeit verbunden. Diese grundlegende Erkenntnis wird in Physik und Ingenieurwissenschaften spätestens dann deutlich, wenn man den Begriff „Leistung" einführt, womit dann „Arbeit" zur Leistung in einem Zeitintervall wird. In den Wirtschafts- und Sozialwissenschaften ist „Arbeit" vorrangig mit Begriffen wie „Einkommen" und „Kosten" verbunden, die sich beide im Zeitablauf erhöhen. Betrachtet man den Dienstvertrag nach § 611 BGB [1], so verpflichtet sich der Arbeitnehmer zur Erbringung einer Leistung, der Arbeitgeber zur Bezahlung eines Entgeltes, wobei Leistung über ein Zeitintervall betrachtet wiederum Arbeit darstellt. In betriebsorganisatorischer Hinsicht geht es um die Erfüllung von Aufgaben in einer definierten zeitlichen Periode, und zwar einerseits im Sinne eines durch die anstehenden Aufgaben bestimmten Kapazitätsbedarfes, andererseits um deren Erfüllung durch einen verfügbaren Kapazitätsbestand an maschinellen und personellen Ressourcen, beides wiederum messbar als zeitliche und letztlich als zahlenmäßige Kapazitäten (REFA 1991, S. 206 ff.) [2].

Aus ergonomischer und arbeitspsychologischer Sicht kommen weitere Aspekte hinzu. Die Arbeit stellt in einem eher neutralen Sinne Anforderungen an den Menschen und führt in einem eher negativen Sinne zu Belastungen. Abhängig von seinen Kenntnissen und Fertigkeiten sowie von seiner momentanen Disposition und Motivation erfüllt der arbeitende Mensch durch seine individuelle Leistungsfähigkeit die gestellte Leistungsanforderung (Schlick/Bruder/Luczak 2010, S. 87 ff.) [3]. Die Belastung durch die Arbeitsaufgabe und die Arbeitsumgebung führt schließlich zu einer Beanspruchung des Menschen, die bei gleicher Belastung beim einzelnen Menschen zu einer individuell unterschiedlichen Beanspruchung führt. Diese Beanspruchung akkumuliert sich über die Zeitdauer, wobei dies von der Beanspruchung durch kurzzeitige Tätigkeiten bis hin zu möglichen Gesundheitsrisiken über die Lebensarbeitszeit hinweg reichen kann.

Der zuletzt genannte Aspekt leitet in eine betriebliche und eine mitarbeiterbezogene Sicht über, die neben dem Zeithorizont bei der Festlegung von Arbeitszeit auch Gesichtspunkte der Flexibilisierung von Arbeit einbezieht und auf einen kapazitätsorientierten Personaleinsatz abzielt (vgl. Abbildung 1.1). Die betriebliche Sicht stellt darauf ab, den durch das Kundenaufkommen (Produktionsaufträge, Patienten, Telefonanrufer usw.) in einem bestimmten Zeitraum entstehenden Kapazitätsbedarf abzudecken. Dabei kann zwischen interner Deckung durch Beschäftigte des eigenen Unternehmens und externer Deckung durch Leiharbeitnehmer unterschieden werden. Der letztgenannte Aspekt wird nachfolgend näher betrachtet. Darüber hinaus kommt auch noch die Auswärtsvergabe von Aufgaben an kooperierende Unternehmen in Betracht.

Abbildung 1.1   Betriebliche und mitarbeiterbezogene Sichtweise auf einen kapazitätsorientierten, flexiblen Personaleinsatz

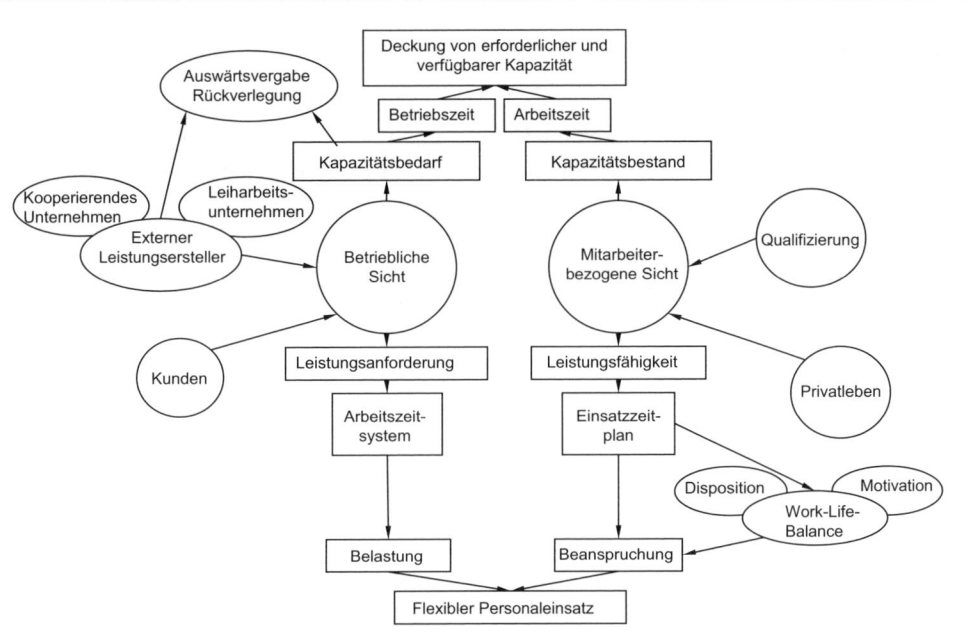

1.2   Zeit als Regulationsgegenstand in der Arbeit

Die Flexibilisierung der Arbeit kann aus absatzmarktpolitischer Sicht (Konkurrenzdruck, Globalisierung usw.), aber auch aus Sicht des Arbeitsmarktes (Beschäftigungssicherung, demografische Entwicklung usw.) als notwendig erachtet werden. Wesentliche Fragestellung ist dabei, wie das Ausmaß der Flexibilisierung im Zusammenspiel von Arbeitgeber- und Arbeitnehmerinteressen geregelt wird.

Vor diesem Hintergrund hat es sich als notwendig erwiesen, Arbeitszeiten durch kollektive Regelungen festzulegen, die unter rechtlichen Gesichtspunkten von gesetzlichen Bestimmungen über kollektive Verträge bis hin zu einzelvertraglichen Vereinbarungen reichen können. In Deutschland gehen die Ursprünge des Arbeitsschutzes in das frühe 19. Jahrhundert zurück und betrafen damals die Höchstgrenzen von Arbeitszeiten von Kindern und Jugendlichen (vgl. z. B. Schlottfeld 2007, Rn. 768) [4]. Die vorrangige Bestimmung war dann seit 1938 die Arbeitszeitordnung (AZO) [5], bis diese im Jahre 1994 durch das Arbeitszeitgesetz (ArbZG; bzw. Art. 1 des Arbeitszeitrechtsgesetzes ArbZRG) [6], [7] abgelöst wurde. Dieses Gesetz integriert einige frühere gesetzliche Bestimmungen zur täglichen und wöchentlichen Arbeitszeit; daneben bestehen noch einige arbeitszeitliche Bestimmungen weiter, die vor allem den Jugendarbeitsschutz (JArbSchG) [8], die Ladenöffnungszeiten

(LadSchlG) [9] sowie die teilzeitige und befristete Beschäftigung (TzBfG) [10] betreffen. Im zuletzt genannten Gesetz, welches 2001 das Beschäftigungsförderungsgesetz (BeschFG) [11] von 1996 abgelöst hat, wird in § 12 TzBfG [10] insbesondere die Arbeit auf Abruf bei teilzeitig und befristet Beschäftigten geregelt. Diese Gestaltungsmöglichkeit der Arbeitszeit wurde für vollzeitig Beschäftigte als kapazitätsorientierte variable Arbeitszeit (vgl. Hahn 2011, KAPOVAZ, Rn. 425 ff.) [12], [13] bekannt.

Derartige Regelungen können in Mantel- bzw. Rahmentarifverträgen festgelegt werden, und zwar gemäß der Grundsatzbestimmung des Tarifvertragsgesetzes (TVG) [14] über die Rechte und Pflichten der Tarifvertragsparteien in § 1 I TVG [14], subsidiär auch in Betriebsvereinbarungen, die nach Betriebsverfassungsgesetz (§ 77 II BetrVG) [15] zwischen Arbeitgeber und Betriebsrat abgeschlossen werden können. In § 87 I BetrVG [15] werden hierfür u. a. Mitbestimmungsrechte festgelegt hinsichtlich „Beginn und Ende der täglichen Arbeitszeit einschließlich der Pausen sowie Verteilung der Arbeitszeit auf die einzelnen Wochentage", außerdem die „Verkürzung oder Verlängerung der betrieblich üblichen Arbeitszeit". Darüber hinaus enthält § 92a BetrVG [15] ein Vorschlagsrecht des Betriebsrates gegenüber dem Arbeitgeber im Hinblick auf „eine flexible Gestaltung der Arbeitszeit" und „die Förderung der Teilzeitarbeit und Altersteilzeit". Schließlich kann die Arbeitszeit einzelvertraglich in Arbeits- bzw. Dienstverträgen vereinbart werden.

Wesentliche arbeitszeitliche Bestimmungen (v.a. § 12 TzBfG, § 92a BetrVG) [10], [15] sollen der Flexibilisierung von Arbeitszeiten dienen und zur Sicherung der Beschäftigung beitragen. Abbildung 1.2 verdeutlicht, dass im Zeitraum von 2000 bis 2010 in Deutschland die Anzahl der Beschäftigten um mehr als 800.000 angestiegen ist, dabei sank jedoch die Zahl der vollzeitig Beschäftigten um 2,1 Mio., wonach die Differenz durch den Anstieg der teilzeitig und geringfügig Beschäftigten zustande kommt. Die Anzahl der ausschließlich in geringfügig bezahlten Jobs tätigen Personen erhöhte sich um ca. 20 %, die Anzahl der Personen, die mit Nebenjobs beschäftigt waren, verdoppelte sich nahezu in diesem Zeitraum.

Die Flexibilisierungsbedingungen führen dazu, dass die für Arbeitnehmer günstigen Bestimmungen im Arbeitsschutzgesetz teilweise (auch durch andere Gesetze) aufgehoben werden, beispielsweise im Geltungsbereich des TzBfG [10], vor allem aber auch durch tarif- oder einzelvertragliche Regelungen. Das Günstigkeitsprinzip, nach dem gesetzliche Bestimmungen Mindestvorschriften enthalten, durch die nachgeordnete rechtliche Bestimmungen nur zugunsten der Arbeitnehmer ausgestattet werden können, kann damit zumindest partiell als aufgehoben betrachtet werden, wobei sich die Beschäftigungssicherung durchaus als Motiv für diesen arbeitsmarktpolitisch bedingten Wechsel der Auffassung anführen lässt.

Die Arbeitsschutzbestimmungen werden inzwischen maßgeblich durch europäische Regelungen vorbestimmt. Anzuführen ist hier die Richtlinie 93/104/EG, ergänzt durch die Richtlinie 2000/33/EG über bestimmte Aspekte der Arbeitsschutzgestaltung (vgl. zu Einzelheiten Hoff 2009, Zusammenfassung in EU 2000) [16], [17]. Die aktuelle Diskussion betrifft dabei vor allem die Frage, inwieweit Bereitschaftsdienste zur Arbeitszeit zählen. Die Tendenz geht dahin, dass von der ursprünglich strikten Einbeziehung des Bereitschaftsdienstes abgewichen wird, was dann vielfach durch verschiedene Motive auf Seiten der Arbeitgeber (Verfügbarkeit von Arbeitsleistungen, Kostenbegrenzung), andererseits aber auch durch Anreize für den einzelnen Arbeitnehmer (Einkommen, Anzahl freier Arbeitstage) begründet ist (vgl. ausführlicher Hahn 2011, Rn. 63 ff.) [12].

Abbildung 1.2   Anzahl beschäftigter Arbeitnehmer in Deutschland

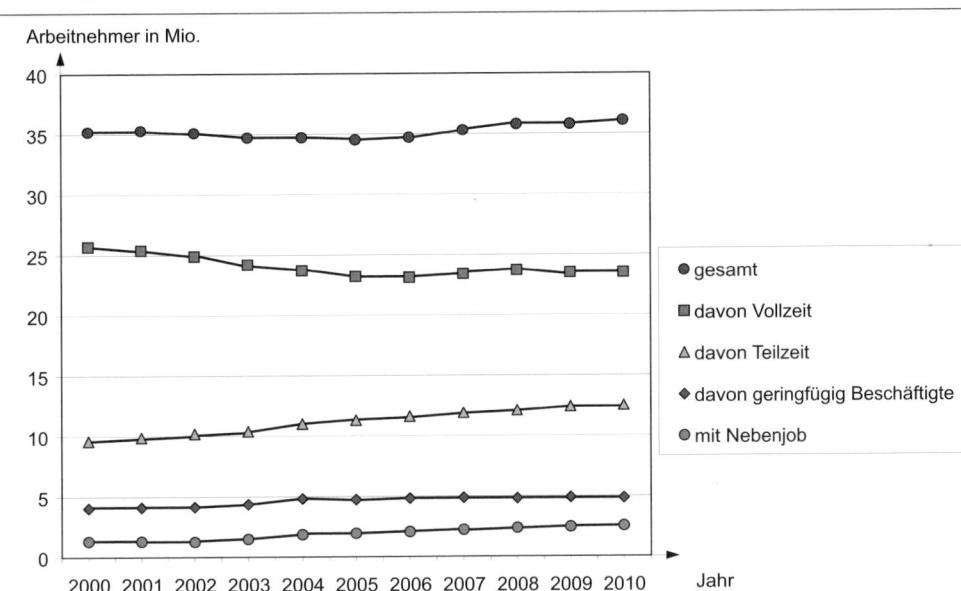

Quelle: Zahlenangaben nach IAB (2011), BfA (2012) [18], [19]

Über diese interne Flexibilisierung der Arbeitszeit hinaus bedarf auch die externe Flexibilisierung rechtlicher Regelungen. Als zentrale Bestimmung hierfür gilt das Arbeitnehmerüberlassungsgesetz (AÜG) [20]. Auch in diesem Bereich der Leiharbeitsverhältnisse ist ein Anschauungswandel festzustellen: Stand ursprünglich der Schutz des Leiharbeitnehmers hinsichtlich seiner Arbeitsbedingungen im Vordergrund (vgl. ausführlicher z. B. Schliephacke 2008, S. 159 ff.) [21], so treten in jüngerer Zeit arbeitsmarktpolitische Regelungen hinzu.

Vorbestimmend sind auch in diesem Bereich europäische Regelungen. So beinhaltet die Richtlinie 91/383/EWG [22] den Grundsatz, dass für Leiharbeitnehmer die gleichen Vorschriften hinsichtlich Arbeits- und Gesundheitsschutz gelten wie für Arbeitnehmer des entleihenden Unternehmens. Die Richtlinie 2008/104/EG [23] postuliert darüber hinaus den Grundsatz „gleiches Entgelt für gleiche Arbeit", lässt dabei aber abweichende, insbesondere auch für den Leiharbeitnehmer ungünstigere Regelungen durch die Sozialpartner zu.

1.3   Normale, atypische und prekäre Arbeitsverhältnisse

Flexible Arbeitsverhältnisse weichen in mehrerer Hinsicht von normalen ab. Dazu ist zunächst einmal festzuhalten, dass ein Arbeitsverhältnis zwar durch einen Arbeits- bzw. Dienstvertrag begründet wird (abgesehen von Besonderheiten wie faktische bzw. fehlerhafte Arbeitsverhältnisse (vgl. z. B. Zöllner/Loritz/Hergenröder 2008, S. 124 f., Dütz/Thüsing 2011, Rn. 121) [24], [25]. Das Arbeitsverhältnis reicht darüber hinaus und schließt auch die übrigen geltenden Bestimmungen mit ein, wie gesetzliche Vorschriften sowie tarifvertragliche und betriebliche Regelungen (Zöllner/Loritz/Hergenröder 2008, S. 124 f., Dütz/Thüsing 2011, Rn. 136) [24], [25]. Nach allgemeiner Auffassung greift der Begriff „Beschäftigungsverhältnis" noch weiter und schließt auch soziale Belange, insbesondere die sozialrechtliche Absicherung mit ein.

Ein Normalarbeitsverhältnis wird nach üblicher Auffassung durch einen zeitlich unbefristeten Arbeitsvertrag begründet. Dies bedingt gemäß § 611 BGB [1] zwangsläufig eine Unterordnung des Arbeitnehmers unter die Weisungsbefugnis des Arbeitgebers sowie die organisatorische und räumliche Eingliederung in eine zugehörige Organisationseinheit. Einige Quellen setzen für ein Normalarbeitsverhältnis nur einen Arbeitgeber, die Vollzeitbeschäftigung und die sozialversicherungsrechtliche Absicherung voraus (Nollert 2003, Wikipedia 2012) [26], [27]. Das Statistische Bundesamt rechnet auch eine Teilzeitbeschäftigung von mindestens der Hälfte der üblichen wöchentlichen Vollarbeitszeit hinzu. Im Gegensatz zum normalen Arbeitsverhältnis liegt nach der Definition des Statistischen Bundesamtes (DESTATIS 2009) [28] ein atypisches Arbeitsverhältnis vor, wenn der Arbeitsvertrag befristet ist, eine geringfügige Beschäftigung wahrgenommen wird, ein Zeitarbeitsverhältnis besteht oder eine Teilzeitbeschäftigung mit höchstens 20 Stunden pro Woche vorliegt.

Von einem prekären Beschäftigungsverhältnis kann darüber hinausgehend dann gesprochen werden, wenn das erzielbare Einkommen nicht zur Existenzsicherung ausreicht (vgl. z. B. Kress 1998, S. 492, der auch einen Überblick über die Entwicklung der übrigen hier diskutierten Beschäftigungsformen gibt) [29]. Hierzu können – soweit zur Existenzsicherung nicht ausreichend – Arbeitsformen wie Solo-Selbstständigkeit (Ich-AG) bzw. Scheinselbstständigkeit, Mini- oder Ein-Euro-Jobs, Tätigkeiten in Arbeitsbeschaffungsmaßnahmen, Saison- und Praktikumsarbeiten, Heimarbeit u. a. gezählt werden. Wegen der vielfach fehlenden wirtschaftlichen und sozialen Absicherung sind derartige Tätigkeiten in aller Regel auch durch atypische Arbeitszeiten charakterisiert.

Versucht man die Normalarbeitszeit zu quantifizieren, so kommt beispielhaft folgende Festlegung nach Knauth (2002, S. 53) [30] in Betracht: 7 bis 8 Stunden täglich bei einer 35- bis 40-Stunden-Woche, und zwar regelmäßig von Montag bis Freitag innerhalb eines Zeitraums von 07:00 bis 18:00 Uhr gleich bleibend und damit für die Mitarbeiter über Monate hinweg planbar. Individuelle Arbeitszeiten oder auch Schichtmodelle lassen sich mit Hilfe von Softwaresystemen im Hinblick auf verschiedene Risiken beurteilen. Hierzu zählt beispielsweise das Softwaresystem BASS (Nachreiner/Schomann/Stapel u. a. 2005) [31], das im Internet verfügbar ist [32].

1.4   Arbeitszeit als Gegenstand der Flexibilisierung

Aus dem Vorstehenden wird deutlich, dass die Normalarbeitszeit nur eine Möglichkeit des Personaleinsatzes darstellt. Sie kann immer dann angewendet werden, wenn der dadurch entstehende Bestand an personeller Kapazität hinreichend ist, um den durch das Kunden-aufkommen entstehenden Kapazitätsbedarf durch eine einschichtige Betriebszeit abzude-cken. In anderen Fällen sind längere Betriebszeiten erforderlich, was in Produktionsbetrie-ben dann zu einem regelmäßigen Mehrschichtbetrieb führt oder temporär auch zu Mehrar-beit durch Überstunden. Darüber hinaus ist die Notwendigkeit von Schichtarbeit immer dann gegeben, wenn die Technologie dies erfordert, wie dies beispielsweise vielfach in der chemischen und verfahrenstechnischen Industrie sowie in der Eisen- und Stahlindustrie der Fall ist. Aber auch wirtschaftliche Notwendigkeiten können einen mehrschichtigen Betrieb erfordern, insbesondere wenn kapitalintensive Maschinen und Anlagen genutzt werden.

In diesen Fällen ist dann die Arbeitszeit der Beschäftigten nicht mehr identisch mit den Betriebszeiten der Maschinen und Anlagen (vgl. z. B. Schlick/Bruder/Luczak 2010, S. 577 ff.) [3]. Erst recht gilt dies in vielen Dienstleistungsbereichen, wie die Diskussionen über die Erweiterung von Ladenschlusszeiten oder über die Bereitschaftszeiten in Krankenhäusern veranschaulichen. Neben den Begriffen „Arbeitszeit" eines Beschäftigten und „Betriebszeit" einer Organisationseinheit muss zusätzlich noch der Begriff „Arbeitszeitbedarf" eingeführt werden (Bogus 2002, S. 86 f.) [33]: Gerade im Dienstleistungsbereich erfordert die Bedie-nung der Kunden, dass über den durch das (vielfach stochastische) Kundenaufkommen bedingten Bedarf hinaus Personalkapazität vorgehalten werden muss. Die individuellen Einsatzzeiten sollen dann aber die geltenden Mindestvorschriften bezüglich der Höchstar-beitsdauer (z. B. nach § 3 ArbZG) [6] und der Mindestarbeitsdauer (z. B. nach § 12 I TzBfG) [10] einhalten.

Derartige Regelungen gelten auch für den flexiblen, kapazitätsorientierten Personaleinsatz und für die Gleitzeit, und zwar in diesen Fällen in aller Regel gemäß einer bestehenden Betriebsvereinbarung (vgl. § 77 II i.V.m. § 87 I Nr. 2 BetrVG) [15]. Während bei kapazitäts-orientierten Arbeitszeitmodellen die Arbeitszeitflexibilität durch das Unternehmen be-stimmt wird, ist bei Gleitzeitregelungen die Arbeitszeitsouveränität des Mitarbeiters domi-nierend und nur durch die verpflichtende Anwesenheit während einer vereinbarten Kern-zeit erforderlich. Knauth (2002, S. 53) [30] legt anhand der beiden Kriterien „Arbeitszeitfle-xibilität" und „Arbeitszeitsouveränität" eine Klassifizierung von Arbeitszeitmodellen vor. An anderer Stelle kommt er zu dem Ergebnis, dass es weltweit mehr als 10.000 verschiede-ne Arbeitszeitmodelle gibt (Knauth 1995, S. 210) [34].

Als Konsequenz ist hieraus zu schließen, dass es für jeden Betrieb bzw. jede Organisations-einheit ein eigenes, angepasstes Arbeitszeitmodell geben muss. Da es in einer betrieblichen

Einheit mehrere Arbeitszeitmodelle geben kann, spricht man dann von einem Arbeitszeit-system (Bogus 2002, S. 29) [33]. Dies ist beispielsweise in großen Einzelhandelsbetrieben der Fall, wenn nebeneinander vollzeitig, teilzeitig und geringfügig Beschäftigte arbeiten.

1.5   Arbeitszeit unter ergonomischen und arbeitspsychologischen Gesichtspunkten

Welches Arbeitszeitmodell bzw. -system für eine betriebliche Organisationseinheit die günstigste ist, richtet sich nach den Zielen, die damit verfolgt werden sollen. Abbildung 1.3 verdeutlicht beispielhaft neben den bereits genannten rechtlichen Bestimmungen und be-trieblichen Zielen auch die zu berücksichtigenden arbeitswissenschaftlichen Empfehlungen und die individuellen Wünsche der Mitarbeiter. Die Aufgabe besteht somit darin, ein be-stehendes oder geplantes Arbeitszeitmodell oder -system hinsichtlich der Erreichung dieser Ziele zu bewerten und auf dieser Basis eine Kompromisslösung für den Personaleinsatz zu finden.

Abbildung 1.3   Einflussfaktoren auf die Arbeitszeitgestaltung

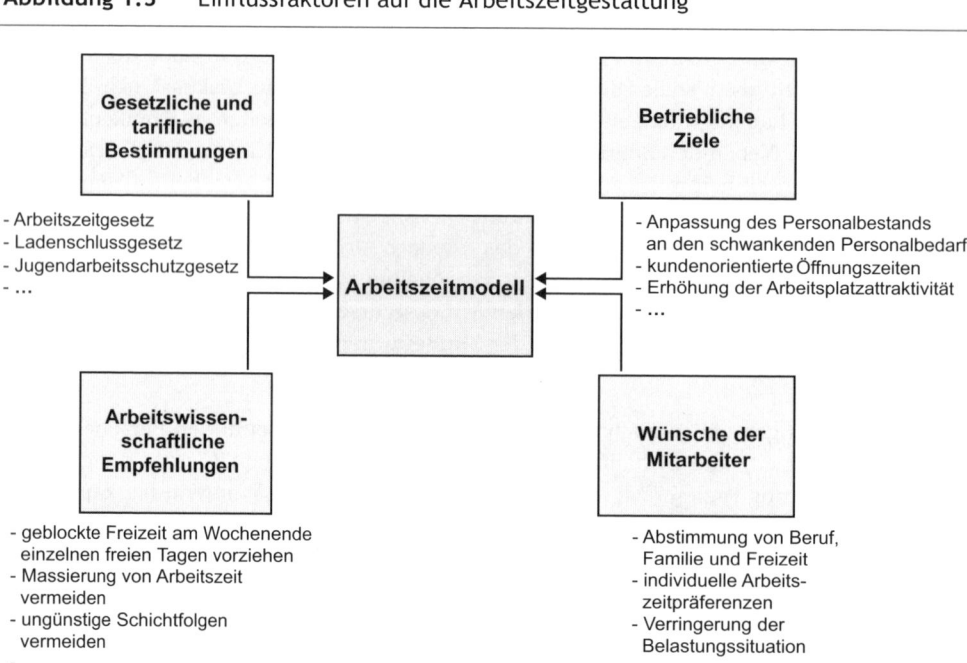

in Anlehnung an Hornberger/Knauth (2000, S. 25) [35]

Die Beurteilung von Arbeitszeitmodellen unter arbeitswissenschaftlichen Gesichtspunkten kann auf eine lange Tradition zurückblicken. Im Vordergrund standen dabei zunächst Probleme der Nacht- und Schichtarbeit mit ihren Gesundheitsrisiken und Folgen im sozialen Umfeld des Arbeitnehmers (Beermann 1996, 2008) [36], [37]. Zentrale Aspekte sind dabei das Arbeiten gegen den natürlichen Tagesrhythmus des Menschen sowie die Beeinträchtigung von Freizeit, Schlafdauer und sozialen Aktivitäten, insbesondere bei Nachtarbeit.

Zu den Gesundheitsrisiken bei regelmäßiger Schicht- oder Nachtarbeit sowie bei einer wöchentlichen Arbeitsdauer von mehr als 40 Stunden gibt es eine Fülle von Literatur. So wurde über Rücken-, Kopf- und Magenschmerzen, Nervosität und psychische Ermüdung, Schlafstörungen und Herz-Kreislauf-Probleme berichtet (vgl. z. B. Nachreiner 2011) [38]. Seit Langem ist auch bekannt, dass das relative Unfallrisiko bei einer täglichen Arbeitsdauer von mehr als 9 Stunden erheblich ansteigt (Wirtz/Nachreiner/Beermann u. a. 2009) [39]. Hieraus leitet sich eine Reihe von arbeitswissenschaftlichen Empfehlungen für die Gestaltung von Schicht- und Nachtarbeit ab (vgl. z. B. Beermann 2004, Nachreiner/Schomann/Stapel u. a. 2005, DGAUM 2006) [40], [31], [41]. Derartige Empfehlungen finden auch bereits in verschiedenen Softwaresystemen zur Schichtplangestaltung zumindest teilweise Berücksichtigung (einen Überblick hierzu geben Zülch/Stock 2011) [42].

1.6   Verhältnis von Arbeitszeit und Work-Life-Balance

Die ergonomische und arbeitspsychologische Forschung im Bereich der Arbeitszeitgestaltung hat bereits frühzeitig gezeigt, dass die Risiken von Schicht- und Nachtarbeit vor allem durch die Arbeit entgegen der Tagesrhythmik begründet sind (vgl. z. B. Schmidtke 1983, S. 113 f., Knauth 1983, S. 120) [43], [44]. Dies ist naheliegend, wenn man menschliche Arbeit in Versuchslaboren unter Ausschluss sozialer Kontakte zur Außenwelt untersucht. In diesem Falle stellt sich die Tagesrhythmik des Menschen nach einiger Zeit unabhängig von der Tageszeit auf die individuellen Arbeits- und Ruhephasen ein.

Dies gelingt jedoch in realen Arbeitssituationen nur sehr unvollständig und nach längerer permanenter Nachtschichtarbeit. Die Untersuchungen zeigten, dass die soziale Umwelt bei Schicht- und Nachtarbeitern zu einem partiellen Schlafmangel führt: Durch die persönlichen Bedürfnisse und sozialen Verpflichtungen kommt es zu Verkürzungen der notwendigen Schlafdauer am Tage und auch vor und nach dem vielfach üblichen wöchentlichen Schichtwechsel. Die daraus abgeleitete Empfehlung der Arbeitswissenschaft besteht in einem vorwärts rotierenden Schichtsystem mit einem Zyklus von zwei bis drei Tagen, also kurzzyklisch von einer Früh- über die Spät- zur Nachtschicht wechselnd, und dies verbunden mit mindestens zwei arbeitsfreien Tagen im Anschluss an die Nachtschichtphase.

Zwar treten bei einem Zwei-Schicht-Betrieb ohne Nachtschicht in aller Regel weniger physiologische Probleme auf, sozialpsychologische Folgen sind aber auch hier nicht ausgeschlossen. Insbesondere ist die Teilhabe am sozialen Leben beeinträchtigt. Knauth (2002, S. 54 ff.) [30] verdeutlicht, dass dies aber auch für flexible Arbeitszeiten gelten kann, und spricht von einer Desynchronisation vom sozialen Umfeld. Die Widersprüche zu den persönlichen Arbeitszeitpräferenzen, die durch soziale Verpflichtungen und privat gewünschte Aktivitäten zustande kommen, geraten dabei in Konflikt mit der flexiblen Arbeitszeit, soweit diese nicht souverän vom Arbeitnehmer gewählt werden kann, sondern durch den Arbeitgeber vorgegeben wird.

Dies hat inzwischen zu einem Paradigmenwechsel in der Arbeitswissenschaft beigetragen: Wurden bislang Belastung und Beanspruchung allein durch die Arbeitsaufgabe und Arbeitsumgebung definiert – als Beanspruchung zusätzlich beeinflusst durch das individuelle Leistungsvermögen –, so wird inzwischen erkannt, dass der einzelne Mitarbeiter diese auch in seinem privaten Umfeld erfährt. Dabei kann sich die Beanspruchung des Einzelnen durch die Arbeit sowohl negativ auf sein Privatleben auswirken als auch umgekehrt (Carlson/Kacmar 2000, S. 1041 ff.) [45]. Die neue Aufgabe der Arbeitszeitgestaltung besteht somit darin, einen Ausgleich zwischen Arbeits- und Privatleben herbeizuführen, was in der Regel mit dem Begriff „Work-Life-Balance" umschrieben wird. Die möglichst belastungs-, vor allem aber auch konfliktarme Gestaltung von Arbeitszeitmodellen bzw. -systemen stellt damit eine neue Herausforderung dar (vgl. Stock/Leupold/Zülch 2011) [46] und wird inzwischen auch bereits als sozialpolitische Forderung aufgegriffen (BMFSFJ 2010) [47].

1.7 Zeitarbeit als Instrument der externen Flexibilisierung

Der klassische Arbeitsvertrag regelte über Jahrzehnte hinweg ein hierarchisches Dienstverhältnis, welches durch drei zentrale Merkmale geprägt war: Vollzeitbeschäftigung über die Woche in 35 bis 42 Stunden, Unbefristetheit der Beschäftigung durch den Arbeitgeber und soziale Absicherung durch gesetzlich geregelte Abgaben. Dieses sog. Normalarbeitsverhältnis (Mückenberger 1985) [48] wurde in eine ökonomische und beschäftigungspolitische Landschaft hinein entwickelt, in der Vollbeschäftigung gegeben war. Die geregelte zeitliche Leistungserbringung und dauerhafte Beschäftigung hielten sich als fundamentale Vorstellung bis in die 80er Jahre hinein und erfuhren erst Abwandlungen, als sich die Wirtschaftsbedingungen für Arbeit drastisch änderten.

Entscheidend waren zwei Punkte: einmal der Wandel von den Verkäufer- zu Käufermärkten und dann die zunehmenden Schwankungen der Nachfrage infolge einer zunehmenden Öffnung der Märkte. Hierdurch rückte die Frage in den Mittelpunkt, wie die vorgehaltenen und die nachgefragten (Arbeits- und Betriebs-)Kapazitäten zeitlich besser aufeinander zu beziehen seien (Hartz 1996, Widuckel 2005) [49], [50].

Die sich stetig verkürzenden Produktlebenszyklen und die Komplexität der Wertschöpfungsketten, die Reduzierung der Lagerhaltung, die Einführung von Just-in-Time-Prinzipien sowie die Zunahme der Vernetzungen von Betrieben und der damit einhergehenden Verstärkung von Nachfrageausschlägen in der Supply Chain (sog. Bullwhip-Effekt, vgl. z. B. Pollitt 1998) [51] gelten als Treiber von zunehmenden Flexibilitätsanforderungen.

Diese Entwicklungen führten auch zu erheblichen Veränderungen bei der Arbeitszeitgestaltung und den Arbeitsverhältnissen. Wo bislang schon immer gegebene Schwankungen des Kapazitätsbedarfes durch interne Maßnahmen der Flexibilisierung bewältigt wurden, traten nun auch vermehrt Formen der externen Flexibilisierung auf, indem sich Unternehmen auf externen Arbeitsmärkten zusätzliche zeitliche Ressourcen auf befristete Zeit einkauften. Die stabilen Verhältnisse wurden intern vornehmlich zeitlich und extern mengenmäßig flexibilisiert. Die rechtlichen Grundlagen bildeten das ArbZG [6], das TzBfG [10] und das AÜG [20].

Im Zentrum der internen Flexibilisierung steht die Arbeitszeit, also die Zeit, die täglich, wöchentlich, monatlich oder gar noch großräumiger in größeren Perioden pro Person gemäß dem ArbZG [6] gearbeitet wird. Wiederkehrenden Nachfrageschwankungen im Produktionsbereich wird strukturell durch eine zeitliche Anpassung des internen Kapazitätsbestandes, also über eine Variation des internen Arbeitsmarktes, begegnet. Hierfür gibt es drei bekannte Instrumente, die die unterschiedliche Kontrolle über diese erforderliche Variation betonen:

- KAPOVAZ [13]: Hierbei handelt es sich um den kapazitätsorientierten Einsatz von unbefristet beschäftigten Arbeitskräften (oftmals in einem Fertigungsteam), wobei das Unternehmen bestimmt, welche Personen wie viel Zeit pro Tag und Woche arbeiten.

- Arbeitszeitkonten: Individuell oder betrieblich werden die geleisteten Arbeitszeiten flexibilisiert, indem chronologische oder chronometrische Elemente der Arbeitszeit variiert werden. Dabei wird nach Teriet (1979, S. 10 f.) [52] unter der Chronologie die Lage und Verteilung der Arbeitszeit verstanden, während die Chronometrie Dauer bzw. Volumen der Arbeitszeit beschreibt.

- Gleitzeit und Vertrauensarbeitszeit: Beginn und Ende der täglichen Arbeitszeit können individuell in bestimmten Bandbreiten geregelt werden.

Neben der Arbeitszeit trat seit den 80er Jahren auch die Beschäftigtenzahl als Regulationsgegenstand in Erscheinung. Über externe Flexibilisierungsmaßnahmen wurden bei Bedarf auch zusätzliche Personen des externen Arbeitsmarktes vorübergehend eingestellt, etwa wenn Auftragsspitzen vorlagen, wenn Beschäftigte wegen Krankheit ausfielen oder wenn sie Fortbildungsveranstaltungen besuchten. Große Schwankungen ließen sich bei existierendem Kapazitätsbestand allerdings nicht mehr allein über die interne Flexibilisierung bewältigen. Um diese Schwankungen auszugleichen und Nachfrage und Produktion aufeinander abzustimmen (Widuckel (2005, S. 33) [50], spricht von einer „punktgenauen Synchronisation der Produktionsausbringung mit dem Nachfrageverlauf"), bedurfte es einer Möglichkeit, den zahlenmäßigen Kapazitätsbestand temporär zu erhöhen und zusätzliches Personal für kurze Perioden rasch in das Unternehmen hineinzuholen und sich rasch wieder von ihm trennen zu können. Auf diese Weise wurde der Arbeitszeitbedarf kurzfristig auf die volatile Nachfrage anpassbar. Die Details regelt das AÜG [20] (vgl. Boemke, in diesem Band).

Im Falle der erforderlichen Flexibilisierung wird seitens der Betriebe zunächst der Versuch unternommen, alle internen Maßnahmen über eine Anpassung der Arbeitszeit zu regeln. Hierzu gehören die Setzung zusätzlicher Anreize und die Umsetzungen von Personal ebenso wie die Ausnutzung aller zeitlichen Variationsmöglichkeiten wie Arbeitszeitkonten oder die Einführung zusätzlicher Schichtarbeit. All diese Maßnahmen bedeuten für die Stammbelegschaft eine zusätzliche zeitliche Belastung. Reichen diese Maßnahmen nicht aus, dann werden auch externe Flexibilisierungen über die Anzahl der Arbeitskräfte vorgenommen, also die Zuführung von personellen Ressourcen über den externen Arbeitsmarkt. Auf diese Weise kann die zeitliche Belastung der Stammbelegschaft reduziert werden.

Ein plötzlicher Anstieg der Produktionsnachfrage schafft das Problem, rasch viele zusätzliche Arbeitskräfte am externen Arbeitsmarkt zu gewinnen. Hier wird die Stammbelegschaft dann befristet um überlassene, externe Arbeitskräfte ergänzt, die zu einem unbekannten späteren Zeitpunkt wieder in den externen Arbeitsmarkt abgegeben werden. Dabei haben sich die externen Arbeitskräfte dann den Arbeitszeitregelungen im Entleihunternehmen anzupassen. Stamm- und Zeitarbeitnehmer unterliegen damit über Absprachen mit dem überlassenden Personaldienstleister dem identischen Zeitregime.

Anders stellt sich die Lage bei anhaltenden Krisen oder plötzlichen Unterauslastungen dar, weil Aufträge ausbleiben oder eingeplante Aufträge unerwartet storniert werden. In diesem Fall können zunächst alle externen Arbeitskräfte wieder abgebaut werden, bevor zu überlegen ist, wie der verringerte Kapazitätsbedarf auf die Stammbelegschaft verteilt werden kann. In gravierenden Fällen kann es dann zu Kurzarbeit der Stammbelegschaft kommen, wodurch drohende Verluste an qualifizierten Facharbeitern vermieden werden, in weniger gravierenden Fällen werden interne Lösungen wie vorgezogener Urlaub, vorgezogene Inspektionen und Reparaturen von maschinellen Anlagen oder Fortbildung der Mitarbeiter praktiziert (Bornewasser/Haseloh 2012) [53]. Externe Flexibilisierung dient damit vor allem der Anpassung an Veränderungen des Kapazitätsbestandes, aber auch dem Schutz der Stammbelegschaft und damit der Sicherung des qualifikatorischen Potenzials im Betrieb.

Die externe Flexibilisierung durch zusätzliche Arbeitskräfte sichert in beiden Fällen die Beibehaltung einer zahlenmäßig kleineren Stammbelegschaft, was eine Entlastung im Falle von zu viel Arbeit und Schutz vor Kurzarbeit oder gar Kündigung im Fall von zu wenig Arbeit bedeutet. Jede interne Flexibilisierung schafft zwar zusätzliche Belastungen und Risiken. Dies betrifft insbesondere die Frage, wer wie lange und wann arbeiten oder auch aussetzen muss. Sie trifft jedoch den gesamten Betrieb.

Im Falle der externen Flexibilisierung werden die Belastungen und Risiken ungleich auf vertraglich unterschiedlich eingebundene Arbeitskräfte verteilt. Dadurch entsteht mit der Sicherung von temporären personellen Ressourcen ein soziales Problem, das in der Literatur als Segmentierung der Belegschaft in eine Kern- und eine Randbelegschaft beschrieben wird (Marsden 1999, Bornewasser 2012) [54], [55]. Dies schafft Grenzen, Spannungen und Konflikte, die durch kostenträchtige Führungs- und Integrationsmaßnahmen aufgefangen werden müssen (vgl. Haseloh, in diesem Band).

1.8   Zeitarbeit als atypisches Beschäftigungsverhältnis von Helfern und qualifizierten Fachkräften

Zeitarbeit gilt als ein atypisches Beschäftigungsverhältnis, welches zentral durch die Befristung der Überlassungsdauer an ein Kundenunternehmen geprägt ist. Zeitarbeit, die im AÜG [20] als Leiharbeit beschrieben wird und gemäß § 1 AÜG [20] dann vorliegt, wenn ein Unternehmen (Verleiher/Personaldienstleister) einem anderen (Entleiher/Kundenunternehmen) eigene Mitarbeiter (Zeitarbeitnehmer) gegen Entgelt zur Erbringung von Arbeitsleistungen überlässt, ist in vielerlei Hinsicht im Verhältnis zum Normalarbeitsverhältnis atypisch oder untypisch:

1. Zeitarbeitnehmer befinden sich in einem triadischen Beschäftigungsverhältnis. Dieses setzt sich aus drei Teilverhältnissen zusammen: aus einem überwiegend unbefristeten, relationalen Verhältnis zwischen einem Personaldienstleister oder Zeitarbeitsunternehmen und dem Zeitarbeitnehmer, aus einem transaktionalen Verhältnis von Entleihunternehmen und Zeitarbeitnehmer sowie einem meist relationalen Verhältnis von Verleiher und Entleiher (Bornewasser/Lehmann 2012) [56].

2. Es wird zwar eine Person überlassen, im Entleihunternehmen wird sie gemäß § 264 HGB [57] als externe Kraft allerdings über Sachkosten behandelt. Sie wird damit kosten- und bilanzmäßig als Sachgut verrechnet. Dies führt gelegentlich auch dazu, dass Vorgaben des Managements, kein weiteres Personal einzustellen, durch Zeitarbeit umgangen werden (Zeitarbeit entlastet die Anzahl der Beschäftigten im Personalhaushalt).

3. Kurze Zyklen der Überlassung prägen das Bild. Externe Ergänzungen in Entleihunternehmen werden überwiegend zwischen zwei und fünf Monaten vorgenommen. Dadurch kommt es im Verlauf des Jahres zu häufigen An- und Abmeldungen, wodurch seitens der Zeitarbeitnehmer ein hohes Maß an Mobilität und Umstellungen gefordert wird und ein erhebliches Maß an Unsicherheit gegeben ist. Die Beschäftigung ist zwar nicht grundlegend gefährdet, aber der Einsatzort wechselt oft unvorhersehbar. Falls der Verleiher keinen neuen Einsatzort finden kann, droht vorübergehend Kurzarbeit, danach die betriebsbedingte Kündigung.

4. Zeitarbeit kostet den Entleiher meist deutlich mehr als die Einstellung eines vergleichbaren unbefristeten Mitarbeiters, der dann aber für den Arbeitgeber zusätzlich auch ein Beschäftigungsrisiko mit sich bringt, weil der Mitarbeiter Kündigungsschutz genießt. Jedoch erhebt der Verleiher Anspruch auf den größten Anteil der ausgehandelten Stundensätze für von ihm erbrachte Dienstleistungen im Bereich der Rekrutierung, Administration und Fortbildungen, ferner für die Finanzierung des bei ihm liegenden Beschäftigungsrisikos.

5. Gezahlt wird nur nach geleisteter Tätigkeit in Zeiteinheiten (unterschiedliche Stundensätze, z. B. für unterschiedliche Helferkategorien - Helfer sind Beschäftigte, die einfache Arbeit ausüben und in der Regel über keine oder nur geringe Qualifikationen verfügen,

vgl. Sitte/Lehmann, in diesem Band), für die in Vorverhandlungen zwischen dem Verleiher und dem Entleiher eine Eingruppierung meist nach bestehenden Tarifverträgen festgelegt wird. Fällt ein Helfer z. B. wegen Krankheit aus oder erfüllt er nicht die Anforderungen der Tätigkeit, so muss der Verleiher für Ersatz sorgen.

6. Oftmals üben Stammarbeitnehmer und Zeitarbeitnehmer die gleichen Tätigkeiten aus. Dadurch entstehen Fragen von gleicher Entlohnung und gleicher Behandlung (Equal Pay und Equal Treatment) im Entleihunternehmen, die z. B. zur Forderung nach gleichem Arbeitsentgelt für gleiche Tätigkeit oder nach gleichen Kantinenpreisen für beide Arbeitnehmer führen. Bei Akzeptanz dieser Forderungen können dennoch in der Umsetzung erhebliche Probleme auftauchen, zumal ein Stammarbeitnehmer aufgrund seiner langen Zugehörigkeit zum Betrieb bereits verschiedenste Ansprüche erworben haben kann, die dem Zeitarbeitnehmer nicht zustehen. Außerdem werden Prämien erst zum Ende des Geschäftsjahres ausgezahlt, wenn der Zeitarbeitnehmer ggf. nicht mehr im Unternehmen tätig ist.

7. Das Vorgesetztenverhältnis ist gespalten, der Zeitarbeitnehmer ist Diener zweier Herren. Der Verleiher gilt rechtlich gesehen als Arbeitgeber, der Entleiher übt jedoch das Direktionsrecht aus. Darüber hinaus ist der Verleiher auch für den individuellen betrieblichen Arbeitsschutz zuständig, während der Entleiher den allgemeinen Arbeitsschutz im entleihenden Betrieb auch für den Zeitarbeitnehmer sicherzustellen hat.

8. Auch die betriebliche Qualifizierung ist zwar an den Arbeitgeber (Verleiher) gebunden, praktisch gibt es aber für den Verleiher in aller Regel keinen ernsthaften Anreiz zur Weiterbildung seines Personals, da Qualifizierungskosten entstehen, wodurch die Überlassung eines Helfers teurer wird. Zusätzlich besteht ständig die Gefahr, dass ein qualifizierter Leiharbeitnehmer zum Entleiher wechselt und sich für den Verleiher die Qualifizierungskosten dadurch nicht amortisieren.

9. Es gibt keine eindeutige gesetzliche Regelung der Vertretung von Leiharbeitnehmern im Betriebsrat. Im Grundsatz ist für den Zeitarbeitnehmer der Betriebsrat des Verleihers, nicht des Entleihers zuständig. Häufig übernimmt jedoch der Betriebsrat des Entleihers auch die Vertretungsrechte für die Leiharbeitnehmer.

Einen besonderen atypischen Zug gewinnt das Arbeitsverhältnis im Bereich der Helfer, weil etwa 60 % aller Helfer aus der Arbeitslosigkeit in die Zeitarbeit wechseln. Zeitarbeit gilt in dieser Hinsicht als Brücke oder schmaler Pfad, als Sprungbrett (Kvasnicka 2008) [58] in den regulären Arbeitsmarkt. Eng damit verknüpft ist die Hoffnung vieler Helfer, über die Überlassung eine Übernahme in ein unbefristetes Verhältnis bei einem Entleihunternehmen zu erzielen. Faktisch gelingt dies nur relativ wenigen Zeitarbeitnehmern. Einer Studie des Instituts für Arbeitsmarkt- und Berufsforschung (Lehmer/Ziegler 2010) [59] zufolge erreichen gerade einmal 7 % aller Zeitarbeitnehmer dieses Ziel. Viele Helfer verbleiben über längere Zeiträume in der Zeitarbeit, viele sind von einer sog. „Low-Pay-No-Pay-Karriere" bedroht (Spermann 2012) [60]. Diese geringen Erfolgsquoten lassen sich auch darauf zurückführen, dass viele Helfer nur über geringe oder veraltete Qualifikationen verfügen, wodurch es zu einem fortdauernden Missverhältnis von Anforderungen und Qualifikationen kommt (Kalleberg 2007) [61].

Zeitarbeit ist nicht gleich Zeitarbeit. Zu unterscheiden sind zumindest Formen der gering- und der hoch qualifizierten Zeitarbeit, der kurz- und der längerfristigen Zeitarbeit sowie der Einsatz nach Branchen (vgl. Sitte/Lehmann, in diesem Band). Aktuell zeigt sich, dass die Zeitarbeit im tertiären Sektor zunimmt und mittlerweile etwa ein Drittel aller Zeitarbeitnehmer im Dienstleistungssektor tätig sind. Die Bedeutung der Zeitarbeit in der Produktion nimmt hingegen ab. Fast 40 % aller Zeitarbeitnehmer sind im Helfersegment beschäftigt. Technische Berufe wie Chemiker oder Ingenieure bilden etwa 5 % aller Zeitarbeitnehmer (vgl. Bellmann/Crimmann/Evers, in diesem Band).

Verschiedene Untersuchungen zeigen die Motivationskomplexe auf, die Unternehmen dazu bringen, eine externe Flexibilisierung über Helfer vorzunehmen (Baszenski 2011) [62]. Zentral sind hierfür drei Gründe: Man möchte das Beschäftigungsrisiko umgehen (und damit Kosten im Kontext von Kündigungsschutzprozessen vermeiden), weiterhin möchte man die eigene Stammbelegschaft vor übermäßigen Belastungen schützen (und damit die Abwanderung von Qualifizierten vermeiden) und schließlich möchte man Imageschäden durch eine Assoziation des Firmennamens mit Kündigungsvorgängen, Stilllegungen oder Schließungen vermeiden.

Anders sehen die Motive bei höher qualifizierter Zeitarbeit aus, die Freiberufler (sog. „Freelancer" oder „Dependent Contractor") anbieten (Gallagher/McLean Parks 2001) [63]: Hier geht es vor allem darum, erforderliche Kompetenzen, die im Unternehmen nicht hinreichend vorhanden sind, kurzfristig zu beschaffen, etwa um Ingenieure für vorübergehend anfallende Routinetätigkeiten im Bereich von Planung und Konstruktion zu gewinnen (Bercelor 2010) [64]. In diesen Fällen kauft das Entleihunternehmen vor allem Kompetenz ein, die es selbst nicht oder nicht in erforderlichem Umfang auf Dauer bereithält, wobei sich hier infolge der Abhängigkeit der Entleihunternehmen vom qualifizierten Facharbeiter kein Problem von Equal Pay und Equal Treatment einstellt. Dies gilt vor allem dort, wo es nicht zu täglichen Kontakten zwischen internen und externen Arbeitskräften kommt, also etwa bei Projekten, die extern ausgeschrieben und in Heimarbeit (im sog. Home Office) erledigt werden.

Hier ist dann der Übergang zu Freiberuflern gegeben, die entweder selbstständig oder vermittelt über eine Agentur bzw. eine IT-Plattform arbeiten. Besonders gute Bedingungen finden nach Auskunft der zur Randstad-Gruppe gehörenden Freiberufler-Börse Gulp (GULP Information Services GmbH) [65] gegenwärtig IT-Spezialisten (meist gesuchte Fähigkeiten sind SAP-Spezialisten, Java-Entwickler, Web-Entwickler im Frontend- und im Backendbereich, Mainframe-Experten), die aktuell zu hohen Stundensätzen für ausgeschriebene Projekte angeworben werden. Auch Ingenieure finden attraktive Bedingungen vor. Im Bereich des Engineerings wurden nach Angaben im Internet im letzten Quartal 2011 über achtmal so viel Ingenieure für Projekte gesucht wie im vergleichbaren Vorjahresquartal (GULP Information Services GmbH) [65].

1.9   Auswirkungen von Zeitarbeit aus sozial-wissenschaftlicher Sicht

In der Produktionswirtschaft wird davon ausgegangen, dass Steigerungen des Angebots über drei Parameter gesteuert werden können: über die Zeit, die Menge und die Intensität, mit der Produktionsarbeit durch Menschen und Maschinen im soziotechnischen Verbund geleistet wird. Dabei lassen sich Maschinen leichter umstellen als Menschen: Man kann Maschinenzeiten verlängern, man kann eine weitere Maschine einschalten und man kann die Drehzahl erhöhen. Bei Menschen fällt dies schwerer: Längere Arbeitszeiten bedeuten höhere Belastungen, zahlenmäßig mehr Arbeitskräfte schaffen eventuell soziale Spannungen und eine Steigerung der individuellen Arbeitsintensität ist lediglich über einen veränderten Arbeitswillen möglich, der nur schwer zu beeinflussen ist. Während beim Normalarbeitsverhältnis Zeit und Intensität zur Regulation anstehen, ist es bei der Zeitarbeit zusätzlich auch noch die Integration in das soziale Arbeitsumfeld. Zeitarbeit stellt damit eine Herausforderung für jede soziale Ergonomie dar.

Die externe Flexibilisierung wird als eine Ultima-Ratio-Lösung begriffen, sofern nicht Einsparmotive dahinterstehen (wie sie z. B. durch das sog. Konzernprivileg gefördert wurden, was mittlerweile durch die Novellierung des AÜG [20] aber deutlich erschwert ist). Sie wird genutzt, wenn die interne Flexibilisierung in ihren verschiedenen quantitativen und qualitativen Variationen nicht mehr greift. Zusätzliche Einsatzkräfte zu beschäftigen, mag zwar zu den intendierten Effekten einer vorübergehenden Kapazitätssteigerung führen. Zweifelsfrei führt dies aber gleichzeitig auch zu zahlreichen nicht intendierten Nebeneffekten, die bereits durch das Stichwort „Segmentierung" angedeutet wurden und angestrebte Vorteile auch teilweise wieder zu nivellieren drohen.

Als zentrale Lösungsstrategie wurden hier Integrations- und Führungsmaßnahmen empfohlen. Durch sie soll die geteilte Belegschaft wieder zu einer Einheit oder einer Familie zusammengeführt werden. Wo dies auf Dauer nicht gelingt, treten Spannungen auf und reduzieren sich unter Umständen Arbeitsbereitschaft und Arbeitsfreude vor allem bei Zeitarbeitnehmern, ggf. aber auch bei Stammarbeitnehmern.

Arbeitswille und Arbeitsmotivation werden vor allem durch geeignete Anreizbedingungen geweckt. Diese Anreizbedingungen sind in den „harten" Dimensionen explizit über vertragliche Regelungen festgelegt, in den „weichen" Dimensionen wie Einsatz, Loyalität, Vertrauen oder Zuverlässigkeit aber nur implizit geregelt. Hierunter fallen auch Wertschätzungen oder Entgegenkommen bei der Gestaltung der eigenen Work-Life-Balance (vgl. Kratzer/Menz/Pangert, in diesem Band). Alle diese impliziten Aspekte prägen die Bindung an ein Unternehmen und die Bereitschaft, sich für das Unternehmen einzusetzen. Aus der Literatur und der Praxis sind verschiedene Ansatzpunkte für eine gesteigerte Arbeitsmotivation bzw. Auslöser für eine reduzierte Motivation bekannt:

- Die Bindung oder das Commitment steht als eine implizite Ressource an oberster Stelle und gilt als eine zentrale Determinante für Einsatz und Produktivität. Dabei fällt die

Bindung an das Entleihunternehmen in der Regel höher aus als an das Verleihunternehmen (Felfe u. a. 2008, Sende/Vitera, in diesem Band) [66].

■ Wahrgenommene organisationale Gerechtigkeit und wahrgenommene organisationale Unterstützung schaffen günstige Voraussetzungen für eine reziproke Beziehung zwischen Beschäftigten und beschäftigenden Unternehmen (Rhoades/Eisenberger 2002) [67].

■ „Work-Embeddedness" beschreibt die Einbindung und Passung von individuellen Qualifikationen zu den Anforderungen des beschäftigenden Unternehmens. Wo eine hohe Passung vorliegt, wo man sich in die Abläufe integriert fühlt, steigen die Motivation zum Verbleib, die Gesundheit und die Zufriedenheit (Mitchell u. a. 2001) [68].

■ Qualifikation, Zugehörigkeitsgefühle und Identifikation stellen wichtige Voraussetzungen für die Bereitschaft zu freiwilligen Mehrleistungen (sog. Extrarollen-Verhalten) dar (van Dick u. a. 2008) [69].

■ Arbeitszufriedenheit gilt generell als eine wichtige Voraussetzung für die Arbeitsmotivation; dies gilt natürlich auch für die Zeitarbeit (Ferreira 2002) [70].

Es stellt eine betriebliche Herausforderung dar, die Arbeitsmotivation von Mitarbeitern auf einem hohen Niveau zu halten. Entscheidend ist hierbei seltener der explizite Anreiz als vielmehr die Erfüllung impliziter Erwartungen, die dann auch affektive Bindungen, Zugehörigkeit und Bleibebereitschaft auslösen. In dieser Hinsicht schafft Zeitarbeit gerade im Helferbereich einige Probleme. Diese Annahme kann als generelle Heuristik durchaus richtig sein, aber letztlich kommt es immer auf die konkreten Bedingungen in den einzelnen Betrieben an, ob sich Beschäftigte wohlfühlen und bleiben wollen oder aber sich schlecht behandelt sehen und an Wechsel denken.

Ferner zeigt sich, dass gerade dann, wenn Zeitarbeitnehmer auf eine Übernahme hoffen, die Arbeitsbereitschaft ansteigt (Bornewasser 2011) [71]. Vergleichbare Kompensationseffekte zeigen sich auch dann, wenn Zeitarbeit über längere Zeiträume hinweg in einem Entleihunternehmen praktiziert wird. Zusätzlich anzumerken ist, dass durch Zeitarbeit auch die Produktivität der Stammarbeitnehmer in Mitleidenschaft gezogen werden kann, wenn das Faktum der externen Flexibilisierung dazu führt, dass im operativen Bereich anfallende Arbeiten oder generell Flexibilitätsanforderungen an das Unternehmen systematisch auf Zeitarbeitnehmer abgeschoben werden.

1.10   Zeitarbeit zwischen Begeisterung und Verdammung

Jede Regulation der eigenen Arbeitstätigkeit setzt Kontrolle voraus. Infolge der zunehmenden Komplexität von Unternehmensnetzwerken wächst aber überall das Ausmaß an Nichtkontrolle. Zeitliche Kapazitätsbedarfe sind vor allem kaum stabil und verlässlich zu planen, wenn kurzfristige Schwankungen mit beträchtlicher Amplitude auftreten. Wachsende kurzfristige Zyklizitäten in Netzwerken machen die Zeitarbeit trotz intensiver Absprachen zwischen Unternehmen in der Supply Chain zu einem interessanten, wichtigen und zukunftsträchtigen Instrument der Flexibilisierung, zur Bewältigung von Krisen, zur Vermeidung von Kurzarbeit und zur Vermeidung von Insolvenzen. Aber auch arbeitsmarktpolitisch passt die Zeitarbeit in die gegenwärtige Landschaft, zumal sie auch weiterhin als Brücke aus der Arbeitslosigkeit in den regulären Arbeitsmarkt anzusehen ist.

Die Zeitarbeit hat mit den Personaldienstleistern bzw. Zeitarbeitsunternehmen eine intermediäre Struktur am Arbeitsmarkt geschaffen, die mit ihren Geschäftsmodellen aufgezeigt haben, dass das Problem rascher Zu- und Abgänge von externen Arbeitskräften von Entleihunternehmen zu bewältigen ist. Die Personaldienstleister sind gegenwärtig dabei, sich zu professionalisieren und die Schwachstellen der triadischen Beschäftigungsstruktur zu beseitigen. Hierzu gehören auch die Ausdehnung des Geschäftsmodells auf alle Fragen des Personalmanagements durch einen Koordinator des Personaldienstleisters im Kundenunternehmen (sog. On-Site-Management) sowie die Auseinandersetzung mit rechtlichen Hindernissen oder Qualifizierungsproblematiken. Dabei wird immer wieder erkennbar, dass Zeitarbeit als zahlenmäßige Regulation letztlich kein Belastungsproblem, sondern in erster Linie ein Sozialproblem darstellt.

Europaweit sind Arbeit und Beschäftigung aktuell brisante Themen. Überall stellt sich die Frage, wie Flexibilität und Stabilität seitens der Wirtschaft und Flexibilität und Sicherheit seitens der Arbeitsmärkte zu verbinden sind. Die Regulationsgegenstände Arbeitszeit und Personaleinsatz spielen eine entscheidende Rolle, um anfallende Arbeit letztlich auf bestehende, stabile Beschäftigungsverhältnisse aufzuteilen. Die atmende Fabrik ist Vorbild (Hartz 1996) [49], Ziel ist eine Art von Flexicurity, d. h. Flexibilität für Unternehmen bei gleichzeitiger Arbeitsplatzsicherheit für die Arbeitnehmer (Wilthagen 1998) [72]. Zeitarbeit kann dabei eine wichtige Brückenfunktion übernehmen.

Nicht nur im Helfersegment, sondern auch im Bereich von hoch qualifizierter Zeitarbeit lassen sich zukünftige Entwicklungen erahnen, die eine Abkehr von traditionellen Arbeitsverhältnissen zum Ausdruck bringen. Ein Beispiel liefert das IBM-Liquid-Challenge-Programm, das von der unternehmensinternen Vollzeitbeschäftigung fortführt und die Möglichkeiten der virtuellen Vernetzung nutzt. „Liquid" verweist dabei auf eine „Verflüssigung" von Ressourcen, Zuordnungen und Strukturen, d. h., die Mitarbeiter – „Player" genannt – mit ihren ausgeprägten IT-Kompetenzen („Skills" genannt) werden in „Communities" verknüpft und erarbeiten in diesen kollaborativ Problemlösungen (vgl. www.rishabhsoft.com, Dettmer/Dohmen 2012, D'Arcy 2011) [73], [74], [75]. „Liquid Player" sind Freelancer, die auf der Basis von Wochenverträgen für die Community des Stammhauses, hier IBM, im sog. Home Office arbeiten. Die Aufgaben werden von IBM ausgeschrieben und an eine „Crowd" von externen Mitarbeitern abgegeben, die ihre Problemlösungen via Internet zur Evaluation vorlegen (Crowd-Sourcing). Um Teil des Netzwerkes sein zu können, müssen verpflichtende Trainingsmaßnahmen durchlaufen werden. Eine vermittelnde Plattform stellt die Freelancer-Community TopCoder (Topcoder Inc.) [76] dar, die im Mai 2012 weltweit über 400.000 IT-Fachleute in einem virtuellen Netzwerk verbindet.

Ein solches Modell führt wie die Zeitarbeit zu einer Segmentierung von Arbeitsmärkten und impliziert eine Abkehr vom traditionellen „Staffing-Approach" hin zum „Virtual-Factory-Model". Unterschieden werden fortan Mitarbeiter, die entweder traditionell beschäftigt und an einem festen Arbeitsort täglich ihre Arbeit erledigen (interner Arbeitsmarkt), oder solche, die über eine Plattform vermittelt extern ohne direkten Kontakt mit dem Stammhaus via Internet in Verbindung stehen. Seitens der Gewerkschaften findet dieses Modell nur wenig Zustimmung, da es die traditionellen Beschäftigungsstrukturen unterläuft und die Scheinselbstständigkeit fördert (Vitols 2008) [77].

Seitens der Gewerkschaften wird aber auch die derzeitige Form der Zeitarbeit aktuell kritisch betrachtet. Die IG Metall hat 2012 in einer bundesweit verteilten Broschüre mit dem Titel „Arbeit auf Abwegen" [78] ihre Position hierzu deutlich gemacht: Der Ausgleich von Spitzen im Kapazitätsbedarf, für die eine Entlastung gesucht wird, findet Unterstützung, aber letztlich nur in einer Beschäftigungswelt, in der das Normalarbeitsverhältnis dominiert und der Einsatz von Zeitarbeit streng reguliert ist. Die Schwankungen werden anerkannt, nicht aber das Mittel der Zeitarbeit, so wie es aktuell von Unternehmen praktiziert wird. Kritische Punkte sind neben der Entgeltfindung die Dauer, der Umfang und die Einführung der Zeitarbeit. Es werden Mindestlöhne und Equal Pay gefordert, ferner eine Festlegung des Begriffs „vorübergehend", wie er auch in § 1 II AÜG [20] verwendet wird (vgl. Boemke, in diesem Band), sowie die Anerkennung der in § 14 I TzBfG [10] genannten Befristungsgründe. Erwartet wird zudem eine gesetzliche Regelung, die es Betriebsräten erlaubt, über die Einführung von Zeitarbeit mitzubestimmen.

In der Europäischen Union wird die Zeitarbeit als ein Beschäftigungsmodell betrachtet, das eine Brücke zwischen Arbeitsmärkten schafft, das also eine Transition von einem Beschäftigungsmarkt in einen anderen Beschäftigungsmarkt ermöglicht. Zeitarbeit kann dabei helfen, Arbeitslosigkeit zu überwinden. Entscheidendes Hindernis hierbei ist die unzureichende oder veraltete Qualifikation zahlreicher Arbeitsloser, die zudem meist nur für einfache Tätigkeiten nachgefragt werden. Neuartige Qualifizierungsprogramme mit dualem Charakter (Ausbildung in Zeiträumen zwischen Überlassungen) und Finanzierungsmodelle könnten hier Abhilfe schaffen und den Weg über die Brücke zu einem sich auszahlenden Weg machen. Dies ist der Grundtenor eines Memorandums des Employment Committee des Europarates, das den Titel „Making transitions pay" trägt (EMCO 2010) [79].

Die Arbeitgeber sehen sich in zunehmend wettbewerborientierten Märkten herausgefordert, Flexibilitätskompetenz zu demonstrieren. Hierzu dient Zeitarbeit, vor allem in Zeiten hoher Auslastung. Zeitarbeit senkt das Beschäftigungsrisiko, erhöht gleichzeitig aber das Risiko innerbetrieblicher Spannungen. Dies wird einerseits vielfach in Kauf genommen, andererseits aber auch oftmals durch aufwändige Integrationsmaßnahmen zu kompensieren versucht. Erleichtert wird die Entscheidung für Zeitarbeit zudem dadurch, dass Unternehmen nicht negativ in die Schlagzeilen kommen, wenn Zeitarbeitnehmer (nicht aber Stammarbeitnehmer) abgemeldet werden müssen. Betriebliche Kündigungen in größerem Umfang sind imageschädigend und kostenintensiv.

Würde auf Zeitarbeit verzichtet, so würde man längerfristig wohl als Wettbewerber am Markt ausscheiden, würde qualifizierte Kräfte abwandern lassen müssen und auch den internen Betriebsfrieden durch wiederholte Nachverhandlungen, zum Zweck höherer Entgelte, immer wieder gefährden. Diese Interessen stehen teilweise im Widerspruch zu denen der Gewerkschaften, die die Zeitarbeit nur als Notlösung, nicht aber als ein systematisch einsetzbares Beschäftigungsinstrument akzeptieren wollen. Zeitarbeit als externe Flexibilisierung löst also nicht nur Konflikte in den Unternehmen aus, sondern führt auch zu Spannungen zwischen den Sozialpartnern.

Literatur

[1]   BGB: Bürgerliches Gesetzbuch. Vom 2. Januar 2002, zuletzt geändert am 27. Juli 2011. www.gesetze-im-internet.de/bgb, Zugriff: 01.02.2011.

[2]   REFA – Verband für Arbeitsstudien und Betriebsorganisation (1991): Planung und Steuerung. Teil 2, München.

[3]   Schlick, C./Bruder, R./Luczak, H. (2010): Arbeitswissenschaft. 3. Aufl., Berlin: Springer-Verlag.

[4]   Schlottfeld, C. (2007): Arbeitszeitrecht. In: Ignor, A./Rixen, S. (Hrsg.), Handbuch Arbeitsstrafrecht. 2. Aufl., Stuttgart: Boorberg.

[5]   AZO: Arbeitszeitordnung. Vom 30. April 1938, außer Kraft getreten am 30. Juni 1994. http://de.wikipedia.org/wiki/Arbeitszeitordnung, Zugriff: 03.02.2012.

[6]   ArbZG: Arbeitszeitgesetz. Vom 6. Juni 1994, zuletzt geändert am 15. Juli 2009. www.gesetze-im-internet.de/bundesrecht/arbzg/gesamt.pdf, Zugriff: 03.02.2012.

[7]   Arbeitszeitrechtsgesetz. Vom 6. Juni 1994. www.gesetze-im-internet.de/bundesrecht/arbzrg/gesamt.pdf, Zugriff: 15.03.2012.

[8]   JArbSchG: Jugendarbeitsschutzgesetz. Vom 12. April 1976, zuletzt geändert am 07. Dezember 2011. www.gesetze-im-internet.de/jarbschg, Zugriff: 03.02.2012.

[9]   LadSchlG: Ladenschlussgesetz. Vom 2. Juni 2003, zuletzt geändert am 31. Oktober 2006. www.gesetze-im-internet.de/ladschlg/index.html, Zugriff: 03.02.2012.

[10] TzBfG: Teilzeit- und Befristungsgesetz. Vom 21. Dezember 2000, zuletzt geändert am 20. Dezember 2011. www.gesetze-im-internet.de/tzbfg/, Zugriff: 03.02.2012.

[11] BeschFG: Beschäftigungsförderungsgesetz. Vom 26. April 1985, außer Kraft getreten am 1. Januar 2001. www.sidiblume.de/info-rom/arb_re/allg_ar/beschfg.htm, Zugriff: 03.02.2012.

[12] Hahn, C. M. (2011): Flexible Arbeitszeit. München: C.H. Beck.

[13] Wikipedia (2012): KAPOVAZ. http://de.wikipedia.org/wiki/KAPOVAZ, Zugriff: 03.02.2012.

[14] TVG: Tarifvertragsgesetz. Vom 9. April 1949, zuletzt geändert am 8. Dezember 2010. www.gesetze-im-internet.de/tvg/, Zugriff: 03.02.2012.

[15] BetrVG: Betriebsverfassungsgesetz. Vom 15. Januar 1972, zuletzt geändert am 29. Juli 2009. www.gesetze-im-internet.de/betrvg/, Zugriff: 03.02.2012.

[16] Hoff, A. (2009): Was wird aus der EU-Arbeitszeitrichtlinie? Arzt und Krankenhaus, 2, S. 40-41. www.vlk-online.de/files/articles/2009-02/200902_ffa43c3829.pdf, Zugriff: 03.02.2012.

[17] EU (2000) – Europäische Union (Hrsg.):   Arbeitszeitgestaltung   (grundlegende   Richtlinie). http://europa.eu/legislation_summaries/other/c10405_de.htm, Zugriff: 25.01.2012.

[18] IAB – Institut für Arbeitsmarkt- und Berufsforschung (2011): Flexible Arbeitszeiten begünstigen Wirtschaftswachstum.   www.iab.de/1843/section.aspx;   http://doku.iab.de/grauepap/2011/tab-az10.pdf, Zugriff: 03.02.2012.

[19] BfA – Bundesagentur für Arbeit (2012): Geringfügig Beschäftigte. http://statistik.arbeitsagentur.de/Navigation/Statistik/Statistik-nach-Themen/Beschaeftigung/Geringfuegig-Beschaeftigte/Geringfuegig-Beschaeftigte-Nav.html, Zugriff: 03.02.2012.

[20] AÜG: Arbeitnehmerüberlassungsgesetz. Vom 3. Februar 1995, zuletzt geändert am 20. Dezember 2011. www.gesetze-im-internet.de/a_g/, Zugriff: 08.06.2012.

[21] Schliephacke, J. (2008): Führungswissen Arbeitssicherheit. 3. Aufl., Berlin: Erich Schmidt Verlag.

[22] 91/383/EWG: Richtlinie 91/383/EWG des Rates vom 25. Juni 1991 zur Ergänzung der Maßnahmen zur Verbesserung der Sicherheit und des Gesundheitsschutzes von Arbeitnehmern mit befristetem Arbeitsverhältnis oder Leiharbeitsverhältnis. http://eur-lex.europa.eu/LexUriServ/ LexUri-Serv.do? uri=CELEX:31991L0383:de:HTML, Zugriff: 03.02.2012.

[23] 2008/104/EG: Richtlinie 2008/104/EG des Europäischen Parlaments und des Rates vom 19. November 2008 über Leiharbeit. http://eur-lex.europa.eu/LexUriServ/ LexUri-Serv.do?uri=OJ:L:2008:327:0009 :01:DE:HTML, Zugriff: 03.02.2012.

[24] Zöllner, W./Loritz, K.-G./Hergenröder, C. W. (2008): Arbeitsrecht. 6. Aufl., München: C. H. Beck.

[25] Dütz, W./Thüsing, G. (2011): Arbeitsrecht. 16. Aufl., München: C. H. Beck.

[26] Nollert, M. (2003): Normalarbeitsverhältnis. In: Wörterbuch der Sozialpolitik, Bern: Schweizerische Vereinigung für Sozialpolitik. www.socialinfo.ch/cgi-bin/dicoposs ode/show.cfm?id=434, Zugriff: 03.02.2012.

[27] Wikipedia (2012): Normalarbeitsverhältnis. http://de.wikipedia.org/wiki/Normalarbeitsverh%C3%A4ltnis, Zugriff: 03.02.2012.

[28] DESTATIS – Statistisches Bundesamt (2009): Was sind atypisch Beschäftigte? STATmagazin, 04/2009. www.destatis.de/jetspeed/portal/cms/Sites/destatis/Internet/DE/Content/Publikationen/STATmagazin/Arbeitsmarkt/2009__04/AtypischBeschaeftigte.psml, Zugriff: 23.05.2012.

[29] Kress, U. (1998): Vom Normalarbeitsverhältnis zur Flexibilisierung des Arbeitsmarktes. Ein Literaturbericht. Mitteilungen aus der Arbeitsmarkt- und Berufsforschung, 31/3, S. 488-505. http://doku.iab.de/mittab/1998/1998_3_mittab_kress.pdf, Zugriff: 26.01.2011.

[30] Knauth, P. (2002): Arbeitszeitflexibilisierung aus arbeitswissenschaftlicher Sicht. In: Zülch, G./Stock, P./Bogus, T. (Hrsg.), Arbeitszeitflexibilisierung im Dienstleistungsbereich. Aachen: Shaker Verlag, S. 51-74 (ifab-Forschungsberichte aus dem Institut für Arbeitswissenschaft und Betriebsorganisation der Universität Karlsruhe, Bd. 28).

[31] Nachreiner, F./Schomann, C./Stapel, W. u. a. (2005): Softwaregestützte Arbeitszeitgestaltung mit BASS 4. Bremerhaven: Wirtschaftsverlag NW (Schriftenreihe der Bundesanstalt für Arbeitsschutz und Arbeitsmedizin: Forschungsbericht, Fb. 1064). www.baua.de/de/Publikationen/Forschungsberichte/2005/Fb1064.pdf?__blob=publicationFile&v=6, Zugriff: 10.02.2012.

[32] INQA – Initiative Neue Qualität der Arbeit; GAWO – Gesellschaft für Arbeits-, Wirtschafts- und Organisationspsychologische Forschung (Hrsg.): Arbeitszeiten online bewerten. Berlin: INQA, Oldenburg: GAWO. http://gawo.no-ip.org:8080, Zugriff: 10.02.2012.

[33] Bogus, T. (2002): Simulationsbasierte Gestaltung von Arbeitszeitmodellen in Dienstleistungsbetrieben mit kundenfrequenzabhängigem Arbeitszeitbedarf. Aachen (ifab-Forschungsberichte aus dem Institut für Arbeitswissenschaft und Betriebsorganisation der Universität Karlsruhe, Bd. 31).

[34] Knauth, P. (1995): Was kann das betriebliche Zeitmanagement zur sozialverträglichen Gestaltung von Arbeitszeiten beitragen? In: Büssing, A./Seifert, H. (Hrsg.), Sozialverträgliche Arbeitszeitgestaltung. Mering: Rainer Hampp Verlag, S. 209-220.

[35] Hornberger, S./Knauth, P. (2000): Innovative Flexibilisierung der Arbeitszeit. In: Knauth, P./Zülch, G. (Hrsg.), Innovatives Arbeitszeitmanagement. Aachen: Shaker Verlag, S. 23-49 (ifab-Forschungsberichte aus dem Institut für Arbeitswissenschaft und Betriebsorganisation der Universität Karlsruhe, Bd. 22).

[36] Beermann, B. (1996): Bilanzierung arbeitswissenschaftlicher Erkenntnisse zur Nacht- und Schichtarbeit. Dortmund: Bundesanstalt für Arbeitsschutz und Arbeitsmedizin.

[37] Beermann, B. (2008): Nacht- und Schichtarbeit. Ein Problem der Vergangenheit? Dortmund: Bundesanstalt für Arbeitsschutz und Arbeitsmedizin.

[38] Nachreiner, F. (2011): Arbeitszeit als Risikofaktor für Sicherheit, Gesundheit und soziale Teilhabe. In: Gesellschaft für Arbeitswissenschaft (Hrsg.), Neue Konzepte zur Arbeitszeit und Arbeitsorganisation. Dortmund: GfA Press, S. 15-32 (CD-ROM).

[39] Wirtz, A./Nachreiner, F./Beermann, B./Brenscheidt, F./Siefer, A. (2009): Lange Arbeitszeiten und Gesundheit. Dortmund: Bundesanstalt für Arbeitsschutz und Arbeitsmedizin.

[39] Wirtz, A./Nachreiner, F./Beermann, B./Brenscheidt, F./Siefer, A. (2009): Lange Arbeitszeiten und Gesundheit. Dortmund: Bundesanstalt für Arbeitsschutz und Arbeitsmedizin.

[40] Beermann, B. (2004): Leitfaden zur Einführung und Gestaltung von Nacht- und Schichtarbeit. Dortmund: Bundesanstalt für Arbeitsschutz und Arbeitsmedizin.

[41] DGAUM – Deutsche Gesellschaft für Arbeitsmedizin und Umweltmedizin (2006): Arbeitsmedizinische Leitlinie Nacht- und Schichtarbeit, Aachen. www.dgaum.de/images/stories/Leitlinien/ LL%20Nacht-Schicht-PDF.pdf, Zugriff: 28.01.2012.

[42] Zülch, G./Stock, P. (2011): Dynamic assessment of working time models. In: Spath, D./Ilg, R./Krause, T. (Hrsg.), Innovation in product and production. Conference Proceedings, 21st International Conference on Production Research ICPR 21 (CD-ROM, 157_Zuelch.pdf, ISBN 978-3-8396-0293-5).

[43] Schmidtke, H. (1983): Der Leistungsbegriff in der Arbeitswissenschaft. In: Schmidtke, H. (Hrsg.), Ergonomie. 3. Aufl., München: Hanser Fachbuch, S. 110-116.

[44] Knauth, P. (1983): Physiologische Arbeitskurve und biologische Rhythmik. In: Rohmert, W./Ruten-franz, J. (Hrsg.), Praktische Arbeitsphysiologie. 3. Aufl., Stuttgart: Georg Thieme Verlag, S. 118-128.

[45] Carlson, D. S./Kacmar, K. M. (2000): Work-family conflict in the organization. Do life role values make a difference? Construction and initial validation of a multidimensional measure of work-family conflict. Journal of Management, 26, 5, S. 1031-1054.

[46] Stock, P./Leupold, M./Zülch, G. (2011): Untersuchung des Einflusses der Arbeitszeitgestaltung auf die Work-Life-Balance. In: Gesellschaft für Arbeitswissenschaft (Hrsg.), Neue Konzepte zur Arbeitszeit und Arbeitsorganisation. Dortmund, S. 41-56 (CD-ROM, Herbstkonferenz 2011 der Gesellschaft für Arbeitswissenschaft, A+A Düsseldorf, 19.-20. Oktober 2011).

[47] BMFSFJ – Bundesministerium für Familie, Senioren, Frauen und Jugend (2011): Familienbewusste Arbeitszeiten. 2. Aufl., Berlin: BMFSFJ. www.bmfsfj.de/BMFSFJ/Service/Publikationen/publikationsliste,did=163862.html, Zugriff: 23.01.2012.

[48] Mückenberger, U. (1985): Die Krise des Normalarbeitsverhältnisses. Mitteilungsblatt der Zentralen wissenschaftlichen Einrichtung „Arbeit und Betrieb", 11/12, S. 4.

[49] Hartz, P. (1996): Das atmende Unternehmen. Frankfurt a.M.: Campus-Verlag.

[50] Widuckel, W. (2005): Paradigmenentwicklung der Mitbestimmung bei Volkswagen. Forschungen, Positionen. Dokumente, 01. Wolfsburg: Historische Kommunikation der Volkswagen AG.

[51] Pollitt, D. (1998): Supply-chain logistics. International Journal of Physical Distribution & Logistics Management, 28, 3, S. 181-200.

[52] Teriet, B. (1979): Freie Arbeitszeitregelungen als Chance für Unternehmen und Mitarbeiter. Freie Arbeitszeit. Neue Betriebliche Arbeitszeitmodelle. Rüschlikon: Gottlieb Duttweiler-Institut.

[53] Bornewasser, M./Haseloh, G. (2012): Zeitarbeitnehmer. Beschäftigte zweiter Klasse? Probleme und Lösungen beim Einsatz von Zeitarbeitnehmern. In: Bouncken, R. B./Bornewasser, M. (Hrsg.), Beiträge zur Flexibilisierung. Bd. 2. Mering: Rainer Hampp Verlag, S. 149-166.

[54] Marsden, D. (1999): A theory of employment systems. Micro-foundation of societal diversity. Oxford: Oxford University Press.

[55] Bornewasser, M. (2012): Auswirkungen der Zeitarbeit auf Beschäftigte. Eine sozialwissenschaftliche Betrachtung. In: Bouncken, R. B./Bornewasser, M. (Hrsg.), Beiträge zur Flexibilisierung. Bd 3. Mering: Rainer Hampp Verlag, S. 137-161.

[56] Bornewasser, M./Lehmann, C. (2012): Bindung von Zeitarbeitnehmern. Eine Frage der Qualifikation. Personal Quaterly, 02/2012, S. 34-39.

[57] HGB: Handelsgesetzbuch. Vom 10.05.1897, zuletzt geändert am 22.12.2011.

[58] Kvasnicka, M. (2008): Does temporary work help provide a stepping stone to regular employment? NBER working paper series, No. 13834.

[59] Lehmer, F./Ziegler, K. (2010): Brückenfunktion der Leiharbeit. Zumindest ein schmaler Steg. IAB Kurzbericht, 13/2010, Nürnberg.

[60] Spermann, A. (2012): Die neue Rolle der Zeitarbeit für den Arbeitsmarkt. In: Bouncken, R. B./ Bornewasser, M. (Hrsg.), Beiträge zur Flexibilisierung. Bd. 3. Mering: Rainer Hampp Verlag, S. 203-225.

[62] Baszenski, N. (2011): Flexibilität als Wettbewerbsvorteil. Wo deutsche Unternehmen schon up to date sind und wo sie noch besser werden können. Betriebspraxis und Arbeitsforschung. Zeitschrift für angewandte Arbeitswissenschaft, 209, S. 8-15.

[63] Gallagher, D. G./McLean Parks, J. (2001): I pledge thee my troth … contingently commitment and the contingent work relationship. Human Resource Management Review, 11, S. 181-208.

[64] Bercelon Research (2010): Einsatz externer Ingenieure 2010. Eine Bedarfsanalyse. Im Auftrag der Hays AG, Berlin. www.hays.de/mediastore/pressebereich//studien/pdf/Hays-Studie Einsatzexterner Ingenieure2010.pdf, Zugriff: 23.05.2012.

[65] GULP Information Service GmbH, www.gulp.de, Zugriff: 09.05.2012.

[66] Felfe, J./Schmook, R./Schyns, B./Six, B. (2008): Does the form of employment make a difference? Commitment of traditional, temporary and self-employed workers. In: Journal of Vocational Behavior, 72, 1, S. 81-94.

[67] Rhoades, D. M./Eisenberger, R. (2002): Perceived organisational support. A review of the literature. In: Journal of Applied Psychology, 87, S. 698-714.

[68] Mitchell, T. R./Holtom, B. C./ Lee, T. W./ Sablynski, C. J./Erez, M. (2001): Why people stay. Using job embeddedness to predict voluntary turnover. In: Academy of Management Journal, 44, S. 1102-1121.

[69] Van Dick, R./Van Knippenberg, D./Kerschreiter, R./Hertel, G./Wieseke, J. (2008): Interactive effects of work group and organizational identitification on job satisfaction and extra-role behavior. In: Journal of Vocational Behavior, 72, S. 388-399.

[70] Ferreira, Y. (2002): Auswahl flexibler Arbeitszeitmodelle und ihre Auswirkungen auf die Arbeitszufriedenheit. Stuttgart: Ergon.

[71] Bornewasser, M. (2011): Psychologische Aspekte der Zeitarbeit. In: Bouncken, R. B./Bornewasser, M. (Hrsg.), Beiträge zur Flexibilisierung. Bd. 1. Mering: Rainer Hampp Verlag, S. 7-32.

[72] Wilthagen, T. (1998): Flexicurity. A new paradigm for labour market policy reform? Discussion Paper. Wissenschaftszentrum Berlin für Sozialforschung (WZB).

[73] www.rishabhsoft.com/ibm-liquid-player-candidate-faq, Zugriff: 09.05.2012.

[74] Dettmer, M./Dohmen, F. (2012): Frei schwebend in der Wolke. Der Spiegel, 06/2012, S. 62-64.

[75] D´Arcy, P. 2011: The evolving workforce. Report #1. Experts insight. Dell & Intel. http://i.dell.com/sites/content/shared-content/campaigns/en/Documents/Dell-Evolving-Workforce-Report-1-APP.pdf, Zugriff: 23.05.2012.

[76] Topcoder Inc., www.topcoder.com, Zugriff: 09.05.2012.

[77] Vitols, S. (2008): The evolving European system of corporate governance. Implications for worker participation. Transfer. In: European Review of Labour and Research, 14, 1, S. 27-43.

[78] IG Metall (2012). Arbeit auf Abwegen. Zahlen, Daten, Fakten zur Leiharbeit in Deutschland. Broschüre.

[79] The Employment Committee (2010): Making transitions Pay. EMCO Opinion. Council of the European Union.

Teil 1
Flexibilisierung aus volks- und betriebs-
wirtschaftlicher Sicht

2 Betriebliche Dynamik und Flexibilisierung auf dem deutschen Arbeitsmarkt

Lutz Bellmann, Andreas Crimmann, Katalin Evers

2.1   Wandel der Arbeitsverhältnisse

Aufgrund der fortschreitenden Globalisierung, des technischen und organisatorischen Wandels sowie der demografischen Herausforderungen müssen Betriebe höhere Flexibilitätsanforderungen erfüllen. Diese Prozesse wirken zusammen und unterstützen sich gegenseitig. Beispielsweise lassen sich Wettbewerbsvorteile aufgrund geringer Kosten mit modernen Informations- und Kommunikationstechniken besser kommunizieren, so dass die betriebliche Kostenstruktur im Vergleich zu früher wesentlich an Bedeutung gewonnen hat. Gleichzeitig zählen vor allem aufgrund von Kündigungsschutzregelungen und den damit verbundenen Rigiditäten die Entlassungskosten in Deutschland zu den höchsten in den OECD-Ländern (vgl. OECD 2010, S. 51 ff.) [1]. Der zunehmende Flexibilitätsbedarf wird eher durch den Einsatz von atypischen Beschäftigten als regulär Beschäftigten in Normalarbeitsverhältnissen gedeckt. Empirisch lässt sich auch zeigen, dass sich das praktizierte System der Lohnfindung und der Arbeitsbeziehungen in Deutschland im Umbruch befindet (Addison u. a. 2010) [2]: In Westdeutschland galt es bis Anfang der 90er Jahre als selbstverständlich, dass Löhne und Arbeitsbedingungen in Flächentarifverträgen branchenweit geregelt werden. Infolgedessen waren dort fast alle Betriebe und Beschäftigten davon betroffen. Mittlerweile ist die Situation in West- und Ostdeutschland durch eine wesentlich größere Differenzierung und Dezentralisierung mit der Möglichkeit der Anpassung an eintretende Veränderungen gekennzeichnet. Der dominierende Einfluss der branchenweiten Verbandstarifverträge und der sie schließenden Tarifvertragsparteien hat abgenommen. Betriebsbezogene Regelungen und die Betriebsparteien haben stattdessen an Bedeutung gewonnen.

In Verbindung mit diesen Entwicklungen stehen die Abkehr vom „Normalarbeitsverhältnis" und die Zunahme von so genannten atypischen Beschäftigungsverhältnissen. Darunter versteht man:

- Teilzeitbeschäftigung mit 20 oder weniger Wochenarbeitsstunden,

- geringfügige Beschäftigungsverhältnisse,

- befristete Arbeitsverhältnisse oder

- Leiharbeit (vgl. Statistisches Bundesamt 2010 und 2012) [3], [4].

Aber auch Normalarbeitsverhältnisse bieten Ansatzpunkte für die Erschließung von Flexibilitätspotenzialen. Der Wandel des Normalarbeitsverhältnisses zeigt sich insbesondere durch

- die Verbreitung von Arbeitszeitkonten,

- die Nutzung des Instruments der Kurzarbeit sowie

- Vereinbarungen im Rahmen betrieblicher Bündnisse für Beschäftigung und Standortsicherung.

In diesem Beitrag gehen wir zunächst in Abschnitt 2.2 auf den gestiegenen Flexibilisierungsbedarf der Betriebe ein. Danach erläutern wir in den Abschnitten 2.3 und 2.4 die betrieblichen Möglichkeiten der Variation der Beschäftigung, der Arbeitszeit und der Entlohnung, bevor ein Fazit den Beitrag abschließt.

2.2 Die Entwicklung des betrieblichen Flexibilisierungsbedarfs

Ghemawat (2011) [5] argumentiert zwar, dass das Potenzial der Globalisierung höchstens zu 10 bis 25 % ausgeschöpft sei, der Offenheitsgrad der deutschen Volkswirtschaft hat sich aber nach Berechnungen von Rürup und Heilmann (2012) [6] seit dem Ende des Kalten Kriegs verdoppelt. Dies bedeutet, dass die Wirtschaft und somit auch die Arbeitsplätze in höherem Maße von der Weltwirtschaft abhängig sind und globale Entwicklungen einen stärkeren Einfluss auf den deutschen Markt haben. Der Abbau von tarifären und nicht-tarifären Handelshemmnissen hat bereits zu gravierenden Veränderungen der internationalen Arbeitsteilung geführt. Dabei hat sich die Nachfrage nach qualifizierten Arbeitskräften in den Ländern erhöht, die vergleichsweise reichlich mit Sach- und Humankapital ausgestattet sind. Umgekehrt ist dort die Nachfrage nach Un- und Angelernten zurückgegangen. Wenn Handelshemmnisse wegfallen, können selbst kleinste komparative Kostenvorteile entscheidend für die Wettbewerbsposition eines Unternehmens sein. Dies gilt umso mehr, je einfacher Arbeitskostenunterschiede z. B. über das Internet kommuniziert werden können. Damit erhöht sich der Anreiz für Unternehmen, die Produktivität zu erhöhen und/oder Marktnischen zu finden, die zumindest temporär durch einen geringeren Kosten- bzw. Produktivitätsdruck gekennzeichnet sind (Bellmann u. a. 1999, S. 111) [7]. In den letzten drei Jahrzehnten gab es deshalb in Betrieben in den westlichen Industrieländern weitreichende Veränderungen in den Arbeitsabläufen und den Entscheidungsprozessen. Außerdem werden Produkt- und Prozessinnovationen und die Nutzung neuer Technologien immer wichtiger.

Diese betrieblichen Reorganisationsprozesse bestehen aus einer Reihe geschäftspolitischer, arbeitsorganisatorischer und personalpolitischer Maßnahmen. Beispiele dafür sind Gruppenarbeit, „job rotation", Weiterbildung, die Entgelt- und Arbeitszeitpolitik sowie der Abbau von Hierarchieebenen. Autoren wie Hammer und Champy (1995) [8] betonen die Interdependenz und die gegenseitige Unterstützung der einzelnen Maßnahmen. Gelegentlich wird von einer organisatorischen Revolution gesprochen, die dazu dient, sowohl die Struktur der hergestellten Produkte und angebotenen Dienstleistungen als auch den Prozess der Leistungserstellung flexibler zu gestalten. So können Unternehmen besser auf sich wandelnde Kundenwünsche, Veränderungen der Wertschöpfungskette und den technologischen Wandel reagieren. Bezüglich der Dynamik der Einführung der angesprochenen Dezentralisierung von Organisationsstruktur erläutern Kirchner u. a. (2008) [9], dass die Wirtschaftskrise 1992/93 einen Einführungsboom ausgelöst hat.

Die mit dem Wegfall der Handelshemmnisse verbundenen Veränderungen in der internationalen Arbeitsteilung haben in den Industrieländern zu einer vermehrten Nachfrage nach qualifizierten Arbeitskräften geführt. Allerdings wird das Angebot an Fachkräften in Deutschland mittelfristig stark abnehmen: Die demografische Entwicklung ist in Deutschland mit einem Rückgang des Erwerbspersonenpotenzials um ca. 6,5 Mio. bis zum Jahr 2025 (Bundesagentur für Arbeit 2011, Fuchs/Dörfler 2005) [10], [11] und einer Alterung des Erwerbspotenzials verbunden (Fuchs/Dörfler 2005) [11]. Verschärft wird diese Situation durch die Bildungsstagnation (Reinberg/Hummel 2001) [12]. Daraus ergibt sich für die Betriebe die Notwendigkeit, ihren Qualifikationsbedarf möglichst flexibel an das vorhandene Angebot von Arbeitskräften anzupassen.

2.3   Zunahme atypischer Beschäftigung

Für die Abgrenzung von atypischen Beschäftigungsverhältnissen ist zunächst die Definition des Statistischen Bundesamts von Normalarbeitsverhältnissen hilfreich (vgl. Statistisches Bundesamt 2010) [3]. Zu den Normalarbeitsverhältnissen zählen demnach unbefristete Vollzeittätigkeiten und unbefristete Teilzeittätigkeiten mit mindestens der Hälfte der üblichen vollen Wochenarbeitszeit. Sie sind des Weiteren durch die Identität von Arbeits- und Beschäftigungsverhältnis gekennzeichnet und dadurch, dass die Beschäftigten in die sozialen Sicherungssysteme integriert sind. Ist eines dieser Kriterien nicht erfüllt, handelt es sich um ein atypisches Beschäftigungsverhältnis. Dazu zählen also

- Teilzeitbeschäftigungen mit 20 oder weniger Stunden,

- geringfügige Beschäftigungsverhältnisse,

- Befristungen und

- Leiharbeit.

2.3.1   Teilzeitbeschäftigung und geringfügige Beschäftigung

Definiert ist *Teilzeitarbeit* im Teilzeit- und Befristungsgesetz (TzBfG) [13] mit einer Arbeitszeit, die unterhalb der Regelarbeitszeit von Vollbeschäftigten liegt. Bei sozialversicherungspflichtiger Teilzeittätigkeit sind die regelmäßige Wochenarbeitszeit und entsprechend das Entgelt reduziert.

Geringfügige Beschäftigung stellt eine spezifische, anhand monatlicher Einkommensgrenzen definierte Variante von Teilzeittätigkeit dar. Die Hartz-Gesetze [14] förderten Minijobs, indem die dafür geltende Einkommensobergrenze von 325 auf 400 Euro angehoben wurde. Außerdem schaffte der Gesetzgeber die bis dato bestehende Beschränkung der Wochenarbeitszeit auf maximal 15 Stunden ab. Die pauschalierten Beiträge zur Sozialversicherung einschließlich Steuern in Höhe von zunächst 25 und nunmehr 30 % fallen allein dem Arbeitgeber zur Last. Die Teilzeitbeschäftigung – ohne Minijobs – hat sich in den letzten 15

Jahren um 4,35 Mio. auf 8,7 Mio. erhöht. Seit 1999 hat die Anzahl der Minijobs um mehr als 1,1 Mio. auf 5 Mio. zugenommen, davon werden 2,3 Mio. als Nebenjob ausgeübt (Institut für Arbeitsmarkt- und Berufsforschung 2011) [15].

Hervorstechendes Merkmal der verschiedenen Formen der Teilzeitbeschäftigung ist häufig die Abweichung von tatsächlicher und gewünschter Arbeitszeit: Aktuelle Berechnungen von Eichhorst u. a. (2011) [16] belegen diese Aussage für die Gruppe der erwerbstätigen Mütter: Von den in Vollzeit Beschäftigten (> 35 Wochenarbeitsstunden) wünschen sich 35,7 % eine vollzeitnahe Teilzeittätigkeit (> 20 bis 35 Wochenarbeitsstunden). 2,3 % wollen sogar nur bis zu 20 Stunden wöchentlich arbeiten. In der Gruppe der in vollzeitnaher Teilzeit beschäftigten Mütter wünschen 8,7 % eine Verlängerung ihrer Arbeitszeit, während 24,4 % ihre Arbeitszeit reduzieren wollen. Von den geringfügig bzw. gelegentlich beschäftigten Müttern würde aber eine große Mehrheit (73,1 %) die Arbeitszeit gern erhöhen (vgl. Tabelle 2.1).

Tabelle 2.1   Tatsächliche und gewünschte Arbeitszeiten von Müttern 2009, in Prozent

| Tatsächlicher Erwerbsstatus von Müttern | Gewünschter Erwerbsstatus von Müttern | | |
| | Vollzeit | Teilzeit | |
	> 35 Std.	> 20 bis 35 Std.	bis 20 Std.
Vollzeit > 35 Std.	56,5	35,7	2,3
vollzeitnahe Teilzeit > 20 bis 35 Std.	8,7	63,6	24,4
Teilzeit bis 20 Std.	4,1	20,9	71,7
geringfügig/gelegentlich beschäftigt	43,3	29,8	26,9

Quelle: Eichhorst u. a. (2011) [16]

Der zu erwartende Bedarf an Fachkräften und eine entstehende Fachkräftelücke erfordern den Ausbau vollzeitnaher Teilzeitbeschäftigungsverhältnisse. Der Wunsch nach Reduktion der tatsächlich geleisteten Arbeitszeit lässt sich allerdings oftmals nicht realisieren. Ein Grund hierfür können fehlende Möglichkeiten der Arbeitszeitanpassung an persönliche Bedürfnisse sein.

2.3.2   Befristete Beschäftigung

Befristungen haben nach verschiedenen Reformen z. B. des Beschäftigungsförderungsgesetzes (BeschFG) [17], des Teilzeit- und Befristungsgesetzes (TzBfG) [13] sowie des Arbeitnehmerüberlassungsgesetzes (AÜG) [18], auch um Lohnanpassungen zu vermeiden (Franz 1986) [19], deutlich zugenommen. Der Befristungsanteil an allen Erwerbstätigen von rund 9 % (in 2009) liegt jedoch unter dem Anteil der Teilzeitbeschäftigten und Minijobber (Kel-

ler/Seifert 2011, S. 15) [20]. Es gibt derzeit rund 3 Mio. befristet Beschäftigte und damit nahezu eine Million mehr als Mitte der 90er Jahre (Statistisches Bundesamt 2010) [3].
Diese Entwicklung fügt sich in den Trend, den die Europäische Kommission (2008, S. 218)
[21] für die EU-27-Staaten ermittelt hat. Danach ist im Zeitraum 1997 bis 2007 der Anteil der
befristet Beschäftigten von 11,4 % auf 14,5 % gestiegen. Im Zeitraum 2000 bis 2007 nahm die
Anzahl der unbefristet Beschäftigten um 5,4 % zu, während die Anzahl der befristet Beschäftigten um 24,6 % stieg (Europäische Kommission 2008, S. 29) [21].

Frauen sind unter den befristet Beschäftigten überrepräsentiert. Während von den unbefristet Vollzeitbeschäftigten 34 % weiblich sind, gilt dies für 48 % der befristet Vollzeitbeschäftigten (Keller/Seifert 2011, S. 23) [20]. Außerdem erhalten oftmals jüngere Arbeitnehmer
befristete Arbeitsverträge (vgl. Abbildung 2.1). Während von den befristeten Beschäftigten
20 % jünger als 25 Jahre und 60 % zwischen 25 und 44 Jahre alt sind, beträgt bei unbefristet
Beschäftigten der Anteil der unter 45-Jährigen nur 52 %. Das umgekehrte Verhältnis gilt für
die älteren Beschäftigten.

Abbildung 2.1   Befristet/unbefristet Beschäftigte, Verteilung nach Alter 2009,
in Prozent

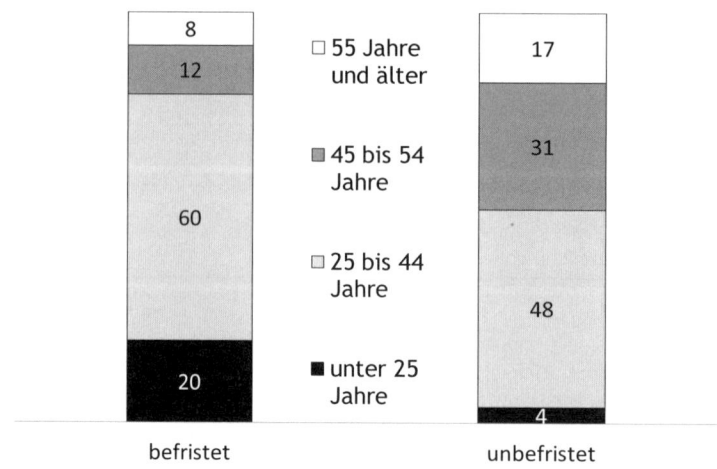

Quelle: Keller/Seifert (2011) [20]

Befristet und unbefristet Beschäftigte unterscheiden sich neben dem Alter auch hinsichtlich
der Qualifikationsstruktur. Bei den befristet Vollzeitbeschäftigten ist der Anteil der Gering-
qualifizierten und der Akademiker höher als bei den unbefristet Vollzeitbeschäftigten.
(Keller/Seifert 2011) [20]. Auch insofern ist es interessant, dass nach den Daten der Ver-
dienststrukturerhebung 2006 der durchschnittliche Bruttoverdienst von regulär Beschäftig-

ten 18,04 Euro pro Stunde betrug, während befristet Beschäftigte mit 13,08 Euro deutlich weniger verdienten (Wingerter 2009) [22].

Auf Basis der Daten des IAB-Betriebspanels untersucht Hohendanner (2010) [23] detailliert befristete Beschäftigung. Die branchenspezifische Verteilung befristeter Beschäftigung und sozialversicherungspflichtiger Beschäftigung findet sich in Tabelle 2.2. Überproportional häufig kommen befristete Verträge in den Branchen soziale und unternehmensnahe Dienstleistungen zur Anwendung. Befristungen gibt es vor allem in den Wirtschaftsbereichen Bildung, Gesundheit und Soziales sowie in Einrichtungen in öffentlichem Eigentum oder gemeinnützigen Einrichtungen. Im öffentlichen Dienst existiert einerseits ein lebenslanger Kündigungsschutz für Beamte und Festangestellte, andererseits werden Haushalts- und Projektmittel oftmals nur für kurze Zeiträume festgelegt, die Befristungen sachlich sinnvoll erscheinen lassen. Der hohe Frauenanteil in dem genannten Wirtschaftsbereich führt auch zu einem hohen Vertretungsbedarf für Frauen, die sich um betreuungsbedürftige Familienangehörige kümmern. In den Wirtschaftsbereichen, die einen relativ hohen Anteil von befristeten Arbeitsverhältnissen aufweisen, ist die Wahrscheinlichkeit der Übernahme in ein unbefristetes Arbeitsverhältnis vergleichsweise gering.

Tabelle 2.2   Sozialversicherungspflichtige und befristete Beschäftigung 2009, in Prozent

	Sozialversicherungs-pflichtige Beschäftigung	Befristete Beschäftigung
Produzierendes Gewerbe	34	15
Soziale Dienstleistungen	22	40
Personenbezogene Dienstleistungen	5	7
Unternehmensnahe Dienstleistungen	15	22
Distributive Dienstleistungen	23	15
Landwirtschaft	1	1
Gesamt	100	100

Quelle: Hohendanner (2010) [23]

Befristete Neueinstellungen spielen mit einem Anteil von 46 % im Jahr 2009 eine größere Rolle als zehn Jahre zuvor (32 %). Spitzenreiter sind dabei die Betriebe im öffentlichen Eigentum und gemeinnützige Einrichtungen mit jeweils 72 % befristeten Einstellungen im Jahr 2009. Dagegen erfolgten im selben Jahr „nur" 37 % aller Einstellungen im produzierenden Gewerbe befristet. Der Anteil befristeter Neueinstellungen blieb in konjunkturabhängigen Branchen vergleichsweise konstant (Hohendanner 2010) [23]. Dies kann als Indiz dafür angesehen werden, dass diese Betriebe nach einem Screening während der Probezeit und einer relativ kurzen Befristung durchaus Interesse an langfristigen Beschäftigungsverhältnissen haben. Möglicherweise sind dies auch erste Reaktionen auf erwartete Schwierigkeiten bei der Besetzung von Stellen für Fachkräfte als Folge des demografischen Wandels.

2.3.3   Leiharbeit

Als einzige Beschäftigungsform ist Leiharbeit durch ein Auseinanderfallen von Arbeits- und Beschäftigungsverhältnis gekennzeichnet. Die typische Dreiecksbeziehung (vgl. Crimmann u. a. 2009, S. 5) [24] entsteht dadurch, dass Leiharbeitnehmer von ihrem Arbeitgeber (Verleiher) an ihren Einsatzbetrieb (Entleiher) zur Arbeitsleistung überlassen werden. Hierzulande ist seit Jahren eine hohe Dynamik der Leiharbeit zu beobachten. Sowohl bei Verleihern als auch bei Leiharbeitskräften sind im Vergleich von 2011 mit 2007 zweistellige Wachstumsraten zu verzeichnen (vgl. Abbildung 2.2). Im Juni 2012 waren 910.000 Personen in der Leiharbeit beschäftigt, das entspricht rund dem Eineinhalbfachen der Zahl von Mitte 2007 (Bundesagentur für Arbeit 2012, S. 6) [26]. Während die Gründungsdynamik bei Verleihern auch während der Wirtschafts- und Finanzkrise anhielt, zeigt sich, dass zeitgleich die betriebliche Nachfrage nach Leiharbeit massiv zurückging. Zur Jahresmitte 2009 nutzten rund ein Fünftel weniger Betriebe Leiharbeit als noch zwei Jahre zuvor. Mittlerweile hat der Anteil der Nutzungsbetriebe das Vorkrisenniveau nicht nur wieder erreicht, sondern sogar überschritten.

Abbildung 2.2   Entwicklung der Zeitarbeit 2008-2011, prozentuale Veränderung bezogen auf 2007 (jeweils 30.06.)

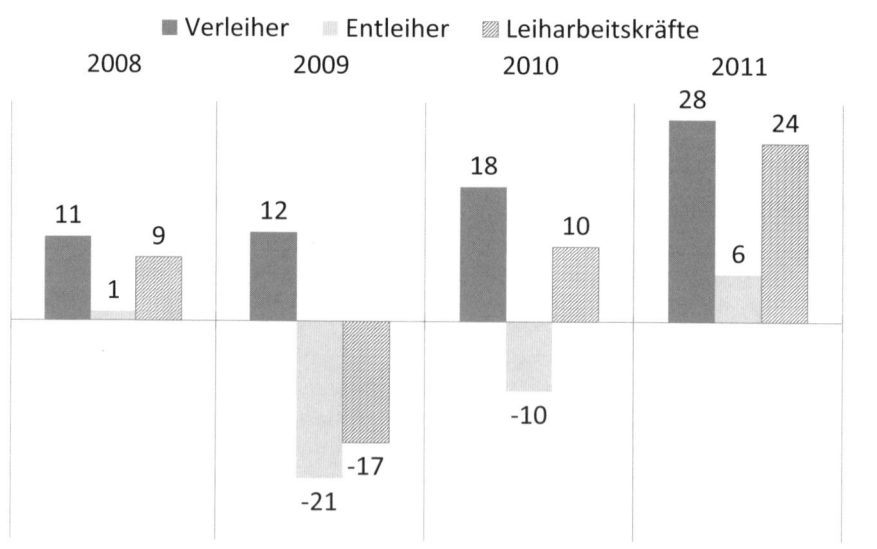

Quelle: IAB-Betriebspanel 2007-2011, Statistik der Bundesagentur für Arbeit (2012) [25]

Tabelle 2.3 zeigt, dass die Inzidenz der Zeitarbeit stark von der Betriebsgröße abhängt. Insgesamt setzte am 30.06.2011 jeder 25. Betrieb in Deutschland Leiharbeitskräfte ein. Jedoch nutzten Kleinbetriebe mit weniger als 50 Beschäftigten nur halb so oft dieses Flexibilisierungsinstrument. Der Anteil der Nutzungsbetriebe lag bei den mittleren Betrieben mit 50 bis 249 Beschäftigten bei 21 %. 44 % der Großbetriebe mit mindestens 250 Beschäftigten nutzten am 30.06.2011 Leiharbeit. Die betriebsgrößenspezifischen Unterschiede in der Nutzung von Leiharbeit haben sich seit 2003 kaum verändert. Die Inzidenz von Leiharbeit war stets bei Großbetrieben am höchsten, mindestens jeder Dritte setzte Leiharbeitskräfte ein. In 15 bis 23 % der mittleren Betriebe waren Leiharbeitskräfte tätig. Gleichzeitig setzten maximal 4 % der Kleinbetriebe auf Zeitarbeit (vgl. Crimmann u. a. 2009, Bellmann u. a. 2012) [24], [27].

Tabelle 2.3   Inzidenz von Leiharbeit am 30.06.2011, Anteil der Entleiher in Prozent

	Entleiher
Kleinbetriebe (1-49 Beschäftigte)	2
Mittlere Betriebe (50-249 Beschäftigte)	21
Großbetriebe (250 oder mehr Beschäftigte)	44
Gesamt	4

Quelle: IAB-Betriebspanel (2011)

Die Betriebe setzen Zeitarbeit vor allem aus Flexibilitätsgründen ein. Dabei spielt die schnelle Verfügbarkeit der Arbeitskräfte eine wichtige Rolle. Relevant für den Einsatz ist ebenfalls, wenn ein zeitlich begrenzter Bedarf gedeckt werden soll oder wenn Unsicherheit bezüglich der weiteren wirtschaftlichen Entwicklung besteht. In einigen Branchen wird Zeitarbeit auch als Zugang zu bestimmten Qualifikationen angesehen, die auf dem regulären Arbeitsmarkt nicht verfügbar sind (Evers 2012) [28]. Dass aus Sicht der Nutzungsbetriebe die Haupteinsatzmotive für den Einsatz von Zeitarbeitskräften ein flexibler und besser skalierbarer Personaleinsatz sind, zeigt sich auch in anderen Studien (z. B. Crimmann/Lehmann 2012, Bellmann u. a. 2012, VDMA 2012) [29], [27], [30].

2.4   Wandel des Normalarbeitsverhältnisses

2.4.1   Arbeitszeitkonten

Arbeitszeitkonten stabilisieren das Niveau der Beschäftigung, indem durch ihre Anwendung die Anzahl der Beschäftigten weniger variiert als die geleisteten Arbeitsstunden. Das bedeutet, dass der Personalstand nicht zwingend durch Kündigungen und/oder Neueinstellungen an konjunkturelle Schwankungen der Auftragslage und der Arbeitsnachfrage angepasst werden muss. Für Mehrarbeit müssen die Betriebe keine Überstundenzuschläge bezahlen. Die Arbeitnehmer überlassen den Unternehmen mit ihrem Zeitguthaben quasi einen zinslosen Kredit, solange die über die vereinbarte Soll-Arbeitszeit geleistete Arbeit noch nicht ausgeglichen oder vergütet wurde. Auch makroökonomisch sind Arbeitszeitkonten von Vorteil: Dass es in Deutschland gelang, trotz einer schweren Rezession infolge der Wirtschafts- und Finanzkrise einen wesentlichen Anstieg der Arbeitslosigkeit zu verhindern, ist auch auf die Nutzung von Arbeitszeitkonten zurückzuführen (Möller 2010, Bellmann/Gerner 2011, Carstensen 2011, Crimmann u. a. 2012) [31], [32], [33], [34].

Tabelle 2.4   Anteil der Betriebe mit Arbeitszeitkonten 2008, in Prozent

	Betriebe mit Arbeits-zeitkonten
Betriebsgröße	
1 bis 9 Beschäftigte	16
10 bis 49 Beschäftigte	38
50 bis 249 Beschäftigte	59
250 bis 499 Beschäftigte	72
500 und mehr Beschäftigte	83
Branche	
Landwirtschaft, Bergbau	29
Verarbeitendes Gewerbe und Bau	33
Handel, Kredit- und Versicherungsgewerbe, Verkehr und Nachrichten-übermittlung	20
Unternehmensbezogene Dienstleistungen	17
Sonstige Dienstleistungen	21
Öffentlicher Dienst, Organisationen ohne Erwerbszweck	33
Gesamt	**23**

Quelle: Bellmann u. a. (2011, S. 10) [36]

Eine Erhebung, die Informationen zur Verbreitung von Arbeitszeitkonten für einen längeren Zeitraum kontinuierlich zur Verfügung stellt, fehlt bislang. Allerdings finden sich insbesondere in den ISO- bzw. sfs-Befragungen und dem IAB-Betriebspanel Angaben zur Verbreitung von Arbeitszeitkonten bei den beschäftigten Arbeitnehmern. Im Jahr 1999 lag der Anteil der Beschäftigten mit einem Arbeitszeitkonto bei 36 % (Westdeutschland) bzw. 31 % (Ostdeutschland). Im Jahr 2010 hatten jeweils 50 % der Beschäftigten in West- und Ostdeutschland ein Arbeitszeitkonto (Zapf 2012, S. 46) [35]. Aus der Tabelle 2.4 geht hervor, dass Arbeitszeitkontensysteme vor allem in größeren Betrieben und im Verarbeitenden Gewerbe sowie in der Bauwirtschaft stark verbreitet sind (Bellmann u. a. 2011) [36]. Auch im Öffentlichen Sektor, der Landwirtschaft und im Bergbau haben etwa ein Drittel der Betriebe Arbeitszeitkonten.

Zeitkonten wird im Hinblick auf die Vereinbarkeit von Beruf und Familie/Privatleben eine große Bedeutung zugewiesen. Allerdings bestimmen konkrete betriebliche Regelungen und die betriebliche Praxis, wie groß die individuelle Autonomie bei der Nutzung der Arbeitszeitkonten tatsächlich ist. Insofern besteht kein Automatismus im Hinblick auf eine höhere Zeitsouveränität und bessere Lebensqualität (Hildebrandt 2004) [37].

Die Freiheitsgrade bei der Arbeitszeitgestaltung variieren auch nach dem Qualifikationsniveau der Beschäftigten. Aktuelle Auswertungen der Daten des Sozioökonomischen Panels von Eichhorst u. a. (2011) [16] zeigen, dass Mütter mit akademischen Abschlüssen wesentlich häufiger als Mütter mit Berufsausbildung flexible Arbeitszeitformen nutzen können (vgl. Tabelle 2.5): Höher gebildete haben einerseits seltener einen festgelegten Beginn und ein festes Ende der Arbeitszeit. Andererseits hat knapp die Hälfte der Personen in dieser Gruppe (48,5 %) zumindest eine gewisse Selbstbestimmung über die tägliche Arbeitszeit, während lediglich etwa ein Drittel (32,4 %) der Mütter mit Berufsausbildung das Gleiche über sich behaupten können.

Tabelle 2.5   Arbeitszeitgestaltung bei erwerbstätigen Müttern 2009, in Prozent

Arbeitszeitregelung	mit Berufs- ausbildung	höhere Bildung
Fester Beginn und festes Ende der Arbeitszeit	40	30
Vom Betrieb festgelegte, teilweise wechselnde Arbeitszeiten pro Tag	25	18
Keine formelle Arbeitszeitregelung	16	25
Gleitzeit mit Arbeitszeitkonto und teilweise Selbstbestimmung über die tägliche Arbeitszeit	16	23

Quelle: Eichhorst u. a. (2011) [16]

2.4.2   Kurzarbeit

In der Wirtschafts- und Finanzkrise 2008/09 war die deutsche Wirtschaft mit der schärfsten Rezession der Nachkriegszeit konfrontiert. So lag im ersten Quartal 2009 das preis- und saisonbereinigte Bruttoinlandsprodukt um 6,6 % niedriger als im ersten Quartal 2008. Eine Rezession dieser Schärfe hätte unter früheren Umständen zu einer extremen Belastung für den Arbeitsmarkt geführt (Möller 2010) [31]. Durch vereinfachte Verfahren und gezielte Anreize zur Einführung von konjunktureller Kurzarbeit verbesserten sich die betrieblichen Spielräume der intern-numerischen Flexibilität (Crimmann u. a. 2010) [38]. Die Kosten für den temporären Arbeitsausfall fielen aber nicht nur den Sozialkassen zur Last, auch Staat, Betriebe und Beschäftigte beteiligten sich und trugen so zur politischen und sozialen Akzeptanz bei (Crimmann u. a. 2009) [39]. Kurzarbeit war zwar in der Spitze für 60.000 krisengeschüttelte Betriebe eine Alternative zu Entlassungen (Crimmann/Wießner 2009) [40], sie ist aber nur ein Instrument in dem großen Orchester betrieblicher Flexibilitätsinstrumente (Bellmann u. a. 2012, Crimmann u. a. 2012) [41], [34] (vgl. Abbildung 2.3).

Insbesondere von der simultanen Nutzung von Arbeitszeitkonten und Kurzarbeit profitierten zeitweise rund 1,4 Mio. Beschäftigte. Der massive Einsatz von Flexibilisierungsmaßnahmen in Kurzarbeitsbetrieben liegt einerseits in den Personalanpassungskosten begründet. Andererseits schreiben gesetzliche Bestimmungen vor, Flexibilitätspuffer vor der Inanspruchnahme von Kurzarbeit weitgehend aufzubrauchen (Crimmann/Wießner 2009) [40].

Abbildung 2.3 Flexibilitätsmaßnahmen in von der Wirtschafts- und Finanzkrise 2008/09 betroffenen Kurzarbeitsbetrieben, in Prozent (Mehrfachnennungen möglich)

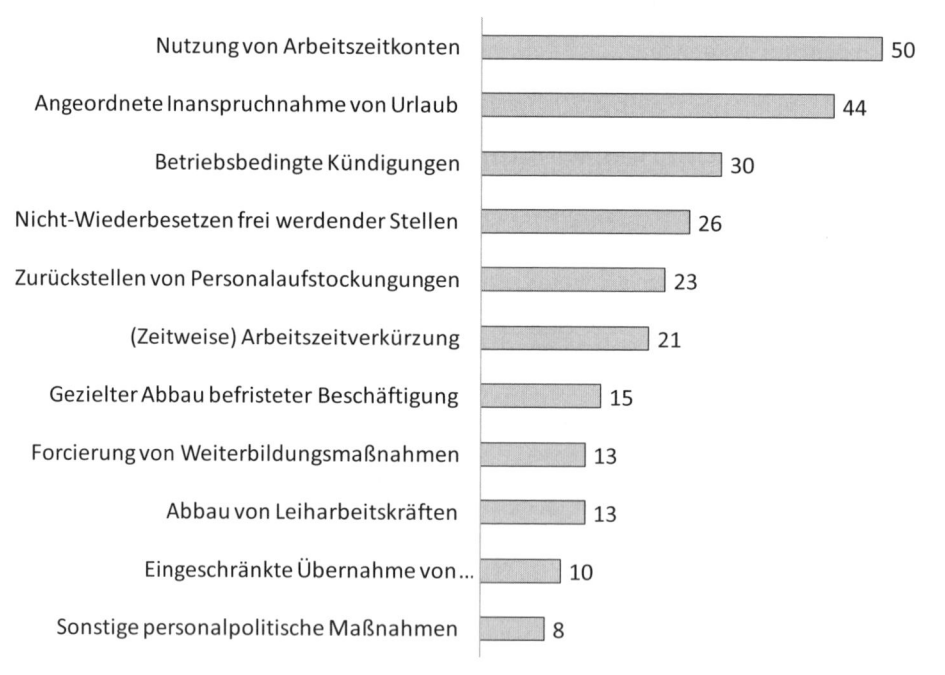

Quelle: IAB-Betriebspanel 2010, vgl. Bellmann u. a. (2012) [41]

Während in Krisenbetrieben ohne Kurzarbeit die Beschäftigung um 6 % zurückging, zeigen sich bei Kurzarbeitsbetrieben jedoch kaum negative Beschäftigungseffekte (Bellmann/Ger-

ner 2011) [32]. Scholz u. a. (2011) [42] finden Evidenz dafür, dass für die Betroffenen Kurzarbeit kein Abstellgleis war. Über alle Einkommens- und Beschäftigungsgruppen hinweg
wurde Kurzarbeit gleichmäßig abgebaut. Bemerkenswert ist auch, dass im Gegensatz zu
anderen Ländern hierzulande die Arbeitsproduktivität in der Krise erheblich zurückging.
Ein Grund dafür mag gewesen sein, dass sich seit 1995 die Arbeitsproduktivität parallel zur
Entwicklung in den anderen EU-Staaten entwickelte, aber die Reallöhne relativ sanken
(International Labour Office 2012) [43]. Die Betriebe konnten deshalb in Kauf nehmen, eine
gewisse Zeit Produktivitätseinbußen hinzunehmen, ohne zugleich die Wettbewerbsfähigkeit zu verlieren.

Kurzarbeit hat also komplementär mit anderen betrieblichen Flexibilisierungsmaßnahmen
dem Anstieg der Arbeitslosigkeit in der schweren, aber kurzen Krise wirksam entgegengewirkt (Bellmann u. a. 2012, Crimmann u. a. 2012) [41], [34]. Sollten die Schockwellen der
derzeitigen Schuldenkrise die deutsche Realwirtschaft treffen, wären eine längere Rezession und eine Zunahme struktureller Arbeitslosigkeit nicht auszuschließen. Die Kostenbelas-
tung der öffentlichen Hand durch Kurzarbeit in den Jahren 2008/09 in Verbindung mit
zunehmend kleiner werdenden finanziellen Spielräumen infolge der Schuldenbremse verringern die dann zur Verfügung stehenden Handlungsoptionen zusehends. Insofern bewirkte die fluktuationsreduzierende Wirkung von Kurzarbeit zwar in der Wirtschafts- und
Finanzkrise eine temporäre Stabilisierung von Beschäftigungsverhältnissen, die Vulnerabi-
lität des deutschen Arbeitsmarktes ist infolgedessen jedoch gestiegen.

2.4.3 Betriebliche Bündnisse für Beschäftigung und Standortsicherung

Seit Mitte der 90er Jahre haben sich im Zuge der tarifpolitischen Dezentralisierung jeweils mit Zustimmungsvorbehalten der tarifvertragsschließenden Parteien so genannte
Öffnungsklauseln (Ellguth/Kohaut 2010) [44] und betriebliche Bündnisse für Beschäftigung
und Standortsicherung im deutschen System der tarifpolitischen Dezentralisierung etabliert (Sisson/Martin Artiles 2000, Rehder 2003, Seifert/Massa-Wirth 2005, Ellguth/Kohaut
2008, Bellmann u. a. 2008, Bellmann/Gerner 2012a, 2012b) [45], [46], [47], [48], [49], [50], [51].

Die zwischen Betriebsrat und Unternehmensleitung ausgehandelten Vereinbarungen beinhalten meistens Zugeständnisse der Arbeitnehmer bei Arbeitszeiten und/oder übertarifli-
chen Leistungen. Als Gegenleistung dafür geben Arbeitgeber Beschäftigungs- und
Standortgarantien sowie Investitionszusagen. Diese Vereinbarungen sind Beispiele für
weitreichende Veränderungen in Prozessen und Strukturen von Kollektivverhandlungen.
Diese sind wesentlich komplexer geworden, weil die betriebliche Ebene nicht mehr nur für
die Implementierung von Verhandlungsergebnissen, die auf der Ebene von Branchen erzielt worden sind, zuständig ist. Von Betriebsräten erfordert dies neue Aufgaben und Verantwortung für die Anpassung an sich verändernde wirtschaftliche Situationen und damit
die Übernahme von Managementaufgaben (Sisson 2001) [52].

Mit den Daten des IAB-Betriebspanels untersuchten Ellguth und Kohaut (2008) [48] die Verbreitung von betrieblichen Bündnissen für Beschäftigung und Standortsicherung (Tabelle 2.6). Sie fanden heraus, dass im Jahr 2006 2 % aller Betriebe mit 14 % aller Beschäftigten ein betriebliches Bündnis abgeschlossen haben. Dabei sind größere Betriebe überrepräsentiert.

Tabelle 2.6   Verbreitung betrieblicher Bündnisse: Anteile der Betriebe und Beschäftigten in Betrieben mit betrieblichen Bündnissen 2006, in Prozent

Betriebsgröße	Betriebe mit betrieblichen Bündnissen	Beschäftigte in Betrieben mit betrieblichen Bündnissen
5 bis 49 Beschäftigte	2	2
50 bis 199 Beschäftigte	8	10
200 bis 499 Beschäftigte	19	20
500 und mehr Beschäftigte	35	43
Gesamt	2	14

Basis: privatwirtschaftliche Betriebe ab 5 Beschäftigten.
Quelle: Ellguth/Kohaut (2008, S. 213) [48]

Damit unterscheiden sich ihre Ergebnisse von anderen, z. B. Seifert/Massa-Wirth (2005) [47] und Hauser-Ditz u. a. (2006) [53], die nur einzelne Branchen und Betriebsgrößen betrachten und dabei eine wesentlich größere Verbreitung ermitteln. Für die Art der betrieblichen Bündnisse ermittelten Ellguth und Kohaut (2008) [48], dass 41 % als Reaktion auf eine bevorstehende Krise, aber 48 % als Instrument zur Förderung der Wettbewerbs- und Innovationsfähigkeit abgeschlossen wurden. Meistens umfassen betriebliche Bündnisse auch Arbeitszeitmaßnahmen (92 %), etwas weniger häufig auch Maßnahmen im Bereich der Vergütung (80 %). Oftmals haben sie auch gleichzeitig Maßnahmen in den Bereichen der Arbeitszeit und Vergütung (73 %), seltener nur Arbeitszeitmaßnahmen (20 %) oder ausschließlich Maßnahmen im Bereich der Vergütung (7 %) zum Gegenstand. Zu nennen sind noch organisatorische Maßnahmen bzw. flankierende Qualifizierungsmaßnahmen, die in 9 bzw. 24 % der Bündnisbetriebe vereinbart worden sind. Insgesamt spielen bei Arbeitszeitmaßnahmen die Einführung, Ausweitung und Neuregelung von Arbeitszeitkonten die größte Rolle. Hinsichtlich der Lohnmaßnahmen werden am häufigsten Abstriche bei den Sonderzahlungen vereinbart.

2.5   Fazit

Die hohe Beschäftigungsdynamik am Arbeitsmarkt in den Jahren 2010 und 2011 zeigt, wie robust die deutsche Volkswirtschaft dem konjunkturellen Einbruch in der Wirtschafts- und Finanzkrise getrotzt hat. Im internationalen Vergleich ist dies einzigartig: Nach Angaben der OECD weisen heute allein Chile und Deutschland niedrigere Arbeitslosenquoten auf als vor der Krise (OECD 2011) [54]. Erst der Abbau von Rigiditäten – insbesondere im Zuge der Hartz-Reformen – ermöglichte diese Entwicklung am Arbeitsmarkt. Auch wenn der Transformationsprozess für bestimmte Personengruppen schmerzlich war und ist, so zeigt die Entwicklung doch, dass die neugewonnene Flexibilität des Personaleinsatzes keineswegs nur Unternehmen nützt, sondern Arbeitssuchenden und vielen Beschäftigten die Freiräume gibt, die sie brauchen. Durch die Deregulierung der Leiharbeit bietet diese Beschäftigungsform gerade für Außenseiter am Arbeitsmarkt eine Chance, dort wieder Fuß zu fassen. Auch wenn manche Betroffenen auf Befristungen gerne verzichten würden, so garantieren sie doch Arbeitgeber und Arbeitnehmer Planungssicherheit für einen bestimmten Zeitraum. Geringfügige Beschäftigungsverhältnisse bieten insbesondere erwerbsfähigen Hilfebedürftigen die Möglichkeit, das Einkommen durch Erwerbsarbeit aufzustocken. Natürlich würden einige Teilzeitarbeitskräfte ihr Arbeitsangebot ausweiten, aber diese Beschäftigungsverhältnisse verbessern eben auch die Vereinbarkeit von Familie und Beruf. Atypische Beschäftigung muss also nicht schlecht sein.

Ganz gleich, ob Normalarbeitsverhältnis oder atypische Beschäftigung: Die besten Arbeitsplätze nützen wenig, wenn die individuellen mit den betrieblichen Arbeitszeitpräferenzen konfligieren. Arbeitszeitkonten haben dabei eine hybride Funktion: Zum einen können Beschäftigte damit ihre Arbeitszeit den persönlichen Bedürfnissen anpassen. Zum anderen bewirkt die Pufferfunktion einen temporären Schutz vor Entlassungen, wenn die betriebliche Arbeitsnachfrage sinkt. Die Bedeutung zeigte sich in der Wirtschafts- und Finanzkrise: Rund die Hälfte der Krisenbetriebe mit Kurzarbeit konnten gleichzeitig die Spielräume von Arbeitszeitkonten nutzen, um ihre Beschäftigten zu halten. Allerdings wäre für manche Betriebe Kurzarbeit vermeidbar gewesen, wenn sie noch im Aufschwung betriebliche Bündnisse zur Beschäftigungssicherung abgeschlossen hätten. Sie sind nicht nur ein Beitrag zur Stärkung der Innovations- und Wettbewerbsfähigkeit, sondern auch eine präventive Maßnahme bei antizipierten Absatzschwierigkeiten.

Also alles bestens? Nein, denn auch wenn die Sockelarbeitslosigkeit abgenommen hat, so beträgt nach Angaben der OECD der Anteil der Langzeitarbeitslosen in Deutschland immer noch 47,4 % (OECD 2011) [54]. Umso erstaunlicher, dass angesichts dieser Persistenz eine Hysterese am Arbeitsmarkt nicht nur vermieden werden konnte, sondern heute mehr Leute in Lohn und Brot stehen als vor der Krise. Sicher, die Lohntüte ist heute meist nicht mehr so gut gefüllt wie vor zehn Jahren und manch einer muss kleinere Brötchen backen; aber besser kleinere Brötchen backen als gar keine.

Literatur

[1] OECD (2010): OECD Wirtschaftsberichte. Deutschland 2010. OECD Publishing.

[2] Addison, J. T./Bryson, A./Teixeira, P./Pahnke, A./Bellmann, L. (2010): The state of collective bargaining and worker representation in Germany. The erosion continues. IZA Discussion Paper, No. 5030.

[3] DESTATIS – Statistisches Bundesamt (2010): Befristete Beschäftigung. Jeder elfte Vertrag hat ein Verfallsdatum. STATmagazin, 03/2010. https://www.destatis.de/DE/Publikationen/STATmagazin/ Arbeitsmarkt/2010_03b/2010_03PDF.pdf?__blob=publicationFile, Zugriff: 21.06.2012.

[4] Statistisches Bundesamt (2012): Arbeitsmärkte im Wandel. Wiesbaden.

[5] Ghemawat, P. (2011): Die Zukunft der Globalisierung. Evonik-Magazin, 2/2011, S. 9-13.

[6] Rürup, B./Heilmann, D. (2012): Fette Jahre. Warum Deutschland eine glänzende Zukunft hat. München: Carl Hanser Verlag.

[7] Bellmann, L./Bender, S./Schank, T. (1999): Flexibilität der Qualifikationsstruktur aus betrieblicher Sicht. Substitutionalität oder Komplementarität. In: Jahrbücher für Nationalökonomie und Statistik. Bd. 219, H. 1/2, S. 109-126.

[8] Hammer, M./Champy, J. (1995): Business reengineering. Die Radikalkur für das Unternehmen. Frankfurt a.M.: Campus Verlag.

[9] Kirchner, S./Oppen, M./Bellmann, L. (2008): Zur gesellschaftlichen Einbettung von Organisationswandel. Einführungsdynamik dezentraler Organisationsstrukturen. IAB Discussion Paper, No. 37, Nürnberg.

[10] Bundesagentur für Arbeit (2011): Fachkräfte für Deutschland. Perspektive 2025, Nürnberg.

[11] Fuchs, H./Dörfler, G. (2005): Projektion des Arbeitsangebots bis 2050. Demografische Effekte sind nicht mehr zu bremsen. IAB-Kurzbericht, 11/2005, Nürnberg.

[12] Reinberg, A./Hummel, M. (2001): Bildungsexpansion in Westdeutschland. Stillstand ist Rückschritt. IAB-Kurzbericht, 8/2001, Nürnberg.

[13] TzBfG: Teilzeit- und Befristungsgesetz. Vom 21. Dezember 2000, zuletzt geändert am 20. Dezember 2011. www.gesetze-im-internet.de/tzbfg/, Zugriff: 03.02.2012.

[14] Hartz-Gesetze: Hartz I und II: erstes und zweites Gesetz für moderne Dienstleistungen am Arbeitsmarkt. Vom 1.1.2003; Hartz III: drittes Gesetz für moderne Dienstleistungen am Arbeitsmarkt. Vom 1.1.2004; Hartz IV: viertes Gesetz für moderne Dienstleistungen am Arbeitsmarkt. Vom 01.07.2004.

[15] IAB – Institut für Arbeitsmarkt und Berufsforschung (2011): Zahlen zum Thema „Auslaufmodell Normalarbeitsverhältnis?" www.iab.de/1406/view.aspx, Zugriff: 15.03.2012.

[16] Eichhorst, W./Marx, P./Tobsch, V. (2011): Familienfreundliche flexible Arbeitszeiten. IZA Compact, S. 1-4.

[17] BeschFG: Beschäftigungsförderungsgesetz. Vom 26. April 1985, aufgehoben am 21. Dezember 2000. http://beck-online.beck.de/default.aspx?bcid=Y-100-G-BeschFG, Zugriff: 15.06.12

[18] AÜG: Arbeitnehmerüberlassungsgesetz. Vom 3. Februar 1995, zuletzt geändert am 20. Dezember 2011. www.gesetze-im-internet.de/a_g/, Zugriff: 08.06.2012.

[19] Franz, W. (1986): Arbeitslosigkeit und ihre Ursachen in der Arbeitsmarkttheorie der achtziger Jahre. Einige mikro- und makroökonomische Aspekte. In: Krupp, H.-J./Rohwer, B./Rothschild, K. W. (Hrsg.), Wege zur Vollbeschäftigung. Freiburg im Breisgau: Rombach, S. 32-49.

[20] Keller, B./Seifert, H. (2011): Atypische Beschäftigung und soziale Risiken. WISO Diskurs, Friedrich-Ebert Stiftung Berlin.

[21] Europäische Kommission (2008): Employment in Europe 2008. Luxemburg.

[22] Wingerter, C. (2009): Der Wandel der Erwerbsformen und seine Bedeutung für die Einkommenssituation Erwerbstätiger. In: Wirtschaft und Statistik, 11, S. 1080-1098.

[23] Hohendanner, Ch. (2010): Befristete Arbeitsverträge zwischen Auf- und Abschwung. Unsichere Zeiten, unsichere Verträge? IAB-Kurzbericht, 14/2010, Nürnberg.

[24] Crimmann, A./Ziegler, K./Ellguth, P./Kohaut, S./Lehmer, F. (2009): Forschungsbericht zum Thema „Arbeitnehmerüberlassung". Endbericht des IAB zum 29. Mai 2009. Nürnberg: Bundesministerium für Arbeit und Soziales, Forschungsbericht Arbeitsmarkt, Nr. 397.

[25] Bundesagentur für Arbeit (2012): Arbeitnehmerüberlassung, Leiharbeitnehmer und Verleihbetriebe. Zeitreihe ab 1973, Nürnberg.

[26] Bundesagentur für Arbeit (2012): Der Arbeitsmarkt in Deutschland. Zeitarbeit in Deutschland. Aktuelle Entwicklungen. Nürnberg.

[27] Bellmann, L./Crimmann, A./Kohaut, S. (2012): Zeitarbeit aus betrieblicher Perspektive. In: Bouncken, R. B./Bornewasser, M./Bellmann, L. (Hrsg.), Beiträge zur Flexibilisierung. Bd. 3. Mering: Rainer Hampp Verlag, S. 27-38.

[28] Evers, K. (2012): Zeitarbeit: Gründe. Strategien. Intensität. In: Bouncken, R. B./Bornewasser, M./Bellmann, L. (Hrsg.), Beiträge zur Flexibilisierung. Bd. 3. Mering: Rainer Hampp Verlag, S. 55-74.

[29] Crimmann, A./Lehmann C. (2012): Der Preis der Flexibilität. Was darf Zeitarbeit kosten? In: Bouncken, R. B./Bornewasser, M./Bellmann, L. (Hrsg.), Beiträge zur Flexibilisierung. Bd 3. Mering: Rainer Hampp Verlag, S. 103-136.

[30] VDMA (2012): Zeitarbeit im Deutschen Maschinen- und Anlagenbau. Ergebnisse einer Kurzumfrage im Herbst 2011. Frankfurt a.M.: Verband Deutscher Maschinen- und Anlagenbauer.

[31] Möller, J. (2010): The german market response in the world recession. De-mystifying a miracle. In: Zeitschrift für ArbeitsmarktForschung, 43, S. 325-336.

[32] Bellmann, L./Gerner, H.-D. (2011): Reversed roles? Wage and employment effects of the current crisis. In: Research in Labor Economics, 32, S. 181-206.

[33] Carstensen, V. (2011): Unraveling the german jobs miracle in the great recession. A stochastic dominance approach. Vortragsmanuskript für den IAB-LASER-Workshop "Increasing Labor Market Flexibility – Boon or Bane?", 18.-19. März 2011, Nürnberg.

[34] Crimmann, A./Wießner, F./Bellmann, L. (2012): Resisting the crisis. Short-time work in Germany. In: International Journal of Manpower (im Erscheinen).

[35] Zapf, I. (2012): Flexibilität am Arbeitsmarkt durch Überstunden und Arbeitszeitkonten. Messkonzepte, Datenquellen und Ergebnisse im Kontext der IAB-Arbeitszeitrechnung. IAB-Forschungsbericht, 03/2012, Nürnberg.

[36] Bellmann, L./Ellguth, P./Gerner, H.-D. (2011): Betriebliche Arbeitszeiten. Auswertungen des IAB-Betriebspanels. Expertise für die Familienberichtskommission. Unveröffentlichtes Manuskript, Nürnberg.

[37] Hildebrandt, E. (2004): Balance von Arbeit und Leben. Neue Arbeitszeitmodelle für mehr Lebensqualität? In: WZB-Mitteilungen, 104, S. 17-21.

[38] Crimmann, A./Wießner, F./Bellmann, L. (2010): The german work-sharing scheme. An instrument for the crisis, conditions of work and employment series. No. 25. Genf: International Labour Office.

[39] Crimmann, A./Möller, J./Stops, M./Walwei, U. (2009): Kurzarbeit. Wann und wie lange lohnt sie sich? IAB-Forum, Nr. 2, S. 104-111, Nürnberg.

[40] Crimmann, A./Wießner, F. (2009): Wirtschafts- und Finanzkrise. Verschnaufpause dank Kurzarbeit. IAB-Kurzbericht, 14/2009, Nürnberg.

[41] Bellmann, L./Crimmann, A./Gerner, H.-D./Wießner, F. (2012): Work sharing as an alternative to layoffs. Lessons from the german experience during the crisis. In: Messenger, J./Gosheh N. (Hrsg.), Work sharing during the Great recession and beyond. Genf: International Labour Organisation (im Erscheinen).

[42] Scholz, Th./Sprenger, Ch./Bender, St. (2011): Kurzarbeit in Nürnberg. Beruflicher Zwischenstopp oder Abstellgleis? IAB-Kurzbericht, 15/2011, Nürnberg.

[43] International Labour Office (2012): Global employment trends 2012. Preventing a deeper jobs crisis. Genf.

[44] Ellguth, P./Kohaut, S. (2010): Auf der Flucht? Tarifaustritte und die Rolle von Öffnungsklauseln. Industrielle Beziehungen. In: The German Journal of Industrial Relations, 17, S. 345-371.

[45] Sisson, K./Martin Artiles, A. (2000): Handling restructuring. Collective agreements on employment and competitiveness. Dublin: European Foundation for the Improvement of Living and Working Conditions.

[46] Rehder, B. (2003): Betriebliche Bündnisse für Arbeit in Deutschland. Mitbestimmung und Flächentarif im Wandel. Frankfurt a.M.: Campus Verlag.

[47] Seifert, H./Massa-Wirth, H. (2005): Pacts for employment and competitiveness in Germany. In: Industrial Relations Journal, 36, S. 217-240.

[48] Ellguth, P./Kohaut, S. (2008): Ein Bund fürs Überleben? Betriebliche Vereinbarungen zur Beschäftigungs- und Standortsicherung. Industrielle Beziehungen. In: The German Journal of Industrial Relations, 15, S. 209-232.

[49] Bellmann, L./Gerlach, K./Meyer, W. (2008): Company-level pacts for employment. In: Journal of Economics and Statistics, 228, 5+6, S. 533-553.

[50] Bellmann, L./Gerner, H.-D. (2012a): Company-level pacts for employment in the global crisis 2008/09. First evidence from representative german establishment panel data. In: International Journal of Human Resource Management (im Erscheinen).

[51] Bellmann, L./Gerner, H.-D. (2012b): Continuous training and company-level pacts for employment in Germany. In: Journal of Economics and Statistics, 232, 2, S. 98-115.

[52] Sisson, K. (2001): Pacts for employment and competitiveness. An opportunity to reflect on the role and practice of collective bargaining. In: European Review of Labour and Research, 7, 4, S. 600-615.

[53] Hauser-Ditz, A./Hertwig, M./Pries, L. (2006): Kurzbericht. Erste Ergebnisse der BISS-Befragung. Bochum.

[54] OECD (2011): OECD Employment Outlook 2011. OECD Publishing.

3 Flexibilität in Unternehmen der Metall- und Elektroindustrie

Norbert Baszenski, Sascha Stowasser

3.1   Bisherige (Forschungs-)Erkenntnisse zum Thema „Flexibilität"

Es dürfte allgemeiner Konsens sein, dass für Unternehmen die wichtigsten Zielgrößen Kosten, Qualität und Zeiten sind. Das wird sich auch in der Zukunft nicht grundlegend ändern (Abele u. a. 2011, S. 34) [1]. Es kommt aber als relevante Rahmenbedingung immer stärker darauf an, diese Ziele unter sich rasch ändernden Bedingungen zu erreichen. Die Fähigkeit eines Unternehmens, auf veränderte Kundenanforderungen und Störungen im Betriebsablauf kurzfristig ohne strukturelle Modifikationen reagieren zu können, soll im Folgenden als „Flexibilität" verstanden werden. Wie die wirtschaftliche Entwicklung insbesondere in Deutschland in der Zeit von 2007 bis 2011 gezeigt hat, gab es bei Unternehmen wie im Bereich des Maschinenbaus oder der Nutzfahrzeughersteller zunächst gravierende Umsatzeinbrüche von bis zu 70 %, die im nächsten Jahr von Umsatzzuwächsen in ähnlicher Größe abgelöst wurden (unveröffentlichte Untersuchung des ifaa). Ähnlich hohe Flexibilität wird von den Unternehmen im Hinblick auf neue und vor allem kundenspezifische Produkte gefordert. Wie und in welchem Umfang das gelingen kann, ist bei Weitem noch nicht geklärt. Aus Anlass des Kongresses „Mit Flexibilität zum Unternehmenserfolg", der gemeinsam vom Fraunhofer-Institut IAO, der Deutschen MTM-Vereinigung, dem REFA-Bundesverband und dem Institut für angewandte Arbeitswissenschaft organisiert wurde, wurde eine Expertenbefragung durchgeführt. Sie zeigte eine große Differenz zwischen der Bedeutung der Reaktionsfähigkeit auf Auftragsschwankungen und Mengenänderungen einerseits und dem Ist-Zustand andererseits auf (Spath u. a. 2005, S. 10) [2]. Eine Befragung des Instituts der deutschen Wirtschaft Köln von 2.025 Unternehmen im Rahmen der Konjunkturumfrage des Instituts zeichnet zwar ein positiveres Bild der Situation in den Unternehmen, eine größere Flexibilität wurde aber nur auf den Feldern Arbeitszeit und Qualifikationen erreicht (IW Köln 2006) [3]. Eine neuere Erhebung des Instituts der deutschen Wirtschaft Köln zeigt ebenfalls, dass bei knapp der Hälfte der befragten Unternehmen auf Grund des Kosten- und Veränderungsdrucks Flexibilisierungsmaßnahmen im Vordergrund stehen (Flüter-Hoffmann 2011, S. 5) [4]. Mehrheitlich betreffen die dazu eingesetzten Maßnahmen den Bereich der Arbeitszeitgestaltung und den Personaleinsatz. Obwohl das Thema in der Vergangenheit schon häufig untersucht wurde, ist ein ganzheitlicher und systematischer Ansatz eher selten von den Unternehmen verfolgt worden. Diese Einschätzung wurde durch Befunde des Fraunhofer Instituts für System- und Innovationsforschung (Kinkel u. a. 2007, S. 11) [5] bestätigt. Danach nutzt nur ein Viertel der deutschen Industriebetriebe Flexibilität als Wettbewerbsvorteil. Vor allem Produktionskooperationen wurden von weniger als der Hälfte der Unternehmen genutzt. Ebenfalls vom Fraunhofer-Institut für System- und Innovationsforschung stammt eine Erhebung, die auf der Basis von verschiedenen Dimensionen der Flexibilität unterschiedliche Betriebstypen identifiziert hat. Darin konnte außerdem festgestellt werden, dass sich die unterschiedlichen Betriebstypen in der Häufigkeit der Nutzung der Flexibilisierungsinstrumente unterscheiden (Kinkel u. a. 2010, S. 5) [6]. Dass die in den Unternehmen gegebene Flexibilität nicht immer dem benötigten Bedarf entspricht, wurde schließlich in einer Studie des Instituts für angewandte

Arbeitswissenschaft (ifaa), Düsseldorf, zum Bedarf und zur Realisation der Arbeitszeitflexibilität in der Automobilindustrie deutlich (Baszenski 2008, S. 44) [7].

Seit 2009 wird das Thema „Flexibilität" in vielen Projekten unter dem Aspekt „Balance von Flexibilität und Stabilität" behandelt, da das Bundesministerium für Bildung und Forschung (BMBF) eine entsprechende Förderbekanntmachung im August 2008 veröffentlicht hat. Einen Überblick über die geförderten und größtenteils noch laufenden Vorhaben bietet die Internetseite balanceonline.org [8]. Vielen Projekten ist gemeinsam, dass keine Unterscheidung zwischen dem Bedarf oder den Auslösern für Flexibilität und den eingesetzten Maßnahmen oder Instrumenten für die Erreichung von Flexibilität vorgenommen wird. In dem im Folgenden näher beschriebenen ifaa-Projekt sollten vor allem diese beiden Aspekte von Flexibilität und der Flexibilitätsbedarf – soweit möglich quantitativ – bestimmt werden.

3.2　　Die Ziele des ifaa-Projektes „Gestufte Flexibilität"

Das Vorhaben beruhte auf zwei Annahmen: (1.) Der Bedarf an Flexibilität in den einzelnen Unternehmen der deutschen Metall- und Elektroindustrie ist unterschiedlich stark ausgeprägt und erstreckt sich auf verschiedene Bereiche (z. B. Arbeitszeit, Betriebszeit, Personaleinsatz, Ablauforganisation u. a.). (2.) Nicht alle Möglichkeiten eines Unternehmens, flexibel auf die verschiedenen Anforderungen zu reagieren, werden genutzt und sind in den Unternehmen nicht immer optimal auf den tatsächlichen Bedarf abgestimmt.

In einer Auswahl von Unternehmen sollten Kriterien, die den Bedarf an Flexibilität bestimmen, mit ihren jeweiligen Ausprägungen identifiziert und untersucht werden. Dazu wurde ein Fragebogen entwickelt und in einzelnen Unternehmen mittels persönlicher, teilstandardisierter Interviews angewendet. Ziel war es festzustellen, ob es typische Kombinationen bei den verschiedenen Kriterien und Ausprägungen gibt („Cluster"). Des Weiteren wurden Elemente zur Gestaltung eines flexiblen Unternehmens bestimmt und deren Anwendungshäufigkeit ermittelt.

Für die Erhebung wurde ein Fragebogen entwickelt, der Antworten enthielt zu den Bereichen

1. Charakteristik des Unternehmens wie Branche, Umsatzgröße, Produktspektrum, Fertigungsart und -struktur, Selbsteinschätzung der vorhandenen Flexibilität,

2. Flexibilitätsbedarf und dessen quantitative Ausprägung,

3. Auswirkungen der Wirtschaftskrise in den Jahren 2007 bis 2010 hinsichtlich Umsatzveränderung, Einsatz von Zeitarbeitnehmern, Nutzung von Kurzarbeit, Veränderung der Salden auf Arbeitszeitkonten, Entlassungen und Nutzung des Tarifvertrags zur Beschäftigungssicherung,

4. Eingesetzte Flexibilitätsinstrumente auf den Gebieten Arbeitszeitgestaltung, Arbeitsorganisation und Betriebsmitteleinsatz.

3.3   Charakteristik der beteiligten Unternehmen

Der Kontakt zu den Unternehmen erfolgte über die Vermittlung der Arbeitgeberverbände der Metall- und Elektroindustrie im Herbst 2010. Es haben sich insgesamt 21 Unternehmen an dem Projekt beteiligt. In der Planung des Projektes wurde von einer größeren Beteiligung ausgegangen. Aufgrund der Anzahl der teilnehmenden Unternehmen und Verteilung hinsichtlich Betriebsgröße und Branche sind die folgenden Ergebnisse ausschließlich als Trend zu betrachten.

Die Erhebung der Antworten erfolgte bis Januar 2011. In der Auswertung konnten die Angaben von Unternehmen aus dem gesamten Bundesgebiet berücksichtigt werden. Die räumliche Konzentration lag in Niedersachsen und im Siegerland. Die Unternehmen sind unterschiedlichen Wirtschaftzweigen zugeordnet. Mit jeweils etwa einem Drittel dominieren der Maschinenbau und die Metallverarbeitung. Die nächstgrößeren Gruppen stellen die Unternehmen der Metallerzeugung und der Elektrotechnik. Für die Untersuchung konnten Unternehmen sehr unterschiedlicher Größe gewonnen werden. Diese wurden in Form des jährlichen Umsatzes erfasst. Die Spanne reichte von 1,5 Mio. Euro bis zu ca. 2,6 Mrd. Euro. Bezugsjahr war das jeweils letzte abgeschlossene Geschäftsjahr (2009). In drei Ausnahmefällen war der Bezugszeitraum das Jahr 2010. In dem Untersuchungsfeld dominieren die mittelständischen Unternehmen mit einem Umsatz zwischen 10 und 250 Mio. Euro. Auf diese Gruppe entfällt ein Anteil von ca. 60 % aller Teilnehmer.

Um die Unternehmen genauer zu charakterisieren und zu unterscheiden, wurde nach

■ der überwiegenden Auftragsauslösungsart,

■ der überwiegenden Fertigungsart und

■ der Fertigungsstruktur im Sinne der Fertigungstiefe

gefragt. Soweit die Angaben innerhalb eines Unternehmens je nach Produktgruppe oder Sparte unterschiedlich ausfielen, wurden die Angaben für den umsatzstärksten Bereich zugrunde gelegt.

Bei der Auftragsauslösungsart überwiegen mit zwei Dritteln die Unternehmen, die die Produktion auf der Basis von Einzelaufträgen steuern. Ein Viertel der Antworten entfiel auf die Kategorie „Produktion auf Bestellung mit Rahmenaufträgen". Jeweils einmal waren die übrigen Antwortmöglichkeiten „kundenanonyme Vorproduktion" und „Produktion auf Lager" genannt worden.

Die abgefragten Fertigungsarten verteilen sich dagegen gleichmäßiger. Jeweils ca. ein Drittel betreibt Einmalfertigung oder Serienfertigung. Dabei haben alle Einmalfertiger zuvor die Auftragsauslösungsart „Einzelaufträge" angegeben. Ein weiteres Viertel der Antworten entfällt auf Einzel- und Kleinserienfertiger. In den Antworten zeigt sich, dass ein großer Teil der Unternehmen sehr kundenspezifisch Produkte fertigt.

Für die Beurteilung der Fertigungstiefe sollte für die Antwort der Anteil des Materialaufwands am Umsatz maßgeblich sein. Danach verteilen sich die Antworten relativ gleichmäßig auf die Kategorien „große", „mittlere" und „geringe Fertigungstiefe".

Die Antworten im Detail und die jeweiligen Antwortkombinationen zeigt Abbildung 3.1. Dabei steht jede Spalte der grauen Markierungen für ein Unternehmen. Bei insgesamt 21 teilnehmenden Unternehmen zeigten sich 14 verschiedene Kombinationen der Antworten.

Abbildung 3.1   Produktionscharakteristik der befragten Unternehmen

Auftragsauslösung	Anteile	1	21	19	25	24	27	10	13	11	8	16	26	22	9	12	23	18	17	14	28	15
Einzelaufträge	66%																					
Rahmenaufträge	24%																					
kundenanonyme Vorproduktion	5%																					
Produktion auf Lager	5%																					
Fertigungsart																						
Einmalfertigung	38%																					
Einzel- und Kleinserienfertigung	24%																					
Serienfertigung	33%																					
Massenfertigung	5%																					
Fertigungsstruktur																						
große Fertigungstiefe	29%																					
mittlere Fertigungstiefe	38%																					
geringe Fertgiungstiefe	33%																					

Zum Abschluss des ersten Teils des Fragebogens wurden die Teilnehmer gebeten, selbst einzuschätzen, ob ihr Unternehmen flexibel genug auf die Anforderungen der Kunden und die Marktturbulenzen reagieren kann. Die zu beantwortende Frage lautete: „Haben Sie den Eindruck, dass Ihr Unternehmen flexibel genug reagieren kann?" Es wurde eine neunstufige Antwortskala vorgegeben, bei der „1" ein uneingeschränktes Ja und „9" ein uneingeschränktes Nein bedeutete. Die Antworten tendierten eher zu „Ja" als zum anderen Antwortpol. Im Mittel der Antworten lag der rechnerische Wert bei 3,45, was bedeutet, dass die Unternehmen ihre Fähigkeit, flexibel reagieren zu können, im Wesentlichen für ausreichend halten.

3.4   Auswirkungen und Reaktionen der Wirtschaftskrise ab 2008

Die Finanz- und Wirtschaftskrise der letzten Jahre hat die Unternehmen, die sich an der Untersuchung beteiligt haben, sehr unterschiedlich getroffen. Im Einzelfall betrugen die

Umsatzrückgänge von 2007 zu 2009 bis zu 75 %. Allerdings gab es auch ein Unternehmen mit einem Umsatzzuwachs in diesem Zeitraum von mehr als 20 %. Für die Auswertung wurden drei Gruppen von Unternehmen gebildet:

- Unternehmen mit Umsatzrückgängen im genannten Zeitraum von einem Drittel und mehr,

- Unternehmen mit moderaten Umsatzrückgängen von bis zu einem Drittel und

- Unternehmen mit Umsatzzuwachs.

Die Umsatzentwicklungen in diesen Gruppen im Durchschnitt zeigt die Abbildung 3.2. Ein Zusammenhang zwischen Wirtschaftszweig und Umsatzentwicklung ist dabei nicht eindeutig feststellbar. So sind in allen drei Gruppen z. B. Unternehmen des Maschinenbaus und Hersteller von Metallerzeugnissen vertreten. Auch ein Zusammenhang mit der Unternehmensgröße in Form des Umsatzvolumens ist nicht nachweisbar.

Werden die Angaben zum Flexibilitätsbedarf insgesamt betrachtet, ist im Durchschnitt bei den Unternehmen, die in der Wirtschaftskrise eine Umsatzsteigerung verzeichnen konnten, der Flexibilitätsbedarf eher etwas geringer als in den beiden anderen Gruppen. Diese unterschieden sich im Hinblick auf die durchschnittliche Höhe der Flexibilitätsanforderungen kaum.

Abbildung 3.2   Durchschnittliche Umsatzentwicklungen (normiert auf das Jahr 2007)

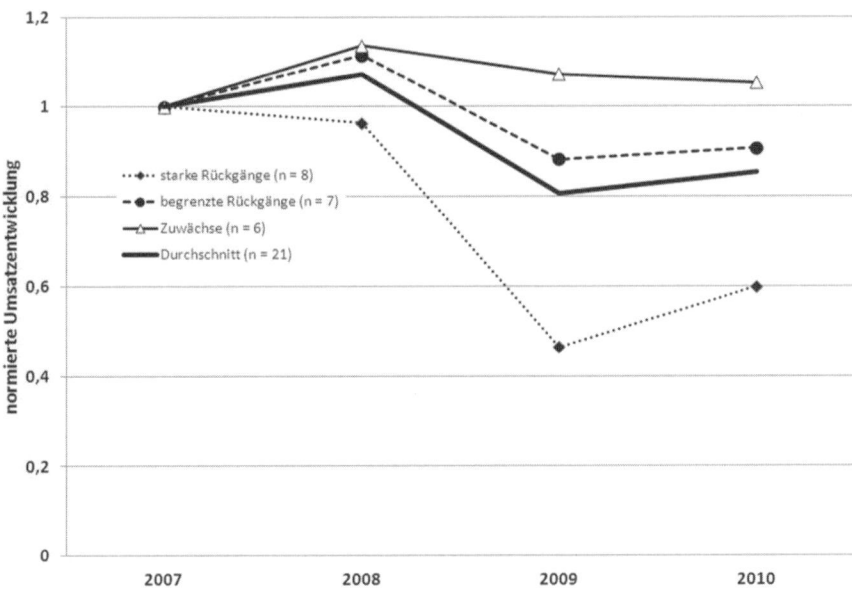

Die Erhebung hat auch die Nutzung von Maßnahmen zur Reaktion auf die Wirtschaftskrise erfasst. Als solche kamen vor allem der Abbau von Zeitkonten, die Nutzung von Zeitarbeitnehmern, die Anmeldung von Kurzarbeit, der Abbau von Personal und die Nutzung der tariflichen Regelungen zur Beschäftigungssicherung (TV Besch) in Frage. Die Intensität der Nutzung der verschiedenen Instrumente zeigt die nachstehende Abbildung 3.3.

Abbildung 3.3　　Nutzung von Instrumenten zur Bewältigung der Wirtschaftskrise

Es fällt auf, dass alle befragten Unternehmen in den zurückliegenden Jahren die Guthaben auf den Arbeitszeitkonten ihrer Beschäftigten abgebaut haben – auch die Unternehmen, die Umsatzzuwächse zu verzeichnen hatten. In der Analyse konnte auch festgestellt werden, dass die Zeitkonten z. T. vollständig abgebaut wurden. Eine Nutzung des vereinbarten negativen Bereichs war nicht festzustellen. Das ist nicht überraschend, denn in dem Fall wäre keine Verbesserung der Liquidität erreicht worden: Die Bezahlung der Beschäftigten würde weiter auf der Basis der vertraglichen Arbeitszeitvolumen erfolgen. Die zunächst nicht erbrachten Arbeitsstunden würden erst später bei Bedarf erbracht. Das Instrument der Arbeitnehmerüberlassung und der Kurzarbeit wurde von jeweils drei Viertel der Unternehmen genutzt, in der Gruppe der Unternehmen mit starken Umsatzrückgängen jeweils von allen. Aber auch in der Gruppe der Unternehmen mit Umsatzwachstum wurde in Einzelfällen vorübergehend Kurzarbeit eingeführt. Zeitarbeitnehmer wurden dort in der Hälfte der Unternehmen eingesetzt, meist mit der Tendenz, den Umfang auszudehnen. Die Auswirkungen dieser Maßnahmen konnten allerdings in einem Drittel der Unternehmen den Abbau von Personal nicht verhindern. Davon waren Unternehmen mit Umsatzrückgängen und in einem Fall auch mit Umsatzzuwachs betroffen. Der Tarifvertrag zur Beschäftigungssicherung mit der Möglichkeit, die Arbeitszeit bei entsprechender Entgeltkürzung zu reduzieren, wurde bei den untersuchten Unternehmen relativ selten angewandt (13 %). Die anderen zuvor beschriebenen Maßnahmen erschienen, wohl vor allem aus Sicht der Beschäftigten, die weniger ungünstigen Lösungen zu sein.

Wenig überraschend ist die Feststellung, dass umso mehr Regelungen gleichzeitig genutzt wurden, je stärker die Umsatzrückgänge waren.

3.5   Kennzeichen des Flexibilitätsbedarfs in den Unternehmen

Als maßgebliche Größen für den betrieblichen Bedarf an Flexibilität wurden bei der Erstellung des Fragebogens identifiziert:

- die Schwankungen des Auftragsvolumens,

- die zeitliche Vorhersehbarkeit dieser Schwankungen,

- die Breite des Produktspektrums,

- die Häufigkeit von Produktionsneuanläufen,

- der Umfang von Krankheitsausfällen,

- die Anzahl von Rüstvorgängen,

- der Qualifizierungsbedarf durch neue Produktionsmittel,

- fehlende eigene Produktionskapazitäten und

- Lieferverzögerungen durch Lieferanten.

Diese Größen wurden soweit möglich quantitativ erfasst. Dazu wurden teilweise Antwortkategorien vorgegeben. In Abbildung 3.4 ist die Verteilung der Antworten zu den einzelnen Bestimmungsgrößen für den Flexibilitätsbedarf wiedergegeben.

Abbildung 3.4   Antworten zu den Bestimmungsgrößen für den Flexibilitätsbedarf

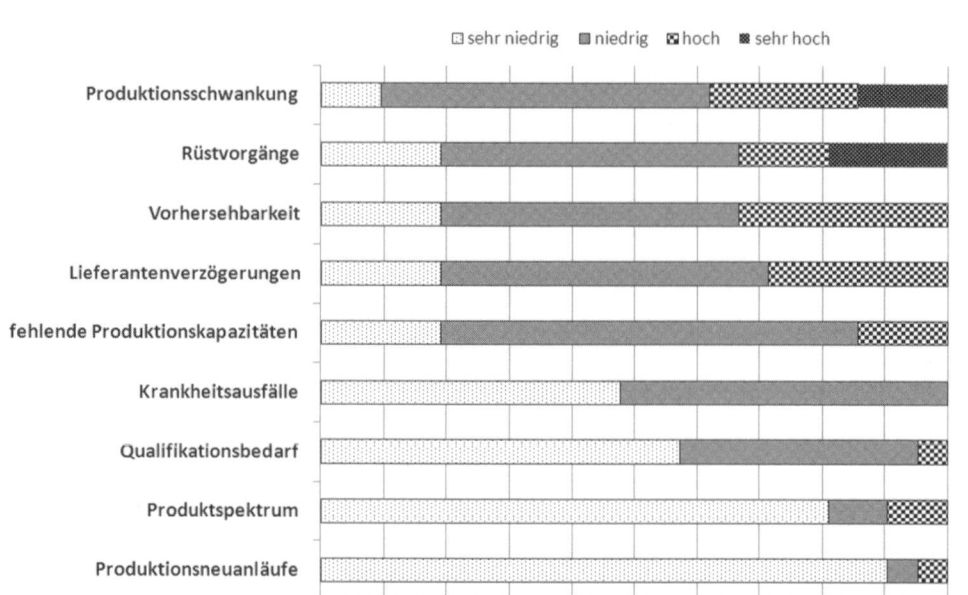

Aus diesen Antworten wurde das durchschnittliche Flexibilitätsbedarfsprofil im Vergleich zu den einzelnen Unternehmensangaben abgeleitet. Dazu wurde die Anzahl der Antworten in den einzelnen Stufen der Größen für den betrieblichen Bedarf an Flexibilität gewichtet aufaddiert und gemittelt. Ein Wert von 100 % ergäbe sich danach, wenn alle Unternehmensantworten auf die Stufe „sehr hoher Flexibilitätsbedarf" von insgesamt vier möglichen Stufen entfallen wären. Der über alle Teilnehmer gemittelte Flexibilitätsbedarf ist in der Abbildung 3.5 zu sehen. Im Durchschnitt waren die höchsten Anforderungen in den Kategorien „Lieferverzögerungen der Lieferanten" und „Vorhersehbarkeit der Produktionsschwankungen" zu verzeichnen. Beide Bereiche sind von den Unternehmen letztlich nicht direkt beeinflussbar. Es wird aber auch deutlich, dass die Flexibilität eines Unternehmens nur unter Berücksichtigung der gesamten Lieferkette erreicht werden kann.

Abbildung 3.5   Durchschnittliches Flexibilitätsprofil

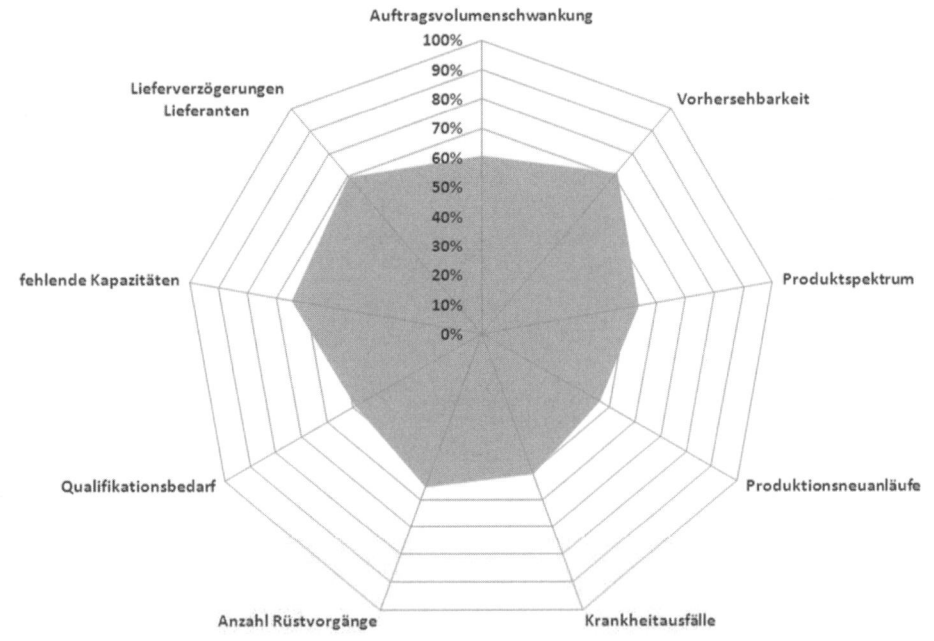

Betrachtet man die Antwortkombinationen für die einzelnen Unternehmen, fällt auf, dass nur zwei von 21 Unternehmen identische Angaben zu den Bestimmungsgrößen gemacht haben. Bei den untersuchten Unternehmen ist – vor dem Hintergrund der geringen Anzahl der befragten Firmen – folglich kein Muster für den Flexibilitätsbedarf erkennbar. Auch innerhalb gleicher Wirtschaftszweige gibt es unterschiedlichste Angaben. In der folgenden Abbildung 3.6 sind die Antworten für die einzelnen Unternehmen in anonymisierter Form dargestellt. Jede Spalte steht jeweils für ein Unternehmen.

Bildet man aus den Antworten der Unternehmen eine Punktzahl für den Flexibilitätsbedarf, indem für eine Antwort in der jeweiligen Stufe 1 ein Punkt und entsprechend für eine Antwort in der Stufe 2 zwei Punkte usw. berechnet werden, so konnte ein Maximalwert von 29 Punkten erreicht werden (7 Kategorien mit 3 Stufen, zwei Kategorien mit 4 Stufen). Die tatsächlich erreichten Werte schwanken zwischen 13 und 19, liegen also eher im Mittelfeld der theoretisch möglichen Antworten. Die Hälfte der Antworten entfällt auf die Spanne 17 bis 19 Punkte, jeweils ein Viertel auf die Bereiche 13 bis 14 Punkte und 15 bis 16 Punkte.

Abbildung 3.6   Flexibilitätsbedarf je Unternehmen

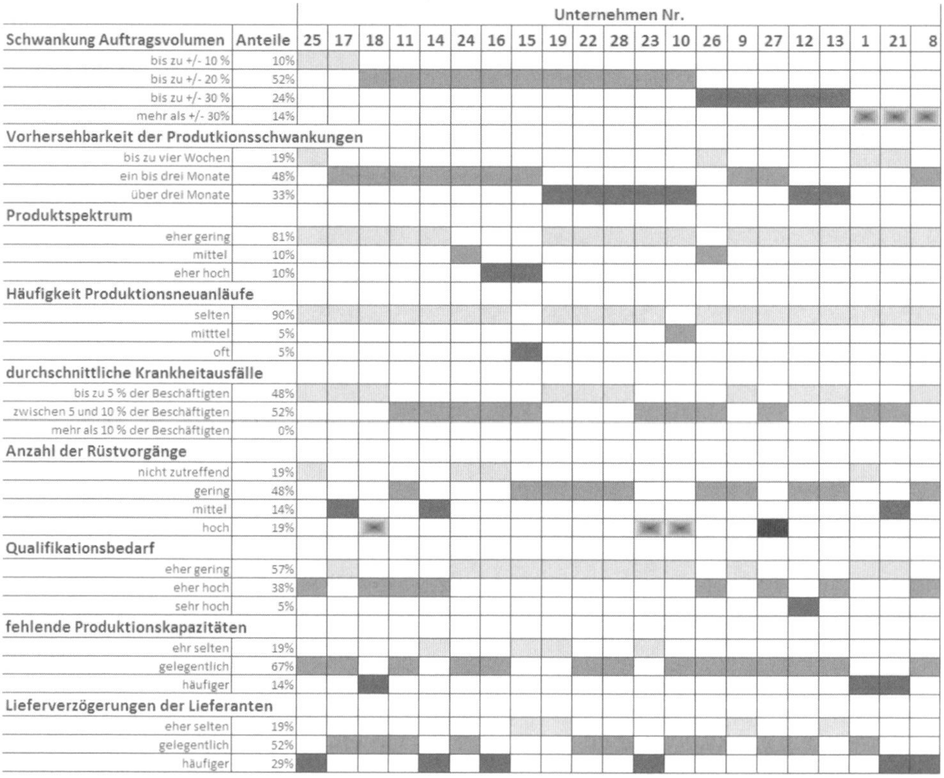

	Anteile	Unternehmen Nr.
Schwankung Auftragsvolumen		25 17 18 11 14 24 16 15 19 22 28 23 10 26 9 27 12 13 1 21 8
bis zu +/- 10 %	10%	
bis zu +/- 20 %	52%	
bis zu +/- 30 %	24%	
mehr als +/- 30%	14%	
Vorhersehbarkeit der Produtkionsschwankungen		
bis zu vier Wochen	19%	
ein bis drei Monate	48%	
über drei Monate	33%	
Produktspektrum		
eher gering	81%	
mittel	10%	
eher hoch	10%	
Häufigkeit Produktionsneuanläufe		
selten	90%	
mitttel	5%	
oft	5%	
durchschnittliche Krankheitausfälle		
bis zu 5 % der Beschäftigten	48%	
zwischen 5 und 10 % der Beschäftigten	52%	
mehr als 10 % der Beschäftigten	0%	
Anzahl der Rüstvorgänge		
nicht zutreffend	19%	
gering	48%	
mittel	14%	
hoch	19%	
Qualifikationsbedarf		
eher gering	57%	
eher hoch	38%	
sehr hoch	5%	
fehlende Produktionskapazitäten		
ehr selten	19%	
gelegentlich	67%	
häufiger	14%	
Lieferverzögerungen der Lieferanten		
eher selten	19%	
gelegentlich	52%	
häufiger	29%	

3.6   Eingesetzte Regelungen und Instrumente zur Sicherstellung von Flexibilität

Bei der Anlage des Projekts wurden die Maßnahmen, die als bedeutsam für die Realisierung von Flexibilität erachtet wurden, nach den drei Bereichen

- Arbeitszeitgestaltung,

- Arbeitsorganisation und

- Betriebsmitteleinsatz

gegliedert und deren Einsatz („ja", „bedingt ja", „bedingt nein" oder „nein") abgefragt.

3.6.1   Instrumente der flexiblen Arbeitszeitgestaltung

Die Antworten zu den verschiedenen Regelungen im Rahmen einer flexiblen Arbeitszeit- und Schichtplangestaltung zeigt die folgende Abbildung 3.7. Dabei fällt auf, dass die einzelnen Möglichkeiten einer flexiblen Arbeitszeitgestaltung von jeweils 80 bis 90 % der befragten Unternehmen genutzt werden. Ausnahmen bilden lediglich die Sonntagsarbeit und die Ausdehnung der individuellen Arbeitszeit auf bis zu 60 Stunden pro Woche, wenn dafür in anderen Wochen eine entsprechend niedrigere Arbeitszeit erreicht wird. Für diese beiden Instrumente besteht offensichtlich in rund der Hälfte der Unternehmen des Untersuchungssamples kein Bedarf. Diese unterscheiden sich weder in der Branche, der Größe noch der Produktionscharakteristik signifikant von den übrigen Unternehmen. Auch die Auswirkungen der Wirtschaftskrise waren wie bei den anderen Unternehmen sehr unterschiedlich.

Abbildung 3.7   Nutzung von Regelungen zur flexiblen Arbeitszeitgestaltung

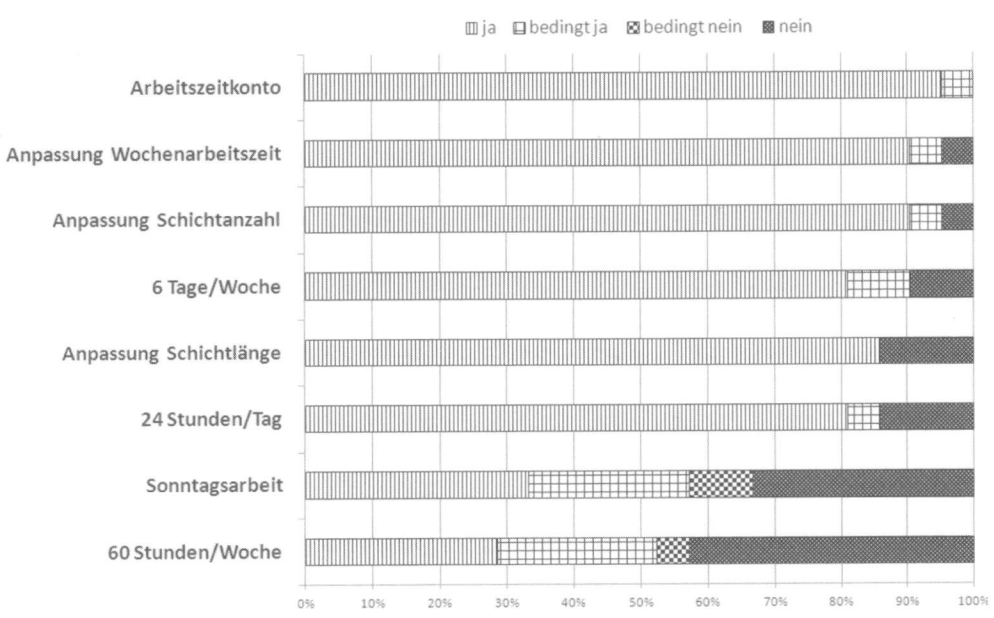

3.6.2   Instrumente der flexiblen Arbeitsorganisation

Die Antworten auf die Fragen zu den genutzten Flexibilisierungsinstrumenten auf dem Gebiet der Arbeitsorganisation zeigt die folgende Abbildung 3.8. Im Gegensatz zur Arbeitszeitgestaltung werden diese Möglichkeiten im Durchschnitt in geringerem Maße genutzt. Dabei ist zu berücksichtigen, dass die Regelungen zur Anpassung des Personaleinsatzes bei Schichtarbeit nicht in allen Fällen relevant waren, da nicht alle befragten Unternehmen im Mehrschichtbetrieb arbeiteten. Die Nutzung eines überbetrieblichen Personalpools z. B. in Form einer Arbeitnehmerüberlassung zwischen einzelnen Unternehmen direkt wurde nur in rund der Hälfte der Fälle praktiziert. Die in einigen Regionen dafür geschlossenen Tarifverträge kommen also nur sehr begrenzt zur Anwendung. Der Einsatz von Beschäftigten auf verschiedenen Arbeitsplätzen im Sinne einer „job rotation" ist zwar weit verbreitet, in Einzelfällen wurde aber deutlich, dass die Anzahl der von einzelnen Beschäftigten beherrschten Arbeitsaufgaben noch gesteigert werden kann und soll.

Abbildung 3.8   Nutzung von Regelungen der flexiblen Arbeitsorganisation

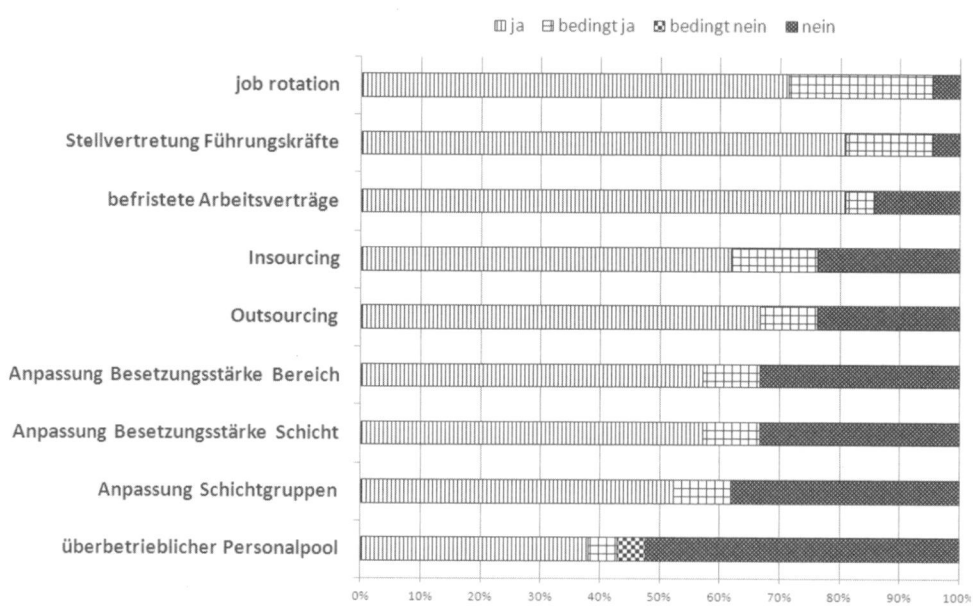

3.6.3   Instrumente des flexiblen Betriebsmitteleinsatzes

Im abschließenden letzten Teil des Fragebogens wurde abgefragt, inwieweit die eingesetzten Produktionsanlagen und Betriebsmittel einen Beitrag zur Erhöhung der betrieblichen Flexibilität leisten können. Die Verteilung der Antworten zeigt die Abbildung 3.9. Auf diesem Gebiet bestehen noch die größten Potenziale zur Erhöhung der Flexibilität. Mehrheitlich werden von den Unternehmen nur die Instrumente „Einsatz von Universalmaschinen" und „schnelles Rüsten" genutzt. Die Möglichkeit, Anlagen von den Herstellern nicht zu kaufen, sondern entsprechend dem Nutzungsgrad in Form von produzierten Teilen zu bezahlen (pay on production), wurde von keinem der befragten Unternehmen eingesetzt. Lediglich ein untersuchter Hersteller von Anlagen bot dieses Konzept für seine Kunden an.

Abbildung 3.9   Nutzung des flexiblen Einsatzes von Betriebsmitteln

3.7   Schlussfolgerungen

Wie zuvor beschrieben wurden die Angaben zu dem Bedarf an Flexibilität in eine Punktzahl umgerechnet, die Werte zwischen 13 und 19 ergab. In einem weiteren Schritt wurde die Häufigkeit der Antworten „ja" auf die Frage der eingesetzten Flexibilisierungsinstrumente bestimmt. Diese beiden Werte sollten für die befragten Unternehmen korrelieren. Eine entsprechende Auswertung zeigt, dass bei rund 80 % der beteiligten Unternehmen eine solche Entsprechung vorhanden ist, wenn eine Abweichung von bis zu zwei Punkten im Rahmen der Ungenauigkeit der ermittelten Werte toleriert wird. Die Intensität der Nutzung der Flexibilisierungsregelungen nimmt bei den Unternehmen mit einem höheren Flexibilitätsbedarf zu. Allerdings war bei den übrigen Unternehmen eine im Vergleich zu den anderen Unternehmen zu geringe Nutzung von Regelungen zur Erhöhung der Flexibilität festzustellen. Hier sollte überprüft werden, ob einzelne bisher noch nicht eingesetzte Instrumente nicht sinnvollerweise zum Einsatz kommen könnten. Es konnte im Rahmen des zwischenzeitlich abgeschlossenen Projektes gezeigt werden, dass für die Beurteilung der in einem Unternehmen vorhandenen Flexibilisierungsregelungen und -instrumente der Bedarf an Flexibilität eine nicht zu vernachlässigende Größe ist und dieser Bedarf der Ausgangspunkt der Optimierungsbemühungen sein sollte. Diese können sich z. B. auf eine stärkere Nutzung der Möglichkeiten bei der flexiblen Arbeitszeitgestaltung, eine Bildung eines überbetrieblichen Personalpools oder auch auf die Gestaltung von Montageanlagen für wechselweise manuellen und automatischen Betrieb beziehen.

Literatur

[1] Abele, E./Reinhart, G. (2011): Zukunft der Produktion. München: Carl Hanser Verlag.
[2] Spath, D. (2005): Flexibilität in der Deutschen Wirtschaft. Wunsch oder Realität? In: Spath, D. (Hrsg.), Mit Flexibilität zum Unternehmenserfolg. Tagungsband zum 2. Kongress Arbeit und Organisation, Berlin.
[3] Institut der deutschen Wirtschaft Köln (2006): iwd, Nr. 49. www.iwkoeln.de/Publikationen/ iwd/Archiv/tabid/122/articleid/20926/Default.aspx, Zugriff: 04.01.2012.
[4] Institut der deutschen Wirtschaft Köln (2011): IW-Trends, Nr. 1. www.iwkoeln.de/Studien/ IWTrends/tabid/148/articleid/30815/Default.aspx, Zugriff: 0401.2012.
[5] Fraunhofer-Institut für System- und Innovationsforschung (2007): Mehr Flexibilität durch Organisation. Mitteilungen aus der ISI-Erhebung zur Modernisierung der Produktion, Nr. 42.
[6] Fraunhofer-Institut für System- und Innovationsforschung (2010): Flexibilitäts- und Stabilitätsstrategien in der deutschen Wirtschaft. Mitteilungen aus der ISI-Erhebung, Nr. 54.
[7] Baszenski, N. (2008): Arbeitszeitflexibilität. Eine Studie zu Bedarf und Realisierung in der Automobilindustrie. Angewandte Arbeitswissenschaft, Nr. 196, S. 33-48.
[8] www.balanceonline.org, Zugriff: 21.06.2012.

4 Zeitarbeit: Element einer Beschäftigungsstrategie zur Überwindung des Fachkräftemangels

Gunther Gerner

4.1   Umbrüche beim Erwerbspersonenpotenzial

Deutschlands Arbeitsmarkt befindet sich in den nächsten Jahren in einem gewaltigen Umbruch. Das Erwerbspersonenpotenzial wird sich wahrnehmbar reduzieren. Damit steigt das Risiko, dass aus einem momentan noch punktuellen ein grundsätzlicher Fachkräftemangel über Regionen und Branchen hinweg entsteht. Die regionalen Erfahrungswerte der Agentur für Arbeit Stralsund bauen jedoch auf dem Phänomen der Massenarbeitslosigkeit auf. In weiten Teilen Nordostdeutschlands waren seit der Wende Arbeitslosenquoten vorherrschend, die ein Vielfaches dessen betrugen, was unter Vollbeschäftigung verstanden wird. Gefragt sind nun Strategien, wie mit einem spürbar und schnell sinkenden Erwerbspersonenpotenzial die gleiche Wirtschaftskraft sichergestellt werden kann.

Bereits seit Jahren wird von zahlreichen Autoren (Reinberg/Hummel 2004) [1] darauf hingewiesen, dass es innerhalb weniger Jahrzehnte zu einem Fachkräftemangel mit unkalkulierbaren Risiken kommen werde, wenn nicht geeignete Maßnahmen eingeleitet werden. Auch wenn im Moment noch nicht von einem grundsätzlichen Fachkräftemangel gesprochen werden kann, sind bereits erste spürbare Auswirkungen bei einzelnen Berufen, z. B. im Metall- und Elektrobereich, zu verzeichnen. Insbesondere im Bereich der Auszubildenden ist die Situation eingetreten, dass zum Abschluss des Berufsberatungsjahres 2010/2011 die Anzahl der im Bezirk der Agentur für Arbeit Stralsund gemeldeten Bewerber erstmalig niedriger ist als die Anzahl der gemeldeten Berufsausbildungsstellen. Dieser Trend wird sich fortsetzen und in wenigen Jahren in seiner ganzen Tragweite auch auf den Arbeitsmarkt durchschlagen. Bundesweit stellt sich die Situation auf dem Ausbildungsstellenmarkt noch geringfügig entspannter dar: 538.245 Bewerbern standen 519.555 Berufsausbildungsstellen gegenüber (Bundesagentur für Arbeit 2011a) [2].

Bei der Diskussion um die Gestaltungsmöglichkeiten darf aber das enge Zeitfenster nicht verkannt werden, in dem eine tatsächliche Gestaltung der Entwicklung möglich ist. Das wirtschaftspolitische Ziel des hohen Beschäftigtenstandes, das erstmals für den Bezirk der Agentur für Arbeit Stralsund in greifbarer Nähe scheint, steht bei einer Explosion der Arbeitskosten aber auch vor dem Risiko, dass nicht standortgebundene Arbeitsplätze massiv verlagert werden könnten.

Es stellen sich somit die folgenden Fragen:

- Welche Entwicklungen zeichnen sich ab?
- Führt dies zu einem Handlungsdruck?
- Gibt es Möglichkeiten, dieser Entwicklung entgegenzuwirken?
- Welche regionalen Möglichkeiten sind gegeben?
- Wer trägt dafür die federführende Verantwortung?
- Wann muss durch wen was veranlasst werden?

Eine allgemeine Antwort auf diese Fragen kann nur lauten, dass alle Potenziale und Ressourcen am Arbeitsmarkt genutzt werden müssen, um dem Fachkräftemangel vorzubeugen. Dabei kommt auch der Zeitarbeit eine zentrale Rolle zu.

4.2   Struktur- und Arbeitsmarktindikatoren

4.2.1   Strukturindikatoren des Agenturbezirks Stralsund

Für eine regionale Beschäftigungsstrategie und die Diskussion darüber, welche Ansatzpunkte genutzt werden können, ist zunächst Transparenz über Gemeinsamkeiten bzw. Unterschiede im Vergleich zu überregionalen Ausgangssituationen herzustellen.

Während die *Wohnbevölkerung* von 2000 bis 2010 in Deutschland von 82.259.540 lediglich um 0,6 % gesunken ist, ist sie im Bezirk der Agentur für Arbeit Stralsund um 7,5 % auf 336.618 Einwohner gesunken (Bundesagentur für Arbeit 2012a) [3]. Aber auch die bis 2060 vorausgeschriebene Bevölkerungsvorausberechnung zeigt keine Entspannung. Der bundesweite Bevölkerungsrückgang von knapp über 20 % wird mit einem Rückgang in Mecklenburg-Vorpommern von 31,2 % deutlich übertroffen – mit weiteren massiven Konsequenzen (Statistisches Bundesamt 2009) [4].

Ebenfalls gab es in der Region bei der Entwicklung der *sozialversicherungspflichtig Beschäftigten* wesentlich gravierendere Veränderungen als im bundesweiten Vergleich. Während in Deutschland von 2000 bis 2005 lediglich ein Rückgang um 5,92 % und von 2005 bis 2010 ein Anstieg um annähernd diese Quote (5,85 %) auf ca. 27.710.000 zu verzeichnen war, schwankten die Zahlen in der Region wesentlich stärker. Einem Rückgang von ca. 120.400 um 14,7 % von 2000 bis 2005 stand ein anschließender Anstieg von 2005 bis 2010 um 7,4 % auf nunmehr über 110.000 gegenüber. Die Beschäftigungsquote liegt damit im Nordosten Deutschlands mit 50,1 % im Agenturbezirk Stralsund leicht über der bundesweiten Beschäftigtenquote mit 49,4 % (Bundesagentur für Arbeit 2012a) [3].

Ebenso zeichnet sich im Vergleich zu früheren Dekaden in der Region eine *Überalterung* bei der Wohnbevölkerung, insbesondere aber bei dem Erwerbspersonenpotenzial ab. So stieg nicht nur der Altersdurchschnitt bei der Wohnbevölkerung deutlich an, vor allem bei den Beschäftigten ist der Anteil der Älteren (50-64 Jahre) an der Gesamtzahl der Beschäftigten bundesweit binnen eines Jahrzehnts von 19,2 % auf 26,4 % angestiegen. Im Agenturbezirk ist dieser Anteil gar von 17,1 % auf 30,3 % gestiegen – ein überproportional starker Anstieg (Bundesagentur für Arbeit 2012a) [3].

Eine deutliche Diskrepanz gibt es auch bei den *Bruttoarbeitsentgelten* am Beschäftigungsort. Während das Median-Einkommen in der Region 1.840 Euro betrug, belief es sich bundesweit auf 2.702 Euro (Bundesagentur für Arbeit 2012b) [5].

4.2.2   Betriebs- und Beschäftigtenstrukturen/Qualifikations-strukturen

Erhebliche Unterschiede sind zunächst bei den Beschäftigten nach Wirtschaftszweigen festzustellen. Die fünf Wirtschaftszweige mit den meisten Beschäftigten im Agenturbezirk Stralsund stellen bereits 44,6 % der Beschäftigten (vgl. Tabelle 4.1). Die gleichen Wirtschaftszweige stellen bundesweit aber nur 27,5 %. Die Auswirkungen dieser durch den Tourismus in Mecklenburg-Vorpommern geprägten Zusammensetzung beeinflussen auch den Arbeitsmarkt mit starken Schwankungen der Arbeitslosigkeit zwischen den Sommer- bzw. Wintermonaten.

Tabelle 4.1   Beschäftigte nach Wirtschaftszweigen im Vergleich

Wirtschaftszweig	Deutschland		Agenturbezirk Stralsund	
	Beschäftigte	Anteil in %	Beschäftigte	Anteil in %
Gesundheitswesen	1.977.000	7,2	10.600	10,1
Gastgewerbe	796.000	2,9	10.400	9,9
Einzelhandel	2.084.000	7,6	8.900	8,4
Öffentliche Verwaltung, Verteidigung, Sozialversicherung	1.652.000	6,0	8.800	8,4
Erziehung und Unterricht	1.043.000	3,8	8.200	7,8
		27,5		44,6

Quelle: Bundesagentur für Arbeit (2012a) [3]

Während sich die Region im Vergleich zum Bund hinsichtlich der wirtschaftlichen Schwerpunkte deutlich unterscheidet, ist der Bedarf an Mitarbeitern je Unternehmen nahezu identisch. Die Unternehmen mit mehr als 100 Beschäftigten haben bundesweit einen Anteil von 2,8 %, im Agenturbezirk Stralsund lediglich 2,2 %, also ein marginaler Überhang (vgl. Tabelle 4.2).

Tabelle 4.2 Betriebsstruktur nach Anzahl der sozialversicherungspflichtigen Beschäftigten/Betriebe

Betriebe	Deutschland			Agenturbezirk Stralsund		
	Betriebe		Beschäftigte	Betriebe		Beschäftigte
insgesamt	2.106.228	100%	28.381.343	10.708	100%	111.126
1-9 Beschäftigte	1.681.519	79,8%	4.875.314	8.575	80,1%	25873
10-49 Beschäftigte	332.303	15,8%	6.675.541	1762	16,5%	34786
50-99 Beschäftigte	49.048	2,3%	3.394.936	238	2,2%	15877
100-249 Beschäftigte	29.735	1,4%	4.480.410	95	0,9%	13.759
250-499 Beschäftigte	8.580	0,4%	2.948.375	27	0,3%	9.278
500-999 Beschäftigte	3.385	0,2%	2.304.261	7	0,6 ‰	5.387
über 1000 Beschäftigte	1.658	0,8 ‰	3.704.506	4	0,4 ‰	6.186

Quelle: Bundesagentur für Arbeit (2012c) [6]

4.2.3 Folge dieser Lage: Fachkräftemangel

Trotz Engpässen in einzelnen Berufsgruppen und Regionen kann man aber heute noch nicht von einem generellen Fachkräftemangel in Deutschland sprechen (Bundesagentur für Arbeit 2011b) [7]. Die gleiche Aussage kann zurzeit auch noch für den Bezirk der Agentur für Arbeit Stralsund getroffen werden. Mit Ablauf des Jahres 2011 standen rund 1.750 gemeldeten Stellen 23.736 arbeitslose Menschen gegenüber.

Tabelle 4.3 Entwicklung des Erwerbspersonenpotenzials

	2006	2010	2020	2030	2040	2050	2060
Bund	------------	44.6 Mio	(2015) 41,0 Mio	(2025) 38,1 Mio	------------	------------	------------
Mecklenburg-Vorpommern	1.167.500	1.089.500	938.900	767.600	687.500	607.500	563.000
Agenturbezirk Stralsund[1]		228.600	197.000	161.000	144.200	127.500	118.100

Quelle: Kotte (2010), Bundesagenutur für Arbeit (2011b) [8], [7]

---

[1] Für die Berechnung wurde ein Anteil von knapp 21 % des Landes angenommen.

Die nahende Herausforderung kommt jedoch durch keinen Indikator deutlicher zum Ausdruck als durch das Erwerbspersonenpotenzial (vgl. Tabelle 4.3).

Diese Zahlen verdeutlichen, dass das Erwerbspersonenpotenzial in Mecklenburg-Vorpommern und im Agenturbezirk Stralsund bis zum Jahr 2060 deutlich zurückgehen wird. Die Dynamik lässt sich für Mecklenburg-Vorpommern auch an der Altersstruktur aufzeigen: Während 2006 den 190.300 Personen, die innerhalb der nächsten Dekade in den Ruhestand übergehen, 227.700 Menschen in der Altersklasse 15 bis 25 Jahre gegenüberstanden, die in das Berufs- und Erwerbsleben hineinwachsen, so stehen bereits 2020 den 285.400 Ruhestandesübertritten nur noch 120.200 junge Menschen gegenüber; 2060 sind es gar nur noch 92.900 junge Menschen, die in den Arbeitsmarkt hineinwachsen können (vgl. Tabelle 4.4).

Tabelle 4.4   Entwicklung der Altersstruktur der 15- bis unter 65-Jährigen in Mecklenburg-Vorpommern

	2006	2010	2020	2030	2040	2050	2060
Anzahl	1.167.500	1.089.500	938.900	767.600	687.500	607.500	563.000
55-65	190.300	228.800	285.400	191.900	176.700	145.200	121.600
45-55	295.400	299.600	198.100	182.700	149.200	124.500	130.100
35-45	263.900	203.700	185.900	150.400	124.400	130.000	118.800
25-35	185.600	196.100	149.300	122.800	128.600	116.640	99.100
15-25	227.700	162.300	120.200	119.700	108.600	90.500	92.900

Quelle: IAB (2012) [9]

Dieser dramatische Trend lässt sich im Arbeitsmarktmonitor (Bundesagentur für Arbeit 2012a) [3] für nahezu jeden Beruf aufzeigen.

Der Wettbewerb um die besten Fachkräfte hat damit längst begonnen. Dieser Wettbewerb stellt die zentrale arbeitsmarktpolitische Herausforderung dar, um zu verhindern, dass Firmen – zumindest die nicht standortgebundenen – Ausweichstrategien entwickeln: Verdichtung der Arbeit für qualifiziertes Personal, weitere Automatisierung und damit Reduzierung des Arbeitsplatzangebotes für geringer Qualifizierte, Verlagerung von Investitionen in Regionen, in denen ein Arbeitskräfteangebot besteht – mit unkalkulierbaren Folgen für die Volkswirtschaft (Bundesagentur für Arbeit 2011b) [7].

Aus diesen Zahlen kann nur abgeleitet werden, dass sich ohne gezielte Gegensteuerung nur ein Worst-Case-Szenario einstellen kann. Je rasanter die Entwicklung verläuft, desto dringender sind wirksame Maßnahmen erforderlich. Ziel kann lediglich sein, aus den zahlreichen brachliegenden Potenzialen die notwendigen Ressourcen zu gewinnen. Dazu ist es erforderlich, dass sich alle Institutionen, die auf Bundes- oder Landesebene im kommunalen Bereich, bei Tarifpartnern, Unternehmen, Kammern oder Verbänden Verantwortung tragen, in diesen Prozess der Ressourcengewinnung einbringen!

4.2.4   Potenzial Schulabschluss

Seit dem Jahr 2000 finden in den OECD-Staaten Schulleistungsuntersuchungen statt. Mit der ersten PISA-Studie im Jahr 2000 ist die breite Öffentlichkeit über den Leistungsstand der Schülerinnen und Schüler im internationalen Vergleich wahrnehmbar sensibilisiert worden.

Tabelle 4.5   Anteil der Schulentlassenen ohne Hauptschulabschluss

	2000	2002	2004	2006	2008	2010
Bund	7,2	7,0	6,2	5,6	4,9	4,3
Agenturbezirk Stralsund	8,1	8,7	7,8	9,6	8,5	9,2

Quelle: Bundesagentur für Arbeit (2012a) [3]

Bemängelt wird vor allem auch der hohe Anteil an Schulentlassenen ohne Hauptschulabschluss (vgl. Tabelle 4.5). Zahlreiche weitere Veröffentlichungen bestätigen diesen Mangel. Stellvertretend für andere Untersuchungen sei hier der Deutsche Lernatlas-Ergebnisbericht 2011 genannt (Schoof u. a. 2011) [10]. Auch hier ist der hohe Anteil an Schulentlassenen ohne Hauptschulabschluss auffällig. Während bundesweit der Anteil von 7,2 % auf 4,3 % reduziert werden konnte, stieg der Wert im Bezirk der Agentur für Arbeit Stralsund auf 9,2 % im Jahr 2010 an. Könnte diese Quote reduziert werden, kann das Angebot an Fachkräften bei einer progressiven Annahme in den nächsten Jahren bundesweit um rund 300.000 Fachkräfte erhöht werden. Selbst bei einem konservativen Szenario würde der Gewinn noch bei rund 50.000 zusätzlichen Fachkräften liegen (Bundesagentur für Arbeit 2011b) [7]. Im Bezirk der Agentur für Arbeit Stralsund lag der Anteil der Schulabgänger ohne Schulabschluss zuletzt bei den bereits genannten 9,2 %. Bei rund 2.000 Schulabgängern im Bezirk der Agentur für Arbeit Stralsund sind dies 184 Schüler, die jährlich die Schule ohne einen Schulabschluss verlassen. Eine Halbierung des Anteils auf 4,6 %, rechnerisch 92 Personen, ergibt in 10 Jahren knapp 1.000 Personen, die dem Arbeitsmarkt nach einer sich anschließenden Ausbildung als Fachkräfte zur Verfügung stehen könnten.[2]

---

[2]   Eigene Berechnung.

4.2.5   Potenzial an der Schnittstelle von Schule und Ausbildung (Erste Schwelle)

Aufbauend auf einer fundierten schulischen Ausbildung, einer guten Berufsorientierung und qualifizierten Berufswahlentscheidung sowie einer Ausbildung ohne nennenswerte Friktionen sollte es möglich sein, einen möglichst hohen Anteil an jungen Menschen dem Ziel einer erfolgreich abgeschlossenen Ausbildung oder eines Studiums näher zu bringen.

Doch welche Realität muss festgehalten werden? Bundesweit sind es knapp über 20 % der Ausbildungen, die vorzeitig aufgelöst werden (Uhly u.a 2010) [11]. Nicht anders bei den Fachhochschulen und Universitäten: 21 % betrug die Studienabbruchquote, wobei auch hier eine von der Fachrichtung abhängige starke Spreizung vorliegt (Heublein u. a. 2008) [12]. Bundesweit wurde ein Potenzial von 200.000 bzw. 350.000 Fachkräften berechnet (Bundesagentur für Arbeit 2012b) [7].

4.2.6   Potenzial an der Schnittstelle Ausbildungsende und Berufseinstieg (Zweite Schwelle)

Ein weiteres Potenzial liegt an der Schnittstelle zwischen Ende der Ausbildung und dem Einstieg in das Berufsleben. Wie reibungslos geht dieser Wechsel vonstatten, gelingt ein nahtloser Übergang von der Ausbildung in die Erwerbstätigkeit, sind Zeiten der Arbeitslosigkeit dazwischen oder findet sich gar nur ein Ansatz in einer ausbildungsfremden Tätigkeit?

Im Rahmen einer Kurzstudie des DGB im Jahre 2009 ergab die Befragung von knapp 2.000 Auszubildenden, dass lediglich 36 % sicher wissen, dass sie vom Ausbildungsbetrieb übernommen werden, bei 24 % war es sicher, dass keine Übernahme erfolgen wird (DGB 2009/2010) [13]. Unterstellt man, dass sich die jungen Menschen zunächst arbeitslos melden und zumindest kurzfristig keine Tätigkeit als Fachkraft ausüben können, lässt sich auch hier erahnen, dass an dieser Schnittstelle durch den nicht nahtlosen Übergang von der Ausbildung in eine Erwerbstätigkeit noch Fachkräftepotenziale in nennenswerter Größenordnung liegen.

4.2.7   Potenzial Abbau der Arbeitslosigkeit

Seit 1990 gehörte der Agenturbezirk Stralsund zu den Regionen mit einer der höchsten Arbeitslosenquoten. Seit 2006 zeichnet sich eine erfreuliche Entwicklung ab: Die Arbeitslosigkeit sinkt, wobei dies nicht nur der demografischen Entwicklung zu verdanken ist, sondern auch dem zum Bundesvergleich überproportionalen Anstieg der sozialversicherungspflichtigen Beschäftigung.

In der volkswirtschaftlichen Literatur finden sich über die Jahrzehnte zahlreiche Beschreibungen, wann Vollbeschäftigung vorliegt. In den meisten Fällen wird auf die Arbeitslosenquote abgestellt, die Bandbreite der vertretenen Auffassungen liegt bei 1 bis 5 % (Baßeler u. a. 1984) [14].

Ausgehend von der durchschnittlichen Arbeitslosigkeit des Jahres 2011 steht bei rein quantitativer Betrachtung im Agenturbezirk Stralsund bis zur Vollbeschäftigung noch ein Beschäftigungspotenzial von rund 15.000 Personen zur Verfügung (vgl. Tabelle 4.6).

Tabelle 4.6   Entwicklung der Anzahl der Arbeitslosen in Tausend / Arbeitslosenquote

	2003	2004	2005	2006	2007	2008	2009	2010	2011
Bund	4,377	4,381	4,861	4.487	3,760	3,258	3,415	3,238	2.976
Quote	10,5	10,5	11,7	10,8	9,0	7,8	8,1	7,7	7,1
Agenturbezirk Stralsund	40	41	40	37	33	27	26	23	23
Quote	21,9	22,5	22,3	20,6	18,2	15,5	14,7	13,4	13,3

Quelle: Bundesagentur für Arbeit (2011c) [15]

Sofern der jährliche Übergang in die Altersrente weiterhin konstant bleibt, der Bedarf an sozialversicherungspflichtig Beschäftigten sich auf dem Niveau der zurückliegenden Dekade einpendelt, wird die mit einer Vollbeschäftigung korrespondierende Situation des Fachkräftemangels spätestens zum Jahr 2020 eintreten.

4.2.8   Erhöhung des Erwerbspersonenpotenzials

Aufgrund des stark einbrechenden Erwerbspersonenpotenzials gilt es, Wege zu suchen, um die Erwerbspartizipation des Einzelnen zu erhöhen. So sind erste Schritte mit einer Erhöhung des *Renteneintrittsalters* erfolgt, die eine längere Lebensarbeitszeit einfordern und auch ermöglichen. Während Frauen in Deutschland mit 71,4 % gegenüber dem europäischen Mittel eine um 5,5 Prozentpunkte höhere Erwerbsbeteiligung haben, ist die *Teilzeitquote* mit 45 % wesentlich höher als in fast allen anderen EU15-Staaten. Nach Berechnungen der Bundesagentur für Arbeit (2011b) [7] kann ein zusätzliches Fachkräftepotenzial von bis zu 900.000 Vollzeitäquivalenten gewonnen werden.

Ein weiterer Ansatz besteht darin, die sog „Stille Reserve", Personen, die sich bei den Agenturen für Arbeit nicht als arbeitslos gemeldet haben, aber unter bestimmten Bedingungen bereit wären, eine Arbeit aufzunehmen, zu mobilisieren und als Erwerbspersonen zu gewinnen. Dabei handelt es sich um eine Größenordnung von rund 500.000 Personen, die der „Stillen Reserve" zuzurechnen sind (Bach u. a. 2008) [16].

Die *Rekrutierung von Fachkräften aus dem Ausland* z. B. über die ZAV, die Zentrale Auslands- und Fachvermittlung der Bundesagentur für Arbeit, stellt ein weiteres Handlungsfeld dar, welches zur Steigerung des Fachkräfteangebotes herausgearbeitet wurde (Bundesagentur für Arbeit 2011b) [7]. Beispielhaft kann auch das „Sofortprogramm zur Deckung des IT-Fachkräftebedarfs" genannt werden, mit dem in den Jahren 2000 bis 2004 ausländischen IT-Experten die Arbeitsaufnahme in Deutschland ermöglicht wurde. Die Umkehr eines bundesweiten Trends, wonach seit 2007 die Zahl der Wegzüge die Zahl der Zuzüge übersteigt, bietet einen ersten Ansatzpunkt. Überraschend und ernüchternd ist aber auch festzustellen, dass unter den bundesweit rund 720.000 Zuzügen lediglich 17.000 ausländische Fachkräfte waren (Bundesagentur für Arbeit 2011b) [7].

Für eine regionale Beschäftigungsstrategie kommt einem weiteren Aspekt eine tragende Bedeutung zu. In den beiden zurückliegenden Jahrzehnten bewirkte ein negatives *Pendlersaldo* auch eine nennenswerte Entlastung des regionalen Arbeitsmarktes. Eine Trendumkehr ist noch nicht spürbar, anhand der zur Verfügung stehenden Zahlen aber nachweisbar. Es muss alles daran gesetzt werden, die Menschen zurückzugewinnen, die momentan noch überregional als Fachkräfte beschäftigt sind und hier Vakanzen ausgleichen könnten. Die Zahl der Auspendler aus dem Agenturbezirk Stralsund liegt bei 16.000 Personen (vgl. Tabelle 4.7).

Tabelle 4.7   Pendlerquoten in Prozent – Agentur für Arbeit Stralsund

	2000	2001	2002	2003	2004	2005	2006	2007	2008	2009	2010
Auspendler	13,8	14,1	13,4	13,5	13,7	14,1	14,8	15,0	15,3	14,9	14,6
Einpendler	7,3	7,4	7,1	7,1	7,4	8,0	8,4	8,9	9,2	9,3	9,4

Quelle: Bundesagentur für Arbeit (2012a) [3]

Der Vollständigkeit halber sollen bei der Potenzialbetrachtung möglichst zahlreiche in Betracht kommende Lösungsansätze aufgeführt werden. Hierbei dürfen die gesellschaftlich noch zu diskutierenden Ansätze nicht fehlen, die eine Änderung der regelmäßigen *Wochenarbeitszeit* oder auch Modifizierungen bei der *Urlaubsregelung* mit sich brächten. Während der Gesetzgeber eine Arbeitszeit von werktäglich 8 Stunden, in Ausnahmefällen gar bis zu 10 Stunden (§ 3 I, II ArbZG) [17] und auf der Basis einer 6-Tage-Woche einen Erholungsurlaub von 24 Tagen vorsieht (§ I BurlG) [18], fallen die tarif- und einzelvertraglichen Regelungen grundsätzlich günstiger aus.

4.2.9   Potenzial Attraktivität von Betrieb und Region

Daneben gibt es weitere Faktoren, die Einfluss auf die Gewinnung von Fachkräften haben können und auch einer selbstkritischen Betrachtung nach Optimierungsmöglichkeiten zu unterziehen wären:

- Entlohnung sowie Entwicklungsmöglichkeiten im Unternehmen,

- Möglichkeiten und Formen der Gewinnbeteiligung,

- Vereinbarkeit von Familie und Beruf, so z. B. Arbeitsmöglichkeiten für den Partner, flexible Arbeitszeitmodelle,

- Image einer Region sowie

- deren Freizeitwert im sportlichen und kulturellen Bereich, Infrastruktur wie Schulen und öffentlicher Personennahverkehr.

Die exemplarisch aufgeführten Beispiele zeigen, dass aktuell kein Erkenntnisdefizit hinsichtlich der Herausforderungen besteht. Die Gestaltungsmöglichkeiten sind vielfach beschrieben worden. Aufgabe und Auftrag der regionalen Akteure kann es nur sein, aus der Vielzahl der Gestaltungsmöglichkeiten die relevanten Ansätze unter Berücksichtigung klarer Verantwortlichkeiten herauszugreifen und einzufordern, dass auch alle Verantwortungsträger ihren Beitrag zu einer konzertierten Aktion „Regionale Beschäftigungsstrategie" leisten.

4.3   Zeitarbeit

„Mann – mit Berufsausbildung – zuletzt arbeitslos – in Vollzeit – Hilfsarbeiten – bis 3 Monate – geringerer Verdienst": Kann mit diesen Eckpunkten der Durchschnittsarbeitnehmer in einem Arbeitnehmerüberlassungsbetrieb skizziert werden?

Arbeitnehmerüberlassung, Personalleasing, Leiharbeit, Zeitarbeit: Es existieren zahlreiche Begrifflichkeiten für eine Beschäftigungsform, die sich in Deutschland seit Mitte der 60er Jahre entwickelt hat. Bei der Arbeitnehmerüberlassung bestehen mehrere Beziehungen: zwischen Leiharbeitnehmer und Arbeitgeber als Verleiher, zwischen Leiharbeitnehmer und Entleiher sowie zwischen Arbeitgeber als Verleiher und Entleiher. Dabei überlassen die Verleiher den Entleihern Leiharbeitnehmer gewerbsmäßig zur Erbringung einer Arbeitsleistung. Eine gesetzliche Normierung erfolgte mit dem Gesetz zur Regelung der gewerbsmäßigen Arbeitnehmerüberlassung (Arbeitnehmerüberlassungsgesetz – AÜG) [19] und ist mit Wirkung zum 11.10.1972 in Kraft getreten.

Vor dem Hintergrund des sich abzeichnenden Fachkräftemangels stellt sich die Frage, ob und welchen Beitrag Arbeitnehmerüberlassung leisten kann, um durch ressourcenschonende Auftragsbearbeitung einen Beitrag gegen einen Fachkräftemangel zu leisten. Gerade an dieser Stelle gilt es, den Fokus darauf zu richten, welche Bedeutung der Zeitarbeit zukommt, ob und welche Potenziale bei der Einschaltung von Zeitarbeitsunternehmen gewonnen werden können oder auch, wohin sich Zeitarbeitsunternehmen entwickeln müssen.

4.3.1   Quantitative Betrachtung der Zeitarbeit

Mit einem Anstieg auf 910.000 Leiharbeitnehmer bundesweit (Bundesagentur für Arbeit 2012d) [20] ist die Gesamtzahl der Beschäftigten in diesem Wirtschaftszeig wie in kaum einem anderen Wirtschaftszeig gestiegen und hat sich im Ranking der Wirtschaftszweige entwickelt. Gemessen an der Gesamtzahl der sozialversicherungspflichtigen Beschäftigung ist der Anteil der Leiharbeitnehmer mit knapp unter 3 % nach wie vor auf einem niedrigen Niveau.

Für den arbeitsmarktpolitischen Beitrag der Zeitarbeitsunternehmen ist neben der Entwicklung der Betriebe insbesondere die Entwicklung der Anzahl der Beschäftigten von großer Bedeutung, wie Tabelle 4.8 und Tabelle 4.9 zeigen.

Tabelle 4.8   Sozialversicherungspflichtig Beschäftigte: Anzahl/Anteil der Beschäftigten im Wirtschaftszweig Vermittlung und Überlassung von Arbeitskräften, jeweils zum 30.06. des Jahres

	2003	2004	2005	2006	2007	2008	2009	2010	2011
Bund	296.686	342.250	380.435	512.109	639.033	710.006	530.599	706.631	820.664
Anteil	1,1	1,3	1,5	1,9	2,4	2,6	1,9	2,6	2,9
Agentur-bezirk Stralsund	919	1.098	1.151	1.690	2.301	2.231	2.144	2.868	2.757
Anteil	0,9	1,0	1,1	1,6	2,2	2,1	2,0	2,6	2,5

Quelle: Bundesagentur für Arbeit (2012c) [6]

Tabelle 4.9   Betriebe im Wirtschaftszeig Arbeitnehmerüberlassung

	2007	2008	2009	2010	2011
Bund	9543	10507	10937	11228	11933
Agenturbezirk Stralsund	31	34	35	41	45

Quelle: Bundesagentur für Arbeit (2012c) [6]

Da erst eine neue Klassifikation der Wirtschaftszweige eingeführt wurde, ist eine Vergleichbarkeit der Zahlen zur Entwicklung der Betriebe im Wirtschaftszeig Arbeitnehmerüberlassung im langfristigen Vergleich nur bedingt möglich. Erkennbar ist aber, dass seit 2007 bundesweit die Zahl der Betriebe um rund 25 % auf 11.933 Unternehmen angestiegen ist. 1999 lag die Zahl der Betriebe noch bei knapp über 5.000. Im Agenturbezirk Stralsund betrug der Anstieg rund 45 % auf 45 Unternehmen.

Neben dem überproportionalen Wachstum bei der Anzahl der Zeitarbeitsunternehmen, der enormen Zunahme bei den Beschäftigten – von der deutlichen, aber kurzen Zäsur in Zusammenhang mit der Finanz und Wirtschaftskrise 2008/2009 abgesehen –, zeigt sich die immense Dynamik in den Zeitarbeitsunternehmen auch bei der Betrachtung der Zahlen über neu begonnene sozialversicherungspflichtige Beschäftigungsverhältnisse. Während bei den 28 Mio. sozialversicherungspflichtig Beschäftigten 7,1 Mio. Beschäftigungsverhältnisse neu abgeschlossen wurden, stehen den rund 900.000 sozialversicherungspflichtig Beschäftigten der Zeitarbeitsbranche immense 1,1 Mio. neu begonnene Beschäftigungsverhältnisse gegenüber. An diesen Relationen zeigt sich auch ein Spannungsverhältnis der Zeitarbeit. Das ist bei positiver Betrachtung ein Aspekt hoher Flexibilität, bei negativer Betrachtung Ausdruck und Beweis unsteter Beschäftigungsverhältnisse.

Zeitarbeitsunternehmen sind – bei leicht fallender Tendenz – mit über 70 % ein von Männern dominierter Bereich. Lediglich im Bereich der Dienstleistungen überwiegen die Frauen. Hier sind 52 % von ihnen beschäftigt. Bei den Männern sind es nur 22 %. Des Weiteren ist erkennbar, dass 33 % der Leiharbeitnehmer im Segment der Helfern zugeordneten Tätigkeiten eingesetzt sind, ein Anteil, der in den zurückliegenden zehn Jahren um etwa 6 % gestiegen ist. Lediglich geringfügig gestiegen sind Dienstleistungsberufe und die technischen Berufe. Ein deutlicher Rückgang von 33 auf 21 % ist im Bereich der Metall- und Elektroberufe festzustellen (vgl Tabelle 4.10). Allerdings dürfte dieser Rückgang nicht auf eine geringere Nachfrage zurückzuführen sein, da diese Qualifikationen auch von Zeitarbeitsunternehmen nach wie vor nachgefragt sind. Aufgrund der Statistiken kann jedoch keine Kausalität in der Form angenommen werden, dass Arbeitnehmer eine unmittelbare Beschäftigung ohne Einschaltung eines Verleihbetriebes vorzögen.

Tabelle 4.10   Struktur der Beschäftigten im Wirtschaftszweig Vermittlung und Überlassung von Arbeitskräften in Deutschland: Tätigkeit der Leiharbeitnehmer (2011), in Prozent

	2001	2011	Veränderung
Hilfsarbeiter ohne nähere Tätigkeitsangabe	27	33	+ 22,2
Metall und Elektro	33	21	- 36,4
Dienstleistung	27	30	+ 11,1
Technische Berufe	3	5	+ 66,7
Übrige Berufe	9	11	+ 22,2

Quelle: Bundesagentur für Arbeit (2012d) [20]

Mit den Tätigkeiten der Arbeitnehmer in Zeitarbeitsunternehmen korrespondiert dabei auch die Qualifikation der Beschäftigten (vgl. Tabelle 4.11). Knapp 30 % haben keine abgeschlossene Berufsausbildung, mehr als doppelt so viele wie bei den sozialversicherungspflichtig Beschäftigten insgesamt.

Tabelle 4.11   Struktur der Beschäftigten im Wirtschaftszweig Vermittlung und Überlassung von Arbeitskräften nach Qualifikation: Tätigkeit der Leiharbeitnehmer (Deutschland), in Prozent

	Zeitarbeit	insgesamt
Fach- und Hochschulabschluss	3	11
Berufsausbildung	49	57
Ohne Berufsausbildung	29	13
Ohne Zuordnung	19	18

Quelle: Bundesagentur für Arbeit (2012d) [20]

Zumindest aus diesen Zahlen lässt sich nicht ableiten, dass Unternehmen der Zeitarbeitsbranche in nennenswertem Umfang Fachkräfte, in der Tendenz hochqualifizierte, als Mitarbeiter rekrutieren konnten. Mit dem sich verändernden Arbeitsmarkt und auch durch die sich entwickelnde Rechtsprechung wie z. B. zu Fragen der Entlohnung wird sich auch herauskristallisieren, in welche Richtung sich Zeitarbeitsunternehmen entwickeln: Werden Arbeitnehmer wieder stärker eine direkte Einstellungsmöglichkeit bei den Entleihbetrieben haben, schaffen die Zeitarbeitsunternehmen eine solche Arbeitsplatzattraktivität, dass sie die Fachkräfte an ihr Unternehmen binden und dann dem über den allgemeinen Arbeitsmarkt nicht mehr zu deckenden Personalbedarf nachkommen können, oder entwickeln sie sich zu outgesourcten Betriebseinheiten für Geringqualifizierte und konzentrieren sich auf einfach strukturierte Hilfstätigkeiten? Auf jeden Fall müssen sich auch Zeitarbeitsunternehmen den sich ändernden Rahmenbedingungen stellen, um wie bisher einen Beitrag zur Konzentration der Entleihbetriebe auf ihr Kerngeschäft zu gewährleisten oder die Flexibilität bei sich schnell verändernder Auftragslage abzusichern.

Lediglich ein Drittel der Beschäftigten in Zeitarbeitsunternehmen kommt aus einem unmittelbar davor liegenden Beschäftigungsverhältnis, zwei Drittel waren noch nie oder unmittelbar zuvor nicht in Beschäftigung. Beachtenswert ist auch, dass knapp 30 % der vorher Beschäftigten unmittelbar zuvor ebenfalls bei einer Arbeitnehmerüberlassungsfirma beschäftigt waren. Bei einer Gesamtbetrachtung liegt damit ein wesentlicher Anhaltspunkt dafür vor, dass Arbeitnehmerüberlassung ein wichtiges Sprungbrett für den (Wieder-) Einstieg in das Berufsleben sein kann – für Arbeitslose, für Berufsrückkehrer oder auch für Studienabsolventen (vgl. etwa Jahn/Rosholm 2011, Lehmer/Ziegler 2011, Speermann 2012) [21], [22], [23].

Erhebliche Unterschiede gibt es hinsichtlich der Beschäftigungsdauer: Über 10 Jahre sind Arbeitnehmer im Durchschnitt bei demselben Arbeitgeber beschäftigt, ein über die Jahre gesehen relativ stabiler Wert (Rhein 2010) [24]. Erstaunlich und ein Zeichen für dringenden Handlungsbedarf ist die Tatsache, dass bei Unternehmen der Zeitarbeitsbranche das beendete Beschäftigungsverhältnis in über 60 % der Fälle nur bis 3 Monate gedauert hat (Bundesagentur für Arbeit 2012d) [20].

4.3.2   Zeitarbeit als Seismograf des Arbeitsmarktes

Zeitarbeit reagiert frühzeitig auf Veränderungen der konjunkturellen Rahmenbedingungen. Dies lässt sich aus einer Gegenüberstellung der Entwicklung der sozialversicherungspflichtigen Beschäftigung insgesamt und der in Zeitarbeitsunternehmen deutlich schlussfolgern. Während in der zurückliegenden Finanz- und Wirtschaftskrise der Jahre 2008/2009 die Zeitarbeit zunächst ihren Zenit überschritten und einen rückläufigen Beschäftigtenstand hatte, trat dieser Effekt bei sozialversicherungspflichtig Beschäftigten insgesamt erst später ein. Auch im Aufschwung, als die Zeitarbeitsunternehmen den jüngsten Tiefpunkt hinsichtlich der Beschäftigten überwunden hatten und bereits bei einem Beschäftigungsaufbau waren, ließ sich dieser Effekt bei den sozialversicherungspflichtig Beschäftigten insgesamt erst zeitverzögert feststellen (vgl. Abbildung 4.1).

Abbildung 4.1   Entwicklung der sozialversicherungspflichtig Beschäftigten insgesamt/in der Zeitarbeit

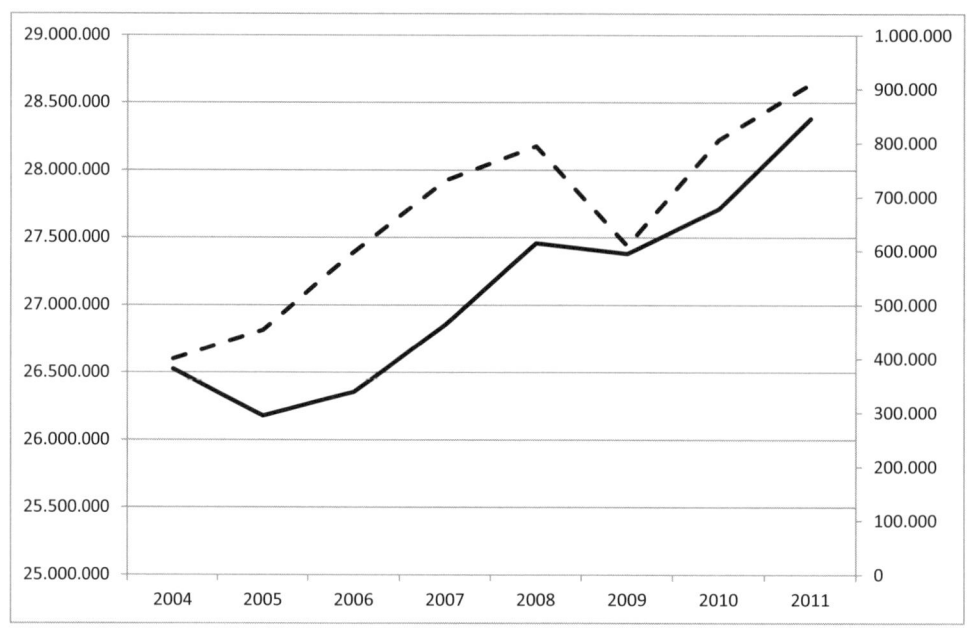

Sozialversicherungspflichtig Beschäftigte insgesamt ——————
Sozialversicherungspflichtig Beschäftigte in der Zeitarbeit - - - - - - - - - -
Quelle: Bundesagentur für Arbeit (2012c) [6]

4.3.3   Arbeitsmarktpolitische Instrumente und Zeitarbeit

Die Phase, in der Zeitarbeit als arbeitsmarktpolitisches Instrument eingeführt wurde, liegt bereits geraume Zeit zurück. Im Nachgang zu den Vorschlägen der Kommission „Moderne Dienstleistungen am Arbeitsmarkt" wurden mit dem „Erste(n) Gesetz für moderne Dienstleistungen am Arbeitsmarkt" Personal-Service-Agenturen als Instrument eingeführt, um Arbeitslose einzustellen, sie im Rahmen der Arbeitnehmerüberlassung zu vermitteln und in der verleihfreien Zeit zu qualifizieren. Bereits 2006 wurde in einem Bericht des Bundesministeriums für Arbeit und Soziales auch aufgrund der hohen Kosten das Instrument der Personal-Service-Agenturen als arbeitsmarktpolitisches Instrument in Frage gestellt (BMAS 2006) [25].

Mit der Neuordnung der arbeitsmarktpolitischen Instrumente zum 01.04.2012 werden die einzelnen Ansätze zur beruflichen (Wieder-)Eingliederung streng nach Bedarfslagen geordnet. Dazu gehören die umfangreichen Angebote an Beratungs- und Vermittlungsdienstleistungen, die Hilfen zur Aktivierung und beruflichen Eingliederung, Möglichkeiten zur beruflichen Weiterbildung, Unterstützungsleistungen bei der Aufnahme einer Erwerbstätigkeit, Maßnahmen zur Sicherung des Verbleibs in Beschäftigung sowie auch Möglichkeiten zur Förderung behinderter Menschen zur Teilhabe am Erwerbsleben. So weit die gesetzlichen Regelungen im SGB III [26], die mit wenigen Ergänzungen bzw. Modifizierungen auch im Rechtskreis SGB II [27] angewandt werden.

Ausgehend von zahlreichen Untersuchungen zum Verbleib von Leiharbeitnehmern, von Betrachtungen des so genannten Klebeeffektes stellt sich die Frage, ob und inwieweit auch Arbeitnehmerüberlassung als arbeitsmarktpolitisches Instrument gedacht ist bzw. inwieweit sich die Arbeitnehmerüberlassung in der gelebten Praxis zu einem arbeitsmarktpolitischen Instrument entwickelt hat. Eine vorläufige Antwort hierauf liefern die Motive und Formen der Arbeitnehmerüberlassung.

4.3.4   Motive für Arbeitnehmerüberlassung

Welche Erwartungen mögen mit der Gestaltungsmöglichkeit der Arbeitnehmerüberlassung verbunden sein? Der *Verleiher* hat primär ein betriebswirtschaftliches und damit auf Gewinnerzielung gerichtetes Interesse.

Für einen Entleiher wird vorrangig sein, wie flexibel auf Auftragsspitzen reagiert werden kann, die einen zusätzlichen Personalbedarf erforderlich machen, und welche Alternativen zu Überstunden und befristeter Beschäftigung bestehen. Jede Anpassung des Personals würde zunächst nennenswerte Kosten für die Personalrekrutierung mit sich bringen (vgl. Lehmann/Bouncken, in diesem Band). Auch während der Beschäftigung besteht kein Risiko für z. B. krankheitsbedingte Ausfälle, und bei einer Reduzierung des Personals ist nicht das Auslaufen des befristeten Vertrages abzuwarten. Bei unbefristet beschäftigten Arbeitnehmern besteht nicht das Risiko von Kündigungen und Abfindungen. Dies ist unter Umständen auch ein Imagefaktor für das Stammunternehmen, das über einen festen Personalbestand verfügt. Bei sinkender Nachfrage sind keine Entlassungen des Stammpersonals erforderlich.

Einen ganz anderen Aspekt mag der *Arbeitnehmer* in der Möglichkeit einer Beschäftigung in einem Zeitarbeitsunternehmen sehen – Beendigung der Arbeitslosigkeit, Sammeln von Berufserfahrung, Kennenlernen von verschiedenen Unternehmen.

Mit der Arbeitnehmerüberlassung wird häufig die Hoffnung zum Ausdruck gebracht, dass damit eine Brücke in eine „reguläre" Beschäftigung gebaut wird (vgl. Kvasnika, 2007) [28].

In der *öffentlichen Diskussion* wird der Zeitarbeit häufig in Abrede gestellt, dass sie ein „normales" Arbeitsverhältnis sei. Mit Sicherheit handelt es sich um ein Arbeitsverhältnis eigener Art mit einer Reihe von Spezifika, so dass Beschäftigungsverhältnis und Arbeitsverhältnis auseinanderfallen. Die Realität zeigt aber auf, dass das „Normalarbeitsverhältnis" immer stärker auf dem Rückzug ist und mit zahlreichen Modellen der Arbeitszeitgestaltung wie etwa der Telearbeit modifiziert wird (Widuckel 2005, IBM, D'Arcy) [29], [30] [31].

4.4   Sonderform der Arbeitnehmerüberlassung: Arbeitgeberzusammenschlüsse

„Arbeitgeberzusammenschlüsse sind Zusammenschlüsse von Unternehmen, die sich Personal teilen, welches ein Betrieb nicht allein auslasten kann" (Wölfling u. a. 2007) [32]. Das Selbstverständnis von Arbeitgeberzusammenschlüssen ist es,

- „den beteiligten Betrieben qualifiziertes und zuverlässiges Personal zur Verfügung zu stellen,

- unsichere Beschäftigungsverhältnisse in abgesicherte Vollzeit-Arbeitsstellen umzuwandeln und

- durch das Angebot von beruflichen Perspektiven die wirtschaftliche Entwicklung einer Region zu stärken". (www.arbeitgeberzusammenschluesse.de) [33]

Die bereits in den 80er Jahren in Frankreich entwickelte Form steckt in Deutschland jedoch noch in den Kinderschuhen. In bundesweit acht Arbeitgeberzusammenschlüssen haben sich rund 150 Arbeitgeber mit insgesamt ca. 100 Arbeitnehmern zusammengeschlossen (www.arbeitgeberzusammenschluesse.de) [33].

Auf diese kreative Lösung setzt auch die im Sommer 2011 gegründete AGZ Rügen e.G. Die auf Rügen ansässige D+S cc Rügen GmbH, ein renommiertes Call-Center, hat sich mit Unternehmen der Hotel- und Gastronomiebranche[3] zusammengeschlossem und leistet damit einen Beitrag zur Fachkräfterekrutierung sowie zur Fachkräftesicherung. Eine Besonderheit an diesem Beitrag zu einer regionalen Beschäftigungsstrategie ist das branchenübergreifende Zusammenwirken, Call-Center sowie Hotel und Gastronomie arbeiten mit den gleichen Arbeitnehmern zusammen. „Jobmodell Tauscharbeiter – Im Sommer kellnern, im Winter telefonieren", so titelte die „Financial Times Deutschland" im Frühjahr 2011 in einer die Situation prägnant beschreibenden Schlagzeile (Rademaker 2011) [34].

Aber dieser Lösungsansatz funktioniert tatsächlich und ist ein Beitrag, Betrieben die dringend benötigten Fachkräfte zu sichern und Arbeitnehmern in dieser vom Tourismus geprägten Region eine ganzjährige Beschäftigung zu sichern. Auf der Grundlage einer Erlaubnis zur Arbeitnehmerüberlassung ist die AGZ-Rügen e.G. Arbeitgeber und „verleiht" ihre Mitarbeiter ausschließlich an die an der Genossenschaft beteiligten Unternehmen. Und zwischen diesen Unternehmen hat sich schnell ein Konsens herauskristallisiert: Das Grundmodell sieht die Beschäftigung in den Sommermonaten in den Unternehmen der

---

[3]   AQUAMARIS, Baumhaus, Loev Hotel Rügen, Private Palce Rügen, Villa Sano, Zum Likedeeler, Zum Schlossgarten.

Hotel- und Gastronomiebranche und in den Wintermonaten im Call-Center vor, also jeweils in den belastungsintensiven Zeiten. Idealtypisch reihen sich hier die Zeiten aneinander, in denen durch ein hohes Gästeaufkommen in den Sommermonaten bzw. ein erhöhtes Anrufaufkommen in den Herbst- und Wintermonaten in einzelnen Branchen ein erhöhter Personalbedarf besteht.

Vor dem Hintergrund des sich abzeichnenden Fachkräftemangels dürfte dieser Ansatz gerade auch für die die Region prägenden Kleinbetriebe von Bedeutung sein. Denn neben einer wie oben geschilderten saisonalen Teilung bietet ein Arbeitgeberzusammenschluss unternehmensseitig auch dann Vorteile, wenn lediglich ein Teilzeitbedarf besteht. Hier können diese Teilzeitbedarfe mit denen weiterer Unternehmen kombiniert und somit attraktive Vollzeitstellen für Arbeitnehmer geschaffen werden. Die Herausforderung wird es sein, die sich ergänzenden Partnerunternehmen zu finden.

4.5 Zeitarbeit ist ein arbeitsmarktpolitisch nützliches Instrument

Zeitarbeit hat in den zurückliegenden Jahren eine außergewöhnliche Dynamik hinsichtlich der Beschäftigtenentwicklung gezeigt. Bezüglich der Deckung des Personalbedarfes spielt die Arbeitnehmerüberlassung eine wichtige Rolle, ist aber hinsichtlich der Arbeitsplatzsicherheit sehr krisenanfällig. Voraussetzung ist jedoch eine weiterhin steigende Nachfrage seitens der Entleihbetriebe. Diese Entwicklung der Zeitarbeit wäre nicht möglich gewesen, wenn die Unternehmen nicht eine so große Nachfrage ausgelöst hätten. Zeitarbeit hat aufgrund ihrer Flexibilität einen wesentlichen Beitrag dazu leisten können, dass sich Unternehmen auch bei großen Auftragsschwankungen ihrer Kernaufgabe weiterhin widmen konnten.

Für die weitere Entwicklung einer „Regionalen Beschäftigungsstrategie" ist bekannt, dass sich in den ländlichen Räumen Mecklenburg-Vorpommerns die Alterung der Einwohner und das Herauswachsen aus dem Erwerbspersonenpotenzial wesentlich schneller vollziehen. Die Phase der Massenarbeitslosigkeit ist überwunden, und aufgrund der demografischen und wirtschaftlichen Entwicklungen ist Vollbeschäftigung eine realistische Perspektive. Dabei stellen Arbeitslose nur noch für einen überschaubaren Zeitraum die Potenzialgruppe zur Absicherung des Fachkräftebedarfes, warnende Signale eines sich mittelfristig anbahnenden Fachkräftemangels liegen vor. Daneben steht aber ein breites Spektrum an Lösungsansätzen auf die Herausforderungen zur Verfügung. Ein flächendeckender und branchenübergreifender Fachkräftemangel muss nicht entstehen.

Zeitarbeit hat sich als sehr dynamischer Wirtschaftszweig herauskristallisiert. Dabei ist Zeitarbeit nicht nur ein Seismograf für die Entwicklungen am Arbeitsmarkt, Zeitarbeit leistet auch einen wichtigen Beitrag zur Sicherstellung der Flexibilität am Arbeitsmarkt.

Um das Szenario eines Fachkräftemangels zu vermeiden, ist aber das Zusammenspiel aller regionalen Verantwortungsträger erforderlich. Da zahlreiche Prozesse teilweise aber auch nur langfristig greifen können, ist daher unabdingbare Eile geboten.

Literatur

[1]   Reinberg, A./Hummel, M. (2004): Fachkräftemangel bedroht Wettbewerbsfähigkeit der deutschen wirtschaft. In: Politik und Zeitgeschichte, 28/2004, S. 3-10.

[2]   Bundesagentur für Arbeit (2011a): Arbeitsmarkt in Zahlen. Ausbildungsstellenmarkt. Bewerber und Berufsausbildungsstellen. Nürnberg. http://statistik.arbeitsagentur.de/Statistikdaten/Detail/201109/ iiia5/d-ausbildungsstellenmarkt-mit-zkt/ausbildungsstellenmarkt-mit-zkt-d-0-pdf.pdf, Zugriff: 23.6. 2012.

[3]   Bundesagentur für Arbeit (2012a): Arbeitsmarkt-Monitor. Information. Arbeitsagenturen. Strukturindikatoren. Nürnberg. www.arbeitsmarktmonitor.arbeitsagentur.de, Zugriff: 23.06.2012.

[4]   Statistisches Bundesamt (2009): Bevölkerung Deutschlands bis 2060. 12. koordinierte Bevölkerungsvorausberechnung. Wiesbaden.

[5]   Bundesagentur für Arbeit (2012b): Statistik, Analyse des Arbeitsmarktes 2011. AA Hansestadt Stralsund. (Interne Statistik.)

[6]   Bundesagentur für Arbeit: (2012c): Ausgewählte Daten der Beschäftigungsstatistik. Hannover. (Interne Statistik.)

[7]   Bundesagentur für Arbeit (2011b): Fachkräfte für Deutschland. Perspektive 2025. Nürnberg.

[8]   Kotte, V. u. a. (2010): Demografischer Wandel. Auswirkungen auf den Arbeitsmarkt in Mecklenburg-Vorpommern. IAB-Regional, 3/2010, Nürnberg.

[9]   IAB – Institut für Arbeitsmarkt- und Berufsforschung (2012): Arbeitsmarkt Mecklenburg-Vorpommern. Aktuelle Situation, Entwicklung und ausgewählte Aspekte. Nürnberg.

[10]   Schoof, U. u. a. (2011): Deutscher Lernatlas. Ergebnisbericht. Gütersloh: Bertelsmann-Stiftung.

[11]   Uhly, A. u. a. (2010): Schaubilder zur Berufsausbildung. Strukturen und Entwicklung in der dualen Berufsausbildung in Deutschland. Bonn: BiBB.

[12]   Heublein, U. u. a. (2008): Die Entwicklung der Studienabbruchquote an den deutschen Hochschulen. Ergebnisse einer Berechnung des Studienabbruchs auf der Basis des Absolventenjahrganges 2006. HIS-Projektbericht.

[13]   DGB-Bundesvorstand (2009/2010): Übernahmesituation von Auszubildenden. Berlin.

[14]   Baßeler, U. u. a. (1984): Grundlagen und Probleme der Volkswirtschaft. Köln: Wirtschaftsverlag Bachem.

[15]   Bundesagentur für Arbeit (2011c): Bestand an Arbeitslosen und Arbeitslosenquoten. Jahresdurchschnitte. Nürnberg. (Interne Berechnung.)

[16]   Bach, H.-U. u. a. (2008): Arbeitsmarkt 2008. Der Aufschwung lässt nach. IAB-Kurzbericht, 3/2008, Nürnberg.

[17]   ArbZG: Arbeitszeitgesetz. Vom 6. Juni 1994, zuletzt geändert am 15. Juli 2009. www.gesetze-im-internet.de/bundesrecht/arbzg/gesamt.pdf, Zugriff: 10.06.2012.

[18]   BurlG: Bundesurlaubsgesetz. Vom 8. Januar 1963, zuletzt geändert am 7. Mai 2002. www.gesetze-im-internet.de/burlg/BJNR000020963.html, Zugriff: 17.06.2012.

[19]   AÜG: Arbeitnehmerüberlassungsgesetz. Vom 3. Februar 1995, zuletzt geändert am 20. Dezember 2011. www.gesetze-im-internet.de/a_g/, Zugriff: 08.06.2012.

[20]   Bundesagentur für Arbeit (2012d): Arbeitsmarktberichterstattung. Der Arbeitsmarkt in Deutschland. Zeitarbeit in Deutschland. Aktuelle Entwicklungen. Nürnberg. http://statistik.arbeitsagentur.de/Statischer-Content/Arbeitsmarktberichte/Berichte-Broschueren /Arbeitsmarkt/Generische-Publikationen/Arbeitsmarkt-Deutschland-Zeitarbeit-Aktuelle-Entwicklung-1HJ2011.pdf, Zugriff: 23.06.2012.

[21]   Jahn, E./Rosholm, M. (2011): Arbeitnehmerüberlassung. In Dänemark ist Zeitarbeit ein Sprung-

brett in Beschäftigung. IAB-Kurzbericht, 1/2011, Nürnberg.

[22] Lehmer, F./Ziegler, K. (2011): Brückenfunktion der Leiharbeit. Zumindest ein schmaler Steg. IAB-Kurzbericht, 13/2011, Nürnberg.

[23] Spermann, A. (2012): Die neue Rolle der Zeitarbeit für den Arbeitsmarkt. In: Bouncken, R. B./ Bornewasser, M. (Hrsg.), Beiträge zur Flexibilisierung. Bd. 3. Mering: Rainer Hampp Verlag, S. 203-225.

[24] Rhein, T. (2010): Beschäftigungsdynamik im internationalen Vergleich. Ist Europa auf dem Weg zum „Turbo-Arbeitsmarkt"? IAB-Kurzbericht, 19/2010, Nürnberg.

[25] BMAS – Bundesministerium für Arbeit und Soziales (2006): Unterrichtung durch die Bundesregierung. Bericht der Bundesregierung 2006 zur Wirksamkeit moderner Dienstleistungen am Arbeitsmarkt. Berlin.

[26] SGB III: Sozialgesetzbuch, Drittes Buch. Vom 24. März 1997, zuletzt geändert am 12. April 2012. www.gesetze-im-internet.de/sgb_3/BJNR059500997.html, Zugriff: 17.06.2012.

[27] SGB II: Sozialgesetzbuch, Zweites Buch. Vom 24. Dezember 2003, zuletzt geändert am 22. Dezember 2011. www.gesetze-im-internet.de/sgb_2/BJNR295500003.html, Zugriff: 17.06.2012.

[28] Kvansnika, M. (2007): Moderne Dreiecksbeziehung. Wachsende Bedeutung von Zeitarbeit. Unternehmensmagazin, 1.

[29] Widuckel, W. (2005): Paradigmenentwicklung der Mitbestimmung bei Volkswagen. Forschungen, Positionen. Dokumente, 01. Wolfsburg: Historische Kommunikation der Volkswagen AG.

[30] www.rishabhsoft.com/ibm-liquid-player-candidate-faq, Zugriff: 09.05.2012.

[31] D'Arcy, P.: The evolving workforce. Report #1. Experts insight. Dell & Intel. http://i.dell.com/sites/content/shared-content/campaigns/en/Documents/Dell-Evolving-Workforce-Report-1-APP.pdf, Zugriff: 23.05.2012.

[32] Wölfling, S. u. a. (2007): Arbeitgeberzusammenschlüsse in Brandenburg. Studie im Auftrag des Mi-nisteriums für Arbeit, Soziales, Gesundheit und Familie des Landes Brandenburg.

[33] AGZ Info: Was sind Arbeitgeberzusammenschlüsse? www.arbeitgeberzusammenschluesse.de /was-sind-arbeitgeberzusammenschluesse, Zugriff: 17.06.2012.

[34] Rademaker, M.: Jobmodell. Die Tauscharbeiter. http://m.ftd.de/artikel/60093251.xml?v=2.0, Zugriff: 17.06.2012.

5 Betriebliche Strategien der Flexibilisierung: Die Rolle der Arbeitszeit

Daniel Schmidt, Katharina Hasenau, Christian Lehmann

5.1   Flexibilität als Gegenstand der Diskussion in der Gesellschaft

Flexibilität und Flexibilisierung von Arbeit und Organisationsformen sind ein zentraler Gegenstand der nun schon über Jahrzehnte hinweg anhaltenden gesellschaftlichen und politischen Diskussion in Deutschland. Immer wieder ändert sich jedoch der Fokus und bis heute werden höchst unterschiedliche Themengebiete unter diesen Begriffen verstanden. Dabei handelt es sich schwerpunktmäßig um folgende Themenkomplexe:

Unter Flexibilität von Betrieben kann man deren Fähigkeit verstehen, rasch auf Kundenanforderungen reagieren und sich an Veränderungen ihrer Umwelt anpassen zu können. Dabei werden vor allem Aspekte betont wie Lieferzeiten bei Kundenaufträgen, Time-to-market bei Produktinnovationen, organisatorische und technische Wandlungsfähigkeit von Produktions- und Dienstleistungssystemen und Möglichkeiten der Anpassung von Kapazitätsbestand und -bedarf.

Flexibilität wird aber auch definiert als Fähigkeit bzw. als eine Schlüsselqualifikation von Mitarbeitern. Darunter ist die Fähigkeit zur Bewältigung komplexer und unplanbarer Situationen zu verstehen, bisweilen aber auch die berufliche und geografische Mobilität sowie die variable Bereitstellung der Arbeitskraft. Aus betrieblicher Sicht wird damit die Flexibilität des Personaleinsatzes angesprochen, also die Möglichkeit, den Personaleinsatz in quantitativer und qualitativer Hinsicht variabel zu gestalten. Die Flexibilität ist mit flexiblen Arbeitszeiten, aber auch mit Kündigungen, Neueinstellungen, Qualifizierung, Versetzung und Zeitarbeit zu erreichen. Diese Maßnahmen dienen der Anpassung der verfügbaren personellen Kapazität an Auslastungsschwankungen im Produktionsbereich oder auch an veränderte Betriebszeiten in Dienstleistungsbetrieben. Die Trennlinien zwischen diesen unterschiedlichen Themen sind zumeist fließend.

Der vorliegende Beitrag befasst sich mit betrieblichen Strategien der Flexibilisierung und fokussiert dabei auf die Rolle der Arbeitszeit. Es wird aufgezeigt, welche Ursachen, Formen und Dimensionen die Flexibilisierung der Beschäftigung haben kann und welche Rolle die Arbeitszeiten dabei spielen. Bei den Ursachen der Beschäftigungsflexibilisierung wird vor allem der Aspekt der Flexibilität von Betrieben und anderen Organisationseinheiten beleuchtet.

5.2   Flexibilisierung von Beschäftigung in Unternehmen

Neben den traditionellen Unternehmenszielen Qualität, Kosten und Zeit rückt Flexibilität als strategischer Erfolgsfaktor zunehmend in den Vordergrund, um langfristig die Existenz von Unternehmen zu sichern. Ein wesentlicher Grund für eine steigende Bedeutung der betrieblichen Flexibilität ist eine immer turbulenter und instabiler werdende Umwelt

(Vobruba 2006, S. 32) [1]. Diese Veränderungen der Umwelt sind organisatorischer, technologischer und personeller Art, auf deren Anforderungen sich Unternehmen und Akteure einstellen müssen. Vobruba (2006) [1] spricht in diesem Zusammenhang von einer Flexibilitätskette, da realisierte Flexibilitätsmaßnahmen gleichzeitig Ursache für weitere Flexibilitätserfordernisse sind. In dieser Flexibilitätskette bietet die personelle Ressource aus betrieblicher Sicht ein großes Potenzial, um die betriebliche Flexibilität zu gewährleisten. Zu berücksichtigen sind aber auch die Bedürfnisse der Mitarbeiter, die zunehmend heterogener werden und die als Konsequenz Umstrukturierungen mit sich bringen, wie beispielsweise die Diversifizierung der Arbeitszeiten (Lozares/Miguelez 2006, S. 402) [2].

5.2.1 Beschäftigungsflexibilität

Die Beschäftigungsflexibilität als Teilbereich betrieblicher Flexibilität birgt eine Vielzahl an Handlungsalternativen des Personaleinsatzes (Vobruba 2006, S. 26) [1]. Der heutige dynamische Arbeitsmarkt verlangt Flexibilität, um ökonomische Instabilitäten, wirtschaftliches Wachstum, aber auch Arbeitslosigkeit zu regulieren. Dabei kann die Entwicklung von Normalarbeitsverhältnissen hin zu atypischen Beschäftigungsverhältnissen zu negativen Effekten aus Arbeitnehmerperspektive führen (Keller/Seifert 2006, S. 235) [3].

Atypische Beschäftigungsverhältnisse umfassen sämtliche Beschäftigungsvarianten, die nicht der Referenzgröße des Normalarbeitsverhältnisses entsprechen. Kernformen sind Teilzeitarbeit, geringfügige Beschäftigung, befristete Beschäftigung und Leiharbeit (Keller/Seifert 2006, S. 235) [3]. Da die Formen der atypischen Beschäftigung sehr unterschiedlich ausgeprägt sind und der Arbeitsmarkt aus Teilarbeitsmärkten besteht, die mit unterschiedlichen Funktionen gekoppelt sind, ist der Begriff der Beschäftigungsflexibilität differenzierter zu betrachten.

Die am weitesten verbreitete Unterscheidung von Beschäftigungsflexibilität geht auf Atkinson (1984) [4] zurück, der nach der Herkunft der Flexibilität (intern oder extern) und nach Formen der Flexibilität (zeitlich, funktional oder finanziell) differenziert. Weiterhin kann eine Kategorisierung in quantitativ und qualitativ vorgenommen werden, die sich mit der Art der Wirksamkeit beschäftigt (Armutat 2009, S. 9) [5]. Während die quantitative Flexibilität die zeitliche und mengenmäßige Veränderung der Arbeitskräftepotenziale umfasst, setzt sich die qualitative Flexibilität mit der Veränderung der Art und Weise auseinander, in der das Arbeitskräfteangebot eingesetzt wird. Reilly (1998) [6] differenziert die fünf oben genannten Formen von Flexibilisierung in Beschäftigungsbeziehungen nach den Kriterien: zeitlich/numerisch, funktional, finanziell und räumlich. In der Forschung hat die räumliche Flexibilität, die die Mobilitätsbereitschaft betrifft, kaum eine Bedeutung, da diese Form schwer zu quantifizieren ist und auf Länderebene erhebliche Unterschiede im Ausmaß beispielsweise der Telearbeit bestehen (Reilly 1998, S.12) [6].

5.2.2 Interne und externe Flexibilität

Wie bereits erwähnt lässt sich Flexibilität im Rahmen der Beschäftigung in zwei Hauptdimensionen kategorisieren: interne und externe Flexibilität. Interne Flexibilität orientiert sich an der Optimierung des internen Arbeitsmarktes, in dem das Unternehmen versucht, den Umfang der eigenen Arbeit zu variieren (Reilly 1998, S. 9) [6].

Externe Flexibilität beschäftigt sich mit der Optimierung des externen Arbeitsmarktes, d. h. mit der Fähigkeit der Organisation, die Zahl der Beschäftigten zu verändern (Seifert 2005, S. 9) [7]. Um Flexibilisierung mit Blick auf den betrieblichen Aspekt zu präzisieren, ist eine breitere Systematisierung notwendig. Die drei wesentlichen Formen der Flexibilität können zum einen sowohl externen als auch internen Charakter besitzen. Zum anderen lassen sie sich quantitativen und qualitativen sowie finanziellen Aspekten zuordnen. Tabelle 5.1 fasst die Dimensionen und ihre Kombinationen in einer Matrix zusammen und zeigt einen Überblick der Flexibilitätsformen.

Tabelle 5.1   Dimensionen der Beschäftigungsflexibilität

	Intern	Extern
quantitativ (numerisch, zeitlich)	zeitliche und mengenmäßige Veränderung	Veränderungen der Kompetenzen oder der Arbeitsorganisation für externe Beschäftigte
qualitativ (funktional)	Veränderungen der Kompetenzen oder der Arbeitsorganisation für interne Beschäftigte	Einsatz externer Kompetenzen von außerhalb des Unternehmens
finanziell	monetäre Veränderungen des internen Leistungsausgleichs hin zu leistungsbezogenen Entgelten, tariflichen Öffnungsklauseln etc.	Zufluss finanzieller Mittel von Dritten (z. B. Entgeltsubventionen, Entgeltzuschüsse)

5.2.3 Zeitliche Flexibilität

Die Flexibilisierung der Arbeitszeit in Unternehmen ist mit einer großen Vielfalt an Variationen der Arbeitszeit gekoppelt, die unterschiedlichen Interessen von Arbeitgeber- und Arbeitnehmerseite dienen sollen (Reilly 1998, S. 11) [6]. Arbeitgeber und Arbeitnehmer tendieren zu unterschiedlichen Präferenzen bezogen auf die Arbeitszeitgestaltung (Burgoon/Raess 2009, S. 557) [8]. Für Unternehmen eröffnen sich durch eine geeignete Arbeitszeitgestaltung Möglichkeiten, die Produktivität zu steigern und Kosten zu reduzieren (Seifert 2005, S. 480) [7]. Für Beschäftigte dagegen kommt der Verteilung der Arbeitszeit zentrale Bedeutung dabei zu, individuelle Bedürfnisse zu berücksichtigen, vorausgesetzt sie verfügen über Entscheidungsbefugnisse. Deswegen kann man hinsichtlich der Einteilung der Arbeitszeit zwischen selbst- und fremdbestimmter zeitlicher Flexibilität unterscheiden.

Selbstbestimmte zeitliche Flexibilität bedeutet, dass der Beschäftigte die Möglichkeit hat, innerhalb eines betrieblich definierten Handlungsspielraums selbst über seine Arbeitszeit entscheiden zu dürfen, während im Rahmen der fremdbestimmten zeitlichen Flexibilität die Konstellationen der flexiblen Arbeitszeit durch das Unternehmen vorgegeben werden. Der Beschäftigte nimmt im Entscheidungsprozess eine untergeordnete Rolle ein und muss die Entscheidung des Managements akzeptieren.

Es gibt die unterschiedlichsten Gründe für eine Neugestaltung der Arbeitszeiten. Beispielhaft könnten es Maßnahmen sein, um Arbeitsmarktprobleme zu kompensieren wie den schwankenden Personalbedarf, Kostensenkungspotenziale auszuschöpfen, familienorientierte Arbeitszeiten zu fördern, die eine Balance zwischen betrieblichen und außerbetrieblichen Zeitanforderungen ausgleichen sollen (Work-Life-Balance), lebenslanges Lernen zu fördern sowie altersgerechte Arbeitszeiten vor dem Hintergrund der demografischen Entwicklung zu verbessern (Seifert 2005, S. 480) [7].

5.3   Rahmenbedingungen der Arbeitszeitgestaltung

Flexible Arbeitszeitmodelle ermöglichen es, Arbeitszeitregelungen beweglich zu gestalten und flexibel auf branchen-, betriebs- und mitarbeiterspezifische Umstände zu reagieren. Insgesamt unterliegt die Arbeitszeitflexibilisierung funktionalen, rechtlichen und chronobiologischen Rahmenbedingungen.

5.3.1   Funktionale Rahmenbedingungen

Eine entscheidende Rolle für die Arbeitszeitgestaltung spielen technisch-organisatorische Rahmenbedingungen. So ist es beispielsweise in bestimmten produzierenden Unternehmen (so bei der Stahl- oder Glaserzeugung) notwendig, die Arbeitszeit in der Weise zu gestalten, dass eine kontinuierliche Produktion sichergestellt wird (Bretag 2007) [9]. Die dazu notwendigen Maschinen und Anlagen können – im Gegensatz zu den Beschäftigten – „rund um die Uhr" im Einsatz bleiben. In diesem Zusammenhang beschreibt die Betriebszeit den Zeitraum vom Beginn bis zum Ende der betrieblichen Leistungserstellung. Um eine flexible Arbeitszeitgestaltung zu ermöglichen, wird von den Beschäftigten eine hohe zeitliche Flexibilität gefordert, um personelle Unter- bzw. Überdeckungen des Personaleinsatzbedarfes zu vermeiden. Betriebszeiten, die über die individuellen Arbeitszeiten der Beschäftigten hinausgehen, werden durch die Mehrfachbesetzung von Arbeitsplätzen ermöglicht (Gienke/Kämpf 2007, Groß/Schwarz 2010) [10], [11].

Die Aufbau- und die Ablauforganisation eines Unternehmens setzen der Arbeitszeitflexibilisierung Grenzen. So führen eine hohe Spezialisierung, Fließfertigung sowie Verrichtungszentralisation zu komplexen Systemen, in denen die Stellen voneinander abhängig und zeitlich gekoppelt sind (Bretag 2007) [9]. Die Arbeitszeit der einzelnen Stellen kann hinsichtlich Dauer und Lage somit nicht unabhängig von den anderen Stellen variiert werden. Des Weiteren muss die Abhängigkeit von unternehmensexternen Faktoren, z. B. Kunden oder Lieferanten, bei der Arbeitszeitgestaltung berücksichtigt werden (Groß/Schwarz 2010) [11].

Eine zentrale Voraussetzung für die flexible Arbeitszeitgestaltung ist das Vorhandensein zeitlicher Dispositionsspielräume bei der Aufgabenerfüllung, d. h., dieselben Beschäftigten sind nicht fortlaufend an einen Arbeitsplatz gebunden. Das Ausmaß der zeitlichen Dispositionsfreiheit wird von folgenden Faktoren bestimmt:

- Unterbrechbarkeit des Produktionsprozesses (Möglichkeit, den Arbeitsprozess zu unterbrechen und wieder aufzunehmen, ohne dass ein Schaden für das Produkt entsteht),

- Umfang der Programmierbarkeit (Automatisierungsgrad von Maschinenbedienung und -überwachung),

- Lagerhaltungsmöglichkeiten (zeitlich und mengenmäßig ausreichende Bereitstellung von qualitätsgerechten Werkzeugen, Materialien und Produkten).

Neben den technisch-organisatorischen Bedingungen spielen personenbezogene Voraussetzungen eine zentrale Rolle für die flexible Arbeitszeitgestaltung. Vorhandene zeitliche Dispositionsspielräume können jedoch nur dann genutzt werden, wenn unter den Beschäftigten die Bedarfe und Wünsche der Arbeitskollegen berücksichtigt werden (Hahn/ Laßmann 1993) [12].

5.3.2   Rechtliche Rahmenbedingungen

Bei der Arbeitszeitgestaltung sind die Regelungen aus dem Arbeitszeitgesetz (ArbZG) [13] vom 6. Juni 1994 einzuhalten. Als Arbeitszeit gilt die Zeit vom Beginn bis zum Ende der Arbeit ohne Ruhepausen (§ 2 I ArbZG) [13]. Das Gesetz begrenzt die werktägliche Höchstarbeitszeit auf 8 Stunden; somit ergibt sich – bei 6 Werktagen pro Woche – eine wöchentliche Höchstarbeitszeit von 48 Stunden (§ 3 ArbZG) [13]. Die tägliche Arbeitszeit kann auf bis zu 10 Stunden erhöht werden, solange in einem Zeitraum von 6 Monaten oder 24 Wochen die tägliche Arbeitszeit im Durchschnitt nicht mehr als 8 Stunden beträgt (§ 7 ArbZG) [13].

Regelungen für die Gestaltung von Pausen sind in § 4 ArbZG festgelegt [13]. Als Ruhepausen gelten Zeiten der Arbeitsunterbrechung, in denen der Beschäftigte für Arbeitsleistungen nicht zur Verfügung stehen muss. Die Arbeitsleistung muss für mindestens 15 Minuten unterbrochen werden, damit diese Unterbrechung als Pausenzeit gilt. Bei einer Arbeitszeit von 6 bis 9 Stunden fordert das Gesetz insgesamt mindestens 30 Minuten Pausenzeit, bei mehr als 9 Stunden Arbeitszeit mindestens 45 Minuten. Spätestens nach 6 Stunden Arbeitszeit muss dem Beschäftigten Pausenzeit ermöglicht werden.

Zwischen zwei Arbeitstagen muss dem Beschäftigten eine ununterbrochene Ruhezeit von mindestens 11 Stunden gewährt werden. In bestimmten Bereichen ist eine Kürzung der Ruhezeit auf 10 Stunden möglich, solange dies durch eine Verlängerung anderer Ruhezeiten im selben Monat bzw. innerhalb von 4 Wochen ausgeglichen wird (§ 5 ArbZG) [13]. Zu den rechtlichen Rahmenbedingungen, die bei der Arbeitszeitgestaltung eingehalten werden müssen, zählen neben den Vorschriften aus dem Arbeitszeitgesetz für bestimmte Bereiche bzw. bestimmte Beschäftigte auch die Regelungen aus dem Ladenschlussgesetz, dem Jugendarbeitsschutzgesetz, dem Mutterschutzgesetz und dem Gesetz über arbeitsrechtliche Vorschriften zur Beschäftigungsförderung.

Die Arbeitszeitgestaltung für den einzelnen Arbeitnehmer wird im Arbeitsvertrag geregelt. Dieser orientiert sich an der Betriebsvereinbarung, in der die konkrete Lage der Arbeitszeit für den jeweiligen Betrieb festgelegt ist. Sofern das Unternehmen an einen Tarifvertrag gebunden ist, müssen Betriebsvereinbarung und Arbeitsvertrag die im Tarifvertrag vereinbarten Regelungen befolgen. Der Tarifvertrag bestimmt im Rahmen der gesetzlichen Vorschriften die Dauer und Lage der Arbeitszeit für die an diesen Vertrag gebundenen Unternehmen. Häufig sind die Tarifbestimmungen für die Arbeitnehmer vorteilhafter als die gesetzlichen Regelungen; so lag die tariflich vorgeschriebene wöchentliche Höchstarbeitszeit im Jahr 2008 bei 37,6 Stunden, während nach dem Arbeitszeitgesetz eine wöchentliche Höchstarbeitszeit von 48 Stunden gesetzeskonform ist (Schlick/Bruder/Luczak 2010) [14].

Im Arbeitszeitgesetz wird speziell in Bezug auf Nacht- und Schichtarbeit festgelegt, dass die Arbeitszeit „nach den gesicherten arbeitswissenschaftlichen Erkenntnissen über die menschengerechte Gestaltung der Arbeit festzulegen" sei (§ 6 I ArbZG) [13]. Zu diesen arbeitswissenschaftlichen Erkenntnissen zählt beispielsweise das Wissen um den chronologischen Rhythmus, welcher die biologischen Rahmenbedingungen für die Arbeitszeitgestaltung bestimmt.

5.3.3 Biologische Rahmenbedingungen

Die Leistungsfähigkeit des Menschen wird von biologisch bedingten Veränderungen seiner Körperfunktionen beeinflusst, die verschiedenen Perioden zugeordnet werden können und entsprechend unterschiedlich ausgeprägt sind. Nach ihrer Periodendauer werden verschiedene Biorhythmen unterschieden, wie die Jahresrhythmik, die Wochenrhythmik oder die tageszeitliche (zirkadiane) Rhythmik. Veränderungen der physischen und psychischen Leistungsbereitschaft, die auf die Jahresrhythmik zurückgeführt werden, hängen mit klimatischen Gegebenheiten und damit verbundenen Verhaltensweisen zusammen. Die Wochenrhythmik wird weniger von biologischen Faktoren, sondern eher durch den zeitlichen Ablauf von Freizeit und Arbeit bestimmt (Schlick/Bruder/Luczak 2010) [14].

Für die Arbeitszeitgestaltung ist die zirkadiane Rhythmik von besonderem Interesse, da sie die Veränderungen innerhalb einer Periode von etwa 24 Stunden beschreibt. Zu den physiologischen Funktionen, die sich im Laufe dieser 24-Stunden-Periode verändern, zählen die Produktion von Melatonin, die Herzschlagfrequenz und die Körperkerntemperatur. Die Melatonin-Produktion wird durch Dunkelheit angeregt und reguliert den Schlafrhythmus. Herzschlagfrequenz und Körperkerntemperatur sind nachts niedriger als tagsüber. Während die Körperkerntemperatur im Tagesverlauf kontinuierlich ansteigt, am späten Abend ihr Maximum erreicht und anschließend absinkt, hat die Herzschlagfrequenz am frühen Vormittag und am Nachmittag jeweils ein Maximum. Wichtige Einflussgrößen für die zirkadiane Rhythmik sind der Hell-Dunkel-Wechsel sowie soziale Zeitgeber (z. B. der Tagesablauf mit Arbeits-, Essens- und Schlafenszeiten, Fernsehen und Radio, soziale Kontakte), an denen sich auch der Wechsel zwischen Schlaf- und Wachzeiten orientiert (Schlick/ Bruder/Luczak 2010) [14].

Die menschliche Leistungsfähigkeit verändert sich im Tagesverlauf unter dem Einfluss der zirkadianen Rhythmik. Sie ist zwischen 9 und 11 Uhr maximal und sinkt danach ab, bis gegen 15 Uhr ein Minimum erreicht wird. Im weiteren Verlauf steigt die Leistungsfähigkeit erneut an und erreicht am frühen Abend ein weiteres, im Vergleich zum Vormittag jedoch schwächer ausgeprägtes Maximum. Danach sinkt die Leistungsfähigkeit erneut ab und erreicht zwischen 2 und 4 Uhr ein absolutes Minimum (Knauth 1983, Schlick/Bruder/ Luczak 2010) [15], [14]. Hierbei handelt es sich allerdings um Durchschnittswerte; hinsichtlich des Verlaufs der Leistungsfähigkeit gibt es individuelle Unterschiede. Zudem hängt der genaue Verlauf der Leistungsfähigkeit von der körperlichen und geistigen Belastung der Arbeit sowie von der technischen Begrenzung der Arbeitsleistung ab, die z. B. durch Rüstzeiten der Maschinen bestimmt wird. Wenn der Arbeitsverlauf nicht durch Taktvorgaben von Maschinen, sondern vom Arbeitnehmer selbst bestimmt wird, entspricht der Leistungsverlauf dem Verlauf der physiologischen Leistungsfähigkeit (Bretag 2007) [9]. Je stärker Arbeitsergebnisse automatisiert sind, desto geringer ist der Einfluss der physiologischen Leistungsfähigkeit und damit der Lage der Arbeitszeit auf Qualität und Quantität des Arbeitsergebnisses. Wenn der Arbeitsalltag im Einklang mit dem zirkadianen Rhythmus gestaltet werden kann, empfinden die Arbeitenden dies als sehr natürlich (Bretag 2007) [9]. Eine weitere wichtige Einflussgröße in Bezug auf die Arbeitsleistung ist die Aufmerksamkeit, die ebenfalls von der zirkadianen Rhythmik abhängt und ähnlich verläuft wie die Leistungsfähigkeit.

Bei der Arbeitszeitgestaltung sollten diese physiologischen Rhythmen beachtet werden, um überhöhte Belastung und Ermüdung sowie daraus resultierende Leistungseinbußen und Fehler zu vermeiden. Dies gilt insbesondere für Schicht- und Nachtarbeit, die einen Eingriff in den zirkadianen Rhythmus und damit eine besondere Belastung für den Beschäftigten darstellen. Von Nachtarbeit wird gesprochen, wenn mindestens 2 Stunden der Arbeitszeit in die Zeit zwischen 23 und 6 Uhr fallen (§ 6 I, II ArbZG) [13].

Selbst mehrere hintereinander liegende Nachtschichten führen zu keiner vollständigen Anpassung an den veränderten Schlaf- und Arbeitsrhythmus; der Zeitraum für die Rückanpassung an einen normalen Tagesrhythmus ist sogar noch weiter zu fassen als für die vorherige Anpassung. Je weniger ausgeprägt die Anpassung an den Rhythmus der Nachtschicht ist, umso schneller erfolgt die Rückanpassung. Daher werden aus arbeitswissenschaftlicher Sicht kurzrotierende Schichtsysteme empfohlen, da diese eine geringere physiologische Belastung darstellen als langrotierende Systeme oder Dauer-Nachtschichten. Des Weiteren ist bei der Schichtplangestaltung aus arbeitswissenschaftlicher Sicht eine Vorwärtsrotation sinnvoll, da hierbei die Schichtarbeit eine geringere Belastung darstellt als bei rückwärts rotierenden Schichtsystemen (Knauth 1983, Schlick/Bruder/Luczak 2010) [15], [14] (vgl. Stock/Zülch, in diesem Band).

5.4   Formen der Arbeitszeitgestaltung

Häufig besteht das Interesse bei den Betrieben, ein gut funktionierendes Arbeitszeitmodell aus einem anderen Unternehmen einfach zu übernehmen. Dabei ist jedoch zu beachten, dass Arbeitszeitregelungen nur dann gelingen, wenn sie den jeweiligen betrieblichen Belangen sowie auch den Wünschen und Interessen der Beschäftigten entsprechen. Da jedes Unternehmen in einem anderen Umfeld und mit anderen Zielsetzungen und Interessen zu tun hat, gibt es kein Patentrezept für die Arbeitszeitgestaltung. Um geeignete Arbeitszeitmodelle auszuwählen, kommt es auf eine detaillierte Analyse der betrieblichen Situation an. Erst danach sollten dann maßgeschneiderte Lösungen erarbeitet werden.

Eine Systematik für die Gliederung von Arbeitszeitsystemen ist in der Literatur bisher nicht in einer einheitlichen Struktur vorhanden. Die meisten Auflistungen sind einfache Beschreibungen von Arbeitszeitmodellen ohne ordnende Struktur.

Die Arbeitszeit lässt sich in drei Dimensionen unterscheiden: die Dauer, die Lage und die Verteilung (Seifert 2005, S. 478) [7] (vgl. Abbildung 5.1).

Abbildung 5.1   Dimensionen der Arbeitszeit

Dauer	Lage	Verteilung
• Teilzeitarbeit • erhöhte Wochenarbeitszeit	•Nacht-, Wochenend- und Schichtarbeit	• variable Arbeitszeitgestaltung • Arbeitszeitkonten

Quelle: Seifert (2005) [7]

Demgegenüber gliedern Hornberger und Knauth (2000, S. 24) [16] Arbeitszeitmodelle nach folgendem Schema:

■ Dauer der Arbeitszeit: pro Tag, Woche, Monat, Jahr, Leben;

■ Lage der Arbeitszeit: Tageszeit, Wochentag, Saison, Lebensabschnitt;

■ Beginn und Ende der Arbeitszeit: fix, gestaffelt, gleitend, variabel, selbstbestimmt;

■ Flexibilität: keine Abweichung vom Soll-Plan, geplanter Wechsel zwischen Arbeitszeitmodellen, Stufen der Bekanntgabe, kurzfristige Anpassung von Arbeitszeitmodellen;

■ Verfügungsrecht: Arbeitgeber, Arbeitnehmer, in Absprache.

Diese Parameter lassen sich beliebig in weitere Unterparameter gliedern. Das Ziel der Klassifizierung von Arbeitszeitmodellen ist eine umfassende Beschreibung, die sich an übergeordneten, die Arbeitszeitdauer, die Lage der Arbeitszeit sowie die Verteilung betreffenden

Merkmalen orientiert. Die Arbeitszeit wird durch ihre zeitliche Lage und Dauer sowie die Verteilung bestimmt. Ist mindestens einer dieser drei Faktoren permanent veränderbar, liegt eine Form „flexibler Arbeitszeit" vor. Ausschlaggebendes Merkmal von flexiblen Arbeitszeitsmodellen ist somit weniger deren Abgrenzung von einer Normalarbeitszeit bzw. die starre Verkürzung oder Verschiebung von Arbeitszeitblöcken. Dies ist beispielsweise bei nicht flexibilisierter, einfacher Teilzeit oder Schichtarbeit der Fall. Zur Flexibilität von Arbeitszeitmodellen gehört sowohl für Arbeitgeber als auch für Arbeitnehmer ein bestimmtes Maß an Dispositions- und Entscheidungsspielraum über die Lage, die Dauer und die Verteilung der individuellen Arbeitszeit. Es gibt keine klare Abgrenzung, jedoch könnte Arbeitszeitflexibilisierung von herkömmlichen Arbeitszeitmodellen dadurch abgegrenzt werden, dass all jene Arbeitszeitmodelle als flexibel bezeichnet werden, in denen die Einflussmöglichkeiten von Arbeitgebern und Arbeitnehmern auf die Gestaltung der Arbeitszeit hoch sind und die somit flexibilisiert werden können.

5.5   Einfluss der Beschäftigten und der Betriebe auf Dauer und Lage der Arbeitszeit

Der Nutzen flexibler Arbeitszeiten für Betriebe und Beschäftigte wird unterschiedlich beurteilt. Auf der einen Seite stehen Vorteile wie eine Steigerung der Work-Life-Balance der Beschäftigten (Netemeyer u. a. 1996) [17], eine Erhöhung der Mitarbeiterproduktivität (Giebel u. a. 2004) [18] sowie verminderte Fehlzeiten (Thom u. a. 2002) [19]. Demgegenüber steht das Argument steigender Kosten durch eine geringe Arbeitsmotivation, zunehmende Fehlzeiten sowie einen erhöhten Überwachungs- und Verwaltungsaufwand für das Unternehmen (Eichhorst 2009, Chung u. a. 2006) [20], [21].

Die unterschiedlichen Befunde werfen die Frage auf, ob eine Flexibilisierung der Arbeitszeit eher für den Betrieb oder eher für seine Beschäftigten vorteilhaft ist. Dieser Abschnitt behandelt daher die Auswirkungen flexibler Arbeitszeiten sowohl auf der individuellen als auch auf der organisationalen Ebene und versucht, Ansätze aufzuzeigen, wie die Vorteile flexibler Arbeitszeiten für beide Seiten nutzbar gemacht werden können. Das Hauptaugenmerk liegt dabei auf den Effekten, die sich aus dem Zusammenspiel von Maßnahmen beider Flexibilisierungsrichtungen ergeben.

Grundlage der folgenden Überlegungen sind die Daten einer im Jahre 2011 durchgeführten Studie unter 338 Beschäftigten von Dienstleistungsunternehmen zum Thema „Flexible Arbeitszeitgestaltung". Die Befragten tätigten Angaben zur wahrgenommenen Flexibilität des Beschäftigungsverhältnisses, der Arbeitszufriedenheit, der Bindung an den Arbeitgeber sowie zu einer subjektiven Einschätzung der eigenen Arbeitsleistung. Ebenso wurden der empfundene Stress und die Fehltage der Beschäftigten erfasst.

5.5.1   Arbeitszeitsouveränität vs. Arbeitszeitflexibilität

Entsprechend dem Einfluss auf die Einteilung der Arbeitszeit kann nach der Ausprägung der Verfügungsrechte über die Arbeitszeit zwischen eher mitarbeiterbezogener Flexibilität (Arbeitszeitsouveränität) und eher betriebsbezogener Flexibilität (Arbeitszeitflexibilität) unterschieden werden (vgl. den einführenden Beitrag von Bornewasser/Zülch in diesem Band). *Arbeitszeitsouveränität* bedeutet, dass der Beschäftigte die Möglichkeit hat, innerhalb eines gegebenen Rahmens Einfluss auf seine Arbeitszeit zu nehmen (vgl. Seifert 2004, S. 478) [22]. Hierzu zählen Möglichkeiten der Mitbestimmung

- bei der grundsätzlichen Festlegung von Lage und Dauer der Arbeitszeit,

- bei der Gestaltung von Unterbrechungen und Pausen und

- in Bezug auf die Möglichkeit, die Arbeitszeit aufgrund kurzfristiger und/oder unvorhergesehener Ereignisse zu unterbrechen.

Die Skala zur Messung der Arbeitszeitsouveränität beinhaltet drei Items mit Faktorladungen zwischen .65 und .85 und weist eine Reliabilität (Cronbachs Alpha) von .74 auf (Pitt-Catsouphes u. a. 2009, S. 4) [23].

Maßnahmen zur Steigerung der *Arbeitszeitflexibilität* stehen für die Summe der betrieblichen Gestaltungsmöglichkeiten zur Steuerung der individuellen Arbeitszeiten. Sie sind Ausdruck vorhandener Verfügungsrechte der Betriebe über die Arbeitszeitgestaltung der Beschäftigten, die notfalls auch ohne deren Mitwirkung umgesetzt werden können. Zur Messung wurden drei Items mit Faktorladungen zwischen .60 und .73 verwendet (Chung u. a. 2006, S. 5) [21], die Reliabilität weist mit .70 einen ausreichenden Wert auf.

Ausgehend von der Überlegung, dass beide Formen entweder nicht oder einzeln oder auch gemeinsam auftreten können, lassen sich vier idealtypische Formen der Arbeitszeitflexibilisierung unterscheiden und in Form einer Matrix darstellen. Die vier Formen wurden in einer Clusteranalyse reproduziert (Abbildung 5.2) und können in Abhängigkeit von der jeweiligen Ausprägung der Verfügungsrechte über die Arbeitszeit wie folgt beschrieben werden:

- Typ I, rigides Schichtmodell: Dominanz stabiler, inflexibler Arbeitszeiten ohne wesentliche Variationsmöglichkeiten ,

- Typ II, Arbeitszeitflexibilität: Einflussmöglichkeiten des Betriebes auf die Arbeitszeitgestaltung ohne gleichwertige Möglichkeiten der Beschäftigten,

- Typ III, Arbeitszeitsouveränität: umfangreiche Einflussmöglichkeiten der Beschäftigten auf die Arbeitszeitgestaltung und

- Typ IV, duale Flexibilität: Vorhandensein von Arbeitszeitflexibilität und -souveränität, d. h. beidseitige Möglichkeiten zur Steuerung der Arbeitszeit.

Abbildung 5.2   Formen zeitlicher Flexibilität nach Ausprägung der Verfügungsrechte

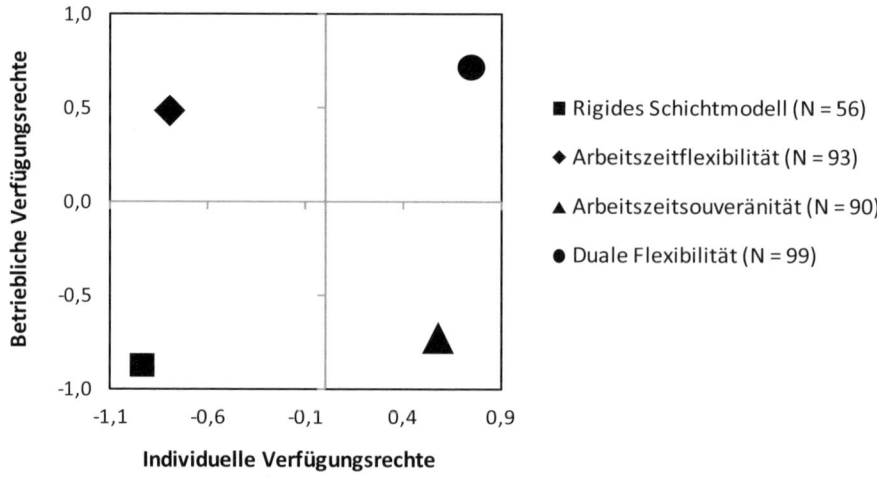

Ergebnis einer Ward-Clusteranalyse (N = 338).
Negative Werte stellen ein geringes, positive Werte ein vergleichsweise hohes Niveau dar.

Die Bedeutung der vier Flexibilisierungsformen kann näherungsweise über ihren Anteil bestimmt werden. In der Stichprobe waren die Arbeitsverhältnisse der Befragten zu 17 % (56 Befragte) stabil, d. h., weder Betriebe noch Beschäftigte nehmen regelmäßig Veränderungen an den langfristig vereinbarten Arbeitszeiten vor. Die anderen drei Typen sind ungefähr gleich verteilt: Beschäftigungsverhältnisse mit stark ausgeprägten betrieblichen Verfügungsrechten (93 Befragte bzw. 28 %), umfangreiche individuelle Verfügungsrechte (90 Beschäftigte oder 27 %) und Arbeitsverhältnisse mit Verfügungsrechten für beide Seiten (99 Befragte oder 29 %) liegen ungefähr gleichauf.

5.5.2   Effekte flexibler Arbeitszeiten

Die vier definierten Flexibilisierungstypen ermöglichen eine Betrachtung der Auswirkungen flexibler Arbeitszeiten auf Beschäftigte und Betriebe unter Berücksichtigung der Interaktionen zwischen beiden Flexibilisierungsrichtungen. Es kann gezeigt werden, dass sich sowohl individuelle als auch organisationale Faktoren in Abhängigkeit von der dominierenden Flexibilisierungsrichtung unterscheiden (Abbildung 5.3). Untersucht wurden die Ausprägung der Arbeitszufriedenheit, des affektiven Commitments, der wahrgenommenen Arbeitsüberlastung, der Fehltage im Jahr 2010 und der Arbeitsleistung.

Abbildung 5.3   Merkmale der Flexibilisierungstypen

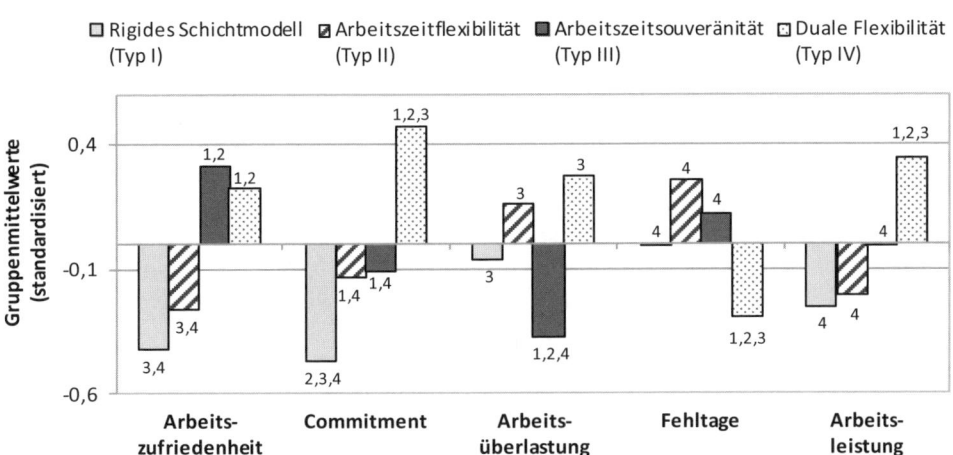

Die Zahlen geben die Gruppen an, zu denen signifikante Unterschiede bestehen (p ≤ 0,05).

Die Skala zur Messung der Arbeitszufriedenheit nach Farin u. a. (2002, S. 266) [24] beinhaltet vier Items und erfasst die Zufriedenheit der Beschäftigten hinsichtlich arbeitsbezogener Aspekte. Das affektive Commitment ist ein Maß für die emotionale Bindung des Arbeitnehmers an das Unternehmen und wird in Anlehnung an Meyer/Herscovitch (2001, S. 302) [25] anhand von drei Items erhoben. Die wahrgenommene Arbeitsüberlastung ist ein Maß für die empfundene zeitliche Arbeitsbelastung. Die Skala stammt aus dem Trierer Inventar für Chronischen Stress (Schulz/Schlotz 1999) [26] und umfasst drei Items. Die subjektive Arbeitsleistung ist Ausdruck des Arbeitserfolges eines Beschäftigten. Sie wird durch subjektiven Vergleich der eigenen Leistung mit Kollegen erfasst und wurde in Anlehnung an Hoegl und Gemünden (2001, S. 447) [27] anhand von vier Items operationalisiert. Alle Konstrukte verfügen über eine gute bis sehr gute Validität und Reliabilität.

Beschäftigungsverhältnisse des *Typs I* (rigides Schichtmodell) sind charakterisiert durch eine deutlich unterdurchschnittliche Arbeitszufriedenheit der Beschäftigten, eine im Vergleich zu allen anderen Typen signifikant geringere Bindung der Beschäftigten an den Betrieb und die geringste Leistung aller Beschäftigten. Die geringen Werte zeigen auf, dass das Fehlen von Arbeitszeitflexibilität sich sowohl auf die Beschäftigten als auch auf den Betrieb negativ auswirkt.

Auch im Falle einer Dominanz unternehmerischer Flexibilität wie in Beschäftigungsverhältnissen des *Typs II* (Arbeitszeitflexibilität) sind Arbeitszufriedenheit und Bindung unterdurchschnittlich ausgeprägt. Die einseitige Verteilung der Verfügungsrechte über die Arbeitszeitgestaltung zugunsten des Unternehmens führt zu einer hohen, subjektiv wahrgenommenen Arbeitsüberlastung der Beschäftigten und einer unterdurchschnittlichen

Arbeitsleistung. Beschäftigte in Arbeitsverhältnissen des Typs II haben darüber hinaus die meisten Fehltage aller Beschäftigten, was als Indiz für ein geringeres Wohlbefinden der Beschäftigten angesehen werden kann.

Bieten Beschäftigungsverhältnisse viele zeitliche Freiräume für die Beschäftigten, nicht aber für das Unternehmen wie bei *Typ III* (Arbeitszeitsouveränität), geht dies erwartungsgemäß mit der Wahrnehmung einer hohen Arbeitszufriedenheit und einer sehr geringen Arbeitsüberlastung einher. Unerwarteterweise scheint eine überwiegend beschäftigtenfreundliche Gestaltung der Arbeitszeiten keine positiven Wirkungen auf das Commitment und die Leistung der Beschäftigten zu haben und führt auch nicht zu geringeren Fehlzeiten. Diese Befunde können ein Hinweis darauf sein, dass der Einfluss zeitlicher Flexibilität auf das Verhalten der Beschäftigten mit zunehmender Arbeitszeitsouveränität abnimmt. Anders ausgedrückt: Ein hohes Maß an Arbeitszeitsouveränität wird zur Selbstverständlichkeit und verliert ihre Anreizwirkung (Ratzmann/Deurloo 2012, S. 115 f.) [28].

Haben, wie bei *Typ IV*, sowohl Beschäftigte als auch Betriebe Einfluss auf die Arbeitszeitgestaltung (duale Arbeitszeitflexibilität), sind die wahrgenommene Bindung an das Unternehmen und die Arbeitsleistung signifikant höher als bei allen anderen Formen. Hohe Bindung und Leistung gehen einher mit einer überdurchschnittlichen Arbeitszufriedenheit, aber auch einer vergleichsweise hohen Überlastung. Trotz der hohen wahrgenommenen Arbeitsbelastung weisen die Beschäftigten dieses Typs die wenigsten Fehlzeiten auf. Dies zeigt, dass eine duale Form der Arbeitszeitflexibilität sowohl den Beschäftigten als auch den Betrieben dient und dass eine Ausweitung der Arbeitszeitflexibilität bei vorhandener Arbeitszeitsouveränität nicht dazu beiträgt, dass sich die Leistung der Beschäftigten verringert oder ihre Fehlzeiten zunehmen.

Zusammenfassend kann festgehalten werden, dass die Verfügungsrechte über die Arbeitszeitgestaltung sowohl zugunsten der Beschäftigten als auch der Betriebe ausgeprägt sein können. Beide Formen sind unabhängig voneinander. Dies führt dazu, dass Überlegungen zu Wirkungen zeitlicher Flexibilisierung zweidimensional erfolgen müssen. Anhand des Vorhandenseins von Verfügungsrechten über die Arbeitszeitflexibilität können vier idealtypische Formen zeitlicher Flexibilität unterschieden werden. Zwischen diesen bestehen deutliche Unterschiede in der Ausprägung wichtiger individueller und organisationaler Faktoren. Die Nutzung von Verfügungsrechten durch Beschäftigte und Betriebe in Form einer dualen Flexibilität geht mit einer Maximierung von Commitment und Leistung der Beschäftigten und minimalen Fehlzeiten einher.

Literatur

[1] Vobruba, G. (2006): Wege aus der Flexibilisierungsfalle. In: Vobruba, G. (Hrsg.), Entkoppelung von Arbeit und Einkommen. Das Grundeinkommen in der Arbeitsgesellschaft. Wiesbaden: Verlag für Sozialwissenschaften.

[2] Lozares, C./Miguelez, F. (2006): Working time flexibility against time of life inflexibility. Transfer, European Review of Labour and Research, 13, 3, S. 389-406.

[3] Keller, B./Seifert, H. (2006): Atypische Beschäftigungsverhältnisse. Flexibilität, soziale Sicherheit und Prekarität. WSI-Mitteilungen, 3/2006, S. 235-246.

[4] Atkinson, J. (1984): Manpower strategies for flexible organizations. Personnel Management, 16, 8, S. 28-31.

[5] Armutat, S. (2009): Lebensereignisorientiertes Personalmanagement. Eine Antwort auf die demografische Herausforderung. Bielefeld: Bertelsmann.

[6] Reilly, P. A. (1998): Balancing flexibility. Meeting the interests of employer and employee. European Journal of Work and Organizational Psychology, 7, 1, 7-22

[7] Seifert, H. (2005). Flexible Zeiten in der Arbeitswelt. Frankfurt a.M: Campus-Verlag.

[8] Burgoon, B./Raess, D. (2009): Globalization and working time. Working hours and flexibility in Germany. Politics & Society, 37, S. 554-575

[9] Bretag, M. (2007): Arbeitszeitflexibilisierung im Interessenkonflikt zwischen Arbeitgebern und Arbeitnehmern. Eine unternehmenspolitische Analyse. Frankfurt a.M.: Utz.

[10] Gienke, H./Kämpf, R. (2007): Handbuch Produktion. Innovatives Produktionsmanagement. Organisation, Konzepte, Controlling. München: Carl Hanser Verlag.

[11] Groß, H./Schwarz, M. (2010): Arbeitszeit, Altersstrukturen und Corporate Social Responsibility. Eine repräsentative Betriebsbefragung. Wiesbaden: Verlag für Sozialwissenschaften.

[12] Hahn, D./Laßmann, G. (1993): Produktionswirtschaft. Controlling industrieller Produktion. Heidelberg: Physica-Verlag.

[13] ArbZG: Arbeitszeitgesetz. Vom 6. Juni 1994, zuletzt geändert am 15. Juli 2009. www.gesetze-im-internet.de/bundesrecht/arbzg/gesamt.pdf, Zugriff: 03.02.2012.

[14] Schlick, C./Bruder, R./Luczak, H. (2010): Arbeitswissenschaft. 3. Aufl., Berlin: Springer-Verlag.

[15] Knauth, P. (1983): Physiologische Arbeitskurve und biologische Rhythmik. In: Rohmer, W./Rutenfranz, J. (Hrsg.), Praktische Arbeitsphysiologie. Stuttgart: Georg Thieme Verlag.

[16] Hornberger, S./Knauth, P. (2000): Innovative Flexibilisierung der Arbeitszeit. In: Knauth, P./Zülch, G. (Hrsg.), Innovatives Arbeitszeitmanagement. Beiträge zu einem Workshop im Rahmen des 45. Kongresses der Gesellschaft für Arbeitswissenschaft in Karlsruhe am 10. März 1999., Bd. 22. Aachen: Shaker Verlag, S. 23-49.

[17] Netemeyer, R./Richard, G./McMurrian, R./Boles, J. (1996): Development and validation of work-family conflict and family-work conflict scales. Journal of Applied Psychology, 81, 4, S. 400-410.

[18] Giebel, O./Janssen, D./Schomann, C./Nachreiner, F. (2004): A new approach for evaluating flexible working hours. Chronobiology International, 21, 6, S. 1015-1024.

[19] Thom, N./Blum, A./Zaugg, R. J. (2002): Arbeitszeitmanagement. Betriebswirtschaft, 62, 5, S. 488-511.

[20] Eichhorst, W. (2009): Reforming german labor market institutions. A dual path to flexibility. IZA Discussion Paper, No. 4100.

[21] Chung, H./Kerkhofs, M./Ester, P. (2006): Working time flexibility in European companies. Establishment survey on working time 2004-2005. Dublin: European Foundation for the Improvement of Living and Working Conditions.

[22] Seifert, H. (2004): Zeit für neue Arbeitszeiten. WSI-Mitteilungen, 8/2004, S. 478-483.

[23] Pitt-Catsouphes, M./Matz-Costa, C./Besen, E. (2009): Workplace flexibility. Findings from the Age & Generations Study. Boston: The Sloan Center on Aging & Work.

[24] Farin, E./Meixner, K./Follert, P./Jäckel, W. H./Jacob, A. (2002): Beschäftigtenzufriedenheit in Rehabilitationskliniken. Rehabilitation, 41, 4, S. 258-267.

[25] Meyer, J. P./Herscovitch, L. (2001): Commitment in the workplace. Toward a general model. Human Resource Management Review, 11, 3, S. 299-326.

[26] Schulz, P./Schlotz, W. (1999): Trierer Inventar zur Erfassung von chronischem Stress (TICS). Skalenkonstruktion, teststatistische Überprüfung und Validierung der Skala Arbeitsüberlastung. Diagnostica, 45, 1, S. 8-19.

[27] Hoegl, M./Gemünden, H. G. (2001): Teamwork quality and the success of innovative projects. A theoretical concept and empirical evidence. Organization Science, 12, 4, S. 435-449.

[28] Ratzmann, M./Deurloo, J. (2012): Work-Life-Balance und flexible Arbeitszeiten als Ziel und Vorbedingung des Erfolges. In: Bouncken, R. B./Bornewasser M. (Hrsg.), Flexibilität in Unternehmen, Rah-menbedingungen und Perspektiven. Mering: Rainer Hampp Hampp, S. 103-124.

Teil 2
Flexibilisierung unter Verwendung von Zeitarbeit

6 Zeitarbeit ist nicht gleich Zeitarbeit: Segmentierung der Branche

Bernd Sitte, Christian Lehmann

6.1   Einleitung

Zeitarbeit ist nicht mehr und nicht weniger als eine spezielle Vertragsform zwischen Kunde und Anbieter, in der Personaldienstleistungen erbracht werden. Als Alternative zum Werkvertrag, bei dem ein konkretes „Werk" definiert und dem Kunden inklusive der Gewährleistung geschuldet wird, werden in der so genannten Arbeitnehmerüberlassung (ANÜ) dem Kunden Mitarbeiter überlassen. Der Kunde (Entleiher) erhält für eine definierte Zeit das fachliche Weisungsrecht, im Gegenzug verzichtet er sehr weitgehend auf Haftungs- und Gewährleistungsansprüche. Dabei bleibt der überlassene Mitarbeiter bei der überlassenden Firma (Verleiher) angestellt. Gezahlt wird nicht ein „Werk", sondern die Zeit des überlassenen Mitarbeiters. Daher der Begriff „Zeitarbeit". Dabei ist die Weisungsbefugnis, die an den Entleiher übergeht, der entscheidende Punkt. Dieser Übergang führt zum so genannten Dreiecksverhältnis zwischen Verleiher, Entleiher und Mitarbeiter und charakterisiert die Zeitarbeit (vgl. für eine Einführung Böhm/Hennig/Popp 2011) [1].

Die Anzahl der in der Zeitarbeit Beschäftigten hat sich seit dem Jahr 2000 mehr als verdoppelt (Bundesagentur für Arbeit 2011a, S. 6) [2], ganz offenbar gibt es ein großes Interesse der Kunden an dieser speziellen Vertragsform. Aus Sicht der Kunden ist die Zeitarbeit eine Alternative zur Vergabe eines (Teil-)Auftrags als Werkvertrag/Outsourcing oder zur Einstellung eigenen Personals.

Die wirtschaftliche Praxis zeigt, dass die Vertragsform der Zeitarbeit dabei nicht an bestimmte Branchen, Qualifikationen oder Geschäftsmodelle gebunden ist. Um die Motivation der Kunden zu verstehen, aber auch um die Auswirkungen auf die Mitarbeiter und die Personaldienstleister diskutieren zu können, ist deshalb eine Segmentierung der Zeitarbeitsbranche notwendig, die die unterschiedlichen Rahmenbedingungen der Zeitarbeit berücksichtigt.

Diese Segmentierung wird in diesem Beitrag zunächst eingeführt und anschließend anhand einer empirischen Studie validiert. Unterschiede zwischen den einzelnen Segmenten werden aufgezeigt. Damit wird eine Grundlage für eine strukturierte Betrachtung der Branche geschaffen. Als Beispiel werden in einem weiteren Kapitel mögliche Regulierungen der Zeitarbeit vor dem Hintergrund der Segmentierung untersucht.

Als Ergebnis zeigt sich, dass Zeitarbeit keine einheitliche Branche ist, sondern eine Vertrags- und Geschäftsform, die je nach Strategie und Ausprägung sehr unterschiedliche Kunden- und Mitarbeiteranforderungen erfüllt. Je nach Segment unterscheiden sich Anforderungen und Motivation der Kunden, aber auch die Bedingungen für die Mitarbeiter und die Geschäftsstrategien der Zeitarbeitsfirmen. Dies konnte anhand einer Befragung validiert werden. Die großen Unterschiede zwischen den Segmenten legen nahe, dass pauschale, übergreifende Aussagen zur Zeitarbeit, egal ob aus Sicht der Kunden, der Zeitarbeitsfirmen oder der Mitarbeiter, zumindest problematisch sind. Zeitarbeit ist eben nicht gleich Zeitarbeit.

6.2   Segmentierung der Zeitarbeitsbranche

Die Zeitarbeitsbranche wird entlang der Dimensionen „Qualifikation" und „Dispositions-strategie" in eine Matrix mit insgesamt sechs Segmenten eingeteilt (vgl. Abbildung 6.1).

Abbildung 6.1   Vorschlag zur Segmentierung der Zeitarbeitsbranche

	Helfer	Fachkräfte	Akademiker und Ingenieure
Asynchroner Einsatz: Überlassung an verschiedene Kunden			
Synchronisierter Einsatz: Überlassung an einen Kunden			

6.2.1   Die Dimension „Qualifikation"

Die Zeitarbeit ist in Deutschland nicht auf bestimmte Qualifikationsniveaus beschränkt. Unter Qualifikation verstehen wir die Summe beruflicher Aus- und Fortbildungsmaßnah-men eines Zeitarbeitnehmers mit einem direkten Bezug zur auszuführenden Tätigkeit. Die Berücksichtigung der Qualifikation der Zeitarbeitnehmer für eine Segmentierung der Bran-che ist notwendig, da sich hieraus vielfältige Implikationen für die Ausgestaltung der Zeit-arbeit selbst (z. B. im Hinblick auf Beschäftigungs- und Verleihdauer, Höhe von Löhnen und Verrechnungssätzen), aber auch für die Auswirkungen veränderter Rahmenbedingun-gen (z. B. Lohnuntergrenzen) ergeben.

In Anlehnung an eine in der Praxis übliche Unterscheidung werden drei Qualifikationsni-veaus definiert:

1. *Helfer*. Dies beinhaltet die Ausführung von Tätigkeiten, die ohne Einarbeitung oder nach kurzer Einarbeitung durchführbar sind. In keinem Fall ist eine abgeschlossene Be-rufsausbildung notwendige Voraussetzung.

2. *Fachkräfte*. Hier werden beim Kunden Tätigkeiten ausgeführt, die eine abgeschlossene Berufsausbildung voraussetzen, ggf. mit Zusatzqualifikationen und -ausbildungen wie einem Meisterbrief, jedoch ohne akademisches Studium.

3. *Spezialisten (Akademiker und Ingenieure)*. Hier ist ein akademisches Studium für die Tätigkeit notwendig.

Entscheidend für die Kategorisierung ist, dass die Tätigkeit die abgeschlossene Berufsausbildung wirklich voraussetzt.

Beispiel: Arbeitet ein gelernter Maler bei einem Zeitarbeitsunternehmen und führt bei einem Kunden einfache Lagerarbeiten durch, so würde er gemäß seinem Einsatz in die Qualifikation „Helfer" eingestuft. Insofern ist, wenn von Qualifikation gesprochen wird, die für den Kundeneinsatz relevante Qualifikation eines Zeitarbeitnehmers gemeint.

6.2.2   Die Dimension „Dispositionsstrategie"

Zeitarbeit basierte ursprünglich auf der Idee, dass Arbeitskräfte für einen definierten Zeitraum an einem bestimmten Ort jeweils bei dem Kunden zur Verfügung stehen, der sie benötigt. Ein Zeitarbeitnehmer arbeitet demnach in der Regel bei verschiedenen Kunden. Liegen dazwischen einsatzfreie Zeiten, so wird er gemäß seinem Arbeitsvertrag und dem Arbeitnehmerüberlassungsgesetz (AÜG) [3] weiterhin entlohnt, er bekommt diese Wartezeit bezahlt.[1]

In der gegenwärtigen Praxis zeigt sich jedoch, dass in vielen Fällen Zeitarbeitnehmer nur für einen bestimmten Einsatz bei einem bestimmten Kunden eingestellt werden. Diese Form der Zeitarbeit war in früheren Jahren durch das so genannte Synchronisationsverbot untersagt, das erst mit dem 1. Januar 2004 aus dem AÜG [3] gestrichen wurde. Dadurch wurden Einsätze möglich, in denen Zeitarbeitnehmer dauerhaft nur bei einem Kunden arbeiten. Die Zeitarbeitnehmer genießen zwar den gleichen Kündigungsschutz gemäß Kündigungsschutzgesetz wie alle anderen abhängig Beschäftigten, in der Praxis treten jedoch offenbar Kündigungen nach einer Abmeldung durch den Entleiher in vielen Fällen auf (Lehmann/Ratzmann/Bouncken 2010, S. 5 f.) [4]. Dies wird offenbar auch dadurch nicht verhindert, dass auf den Kundeneinsatz befristete Arbeitsverhältnisse untersagt sind.

In Abhängigkeit vom Verhältnis der Beschäftigungsdauer zur Einsatzdauer lassen sich zwei verschiedene Geschäftsmodelle von Zeitarbeitsfirmen unterscheiden, die auf unterschiedlichen Ansätzen zur Strategie der Disposition der Zeitarbeitnehmer basieren:

a. Der *asynchrone Einsatz* von Mitarbeitern bei verschiedenen Kunden. Hier liegt der wirtschaftliche Mehrwert des Zeitarbeitsunternehmens in der bedarfsgerechten Disposition der Mitarbeiter, um zum einen die Kundenanfragen zu decken und zum anderen denselben Mitarbeiter bei verschiedenen Kunden mit möglichst kurzen Unterbrechungen einzusetzen und ihn langfristig zu beschäftigen.

b. Der *synchronisierte Einsatz* nur bei einem Kunden mit einer weitgehenden Übereinstimmung von Einsatz- und Beschäftigungsdauer. Hier besteht der Mehrwert der Zeitar-

---

[1]   Gesetzlich geregelt in § 11 IV AÜG [3].

beitsfirma in der kundenbezogenen Anwerbung und der bedarfsgerechten Einstellung des Mitarbeiters. Bei Beendigung des Einsatzes wird entschieden, ob eine Kündigung des Zeitarbeitnehmers oder ggf. die Entgeltfortzahlung bis zum nächsten Einsatz beim gleichen Kunden aus Sicht der Zeitarbeitsfirma wirtschaftlich sinnvoller ist. Ein Einsatz bei anderen Kunden ist in diesem Geschäftsmodell nicht oder nur in Ausnahmefällen vorgesehen.

Die beiden Geschäftsmodelle a. und b. können in einer Zeitarbeitsfirma durchaus zeitgleich angewandt werden. Volkswirtschaftlich handelt es sich jedoch um sehr unterschiedliche Funktionen, die die Zeitarbeit mit diesen Strategien erfüllt.

Im Fall a. besteht die unternehmerische Aufgabe des Zeitarbeitsunternehmens darin, die schwankende Nachfrage von verschiedenen Kundenunternehmen (Produktionsspitzen, große Einzelprojekte, kurzfristiger Ausfall eigener Mitarbeiter etc.) durch Disposition so zu verteilen, dass Zeitarbeitnehmer durchgängig und möglichst nah an ihrer Qualifikation in langfristigen Arbeitsverträgen eingesetzt werden können. Volkswirtschaftlich ist dies also ein Instrument, um bei sehr volatiler Nachfrage der einzelnen Kundenunternehmen über den Weg der Zeitarbeit für einen einzelnen Arbeitnehmer trotzdem einen sicheren Arbeitsplatz mit garantiertem Entgelt und Kündigungsschutz zu schaffen. Der Kunde erhält eine hohe Flexibilität, ohne dass der Mitarbeiter auf eine Kontinuität in seinem Arbeitsverhältnis verzichten muss.

Im Fall b. wird für den einzelnen Mitarbeiter keine zusätzliche Kontinuität gewährleistet. Genau wie der Kunde bei niedriger Auslastung zu Kündigungen gezwungen wäre, führt hier die Zeitarbeitsfirma den entsprechenden Abbau des Personals durch. Es handelt sich bei diesem Geschäftsmodell inhaltlich eher um ein Outsourcing eines Teils des Personalmanagements und des mit einer Beschäftigung verbundenen Arbeitgeberrisikos. Die Zeitarbeitsfirma rekrutiert die Arbeitskräfte, betreut sie im Einsatz und muss sie ggf. auch wieder kündigen und entlassen, wenn sie vom Kunden abgemeldet werden.

6.3   Validierung der Segmentierung

Die in Abschnitt 6.2 vorgeschlagene Segmentierung hilft, Zeitarbeit differenziert zu betrachten. Darüber hinaus erscheint sie sinnvoll, da sie sich nicht wie andere bestehende Unterscheidungen innerhalb der Zeitarbeit auf nur eine Perspektive innerhalb des Dreiecksverhältnisses festlegt, sondern sich gleichermaßen auf die Entleiher, die Personaldienstleister und die Zeitarbeitnehmer anwenden lässt.

Eine Segmentierung ist jedoch nur dann berechtigt und sinnvoll, wenn die einzelnen Segmente sich signifikant unterscheiden. Um dies für die vorgeschlagene Segmentierung zu validieren, führten wir 2010 eine Befragung von 346 mittelständischen Personaldienstleistern durch (Lehmann/Ratzmann/Bouncken 2010) [4].

6.3.1 Vorgehen bei der Validierung

Wir erhoben neben Strukturmerkmalen der Dienstleister (wie Größe, Qualifikationsstruktur der Zeitarbeitnehmer, Verteilung der Umsätze nach Geschäftsfeldern usw.) sowohl eine Vielzahl von Merkmalen der Zeitarbeit (z. B. Einsatzdauer, Übernahmequoten, Lohndifferenzen zur Stammbelegschaft) als auch Informationen über die entleihenden Betriebe (Gründe für Zeitarbeitsnutzung, Nutzungsintensität u. a.).

Nachfolgend wird zunächst kurz das Verfahren zur Ermittlung der zwei Dimensionen erläutert. Im Anschluss (6.3.2-6.3.4) werden die empirisch ermittelten Unterschiede zwischen den einzelnen Feldern der Matrix für die einzelnen Parteien innerhalb des triangulären Zeitarbeitsverhältnisses beschrieben.

Zum Nachweis der Dimension *„Qualifikation"* wurden die Personaldienstleister nach den Qualifikationen gefragt, welche die Zeitarbeitnehmer für ihre Einsätze benötigen. Analog zur obigen Beschreibung differenzierten wir hier zwischen Helfern, Fachkräften sowie Akademikern und Ingenieuren.

Da die meisten Personaldienstleister Arbeitnehmer aller Qualifikationsstufen beschäftigen, orientierten wir uns bei der Gewichtung der Antworten an dem Segment, in welchem die meisten Beschäftigten eingesetzt werden. Im Ergebnis sind mindestens sieben von zehn Zeitarbeitnehmern im jeweils dominierenden Segment tätig (vgl. Abbildung 6.2).[2]

In der *Helfer-Zeitarbeit* dominieren Zeitarbeitnehmer, die ohne bzw. ohne einsatzrelevante Ausbildung bei Kunden eingesetzt werden (70 %). Nur 27 % aller Mitarbeiter dieser Dienstleister besitzen eine einsatzrelevante Berufsausbildung und nur 3 von 100 Zeitarbeitnehmern verfügen über ein einsatzrelevantes Studium. In unserer Stichprobe fielen 40 % aller Unternehmen (138 Unternehmen) in diese Kategorie.

---

[2] Zur Segmentierung der Zeitarbeit nach der Qualifikation der Zeitarbeitnehmer vgl. IW Consult (2011, S. 29 ff.) [5].

Abbildung 6.2   Formen der Zeitarbeit (ZA) nach der Qualifikation der beschäftigten
                      Zeitarbeitnehmer

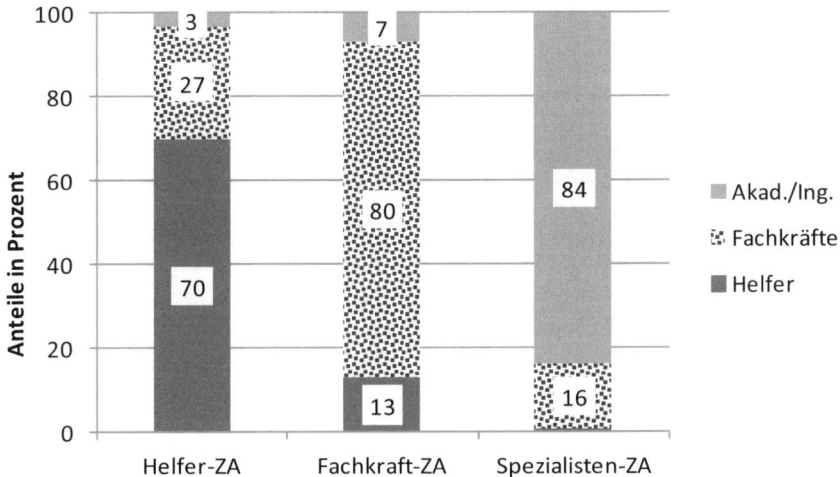

In der *Fachkraft-Zeitarbeit* sind acht von zehn Arbeitnehmern mit einsatzrelevanten Berufs-
ausbildungen ausgestattet. Nur 20 % werden in einer anderen Qualifikationsstufe eingesetzt, davon 13 % als Helfer und 7 % als Akademiker oder Ingenieure. 53 % aller Unternehmen (183 Dienstleister) gehören dieser Kategorie an.

Die verbleibenden 25 Unternehmen (7 % aller befragten Dienstleister) gehören zur Gruppe
der *Spezialisten-Zeitarbeit*. Hier werden keine Helfer, mit 16 % nur verhältnismäßig wenige
Fachkräfte und, wie der Name sagt, zum überwiegenden Teil (84 %) Akademiker und Ingenieure mit einem tätigkeitsrelevanten Fachhochschul- oder Hochschulstudium eingesetzt.

Die Dimension *„Dispositionsstrategie"* erhoben wir über die Differenz von Beschäftigungs-
und Einsatzdauer der Zeitarbeitnehmer (vgl. Abbildung 6.3). Der Zeitarbeitnehmer wird in
diesem Fall für einen bestimmten Auftrag eingestellt und nach Ende des Auftrags wieder
freigesetzt. Da die regelmäßigen Arbeitszeiten bei Verleihern oftmals geringer sind als bei
den Entleihunternehmen, baut der Arbeitnehmer während seines Einsatzes Überstunden
auf seinem Arbeitszeitkonto auf. Zudem muss das Zeitarbeitsunternehmen Kündigungsfristen beachten.

Deshalb sehen wir auch solche Arbeitsverhältnisse als „synchronisiert" an, bei denen die
durchschnittliche Beschäftigungsdauer leicht über der Dauer eines durchschnittlichen Einsatzes liegt. Übersteigt die Beschäftigungsdauer die Dauer eines Einsatzes um mehr als drei
Monate, sprechen wir von einer „asynchronen" Beschäftigung. In unserer Stichprobe lag

der Anteil von Dienstleistern, der überwiegend synchronisierte Arbeitsverhältnisse eingeht, bei 53 % (184 Unternehmen).

Abbildung 6.3   Schematische Darstellung des Verhältnisses von Einsatz- und Beschäftigungsdauer

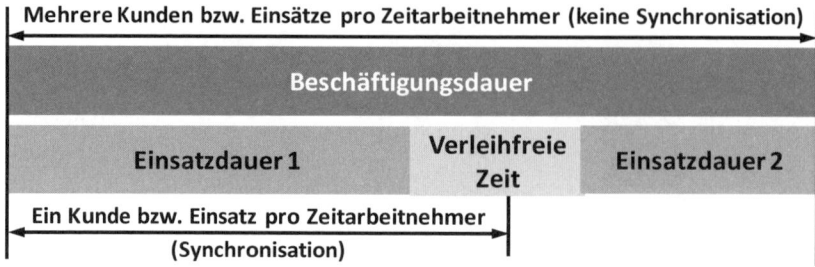

Im entgegengesetzten Fall liegt die Beschäftigungsdauer deutlich über der Dauer eines durchschnittlichen Einsatzes. Die entstehende Differenz lässt sich dann nicht allein durch bezahlte Wartezeiten und ein „Abbummeln von Stunden" begreifen, sondern ist in mehreren, aufeinanderfolgenden Einsätzen begründet. In unserer Stichprobe verfolgten 47 % (162 Unternehmen) eine asynchrone Dispositionsstrategie.

6.3.2   Bedeutung der Segmentierung für Entleihbetriebe

Die Unterschiede zwischen den Entleihbetrieben zeigen sich am ehesten, wenn man die Motive der Unternehmen für die Nutzung von Zeitarbeit in Abhängigkeit von den Qualifikationsanforderungen an die eingesetzten Zeitarbeitnehmer betrachtet. Der grundlegende Zusammenhang lässt sich leicht erklären: Je höher die Qualifikation, desto spezifischer sind im Allgemeinen die Anforderungen des Kunden. Ein Vorteil der Zeitarbeit wird dann darin gesehen, auf entsprechend qualifizierte Mitarbeiter kurzfristig zurückgreifen zu können. Kosten spielen eine untergeordnete Rolle, die Qualifikation und die schnelle und unkomplizierte Befriedigung des Bedarfs stehen im Vordergrund. Der Mangel an Fachkräften ist hier sicherlich eine zusätzliche Motivation, Zeitarbeit als ein Mittel zu begreifen, Aufträge termingerecht abwickeln zu können.

Unternehmen, die *Helfer-Zeitarbeit* einsetzen, verfolgen damit überwiegend das Ziel einer Flexibilisierung des Personalbestandes (vgl. Abbildung 6.4). Mit dem Einsatz von Helfern sollen Personalengpässe überbrückt und Einstellungs- und Entlassungskosten vermieden werden. Beide Motive sind für Entleihbetriebe mit vielen Helfern deutlich stärker ausgeprägt als für alle anderen Unternehmen.

Abbildung 6.4   Motive der Entleiher für den Einsatz von Zeitarbeit

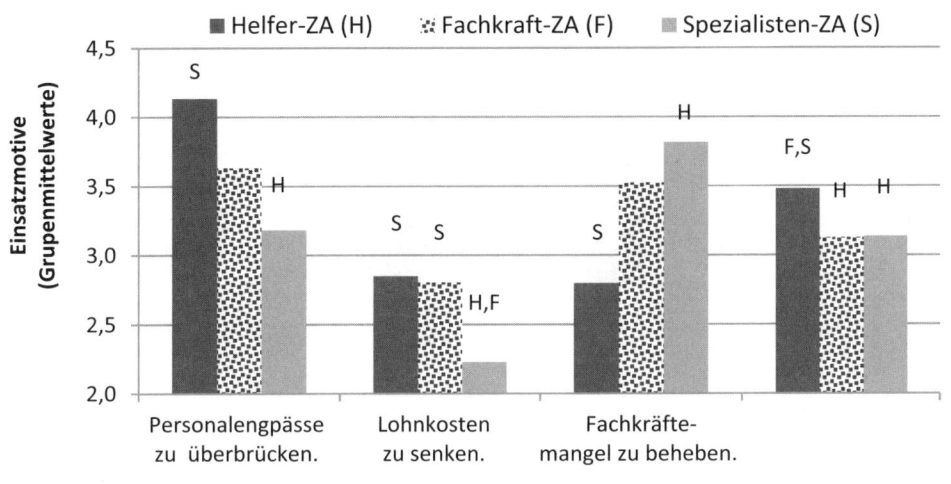

Die Erklärung hierfür liegt auf der Hand. Helfer üben vorwiegend einfache Tätigkeiten aus, in die sie nur in geringem Umfang eingearbeitet werden müssen. Darüber hinaus sind sie aufgrund geringer spezifischer Anforderungen auch einfacher auf dem Arbeitsmarkt zu beschaffen. Aus Sicht eines Entleihbetriebes eignet sich die *Helfer-Zeitarbeit* daher besonders für Unternehmen, die z. B. aufgrund hoher Nachfrageschwankungen stark auf einen flexiblen Personalbestand angewiesen sind.

Demgegenüber werden *Fachkraft-Zeitarbeit* und *Spezialisten-Zeitarbeit* deutlich mehr von Unternehmen genutzt, um auf einen bestehenden Fachkräftemangel im Unternehmen zu reagieren. Dies wird klar, wenn man bedenkt, dass Facharbeiter und Ingenieure in der Regel zur Ausübung ihrer Tätigkeit ein verhältnismäßig hohes Maß an spezifischem Wissen benötigen und der Einarbeitungsaufwand höher ist als bei Helfern.

Aus der Kundenmotivation ergeben sich auch direkte Auswirkungen auf die Form der Nutzung von Zeitarbeit in den Entleihbetrieben. In Bezug auf die Dispositionsstrategie lassen sich statistisch bedeutsame Unterschiede für die Einsatzdauer, die Übernahmequote und die Nutzungsintensität, also dem durchschnittlichen Anteil von Zeitarbeitnehmern an der Gesamtbelegschaft, feststellen (vgl. Abbildung 6.5).

Abbildung 6.5   Zeitarbeitsmerkmale unter Berücksichtigung der Dispositionsstrategie (N = 346)

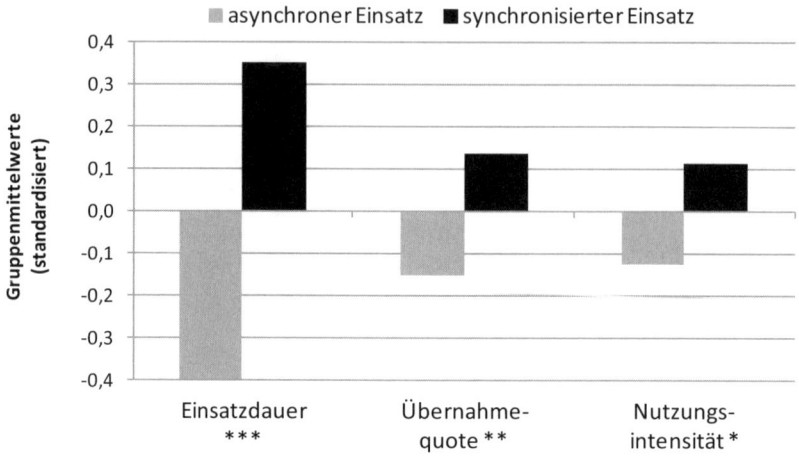

Gruppenunterschiede signifikant auf dem Niveau * p < .05, ** p < .01 und *** p < .001 ($n_{asynchron}$ = 184, $n_{synchron}$ = 162).

Entleihbetriebe mit einer langfristigen, *asynchronen Dispositionsstrategie* setzen Zeitarbeitnehmer deutlich unterdurchschnittlich lange ein, übernehmen nur wenige Zeitarbeitnehmer in die eigene Belegschaft und verfügen über eine eher geringe Nutzungsintensität. Aus all diesen Einsatzmerkmalen wird das dominierende Flexibilitätsmotiv dieser Gruppe von Entleihern deutlich.

Im Gegensatz dazu führt das Kundenmotiv einer Auslagerung von Personalarbeit und Beschäftigungsrisiko, das eine wesentliche Ursache für eine *synchronisierte Dispositionsstrategie* ist, zu einer deutlich überdurchschnittlichen Einsatzdauer, vielen Übernahmen und einer hohen Nutzungsintensität.

6.3.3   Bedeutung der Segmentierung für Personaldienstleister

Neben den Entleihbetrieben lassen sich aus der vorgeschlagenen Segmentierung auch Unterschiede auf der Anbieterseite ableiten. Sowohl aus der Dispositionsstrategie als auch aus der Qualifikation der Zeitarbeitnehmer ergeben sich Erkenntnisse über die Art der Geschäftsmodelle der Personaldienstleister.

Die zwei identifizierten Dispositionsstrategien zeigen dabei klare Unterschiede in der Gestaltung des Beschäftigungsverhältnisses auf (vgl. Abbildung 6.6).

Abbildung 6.6   Zeitarbeitsmerkmale nach Dispositionsstrategie (N = 346)

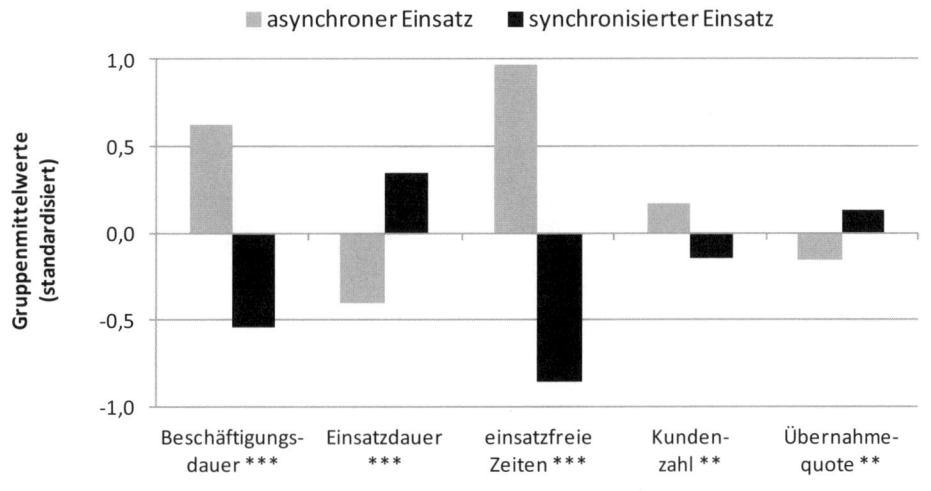

Gruppenunterschiede signifikant auf dem Niveau * p < .05, ** p < .01 und *** p < .001.

Im Falle einer *asynchronen Dispositionsstrategie* hat der Personaldienstleister insgesamt mehr Kunden und es liegt eine überdurchschnittlich lange Beschäftigungsdauer bei vergleichsweise kurzer Einsatzdauer beim Kunden vor. Die Zeiten zwischen den verschiedenen Kundeneinsätzen führen offenbar zu einem größeren Anteil an einsatzfreien Zeiten der beschäftigten Arbeitnehmer. Der Personaldienstleister als Arbeitgeber trägt hier das volle Beschäftigungsrisiko.

Entspricht der Personaldienstleister den Kundenanforderungen nach der Übernahme von an ihn ausgelagerten Personalaufgaben (Beschaffung, Administration usw.) wie im Falle einer *synchronisierten Dispositionsstrategie*, ist das Beschäftigungsverhältnis geprägt von einer geringeren Dauer, einem längeren Einsatz beim Kunden und minimalen einsatzfreien Zeiten aufgrund der Synchronisation von Einsatz und Beschäftigung. Dagegen werden hier überdurchschnittlich viele Zeitarbeitnehmer von den Kunden übernommen. Das Beschäftigungsrisiko des Verleihers wird hier durch Befristungen oder auch betriebsbedingte Kündigungen minimiert.

Nicht nur die Art der verfolgten Dispositionsstrategie, sondern auch die Qualifikation der beschäftigten Zeitarbeitnehmer führt zu Unterschieden zwischen den Dienstleistern. Diese lassen sich vor allem über die Umsatzverteilung nach Geschäftsbereichen, Kundenbranchen und dem regionalen Zuschnitt aufzeigen (vgl. Abbildung 6.7).

Abbildung 6.7   Relative Umsatzanteile von Personaldienstleistern in Abhängigkeit von der Qualifikation der Zeitarbeitnehmer (N = 346)

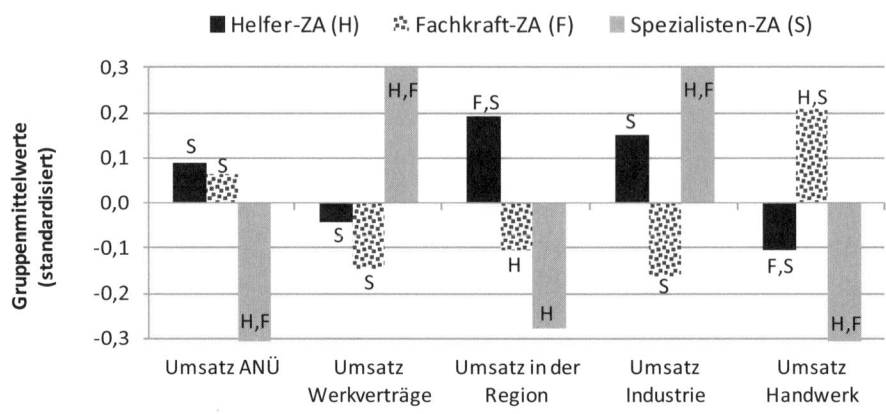

Buchstaben über den Balken zeigen einen signifikanten Unterschied zwischen den durch Balken und Buchstaben angegebenen Gruppen an,
Gruppenunterschiede signifikant auf dem Niveau * p < .05, ** p < .01 und *** p < .001.

Personaldienstleister, die im Rahmen der so genannten *Helfer-Zeitarbeit* überwiegend Helfer beschäftigen, erwirtschaften einen überdurchschnittlich hohen Anteil ihres Umsatzes mit der klassischen Überlassung von Arbeitskräften, eher weniger mit Werkverträgen und zum weitaus größten Teil in einem Umkreis von bis zu 50 Kilometern. Diese regionale Einschränkung ist offenbar eine Folge der in Abschnitt 6.3.2 beschriebenen Motivation der Kunden: Im Vergleich zu höher qualifizierten Zeitarbeitnehmern spielt die fachliche Qualifikation kaum eine Rolle, Kostengesichtspunkte stehen im Vordergrund. Ein Entleiher wird daher in der Regel nicht bereit sein, zusätzliche Reise- und Übernachtungskosten zu übernehmen. Der Einsatzbereich von Helfern liegt zu großen Teilen in der Industrie und weniger im Bereich des Handwerks.

Im Rahmen der *Fachkraft-Zeitarbeit* wird ein leicht überdurchschnittlicher Anteil des Umsatzes mit Arbeitnehmerüberlassung erwirtschaftet, Fachkräfte werden noch weniger als Helfer in Werkverträgen eingesetzt und werden im Vergleich zu diesen auch überdurchschnittlich oft ortsfern für Montagetätigkeiten verliehen. Die starke Ausprägung der überregionalen Tätigkeit fußt dabei sicherlich auf zwei Gründen: Zum einen sind Kundenunternehmen aufgrund des starken Bedarfs an Fachkräften offenbar dazu bereit, für „den richtigen Mann am richtigen Ort" auch Zusatzkosten für Anreise, Verpflegung und Übernachtung zu übernehmen. Zum anderen werden Fachkräfte weniger als Helfer und Akademiker in der Industrie eingesetzt, sondern sind vor allem im Handwerk zu Hause. Im Handwerk sind Einsätze auf verschiedenen (auch überregionalen) Projekten bzw. Baustellen jedoch eher die Regel als in der produzierenden Industrie, die meist standortbezogen arbeitet. Teile des Handwerks sind aufgrund des Verbots von Arbeitnehmerüberlassung im Bauhauptgewerbe von der Zeitarbeit ausgenommen. Im Baunebengewerbe und im Bereich des übrigen Handwerks ist die Nachfrage nach Facharbeitern jedoch offenbar sehr groß. Dies ist insofern plausibel, als dass gerade kleinere und mittelgroße Handwerksunternehmen größere Einzelprojekte oft mit eigenem Personal nicht abwickeln können.

In der mit Ingenieuren und Akademikern betriebenen *Spezialisten-Zeitarbeit* wird ein deutlich größerer Umsatzanteil über Werkverträge erzielt als in den beiden anderen Bereichen. Hier gibt es in der Praxis einen fließenden Übergang zwischen Arbeitnehmerüberlassung und Dienstleistungs- bzw. Werkverträgen. Gleichzeitig sinkt der Umsatzanteil von Spezialisten an der reinen Überlassung. Spezialisten werden zudem öfter als andere Zeitarbeitnehmer überregional eingesetzt. Da insgesamt die sehr spezifische, passende fachliche Qualifikation auf Kundenseite der entscheidende Grund für den Einsatz ist (vgl. Abschnitt 6.3.2), spielen hier aus Sicht des Kundenunternehmen Reise-, Verpflegungs- und Übernachtungskosten keine entscheidende Rolle. Die Zeitarbeitsunternehmen können offenbar ausreichend hohe Verrechnungssätze erzielen, so dass sich auch überregionale Einsätze rechnen. Die Einsätze erfolgen in diesem Segment vor allem in der Industrie und so gut wie nie im Handwerk.

6.3.4   Bedeutung der Segmentierung für Mitarbeiter

Die Motivation der Kunden für den Einsatz von Zeitarbeit und die Geschäftsmodelle der Personaldienstleister bestimmen die Ausgestaltung des Beschäftigungsverhältnisses der Zeitarbeitnehmer. Unterschiede ergeben sich auch hier sowohl im Hinblick auf die Qualifikationsanforderungen als auch in Bezug auf die Dispositionsstrategie.

Beschäftigte, die im Rahmen der *Helfer-Zeitarbeit* beschäftigt werden, verfügen im Vergleich zu Fachkräften und Spezialisten über die kürzeste Beschäftigungsdauer, sie werden nur selten weitergebildet und aufgrund der eher geringen Verleihsätze überwiegend wohnortnah eingesetzt (vgl. Abbildung 6.8). Beschäftigte aus dem Segment der *Fachkraft-Zeitarbeit* werden leicht überdurchschnittlich lange beschäftigt, werden öfter weitergebildet als Helfer und arbeiten auch mehr in überregionalen Einsätzen. *Spezialisten* verfügen über die längste Beschäftigungsdauer aller Zeitarbeitnehmer, werden mehr als alle anderen weitergebildet und überregional eingesetzt.

Das Ergebnis lässt sich dahingehend interpretieren, dass Helfer aufgrund der kürzeren Einarbeitungszeiten und aufgrund der vergleichsweise guten Verfügbarkeit auf dem Arbeitsmarkt schneller ausgetauscht werden als höher qualifizierte Arbeitskräfte. Im Umkehrschluss bedeutet dies für die Spezialisten, dass Kunden die aufwändige Suche nach einer geeigneten Kraft und die langwierige Einarbeitung nur in Kauf nehmen, wenn die längere Einsatzdauer dies rechtfertigt. Offenbar haben zudem auch Zeitarbeitsunternehmen den Mangel an Fachkräften erkannt und versuchen, die Mitarbeiter mit Weiterqualifizierung an sich zu binden und gleichzeitig den Kundenwünschen besser zu entsprechen.

Abbildung 6.8   Merkmale der Zeitarbeit in Abhängigkeit von der Qualifikation der Zeitarbeitnehmer (N = 346)

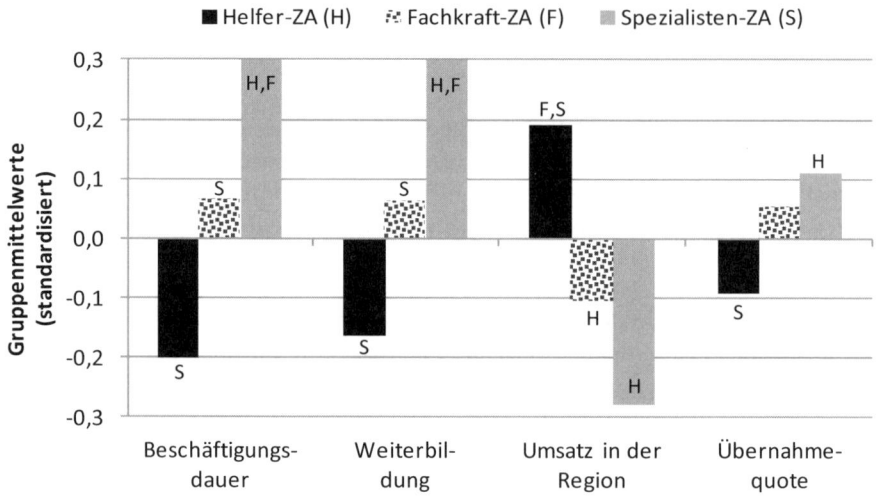

Buchstaben über den Balken zeigen einen signifikanten Unterschied zwischen den durch Balken und Buchstaben angegebenen Gruppen an, Gruppenunterschiede signifikant auf dem Niveau * p < .05, ** p < .01 und *** p < .001.

In Bezug auf die Übernahmequote durch Kunden zeigen sich keine statistisch bedeutsamen Unterschiede zwischen den Qualifikationsstufen. Dies deutet darauf hin, dass Übernahmen eher durch die *Dispositionsstrategie* beeinflusst werden.

Zeitarbeitnehmer, die in synchronisierten Beschäftigungsverhältnissen eingesetzt werden, haben längere Einsätze als Kollegen in asynchronen Arbeitsverhältnissen, werden jedoch deutlich kürzer beschäftigt, da der Arbeitgeber hier nicht davon ausgeht, alternative Kunden für den Arbeitnehmer gewinnen zu können (vgl. Abbildung 6.6). Aus diesem Grund verfügen synchronisierte Zeitarbeitnehmer im Gegensatz zu ihren Kollegen mit verschiedenen Kundeneinsätzen über so gut wie keine verleihfreien Zeiten. Dagegen werden sie überdurchschnittlich oft übernommen, was als Beleg für die Kundenmotivation der Auslagerung von Personalfunktionen gedeutet werden kann. Wird ein Zeitarbeitnehmer durch die Zeitarbeitsfirma konkret für einen bestimmten Einsatz bei einem bestimmten Kunden am Arbeitsmarkt rekrutiert, so ist auch die Wahrscheinlichkeit größer, dass genau dieser Kunde den Mitarbeiter übernimmt.

6.4 Diskussion der Segmentierung

Die Auswertung der Befragung und die deduktive Ableitung zeigen übereinstimmend, dass sich für alle Beteiligten (Verleiher, Entleiher und Mitarbeiter) die Zeitarbeit je nach Segment unterschiedlich darstellt.

6.4.1 Merkmale der einzelnen Segmente

Die in den vorherigen Kapiteln aufgezeigten wesentlichen Merkmale der Segmente sind in Abbildung 6.9 zusammengefasst.

Abbildung 6.9 Wesentliche Merkmale der Zeitarbeit in Abhängigkeit von Qualifikation und Dispositionsstrategie

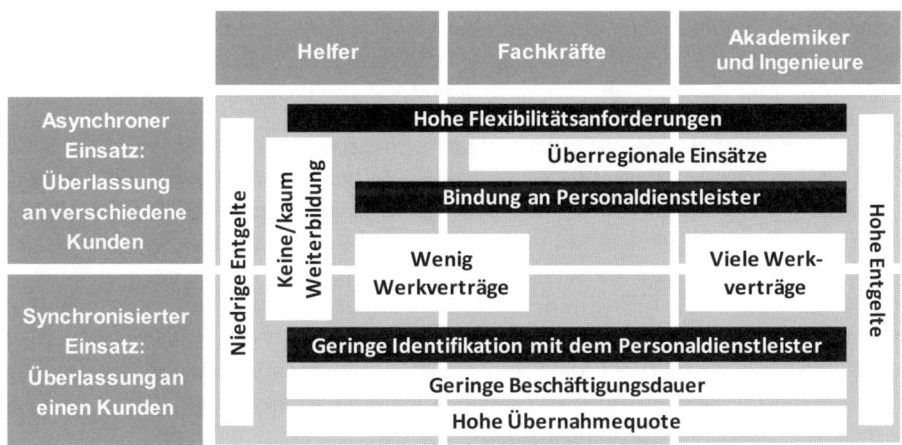

Unterscheidung der Segmente anhand statistisch nachgewiesener (weiß hinterlegter) und abgeleiteter (schwarz hinterlegter) Merkmale.

Generell steigen die Verrechnungssätze mit zunehmender Qualifikation. Dies hat – wie bereits in den vorherigen Abschnitten angedeutet – entscheidende Folgen für die räumliche Dimension des Einsatzes. Im Bereich der Helfertätigkeiten wäre die Zahlung von Reise-, Übernachtungs- und Verpflegungsmehraufwandskosten nur in seltenen Fällen für ein Zeitarbeitsunternehmen rentabel. In diesem Segment können Zeitarbeitnehmer deshalb davon ausgehen, dass sie überwiegend regional disponiert werden. Bereits bei gehobenen Tätigkeiten im Bereich der Fachkräfte sind die Verrechnungssätze deutlich höher, die passgenaue Erfahrung und Qualifikation sind die entscheidenden Auswahlkriterien, nicht der Preis. Deshalb treten hier überregionale Einsätze häufiger auf. Dieser Effekt verstärkt sich noch bei Ingenieuren und Akademikern.

Mit zunehmender Qualifikation steigt deshalb die Anforderung an die örtliche und zeitliche Flexibilität der Zeitarbeitnehmer. Auf der anderen Seite ist auch die Verhandlungsposition höher qualifizierter Mitarbeiter gegenüber den Zeitarbeitsunternehmen generell besser: In vielen Branchen ist der prognostizierte Mangel an Fachkräften bereits heute deutlich spürbar (Fuchs/Zieka 2010) [6], ganz im Gegensatz zum Segment der Helfer, wo offenbar ein großes Angebot von Arbeitskräften vergleichsweise niedrige Löhne zuließ und immer noch zulässt.

Der entscheidende Unterschied dürfte jedoch in der Identifikation des Mitarbeiters mit der eigenen Firma liegen und hängt von der Dispositionsstrategie ab: Wird der Mitarbeiter nur bei einem Kunden eingesetzt, so beschränkt sich sein Kontakt zur Zeitarbeitsfirma auf ein Minimum – im Extremfall auf die Einstellung, Fragen zur Entgeltabrechnung und am Ende zur Beendigung des Arbeitsverhältnisses. Anders liegt der Fall bei der asynchronen Dispositionsstrategie, hier gibt es einen intensiveren Austausch zwischen Mitarbeiter und Zeitarbeitsfirma. Dem Mitarbeiter werden regelmäßig neue Einsatzorte zugeordnet. Die Zeitarbeitsfirma hat ein Interesse daran, zwecks passender Zuordnung den Mitarbeiter und seine Stärken zu kennen. Es kann an dieser Stelle vermutet werden, dass die Identifikation der Mitarbeiter mit ihrer Zeitarbeitsfirma entscheidend von der Dispositionsstrategie abhängt.

Insgesamt ist die Branche der Zeitarbeit sogar noch deutlich komplexer, als es die sechs Segmente umfassende Matrix suggeriert. Beispiele für unzureichend erfasste Bereiche sind *Mischbetriebe*, in denen Mitarbeiter sowohl in werkvertraglichen Arbeiten als auch in der Zeitarbeit eingesetzt werden. Ohne Berücksichtigung bleibt auch, dass sich aus Sicht des Mitarbeiters der Unterschied zwischen Stammarbeitnehmern und Zeitarbeitnehmern im Handwerk teilweise kaum darstellt, da beide Mitarbeitergruppen flexibel an wechselnden Orten und bei wechselnden Endkunden eingesetzt werden. Weitere Dimensionen oder Segmente würden jedoch schnell dazu führen, dass statistisch signifikante Aussagen nur noch mit erheblich größerem Aufwand möglich wären. Gleichzeitig sind die grundlegenden Mechanismen der Branche in der vorgeschlagenen Matrix gut reflektiert.

6.4.2   Größe und Bedeutung der einzelnen Segmente

Die zunächst deduktive Einteilung der Zeitarbeitsbranche in sechs Felder lässt sich demnach inhaltlich durch unterschiedliche Merkmale der Segmente begründen. Aber es haben auch alle sechs Segmente eine marktwirtschaftliche Bedeutung. Tabelle 6.1 zeigt die Ergebnisse, wie sie sich aus der Befragung ableiten. Demnach sind beide Dispositionsstrategien fast gleichgewichtig am Markt vertreten. Die meisten Zeitarbeitnehmer werden als Fachkräfte eingesetzt.

Tabelle 6.1   Größe der einzelnen Segmente nach Anzahl der beschäftigten Zeitarbeitnehmer, in Prozent (N = 346)

Strategie	Helfer-Zeitarbeit	Fachkraft-Zeitarbeit	Akad./Ing.-Zeitarbeit	Summe
Asynchroner Einsatz	17	28	2	47
Synchronisierter Einsatz	23	25	5	53
Summe	40	53	7	100

Die Agentur für Arbeit als Erlaubnisbehörde führt statistische Erhebungen in der Zeitarbeit durch. Dabei wird auch die Qualifikation der eingesetzten Mitarbeiter ermittelt (Bundesagentur für Arbeit 2011b) [7]. Auf Basis dieser Daten kann zur Kontrolle der in Tabelle 6.1. ermittelten Segmentgrößen zumindest für die drei Qualifikationsniveaus eine grobe Überprüfung durchgeführt werden (vgl. Tabelle 6.2). Die Ergebnisse sind nicht exakt, da in der Schlüsselung der Agentur für Arbeit nicht genau auf die Tätigkeitsrelevanz vorhandener Qualifikationen abgestellt wird. Tabelle 6.2 zeigt die Ergebnisse der Schätzung, die sehr gut mit den in der Befragung ermittelten Daten übereinstimmen (zum Vergleich in Klammern eingetragen).

Tabelle 6.2   Größe und Umsatzanteile der Zeitarbeitsformen nach Qualifikation

Qualifikation	Helfer	Fachkräfte	Akademiker u. Ingenieure
Anteil an Zeitarbeitnehmern zum Stichtag 31.12.2010	44 % (40 %)	50 % (53 %)	6 % (7 %)
Anteil am Umsatz der Zeitarbeitsbranche (geschätzt)	33 %	52 %	15 %

Zum Vergleich in Klammern die Werte der eigenen Umfrage aus Tabelle 6.1
Quelle: Eigene Schätzung basierend auf einer Statistik der Bundesagentur für Arbeit (2011a) [2]

Anders als in der Öffentlichkeit wahrgenommen und diskutiert, ist die Mehrzahl der Zeitarbeitnehmer als Fachkräfte oder hochqualifizierte Mitarbeiter eingesetzt. Der Umsatz in den Segmenten ist ein Maß für die Bedeutung, die die Arbeit bei Kunden und Zeitarbeitsfirmen hat. Hier wird deutlich, dass nur ca. ein Drittel des Umsatzes im Bereich der Helfertätigkeiten erfolgt. Ebenso wird deutlich: Auch wenn der Einsatz von hochqualifizierten Zeitarbeitnehmern mit ca. 6 bis 7 % im Vergleich eher gering ist, so erzielen die Zeitarbeitsunternehmen schon heute ca. 15 % des Umsatzes in diesem Segment.

Für die Umsatzermittlung wurde auf Zahlen der Bundesagentur für Arbeit zurückgegriffen, die allerdings Durchschnittsverdienste anhand der Qualifikation der Beschäftigten ermittelt hat, nicht aufgrund der erforderlichen Qualifikation des Einsatzes. Zudem wurden die Faktoren zwischen Bruttoentgelt und Verrechnungssatz in Abhängigkeit von der Qualifikation abgeschätzt. Beide Abschätzungen liefern trotz der enthaltenen möglichen Fehler zumindest einen ersten Eindruck der Verteilung auf dem Arbeitsmarkt und der wirtschaftlichen Bedeutung der Qualifikation für die Personaldienstleister.

6.4.3 Bedeutung der Segmentierung für die Regulierung der Zeitarbeit

Anhand der wichtigsten kontrovers diskutierten Punkte in Bezug auf die Zeitarbeit lässt sich die Wichtigkeit einer segmentierten Betrachtung der Branche deutlich aufzeigen. In der gesellschaftlichen Diskussion haben sich vor allem zwei *Kritikpunkte* herauskristallisiert:

1. Zeitarbeit „verdrängt" Stammarbeitsplätze.

2. Zeitarbeitsplätze werden als schlecht bezahlte Arbeitsplätze mit geringer sozialer Absicherung wahrgenommen.

In einer Studie der Friedrich Ebert Stiftung wurden diese Punkte neben anderen schon Mitte 2008 als Folge der Deregulierung der Zeitarbeit beklagt (Weinkopf/Vanselow 2008, S. 10) [8], auch wenn beide Punkte zumindest in ihrer Ausprägung durchaus umstritten sind (Fuchs/Zieka 2010) [6]. Als eine Kombination dieser beiden Punkte fand insbesondere der Fall „Schlecker" ein sehr breites mediales Echo, der exemplarisch ein Licht auf konzerneigene oder konzernnahe Zeitarbeitsfirmen wirft, die für den eigenen Bedarf gegründet wurden und in die bestehende Mitarbeiter übernommen werden (vgl. als Beispiel Bognanni 2010) [9].

Als größte *Vorteile* der Zeitarbeit in der gesellschaftlichen und wissenschaftlichen Diskussion werden im Allgemeinen gesehen:

1. Zeitarbeit erhöht die Flexibilität der Betriebe (insbesondere für Auftragsspitzen).

2. Zeitarbeit bietet eine „Brückenfunktion" von der Arbeitslosigkeit in eine Arbeit.

Offensichtlich ist, dass eine Bewertung dieser Argumente je nach Bereich der vorgeschlagenen Segmentierung unterschiedlich erfolgen muss. Eine Erhöhung der Flexibilität aus volkswirtschaftlicher Sicht findet bei Unternehmen mit einer synchronisierten Dispositionsstrategie nicht oder nur in geringem Maße statt, als Brückenfunktion dient dieser Bereich nach den hier vorgestellten Untersuchungen jedoch sogar etwas stärker. Umgekehrt sorgt eine asynchrone Dispositionsstrategie dafür, dass die Kundenunternehmen von einer hohen Flexibilität profitieren, der Zeitarbeitnehmer aber ein festes, sozialversicherungspflichtiges Arbeitsverhältnis mit Kündigungsschutz erhält, auch wenn er wechselnde Einsatzorte in Kauf nehmen muss.

Als Konsequenz aus dieser gesellschaftlichen Diskussion der Vor- und Nachteile der Zeitarbeit ist die Branche nach wie vor stark reguliert. Generell wird – auch von Arbeitgeberseite – auf europäischer Ebene der Ansatz vertreten, dass die Zeitarbeit genau dann volkswirtschaftlich und arbeitsmarktpolitisch positive Auswirkungen hat, wenn sie im richtigen

Maße reguliert ist. Gemäß einem Index-Wert wird aus europäischer Sicht Deutschland in Bezug auf die Stärke der Regulierung bereits heute im Mittelfeld gesehen (Bognanni 2010) [9].

Zurzeit werden verschiedene Ansätze diskutiert bzw. bereits eingeleitet, die die Zeitarbeit sogar noch stärker regulieren würden, darunter die Einführung eines Mindestlohns, die Einführung von „Equal Pay" (ohne Tarifausnahme) und auch Beschränkungen der Verleihdauer.

Seit Ende 2011 gelten in der Zeitarbeit *Mindestlöhne*, die mit Hilfe des Arbeitnehmerentsendegesetzes als allgemeinverbindlich erklärt wurden. Diese Mindestlöhne wirken sich in erster Linie im Bereich der gering qualifizierten Tätigkeiten aus. Auch dort war der Effekt mit der Einführung gering, weil sich bereits zuvor die unteren Lohngruppen der vorherrschenden Zeitarbeitstarifverträge auf diesem Niveau befanden. In Branchen, in denen das Tarifniveau deutlich unter denen der Zeitarbeit liegt, findet deshalb schon heute nur wenig Arbeitnehmerüberlassung statt (Beispiel: Friseurhandwerk, Hotel- und Gaststättengewerbe).

Die Abschaffung der Tarifausnahme im AÜG [3] würde alle Zeitarbeitsfirmen zum *„Equal-Pay"* verpflichten. Der Zeitarbeitnehmer würde in der Folge jeweils das gleiche Gehalt erhalten wie ein vergleichbarer Mitarbeiter beim Kunden. Dies hätte für die Kundenunternehmen zwei Konsequenzen: Zeitarbeit würde in vielen Fällen für die Kunden teurer werden, gleichzeitig wird eine Arbeitnehmerüberlassung aufwändiger.

Der Kunde muss zunächst einen vergleichbaren Arbeitnehmer definieren und anschließend der Zeitarbeitsfirma alle gehaltsrelevanten Vereinbarungen offenlegen, die die Zeitarbeitsfirma anschließend zu berücksichtigen hat. Bei langfristiger Überlassung an einen Kunden ist dieser Aufwand sicherlich vertretbar, bei kurzen Überlassungen, in denen ein Zeitarbeitnehmer bei mehreren Kunden im selben Monat arbeitet, ist der Aufwand jedoch extrem groß und in vielen Detailfragen mit rechtlichen Unsicherheiten verbunden. Der höhere Verwaltungsaufwand würde insbesondere Zeitarbeitsfirmen treffen, die eine asynchrone Dispositionsstrategie verfolgen, den gleichen Mitarbeiter also zu verschiedenen Kunden schicken. Gleichzeitig bliebe für den Kunden einzig das Flexibilisierungsmotiv, Kostenvorteile kann er mit Zeitarbeit nicht mehr realisieren. Hierfür wäre ein Ausweichen auf Dienst- und Werkverträge zu erwarten.

Aus Sicht des Mitarbeiters ergibt sich der Vorteil, dass er niemals weniger Entgelt bekommen wird als vergleichbare Mitarbeiter des Kunden. Der Nachteil wäre, dass bei asynchronen Einsätzen seine Entgelte stark schwanken können, je nachdem bei welchen Kunden er im Einsatz ist.

Eine *Beschränkung der maximalen Verleihdauer* (an den gleichen Kunden) würde eine synchronisierte Dispositionsstrategie deutlich einschränken, langjährige Überlassung ohne Einsatzwechsel wäre nicht mehr möglich. Diese Einschränkung bestand bereits in der Vergangenheit vor 2004 und hat beispielsweise die Gründung konzerninterner oder konzernnaher Zeitarbeitsfirmen weitgehend verhindert. Historisch gesehen bestand die Zeitarbeit bis zur Deregulierung des AÜG [3] 2004 nur aus den drei Segmenten der asynchronen Dispositionsstrategie, wenn man von Umgehungstatbeständen absieht.

Diese kurze Diskussion der Auswirkungen von Regulierungsszenarien zeigt: Auch die Regulierung trifft nicht die Zeitarbeit allgemein und in allen Bereich gleich, sondern die spezifischen Segmente sind sehr unterschiedlich betroffen.

Literatur

[1]   Böhm, W./Henning, J./Popp, C. (2011): Zeitarbeit: Leitfaden für die Praxis. 2. Aufl., Köln: Luchter-hand.
[2]   Bundesagentur für Arbeit (2011a): Arbeitsmarktberichterstattung. Der Arbeitsmarkt in Deutsch-land. Zeitarbeit in Deutschland. Aktuelle Entwicklungen. Nürnberg.
[3]   AÜG: Arbeitnehmerüberlassungsgesetz. Vom 3. Februar 1995, zuletzt geändert am 20. Dezember 2011. www.gesetze-im-internet.de/a_g/, Zugriff: 08.06.2012.
[4]   Lehmann, C./Ratzmann, M./Bouncken, R. B. (2010): Erhebung Mittelständische Zeitarbeit. Bay-reuth Reports on Strategy (BaRoS), Nr. 1, S. 5-26.
[5]   IW Consult GmbH, Institut der deutschen Wirtschaft Köln (2011): Zeitarbeit in Deutschland.
[6]   Fuchs, J./Zieka, G. (2010): Arbeitsmarktbilanz bis 2025. Demografie gibt die Richtung vor. IAB Kurzbericht, 12/2010, Nürnberg.
[7]   Bundesagentur für Arbeit (2011b): Arbeitnehmerüberlassung, Leiharbeitnehmer und Verleihbe-triebe im 2. Halbjahr 2010. Nürnberg, Berichtszeitraum 2. Halbjahr 2010 bzw. zum Stichtag 31. De-zember 2010. Tabelle 13. Nürnberg.
[8]   Weinkopf, C./ Vanselow, A. (2008): (Fehl-)Entwicklungen in der Zeitarbeit. WISO-Diskurs, Fried-rich Ebert Stiftung, S. 12-20.
[9]   Bognanni, M. (2010): Lohndumping mit Zeitarbeit. Das Prinzip Schlecker. Stern. www.stern.de/wirtschaft/news/unternehmen/lohndumping-mit-zeitarbeit-dasprinzip-schlecker-1535885.html, Zugriff: 14.05.2012.
[10] Eurociett (2011): Adapting to Change. Brüssel.

7 Schwankende Auslastung — flexible Arbeit: Ein Bericht aus der Praxis

Gudrun Haseloh

7.1   Einleitung

Industrieunternehmen in Deutschland stehen seit Jahren vor gravierenden Herausforderungen, die zentral darauf zurückzuführen sind, dass sie ihre dominante Rolle am Markt verloren haben. Wo früher Anbietermärkte bestanden, auf denen die Unternehmen mehr oder weniger selbstbestimmt und kontrolliert ihre Produkte an bereitwillig abnehmende Kunden verkauften, haben sich nun Käufermärkte entwickelt, auf denen Kundenwünsche dominieren und die Unternehmen zu verstärkten Anpassungen zwingen. Die Folge sind immer komplexere Produkte und immer raschere Produktzyklen (Widuckel 2004) [1]. Diesem zunehmenden Druck und Verlust an Autonomie begegnen die Unternehmen mit Strategien der vertikalen Integration und der Flexibilisierung: Durch arbeitsteilige Integration werden die wachsenden Risiken zwischen Lieferanten und Produzenten umverteilt, und durch Flexibilisierung wird die Synchronisation von Nachfrage und Produktausbringung bewerkstelligt. Dabei trifft dies nicht alle Unternehmen in gleicher Weise. Vielmehr zeigen sich deutliche Machtdifferenzen: Starke Unternehmen können schwächere Zulieferer z. B. durch Einkaufsmacht dazu veranlassen, zugunsten der eigenen Kostenreduzierung ein noch weiter gesteigertes Maß an Flexibilisierung zu praktizieren. Im Sinne eines Peitscheneffektes (Pollitt 1998) [2] baut sich somit der Flexibilisierungsbedarf in der Prozesskette auf. Je größer der dadurch ausgeübte Anpassungsdruck etwa auf Lieferanten oder Industriedienstleister z. B. in der Automotive-Branche wird, desto stärker wächst der Flexibilisierungsbedarf. Dabei kommt es seitens der Lieferanten vor allem darauf an, den vorgegebenen erforderlichen Mengenbedarf punktgenau in variablen Abständen in immer kürzerer Zeit und in gleichbleibend hoher Qualität zu bedienen. Diesem Anspruch kann das Lieferunternehmen nur durch hohen Technikeinsatz mit starker Automatisierung der Produktion einerseits sowie diversen Flexibilisierungen der Arbeitszeit andererseits nachkommen (vgl. Bellmann/Crimmann/Evers, in diesem Band).

Flexibilisierungen lassen sich am deutschen Arbeitsmarkt aufgrund der etablierten Kündigungsschutzregelungen nicht durch angepasste Einstellungen und Entlassungen regeln (vgl. Boemke, in diesem Band). Vielmehr muss versucht werden, durch Überstunden, flexible Arbeitszeitregelungen oder durch Arbeitszeitkonten die Kapazitäten der Beschäftigten auf die Anforderungen der Auftraggeber abzustimmen. Wo diese Abstimmung nicht mehr erfolgreich zu bewältigen ist, kann auch Zeit- oder Leiharbeit zum Einsatz kommen. Der folgende Beitrag beschreibt anhand eines konkreten Beispiels aus der Elektronikindustrie, wie es zum Einsatz von Zeitarbeit kommt und welche Auswirkungen der Einsatz von Zeitarbeit hat.

7.2   Unternehmen und Markt

Bei dem Unternehmen handelt es sich um einen mittelständischen, norddeutschen Industriebetrieb, einen Fertigungs- und Logistikdienstleister der Elektrotechnik/Elektronik mit zahlreichen Kunden aus der Automobilbranche, der Telekommunikation, der Informationstechnik und dem Feld der regenerativen Energien. Im Geschäftsjahr 2010/2011 haben bis zu

900 Beschäftigte einen Umsatz von rund 110 Mio. Euro erwirtschaftet. Damit gehört das Unternehmen zu den fünf größten konzernunabhängigen Fertigungsdienstleistern in Deutschland, den sog. EMS (Electronic Manufacturing Services). Seine Schwerpunkte sind die Produktion, Montage und Konfiguration von elektronischen Baugruppen, Geräten und Systemen sowie Photovoltaik-Modulen.

Das Unternehmen wurde als Management-Buy-out 2002 gegründet und hat sich im Verlauf seiner relativ kurzen Geschichte als „Full-Service-Provider" für Fertigungs- und Logistikdienstleistungen am Markt etabliert. Mittlerweile fertigt es für mehr als 40 verschiedene Kunden weltweit. Auf dem internationalen Markt steht es im Wettbewerb mit vorwiegend asiatischen EMS-Anbietern, deren Leistungen geprägt sind durch hohe Stückzahlen insbesondere für Kunden aus der Konsumgüterbranche, durch größere Nähe zu den Beschaffungsmärkten und insgesamt geringere Kosten insbesondere im Personalbereich. Mittelständische deutsche EMS-Anbieter können sich in diesem Umfeld nur in Nischen behaupten: Durch kleine und mittlere, technisch komplexe Serien für den Investitionsgütermarkt und durch die Hochwertigkeit der Dienstleistungen. Ihre Merkmale sind in der Regel kurze Kommunikationswege und die individuelle Betreuung des Kunden im Kontext eines Kundenproduktmanagements. Dieses sieht eine intensive Betreuung von Aufträgen durch ein stabiles Team von Mitarbeitern aus der Logistik, dem Qualitätsmanagement und der Fertigung unter der Leitung eines erfahrenen Kundenproduktmanagers vor.

Nach Erhebungen der Fachzeitschrift „Elektronik-Praxis" gibt es in Deutschland rund 200 EMS-Anbieter, etwa 98 % davon mit einem Umsatz von unter 100 Mio. Euro pro Jahr. Der Wettbewerbs- und Produktivitätsdruck ist extrem hoch, die Margen liegen durchschnittlich bei 2 bis 3 %. In diesem Umfeld entscheidet neben Qualität, Liefertreue und Preis vor allem die Flexibilität über Sein oder Nichtsein. Die flexible Produktion und Logistik kennzeichnen das Geschäftsmodell der EMS.

7.3   Auslastungsschwankungen und Flexibilität

Flexibilität im Allgemeinen ist die Fähigkeit, auf unvorhersehbare und unplanbare Veränderungen der Umweltbedingungen zu reagieren. Bezogen auf Unternehmen zielt Flexibilität auf operative, strategische und finanzielle Aspekte. Als besonders erfolgskritische Elemente gelten dabei flexibel verfügbare Ressourcen, Lernfähigkeit, Selbstorganisation und modular aufgebaute Angebotsstrukturen (vgl. Horstmann 2007, Roland Berger Strategy Consultants 2008) [3], [4].

EMS-Anbieter sehen sich typischerweise mit permanent wechselnden Auftragslagen konfrontiert, die die Kombination der Flexibilisierungsinstrumente zu einem Balanceakt machen. Allerdings ist besonders der Flexibilisierung der personellen Ressourcen durch den Gesetzgeber ein Rahmen gesetzt, der nicht ohne Weiteres dem Auf und Ab der Auftragsvolumina angepasst werden kann. Das „Atmen" eines Betriebes (vgl. Hartz 1996, Widuckel 2004) [5], [1] kann unter diesen Bedingungen nur relativ flach ausfallen. Folglich können mit den herkömmlichen Instrumenten der Arbeitszeitflexibilisierung nur geringe Schwankungen des Auftragsvolumens kompensiert werden. Die folgende Abbildung 7.1 zeigt beispielhaft die Schwankungsbreite der Fertigungsstunden in unserem Elektronikunternehmen seit 2004.

Abbildung 7.1   Schwankungsbreite der Fertigungsstunden in Prozent nach Jahren

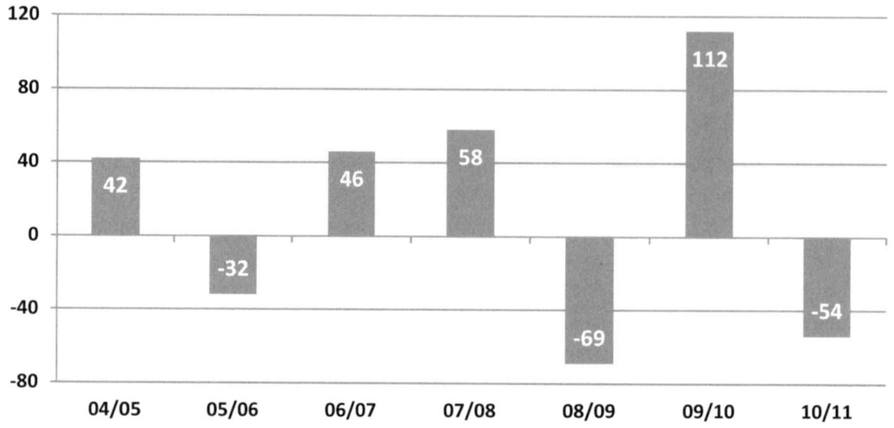

Unter Schwankungsbreite wird in der Abbildung 7.1 die Differenz zwischen minimaler und maximaler Auslastung pro Jahr verstanden. So hatte das Unternehmen im Mai des Geschäftsjahres 2004/05 30.310 Auftragsstunden abzuarbeiten, im August desselben Jahres waren es bereits 43.171 Stunden – eine Differenz von 42 %. Im Jahr 2011 steigerten sich die Schwankungen innerhalb eines einzigen Quartals auf 54 %, bezogen auf das Gesamtjahr waren es bis zu 10 % der Gesamtjahresleistung an produktiven Stunden. Zeitpunkt und Umfang von Aufträgen sind zwar bedingt vorhersehbar und planbar, aufgrund der Komplexität von Produkten und Prozessen allerdings höchst störanfällig.

7.4   Gründe für Auslastungsschwankungen

Die Produktion elektronischer Baugruppen, Geräte und Systeme, ihre Montage und Integration sind komplex und erfordern ein stark vernetztes Arbeiten. Eine einzelne Baugruppe kann weit über 2.000 verschiedene Bauelemente tragen – entsprechend empfindlich und störanfällig sind die Prozesse allein im Vorfeld der Produktion. Fehlt nur ein Teil, stockt unter Umständen die Fertigung des davon betroffenen Produkts. Falls keine kompensierenden Aufträge zu bearbeiten sind, müssen die Mitarbeiter nach Hause geschickt werden. Dabei können die Auslastungsschwankungen vielfältige Ursachen haben:

- Sie können in der Sphäre des Kunden liegen, weil z. B. die Entwicklungsarbeiten nicht termingerecht abgewickelt werden konnten und die Überleitung des Produktes in die Produktion sich verzögert.

- Sie können konjunkturell bedingt sein, wie z. B. der Nachfrageeinbruch infolge der Finanzkrise im Jahr 2009.

- Sie können politisch verursacht sein, wie die Nachfrageschwankungen im Photovoltaik-markt infolge der Änderungen der Einspeisevergütungen in den jeweiligen Abnehmer-ländern Deutschland, Italien oder Spanien.

- Naturkatastrophen können die Logistik beeinträchtigen, wie Erdbeben und Tsunami in Japan 2011 gezeigt haben, die zu Materialengpässen bei in Japan gefertigten Bauelementen führten.

Zur Bewältigung der Auslastungsschwankungen nutzt das Unternehmen eine Vielzahl von Flexibilitätsinstrumenten. Zu den internen, quantitativen Flexibilisierungsmaßnahmen zählen z. B. die Arbeitszeitkonten mit bis zu 160 Stunden (plus und minus), die bedarfsorientierte, genehmigungspflichtige Ausweitung der üblichen Dreischicht- auf Vierschichtarbeit, die Umstellung von Normal- auf Zwei- oder Dreischichtarbeit sowie die Ausweitung der Wochenarbeitszeit auf 48 Stunden, wenn sich dies als notwendig und zweckmäßig erweist. Nicht zuletzt verantwortet der betriebseigene technische Support durch 24-stündigen Bereitschaftsdienst die permanente Maschinenverfügbarkeit.

Das Unternehmen nutzt die Mehrzahl der Instrumente zur funktionalen oder qualitativen internen Flexibilisierung für interne und externe Mitarbeiter (Zeitarbeitnehmer) gleichermaßen intensiv, also Organisation der Arbeit in den Produktionsbereichen in Schichten, Versetzung und nach Bedarf variierender Einsatz von Mitarbeitern, arbeitgeberfinanzierte Weiterbildung und Qualifizierung oder auch Lernpartnerschaften zur Einarbeitung.

Alle Flexibilisierungsmaßnahmen werden unter Mitwirkung und Mitbestimmung des Betriebsrates festgelegt.

Für jeden EMS-Anbieter wäre es von Vorteil, die Situation stärker gestalten zu können und Auftragsschwankungen zu nivellieren, statt reagieren zu müssen. Theoretisch stehen dafür verschiedene Instrumente zur Verfügung: z. B. Schaffung von Puffern (Lagerproduktion), Risikoverteilung zwischen Kunde und Lieferant, Minderung des Bullwhip-Effekts (das Aufschaukeln von Bestellschwankungen in der mehrstufigen Lieferkette) über enge Absprachen oder Steuerung der Supply Chain über Verträge (vgl. Pollitt 1998) [2]. In Abhängigkeit von den Kunden werden die Instrumente genutzt, wobei die obigen Beispiele jedoch die Grenzen zeigen. Letzten Endes kauft der Kunde die Fertigungs-, Logistik- und Prozesskompetenz, mit einem Wort: die Flexibilisierungskompetenz der EMS ein, mit der die nicht vermeidbaren Schwankungen bewältigt werden.

7.5   Flexibilisierung durch Zeitarbeit

Bisheriger Spitzenwert war der Einsatz von 750 Zeitarbeitnehmern zur Bewältigung der Aufträge, was einem Volumen von 30.000 Stunden pro Woche entspricht. Es leuchtet unmittelbar ein, dass diese Größenordnung und Bewegungen, wie sie in Abbildung 7.1 dargestellt wurden, mit knapp 400 Mitarbeitern der Stammbelegschaft und den üblichen Instrumenten des Personalmanagements nicht zu bewältigen sind. Die Nutzung der Zeitarbeit als Instrument der externen quantitativen Flexibilisierung liegt nahe und ist das Mittel der Wahl, wenn alle anderen Instrumente der Beschäftigungsflexibilität ausgeschöpft sind.

Zusammengefasst führen folgende vier Gründe zum Einsatz von Zeitarbeit:

- Die Menge der beauftragten Stunden und ihre kurzfristige, starke Veränderung.

- Die Kurzfristigkeit der Kundenentscheidungen, die kurzfristige Kapazitätsanpassungen fordern.

- Die gesetzlichen Rahmenbedingungen in Form des Kündigungsschutzgesetzes oder des Betriebsverfassungsgesetzes, die spezielle, oft zeitintensive Verfahrensweisen vorschreiben und unvereinbar sind mit der Dynamik der Kundenanforderungen.

- Wachstum bei gleichzeitiger Reduktion von Risiken.

Dank des Einsatzes von Zeitarbeitnehmern kann sich das Unternehmen in Marktsegmenten behaupten, die einen höheren und flexibleren Personaleinsatz erfordern und die in der Vergangenheit vorwiegend von asiatischen und osteuropäischen Unternehmen beherrscht wurden. Wachstum bedeutet Arbeitsplätze. Für eine strukturschwache Region hat diese Aussage besondere Bedeutung. So kam der weitaus größte Teil der beschäftigten Zeitarbeitnehmer aus der Arbeitslosigkeit in den Betrieb. Diese für das Unternehmen günstige Ausgangssituation wird sich allerdings im Verlauf der nächsten Jahre voraussichtlich ändern: Demografische Analysen zeigen, dass sich der Arbeitsmarkt auch im Bereich der Helfer von einem Verkäufer- zu einem Käufermarkt wandelt (vgl. Bloch 2011) [6].

Der ökonomische Vorteil des Einsatzes von Zeitarbeit im Vergleich zur unbefristeten Einstellung liegt für dieses Unternehmen nicht in geringeren Lohnkosten, sondern in geringeren Anwerbungs- und Beendigungskosten der Beschäftigung, in der schnelleren Verfügbarkeit und reibungslosen Beendigung der Überlassungsverträge sowie der damit verbundenen Stabilisierung von Stammbelegschaft, Unternehmensstruktur und Prozessen (vgl. Lehmann/Haseloh 2012) [7]. Diese Vorteile werden umso bedeutsamer, je stärker, öfter und unvorhergesehener sich die Nachfrage ändert.

7.6   Entwicklung der Zeitarbeit im Unternehmen

2004 wurden zur Erfüllung eines Montageauftrages etwa 120 Zeitarbeitnehmer in das Unternehmen geholt und mit einfachen Aufgaben betraut, für die keine spezifischen Ausbildungen notwendig waren und sind. Die Zahl der beschäftigten Zeitarbeitnehmer stieg bis 2008 mehr oder weniger kontinuierlich an, um im Herbst 2008 auf ein Minimum einzubrechen. Dem dann erstaunlich steilen Anstieg der Beschäftigtenzahl folgte ein erneuter Einbruch Ende 2010. Im Herbst 2011 hat sich die Zahl der beschäftigten Zeitarbeitnehmer auf rund 250 eingependelt. Die Zeitarbeitnehmer wurden im Zeitverlauf in allen Abteilungen des Unternehmens eingesetzt, nicht mehr nur im Ursprungsbereich. Damit differenzierte sich der Bedarf zunehmend gemäß der Arbeiten, die zu erledigen waren. Neben die Einstellung von anfangs beschäftigten Helfern für einfache Tätigkeiten trat die gezielte Suche nach qualifizierten Zeitarbeitnehmern mit Kenntnissen der Elektronik und Elektrotechnik. Gerade aus diesem Personenkreis wechselten die meisten Beschäftigten im Zeitverlauf in die Stammbelegschaft.

Parallel zum Anstieg der Zahl der Zeitarbeitnehmer stieg die Zahl der Stammbeschäftigten, allerdings weit weniger stark, dafür kontinuierlich von etwa 280 zu Beginn des Geschäftsjahres 2004 auf knapp 400 Ende 2011, wobei etwa 25 % der neuen Mitarbeiter zuvor als Zeitarbeitnehmer beschäftigt waren, der andere Teil kam als Ingenieure und Techniker, Wirtschaftsingenieure und Betriebswirte von außen in das Unternehmen. Die Motivation für die Übernahme von Zeitarbeitnehmern wird aus zwei Quellen gespeist: Zum einen dienen sie dem Ansporn und sind ein Zeichen an die verbleibenden Zeitarbeitnehmer, das Hoffnung machen soll. Zum anderen dienen sie der Bindung qualifizierter und erprobter Mitarbeiter an das Unternehmen. Heute sind ehemalige Zeitarbeitnehmer auch in Funktionen wie Kundenproduktmanager, Einkäufer oder Produktionstechniker tätig. Kündigungen von Stammarbeitnehmern und den sog. Drehtüreffekt, also Einstellung gekündigter Mitarbeiter als Zeitarbeitnehmer, gab es zu keinem Zeitpunkt.

Im August 2008 wurde ein eigenes Zeitarbeitsunternehmen gegründet, die Personal-Service-Gesellschaft (PSG). Das in der PSG angestellte Personal wird bisher ausschließlich an die Muttergesellschaft verliehen, wobei die Überlassung an Dritte möglich ist. Hintergrund dieser Gründung war der Wunsch der Unternehmensleitung, qualifizierte Zeitarbeitnehmer stärker an das Unternehmen zu binden und für mehr psychologische und Beschäftigungsstabilität zu sorgen, ohne jedoch den Status des Leiharbeitsverhältnisses zu ändern und allzu hohe Beschäftigungsrisiken einzugehen. Ein zusätzlicher Nutzen liegt in der Möglichkeit, neue Mitarbeiter durch die Beschäftigung in der PSG zu erproben.

Der Verlauf der PSG-Kurve in Abbildung 7.2 bildet die Entwicklung der Beschäftigtenzahlen nach Gruppen ab und zeigt die Beschäftigungskontinuität der PSG-Mitarbeiter.

Ende des ersten Quartals 2011 waren in der PSG 86 Personen beschäftigt, davon 79 (92 %) in der Produktion und sieben in der Verwaltung als Kundenprojektmanager, kaufmännische Mitarbeiter, Personalsachbearbeiter oder Ingenieure. Die meisten Mitglieder dieser letztgenannten Gruppe haben einen Hochschulabschluss. Erkennbar wird zudem, dass die Zeitarbeitnehmer nicht die Stammarbeitnehmer ersetzen.

Alle in dem Elektronikunternehmen beschäftigten Zeitarbeitnehmer werden nach einem der gültigen Tarifverträge Zeitarbeit bezahlt, die meisten nach dem BZA-DGB-Tarifvertrag (vgl. www.avitea.de/res/download/Tarifvertrag_08_2010.pdf) [8].

Das Mutter-Unternehmen ist nicht tariflich gebunden. 2011 haben Unternehmensleitung und Betriebsrat ein neues Entgeltsystem vereinbart, das sich in seiner Intention und den strukturellen Merkmalen an ERA (Entgelt-Rahmen-Abkommen) und somit an die Tariflandschaft der deutschen Elektro- und Elektronikbranche anlehnt. Damit sollen mittel- bis langfristig u. a. die historisch gewachsenen Entgeltunterschiede innerhalb der Stammarbeitnehmer ausgeglichen werden. Zugleich ermöglicht das neue Entgeltsystem auch die Einbindung von nicht oder gering qualifizierten Mitarbeitern für den Fall, dass eine Änderung des Arbeitnehmerüberlassungsgesetzes (AÜG) [9] diesen Schritt anzeigt.

Abbildung 7.2   Entwicklung der Beschäftigtenzahl nach Gruppen im Zeitverlauf

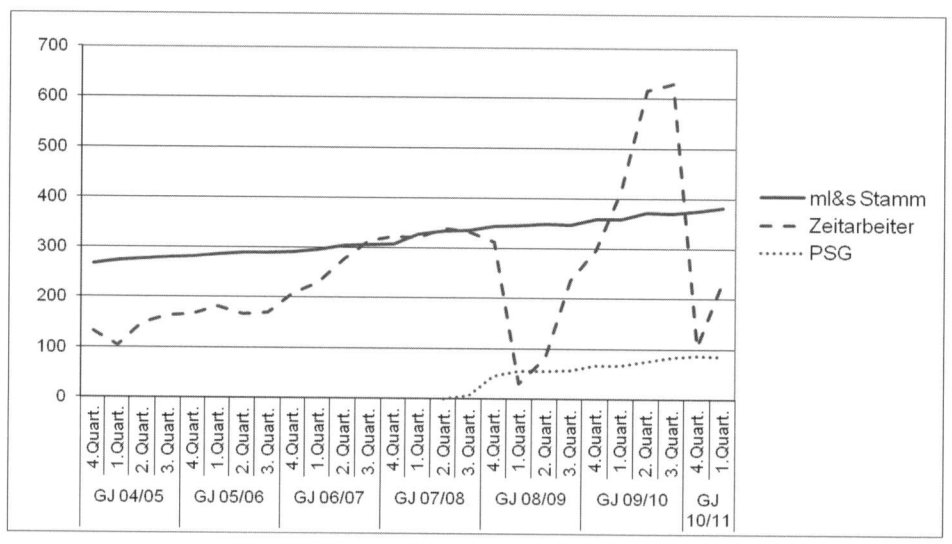

Abbildung 7.2 zeigt schematisch den Zusammenhang von Kapazitäten, Auslastung und Beschäftigtengruppen in Form des Drei-Stufen-Konstrukts mit den Stammarbeitnehmern als Basis. „Mindestauslastung" ist dabei die Zahl der Stunden, die das Unternehmen benötigt, um alle Stammarbeitnehmer zu beschäftigen und kostendeckend zu wirtschaften. Die langfristig darüber liegende Auslastung wird mit Hilfe der unternehmenseigenen Personal-Service-Gesellschaft bewältigt, zusätzliche Auslastung mit Hilfe von Zeitarbeit. Mehrarbeit von Stamm- und Zeitarbeitnehmern dient auf allen Stufen dazu, Auftragsspitzen abzufangen. Im Falle eines Nachfragerückgangs werden zunächst die Zeitarbeitnehmer der externen Dienstleister abgebaut, anschließend die Stunden der Mitarbeiter der eigenen Personal-Service-Gesellschaft reduziert und gleichzeitig Stundenguthaben der Stammbeschäftigten abgebaut. Bei einem weiteren Nachfragerückgang hat das Unternehmen die Möglichkeit der Kurzarbeit, im Notfall auch für die Stammmitarbeiter.

Analog lassen sich die verschiedenen Beschäftigtengruppen und ihre Segmentierung beschreiben. Dabei bilden die Stammarbeitnehmer die stabile Basis, die PSG-Mitarbeiter den relativ stabilen Überbau und die übrigen Zeitarbeitnehmer die variable Spitze (vgl. Bornewasser/Haseloh 2012) [10].

Abbildung 7.3   Das 3-Stufen-Konzept der Auslastung

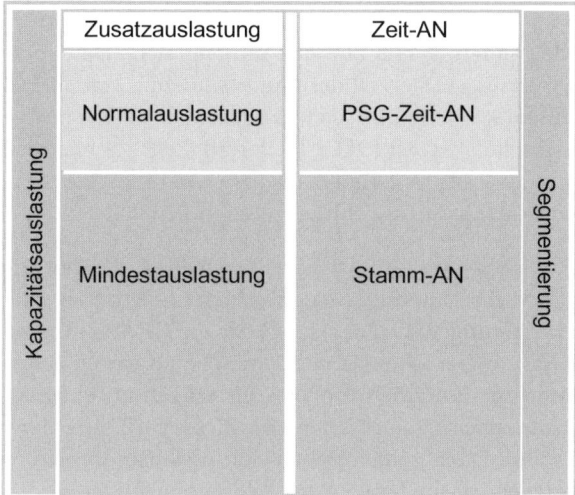

Abbildung 7.3 visualisiert die Funktion der Zeitarbeit als Instrument zur Kompensation eines extrem dynamischen Auftragsvolumens und zugleich als Stabilisator der Unternehmensbasis und seiner Strukturen. Denn trotz des volatilen Geschäftsumfeldes musste die Stammbelegschaft in dem Unternehmen bisher noch nicht angepasst werden – dafür sorgen zwei „Schichten" flexibel anpassbarer Zeitarbeitnehmer aus der eigenen PSG sowie von anderen Personaldienstleistern, mit denen das Unternehmen dauerhaft zusammenarbeitet (nachdem es sich von einzelnen Personaldienstleistern getrennt hat, die definierte Qualitätsstandards der Überlassung missachteten).

7.7   Organisation von Zeitarbeit im Unternehmen

Zur Deckung des zeitweise extrem hohen und kurzfristigen Personalbedarfs arbeitet das Unternehmen kontinuierlich mit mehreren externen Personaldienstleistern zusammen, was die Koordination bei der Personalbeschaffung erforderlich macht und zentral von der PSG als „Master Vendor" geleistet wird. Wurden Zeitarbeitnehmer in der Anfangszeit von den einzelnen Bereichen direkt bei den Personaldienstleistern telefonisch und „auf Zuruf" bestellt, machte die zunehmend größer werdende Zahl der Zeitarbeitnehmer an ständig wechselnden Arbeitsplätzen innerhalb des Unternehmens eine stärkere Steuerung und Zentralisierung unumgänglich, die letztlich zu einer Professionalisierung der Personalprozesse im Bereich der Zeitarbeit führte. Deren besonderes Merkmal liegt darin, dass drei Parteien daran beteiligt sind: die PSG, das Mutterunternehmen und der Personaldienstleister.

Diese Art der Organisation von Zeitarbeit ermöglicht kurze Personalbereitstellungszeiten: Die PSG ist in der Lage, innerhalb eines Tages die benötigte, auch zweistellige Zahl an Zeitarbeitnehmern zu beschaffen und auf den Einsatz im Unternehmen vorzubereiten. Mittlerweile kann das Unternehmen auf eine umfangreiche Datei potenzieller Mitarbeiter zurückgreifen. Der weitaus größte Teil der Zeitarbeitnehmer ist als Helfer oder qualifizierter Helfer eingestuft, ein kleinerer Teil als Facharbeiter und eine noch geringere Anzahl als Techniker oder Hochschulabsolvent. Die Helfertätigkeit zeichnet sich durch eine kurze Einarbeitszeit von zwei bis fünf Tagen aus. Die Einstufung erfolgt aufgrund der Anforderungen des Arbeitsplatzes, die das Mutterunternehmen vollständig beschrieben hat.

In letzter Zeit ist eine Reihe von Publikationen erschienen, die den Umgang mit Zeitarbeit gerade für mittelständische Unternehmen erleichtern sollen, z. B. die Broschüren der gesetzlichen Unfallversicherung VBG (2012) [11] oder die GRAziL-Toolbox [12]. Nicht zuletzt aufgrund eigener Erfahrungen kann jedem Unternehmen empfohlen werden, sich im Vorfeld der Entscheidung für Zeitarbeit mit einigen Fragen auseinanderzusetzen, denn der Einsatz von Zeitarbeitnehmern zieht Nebenwirkungen nach sich, deren sich die Organisation bewusst sein sollte. Dazu zählen neben der Auseinandersetzung mit „technischen" Fragen (z. B. gesetzliche Grundlagen und Voraussetzungen auf Verleiher- wie Entleiherseite, Vertragsgestaltung, Kosten, Einarbeitung) auch psychologische Effekte bei den Zeit- wie den Stammarbeitnehmern mit entsprechenden Implikationen für Prozessstabilität und Qualität, Ausfallzeiten oder das Image des Unternehmens (vgl. Haseloh 2012) [13]. Für Unternehmen, die sich nach DIN EN ISO 9001 oder ISO TS 16949 zertifizieren lassen, ist die Einbeziehung ausgelagerter Prozesse und der Nachweis, dass die Konformität mit den Anforderungen von Kunden, Gesetzen und Behörden sichergestellt ist, ohnehin unumgänglich.

7.8   Einsatzbedingungen von Zeitarbeit

Das 3-Stufen-Konzept widerspricht nicht dem Grundsatz der möglichst weitgehenden Integration, die das hier beschriebene Unternehmen anstrebt. Bei allen Unterschieden zwischen den Beschäftigtengruppen galt von Beginn an das von der Geschäftsführung vorgegebene Prinzip der Gleichbehandlung und Partizipation. Dies umfasst die permanente Kommunikation von Grundsätzen der Gleichbehandlung im Unternehmen, die Einbeziehung des Betriebsrates, die strenge Einhaltung gesetzlicher und behördlicher Vorgaben insbesondere in Fragen der Arbeitssicherheit und des Arbeitsschutzes für alle Arbeitnehmer gleichermaßen, die intensive Abstimmung mit den verleihenden Betrieben und damit

Einflussnahme auf alle Aspekte, die die Arbeits- und Einsatzfähigkeit der Zeitarbeitnehmer betreffen, wie z. B. Arbeits(schutz)kleidung, Qualifizierungsmaßnahmen oder Prämienzahlungen.

Was selbstverständlich klingt, ist in der betrieblichen Praxis oft mit einem erheblichen Regelungsbedarf verknüpft, der in dem Dreiecksverhältnis von Entleiher, Verleiher und Mitarbeiter begründet liegt (z. B. Prämienzahlungen oder vom Einsatzbetrieb mitfinanziertes Kantinenessen). Der Wunsch nach Gleichbehandlung von Stamm- und Zeitarbeitnehmern stellt unter Umständen auch die Privilegien für Stammarbeitnehmer in Frage, was in der Regel für reichlich Diskussionsstoff sorgt.

Der Einsatz von Zeitarbeit bedeutet besonders für die Führungskräfte der unteren und mittleren Ebene (Gruppen-, Schicht-, Abteilungsleiter) eine erhebliche Flexibilitätsanforderung, die sich besonders an den Übergängen stellt: bei der Einführung in den Arbeitsbereich und beim Austritt aus dem Unternehmen. Die Integration mehrerer neuer Mitarbeiter ist aufwändig und risikoreich, die Abmeldung von Zeitarbeitnehmern im Falle plötzlichen Auftragsrückgangs für alle Beteiligten psychisch belastend.

Neue Kollegen müssen nicht nur in die jeweiligen Aufgaben eingewiesen werden, sie bringen unterschiedliche berufliche und persönliche Werdegänge mit in den Betrieb. Viele kommen direkt aus der Arbeitslosigkeit und sind keinen straffen und strukturierten Arbeitstag einschließlich Kollegen und Vorgesetzten gewöhnt. Manche kommen auf Weisung des Arbeitsamtes und mit dem über die Öffentlichkeit vermittelten Bild von Zeitarbeit. Andere haben einen gänzlich anders gearteten beruflichen Hintergrund als den der industriellen Produktion mit seinen spezifischen Bedingungen: Sie sind Koch, Maurer, Fliesenleger, Verkäufer. Neu sind Geräusche und Gerüche, ungewohnt die Arbeitsabläufe und Verhaltensweisen sowie die ausgesprochenen und unausgesprochenen Erwartungen des einsetzenden Betriebes und der Kollegen. Hinzu kommt, dass in unserem Elektronikunternehmen oftmals mehrere Zeitarbeitnehmer zur gleichen Zeit an unterschiedlichen Arbeitsplätzen integriert werden müssen. Es überrascht nicht, dass der eine oder andere neue Zeitarbeitnehmer seine Individualität in einer solchen Situation als nicht hinreichend wahrgenommen und gewürdigt sieht. Zeitarbeitnehmer sind in einer schwachen Situation, da sie jederzeit abgemeldet werden können und sich durch niemanden vertreten fühlen.

Vermehrt tauchen Presseberichte auf und Untersuchungen, in denen von Machtmissbrauch durch Vorgesetzte die Rede ist. Betriebe, die mit Zeitarbeit arbeiten wollen, müssen mit derartigen Entwicklungen rechnen und gezielt Maßnahmen zu ihrer Verhinderung ergreifen.

Ähnlich schwierig ist der entgegengesetzte Fall, nämlich die Information der Zeitarbeitnehmer über die so genannte Abmeldung im Falle der geringen Auslastung. Führungskräfte müssen nicht nur die rechtlichen Bedingungen des Dreiecksverhältnisses „verleihender Betrieb – Zeitarbeitnehmer – einsetzender Betrieb" gut kennen, sie müssen auch darauf vorbereitet werden, schlechte Botschaften mit Deutlichkeit und Einfühlungsvermögen zu überbringen. Gerade in Betrieben mit starken Auslastungsschwankungen ist es möglicherweise angezeigt, auf den sog. Recall zu verweisen, auf die Wiederbeschäftigung für den

Fall der ansteigenden Auslastung. In dem beschriebenen Elektronikunternehmen ist es mehrfach zu Abmeldungen gekommen – aber auch ebenso häufig zur Wiederaufnahme der Beschäftigung nach einigen Wochen. Glaubwürdigkeit in die Aussagen der Vorgesetzten und das Vertrauen in den einsetzenden Betrieb steigen mit der Erfahrung, dass derartige Prozesse genauso ablaufen wie geschildert. Die Zeitarbeitnehmer „danken" es dem einsetzenden Betrieb ihrerseits ebenfalls mit Stabilität und Berechenbarkeit bezüglich krankheitsbedingter Ausfallzeiten und Produktivität. Auf diese Weise kommt es in diesem Unternehmen zu langjährigen stabilen Beschäftigungsverhältnissen.

Angesichts des hohen Flexibilisierungsgrades sind die grundsätzlichen Regeln der Geschäftsleitung zum Umgang miteinander im Betrieb und nach Möglichkeit standardisierte Prozesse für die Einarbeitung in den Betrieb und den Arbeitsplatz umso wichtiger. Insbesondere die Vorgesetzten sind aufgerufen, jegliche Form der Diskriminierung von Stammarbeitnehmern gegenüber Zeitarbeitnehmern zu unterbinden (vgl. Bornewasser/Haseloh 2012) [10]. Je größer die Zahl der zu integrierenden Zeitarbeitnehmer und je weniger passgenau die Voraussetzungen der neuen Kollegen, desto größer der Aufwand für Einarbeitung und Weiterbildung. Der beschriebene Elektronikbetrieb hat nach einigen Jahren Erfahrung ein eigenes Schulungszentrum für Zeit- und Stammarbeitnehmer eingerichtet, das als eigenständige Einheit neben das bereits bestehende Ausbildungszentrum getreten ist. Der Weiterbildungsbedarf für Stamm- und Zeitarbeitnehmer hinsichtlich neuer Produkte und Verfahren wächst mit dem Unternehmen und der Zahl seiner Kunden. Die Kosten trägt in diesem Beispiel der einsetzende Betrieb, der sich damit zugleich den Vorrang beim Einsatz von Zeitarbeitnehmern gegenüber dem verleihenden Betrieb sichert.

7.9   Fazit: Erfahrungen aus 7 Jahren Zeitarbeit

Das Bild, das in der Öffentlichkeit von der Zeitarbeit gezeichnet wird, ist ein düsteres, das sich am Beispiel eines einzelnen Unternehmens nicht glaubhaft und grundsätzlich widerlegen lässt. Wer jedoch den Flexibilitätsbedarf von Unternehmen anerkennt und um ihre Handlungsspielräume weiß, kommt zu dem Schluss, dass das Ziel für den Wirtschaftsstandort Deutschland nicht die Einschränkung von Flexibilisierungsmöglichkeiten sein kann oder die Kriminalisierung von Zeitarbeit (vgl. Boemke, in diesem Band), sondern sich die Diskussion wenn schon nicht um Alternativen zur Zeitarbeit, dann zumindest um die gute Ausgestaltung und Handhabung von Zeitarbeit drehen und damit einen Beitrag zur Verbesserung der Situation für alle Beteiligten leisten sollte.

Es wurde bereits aufgezeigt, dass in dem hier beschriebenen Elektronikunternehmen parallel zur Beschäftigung von Zeitarbeitnehmern auch die Zahl der Stammarbeitnehmer gestiegen ist. Dies widerlegt die These von der Verdrängung der Stammbelegschaft. Es mag weitere Fälle der „Art Schlecker" geben, aber sie sind nicht zwangsläufig Bestandteil des Konzepts Zeitarbeit. Auch fragt sich, ob die Größenordnung von zurzeit rund 900.000 Zeit- oder Leiharbeitnehmern Bedrohungsszenarien rechtfertigt. Für den größten Teil der in unserem Beispielunternehmen beschäftigten Zeitarbeitnehmer war und ist die Arbeit als

Produktionshelfer in erster Linie der Weg aus der Arbeitslosigkeit, ohne die Region verlassen zu müssen.

Nach „herrschender Meinung" müssten diese Beschäftigten mit Resignation und Leistungszurückhaltung reagieren. Unternehmensinterne Untersuchungen des Geschäftsjahres 2010/2011 belegen diese These nicht. Die Betrachtung der Kriterien Krankenstand und Produktivität zeigt zwischen Zeitarbeitnehmern und Stammarbeitnehmern keine signifikanten Unterschiede.

Die Vermutung liegt nahe, dass der Grund für dieses Phänomen in den Einsatzbedingungen zu suchen ist, in vergleichbaren Arbeiten und Arbeitsbedingungen von Zeit- und Stammarbeitnehmern sowie in der langjährigen Einsatzdauer der Zeitarbeitnehmer, was zu Beherrschung der Tätigkeiten und zu entsprechender Produktivität führt. Zugleich bedeutet die langjährige Beschäftigungsdauer Bindung, Sicherheit, Vertrauen und psychologische Stabilität – Faktoren, die Leistung begründen (vgl. Sende/Vitera, in diesem Band).

Es soll nicht unerwähnt bleiben, dass Leiharbeitnehmer unter erheblichem Druck stehen, die geforderte Leistung schnell zu erbringen. Werker an der „Linie" können nur schwer ausscheren und sich entziehen, insbesondere, wenn sie wie Leiharbeitnehmer unter besonderer Beobachtung stehen. Dennoch sprechen der geringe Krankenstand und die lange, kontinuierliche und berechenbare Beschäftigungsdauer für sich.

Eine weitere, häufig zu lesende These ist die, dass Stammarbeitnehmer durch den Einsatz von Zeitarbeitnehmern unter Druck gesetzt werden. Abgesehen davon, dass es wie oben bereits erwähnt keine Kündigungen von Stammarbeitnehmern und somit keinerlei Drehtür-Effekte im Unternehmen gegeben hat, sprechen die Fakten in unserem Elektronikunternehmen gegen die generelle Gültigkeit dieser These:

1. In den letzten zwei Jahren kristallisieren sich Schwierigkeiten bei der Handhabung des flexiblen Arbeitszeitmodells heraus. Vereinzelt schränken Stammarbeitnehmer ihre Flexibilitätsbereitschaft mit dem Verweis auf Zeitarbeitnehmer ein. Dies betrifft die qualitative, funktionale Flexibilisierung (z. B. Abteilungswechsel) und auch die quantitative Flexibilisierung (z. B. Aufbau von Negativsalden).

2. Auch ist in dem genannten Zeitraum ein erhöhter krankheitsbedingter Arbeitsausfall bei Stammarbeitnehmern zu verzeichnen, der nicht jahreszeitlich und/oder durch erhöhte Arbeitsbelastung zu erklären ist.

Diese Befunde hat das Unternehmen zu dem Schluss geführt, dass Teile der Stammarbeitnehmer versuchen, die Flexibilitätsanforderungen auf die Zeitarbeitnehmer abzuwälzen, und sich direkt und indirekt diskriminierend verhalten. Die Unternehmensleitung versucht gegenzusteuern und setzt in dieser Situation einerseits auf Anwesenheitsprämien für die Stammbeschäftigten, andererseits rückt sie die Bedeutung der Führungsaufgaben in den Fokus. In der Folge hat das Unternehmen in letzter Zeit verstärkt Führungskräftetrainings durchführt. Die Führungskräfte haben ihren Beschäftigten immer wieder in Erinnerung zu rufen, dass es keine zwei Beschäftigtenklassen im Unternehmen gibt, sondern alle gleichermaßen daran arbeiten, Kundenanforderungen zu erfüllen. Es bleibt unablässige Aufgabe, die Zusammenarbeit im Unternehmen für alle Gruppen verträglich zu gestalten.

Ist Zeitarbeit entbehrlich? Die Flexibilisierung mit Hilfe von Zeitarbeit hat Vor- und Nachteile. Zeitarbeit ermöglicht einem Dienstleistungsunternehmen wie dem hier vorgestellten ein quantitatives und qualitatives Wachstum, das ohne dieses Instrument nicht möglich wäre. Das Wachstum bezieht sich vordergründig auf mehr Aufträge, Beschäftigte, Umsatz und Marktanteile, tiefergehend auf mehr Kenntnisse: Neue Kunden und Technologien fordern heraus und schaffen ein breiteres und stabileres Fundament für die gesamte Organisation. Für einen EMS, einen Dienstleister ohne eigene Produkte, bietet ein breites Portfolio ein stabileres Fundament und mehr Sicherheit. In diesem Sinne ist die oft zu hörende Aussage zu verstehen, dass Zeitarbeit die Stammbelegschaft schützt.

Der Schutz bezieht sich auf den Arbeitsplatz eines jeden Mitarbeiters, aber auch auf den Schutz des Unternehmens vor Verlusten von Mitarbeitern. Wie oben dargelegt wurde, hat das Unternehmen innerhalb kurzer Zeiträume mit extremen Schwankungen der Auftrags- und Beschäftigungslage zu tun. Eine kurzfristige Reduktion vieler Fertigungsstunden und Mitarbeiter wäre für ein mittelständisches Unternehmen aus Zeit- und Kostengründen existenzgefährdend. Zudem drohte für den Fall betriebsbedingter Kündigungen der Verlust von Fachkräften. Das Unternehmen und seine Strukturen zu schützen – diese Absicht führt in unserem Beispielunternehmen zur Nutzung von Zeitarbeit. Der Flexibilitätsbedarf entscheidet über das Maß an Zeitarbeit, weil kein anderes Instrument diese Flexibilität bietet.

Den Vorteilen stehen die geschilderten Nachteile gegenüber, die durch die Flexibilisierung unter Einsatz von Zeitarbeit entstehen: der Integrationsaufwand (einschließlich Schulungen) bei den einsetzenden Unternehmen, geringes Entgelt und wenig Beschäftigungssicherheit auf Seiten der Zeitarbeitnehmer, quasi als Preis für die Teilhabe an der Arbeitswelt.

Die oben formulierte Frage „Ist Zeitarbeit entbehrlich?" beantwortet das Elektronikunternehmen deshalb mit „Jein". Aus seiner Sicht ist Zeitarbeit nur die zweitbeste Lösung; sie wäre entbehrlich, wenn andere gesetzliche Rahmenbedingungen die für das Unternehmen notwendige Flexibilität ermöglichten. Hier wünscht man sich ein generelles Umdenken in der Gesellschaft und die Erkenntnis, dass Angst vor Veränderungen ein schlechter Ratgeber ist. Ein EMS in einem internationalen, hochdynamischen Umfeld jedenfalls schafft die erwünschte Arbeitsplatzsicherheit und Stabilität nur durch Flexibilität.

Literatur

[1]   Widuckel, W. (2004): Paradigmenentwicklung der Mitbestimmung bei Volkswagen. Schriftenreihe FPD, Wolfsburg.
[2]   Pollitt, D. (1998): Supply-chain logistics. International Journal of Physical Distribution & Logistics Management, 28, 3, S. 181-200.

[3] Horstmann, J. (2007): Operationalisierung der Unternehmensflexibilität. Entwicklung einer umwelt- und unternehmensbezogenen Flexibilitätsanalyse. Wiesbaden: Deutscher Universitätsverlag.

[4] Roland Berger Strategy Consultants (2008): Agieren statt reagieren. Strategie, operatives Geschäft und Finanzierung müssen flexibel gestaltet werden. think:act contact.

[5] Hartz, P. (1996): Das atmende Unternehmen. Frankfurt a.M.: Campus-Verlag.

[6] Bloch, S. (2011): Bevölkerungsprognose. Ergebnisbericht. In: Bouncken, R. B./Bornewasser, M. (Hrsg.), Beiträge zur Flexibilisierung. Bd. 1. Mering: Rainer Hampp Verlag, S. 157-178.

[7] Lehmann, C./Haseloh, G. (2012): Zeitarbeit aus Sicht eines Intensivnutzers. In: Bouncken, R. B./Bor-newasser, M./Bellmann, L. (Hrsg.), Beiträge zur Flexibilisierung. Bd. 3. Mering: Rainer Hampp Verlag, S. 75-92.

[8] BZA-DGB-Tarifvertrag. www.avitea.de/res/download/Tarifvertrag_08_2010.pdf, Zugriff: 16.06.2012.

[9] AÜG: Arbeitnehmerüberlassungsgesetz. Vom 3. Februar 1995, zuletzt geändert am 20. Dezember 2011. www.gesetze-im-internet.de/a_g/, Zugriff: 08.06.2012.

[10] Bornewasser, M./Haseloh, G. (2012): Zeitarbeitnehmer. Beschäftigte zweiter Klasse? Probleme und Lösungen beim Einsatz von Zeitarbeitnehmern. In: Bouncken, R. B./Bornewasser, M. (Hrsg.), Beiträge zur Flexibilisierung. Bd. 2. Mering: Rainer Hampp Verlag, S. 149-166.

[11] Gesetzliche Unfallversicherung VBG (2012): Zeitarbeit nutzen – sicher, gesund und erfolgreich. VBG-Branchenleitfaden. BGI 5021.

[12] GRAziL – Gestaltung, Umsetzung und Transfer von Instrumenten zum Ressourcenmanagement und zum Arbeitsschutz im Rahmen eines zielgruppenbezogenen Ansatzes für Leiharbeitnehmer in Entleihunternehmen. http://grazil.net/toolbox/, Zugriff: 06.06.2012.

[13] Haseloh, G. (2012): Zeitarbeit in kleinen und mittleren Unternehmen. Praxis-Leitfaden für die Zertifizierung nach DIN EN ISO 9001. In: Bouncken, R. B./Bornewasser, M. (Hrsg.), Beiträge zur Flexibilisierung. Bd. 4. Mering: Rainer Hampp Verlag, S. 11-41.

8 Rechtliche Rahmenbedingungen der Flexibilisierung von Zeitarbeit

Burkhard Boemke

8.1   Einleitung

Zeitarbeit feiert im Jahre 2012 in Deutschland ihren 40. Geburtstag. Bis zur grundlegenden Entscheidung des Bundesverfassungsgerichts (BVerfG) vom 04.04.1967 [1] war die unechte Leiharbeit, also das gewerbsmäßige Zurverfügungstellen eigener Arbeitnehmer an Dritte gegen Entgelt als Arbeitsvermittlung und nach der damals geltenden Rechtslage (§ 37 III Gesetz über Arbeitsvermittlung und Arbeitslosenversicherung – AVAVG) [2] als unzulässig angesehen worden [3]. Das BVerfG stellte demgegenüber klar, dass die Gleichstellung von Arbeitsvermittlung mit Arbeitnehmerüberlassung mit dem Grundrecht der Berufsfreiheit (Art. 12 I GG) [4] nicht vereinbar sei [5]. Entscheidend spreche hiergegen, dass die Arbeitsvermittlung vergleichbar der Tätigkeit des Maklers darauf gerichtet sei, zwischen einem arbeitsuchenden Arbeitnehmer und einem Arbeitgeber ein Arbeitsverhältnis zustande zu bringen. Demgegenüber seien die Rechtsbeziehungen zwischen dem überlassenden Arbeitgeber und dem überlassenen Arbeitnehmer von anderer Art; insbesondere bleibe diese Rechtsbeziehung während der Zeit, in welcher der Arbeitnehmer in dem fremden Betrieb tätig wird, weiter bestehen [6]. In der Folge wurde die Zeitarbeit durch das Arbeitnehmerüberlassungsgesetz (AÜG) [7] geregelt, das am 12.10.1972 in Kraft trat [8].

Rechtstatsächlich hatte die Zeitarbeit nur eine geringe Bedeutung [9], wurde sie doch zunächst als Mittel zur Überwindung eines kurzfristigen Personalbedarfs verstanden. Dementsprechend war die Höchstüberlassungsdauer ursprünglich auf drei Monate beschränkt. Diese Höchstüberlassungsdauer blieb zunächst mehr als zehn Jahre unverändert, wurde dann aber über sechs (1985), neun (1993), zwölf (1997) auf 24 Monate (2001) heraufgesetzt, ehe sie durch das erste Gesetz für moderne Dienstleistungen am Arbeitsmarkt vom 23.12.2002 im Sinne einer Deregulierung vollständig gestrichen wurde [10]. Mit der rechtlichen Deregulierung und Liberalisierung ging auch eine zunehmende rechtstatsächliche Bedeutung der Zeitarbeit einher [11]. Infolge der Richtlinie 2008/104/EG über Leiharbeit (Leiharbeitsrichtlinie) [12] vom 19.11.2008 mit einer Umsetzungsfrist bis zum 05.12.2011 wurde eine weitergehende Liberalisierung der Zeitarbeit, insbesondere der Abbau bestehender Hemmnisse erwartet. Mit dem Ersten Gesetz zur Änderung des AÜG – Verhinderung zum Missbrauch der ANÜ vom 28.04.2011 sowie dem Gesetz zur Änderung des Arbeitnehmerüberlassungsgesetzes und des Schwarzarbeitsbekämpfungsgesetzes vom 20.07.2011 hat der Gesetzgeber insgesamt 55 Änderungen im AÜG sowie acht im Gesetz zur Bekämpfung der Schwarzarbeit und illegalen Beschäftigung (SchwarzArbG) vorgenommen, darunter zwölf neue Ordnungswidrigkeitentatbestände sowie ein neues Rechtsinstitut (§ 3a AÜG – Lohnuntergrenze) [7] eingeführt und zahlreiche neue Pflichten bei Überlassung aus dem Ausland begründet, ohne bestehende Beschränkungen aufzuheben.

Aufgabe des nachstehenden Beitrags ist es, diese Änderungen des AÜG [7] knapp darzustellen und ihre Auswirkungen als Flexibilisierungsmotor oder Wachstumsblocker einzuschätzen.

8.2   Flexibilisierung und Gesetzgebung

Der Beitrag nationaler Gesetzgebung im Rahmen einer immer enger verflochtenen weltweiten Wirtschaftsentwicklung muss es einerseits sein, den im Inland produzierenden bzw. ansässigen Unternehmen genügend Spielraum zu lassen, um den Anforderungen der globalisierten Wirtschaft angemessen und hinreichend Rechnung tragen zu können. Andererseits darf aber auch im Interesse des sozialen Friedens und der gesellschaftspolitischen Stabilität der erforderliche Schutz der arbeitenden Bevölkerung nicht vernachlässigt werden. Insofern sollte die Gesetzgebung Interessenkonflikten weitsichtig entgegenwirken bzw. – soweit diese unvermeidbar sind – ein Instrumentarium zur Verfügung stellen, mit dem diese angemessen ausgeglichen werden können. Ein wichtiger Aspekt ist dabei, das Augenmerk auf materielle Bestimmungen zu legen und Bürokratie und gesetzliche Einschränkungen so weit wie möglich abzubauen. Dies kann insbesondere dadurch erreicht werden, dass Sanktionen abgebaut und stattdessen Positivanreize geschaffen werden. Schließlich sollten Gesetze nicht nur für alle gelten, sondern auch von allen Rechtsunterworfenen eingehalten werden. Ein wichtiger Beitrag hierzu sind Transparenz und Gleichbehandlung. Kann eine Regelung nicht oder nur schwer verstanden werden (Intransparenz), ist das Risiko der Nichtbefolgung infolge Rechtsunkenntnis groß. Für den Bereich einseitig gesetzter intransparenter allgemeiner Bestimmungen hat der Gesetzgeber deren Unwirksamkeit angeordnet (§ 307 I BGB) [13]. Wer gegenüber vergleichbaren Rechtsgenossen ungleich behandelt wird, fühlt sich eher zur Missachtung des Rechts berechtigt.

8.3   Anwendungsbereich des AÜG

8.3.1   Wirtschaftliche Tätigkeit

Nach der bis zum 30.11.2011 geltenden Rechtslage wurden vom AÜG [7] und damit der Erlaubnispflicht nur solche Zeitarbeitsunternehmen erfasst, die gewerbsmäßig handelten. Der Begriff der Gewerbsmäßigkeit wurde im gewerberechtlichen Sinne verstanden, so dass jede nicht nur gelegentliche, sondern auf eine gewisse Dauer angelegte und auf die Erzielung unmittelbarer oder mittelbarer wirtschaftlicher Vorteile gerichtete selbstständige Tätigkeit erfasst wurde [14]. Wegen fehlender Gewerbsmäßigkeit ausgenommen waren dabei insbesondere gemeinnützig handelnde Einrichtungen [15]. Mit der Anknüpfung an die wirtschaftliche Tätigkeit wird der Anwendungsbereich des AÜG [7] erweitert. Der Europäische Gerichtshof (EuGH) versteht hierunter nämlich jede Tätigkeit, die darin besteht, Güter oder Dienstleistungen auf einem bestimmten Markt anzubieten [16]. Künftig bedarf daher auch die Arbeitnehmerüberlassung durch gemeinnützig handelnde Arbeitgeber der Erlaubnis nach dem AÜG und hat sich an die Spielregeln des AÜG [7] zu halten [17]. Trotz der Kritik an dieser Neuregelung [18] ist die Erweiterung nicht nur deshalb geboten, weil diese europarechtlich zwingend vorgegeben ist [19], sondern auch zu begrüßen, weil damit eine Ungleichbehandlung zwischen Unternehmen vermieden wird, die als Wettbewerber am Markt auftreten.

8.3.2   Vorübergehende Überlassung

8.3.2.1   Regelung

Hinsichtlich der Dauer der Überlassung gab es spätestens seit dem 01.01.2004 keine Beschränkungen mehr [20]. Arbeitnehmerüberlassung war seitdem nicht nur für einen befristeten Zeitraum, sondern zeitlich unbegrenzt möglich, d. h., ein Leiharbeitnehmer konnte für die Dauer seines gesamten (befristeten) Arbeitsverhältnisses durchgehend an ein und denselben Entleiher oder aber im Rahmen eines unbefristeten Arbeitsverhältnisses auch auf unbestimmte Zeit an einen Entleiher überlassen werden [21]. Künftig bestimmt § 1 I 2 AÜG [7] „kryptisch", dass die Überlassung „vorübergehend erfolgt". Der Gesetzgeber sah sich zu dieser Regelung veranlasst, weil die Leiharbeitsrichtlinie die Überlassung als vorübergehend (Art. 3 I lit e Leiharbeitsrichtlinie) [12] definiert. Entsprechend europarechtlicher Vorgaben regele das AÜG [7] ein auf vorübergehende Überlassungen angelegtes Modell der Arbeitnehmerüberlassung. Der Begriff „vorübergehend" im Sinne der LeiharbeitsRL werde als flexible Zeitkomponente verstanden und deswegen auf genau bestimmte Höchstüberlassungsfristen verzichtet [22].

8.3.2.2   Kritik

Diese Regelung verdient aus den verschiedensten Gründen Kritik.

- Erstens ist der Begriff „vorübergehend" sehr präzisierungsbedürftig. Da die Überlassung vorübergehend erfolgt, kommt es nicht darauf an, ob der Beschäftigungsbedarf beim Kunden vorübergehend ist, sondern ob die Überlassung des einzelnen Arbeitnehmers als solche vorübergehend erfolgt [23]. Inhaltlich wird man an die Diskussion zu § 1 III Nr. 2 AÜG [7] anknüpfen können [24], der die vorübergehende Konzernüberlassung privilegierte. Voraussetzung hierfür ist, dass die Überlassung nicht als endgültig geplant, sondern zeitlich begrenzt ist [25]. Entscheidend kommt es darauf an, dass der Leiharbeitnehmer nach den zugrunde liegenden Vereinbarungen nach dem Einsatz im Entleiherbetrieb wieder bei seinem Stammarbeitgeber tätig werden soll [26]. Die Rückkehr als solche muss zum Zeitpunkt der Überlassung feststehen; es reicht nicht aus, wenn der Leiharbeitnehmer lediglich ein Rückkehrrecht hat [27] bzw. die Möglichkeit einer späteren Rückkehr offengehalten wird [28]. Daher ist die Arbeitnehmerüberlassung vorübergehend, wenn sie von vornherein konkret zeitlich befristet ist, unabhängig davon, ob es sich um eine Zeit- oder eine Zweckbefristung handelt [29]. Auch die Verlängerung des Einsatzes im Entleiherbetrieb über den zunächst vorgesehenen Zeitpunkt hinaus führt nicht per se dazu, dass die zunächst vorübergehende zu einer endgültigen Überlassung wird [30]. Ist die Überlassung „bis auf Weiteres" oder „auf unbestimmte Zeit" geplant, liegt keine vorübergehende Überlassung vor; dies gilt erst recht, wenn eine Rückkehr des Arbeitnehmers in das entsendende Unternehmen nicht mehr vorgesehen ist [31].

- Zweitens gibt der Gesetzgeber eine Definition, wonach die Arbeitnehmerüberlassung vorübergehend erfolgt, ohne festzulegen, was die Rechtsfolge einer nicht nur vorübergehenden Arbeitnehmerüberlassung ist [32]. Der vielfach gezogene Schluss, dass die nicht nur vorübergehende Arbeitnehmerüberlassung unzulässig und ein entsprechend handelnder Verleiher unzuverlässig sei [33], überzeugt angesichts der Bedeutung des Grundrechts auf Berufsfreiheit nicht [34]. Allerdings scheint es auch wenig sinnvoll, die vorübergehende Arbeitnehmerüberlassung den Beschränkungen des AÜG zu unterwerfen, nicht aber die dauerhafte. Dies spricht im Ergebnis für eine zumindest analoge Anwendung des AÜG auf die dauerhafte Arbeitnehmerüberlassung [35].

■ Drittens würde eine hierdurch bedingte Einschränkung des Anwendungsbereichs der Arbeitnehmerüberlassung gegen Art. 4 I LeiharbeitsRL [12] verstoßen [36]. Danach sind nämlich Verbote und Einschränkungen des Einsatzes von Leiharbeit nur aus Gründen des Allgemeininteresses zulässig. Die Umsetzung der Richtlinie soll gerade nicht zum Anlass genommen werden, bisher bestehende Möglichkeiten des Einsatzes von Leiharbeitnehmern einzuschränken [37].

■ Viertens und letztens wird damit das Wesen der Personaldienstleistung sowie das Grundrecht der Berufsfreiheit (Art. 12 I GG) [4] verkannt. Nach verbreiteter Auffassung soll die Arbeitnehmerüberlassung nach ihrem Sinn und Zweck ein auf die Deckung eines vorübergehenden Arbeitskräftebedarfs beim Kunden angelegtes Modell und daher die Überlassung – von der Natur der Sache her – nur vorübergehend sein [38]. Die Arbeitnehmerüberlassung wird dabei als flexibles Instrument zur Deckung des Arbeitskräftebedarfs der Unternehmen eingeordnet [39]. Dies überzeugt weder national noch unionsrechtlich. Arbeitnehmerüberlassung ist kein flexibles Instrument zur Deckung des Arbeitskräftebedarfs, sondern eine grundrechtlich geschützte Form der Berufsausübung i.S.v. Art. 12 I GG [4]. Und unionsrechtlich stellt die Leiharbeitsrichtlinie klar, dass Leiharbeit eine gewöhnliche und gewollte Form der Arbeitsleistung darstellt [40].

■ Die Bestimmung soll den Anwendungsbereich der Arbeitnehmerüberlassung einschränken, gibt hierfür keine klar definierte Vorgaben und regelt nicht die Rechtsfolgen einer nicht nur vorübergehenden Überlassung. Sie schafft insoweit gegenüber der früheren Rechtslage mehr Unklarheit und Rechtsunsicherheit.

8.4 Pflichten des Kunden (Entleiher)

8.4.1 Grundsatz: Arbeitsverhältnis des Leiharbeitnehmers

Die Einordnung der Rechtsbeziehung zwischen dem Kunden und dem Leiharbeitnehmer ist in Rechtsprechung und Lehre umstritten. Dabei geht es insbesondere um die Frage, ob zwischen beiden ein Arbeitsverhältnis besteht. Das Bundesarbeitsgericht (BAG) hat einerseits im Zusammenhang mit betriebsverfassungsrechtlichen Organisationsvorschriften entschieden, dass die Arbeitnehmereigenschaft im betriebsverfassungsrechtlichen Sinne neben der Eingliederung in den Betrieb das Vorliegen einer arbeitsvertraglichen Beziehung voraussetzt, und damit die Arbeitnehmereigenschaft im Verhältnis zum Kunden sowie ein Arbeitsverhältnis in dieser Rechtsbeziehung abgelehnt [41]. Andererseits hat das BAG aber dem Betriebsrat im Kundenbetrieb über das gemäß § 99 Betriebsverfassungsgesetz (BetrVG) i.V.m. § 14 III AÜG [7], [42] ausdrücklich geregelte Beteiligungsrecht hinaus zahlreiche weitere Mitbestimmungsrechte beim Einsatz von Leiharbeitnehmern zuerkannt. Jüngst hat dann auch der 10. Senat konstatiert, dass durch die Eingliederung des Leiharbeitnehmers in den Kundenbetrieb „auch zum Entleiher rechtliche Beziehungen mit arbeitsrechtlichem Charakter" entstehen [43]. Insoweit lässt sich trotz terminologischer Differenzen und aller Unterschiede in der dogmatischen Konstruktion zum Trotz konstatieren, dass nach allgemeiner Auffassung diejenigen arbeitsrechtlichen Bestimmungen auf die Rechtsbeziehung zwischen Kunden und Leiharbeitnehmer anzuwenden sind, die an die tatsächliche Eingliederung des Arbeitnehmers in den Betrieb des Arbeitgebers anknüpfen. So greifen auch im Verhältnis zum Kunden bei Pflichtverletzungen durch den Leiharbeitnehmer die Grundsätze über die Einschränkung der Arbeitnehmerhaftung bei betrieblicher Tätigkeit ein [44]; etwaige Ansprüche aus der Rechtsbeziehung zwischen Kunde und Leiharbeitnehmer, z. B. Schadensersatzansprüche wegen Pflichtverletzung, sind vor den Arbeitsgerichten zu verfolgen [45].

8.4.2   Informationspflichten (§ 13a AÜG)

Seit dem 01.12.2011 besteht nunmehr gemäß §13a AÜG [7] eine Verpflichtung des Kunden, Leiharbeitnehmer über Arbeitsplätze zu unterrichten, die im Kundenunternehmen besetzt werden sollen. Diese Unterrichtung kann durch allgemeine Bekanntmachung an geeigneter, dem Leiharbeitnehmer zugänglicher Stelle im Betrieb oder Unternehmen erfolgen. Damit sollen Leiharbeitnehmer die gleichen Chancen auf einen unbefristeten Arbeitsplatz haben wie die übrigen Arbeitnehmer des Entleihers. Die Unterrichtungspflicht bezieht sich nicht nur auf solche Stellen, die im Beschäftigungsbetrieb frei werden, sondern alle Stellen, die im Entleiherunternehmen offen sind und besetzt werden sollen [46]. Erfasst werden dürften damit auch offene Stellen in Betrieben, die außerhalb des Landes liegen, in dem das Unternehmen seinen Sitz hat bzw. seinen Betrieb unterhält.

Die Regelung begründet eine bloße Informationsverpflichtung gegenüber Leiharbeitnehmern, gewährt diesen aber keine Vorzugsstellung gegenüber Mitbewerbern. Bei der Arbeitsplatzbesetzung kann also der Kunde einen externen Bewerber trotz schlechterer Qualifikation einstellen, ohne gegen § 13a AÜG [7] zu verstoßen [47]. Für den Kunden ergibt sich zwar aus dieser Regelung ein höherer Verwaltungsaufwand, sie stellt aber eine korrekte Umsetzung der Verpflichtung aus der Leiharbeitsrichtlinie dar.

8.4.3   Zugang zu Gemeinschaftseinrichtungen (§ 13 AÜG)

Nach § 13b AÜG [7] haben Leiharbeitnehmer in dem entleihenden Unternehmen Zugang zu den Gemeinschaftseinrichtungen oder -diensten zu den gleichen Bedingungen wie die unmittelbar von dem Unternehmen beschäftigten Arbeitnehmer, soweit nicht eine unterschiedliche Behandlung aus sachlichen Gründen gerechtfertigt ist. Erfasst werden hiervon etwa Sozialräume, Parkplätze, Erholungsheime, Sportanlagen und Bibliotheken [48], nicht aber bloße Geldleistungen, weil es sich bei diesen nicht um Gemeinschaftseinrichtungen oder -dienste handelt [49]. Insofern wird im Wesentlichen nur die frühere Rechtslage klargestellt. Schon vor dem Inkrafttreten dieser Bestimmung war im Zusammenhang mit der Mitbestimmung des Betriebsrats bei Sozialeinrichtungen nach § 87 I Nr. 8 BetrVG [42] anerkannt, dass diese sich im Entleiherbetrieb auch auf Leiharbeitnehmer erstreckt, soweit diese Sozialeinrichtungen in Anspruch nehmen dürfen [50]. Leiharbeitnehmer waren also auch nach früherem Recht grundsätzlich in den Geltungsbereich von entsprechenden Betriebsvereinbarungen einbezogen [51].

Der eigentliche Knackpunkt liegt in der Frage, welche Sachgründe eine unterschiedliche Behandlung rechtfertigen. Ein Ausschluss der Leiharbeitnehmer vom Zugang ist dann unzulässig, wenn die Sozialeinrichtung nach ihrem Sinn und Zweck den tatsächlich in den Betrieb eingegliederten Arbeitnehmern zugutekommen sollte [52]. Dies ist dann der Fall, wenn Mitarbeitern Einrichtungen wegen ihrer tatsächlichen Tätigkeit im Unternehmen zur Verfügung gestellt werden, wie z. B. Kantinen, Betriebskindergärten, Sportanlagen, Parkplätze, Werksbibliothek und Werksbusverkehr [53]. Demgegenüber war nach früherer Rechtslage ein Ausschluss von Leiharbeitnehmern dann gerechtfertigt, wenn Betriebstreue belohnt oder aber Entgeltanreize geschaffen werden sollten [54]. Da die Entlohnung des Leiharbeitnehmers Sache dessen Vertragsarbeitgebers und nicht des Kunden ist, wird man die Schaffung zusätzlicher Entgeltanreize grundsätzlich auch künftig als objektive Gründe i.S.v. Art. 6 IV LeiharbeitsRL [12] anerkennen können. Wird allerdings der Zugang zu Gemeinschaftseinrichtungen und -diensten unabhängig von einem Vergütungsanspruch, z. B. an Arbeitnehmer in einem ruhenden Arbeitsverhältnis, gewährt, müssen künftig auch Leiharbeitnehmer in den Genuss dieser Leistungen kommen [55].

8.5 Lohnuntergrenze (§ 3a AÜG)

8.5.1 Regelungsinhalt

Über § 3a AÜG [7] soll für den Bereich der Arbeitnehmerüberlassung ein Mindestlohnanspruch der Leiharbeitnehmer sichergestellt werden. Vergleichbar den Bestimmungen über die Allgemeinverbindlicherklärung (§ 5 Tarifvertragsgesetz – TVG) [56] können Gewerkschaften und Arbeitgeberverbände als Tarifvertragsparteien den Antrag beim BMAS stellen, einen zwischen ihnen vereinbarten, bundesweit geltenden Tarifvertrag über Mindeststundenentgelte im Bereich der Arbeitnehmerüberlassung durch Rechtsverordnung als Lohnuntergrenze festzusetzen (§ 3a I 1 Hs. 1 AÜG) [7]. Dabei können die Mindeststundenentgelte nach dem jeweiligen Beschäftigungsort differenzieren (§ 3a I 1 Hs. 2 AÜG) [7], für Verleihzeiten und verleihfreie Zeiten müssen einheitliche Mindeststundenentgelte festgelegt werden (§ 3a I 2 AÜG) [7]. Das Bundesministerium für Arbeit und Soziales (BMAS) kann eine entsprechende Rechtsverordnung ohne Zustimmung des Bundesrates erlassen, wenn dies im öffentlichen Interesse geboten erscheint (§ 3a II 1 AÜG i.V.m. §§ 5 I Nr. 2 TVG, 3a III 1 AÜG) [7], [56]. Erstmals ist mit Wirkung zum 01.01.2012 eine solche Verordnung erlassen worden, die für das Beitrittsgebiet einschließlich Berlin einen Mindeststundenlohn von 7,01 € und das übrige Bundesgebiet von 7,89 Euro (ab 01.11.2012-21.10.2013: 7,50 Euro/8,19 Euro) festlegt.

8.5.2   Rechtsfolgen

Ist eine Rechtsverordnung nach § 3a AÜG [7] erlassen, dann hat der Personaldienstleister dem Leiharbeitnehmer, insoweit vergleichbar den Regelungen im Arbeitnehmerentsende-gesetz (s. §§ 8 I, 7 I, 5 I AEntG) [57], mindestens das in der Rechtsverordnung nach § 3a II AEntG [56] festgesetzte Mindeststundenentgelt zu zahlen. Dies gilt auch dann, wenn das vergleichbaren Arbeitnehmern im Einsatzbetrieb gezahlte Arbeitsentgelt geringer ist [57]. Weitergehend und insoweit abweichend von den Bestimmungen des § 5 TVG [55] sowie der §§ 7, 8 AEntG [57] ordnet § 10 IV 2 AÜG [7] an, dass bei Anwendbarkeit eines Tarifver-trags auf das Leiharbeitsverhältnis nicht die Mindeststundenentgelte nach der Rechtsver-ordnung über die Lohnuntergrenze zu zahlen sind, sondern Equal Pay zu gewähren ist, wenn der Tarifvertrag die in der Rechtsverordnung festgesetzten Mindeststundenentgelte unterschreitet.

8.5.3   Rechtliche Bewertung

a) Die Regelung über die Lohnuntergrenze ist in sich widersprüchlich und hat bei zutref-fendem Verständnis keinen Anwendungsbereich. Sie verkennt nämlich, dass im Aus-gangspunkt nach nationalem Recht weiterhin gemäß § 10 IV 1 AÜG [7] Equal Pay und Equal Treatment gelten, und zwar schon seit dem 01.01.2004. Von diesem Grundsatz kön-nen nur durch einen Tarifvertrag abweichende Regelungen getroffen werden, wobei im Geltungsbereich eines solchen Tarifvertrags eine Bezugnahme auf diesen mit der Folge zulässig ist, dass die tariflichen Regelungen anstelle der gesetzlichen Bestimmung des Equal Pays und Equal Treatments gelten (§§ 10 IV 2, 9 Nr. 2 S. 2 und 3 AÜG) [7]. Der Erlass einer Rechtsverordnung setzt aber nach § 5 I 1 Nr. 2 TVG i.V.m. § 3a III 1 AÜG [55], [7] voraus, dass deren Erlass im öffentlichen Interesse geboten erscheint. Dies ist dann der Fall, wenn durch die Lohnuntergrenze drohende wesentliche Nachteile für eine erhebliche An-zahl von Arbeitnehmern abgewendet werden können, was eine Interessenabwägung im Einzelfall erfordert. Ein öffentliches Interesse ist angenommen worden [59], wenn einer Aushöhlung des Tarifvertrags und einer damit einhergehenden Gefährdung des Arbeits-friedens begegnet [60], die Funktionsfähigkeit von tariflichen Einrichtungen bei stark fluk-turierenden Arbeitsverhältnissen [61] oder eine anderweitig zum Ausdruck gekommene Zielvorstellung des Gesetzgebers verwirklicht werden soll [62]. Hingegen müssen andere als öffentliche Interessen, wie z. B. allgemeine wirtschaftspolitische Interessen, außer Be-tracht bleiben. Daher kann eine Allgemeinverbindlicherklärung – und damit auch eine Lohnuntergrenze – nicht darauf gestützt werden, dass Unterbietungswettbewerb durch Außenseiterarbeitgeber verhindert werden soll, weil hier keine öffentlichen Interessen des Arbeitnehmerschutzes, sondern Zwecke des Wettbewerbs verfolgt werden [63].

Der Erlass einer Lohnuntergrenze kann keine derartigen öffentlichen Interessen rechtfertigen. Sie dient gerade nicht dazu, der Aushöhlung eines Tarifvertrags zu begegnen oder dessen Funktionsfähigkeit zu sichern, sondern stellt sich als ein Mittel dar, mit dem ausschließlich die Anwendung von Tarifverträgen in der Praxis der Zeitarbeit verhindert werden soll. Dies folgt daraus, dass außerhalb tariflich geregelter Arbeitsverhältnisse gemäß § 10 IV 1 AÜG [7] kraft Gesetzes der Grundsatz von Equal Pay und Equal Treatment gilt. Daher kann sich die Lohnuntergrenze nur gegen in Tarifverträgen festgelegte Arbeitsentgelte richten. Damit wird auch nicht etwa ein vom Gesetzgeber anderweitig festgelegtes Regelungsziel verfolgt, sondern das Regelungsziel des Gesetzgebers, den Grundsatz von Equal Pay tarifdispositiv auszugestalten, konterkariert. Es handelt sich um einen gezielten Eingriff in die Tarifautonomie, die mit Art. 9 III GG [4] unvereinbar ist.

Dies wird durch folgende Erwägung ergänzt: Ginge es allein um den Arbeitnehmerschutz, dann wäre diesem dadurch hinreichend Rechnung getragen, dass die tarifliche Lohnregelung für die zeitliche Geltungsdauer der Rechtsverordnung durch die Lohnuntergrenze verdrängt würde. Die darüber hinausgehende Anordnung von Equal Pay dient nicht mehr dem Arbeitnehmerschutz, sondern ist systemwidrig, von der Leiharbeitsrichtlinie nicht gefordert und hat alleinigen Sanktionscharakter. Eine Unterbietung der in einem allgemeinverbindlichen Tarifvertrag festgelegten (Mindest-)Löhne führt nicht etwa dazu, dass nach § 612 II BGB [13] das ortsübliche Entgelt geschuldet wird, sondern dass nur die (Mindest-) Löhne nach dem allgemeinverbindlichen Tarifvertrag zu zahlen sind.

b) Die Bestimmung ist überdies europarechtswidrig, insbesondere mit den Regelungen der Entsenderichtlinie sowie der Leiharbeitsrichtlinie nicht zu vereinbaren. Im Zusammenhang mit einer Regelung nach luxemburgischem Recht, welche für Unternehmen, die Arbeitnehmer nach Luxemburg entsandten, die Einhaltung der Bestimmungen betreffend die automatische Anpassung anderer Löhne als der Mindestlöhne an die Entwicklung der Lebenshaltungskosten vorschrieb, hat der Europäische Gerichtshof (EuGH) deutlich gemacht, dass Art. 3 I Unterabs. 1 lit. c) EntsendeRL [64] die Möglichkeit der Mitgliedstaaten, in die Löhne einzugreifen, auf die Mindestlohnsätze begrenzen wollte [65]. Regelungen, welche ausländischen Unternehmen die Einhaltung anderer als in Gesetz bzw. Rechtsverordnung oder allgemeinverbindlichen Tarifverträgen vorgesehener Mindestlöhne vorsehen, sind grundsätzlich mit europäischen Vorgaben unvereinbar.

Die Bestimmung kann auch nicht über Art. 3 I Unterabs. 1 lit. f) EntsendeRL [64] gerechtfertigt werden, wonach die Erstreckung der allgemeingültigen Bestimmungen für die Überlassung von Arbeitskräften auch auf Entsendungsfälle zulässig ist. Hierfür sprechen zwei Gründe: Erstens gilt die Gewährung von Equal Pay als Rechtsfolge der Nichtbeachtung der Lohnuntergrenze durch Tarifvertrag zwar gleichsam für In- wie Ausländer, rechtstatsächlich werden aber ausländische Unternehmen, insbesondere aus so genannten Billiglohnländern, viel häufiger hiervon betroffen sein als inländische Unternehmen. Insofern liegt eine mittelbare Ausländerdiskriminierung [66] vor.

Zweitens verbietet Art. 4 I LeiharbeitsRL [12] Beschränkungen der Leiharbeit, soweit diese nicht aus Gründen des Allgemeininteresses gerechtfertigt sind. Tatsächlich kann die Lohnuntergrenze – ihre Wirksamkeit unterstellt – gerade ausländische Personaldienstleister, die nach ihren tarifvertraglichen Bedingungen im Heimatstaat Löhne unterhalb der Lohnuntergrenze zahlen müssen, angesichts der Sanktion des Equal Pay davon abhalten, Arbeitnehmerüberlassung nach Deutschland hinein zu betreiben. Allgemeininteressen, insbesondere Gründe des Arbeitnehmerschutzes, gebieten es aber nicht, bei einer tariflichen Unterschreitung der Lohnuntergrenze als Rechtsfolge Equal Pay einschreiten zu lassen. Wie die Regelungen zum AEntG zeigen, wird dem Arbeitnehmerschutz durch die Gewährung des Mindestlohns angemessen Rechnung getragen.

c) Die Lohnuntergrenze ist abzulehnen. Sie ist eine reine und damit unzulässige Strafsanktion gegenüber Tarifverträgen. Sie behandelt die Folgen einer tariflichen Lohnunterschreitung abweichend von den Bestimmungen des AentG [57], denen eine vergleichbare Regelungssituation zugrunde liegt. Schließlich ist sie auch mit Art. 4 I LeiharbeitsRL [12] unvereinbar.

8.6   Equal-Pay-Grundsatz (§§ 9 Nrn. 2, 10 IV AÜG)

8.6.1   Überblick

Nach nationalem Recht sind den Leiharbeitnehmern für die Zeit der Überlassung im Grundsatz seit 01.02.2004 Equal Pay und Equal Treatment zu gewähren. Allerdings ist dieser Grundsatz – im Hinblick auf Art. 9 III GG [4] begrüßenswert – tarifdispositiv ausgestaltet. Der Gesetzgeber hat es trotz aller Kritik, insbesondere aus dem Gewerkschaftslager, hierbei belassen [67].

8.6.2   Drehtürklausel (§ 9 Nr. 2 Hs. 4 AÜG)

In Reaktion auf Vorgänge bei der Drogeriemarktkette Schlecker neu eingeführt wurde allerdings die so genannte Drehtürklausel für Konzerngesellschaften. Danach gilt die Tarifdispositivität von Equal Pay und Equal Treatment nicht für Leiharbeitnehmer, die in den letzten sechs Monaten vor der Überlassung an den Entleiher aus einem Arbeitsverhältnis bei diesem oder einem Arbeitgeber, der mit dem Entleiher einen Konzern im Sinne des § 18 des Aktiengesetzes (AktG) [68] bildet, ausgeschieden sind. Der Gesetzgeber sieht hierin einen missbräuchlichen Einsatz des arbeitsmarktpolitischen Instruments der Arbeitnehmerüberlassung [69]. Zwar bleibt der Einsatz von Arbeitnehmerüberlassung auch in diesen Fällen weiterhin möglich, dem Leiharbeitnehmer sind aber die gleichen wesentlichen Arbeitsbedingungen einschließlich des Arbeitsentgelts zu gewähren wie vergleichbaren Arbeitnehmern im Betrieb des Entleihers [70].

8.6.3 (Rechtliche) Bewertung

8.6.3.1 Equal Pay und Dauerarbeitsverhältnis

Diese Neuregelung ist von weiten Teilen begrüßt worden [71]. Rechtsdogmatisch und -konstruktiv bleibt aber schon im Ansatz – Equal Pay und Equal Treatment – unberücksichtigt, dass dem deutschen System der Arbeitnehmerüberlassung nicht das Agentur-, sondern das Arbeitgeberprinzip zugrunde liegt. Wie der Gesetzgeber selbst konstatiert, besteht nach dem deutschen Modell der Arbeitnehmerüberlassung das Arbeitsvertragsverhältnis zum Verleiher unabhängig von dem Überlassungsvertrag zwischen Verleiher und Entleiher. Endet die Überlassung an den Entleiher, endet damit nicht automatisch auch das Arbeitsverhältnis zum Verleiher. Vielmehr ist es die Aufgabe des Verleihers, sich um eine Einsatzmöglichkeit für den Leiharbeitnehmer zu bemühen, wobei die Leiharbeitnehmer in verleihfreien Zeiten weiterhin einen – unabdingbaren – Anspruch auf die Zahlung des Arbeitsentgelts haben. Auch die Leiharbeitsrichtlinie [12] hat diesem Umstand besondere Bedeutung beigemessen und die Möglichkeit eingeräumt, vom Gleichbehandlungsgrundsatz hinsichtlich des Arbeitsentgelts abzuweichen, sofern die Leiharbeitnehmerinnen und Leiharbeitnehmer einen unbefristeten Arbeitsvertrag mit dem Verleiher abschließen und auch in der Zeit zwischen den Überlassungen bezahlt werden [72]. Wieso der Gesetzgeber nicht die entsprechende Konsequenz gezogen und unter den in der Leiharbeitsrichtlinie [12] genannten Voraussetzungen auf Equal Pay verzichtet hat, bleibt schleierhaft, zumal der Gesetzgeber selbst erkennt, dass der Schwerpunkt der Vertragsbeziehung des Leiharbeitnehmers zum Verleiher besteht.

8.6.3.2 Drehtürklausel

Die Bestimmung soll – wie dargelegt [72] – dem rechtsmissbräuchlichen Einsatz der Arbeitnehmerüberlassung entgegenwirken [73]. Dabei ist als „Lex Schlecker" offensichtlich an die Situation gedacht, in welcher der Entleiher trotz weiterbestehenden Beschäftigungsbedarfs das Arbeitsverhältnis mit einem Arbeitnehmer beendet, um ihn dann zeitnah wieder als Leiharbeitnehmer zu beschäftigen. Auch wenn dies eine sachlich gerechtfertigte Einschränkung des Equal-Pay-Grundsatzes sein sollte, geht die Formulierung zu weit. Sie erfasst z. B. auch Fallgestaltungen, in denen das Arbeitsverhältnis mit dem nunmehrigen Leiharbeitnehmer aus sachlich gerechtfertigten Gründen, insbesondere aufgrund sozial gerechtfertigter oder gar außerordentlicher Kündigung beendet wurde. Mit der Erstreckung des Ausscheidens aus einem anderen, konzernzugehörigen Unternehmen als Ausschlusstatbestand für die Tarifdispositivität wird nicht hinreichend beachtet, dass der Kündigungs- und Arbeitsvertragsschutz einen Unternehmens- und grundsätzlich keinen Konzernbezug hat [74].

8.6.3.3 Zwischenergebnis

Insgesamt hat es der Gesetzgeber auch hinsichtlich des Equal-Pay-Grundsatzes verpasst, dem Arbeitgeberprinzip als Grundgestaltungselement der Arbeitnehmerüberlassung Rechnung zu tragen und die diesbezüglichen Spielräume, welche die Richtlinie gewährt, für das nationale Recht auszuschöpfen.

8.7   Kriminalisierung der Zeitarbeit

8.7.1   Neue Ordnungswidrigkeitentatbestände

Durch das Erste Gesetz zur Änderung des AÜG – Verhinderung zum Missbrauch der Arbeitnehmerüberlassung vom 28.04.2011 sowie durch das Gesetz zur Änderung des Arbeitnehmerüberlassungsgesetzes und des Schwarzarbeitsbekämpfungsgesetzes vom 20.07.2011 sind insgesamt zwölf neue Ordnungswidrigkeitentatbestände eingeführt worden. In den § 16 I AÜG [7] wurden insbesondere Nr. 7a (Nichtgewährung einer Arbeitsbedingung entgegen § 10 IV AÜG – Nichtgewährung von Equal Pay und Equal Treatment oder tariflicher Arbeitsbedingungen) [7], Nr. 7b (Nichtzahlung der Mindeststundenentgelte entgegen § 10 V AÜG i.V.m. Rechtsverordnung nach § 3a II AÜG) [7], Nr. 9 (Verstoß gegen Informationspflicht nach § 13a S. 1 AÜG – Nicht- oder Fehlinformation über freie Arbeitsplätze durch Kunden) [7] sowie Nr. 10 (Nichtgewährung des Zugangs entgegen § 13b S. 1 AÜG – Nichtgewährung des Zugangs zu Gemeinschaftseinrichtungen und -diensten durch Kunden) [7] neu aufgenommen. Weitere neu eingeführte Ordnungswidrigkeitentatbestände betreffen Verstöße im Zusammenhang mit den neu eingeführten Rechten der Zollbehörden nach § 17a AÜG [7] sowie Pflichten des Personaldienstleisters nach § 17b AÜG [7] und des Kunden nach § 17c AÜG (§ 16 I Nrn. 11-18 AÜG) [7]. Dabei können Verstöße gegen § 16 I Nrn. 7a und b AÜG [7] mit einer Geldbuße bis 500.000 Euro geahndet werden, Verstöße gegen § 16 I Nrn. 11-18 AÜG [7] mit einer Geldbuße bis 30.000 Euro sowie Verstöße gegen § 16 I Nrn. 9 und 10 mit einer Geldbuße bis 2.500 Euro. Zuständig für Verstöße gegen § 16 I Nrn. 7b sowie 11-18 AÜG [7] sind die Behörden der Zollverwaltung (§ 16 III AÜG) [7], für Verstöße gegen § 16 I Nrn. 7a und 9 AÜG [7] die Bundesagentur für Arbeit.

8.7.2   (Rechtliche) Bewertung

Die Kriminalisierung der Zeitarbeit ist rechtspolitisch inopportun. Die Aufforderung in Art. 4 der Leiharbeitsrichtlinie [12], bestehende Verbote und Beschränkungen zu überprüfen und ggf. aufzuheben, zum Anlass zu nehmen, zwölf neue Ordnungswidrigkeitentatbestände einzuführen, entbehrt jedweder Logik. Sie läuft dem mit der Leiharbeitsrichtlinie [12] verfolgten Anliegen diametral entgegen. Auch in der Sache bestehen gegen einzelne Ordnungswidrigkeitentatbestände erhebliche verfassungs- und europarechtliche Bedenken. So soll jeder, auch noch so geringfügige Verstoß gegen den Grundsatz von Equal Pay bzw. Treatment oder gegen vereinbarte tarifliche Arbeitsbedingungen seitens des Personaldienstleisters ein Bußgeld von bis zu 500.000 Euro (!) nach sich ziehen können. Abgesehen davon, dass damit nicht mehr dem Verhältnismäßigkeitsgrundsatz genügt ist, stellt sich die verfassungsrechtliche Frage nach der Gleichbehandlung (Art. 3 I GG) [4], wenn der Kunde entsprechende Verstöße gegenüber seinen eigenen Arbeitnehmern begehen kann, ohne dass er ordnungswidrigkeitenrechtliche Sanktionen zu gewärtigen hat. Der Gesetzgeber hat diese (scharfe) Sanktion zwar damit begründet, dass die Leiharbeitsrichtlinie bei Verstößen wirksame, angemessene und abschreckende Sanktionen fordere [75]; dies täuscht aber darüber hinweg, dass der Gesetzgeber außerhalb des AÜG auch bei der Umsetzung europarechtlicher Richtlinienengrundsätze – Verstöße gegen Bestimmungen des Arbeitsvertragsrechts davon abgesehen hat, deren Einhaltung durch Bußgeld- und Straftatbestände abzusichern. Ganz allgemein zeigt sich, dass im Bereich des Arbeitsstrafrechts fahrlässige Verstöße gegen arbeitsvertragliche Pflichten grundsätzlich sanktionslos bleiben und auch vorsätzliche Verstöße nur bei einem erheblichen Unrechtsgehalt sanktioniert werden.

8.8 (Keine) Aufhebung von Beschränkungen

8.8.1 Bestehende Beschränkungen

Zahlreiche, die Arbeitnehmerüberlassung beschränkende Regelungen, wie z. B. das besondere Befristungs-, das Wiedereinstellungs- und das Synchronisationsverbot (§ 3 I Nrn. 3-5 AÜG a.F.) [7], waren durch das „Erste Gesetz für moderne Dienstleistungen am Arbeitsmarkt" beseitigt worden [76]. Ziel war es dabei, bestehende Beschränkungen der Arbeitnehmerüberlassung aufzuheben und den Regelungsrahmen an den sonstiger Arbeitsverhältnisse anzupassen. Zum Zeitpunkt des Inkrafttretens der Leiharbeitsrichtlinie [12] bestanden im Wesentlichen noch drei Beschränkungen für den Einsatz von Leiharbeitnehmern. Sachlich war nach § 1b S. 1 AÜG [7] die Arbeitnehmerüberlassung in Betriebe des Baugewerbes für Arbeiten untersagt, die üblicherweise von Arbeitern verrichtet werden. Ausnahmen bestanden gemäß § 1b S. 2 und 3 AÜG [7] für die Überlassung zwischen Baubetrieben. Daneben untersagte § 1 II Güterkraftverkehrsgesetz (GüKG) [77] den Einsatz von Leiharbeitnehmern im Güterwerksverkehr. Ausländer, die keine Arbeitnehmerfreizügigkeit genießen, bedürfen gemäß § 18 Aufenthaltsgesetz (AufenthG) [78] eines Aufenthaltstitels, der sie zur Ausübung einer Beschäftigung berechtigt. Ein solcher Aufenthaltstitel bedarf der Zustimmung der Bundesagentur für Arbeit gemäß § 39 AufenthG [78]. Insoweit legt § 40 I Nr. 2 AufenthG [78] zwingend fest, dass die Zustimmung zu versagen ist, wenn der Ausländer als Leiharbeitnehmer tätig werden will. Der Sache nach wird dadurch die Möglichkeit der Tätigkeit als Leiharbeitnehmer in persönlicher Hinsicht eingeschränkt.

8.8.2 Anforderungen der Leiharbeitsrichtlinie

Nach Art. 4 I LeiharbeitsRL [12] sind Verbote oder Einschränkungen des Einsatzes von Leiharbeit nur aus Gründen des Allgemeininteresses gerechtfertigt; hierzu zählen vor allem der Schutz der Leiharbeitnehmer, die Erfordernisse von Gesundheitsschutz und Sicherheit am Arbeitsplatz sowie die Notwendigkeit, das reibungslose Funktionieren des Arbeitsmarktes zu gewährleisten und eventuellen Missbrauch zu verhüten. Gemäß Art. 4 II LeiharbeitsRL [12] sollten die Mitgliedstaaten bis zum 05.12.2011 die Einschränkungen oder

Verbote des Einsatzes von Leiharbeit überprüfen, um festzustellen, ob diese aus den in Art. 4 I LeiharbeitsRL [12] genannten Gründen gerechtfertigt sind.

Ausweislich der Gesetzesmaterialien ist im Gesetzgebungsverfahren im Rahmen des Anhörungsverfahrens verschiedentlich bedauert worden, dass keine Veränderungen bei bestehenden Verboten und Einschränkungen des Einsatzes von Zeitarbeit vorgesehen sei, wobei das Verbot nach § 1b S. 1 AÜG [7] explizit genannt wurde [78]. Gleichwohl ist darauf im Gesetzgebungsverfahren nicht reagiert worden, insbesondere findet sich keine schriftliche Stellungnahme, welche die Beibehaltung bestehender Beschränkungen rechtfertigt [79].

8.8.3   Vereinbarkeit mit Leiharbeitsrichtlinie

8.8.3.1   § 1b AÜG

Das Verbot der Überlassung von Arbeitnehmern in das Bauhauptgewerbe für Arbeiten, die üblicherweise von Arbeitern verrichtet werden (§ 1b AÜG) [7], verfolgte ursprünglich drei Ziele. Erstens sollte der Zunahme illegaler Beschäftigung von betriebsfremden Arbeitnehmern auf Baustellen entgegengewirkt werden, zweitens sollten die besonderen Sozialkassen des Baugewerbes (Urlaubs- und Lohnausgleichskassen, Zusatzversorgungskassen) gestärkt und drittens Wettbewerbsvorteile für Bauunternehmen, die verstärkt mit Leiharbeitnehmern wirtschaften, ausgeschlossen werden [80].

Nach ganz überwiegender Auffassung können diese Gründe das Verbot der Arbeitnehmerüberlassung in das Bauhauptgewerbe nicht mehr rechtfertigen [81]. So sind mit der Einführung des Sozialversicherungsausweises durch das Gesetz zur Einführung eines Sozialversicherungsausweises und zur Änderung anderer Sozialgesetze (SVA-Gesetz) vom 06.10.1989 die Kontroll- und Überwachungsmöglichkeiten der Arbeitsverwaltung erheblich verbessert worden (vgl. §§ 95 ff. SGB IV) [82], so dass etwaige illegale Arbeitnehmerüberlassungen auch im Baugewerbe leicht feststellbar geworden sind [83]. Der Schutz der Sozialkassen des Baugewerbes wird durch §§ 3, 5 Nr. 3 AentG [57] hinreichend gewährleistet. Schließlich hat der Einsatz von Leiharbeitnehmern in sämtlichen Branchen zur Folge, dass diese von Sozialleistungen im Entleiherbetrieb mit den entsprechenden Wettbewerbsverzerrungen ausgeschlossen sind, wobei dies nunmehr durch § 13b AÜG [7] begrenzt wird. Die Leiharbeitsrichtlinie verfolgt aber gerade das Ziel, Zeitarbeitsunternehmen als anerkannte Arbeitgeber zu fördern (Art. 2 LeiharbeitsRL) [12]. Daher können Argumente der Wettbewerbsverzerrung die Einschränkung von Leiharbeit gerade nicht rechtfertigen.

8.8.3.2   § 40 I Nr. 2 AufenthG

Ein Ausländer, der keine Arbeitnehmerfreizügigkeit genießt, bedarf zur Aufnahme einer Beschäftigung eines Aufenthaltstitels, der ihn hierzu berechtigt (§ 18 I AufenthG) [78]. Ein solcher Aufenthaltstitel darf grundsätzlich nur mit Zustimmung der Bundesagentur für Arbeit (BA) erteilt werden (§ 39 AufenthG) [78], wobei § 40 I Nr. 2 AufenthG [78] festlegt, dass die Zustimmung zwingend zu versagen ist, wenn der Ausländer als Leiharbeitnehmer tätig werden will. Wie Rieble und Vielmeier [84] überzeugend dargelegt haben, wird der beabsichtigte Schutz schon durch das normale Zustimmungsverfahren realisiert, so dass die Regelung europarechtswidrig ist.

8.8.3.3   § 1 II GüKG

§ 1 II Nr. 3 GüKG [77] sah für den Werksverkehr, also den Güterkraftverkehr für eigene Zwecke des Unternehmens vor, dass die für die Beförderung verwendeten Kraftfahrzeuge vom eigenen Personal des Unternehmens geführt werden müssen. Arbeitnehmerüberlassung in den Werksverkehr war danach unzulässig. Mit Wirkung zum 26.11.2011 wurde das Güterkraftverkehrsgesetz (GüKG) in diesem Punkt geändert und die Arbeitnehmerüberlassung zum Einsatz im Werksverkehr zugelassen [85]. § 1 II Nr. 3 GüKG [77] bestimmt nunmehr, „die für die Beförderung verwendeten Kraftfahrzeuge müssen vom eigenen Personal des Unternehmens geführt werden oder von Personal, das dem Unternehmen im Rahmen einer vertraglichen Verpflichtung zur Verfügung gestellt worden ist". Der Gesetzgeber trug damit allerdings nicht den Anforderungen der LeiharbeitsRL [12] Rechnung [86], sondern begründete dies damit, dass Art. 1 V lit. d) der Verordnung (EG) Nr. 1072/2009 [87] den Werksverkehr von jeglichem Erfordernis einer Beförderungsgenehmigung ausnimmt.

8.9   Schlussbetrachtung

Insbesondere die Gesetze für moderne Dienstleistungen am Arbeitsmarkt aus den Jahren 2002 und 2003 waren den rechtspolitisch begrüßenswerten Weg gegangen, bestehende arbeitsrechtliche Sonderregelungen für die Zeitarbeit weitgehend aufzuheben und unter Berücksichtigung des besonderen Arbeitnehmerschutzes die Arbeitsverhältnisse weitgehend den allgemeinen arbeitsrechtlichen Regelungen anzugleichen. Die 2008 verabschiedete Leiharbeitsrichtlinie [12] hatte Hoffnungen wachsen lassen, dass bestehende Beschränkungen weiter abgebaut und die von der Leiharbeitsrichtlinie den Mitgliedstaaten belassenen Spielräume im Sinne der deutschen Tradition des arbeitgeberbezogenen Zeitarbeitsprinzip genutzt werden. Die vorliegend besprochenen Gesetze, mit denen die Leiharbeitsrichtlinie in nationales Recht umgesetzt werden sollte, haben die Zielrichtung der Leiharbeitsrichtlinie konterkariert und statt mehr Liberalisierung und Abbau von Beschränkungen neue Restriktionen und eine verstärkte Kriminalisierung der Zeitarbeit mit sich gebracht. Geleitet von Interessenpolitik hat der Gesetzgeber die Möglichkeit eines großen Wurfs verpasst.

Literatur

[1]   BVerfG vom 04.04.1967 – 1 BvR 126/65 – BB 1967, 463 f.
[2]   AVAVG: Gesetz über Arbeitsvermittlung und Arbeitslosenversicherung. Vom 16. Juli 1927, außer Kraft getreten am 1. Juli 1969.
[3]   Boemke/Lembke: AÜG-Kommentar. 2. Aufl. 2005, Frankfurt a.M.: Verlag Recht und Wirtschaft, Einl. Rn. 6.
[4]   GG: Grundgesetz. In Kraft getreten am 26.05.1949, zuletzt geändert am 21.07.2010. http://www.ge

setze-im-internet.de/gg/BJNR000010949.html, Zugriff: 08.06.2012.

[5] BVerfG vom 04.04.1967 – 1 BvR 126/65 – BB 1967, 463 (Ls. 1).

[6] BVerfG vom 04.04.1967 –1 BvR 126/65 – BB 1967, 463.

[7] AÜG: Arbeitnehmerüberlassungsgesetz. Vom 3. Februar 1995, zuletzt geändert am 20.12.2011. www.gesetze-im-internet.de/a_g/, Zugriff: 08.06.2012.

[8] Zur Geschichte des AÜG vgl. Schüren (2012): Warum ist die Geschichte des Arbeitnehmerüberlassungsgesetzes so schwierig? In: Dinges/Franken/Breucker/Calasan/Speidel (Hrsg.), Zukunft Zeitarbeit. Perspektiven für Wirtschaft und Gesellschaft. Berlin: Springer-Verlag, S. 77.

[9] Statistik der Bundesagentur für Arbeit im Bericht: Leiharbeitnehmer und Verleihbetriebe 1. Halbjahr 2011. Von 1973 bis 1980 waren ca. 25-Tsd-30-Tsd. Leiharbeitnehmer in Deutschland beschäftigt

[10] Vgl. Boemke/Lembke (o. Fn. 2), Einl. Rn. 7.

[11] Statistik der Bundesagentur für Arbeit im Bericht: Leiharbeitnehmer und Verleihbetriebe 1. Halbjahr 2011. Seit dem Jahr 2000 ist die Anzahl der Zeitarbeitnehmer in Deutschland auf über 300.000-Tsd. gestiegen und hatte 2010 über 800-Tsd. Leiharbeitnehmer gezählt.

[12] Leiharbeitsrichtlinie: Richtlinie 2008/104/EG des Europäischen Parlaments und des Rates vom 19. November 2008 über Leiharbeit. http://eur-lex.europa.eu/LexUriServ/LexUriServ.do?uri=OJ:L:2008 :327:0009:0014:DE:PDF, Zugriff: 03.07.2012.

[13] BGB: Bürgerliches Gesetzbuch. In der Fassung vom 02.01.2002, zuletzt geändert am 27.07.2011. www.gesetze-im-internet.de/bgb, Zugriff: 01.02.2011.

[14] BAG vom 10.02.1977 – 2 ABR 80/76 – BB 1977, 945, 946; BAG vom 21.03.1990 – 7 AZR 198/89 – BB 1991, 275 ff.; Boemke/Lembke (o. Fn. 2), § 1 Rn. 43.

[15] Vgl. Boemke/Lembke (o. Fn. 2), § 1 Rn. 48 ff.

[16] EuGH vom 10.01.2006 – C-222/04. – Zur Maßgeblichkeit des Unionsrechts für die Auslegung des Begriffs der Wirtschaftlichkeit Forst, ZESAR 2011, 316, 317.

[17] Forst, ZESAR 2011, 316, 319; - A. A. Hamann, NZA 2011, 70, 71, der ausschließlich gemeinnützig handelnde Unternehmen ausnehmen will. Dies wäre allerdings mit der LeiharbeitsRL nicht zu vereinbaren.

[18] Vgl. BT-Ausschuss-Drs. 17(11)431, S. 16.

[19] Boemke, RIW 2009, 177, 178; Hamann, RdA 211, 321, 323.

[20] Boemke/Lembke (o. Fn. 2), § 3 Rn. 67 f.

[21] Boemke/Lembke (o. Fn. 2), § 3 Rn. 69 f.

[22] BT-Drs. 17/4804, S. 9.

[23] A. A. Düwell, ZESAR 2011, 449, 451, 453 f.; Ulber: AÜG-Kommentar. 4. Aufl., 2011, Köln: Bund-Verlag, § 1 Rn. 230e.

[24] A. A. Düwell, ZESAR 2011, 449 ff.; Hamman, NZA 2011, 70, 72, die Anleihen bei § 14 I TzBfG nehmen wollen.

[25] Boemke: Schuldvertrag und Arbeitsverhältnis. 1999, München: C. H. Beck-Verlag, S. 554; Rüthers/Bakker, ZfA 1990, 245, 295ff.; Schüren/Hamann: AÜG-Kommentar. 5. Aufl., 2012, München: C. H. Beck-Verlag, § 1 Rn. 577; Thüsing/Waas: AÜG-Kommentar. 2. Aufl., 2008, München: C. H. Beck-Verlag, § 1 Rn. 194; Wank in: Erfurter Kommentar zum Arbeitsrecht. 12. Aufl., 2012, München: C. H. Beck-Verlag, § 1 AÜG Rn. 89.

[26] Boemke: Schuldvertrag und Arbeitsverhältnis (o. Fn. 20), S. 554; Rüthers/Bakker, ZfA 1990, 245, 295ff.; Schubel, BB 1985, 1606, 1607.

[27] So aber Rüthers/Bakker, ZfA 1990, 245, 299 f. – Dagegen zutreffend Schüren/Hamann, AÜG-Kommentar (o. Fn. 20), § 1 Rn. 581.

[28] Gaul, BB 1996, 1224 f.; Martens, DB 1985, 2144, 2149; Oetker, SAE 1989, 68, 69 f.; Ulber: AÜG-Kommenar (o. Fn. 18), § 1 Rn. 253. – Abweichend ArbG Köln vom 9.2.1996, BB 1996, 800 f., wonach die Arbeitnehmerüberlassung nur dann nicht vorübergehend sein soll, wenn feststeht, dass der Arbeitnehmer nie mehr zu seinem bisherigen Arbeitgeber zurückkehrt.

[29] Schüren/Hamann: AÜG-Kommentar (o. Fn. 20), § 1 Rn. 577.

[30] BAG vom 05.05.1988 – 8 AZR 484/85 – NZA 1989, 18, 20; vgl. Düwell (2000) in: Kassler Handbuch zum Arbeitsrecht. 2. Aufl., Köln: Luchterhand-Verlag, 4.5 Rn. 205.

[31] LAG München vom 05.12.2000 – 1 TaBV 56/00 – AiB 2002, 432.

[32] Rieble/Vielmeier, EuZA 2011, 474, 489 („Appell ohne Rechtsfolge").

[33] Vgl. Ulber: AÜG-Kommentar (o. Fn. 18), § 1 Rn. 231d, der konstatiert, dass das Gesetz bei einem Verstoß keine Sanktionen vorsieht.

[34] Rieble/Vielmeier, EuZA 2011, 474, 489 f. – Differenzierend Hamann, NZA 2011, 70, 74: Erlaubnisbehörde habe einen Beurteilungsspielraum auf Tatbestands- und einen Ermessensspielraum auf Rechtsfolgenseite.

[35] Rieble/Vielmeier, EuZA 2011, 474, 486 ff., insbes. 489. – Vgl. auch Forst, ZESAR 2011, 316, 317, demzufolge zwar die Richtlinie sich dem Wortlaut nach auf die „vorübergehende" Überlassung beziehe, der EuGH aber bei der Auslegung auf „teleologisch-funktionale Kriterien" abhebe, „wenn es der effet utile erfordere".

[36] Rieble/Vielmeier, EuZA 2011, 475, 489. – A. A. Hamann, RdA 211, 321, 323.

[37] Rieble/Vielmeier, EuZA 2011, 474, 490.

[38] Vgl. Begründung zum RegE, BT-Drs. 17/4804, S. 7 und 8; Düwell, ZESAR 2011,449, 453; Ulber, AÜG-Kommentar (o. Fn. 18), § 1 Rn. 230 b f.

[39] Vgl. Begründung zum RegE, BT-Drs. 17/4804, S. 7.

[40] Rieble/Vielmeier, EuZA 2011, 474, 490.

[41] BAG vom 18.10.2011 – 1 AZR 335/10 – BB 2011, 2675, 2676.

[42] BetrVG: Betriebsverfassungsgesetz. In der Fassung vom 25.09.2001, zuletzt geändert am 29.07.2009. www.gesetze-im-internet.de/betrvg/, Zugriff: 03.02.2012.

[43] BAG vom 15.03.2011 – 10 AZB 49/10 – Rn. 9.

[44] BGH vom 10.07.1973 – VI ZR 66/72, NJW1973, 2020, 2021; OLG München vom 25.10.1983 – 25 U 1955/83, EzAÜG § 611 BGB Haftung Nr. 8; Boemke/Lembke: AÜG-Kommentar (o. Fn. 2), § 11 Rn. 164.

[45] BAG vom 15.03.2011 – 10 AZB 49/10 – Rn. 12.

[46] Vgl. zur entsprechenden Regelung in § 18 TzBfG: Hesse (2009), in: Münchener Kommentar zum BGB. Bd. 4. 5. Aufl., München: C. H. Beck-Verlag, § 18 TzBfG Rn. 2.

[47] A. A. Ulber: AÜG-Kommentar (o. Fn. 18), § 13a Rn. 15 ff., der Art. 6 I 1 RL 2008/104 einen Gleichbehandlungsanspruch entnimmt. – Wegen der betriebsverfassungsrechtlichen Folgen eines Verstoßes siehe Ulber: AÜG-Kommentar (o. Fn. 18), § 13a Rn. 22.

[48] Ulber: AÜG-Kommentar, (o. Fn. 18), § 13b Rn. 5.

[49] Lembke, NZA 2011, 319, 323 f.; Wank in, ErfK (o. Fn. 20), § 13b AÜG Rn. 1.

[50] LAG Hamm, 24.5.1973 – 8 TaBV 13/73, DB 1973, 1511; Boemke/Lembke: AÜG-Kommentar (o. Fn. 2), § 14 Rn. 125; Schüren/Hamann: AÜG (Fn. 27), § 14 Rn. 263.

[51] Boemke/Lembke: AÜG-Kommenatr (o. Fn. 2), § 14 Rn. 80.

[52] Thüsing: AÜG (Fn. 40), § 14 Rn. 130.

[53] Siehe Thüsing, DB 2002, 2218, 2221 f.

[54] Boemke/Lembke: AÜG-Kommentar (o. Fn. 2), § 14 Rn. 125; Thüsing: AÜG-Kommentar (o. Fn. 20), § 14 Rn. 130.

[55] Raab, ZfA 2003, 389, 424.

[56] TVG: Tarifvertragsgesetz. in der Fassung vom 09.09.1949, zuletzt geändert am 08.12.2010. http://www.gesetze-im-internet.de/tvg/BJNR700550949.html, Zugriff: 08.06.2012.

[57] AEntG: Gesetz über zwingende Arbeitsbedingungen für grenzüberschreitend entsandte und für regelmäßig im Inland beschäftigte Arbeitnehmer und Arbeitnehmerinnen (Arbeitnehmer-Entsende-gesetz). In der Fassung vom 20.04.2009, zuletzt geändert am 24.02.2012. www.gesetze-im-internet.de/ aentg_2009/BJNR079900009.html, Zugriff: 08.06.2012.

[58] BT-Ausschuss-Drs. 17(11)446, S. 4.

[59] Zum Überblick Zachert, NZA 2003, 132, 136.

[60] BVerfG vom 24.05.1977 – 2 BvL 11/74 – NJW 1975, 2255, 2256.

[61] BAG vom 24.01.1979 - 4 AZR 377/77, BAGE 31, 241-25.

[62] BVerfG vom 10.09.1991 - 1 BvR 561/89 – NZA 1992, 125; BAG vom 28.03.1990 - 4 AZR 536/89 – NZA 1990, 781, 782; ErfK/Franzen, § 5 TVG Rn. 12.

[63] BAG vom 24.01.1979 - 4 AZR 377/77 – Ls. 2, BAGE 31, 241-253; Franzen in, ErfK (o. Fn. 20), § 5 TVG Rn. 12.

[64] Entsenderichtlinie: Richtlinie 96/71/EG des Europäischen Parlaments und des Rates vom 16. Dezember 1996 über die Entsendung von Arbeitnehmern im Rahmen der Erbringung von Dienstleistungen.   http://eur-lex.europa.eu/LexUriServ/LexUriServ.do?uri=CELEX:31996L0071:de:HTML, Zugriff: 03.07.2012.

[65] EuGH vom 19.06.2008 – C-319/06 – NZA 2008, 865, 868.

[66] Vgl. zur Unzulässigkeit einer mittelbaren Ausländerdiskriminierung nur EuGH vom 29.04.1999 – C-224/97 – Rn. 13; Rieble/ Lessner, ZfA 2002, 29, 54 ff.

[67] Vgl. Boemke, BB 2010, Nr. 50, die erste Seite.

[68] AktG: Aktiengesetz. In der Fassung vom 06.09.1965, zuletzt geändert am 22.12.2011. http://www.gesetze-im-internet.de/aktg/BJNR010890965.html, Zugriff: 08.06.2012.

[69] BT-Drs. 17/4804, S. 9.

[70] Befürwortend Düwell, DB 2011, 1520.

[71] Düwell, DB 2011, 1520; Hamann, NZA 2011, 70, 76.

[72] BT-Drs. 17/4804, S. 7.

[73] BAG vom 27.11.1991 - 2 AZR 255/91 – BB 1992, 1062 ff.; BAG vom 23.11.2004 - 2 AZR 24/04 – BB 2005, 1739 ff.

[74] BT-Drs. 847/10, S. 11.

[75] Ausführlich dazu Lembke, BB 2003, 98 ff.

[76] Vgl. BT-Drs. 17/5238, S. 8 und 9.

[77] GüKG: Güterkraftverkehrsgesetz. In der Fassung vom 22.06.1998, zuletzt geändert am 24.02.2012, http://www.gesetze-im-internet.de/g_kg_1998/BJNR148510998.html, Zugriff: 08.06.2012.

[78] AufenthG: Gesetz über den Aufenthalt, die Erwerbstätigkeit und die Integration von Ausländern im Bundesgebiet (Aufenthaltsgesetz). In der Fassung vom 30.07.2004, zuletzt geändert am 22.12.2011.   http://www.gesetze-im-internet.de/aufenthg_2004/BJNR195010004.html,   Zugriff: 08.06.2012.

[79] Vgl. RegE, BT-Drs. 17/4804; BT-Ausschuss-Drs. 17(11)446 (-); AusschussAuS, BT-Drs. 17/5238.

[80] Vgl. BT-Drs. 9/846, S. 35 f.

[81] Boemke/Lembke: AÜG-Kommenar (o. Fn. 2), § 1b Rn. 4 f.; Böhm, DB 2011, 473, 474 f.; Boemke, RIW 2009, 177, 181 f.; Hamann, EuzA, Bd. 2, 2009, S. 287, 312 ff.; Lembke, BB 2010, 1533, 1538 f./DB 2011, 414, 416; Thüsing, RdA 2009, 118, 119; Rieble/Vielmeier, EuZA Band 4 (2011), S. 474, 490 ff. – Ausführlich Rissing: Das Verbot der Leiharbeit im Baugewerbe. 2001, Leipzig: Leipziger-Uni.-Verlag.

[82] SGB IV: Sozialgesetzbuch, Viertes Buch. In der Fassung vom 23.12.1976, zuletzt geändert am 12.04.2012. http://de.wikipedia.org/wiki/Viertes_Buch_Sozialgesetzbuch, Zugriff: 08.06.2012.

[83] Vgl. Stellungnahme der Bundesvereinigung der Deutschen Arbeitgeberverbände zum 7. Erfahrungs-bericht, BT-Drs. 12/3180, S. 22. – Ausführlich jetzt Rissing (Fn. 51), S. 36 ff.; vgl. auch Becker, DB 1982, 2348 ff.

[84] Rieble/Vielmeier, EuZA Band 4 (2011), S. 474, 493 ff.

[85] Vgl. dazu BT-Drs. 17/6262, S. 13.

[86] Zur Unvereinbarkeit des Verbots der Arbeitnehmerüberlassung in den Werkverkehr mit Art. 4 I RL vgl. Böhm, DB 2011, 473, 475 f.; Hamann, RdA 2011, 321,339.

[87] Verordnung (EG) Nr. 1072/2009 des Europäischen Parlaments und des Rates vom 21. Oktober 2009 über gemeinsame Regeln für den Zugang zum Markt des grenzüberschreitenden Güterkraftverkehrs. http://eur-lex.europa.eu/LexUriServ/LexUriServ.do?uri=OJ:L:2009:300:0072:0087:DE:PDF, Zugriff: 03.07.2012.

9 Stammbeschäftigung versus Zeitarbeit: Die Rolle der Transaktionskosten

Christian Lehmann, Ricarda B. Bouncken

9.1   Einleitung

Die Zunahme der internationalen Arbeitsteilung und steigender Wettbewerbsdruck führen in Unternehmen zu starken und oftmals unvorhersehbaren Nachfrageschwankungen. Dies trifft insbesondere auf Firmen am Hochlohnstandort Deutschland zu. Während notwendige Anpassungen im Bereich der Produktion durch den Aufbau flexibler Produktionssysteme und -kapazitäten in vielen Bereichen umgesetzt wurden, wird die ebenfalls notwendige Flexibilisierung des Personals zwar als dringend erforderlich herausgestellt, aber weit weniger systematisch umgesetzt (vgl. Buchholz 2008, S. 20) [1].

Als ein wichtiges Instrument zur flexiblen Anpassung des Arbeitskräfteangebotes an eine schwankende Personalnachfrage hat sich in Deutschland in den vergangenen Jahren die Zeitarbeitsbranche etabliert. In ihr waren zum 30. Juni 2011 910.000 Personen beschäftigt (vgl. Bundesagentur für Arbeit 2012, S. 10) [2]. Unternehmen, die Zeitarbeit einsetzen, sind oftmals bereit, für den Einsatz von Zeitarbeitern mehr zu bezahlen als für eigene Beschäftigte (vgl. Bouncken u. a. 2011, S. 99) [3]. Als Basis eines entsprechenden Kostenvergleichs werden die Lohnkosten und Lohnnebenkosten der Stammbeschäftigten zu den Verrechnungssätzen der Zeitarbeitnehmer ins Verhältnis gesetzt. Allein auf der Grundlage eines direkten Kostenvergleichs erscheint der Einsatz von Zeitarbeit zunächst als ökonomisch irrational.

Die Entscheidung des entleihenden Unternehmens ist jedoch dann nicht irrational, wenn zusätzliche Faktoren die Entscheidungssituation zugunsten der Zeitarbeit beeinflussen. Als ein solcher Einflussfaktor können die mit der Anbahnung, Durchsetzung und Beendigung von Arbeitsverträgen verbundenen Kosten angesehen werden. Diese als Transaktionskosten der Beschäftigung bezeichneten Aufwendungen wurden vielfach theoretisch untersucht und auf Arbeitsverträge angewendet (vgl. Picot 1982) [4]. Bislang wurden allerdings kaum Versuche unternommen, den Einfluss der Transaktionskosten auf die Entscheidung zum Einsatz von Stamm- oder Zeitarbeitnehmern zu untersuchen.

Der vorliegende Beitrag versucht, diese Lücke zu schließen, indem anhand der Fallstudie eines mittelständischen Unternehmens der Metall- und Elektroindustrie die Transaktionskosten für die Beschaffung und Freisetzung eigener Beschäftigter exemplarisch ermittelt und mit den Kosten der Zeitarbeit verglichen werden. Es wird gezeigt, dass die Transaktionskosten in hohem Maße entscheidungsrelevant sind, da sie die Gesamtkosten der Stammbeschäftigung, insbesondere kurzfristig, signifikant erhöhen.

9.2   Transaktionskosten der (Stamm-)Beschäftigung

Will ein Arbeitgeber sich längerfristig die Leistung eines Arbeitnehmers sichern, wird er mit diesem einen Arbeitsvertrag schließen, um die erwartete Arbeitsleitung und das dafür angebotene Entgelt nicht täglich aufs Neue aushandeln zu müssen. Der Arbeitsvertrag regelt die wesentlichen Rechte und Pflichten beider Parteien. Jedoch kann der Arbeitgeber nicht sicher sein, dass der neue Mitarbeiter sich zu jeder Zeit in seinem Sinne verhält und nicht beispielsweise versucht, geringere als die vereinbarten Leistungen zu erbringen. Angesichts eines möglichen opportunistischen Verhaltens seines Mitarbeiters bemüht sich der Arbeitgeber bereits vor Vertragsschluss, entsprechende Informationen über seinen potenziellen Mitarbeiter einzuholen. Neben dem Screening vor Vertragsschluss kontrolliert der Arbeitgeber dann die Arbeitsleistung nach Vertragsbeginn. Der Aufwand, den der Arbeitgeber für die vorvertragliche Informationssuche, die Kontrolle während der Vertragslaufzeit und für die Auflösung des Vertrages betreibt, wird als Transaktionskosten bezeichnet. Ökonomisch sind mit den Transaktionskosten die Informations- und Kontrollkosten gemeint, die mit der Anbahnung, Aufrechterhaltung und Beendigung von Verträgen einhergehen (vgl. Williamson 1981, S. 552) [5].

Zwei Gründe sind ursächlich für das Auftreten von Transaktionskosten in Arbeitsverträgen. Erstens ist es die Natur des Arbeitsvertrages als „relationaler Vertrag", d. h. als ein gegenseitiges Abkommen, das unvollständig ist, da sich nicht alle gegenseitigen Rechte und Pflichten im Vorfeld exakt regeln lassen (vgl. MacNeil 1974, S. 595) [6]. Und es ist zweitens der „menschliche Faktor" mit all seinen möglicherweise irrationalen Verhaltensweisen, der sich aus der Einheit von Vertragspartner und Person ergibt (vgl. Eigler 1997, S. 25) [7].

Abbildung 9.1   Transaktionskosten in Arbeitsverträgen

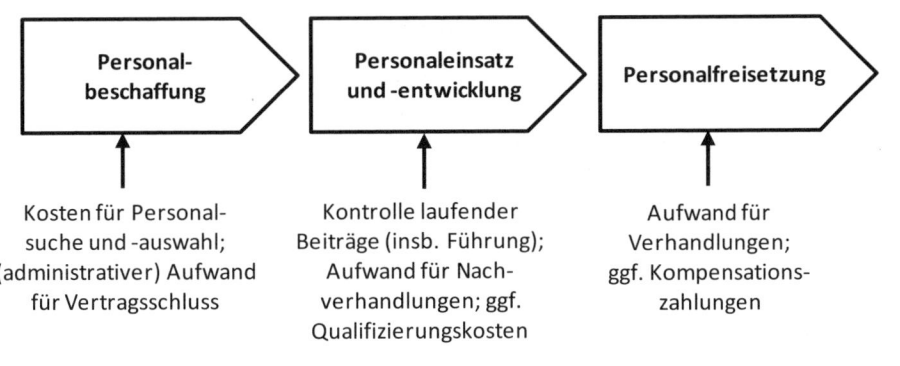

Quelle: Eigene Darstellung in Anlehnung an Picot (1982, S. 270) [4]

Betrachtet man den Arbeitsvertrag und das sich daraus ergebene Beschäftigungsverhältnis prozessorientiert, ergeben sich drei verschiedene Arten von Transaktionskosten (vgl. Abbildung 9.1): Transaktionskosten der Personalbeschaffung, des Personaleinsatzes und der Personalfreisetzung.

Transaktionskosten der Personalbeschaffung sind Koordinationskosten, die für die Anwerbung neuen Personals anfallen. Neben den Such- und Informationskosten zur Personalanwerbung und -auswahl fallen Verhandlungskosten zur Abstimmung über Vertragsinhalte an.

Ebenso fallen Kosten für administrative Tätigkeiten im Rahmen des Vertragsabschlusses darunter (vgl. Alewell u. a. 2005, S. 17 f.) [8]. Weiterhin sind gesetzliche oder tarifliche Bestimmungen wie das Anhörungsgebot des Betriebsrates oder die so genannte Schwerbehindertenabgabe zu berücksichtigen.

Die *Transaktionskosten des Personaleinsatzes und der Personalentwicklung* umfassen die Aufwendungen, die zur Führung und Kontrolle des Mitarbeiters, seiner Bindung an das Unternehmen sowie zu seiner weiteren Qualifizierung notwendig sind. Sie fallen an, um den Einsatz des Mitarbeiters innerhalb der Organisation zu ermöglichen und laufend zu verbessern sowie um die Motivation des Mitarbeiters zu fördern und die Wahrscheinlichkeit eines vorzeitigen Abwanderns zu verringern (vgl. Bellmann/Buttler 1989, S. 207) [9].

Transaktionskosten der Personalfreisetzung sind die mit der Auflösung eines Arbeitsvertrages verbundenen Kosten. Neben dem zeitlichen Aufwand für die Beteiligten spielen hier rechtliche Restriktionen eine besondere Rolle. Diese ergeben sich aus den Regelungen des individuellen Arbeitsrechts und beinhalten die Einhaltung vorgegebener Kündigungsfristen, die Wahrung spezifischer Kündigungsgründe sowie das Recht des Arbeitnehmers, Klage gegen eine Vertragsaufhebung einzureichen (vgl. Jahn 2004, S. 20) [10]. Auch im Rahmen des kollektiven Arbeitsrechts können durch spezifische Regelungen in Branchen-, Firmen- oder Haustarifverträgen und durch Betriebsvereinbarungen zusätzliche Kosten entstehen. Transaktionskosten der Personalfreisetzung führen insgesamt dazu, dass eine unmittelbare Freisetzung verzögert und/oder verteuert wird (vgl. Addison/Texeira 2003, S. 6) [11]. Wesentliche Rechtsgrundlage ist das Kündigungsschutzgesetz (KSchG) [12].

Während davon auszugehen ist, dass Transaktionskosten Bestandteil eines jeden Beschäftigungsverhältnisses sind, ist ihre Bewertung mit zwei zentralen Problemen verbunden, einem Mess- und einem Bewertungsproblem (vgl. Collins/Fabozzi 1991, S. 30) [13].

1. *Messproblem:* Im Gegensatz zu den Lohnkosten ist die Höhe der aus einem Arbeitsvertrag entstehenden Transaktionskosten ex ante nicht quantifizierbar.

2. *Bewertungsproblem:* Selbst wenn die Höhe der Transaktionskosten ex ante ermittelt werden kann, bedarf es einer Entscheidungsalternative, um die erwarteten Transaktionskosten einer Beschäftigungsalternative mit denen einer anderen Alternative zu vergleichen. Andernfalls würde die Entscheidungssituation auf die Alternativen Beschäftigung und keine Beschäftigung reduziert.

Um den Einfluss der Transaktionskosten auf die unternehmerische Entscheidung zur Wahl einer bestimmten Beschäftigungsalternative zu prüfen, sind eine Quantifizierung und Bewertung der Transaktionskosten bestehender Handlungsalternativen unumgänglich. Ein reiner Vergleich der Beschäftigungsalternativen ausschließlich auf Grundlage der Arbeitskosten kann unter Umständen zu ökonomisch falschen Entscheidungen führen. Nachfolgend wird ein solches Entscheidungskalkül anhand eines realen Fallbeispiels exemplarisch modelliert.

9.3   Erfassung von Transaktionskosten: Eine Fallstudie

Die XY GmbH ist ein mittelständisches Unternehmen mit mehreren Standorten in Deutschland. Hauptsitz der Gesellschaft ist in Norddeutschland. Produziert werden Elektronikbauteile für Automobil- und Konsumgüterhersteller. Das Unternehmen beschäftigt Mitarbeiter in verschiedenen Qualifikationsgruppen. Die Mehrheit der Beschäftigten (64 %) verfügt über eine Berufsausbildung im Bereich der Elektronik/Elektrotechnik. Die Personalarbeit der XY GmbH wird von einer eigenen Abteilung durchgeführt, es existieren ein Betriebsrat und ein mit der IG Metall geschlossener Tarifvertrag.

Das Unternehmen steht in einem starken, internationalen Wettbewerb, die Nachfragesituation ist charakterisiert durch umfangreiche, nur schwer vorhersehbare Schwankungen. Im technischen Bereich wird darauf mit dem Einsatz flexibler Produktionssysteme reagiert. Im Personalbereich setzt die XY GmbH auf interne Maßnahmen wie Arbeitszeitkonten, Schichtmodelle und, zuletzt im Jahr 2009, auf Kurzarbeit. Darüber hinaus wird seit 2006 verstärkt Zeitarbeit genutzt. Ende 2011 waren am Hauptsitz, zusätzlich zu den 800 eigenen Beschäftigten, 140 Zeitarbeitnehmer verschiedener Personaldienstleister im Einsatz.

Im September 2011 gelang es der XY GmbH, einen neuen Kunden aus der Telekommunikationsbranche zur Fertigung von Computerteilen zu gewinnen. Der Kunde gab an, nach einer Testphase von vier Monaten ab Januar 2012 eine längerfristige Zusammenarbeit anzustreben. Obgleich Zielvorgaben in Bezug auf zukünftige Liefermengen existierten, wurden für die Testphase vergleichsweise geringe Stückzahlen vereinbart. Da das vorhandene Personal ausgelastet war, beauftragte die Geschäftsführung die Personalabteilung mit der Erstellung eines auftragsbezogenen Personalkonzepts mit folgenden Punkten:

- Deckung eines zusätzlichen Personalbedarfes von zunächst sieben Personen mit entsprechender Ausbildung und Berufserfahrung (Elektrofachkräfte) ab Januar 2012,
- Dauer des Bedarfes ungewiss, sicher bis Ende April 2012,
- Beschäftigungsrisiko und Kosten sind zu minimieren.

Die Personalabteilung entschloss sich, für die Besetzung der offenen Stellen zwei Beschäftigungsalternativen zu prüfen: eine unbefristete Anstellung bei der XY GmbH und den Einsatz vergleichbarer Zeitarbeitnehmer. Aufgrund der Restriktion der Minimierung des Beschäftigungsrisikos sollte die zu erstellende Kalkulation auch Transaktionskosten beinhalten. Da sowohl eigene Beschäftigte als auch Zeitarbeitnehmer gleichermaßen in die neuen Aufgaben einzuarbeiten waren und in der Vergangenheit keine Produktivitätsunterschiede zwischen beiden Gruppen auftraten, wurden die Transaktionskosten des Personaleinsatzes ausgeschlossen. Das Entscheidungsproblem wurde zusammenfassend wie folgt definiert:

Wähle die Beschäftigungsalternative, deren Gesamtkosten (Personalkosten und Transaktionskosten der Beschaffung und Freisetzung) pro geleistete Stunde geringer sind.

Gegeben waren der sich aus den auszuführenden Tätigkeiten ergebende Bruttomonatslohn eines eigenen Beschäftigten von 2.240 Euro (AN-brutto) und der Stundenverrechnungssatz eines vergleichbar qualifizierten Zeitarbeitnehmers von 22,20 Euro.

9.3.1   Transaktionskosten der Personalbeschaffung

Die Transaktionskosten der *Personalbeschaffung eigener Beschäftigter* können anhand von Erfahrungswerten vergleichbarer Einstellungen in den Jahren 2010 und 2011 ermittelt werden. Zur Anrechnung kommen Aufwendungen für die Schaltung von Anzeigen u. Ä. und die bewertete Arbeitszeit (inkl. Lohnnebenkosten) der mit dem Verfahren beauftragten Personen im Unternehmen. Aufgrund eines entsprechend standardisierten Prozesses können diese weitestgehend im Vorfeld kalkuliert werden. Die für die Gewinnung eines zusätzlichen Facharbeiters notwendigen Kosten sind in Tabelle 9.1 dargestellt. Sie belaufen sich bei der Einstellung eines Facharbeiters auf insgesamt 2.340 Euro. Diese fallen als Einmalkosten zu Beschäftigungsbeginn an und sind unabhängig von der Beschäftigungsdauer.

Tabelle 9.1   Transaktionskosten der Personalbeschaffung eigener Beschäftigter

	Aufwand in Std.	Kosten pro Std. in Euro*	Summe in Euro	Erläuterung
Schaltung von Stellenanzeigen			1.600	Kosten pro Annonce 3.200 Euro; pro Anzeige Ø 2 Einstellungen
Personal-sachbearbeitung	14	16,5	231	Schalten der Anzeigen, Schriftverkehr, Terminorganisation
Personalleiterin	8	36	288	Sichtung der Unterlagen, Gespräche und Verhandlungen
Fachvorgesetzter	4	31	124	Teilnahme an Gesprächen
Betriebsrat	1,5	31	47	Anhörung vor Einstellung
Sonstiges			50	Porto, Telefon usw.
Insgesamt	27,5		2.340	

* inkl. Lohnnebenkosten von 30 %

Die Transaktionskosten der *Beschaffung eines Zeitarbeitnehmers* setzen sich aus einer entsprechenden Bedarfsmeldung an die Personaldienstleister, bestehend aus der Stellenanzeige bzw. des zugrunde liegenden Anforderungsprofils, der Prüfung eingehender Vorschläge und der Durchführung von maximal zwei Personalgesprächen mit den Kandidaten, dem Disponenten des Personaldienstleisters und dem Fachvorgesetzten zusammen. Im Anschluss werden Stundenverrechnungssätze zwischen der Personalleiterin und dem Disponenten ausgehandelt. Eine Anhörung des Betriebsrates entfällt, ebenso ein gesonderter Vertragsschluss, da mit allen Dienstleistern Rahmenüberlassungsverträge vereinbart wurden. Für den gesamten Anforderungsprozess werden insgesamt zwei Stunden des Fachvorgesetzten und zwei Stunden der Personalleiterin benötigt. Die Transaktionskosten der Personalbeschaffung liegen damit insgesamt bei 134 Euro.

9.3.2 Transaktionskosten der Personalfreisetzung

Die XY GmbH hat im Zeitraum 2009 bis 2011 am Hauptstandort insgesamt 14 Kündigungen ausgesprochen. Im gleichen Zeitraum wurden rund 100 unbefristete oder befristete Arbeitsverträge geschlossen. Die ausgesprochenen Kündigungen hatten verschiedene Ursachen und auch die Verläufe und Ausgänge differierten. Die Personalabteilung des Unternehmens kann für eine Kalkulation der voraussichtlich zu erwartenden Transaktionskosten einer Freisetzung nicht auf vergleichbar umfangreiche Werte wie im Rahmen der Personalbeschaffung zurückgreifen.

An dieser Stelle wird daher der Ansatz von Crimmann und Lehmann zur Ermittlung der Transaktionskosten der Personalfreisetzung auf Grundlage repräsentativer Daten für Deutschland verwendet (vgl. Crimmann/Lehmann 2012, S. 123 ff.) [14]. Das Verfahren verwendet einen Minimalansatz zur Schätzung der Transaktionskosten, in dem nur solche Fälle berücksichtigt werden, in denen mit Sicherheit Kosten für die Arbeitgeberseite entstehen. So werden z. B. Aufhebungsverträge oder der Ausgang einer Arbeitnehmerklage gegen eine Kündigung durch Urteilsspruch des Gerichts ausdrücklich nicht einbezogen, obwohl dabei in einer Vielzahl der Fälle auch Kosten für die Arbeitgeberseite entstehen dürften.

Vier Schritte sind zur Bestimmung der Kosten der Personalfreisetzung eigener Beschäftigter notwendig. Zunächst wird der Anteil der durch Arbeitgeber beendeten Arbeitsverhältnisse an allen Beendigungen ermittelt. Anschließend werden die Verfahren ausgewählt, in denen Arbeitnehmer gerichtlich gegen eine Kündigung vorgehen. Danach wird der Anteil der Verfahren bestimmt, die mit Kosten für den Arbeitgeber verbunden sind. Zuletzt werden diese Kosten in Abhängigkeit von der Beschäftigungsdauer und dem Verdienst des Beschäftigten berechnet. Verfahren und Ergebnisse werden nachstehend kurz zusammengefasst. Bezugsjahr der Daten ist das Jahr 2010.

Anteil der durch Arbeitgeber beendeten Arbeitsverhältnisse

Im ersten Halbjahr 2010 wurden in allen Betrieben im Anwendungsbereich des Kündigungsschutzgesetzes (alle Betriebe mit mindestens 10 Beschäftigten) insgesamt 1.347.000 Arbeitsverhältnisse beendet (vgl. Crimmann/Lehmann 2012, S. 124) [14]. Fast jedes dritte Arbeitsverhältnis (437.000 oder 32 %) endete durch eine Arbeitnehmerkündigung. Weitere 303.000 Verträge (22 %) wurden durch die Arbeitgeberseite beendet, in 83.000 Fällen wurden Aufhebungsverträge geschlossen und weitere 217.000 Fälle endeten durch das Auslaufen von Befristungen.

Anteil von Arbeitnehmerklagen gegen Arbeitgeberkündigungen

Wird ein Arbeitsverhältnis durch den Arbeitgeber aufgelöst, hat der Arbeitnehmer die Möglichkeit, gerichtlich gegen die Kündigung vorzugehen (§ 4 Kündigungsschutzgesetz – KSchG) [12]. Im ersten Halbjahr 2010 reichten 106.463 Arbeitnehmer bzw. deren Vertreter Klage gegen eine Kündigung ein, fast zwei Drittel (65 % bzw. 196.537 Arbeitnehmer) ließen die entsprechende Frist verstreichen (vgl. Statistisches Bundesamt 2010, Tabellen 2 und A1) [15].

Anteil der mit Kosten für den Arbeitgeber verbundenen Verfahrensausgänge

Es existieren drei grundsätzliche Erledigungsarten arbeitsgerichtlicher Verfahren: Vergleiche, Urteile im Klageverfahren und sonstige Erledigungen. Ein Vergleich steht für die gütliche Beilegung eines begonnenen Rechtsstreits durch Vermittlung des Gerichts. Durch Urteile werden Verfahren beendet, in denen keine gütliche Einigung der Beteiligten erreicht werden kann. Eine Entscheidung wird dann durch das Gericht nach Anhörung der Beteiligten herbeigeführt. Sonstige Erledigungsarten wie z. B. eine Klagerücknahme oder ein Anerkenntnis führen zu einem außerplanmäßigen Verfahrensende und sind oft Folge parallel verlaufender außergerichtlicher Verhandlungen. In die Berechnung werden ausschließlich Vergleiche einbezogen, da nur diese in jedem Fall mit Kosten für den Arbeitgeber verbunden sind. Im ersten Halbjahr 2010 wurden von den 106.463 Arbeitnehmerklagen gegen eine Kündigung 77.560 oder 77 % durch einen Vergleich beendet (Statistisches Bundesamt 2010) [15]. In sieben von zehn durch Arbeitnehmer eingereichten Klagen erzielen die Parteien einen Vergleich. Die Vergleichswahrscheinlichkeit nach einer Arbeitgeberkündigung beträgt somit 26 % (vgl. Tabelle 9.2).

Tabelle 9.2   Arbeitgeberkündigungen, Klagen und Vergleiche im 1. Halbjahr 2010

	Absolut	Prozent
Arbeitgeberkündigungen	303.000	100
AN-Klagen gegen Kündigungen	106.352	35
Durch Vergleich beendet	77.560	26

Quellen: IAB-Betriebspanel (2010) [16], Statistisches Bundesamt (2010) [15], eigene Berechnungen

Kosten einer Arbeitgeberkündigung für den Kündigenden

Grundsätzlich ist jedes Gerichtsverfahren mit Kosten für die beteiligten Parteien verbunden. Die Kosten können in drei Kategorien unterschieden werden: (a) Anwalts- und Gerichtskosten, (b) anteilige Personalkosten eigener, am Gerichtsverfahren beteiligter Mitarbeiter und (c) Zahlungen an (ehemalige) Angestellte aufgrund gerichtlicher Entscheidungen. Da die XY GmbH nicht in jedem Fall auf anwaltliche Hilfe zurückgreift und der Aufwand eigener Mitarbeiter für die inhaltliche Bearbeitung der Klagen in der Vergangenheit stark variierte, werden im Sinne des Minimalansatzes neben den administrativen Kosten einer Kündigung nur die unter (c) genannten Zahlungen an Mitarbeiter berücksichtigt.

Zur Kalkulation der zu erwartenden Kosten einer Freisetzung muss eine Annahme zum Verlauf des zugrunde liegenden Auftrages getroffen werden, da dieser den Arbeitskräftebedarf bestimmt. In Analogie zu Crimmann und Lehmann (2012, S. 127) [14] wird auch hier vereinfachend davon ausgegangen, dass der Kunde der XY GmbH den Auftrag ohne Vorlauf stornieren kann und der Bedarf somit sehr kurzfristig endet. Für die Freisetzung ergibt sich daraus in Anlehnung an die gesetzlichen Vorgaben des KSchG [12] und den Annahmen des hier geschilderten Falles folgendes Vorgehen seitens des Arbeitgebers:

1. Wird die Arbeitskraft eines Mitarbeiters der Stammbelegschaft nicht mehr benötigt, erfolgt eine ordentliche Kündigung. Die sich daraus ergebende Kündigungsfrist ist abhängig von der Beschäftigungsdauer des Mitarbeiters (vgl. § 622 BGB) [17]. Bis zum Ablauf der Kündigungsfrist ist der Arbeitgeber zur Weiterzahlung des vereinbarten Entgelts verpflichtet.[3]

2. Der betreffende Mitarbeiter wird zeitnah (am Folgetag) freigestellt. Eine Umbesetzung innerhalb des Unternehmens wird ausgeschlossen. Ebenso die Erstellung eines Sozialplans und das Treffen einer Sozialauswahl.

3. Da der Wegfall des dem Beschäftigungsverhältnis zugrunde liegenden Auftrages zu den betriebsbedingten Gründen zählt, hat der Gekündigte nach § 1a KSchG [12] einen Anspruch auf Zahlung einer Abfindung. Diese beläuft sich auf ein halbes Monatsgehalt pro Beschäftigungsjahr, Zeiten von mehr als sechs Monaten sind aufzurunden. Der Anspruch auf Abfindung entsteht erst nach Ablauf der Probezeit (sechs Monate).

Die *Transaktionskosten der Personalfreisetzung eines eigenen Beschäftigten* beinhalten die bis zum Ablauf der Kündigungsfrist fortzuzahlenden Löhne und die dem Arbeitnehmer aufgrund der Kündigungsart zustehende Abfindung. Die Personalabteilung der XY GmbH berücksichtigt zudem den administrativen Aufwand einer Freisetzung, die sich aus der Erstellung und Kommunikation der Kündigung selbst, der Anhörung des Betriebsrates und der Formulierung und Übersendung eines Arbeitszeugnisses sowie anderen administrativen Aktivitäten zusammensetzt. Hierfür sind insgesamt drei Stunden der Personalsachbearbeitung und je eine Stunde des Betriebsrates, der Führungskraft und der Personalleiterin notwendig. Der administrative Kündigungsaufwand ist unabhängig von der Beschäftigungsdauer des Arbeitnehmers und beträgt 164 Euro pro Kündigung.

Die entstehenden Freisetzungskosten bei einem Bruttomonatsgehalt von 2.240 Euro, Lohnnebenkosten von 30 %, der Einhaltung der gesetzlichen Kündigungsfristen und unter Be-

---

[3] Als mögliche Zeitpunkte für das Aussprechen einer Kündigung werden in Arbeitsverträgen Fristen zum Monatsende und/oder zur Monatsmitte vereinbart. Stellt ein Arbeitgeber am 16. eines Monats fest, dass der Bedarf für eine Arbeitskraft weggefallen ist, kann er die Kündigung frühestens zum 30. des Folgemonats aussprechen. Sich daraus ergebende Verlängerungen der Lohnfortzahlung werden hier vernachlässigt. Ebenso wird auf die Berücksichtigung einer Abgeltung möglicher Resturlaubsansprüche des ausscheidenden Arbeitnehmers verzichtet.

rücksichtigung der Vergleichswahrscheinlichkeit von 26 % sind in Tabelle 9.3 auszugsweise für die ersten fünf Jahre aufgeführt. Setzt die XY GmbH einen eigenen Mitarbeiter nach Ablauf der Probezeit von sechs Monaten und innerhalb der ersten 12 Monate nach Beginn des Beschäftigungsverhältnisses frei, entstehen Kosten von 1.212 Euro. Diese steigen auf bis zu 3.134 Euro nach fünfjähriger Tätigkeit. Im Gegensatz zu den Einmalkosten der Personalbeschaffung hängt die Höhe der Freisetzungskosten entscheidend von der Beschäftigungsdauer ab.

Tabelle 9.3   Transaktionskosten der Freisetzung eigener Beschäftigter

Beschäftigungs- dauer in Monaten	6	12	18	24	30	36	42	48	54	60
Ant. Kündigungs- schutzkosten	1.048	1.048	1.340	1.340	1.631	1.631	1.922	1.922	2.213	2.970
Administrative Kosten	164	164	164	164	164	164	164	164	164	164
Summe	1.212	1.212	1.504	1.504	1.795	1.795	2.086	2.086	2.377	3.134

Aus Sicht des Entleihunternehmens sind die Transaktionskosten im Falle der *Freisetzung eines Zeitarbeitnehmers* deutlich geringer, da nicht das Entleihunternehmen, sondern der Personaldienstleister die Arbeitgeberfunktion innehat und das Beschäftigungsrisiko trägt. Für die Abmeldung eines Zeitarbeitnehmers durch das Entleihunternehmen sind in der Praxis kurze Zeitspannen von 24 Stunden bis zu drei Werktagen üblich (vgl. Friedrich/Martin 2004, S. 212) [18]. Die XY GmbH kann den Einsatz eines Zeitarbeitnehmers damit ebenso zeitnah beenden wie die Tätigkeit eines eigenen Beschäftigten, jedoch ohne das Risiko eventuell auftretender Kündigungsschutzkosten. Die Abmeldung selbst wird in der Personalsachbearbeitung durchgeführt und dem Zeitarbeitnehmer durch den Vorgesetzten im Entleihbetrieb mitgeteilt. Ein Aufwand für die Erstellung eines Arbeitszeugnisses entsteht nicht. Von beiden Beteiligten nimmt dies je eine Stunde Arbeitszeit in Anspruch. Die Freisetzungskosten eines Zeitarbeitnehmers betragen für die XY GmbH insgesamt 48 Euro.

Während die Transaktionskosten der Personalbeschaffung und -freisetzung für Zeitarbeitnehmer unabhängig von deren Einsatzdauer bei 182 Euro liegen (Beschaffung 134 Euro, Freisetzung 48 Euro), entstehen für Beschaffung und Freisetzung eines Stammbeschäftigten im Durchschnitt der ersten 24 Monate Kosten in Höhe von knapp 3.700 Euro.

> Die mehr als 20-fach höheren absoluten Transaktionskosten der Stammbeschäftigung lassen den Einsatz von Zeitarbeit vorteilhaft erscheinen. Sie sind aufgrund der fehlenden Berücksichtigung der Arbeitskosten jedoch nur ein Indiz und nicht als alleinige Entscheidungsgrundlage geeignet.

9.4   Vergleich der Beschäftigungsalternativen

Für den Vergleich der Gesamtkosten beider Beschäftigungsalternativen sind neben den Transaktionskosten auch die Arbeitskosten zu berücksichtigen. Als Basis eines Gesamtkostenvergleichs zwischen Stammbeschäftigung und Zeitarbeit können die Kosten pro geleistete Arbeitsstunde herangezogen werden, wie sie bereits im Stundenverrechnungssatz des Zeitarbeitnehmers Ausdruck finden (vgl. Schwaab 2009, S. 40) [19]. Die Arbeitskosten eines eigenen Beschäftigten der XY GmbH setzen sich aus dem Arbeitsentgelt und den Lohnnebenkosten zusammen. Das Arbeitsentgelt ist der monetäre Gegenwert für erbrachte Arbeitsleistungen (Arbeitnehmer-Bruttogehalt), die Lohnnebenkosten bestehen aus gesetzlichen, tariflichen und betrieblichen (freiwilligen) Lohnnebenkosten (vgl. Bontrup 2004, S. 4) [20]. Die gesetzlichen Lohnnebenkosten umfassen die Beiträge zur Sozialversicherung, Lohnfortzahlungen bei Urlaub und Krankheit sowie für gesetzliche Feiertage. Tarifliche Lohnnebenkosten sind u. a. Einmalzahlungen für Urlaub, Weihnachtsgeld oder ein ggf. vereinbartes 13. Gehalt. Zu den betrieblichen Lohnnebenkosten gehören z. B. freiwillige Beiträge zu einer betrieblichen Altersvorsorge oder übernommene Weiterbildungskosten. Die XY GmbH hat für ihre gewerblichen Mitarbeiter durchschnittliche *Lohnnebenkosten von 30 %*.

Da Stammbeschäftigte mit dem Urlaubsentgelt oder bezahlten Krankheitszeiten im Gegensatz zu Leiharbeitskräften auch für Zeiten entlohnt werden, denen keine Arbeitsleistung gegenübersteht („ineffektive Arbeitszeit"), müssen die ermittelten Arbeitskosten auf die geleistete Arbeitszeit verteilt werden. Die geleistete Arbeitszeit umfasst die Arbeitszeit, in der das Unternehmen über die Arbeitszeit des Mitarbeiters disponieren kann. Ob und wie ein Mitarbeiter während dieser Zeit eingesetzt wird, ist unerheblich. In der XY GmbH wurden 2011 insgesamt 1.632 Arbeitsstunden von vergleichbaren Facharbeitern geleistet (256 Arbeitstage à 8 Stunden abzgl. 30 Tagen Urlaub, 7 Feiertagen und 12 Krankheitstagen sowie 3 Tagen für Weiterbildungen). Dies entspricht 136 geleisteten Stunden pro Monat.

Die Arbeitskosten pro Stunde ergeben sich aus dem Bruttomonatsgehalt einschließlich des Arbeitgeberanteils zur Sozialversicherung und liegen bei 2.912 Euro pro Monat. Daraus resultieren *Arbeitskosten pro geleistete Stunde von 21,41 Euro*. Für die Beschäftigungsalternative Zeitarbeit entsprechen die Kosten pro geleistete Stunde dem Stundenverrechnungssatz und liegen bei *22,20 Euro pro Stunde*.

> Allein auf Grundlage der direkten Arbeitskosten ist die Stammbeschäftigung dem Einsatz eines Zeitarbeitnehmers vorzuziehen.

Ein vollständiges Bild der Entscheidungssituation ergibt sich erst aus einer Gegenüberstellung der Gesamtkosten beider Beschäftigungsalternativen in Abhängigkeit von der Beschäftigungs- bzw. Einsatzdauer (vgl. Tabelle 9.4). Aus der Darstellung geht hervor, dass die Gesamtkosten der Alternative Stammbeschäftigung bei einer Beendigung nach sechs Monaten 13,0 % über den Kosten eines vergleichbaren Zeitarbeitnehmers liegen. Der Kostenvorteil der Zeitarbeit beträgt nach 12 Monaten 5,4 % und sinkt nach einer Einsatzzeit von

30 Monaten auf unter ein Prozent. Erst ab diesem Zeitpunkt kann aufgrund der geringen Differenz von ökonomisch gleichwerten Beschäftigungsalternativen gesprochen werden.

Neben der Relevanz der Transaktionskosten für die Gesamtbetrachtung zeigt die Berechnung auf, wie stark die Entscheidung von der erwarteten Dauer des zusätzlichen Personalbedarfs abhängt. Bei einer eher kurzen Dauer von bis zu sechs Monaten rechtfertigen die Transaktionskosten der Stammbeschäftigung einen Kostenaufschlag auf den Stundenverrechnungssatz eines Zeitarbeitnehmers von mindestens 13 %.

Tabelle 9.4   Gesamtkosten pro geleistete Stunde im Vergleich

Beschäftigungs-dauer in Monaten	6	12	18	24	30	36	42	48	54	60
Stammbeschäftigung	25,77	23,59	22,98	22,59	22,43	22,26	22,19	22,09	22,05	22,08
Zeitarbeit	22,42	22,31	22,27	22,26	22,24	22,24	22,23	22,23	22,22	22,22
Differenz in Euro	3,35	1,28	0,72	0,33	0,19	0,02	-0,04	-0,14	-0,17	-0,14
Differenz in %	13,0	5,4	3,1	1,5	0,8	0,1	-0,2	-0,6	-0,8	-0,6

9.5   Fazit

Im Rahmen der klassischen Kostenvergleichsrechnung werden für eine Entscheidung zwischen den Beschäftigungsalternativen Stammbeschäftigung und Zeitarbeit die Arbeitskosten pro geleistete Stunde verglichen. Ein derartiges Vorgehen vernachlässigt die Aufwendungen, die mit der Anbahnung und Beendigung eines Beschäftigungsverhältnisses verbunden sind. Eine Integration der Transaktionskosten der Personalbeschaffung und -freisetzung in die Betrachtung zeigt, dass diese die Gesamtkosten und damit die Entscheidung für eine der beiden Alternativen maßgeblich beeinflussen.

Eine alleinige Beurteilung anhand der Arbeitskosten führt im vorliegenden Beispiel zu einer Entscheidung für eine Einstellung im Unternehmen. Werden dagegen nur die Transaktionskosten berücksichtigt, erscheint der Einsatz von Zeitarbeit vorteilhaft. Auf Grundlage der Gesamtkosten beider Alternativen ergibt sich ein differenziertes Bild: Während die Zeitarbeit Kostenvorteile bei einer kurzen Einsatz- bzw. Beschäftigungsdauer besitzt, ist eine Stammbeschäftigung bei einer länger als dreijährigen Beschäftigungsdauer die preiswertere Alternative (vgl. Abbildung 9.2).

Abbildung 9.2   Gesamtkosten pro geleistete Stunde in den ersten 60 Monaten

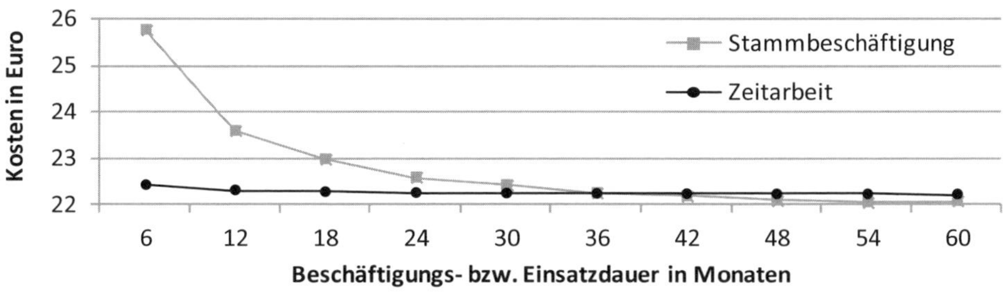

Aus einer Betrachtung der Transaktionskosten ergeben sich *drei wesentliche Implikationen für die Managementpraxis in Entleihunternehmen*. Erstens zeigt dieser Beitrag auf, wie die Transaktionskosten der Personalbeschaffung beispielhaft ermittelt werden können. Das vorgestellte Verfahren beruht auf Erfahrungswerten der Personalabteilung und erscheint, zumindest für Unternehmen mit einer entsprechenden Anzahl vorangegangener Einstellungen, robust. Der vorgeschlagene Minimalansatz einer Berechnung der Transaktionskosten der Personalfreisetzung zeigt zweitens auf, dass die Freisetzungskosten einen kalkulatorischen Aufschlag auf die Arbeitskosten von mindestens 13 % in den ersten sechs Monaten rechtfertigen. Drittens können Aussagen über die zeitliche Verteilung der Kosten getroffen werden. Transaktionskosten der Personalbeschaffung von Stammbeschäftigten fallen vor Beginn einer Tätigkeit en bloc an und werden als quasi-fixe Kosten anschließend über die Beschäftigungsdauer verteilt. Ihr Einfluss auf die Kostenentscheidung wird durch ihre Höhe und die voraussichtlich zu erwartende Beschäftigungsdauer bestimmt und nimmt mit zunehmender Laufzeit ab. Die Kosten der Personalfreisetzung sind dagegen weitestgehend variabel und insofern laufzeitabhängig. Daher ist zu erwarten, dass insbesondere bei kurzen Einsätzen die Zeitarbeit trotz höherer Arbeitskosten die ökonomisch bessere Alternative darstellt (vgl. Masters/Miles 2002, S. 434) [21].

Der vorliegende Beitrag beinhaltet darüber hinaus auch *Implikationen für die Verleihunternehmen*. Zum einen sollten Personaldienstleister überdenken, ob die systematische Übernahme der Beschaffungs- und Freisetzungskosten für Entleihunternehmen nicht durch einen entsprechenden Aufschlag auf die Verrechnungssätze abgegolten werden könnte bzw. im Minimalfall als zusätzliches Verkaufsargument eingesetzt werden kann. Bezogen auf die XY GmbH hätten Verleihfirmen innerhalb der ersten 12 Monate die Möglichkeit, einen mindestens fünfprozentigen Aufschlag auf die Stundenverrechnungssätze durchzusetzen, ohne dass die Kostenvorteile der Alternative Zeitarbeit verloren gingen. Zum Zweiten beinhalten die im Beispiel hohen Aufwendungen für die Gewinnung einer neuen Fachkraft Einsparpotenziale durch Spezialisierungseffekte seitens der Dienstleister (vgl. Alewell u. a. 2007, S. 221) [22]. Sind diese schneller und günstiger als der Entleiher in der Lage, geeignetes Personal zu disponieren, begründet dies einen Wettbewerbsvorteil. Der zunehmende Einsatz von Zeitarbeit zur Personalgewinnung scheint dies zu bestätigen und ist ein Indiz für einen erweiterten Funktionsumfang der Zeitarbeit (vgl. Kalleberg u. a. 2003, S. 531) [23].

Obgleich die vorgestellten Ergebnisse nur begrenzt generalisierbar sind, zeigen sie exemplarisch, dass Zeitarbeit ökonomisch unattraktiver wird, je länger sie eingesetzt wird. Diese Erkenntnis wird umso relevanter, je geringer die Unterschiede in den Arbeitskosten von Stammbeschäftigten und Zeitarbeitnehmern sind. Insofern ist auf Grundlage eines Gesamtkostenvergleichs zu erwarten, dass ein dauerhafter Einsatz von Zeitarbeit in Entleihunternehmen durch Regelungen zum Equal Pay verringert wird. Zeitarbeit wird sich dann zwischen ihrer ursprünglichen Funktion zum Ausgleich von Auftragsspitzen und ihrer neuen Rolle als Rekrutierungsinstrument behaupten müssen.

Literatur

[1]   Buchholz, S. (2008): Beschäftigungsflexibilisierung in der Bundesrepublik Deutschland. Die Flexibilisierung des Erwerbsverlaufs. Wiesbaden: Verlag für Sozialwissenschaften.
[2]   Bundesagentur für Arbeit (2012): Leiharbeitnehmer und Verleihbetriebe im 1. Halbjahr 2011, Arbeitsmarkt in Zahlen. Arbeitnehmerüberlassung. Nürnberg.
[3]   Bouncken, R. B./Lehmann, C./Ratzmann, M.. (2011): Erhebung Mittelständische Zeitarbeit 2010. In: Bouncken, R. B./Bornewasser, M. (Hrsg.), Beiträge zur Flexibilisierung. Bd. 1. Mering: Rainer Hampp Verlag, S. 87-108.
[4]   Picot, A. (1982): Transaktionskostenansatz in der Organisationstheorie. Die Betriebswirtschaft, 42, 2, S. 267-284.
[5]   Williamson, O. E. (1981): The economics of organization. The transaction cost approach. The American Journal of Sociology, 87, 3, S. 548-577.
[6]   MacNeil, I. R. (1974): Restatement (second) of contracts and presentation. Virginia Law Review, 60, 4, S. 589-610.
[7]   Eigler, J. (1997): Transaktionskosten und Personalwirtschaft. Ein Beitrag zur Verringerung der Öko-nomiearmut in der Personalwirtschaftslehre. Zeitschrift für Personalforschung, 11, 1, S. 5-29.
[8]   Alewell, D./Bähring, K./Canis, A./Hauff, S./Thommes, K. (2005): Die betriebliche Nachfrage nach Personaldienstleistungen. Bausteine eines Theorieentwurfs. Diskussionspapier Nr. 8, SFB 580. Jena/Halle.
[9]   Bellmann, L./Buttler, F. (1989): Lohnstrukturflexibilität. Theorie und Empirie der Transaktionskosten und Effizienzlöhne. Mitteilungen zur Arbeitsmarkt- und Berufsforschung, 02/1989, S. 202-215.
[10] Jahn, E. (2004): Brauchen wir einen allgemeinen Kündigungsschutz? Diskussionspapier des Lehrstuhls für Arbeitsmarkt- und Regionalökonomie, Nr. 9, Nürnberg.
[11] Addison, J.T./Teixeira, P. (2003): The economics of employment protection. Journal of Labor Research, 24, 1, S. 85-129.
[12] KSchG: Kündigungsschutzgesetz. Vom 25. August 1969, zuletzt geändert am 26. März 2008. www.gesetze-im-internet.de/kschg/, Zugriff: 08.06.2012.
[13] Collins, B. M./Fabozzi, F. J. (1991): A methodology for measuring transaction costs. Financial Analysts Journal, 47, 2, S. 27-44.
[14] Crimmann, A./Lehmann, C. (2012): Der Preis der Flexibilität. Was darf Zeitarbeit kosten? In: Bouncken, R. B./ Bornewasser, M./ Bellmann, L. (Hrsg.), Beiträge zur Flexibilisierung. Bd. 3. Mering: Rainer Hampp Verlag, S. 103-136.
[15] DESTATIS – Statistisches Bundesamt (2010): Rechtspflege. Arbeitsgerichte. Fachserie 10, Reihe 2.8, Wiesbaden.

www.destatis.de/DE/Publikationen/Thematisch/Rechtspflege/GerichtePersonal/Arbeits-gerichte2100280107004.pdf?__blob=publicationFile, Zugriff: 08.06.2012.

[16] IAB – Institut für Arbeitsmarkt- und Berufsforschung (2010): Betriebspanel 2010. www.iab.de/de/erhebungen/iab-betriebspanel.aspx/, Zugriff: 08.06.2012.

[17] BGB: Bürgerliches Gesetzbuch. Vom 2. Januar 2002, zuletzt geändert am 27.Juli 2011. www.gesetze-im-internet.de/bgb, Zugriff: 08.06.2012.

[18] Friedrich, C./Martin, S. (2004): Personalwirtschaftliche Wirkungen von Zeitarbeit. Eine theoretische Analyse des Kooperations- und Leistungsverhaltens des Einsatzes von Leih- im Vergleich zu Normalarbeitnehmern. Zeitschrift für Personalforschung, 18, 2, S. 207-221.

[19] Schwaab, M. O. (2009): Zeitarbeit aus Unternehmenssicht. In: Schwaab, M. O./Durian, A. (Hrsg.), Zeitarbeit. Chancen. Erfahrungen. Herausforderungen. Wiesbaden: Gabler, S. 33-48.

[20] Bontrup, H. J. (2004): Zu hohe Löhne und Lohnnebenkosten. Eine ökonomische Mär. WSI-Mitteilungen, 06/2004, S. 313-318.

[21] Masters, J. K./Miles. G. (2002): Predicting the use of external labor arrangements. A test of transaction costs perspective. The Academy of Management Journal, 45, 2, S. 431-442.

[22] Alewell, D./Bähring, K./Canis, A./Hauff, S./Thommes, K. (2007): Outsourcing HR functions. An explanatory approach to firms' (non-existent) demand for personnel services. Management Revue, 18, 3, S. 217-292.

[23] Kalleberg, A. L./Reynolds, J./Marsden, P. W. (2003): Externalizing employment. Flexible staffing arrangements in US organizations. Social Science Research, 32, 4, S. 525-552.

Teil 3
Flexibilisierung unter Berücksichtigung der Work-Life-Balance, Belastungen, Gesundheit und Zufriedenheit

10 Work-Life-Balance: Eine Bestandsaufnahme

Nick Kratzer, Wolfgang Menz, Barbara Pangert

10.1 Einleitung: „Arbeit" und „Leben" – ein Konflikt der Moderne

„Work-Life-Balance" scheint, glaubt man der aktuellen öffentlichen Diskussion, eine Antwort auf vielerlei Probleme zu sein. Geht es um Geburtenraten, um die Anwerbung und Motivation rarer hoch qualifizierter Arbeitskräfte oder um „Burn-out" – immer wird die Herstellung von „Work-Life-Balance" den entsprechenden Akteuren als geeignete Lösungsstrategie anempfohlen. Der Begriff der Work-Life-Balance ist in der deutschen Diskussion noch vergleichsweise neu. Er entstammt ursprünglich US-amerikanischen betriebspraktischen Human-Resources-Ansätzen und hat sich von dort aus in den Wissenschaften sowie im Alltagsdiskurs verbreitet (vgl. Jürgens 2006, S. 165 ff.) [1]. Er ergänzt (und ersetzt teilweise) den in Deutschland schon länger gebräuchlichen Begriff der „Vereinbarkeit" von Arbeit und Leben bzw. von Beruf und Familie.

Dass die Anforderungen und Ansprüche von „Arbeit" und „Leben" in irgendeiner Form aufeinander abgestimmt, in „Balance" gebracht werden müssen und dass es sich dabei um eine relevante individuelle und gesellschaftliche Problemstellung handelt, erscheint uns heute als ganz und gar selbstverständlich. Dabei ist keineswegs voraussetzungslos, dass „Balance" überhaupt in dieser Weise zum Thema und zur selbstverständlichen Gestaltungsanforderung wird.

Dass die Frage nach dem Verhältnis von „Arbeit" und „Leben" überhaupt gestellt werden kann, erfordert zunächst natürlich ihre historische Trennung voneinander. Erst mit dem sich entwickelnden Kapitalismus setzt sich eine systematische Differenzierung von Lohnarbeit einerseits und „Privatleben" andererseits durch. Zumindest im bürgerlichen Familienmodell wird dadurch nicht allein eine Grenze von unterschiedlichen Handlungsbereichen markiert, vielmehr ist dies zugleich mit einem spezifischen Modell der Geschlechterdifferenzierung und der familiären Arbeitsteilung verbunden, in dem den Männern das Feld der Lohn- und den Frauen dasjenige der Reproduktionsarbeit zugewiesen wird.

Dass aber die Frage nach dem Verhältnis von Arbeit und Leben auch immer wieder gestellt werden muss, liegt daran, dass dieses Verhältnis nie einfach und nie unumstritten war. Genauso lange, wie es die Trennung in diese beiden Lebensbereiche gibt, genauso lange gibt es auch eine Auseinandersetzung darüber, was das „richtige" Verhältnis ist, wer darüber bestimmt und wie es gestaltet ist. Lange war dieser Konflikt vor allem ein Konflikt um die *Länge* der Arbeitszeit: der Kampf um die 40-Stunden-Woche, die Auseinandersetzungen um den arbeitsfreien Samstag, später auch um die Möglichkeit von Teilzeitarbeit. Hinzu kam der Konflikt um die *Lage* der Arbeitszeit: um Schichtarbeit, aber seit einigen Jahrzehnten auch darum, wie die zunehmend flexibleren Arbeitszeiten – Stichworte: Arbeitszeitkonten, „atmende Fabrik" – in der Praxis genutzt werden können.

War der Konflikt um das Verhältnis von Arbeit und Leben also lange vor allem ein Konflikt um Arbeitszeiten, verschieben und vervielfältigen sich gerade in den letzten Jahrzehnten die Problemstellungen und Konfliktlinien. Zunächst einmal geht es nicht allein um Fragen der Arbeits- und Lebenszeit, sondern ebenso um Belastungen und Ressourcen in beiden

Lebensbereichen. Im Extrem: Wer an einem arbeitsbedingten Burn-out leidet, der wird seine „Freizeit" kaum sinnvoll und aktiv nutzen können – selbst wenn die zeitlichen Restriktionen gering sind. Und andersherum: Wer beispielsweise einem belastenden Familienleben ausgesetzt ist, der wird dies auch in der Arbeit spüren, wenn Belastungen hier kumulieren (Ulich/Wiese 2011) [2].

Dies ist zwar alles nicht grundsätzlich neu, aber solche Problemlagen verschärfen sich in den letzten Jahren und Jahrzehnten: Mit der Entgrenzung und Subjektivierung von Arbeit wachsen die Ansprüche von Unternehmen an die Beschäftigten als „ganze Person" (Kratzer 2003) [3]; mit der Pluralisierung von Lebens- und Familienformen differenzieren und verkomplizieren sich die lebensweltlichen Ansprüche der Beschäftigten (Kratzer/Lange 2006) [4]. Zugleich verflüssigen sich die festen Institutionalisierungen wie z. B. binäre Geschlechterarrangements mit der Zweiteilung in Lohn- und Familienarbeit, strikte, standardisierte Zeitregime (Arbeitszeiten, aber auch lebensweltlich wichtige Zeitdefinitionen, z. B. Ladenschluss- oder Betreuungszeiten) oder die räumliche Definition von „Betrieb", die das Verhältnis von Arbeit und Leben bislang reguliert hatten (Gottschall/Voss 2003) [5].

Die neuen Spannungsverhältnisse zwischen den Lebensbereichen lassen sich also auf vielfältige Ursachen zurückführen, die jeweils individuell unterschiedliche Konstellationen beinhalten; somit kann es auch keine eindeutigen institutionellen Lösungen dafür mehr geben, die für alle Menschen Erfolg versprechend sind. Wenn die Spannungen und Problemstellungen individuell verlaufen, gibt es auch nur individuell gültige (und immer nur zeitlich begrenzte) Lösungen. Dies heißt allerdings keineswegs, dass diese individuellen Lösungen nicht institutionell unterstützt werden können und müssen. Nur: Was für die einen eine Lösung darstellt (z. B. die Flexibilisierung von Arbeitszeiten), ist für die anderen vielleicht gerade das Problem.

10.2   Begriffliches: Von der „Vereinbarkeit" zur „Work-Life-Balance"

So umfassend und vielfältig das Verhältnis von Arbeit und Leben ist, so vielfältig sind mittlerweile auch die wissenschaftlichen und gesellschaftlichen Diskurse, die sich damit befassen. Dabei sind die verschiedenen Begriffe nicht einfach sprachliche Alternativen, sondern haben jeweils einen eigenen Bedeutungskontext und konzeptionellen Hintergrund. Wir konzentrieren uns im Folgenden auf drei wissenschaftliche Konzepte, weil diese zugleich verschiedene Phasen der gesellschaftlichen Thematisierung repräsentieren:

1. Der Begriff der *„Vereinbarkeit von Familie und Beruf"* ist wohl der älteste Begriff und markiert den Beginn einer bis heute anhaltenden Auseinandersetzung. Ausgelöst durch sowohl arbeits- wie auch lebensweltliche Entwicklungstendenzen – Stichworte: steigende Frauenerwerbstätigkeit, Wertewandel, Wandel des traditionellen Familienmodells, Individualisierung u. a. –, greift in den 70er Jahren insbesondere die Frauen- und Geschlechterforschung die Frage der Möglichkeiten – und eben auch Grenzen – der Er-

werbsbeteiligung von Frauen auf. Im Mittelpunkt stehen die Perspektive von erwerbstätigen Frauen (insbesondere von erwerbstätigen Müttern), die arbeiten wollen oder
müssen, und das Problem, dass eine weitgehend standardisierte Arbeitswelt (manifestiert im „Normalarbeitsverhältnis" mit Vollzeitbeschäftigung und starren Arbeitszeiten;
vgl. Osterland 1990) [6] den Flexibilitätserfordernissen der Lebenswelt und so auch einer (weitergehenderen) Erwerbsbeteiligung von Frauen entgegensteht. Die Kritikperspektive ist übergreifend auf die (ungerechte und ungleiche) gesellschaftliche Arbeitsteilung gerichtet; als praktische Forderung (vgl. dazu etwa den achten Familienbericht
der Bundesregierung) [7] werden mehr Teilzeitarbeitsplätze verlangt und eine Arbeitszeitorganisation, die es erlaubt, die Arbeitszeit an wechselnde und unterschiedliche familiäre Bedürfnisse anzupassen (vgl. Jürgens 2006, Janczyk 2009) [1], [8].

2. In der arbeits- und industriesoziologischen Diskussion spielt die Frage des Verhältnisses von „Arbeit" und „Leben" lange eine eher untergeordnete Rolle. Angestoßen wird
die Debatte schließlich vor allem durch die Beobachtung und Diskussion einer Erosion
des „Normalarbeitsverhältnisses", die vor allem in der Ausweitung „atypischer" Beschäftigungsformen sowie einer forcierten Arbeitszeitflexibilisierung zum Ausdruck
kommt. Mit dem Konzept der „Entgrenzung" gerät nun das Verhältnis von Erwerbsarbeit und Privatleben von Frauen *und* Männern stärker in den Fokus. Anders als bei der
Frage nach der „Vereinbarkeit" ist bei der „Entgrenzung" aber nicht die standardisierte
Arbeitswelt der Bezugspunkt der Kritik, sondern im Gegenteil die Flexibilisierung. Die
Grenzen zwischen Erwerbsarbeit und Privatleben sind dieser These zufolge eben nicht
mehr starr und individuell kaum beeinflussbar, sondern vielfältiger, individueller und
insgesamt auch durchlässiger geworden – und dies gilt für nahezu alle Dimensionen
der Organisation von Arbeit: zeitlich, räumlich und sozial. Diese Entwicklung beinhaltet der Entgrenzungsthese zufolge zwar ganz eindeutig Chancen, so etwa für die Vereinbarkeit von Beruf und Familie, aber eben auch – und das ist die zentrale Kritikperspektive – neue Risiken: Angesichts steigender Leistungsanforderungen droht die Flexibilisierung immer mehr zulasten der Lebenswelt zu gehen und könnten sich die neuen Gestaltungsfreiheiten in der Bewältigung von Überlastung erschöpfen. Die Vorzeichen des Vereinbarkeitsproblems drehen sich, so die Entgrenzungsthese, zumindest
teilweise um: Flexibilisierung erscheint nicht mehr primär als Lösung der Probleme einer standardisierten Arbeitswelt, Flexibilisierung wird – zumindest teilweise – selbst zu
einem Problem. Überdies geht die Entgrenzung von Arbeit mit einem Prozess der Deregulierung und auch einer partiellen De-Institutionalisierung einher, so dass die ohnehin schwierigere Gestaltung des Verhältnisses von Erwerbsarbeit und Privatleben nun
verstärkt zur individuellen Aufgabe wird (vgl. Gottschall/Voß 2003, Kratzer/Döhl/Sauer
1998, Kratzer 2003, Jurcyk u. a. 2009) [5], [9], [3], [10]. Auf die aktive Bewältigung dieser
Aufgabe fokussiert der Ansatz der „*Alltäglichen Lebensführung*": Wenn Stabilität und
Kontinuität nicht mehr institutionell hergestellt werden, wird die Lebensführung zum
Ergebnis aktiver Leistungen der Subjekte, die einer eigenen Logik folgt und systemischen Charakter erhält (vgl. Projektgruppe „Alltägliche Lebensführung" 1995,
Voß/Weihrich 2001) [11], [12].

3. Auch wenn der Begriff selber nicht so neu ist, das Konzept der *„Work-Life-Balance"* ist doch sicher das „modernste" der drei hier genannten. Der Begriff stammt ursprünglich aus US-amerikanischen Konzepten zur Personalentwicklung und wird mittlerweile häufig als „moderne" Variante der Vereinbarkeitsfrage verwendet (vgl. Jürgens 2006, Janczyk 2009) [1], [7]. Die Zielgruppe sind nicht primär erwerbstätige Frauen, sondern generell Erwerbstätige, implizit aber werden eher qualifizierte und hochqualifizierte Beschäftigte adressiert. „Work-Life-Balance" ist, wenn man so will, die Antwort auf die in der Entgrenzungsthese formulierten Problemstellungen: Im Kern geht es darum, wie (qualifizierte) Beschäftigte angesichts wachsender Leistungs- und Flexibilitätsanforderungen Arbeiten und Leben in eine „Balance" bringen können. Work-Life-Balance ist eine individuelle Angelegenheit, ist etwas, was Individuen anstreben. In der Folge ist „Work-Life-Balance" auch kaum expliziter Gegenstand politischer Regulierung und Gestaltung: So kommt der aktuelle (achte) Familienbericht der Bundesregierung („Zeit für Familie", 2012) [7] vollständig ohne die Erwähnung des Begriffs „Work-Life-Balance" aus. Von wissenschaftlicher Seite wird häufig kritisiert, dass der Begriff keine wirkliche konzeptionelle Grundlage hat, weil weder die einfache Dichotomisierung in „Arbeit" und „Leben" hinterfragt wird, noch der Anspruch der Balance einer kritischen Reflexion unterzogen wird (vgl. Ulich/Wülser 2005) [13]. Ungeachtet solcher Kritik ist „Work-Life-Balance" aber zu einem ungemein populären Begriff mit positiver Aufladung geworden, der nicht nur im öffentlichen Diskurs eine große Rolle spielt, sondern auch in Unternehmen: Gerade in größeren Unternehmen gibt es mittlerweile eine Vielzahl von Projekten und Initiativen zur Förderung der „Work-Life-Balance".

Eine kritische Fortentwicklung und Präzisierung des Begriffs stellt das Konzept der „Life-Domain-Balance" dar. Gegen die Gegenüberstellung von „Arbeit" und „Leben" bzw. „Work" und „Life" wird eingewandt, dass sich sowohl in Perspektive auf das Alltagshandeln wie auch in biografischer Perspektive zwischen einer ganzen Anzahl unterschiedlicher Handlungsbereiche unterscheiden lässt, die keinesfalls jeweils der Arbeits- oder Freizeitlogik zuzuordnen sind. Erwerbsarbeit ist dann eine unter verschiedenen solcher „Life Domains", zu denen darüber hinaus z. B. Sport, Kindererziehung, ehrenamtliche Tätigkeiten usw. zählen (vgl. Ulich/Wiese 2011) [2].[1]

Insgesamt, so das Zwischenfazit, deuten sich in den unterschiedlichen Debattensträngen fünf Entwicklungstendenzen an:

■ Ging es zunächst vor allem um das Problem erwerbstätiger Frauen, Familie und Beruf miteinander zu vereinbaren, geht es jetzt um (tendenziell) alle Beschäftigtengruppen, also Frauen wie Männer.

---

[1] So plausibel dieser Einwand gegen den Work-Life-Balance-Begriff auch ist – wir verwenden ihn im Folgenden aus eher pragmatischen Gründen weiter: Als einprägsamer Begriff ist er sowohl in der Debatte um betriebliche Praxis und Gestaltung präsent, zugleich ist er anschlussfähig an unterschiedliche wissenschaftliche Debatten. Wir schlagen also vor, den Begriff der Work-Life-Balance kritisch weiterzuentwickeln anstatt ihn aufzugeben.

- Stand ursprünglich vor allem die Trennung bzw. der Zusammenhang von zwei Lebensbereichen – Familie und Berufsarbeit – im Vordergrund, wird mehr und mehr auf weitere Handlungsfelder rekurriert.

- Das Verhältnis der Lebensbereiche wird nicht allein unter zeitlichen Aspekten betrachtet, sondern als mehrdimensionales Verhältnis gesehen und untersucht.

- Galt zunächst die Standardisierung der Arbeit als Problem und Flexibilisierung entsprechend als Lösung, wird vermehrt die Flexibilisierung der Arbeitswelt selbst als Vereinbarkeitsproblem thematisiert.

- Ging – und geht – es im Hinblick auf Lösungen für das Vereinbarkeitsproblem vor allem um institutionelle Lösungen, stehen jetzt zunehmend die Individuen als Gestalter ihrer Arbeits- und Lebensbedingungen im Fokus.

10.3   Dimensionen von „Work" und „Life"

Für diese Akzentverschiebungen gibt es gute Gründe, von denen wir einige noch etwas näher beleuchten wollen. Insgesamt am besten untersucht ist die Frage des zeitlichen Verhältnisses von Berufsarbeit und Familie, und dies wiederum im Hinblick auf die betriebliche Gestaltung der Arbeitszeiten in ihrem Verhältnis zu den Arbeitszeitwünschen der Beschäftigten (vgl. aus psychologischer Perspektive Ulich/Wülser 2005, Bauer u. a. 2006, Klenner/Pfahl 2008, Haipeter/Lehndorff 2004, Stück 1999, Wiese 2007) [13], [14], [15], [16], [17], [18], aber auch hinsichtlich der Auswirkungen der politischen Gestaltung von Arbeitszeitgesetzen sowie der finanziellen Ausstattung von Erziehungsarbeit (Bäcker/ Koch/Vornmoor 2007) [19]. Gleichzeitig geben die Studien allerdings Hinweise darauf, dass die Einführung flexibler Arbeitszeiten nicht *automatisch* mit einer Verbesserung des Verhältnisses von Arbeit und Leben einhergehen muss. Gegenüber einer ersten Flexibilisierungseuphorie zu Beginn der 90er Jahre ist Ernüchterung eingetreten. Es setzt sich die Erkenntnis durch, dass es vielmehr darauf ankommt, von welchen Bedingungen die Flexibilisierung bestimmt wird und wer die Definitionsmacht über Lage und Länge der Arbeitszeit hat. Generell lässt sich festhalten: Für kurzfristige, spontane lebensweltliche oder familiäre Anforderungen (Arzt- oder Ämterbesuch, Kind ist krank, Handwerker im Haus etc.) sind die Durchsetzungschancen auf Beschäftigtenseite deutlich gestiegen; vor allem sind die Möglichkeiten gewachsen, dass die Arbeitszeitwünsche der Einzelnen durch die Flexibilität und Solidarität von Kollegen und Arbeitsgruppe abgefedert werden können. Die mittelfristigen Schwankungen in den Arbeitszeitumfängen und -lagen sind aber ganz überwiegend unternehmensseitig bestimmt und abhängig von Produktions- und Auftragsvolumina, von den Anforderungen der „atmenden Fabrik".

Die Frage der zeitlichen Abgrenzung – Wann hört die Arbeit auf, wann beginnt sie? Wann muss ich für den Betrieb verfügbar sein? Wann habe ich „frei"? – ist selbstverständlich nach wie vor höchst relevant. Gleichwohl umfasst das Verhältnis von Arbeit und Leben weitere, nicht weniger wichtige Dimensionen. „Privatmensch" und „Beschäftigter" sind zunächst einmal ein und dieselbe Person – auch nach dem Durchschreiten des Werkstors bzw. der

Wohnungstür bleiben Erfahrungen und Ansprüche aus „Arbeit" und „Leben" im jeweils anderen Bereich wirksam. Hier und dort erfahrene Belastungen können sich wechselseitig verstärken, aber auch kompensieren. Sind die Arbeitsbelastungen so beschaffen, dass sie zwangsläufig ins „Privatleben" mitgenommen werden, ist also nach Ende der Arbeit erst einmal eine längere Erholzeit nötig, um überhaupt aktiv am Familien- oder Freizeitleben teilnehmen zu können, reicht eine klare zeitliche Abgrenzung zwischen beruflicher Arbeit und Nicht-Arbeit allein nicht aus. Und andersherum können auch positive Wechselwirkungen entstehen, wenn z. B. familiäre Ressourcen dazu dienen, hohe berufliche Belastungen auszugleichen. Neben dem Schutz der „eigenen Zeit" vor dem wachsenden betrieblichen Zugriff muss es also auch darum gehen, die Arbeit im Betrieb innerhalb definierter zeitlicher Grenzen selbst „lebensgerecht" hinsichtlich von Arbeitsinhalten und Belastungen zu gestalten.

Work-Life-Balance ist also immer auch eine Frage der inhaltlichen Arbeitsgestaltung und der Gesundheitspolitik. Dies dient nicht nur dem Schutz von Privat- und Familienleben. Es gibt nicht nur ein Leben nach und jenseits der Arbeit, sondern auch ein Leben in der Arbeit. Der Arbeitsplatz, die Betriebe und Unternehmen sind immer auch ein Teil unseres Lebensraums. In der Berufsarbeit werden „Lebensressourcen" (wie z. B. die Gesundheit der Mitarbeiter) mitgestaltet – und potenziell auch gefährdet. Zugleich formulieren wir Ansprüche, die wir an ein gelungenes Leben stellen, nicht nur für den Bereich der Nicht-Arbeit, sondern auch für unser berufliches Tätigsein: etwa Ansprüche auf die Verwirklichung unserer Fähigkeiten, an die Sinnhaftigkeit der Arbeit, an die Anerkennung unserer Leistungen usw. Work-Life-Balance heißt also immer, zugleich Ansprüche an „Gute Arbeit" wie auch an ein „Gutes Leben" zu formulieren.

So wie es ein Leben in der Arbeit gibt, so findet auch im „Privatleben" Arbeit vielfältiger Art statt: Erziehungsarbeit, Pflegearbeit (häufig gemeinsam unter „Care-Arbeit" gefasst), Haushaltsarbeit usw. Diese Arbeit im Leben ist nicht einfach nur „Liebesdienst" entsprechend einer eigentümlichen lebensweltlichen Logik; vielmehr folgt sie häufig durchaus solchen Prinzipien, wie wir sie aus dem Betrieb kennen. Sie wird gestaltet und rationalisiert, je nach Bedarf und Möglichkeiten taylorisiert oder flexibilisiert, sie kann outgesourct oder in house (oder besser: in family) erledigt werden (Hochschild 2002) [20]. Und diese Arbeit im Leben ist nicht konstant, sondern ändert sich im biografischen Verlauf – mit Kindern, mit pflegebedürftigen Angehörigen, mit wechselnden Freizeitansprüchen, mit der Veränderung der eigenen Gesundheit usw. Wichtig ist dabei: Dies betrifft einerseits alle Beschäftigten – aber in immer unterschiedlicher Weise. Es ist also nicht einfach ein Spezialthema für spezifische Beschäftigtengruppen oder einfach „nur" ein „Frauenthema", das im Betrieb an spezialisierte Funktionen (etwa Gleichstellungsbeauftragter) abgegeben werden kann, ansonsten in der betrieblichen Praxis aber keine Rolle spielt. Interessanterweise sind es dem aktuellen European Working Conditions Survey zufolge überproportional viele Männer zwischen 30 und 49 Jahren, die Probleme mit ihrer Work-Life-Balance haben (EWCS 2010) [21]. Andererseits ist zugleich zu bedenken: Die „Arbeit im Leben" ist immer noch deutlich geschlechtsspezifisch asymmetrisch verteilt. Der Anteil der Frauen an Care- und Hausarbeit ist immer noch deutlich höher als derjenige der Männer. Trotz großer verbaler Aufgeschlossenheit der Männer gegenüber geschlechteregalitären Arrangements der familiären Arbeitsteilung herrscht in der Praxis eine erhebliche Ungleichverteilung vor.

Wenn der Begriff der Work-Life-Balance einen Sinn haben soll, ist er also mehrdimensional anzulegen: Es geht nicht nur um die Frage der Grenzen und Schnittstellen zwischen zwei einander als äußerlich wahrgenommenen Handlungsbereichen, sondern es geht um ihre inhärente Verschränkung: um die Konstitution von Lebensressourcen in der (Erwerbs-)Arbeit, um die Reproduktion von Arbeits- und Leistungsfähigkeit im (Privat-) Leben, um die Realisierung lebensweltlicher Ansprüche in der Arbeit wie auch um die Rationalisierung der Lebenswelt.

Aber was heißt eigentlich „Balance"? Was unterscheidet Balance von Gleichgewicht, Ausgewogenheit oder auch Vereinbarkeit?

„Der Begriff der Balance (...) unterstellt ein eher labiles Gleichgewicht und den Zwang zum permanenten Ausbalancieren konkurrierender Anforderungen. Während Gleichgewicht mit dem Bild von Ruhe und Stabilität verknüpft ist, betont Balance die Notwendigkeit des aktiven Handelns des Einzelnen, um ein unsicheres und immer wieder neu herzustellendes Ergebnis zu erreichen. Darüber hinaus verspricht Balance aber auch ein gelungenes Ergebnis in Bezug auf individuelle Ziele, auf Erfolg, auf Lebensqualität" (Eberling u. a. 2004, S. 54) [22].

Wesentliche Dimensionen des Balance-Begriffs sind hier angesprochen:

- Es geht mehr um Balancieren als *Prozess* als um Balance als Zustand.

- Das Balancieren erfordert eine *permanente Aktivität* der Subjekte, nicht ein Stillhalten im Gleichgewicht.

- Es gibt keine eindeutigen Lösungsformeln: *Unsicherheit* und *Labilität* sind systematisch; sie können nicht getilgt werden, aber es können Umgangsformen damit gefunden werden.

- Es geht einerseits darum, mit *konkurrierenden Anforderungen* aus unterschiedlichen Lebensbereichen umzugehen, andererseits aber immer auch um *eigene Ansprüche* und *Prioritäten* (nicht nur um ein Parieren äußerer Zwänge).

Hinzuzufügen wäre:

- Diese *Ansprüche wechseln im Lebenslauf*. Es geht nicht um eine gleichgewichtige Prioritätensetzung, um Symmetrien zwischen den verschiedenen Lebensbereichen, sondern um Räume, um Zwecke und Ziele zu reflektieren und zu überdenken.

- Dazu kommt: So richtig es ist, dass sowohl Zielstellungen der Work-Life-Balance als auch Balancierungsstrategien vom eigenen Handeln abhängen und immer nur individuell erfolgreich sein können, so wichtig sind die *Rahmenbedingungen des Balancierungshandelns*: die zur Verfügung stehenden Ressourcen in Betrieb und Privatleben, die Angebote der Unternehmen, die Arbeitsbedingungen, die Familienverhältnisse usw.

10.4 Balance-Check: „Work" —„Life" — Bereicherung *und* Konflikt

Wie sieht nun das Zusammenspiel der Lebensbereiche in der Praxis aus? Welche Bereicherungen, aber auch welche Konflikte entstehen – und wovon sind sie abhängig? Und: Welche Rahmenbedingungen und Angebote machen die Unternehmen, wie sieht aktuell die betriebliche „Work-Life-Balance-Politik" aus?

Im Projekt „Lanceo – balanceorientierte Leistungspolitik"[2] sind wir diesen Fragen im Rahmen einer Trendanalyse nachgegangen. In einer Online-Studie wurden abhängig Beschäftigte mit einer vertraglichen Arbeitszeit von mehr als zehn Wochenstunden zu ihrer Work-Life-Balance befragt („Balance-Check"). Anhand von persönlichen, qualitativen Interviews mit betrieblichen Experten wurden die Trends der unternehmerischen Aktivitäten im Feld der Work-Life-Balance erhoben („Trend-Scout", vgl. dazu den nächsten Abschnitt 10.5).

Der „Balance-Check"[3] zeigt, dass die Befragten das Verhältnis von Erwerbsarbeit und Privatleben nicht nur als konfliktreich, sondern auch als bereichernd erleben (vgl. Abbildung 10.1). Die wahrgenommenen Bereicherungen sind insgesamt sogar stärker ausgeprägt als die Konflikte. Die positiven Auswirkungen („Bereicherung") sind in beide Richtungen gleich stark. Anders stellt sich die Situation bei den Konflikten dar. Negative Auswirkungen werden insbesondere von der Erwerbsarbeit auf das Privatleben wahrgenommen, umgekehrt (vom Privatleben auf die Erwerbsarbeit) werden wesentlich weniger negative Auswirkungen berichtet.

---

[2] An dem Forschungs- und Gestaltungsprojekt sind das ISF München, die Universitäten Freiburg i. Br. und Oldenburg sowie das Cogito-Institut für Autonomieforschung beteiligt. Das Vorhaben wird mit Mitteln des Bundesministeriums für Bildung und Forschung (BMBF), des Europäischen Sozialfonds (ESF) unter dem Förderkennzeichen FKZ 01FH09102 und weitere gefördert. Ausführlichere Informationen unter www.lanceo.de.

[3] Als Grundlage für die Erfassung von Konflikten und Bereicherungen dienen das Konzept des Work-Family Conflicts von Greenhaus/Beutell (1985) [23] sowie das Konzept des Work-Family Enrichments von Greenhaus/Powell (2006) [24]. Zur Messung von Konflikten und Bereicherungen wurden die auf den genannten Konzepten basierenden englischen Messinstrumente von Carlson/Kacmar/Williams (2000) [25] sowie Carlson u. a. (2006) [26] ins Deutsche übersetzt und auf den Lebensbereich Privatleben angepasst. Die resultierenden Skalen wurden hinsichtlich testtheoretischer Gütekriterien überprüft. Die Basis für die Erfassung der Erfüllung von Erwartungen wichtiger Personen in den beiden Lebensbereichen bilden das Konzept der Work-Family Balance von Grzywacz/Carlson (2007) [27] und das zugehörige Messinstrument von Carlson/Grzywacz/Zivnuska (2009) [28]. Die Skala wurde ebenfalls ins Deutsche übersetzt, auf den Lebensbereich Privatleben angepasst und hinsichtlich testtheoretischer Gütekriterien überprüft (vgl. Pangert/Schüpbach 2012) [29].

Abbildung 10.1   Positive und negative Auswirkungen Privatleben/Erwerbsarbeit

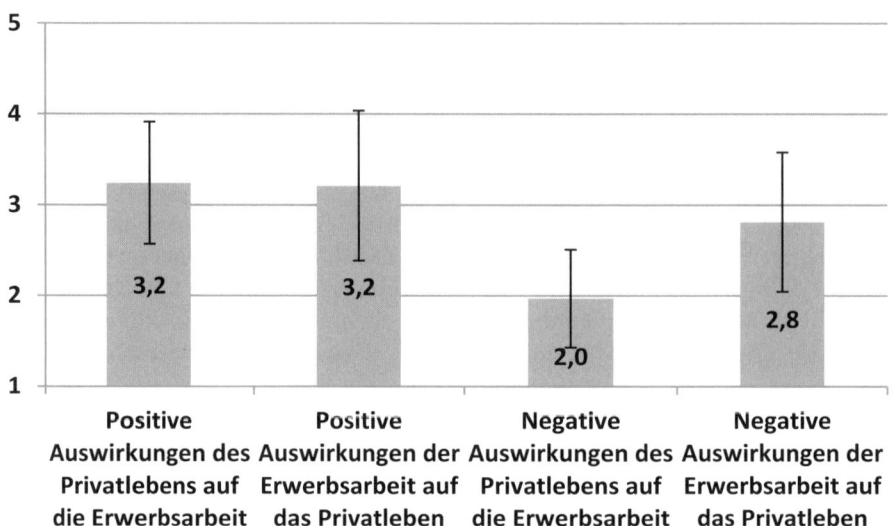

Ein genauerer Blick auf die negativen Auswirkungen der Erwerbsarbeit auf das Privatleben zeigt, dass es sich dabei keinesfalls nur um *zeitbasierte Konflikte* handelt, also um Konflikte, die entstehen, weil einem die Arbeit zu wenig Zeit für die privaten Verpflichtungen und Aktivitäten lässt. Ebenso stark sind *beanspruchungsbasierte Konflikte* ausgeprägt, die daraus entstehen, dass die Erwerbsarbeit einen so erschöpft, dass die Energie fehlt, privaten Verpflichtungen und Aktivitäten nachzukommen. Inwiefern sich die Erwerbsarbeit negativ auf das Privatleben auswirkt, ist also keineswegs nur eine Frage des zeitlichen Umfangs sowie entsprechender Grenzziehungen, sondern auch der allgemeinen Beanspruchung durch die Arbeit. Dabei sind Zeitmangel und Überlastung wiederum nicht unabhängig voneinander, sondern stehen in engem Zusammenhang.

Die Daten des Balance-Checks zeigen noch etwas anderes – und durchaus Überraschendes: Ob negative Auswirkungen der Arbeit auf das Privatleben wahrgenommen werden oder nicht, ist unabhängig von persönlichen Merkmalen. Für die Wahrnehmung eines „work-life-conflicts" ist nicht entscheidend, ob es sich um Männer oder Frauen handelt oder um Erwerbstätige mit oder ohne Kinder. Ebenso wenig macht es einen Unterschied, ob die Befragten in einer Partnerschaft leben oder nicht, ob sie älter oder jünger sind, ihren Job länger oder erst seit Kurzem machen. Hingegen zeigen sich Zusammenhänge zwischen den positiven und negativen Auswirkungen der Erwerbsarbeit auf das Privatleben einerseits und den Arbeitsbedingungen von Beschäftigten andererseits.

10.5   Trend-Scout: (Selektive) betriebliche Aktivitäten zur Work-Life-Balance

Wenn das Gelingen der Balancierung also in hohem Maße von den Bedingungen in der Arbeit abhängt – was tun die Unternehmen dann dafür, um die Work-Life-Balance zu fördern?

Unsere Expertenbefragung zeigt zunächst:[4] Nicht nur in der Theorie ist Work-Life-Balance ein schillernder und wenig präziser Begriff, auch in der Praxis wird Unterschiedliches damit verbunden. Fragt man in den Unternehmen danach, was hier jeweils mit „Work-Life-Balance" assoziiert wird und in welchem betrieblichen Kontext der Begriff eine Rolle spielt, dann kommt so Unterschiedliches wie: Vereinbarkeit von Beruf und Familie, Mobilität und Telearbeit, Anerkennung und Motivation, demografischer Wandel und Altersstruktur der Belegschaft, Gesundheitsfragen und psychische Belastungen.

Ganz wichtig ist, wie eng oder weit das Thema „Work-Life-Balance" gefasst wird. Wird das Konzept eng definiert, dann ist damit vorwiegend das Problem der (zeitlichen) Vereinbarkeit von Beruf und Familie gemeint. Institutionell geht es dann um eine familienfreundliche Unternehmens-, Zeit- und Personalpolitik, konkret etwa um die Gestaltung von Teilzeitarbeit, die Flexibilisierung der Arbeitszeiten oder die Einrichtung eines Betriebskindergartens. Wird Work-Life-Balance umfassender interpretiert, geht es nicht allein um die Frage von Grenzen zwischen zwei Lebensbereichen (und deren Durchlässigkeit), sondern genereller um die Frage des Umgangs mit „Lebensressourcen" in der Arbeit – dann aber oft ohne Bezugnahme auf konkrete Maßnahmen oder bestimmte Institutionen.

Die Befragung zeigt aber zugleich eine wachsende Sensibilität der Unternehmen für die Work-Life-Balance-Problematik und den Willen, hier unternehmerisch aktiv werden. Dies bedeutet nicht weniger, als das Thema aus der individualistischen Verengung herauszuholen. Dafür gibt es gute Gründe: Work-Life-Balance wird zunehmend auch für die Unternehmen zur Herausforderung. In den Unternehmen macht sich mehr und mehr bemerkbar, dass die Puffer abgeschmolzen sind. Steigende Leistungsanforderungen und engere Termine auf der einen, reduzierte personelle Ressourcen auf der anderen Seite führen dazu, dass aus einem individuellen Problem schnell ein betriebliches Problem werden kann: Bei dünner Personaldecke und geringen zeitlichen Spielräumen wird jede Einschränkung von Leistungsfähigkeit und Leistungsbereitschaft – wegen einer Erkrankung, wegen privater Probleme, wegen Demotivierung o.a. – unmittelbar im Ergebnis sichtbar. Bei „entgrenzten"

---

[4]   Der Trendscout wurde in 15 Unternehmen aus Industrie und Dienstleistungen sowie Organisationen des öffentlichen Dienstes durchgeführt. Basis der Analyse sind ausführliche qualitative Interviews mit betrieblichen Experten (Vertreter der Geschäftsleitung, der Personalwirtschaft, Betriebs- und Personalräte). Ergänzend wurden Betriebsvereinbarungen und Programmbeschreibungen zu Work-Life-Balance-Maßnahmen in die Auswertung einbezogen und analysiert. Die Ergebnisse werden angereichert durch Erfahrungen aus verschiedenen weiteren Studien, die wir in jüngster Vergangenheit durchgeführt haben (vgl. Kratzer/Nies 2009, Breisig u. a. 2010, Kesselring/Vogl 2010, Kratzer u. a. 2011) [30], [31], [32], [33].

Arbeitsbedingungen beeinflusst nicht nur die Arbeit stärker das Privatleben, sondern auch umgekehrt: Das „Leben" – mit allem, was dazugehört – spielt im Betrieb eine größere Rolle. Deshalb wird auch das Verhältnis von Arbeit und Leben zunehmend zum Konfliktthema. Anstöße sind etwa überfüllte Arbeitszeitkonten oder „schlechte" Zufriedenheitswerte bei der Mitarbeiterbefragung.

Die von den Unternehmen angebotenen Work-Life-Balance-Maßnahmen bleiben aber insgesamt recht selektiv. Sie zielen in erster Linie auf knappe Arbeitskräfte (Stichwort: Fachkräftemangel), an denen das Unternehmen ein besonderes Interesse hat. In der Konkurrenz um Fachpersonal, das wurde in unseren Interviews ganz deutlich, sehen die Unternehmen Maßnahmen zur Work-Life-Balance als wichtiges Marketingargument. Gerade für Unternehmen aus dem Bereich „wissensintensive Dienstleistungen" dient Work-Life-Balance als wichtiges Argument beim Werben um die knappen qualifizierten Fachkräfte. Der Anstoß, Work-Life-Balance zum betrieblichen Thema zu machen, ist damit u. a. der Situation auf dem Arbeitsmarkt geschuldet. Will man insbesondere hochqualifizierte Angestellte im Unternehmen halten und eine langfristige Perspektive bieten, so dienen Maßnahmen zur Work-Life-Balance auch als Prestigeprojekte.

Die Experten aus dem öffentlichen Dienst, die wir befragt haben, haben eine andere Sichtweise ins Spiel gebracht: Die Gestaltung des Verhältnisses von Arbeit und Leben wird nicht (nur) mit arbeitsmarktpolitischer Notwendigkeit begründet, sondern auch mit einer gewissen Vorbildfunktion des öffentlichen Dienstes. Work-Life-Balance ist gewissermaßen ein öffentlicher Auftrag.

In anderen Unternehmen schließlich sind die Betriebsräte die treibende Kraft. Auch hier geht es dann weniger um Personalmarketing, sondern um die Verbesserung der Bedingungen für die bereits Beschäftigten, zugleich treten Fragen von Belastung und Gesundheit stärker in den Mittelpunkt.[5]

10.6   Die Herausforderung: „Balanceorientierung" als integrativer Ansatz

Was in vielen Unternehmen bislang noch fehlt, ist ein integrativer gestalterischer Zugriff auf die Frage der Work-Life-Balance. Unser „Balance-Check", aber auch die weitere Forschungsliteratur (vgl. Böhm/Diewald 2012) [34] zeigen, dass das Gelingen der Balancierungsbemühungen der Beschäftigten in hohem Maße von den betrieblichen Arbeitsbelastungen abhängt. Zwar setzt sich diese Erkenntnis, wie unsere Expertenbefragung deutlich macht, mehr und mehr auch bei den betrieblichen Akteuren durch. Die Gestaltungsansätze bleiben aber häufig noch fragmentarisch und sind dann eben doch häufig wieder auf klassische Instrumente der Vereinbarungs- und Familienpolitik begrenzt. Dies liegt nicht zuletzt an den spezialisierten betrieblichen Zuständigkeiten. Work-Life-Balance ist selten

---

[5]   Vgl. ausführlicher zu „Balance-Check" und „Trend-Scout" Kratzer u. a. (2011) [33].

Chefsache und wird häufig auch nicht als zentrale Aufgabe auf sämtlichen Management-ebenen angesehen, sondern wird zum Spezialthema von Gleichstellungsbeauftragten, Personalmarketing oder sonstigen Stabsstellen. Diese dürfen zwar gutgemeinte (und häufig auch sehr wichtige) Angebote definieren, die den Beschäftigten helfen sollen, Arbeit und Leben in Einklang zu bringen. Sie dringen aber in der Regel nicht bis dahin vor, wo über die zentralen Anforderungen und Ressourcen, die für die erfolgreiche Balancierung ausschlaggebend sind, entschieden wird. Work-Life-Balance-Politik erfährt hier ein ähnliches Schicksal wie die betriebliche Gesundheitspolitik (mit der sie im Übrigen erhebliche inhaltliche Schnittstellen aufweist): Ihre Wirksamkeit bleibt begrenzt, wenn sie als Spartenthema definiert ist und von Fragen der betrieblichen Leistungsgestaltung entkoppelt bleibt (Kratzer u. a. 2011) [35].

Dafür ist nicht einfach ein „Zuviel" an betrieblichen Belastungen und Anforderungen, die den Beschäftigten den Freiraum für ein gelingendes Balancierungshandeln nehmen, ursächlich. Vielmehr beobachten wir seit einiger Zeit einen grundlegenden Strukturwandel betrieblicher Leistungssteuerung, der dazu führt, dass die betrieblichen Handlungsfelder in neue Querverbindungen und Abhängigkeiten zueinander geraten.

Zunehmend setzt sich eine Ergebnis- und Zielorientierung als dominantes Prinzip der betrieblichen Leistungssteuerung durch. In der klassischen, aufwandsorientierten Steuerung von Arbeit ist der Aufwand (Personal- und Zeitbedarf, Qualifikationserfordernisse etc.) die unabhängige Variable, der Ausgangspunkt jeder Planung, Steuerung und Rationalisierung, und das Ergebnis die abhängige Größe. In der ergebnisorientierten, „indirekten" Steuerung wird das Verhältnis von Aufwand und Ergebnis umgedreht: Jetzt ist das gewünschte Ergebnis der Ausgangspunkt, und der Aufwand muss flexibel angepasst werden. Und je mehr bei der Definition von Zielvorgaben oder Ergebniserwartungen die vorhandenen Ressourcen nicht mehr der zentrale Bezugspunkt sind, sondern Benchmarks, abstrakte Renditeerwartungen, die Vorgabe pauschaler Produktivitätssteigerungen oder Kostensenkungen, desto mehr gerät die „Aufwandsseite" unter Anpassungsdruck (Peters/Sauer 2005, Kratzer u. a. 2008, Menz 2009) [36], [37], [38]. Damit geht ein verändertes Verhältnis von Zeit und Leistung einher. Im Extremfall werden Anwesenheits- bzw. Arbeitszeiten gar nicht mehr direkt gesteuert und überwacht (besonders deutlich im Fall von Vertrauensarbeitszeit). Der Zeitumfang als Maßstab von Leistung verschwindet, zugleich werden Termine und Meilensteine festgesetzt, zu denen das Ergebnis vorliegen muss. Statt Zeit*mengen* werden Zeit*punkte* bewirtschaftet.

Dieser Umbruch in der Leistungssteuerung bedeutet nun, dass Maßnahmen der Arbeitszeitpolitik für den individuellen „Balancierungserfolg" allein nicht ausreichen. Häufig sind die betrieblichen Angebote zur flexiblen Arbeitszeitgestaltung durchaus gut und versprechen den Beschäftigten eine verbesserte Zeitsouveränität. Nur: Wenn die Arbeitszeiten zwar formal frei gestaltbar, in der Praxis aber durch ein dichtes Netz von Terminvorgaben und überfordernden Ergebniszielen determiniert werden, wird die Work-Life-Balance damit nicht verbessert.

Ein weiteres Beispiel für die Grenzen punktueller Work-Life-Balance-Politik: Betriebliche Angebote zur Kinderbetreuung sind für die Work-Life-Balance ein wichtiger Faktor. Sie erleichtern aus Beschäftigtensicht die Betreuungsprobleme, aus betrieblicher Perspektive erhöhen sie die Verfügbarkeit der Arbeitskräfte. Dies verbessert die wahrgenommene Work-Life-Balance aber vor allem für diejenigen Beschäftigten, deren subjektive Priorität im Arbeitsleben liegt. Die Beschäftigten werden von außerbetrieblichen Pflichten und Anforderungen des „Lebens" entlastet, ohne zugleich die Gegenseite der betrieblichen Anforderungen mitzubedenken.

Die eingangs skizzierte Mehrdimensionalität von Work-Life-Balance muss sich also auch in entsprechend integrativen Ansätzen betrieblicher Gestaltung niederschlagen, soll diese langfristig nachhaltig und erfolgreich sein und nicht nur kurzfristigen Werbezwecken dienen. Eine solche Work-Life-Balance-Politik muss immer auch „balanceorientierte Leistungspolitik" sein (vgl. Menz/Kratzer 2010) [39]: Sie muss immer die Anforderungen und Ressourcen *in* der Arbeit mit bedenken; denn nur, wenn hier die Relationen stimmen, können die Beschäftigten Arbeit und Leben in ein balanciertes Verhältnis bringen. Die eigentliche „Balancierungsarbeit" kann nur von den Beschäftigten selbst erbracht werden – ob sie darin erfolgreich sein können, hängt aber maßgeblich von den betrieblichen Bedingungen und Ressourcen ab.

Literatur

[1]   Jürgens, K. (2006): Arbeits- und Lebenskraft. Reproduktion als eigensinnige Grenzziehung. Wiesbaden: Verlag für Sozialwissenschaften.
[2]   Ulich, E./Wiese, B. S. (2011): Life Domain Balance. Konzept zur Verbesserung der Lebensqualität. Wiesbaden: Gabler.
[3]   Kratzer, N. (2003): Arbeitskraft in Entgrenzung. Grenzenlose Anforderungen, erweiterte Spielräume, begrenzte Ressourcen. Berlin: Edition Sigma.
[4]   Kratzer, N./Lange, A. (2006): Entgrenzung von Arbeit und Leben. Verschiebung, Pluralisierung, Verschränkung. In: Dunkel, W./Sauer, D. (Hrsg.), Von der Allgegenwart der verschwindenden Arbeit. Berlin: Edition Sigma, S. 171-200.
[5]   Gottschall, K./Voss, G. G. (2003): Entgrenzung von Arbeit und Leben. Zum Wandel der Beziehungen von Erwerbstätigkeit und Privatsphäre im Alltag. Mering: Rainer Hampp Verlag.
[6]   Osterland, M. (1990): „Normalbiografie" und „Normalarbeitsverhältnis". In: Berger, P. A. (Hrsg.), Lebenslagen, Lebensläufe, Lebensstile. Göttingen: G. Schwartz, S. 351-361.
[7]   Familienbericht (2012): Zeit für Familie. Familienzeitpolitik als Chance einer nachhaltigen Familienpolitik. Achter Familienbericht. Stellungnahme der Bundesregierung zum Bericht der Sachverständigenkommission Bericht der Sachverständigenkommission, Berlin.
[8]   Janczyk, S. (2009): Arbeit und Leben. Eine spannungsreiche Ko-Konstitution. Münster: Westfälisches Dampfboot.
[9]   Kratzer, N./Döhl, V./Sauer, D. (1998): Entgrenzung von Arbeit und demografischer Wandel. In: INIFES (Hrsg.), Erwerbsarbeit und Erwerbsbevölkerung im Wandel. Frankfurt a.M.: Campus-Verlag, S. 177-210.
[10] Jurczyk, K./Schier, M./Szymenderski, P./Lange, A./Voß, G. G. (2009): Entgrenzte Arbeit – entgrenzte Familie. Grenzmanagement im Alltag als neue Herausforderung. Berlin: Edition Sigma.
[11] Projektgruppe „Alltägliche Lebensführung" (1995): Alltägliche Lebensführung. Arrangements zwischen Traditionalität und Modernisierung. Opladen: Leske + Budrich.

[12] Voß, G. G./Weihrich, M. (2001): Tagaus, tagein. Neue Beiträge zur Soziologie alltäglicher Lebensführung. Mering: Rainer Hampp Verlag, S. 22-29.

[13] Ulich, E./Wülser, M. (2005): Gesundheitsmanagement in Unternehmen. Arbeitspsychologische Perspektiven. Wiesbaden: Gabler.

[14] Bauer, F./Groß, H./Oliver, G./ Sieglen, G./Smith, M. J. (2006): Zeitverwendung und Vereinbarung von Beruf und Familie. Endbericht an die Hans-Böckler-Stiftung, Dortmund.

[15] Klenner, C./Pfahl, S. (2008): Jenseits von Zeitnot und Karriereverzicht. Wege aus dem Arbeitszeitdilemma Arbeitszeiten von Müttern, Vätern und Pflegenden. WSI-Diskussionspapier, Nr. 158, Düsseldorf.

[16] Haipeter, T./Lehndorff, S. (2004): Atmende Betriebe, atemlose Beschäftigte? Erfahrungen mit neuartigen Formen betrieblicher Arbeitszeitregulierung. Berlin: Edition Sigma.

[17] Stück, H. (1999): Im Wandel der Zeit. Arbeitszeiten und Arbeitszeitwünsche von Angestellten. Hamburg: VSA.

[18] Wiese, B. (2007): Work-Life-Balance. In: Moser, K. (Hrsg.), Wirtschaftspsychologie. Berlin: Springer-Verlag, S. 245-263.

[19] Bäcker, G./Koch, A./Vornmoor, A. (2007): Chancengleichheitsorientierte Arbeitszeitpolitik in der betrieblichen Praxis. Eine Wirkungsanalyse des Bundeserziehungsgeldgesetzes und des Teilzeit- und Befristungsgesetzes. Projektbericht an die Hans-Böckler-Stiftung. Duisburg: Universität Duisburg-Essen.

[20] Hochschild, A. R. (2002): Keine Zeit. Wenn die Firma zum Zuhause wird und zu Hause nur Arbeit wartet. Opladen: Verlag für Sozialwissenschaften.

[21] EWCS (2010): Changes over time. First findings from the fifth european working conditions survey. Eurofound, Dublin.

[22] Eberling, M./Hielscher, V./Hildebrandt, E./Jürgens, K. (2004): Prekäre Balancen. Flexible Arbeitszeiten zwischen betrieblicher Regulierung und individuellen Ansprüchen. Berlin: Edition Sigma.

[23] Greenhaus, J. H./Beutell, N. J. (1985): Sources and conflict between work and family roles. Academy of Management Review, 10, 1, S. 76-88.

[24] Greenhaus, J. H./Powell, G. N. (2006): When work and family are allies. A theory of work-family-enrichment. Academy of Management Review, 31, 1, S. 72-92.

[25] Carlson, D. S./Kacmar, K. M./Williams, L. J. (2000): Construction and initial validation of a multidimensional measure of work-family conflict. Journal of Vocational Behavior, 56, 2, S. 249-276.

[26] Carlson, D. S.,/Kacmar, K. M./Wayne, J. H./Grzywacz, J. G. (2006): Measuring the positive side of the work-family interface. Development and validation of a work-family enrichment scale. Journal of Vocational Behavior, 68, 1, S. 131-164.

[27] Grzywacz, J. G./Carlson, D. S. (2007): Conceptualizing work-family-balance. Implications for practice and research. Advances in Developing Human Resources, 9, 4, S. 455-471.

[28] Carlson, D. S./Grzywacz, J. G./Zivnuska, S. (2009): Is work-family balance more than conflict and enrichment? Human Relations, 62, 10, S. 1459-1486.

[29] Pangert, B./Schüpbach, H. (2012): Betriebliche Leistungssteuerung und das Zusammenspiel von Erwerbs- und anderen Lebenstätigkeiten. Das Projekt Lanceo. In: Reinhard, R. (Hrsg.), Wirtschaftspsychologie und Organisationserfolg. Tagungsband zur 16. Fachtagung der Gesellschaft für angewandte Wirtschaftspsychologie vom 11. bis 12. Februar 2011 in Stuttgart, Lengerich.

[30] Kratzer, N./Nies, S. (2009): Neue Leistungspolitik bei Angestellten. ERA, Leistungssteuerung, Leistungsentgelt. Berlin: Edition Sigma.

[31] Breisig, T./König S./Rehling M./Ebeling, M. (2010): „Sie müssen es nicht verstehen, Sie müssen es nur verkaufen!" Vertriebssteuerung in Banken. Berlin: Edition Sigma.

[32] Kesselring, S./Vogl, G. (2010): Betriebliche Mobilitätsregime. Die sozialen Kosten mobiler Arbeit. Berlin: Edition Sigma.

[33] Kratzer, N./Dunkel, W./Becker, K./Hinrichs, S. (2011): Arbeit und Gesundheit im Konflikt. Berlin: Edition Sigma.

[34] Böhm, S./Diewald, M. (2012): Auswirkungen belastender Arbeitsbedingungen auf die Qualität privater Lebensverhältnisse. WSI-Mitteilungen, 2/2012, S. 103-112.

[35] Kratzer, N./Nies, S./Pangert, B./Vogl, G. (2011): Leistungspolitik und Work-Life-Balance. Eine Trendanalyse des Projekts Lanceo. Broschüre, Freiburg/München/Oldenburg. www.lanceo.de, Zugriff: 07.06.2012.

[36] Peters, K./Sauer, D. (2005): Indirekte Steuerung. Eine neue Herrschaftsform. Zur revolutionären Qualität des gegenwärtigen Umbruchprozesses. In: Wagner, H. (Hrsg.), „Rentier' ich mich noch?" Neue Steuerungskonzepte im Betrieb. Hamburg: VSA, S. 23-58.

[37] Kratzer, N./Menz, W./Nies, S./Sauer, D. (2008): Leistungspolitik als Feld „umkämpfter Arbeit". Prokla, 38, 1, S. 11-26.

[38] Menz, W. (2009): Die Legitimität des Marktregimes. Leistungs- und Gerechtigkeitsorientierungen in neuen Formen betrieblicher Leistungspolitik. Wiesbaden: Gabler.

[39] Menz, W./Kratzer, N. (2010): Work-Life-Balance als Gestaltungsaufgabe. Umrisse einer „balance-orientierten Leistungspolitik". In: Schwitzer, H./Ohl, K./Rohnert, R./Wagner, H. (Hrsg.), Zeit, dass wir was drehen! Perspektiven der Arbeitszeit- und Leistungspolitik. Hamburg: VSA, S. 259-278.

11 Belastungen und Beeinträchtigungen der Work-Life-Balance durch Arbeitszeitflexibilisierung

Patricia Stock, Gert Zülch

11.1   Merkmale flexibler Arbeitszeiten

Als „Arbeitszeitmodell" wird die Festlegung von definierten Gestaltungselementen, wie z. B. Dauer und Lage der Arbeitszeit, verstanden (vgl. REFA 1997, S. 45) [1]. Dabei können in einem Betrieb oder in einer Abteilung verschiedene Arbeitszeitmodelle gleichzeitig gelten. Unter dem Begriff „Arbeitszeitsystem" wird eine solche Gesamtheit der in einer Organisationseinheit praktizierten Arbeitszeitmodelle bezeichnet (Bogus 2002, S. 29) [2].

Viele Autoren differenzieren Arbeitszeitmodelle in Anlehnung an Teriet (1979, S. 10 f.) [3] hinsichtlich zweier Komponenten, nämlich bezüglich der Chronologie, d. h. Lage und Verteilung der Arbeitszeit, und der Chronometrie, d. h. Dauer bzw. Volumen der Arbeitszeit. Tabelle 11.1 skizziert die Dimensionen der Arbeitszeit, wie sie für die weitere Betrachtung zugrunde gelegt werden.

Die sog. „Normalarbeitszeit" hat in den vergangenen Jahren stetig abgenommen: So arbeiteten 2010 mehr als 50 % der Beschäftigten in atypischen Arbeitszeiten (d. h. Samstagsarbeit, Sonntagsarbeit, Nachtarbeit, Wechselschicht), wobei es 1991 nur knapp 40 % der Beschäftigten waren (Seifert 2011, S. 5) [4]. Hierbei sind Männer stärker von atypischen Arbeitszeiten betroffen als Frauen (Seifert 2007, S. 19) [5].

Tabelle 11.1   Dimensionen der Arbeitszeit am Beispiel der „Normalarbeitszeit"

Dimensionen der Arbeitszeit		Beispiel „Normalarbeitszeit"
Dauer	pro Tag, Woche, Monat, Jahr, Leben	ca. 7 bis 8 h pro Tag ca. 35 bis 40 h pro Woche
Lage	Tageszeit, Wochentag, Jahreszeit, Lebensabschnitt	z. B. innerhalb des Zeitraums von 07:00 bis 18:00 Uhr Montag bis Freitag Gleichverteilung des Arbeitsvolumens über die Monate
Beginn und Ende	fix, gestaffelt, gleitend variabel	z. B. 08:00 bis 16:00 Uhr
Flexibilität	keine Abweichung vom Soll-Plan, geplanter Wechsel zwischen Modellen, Stufen der Bekanntmachung, kurzfristige Anpassung	Soll-Plan = Ist-Plan
Verfügungsrecht	Arbeitgeber, Arbeitnehmer, Absprache	Arbeitgeber

Quelle: Knauth (2002, S. 53) [6]

Im Rahmen der Gestaltung eines Arbeitszeitmodells bzw. -systems werden die verschiedenen Dimensionen der Arbeitszeit spezifisch für die betrachtete Organisationseinheit festgelegt. Hieraus resultiert eine Vielzahl von möglichen Arbeitszeitmodellen, wodurch die Arbeitszeitgestaltung hoch komplex wird. Knauth (1995, S. 210) [7] schätzt die Zahl der weltweit praktizierten unterschiedlichen Arbeitszeitmodelle auf etwa 10.000. Die gängigsten Arbeitszeitmodelle werden z. B. von der Bundesanstalt für Arbeitsschutz und Arbeitsmedizin (BAuA 2008) [8] sowie bei Schlick, Bruder und Luzak (2010, S. 594) [9] vorgestellt. Dabei lassen sich insbesondere drei Arten von Arbeitszeitmodellen identifizieren (in Anlehnung an Luczak 1998, S. 554) [10]:

- Bei der chronometrischen Arbeitszeitvariation wird ausschließlich die Dauer bzw. das Volumen der Arbeitszeit verändert, z. B. bei der Teilzeitbeschäftigung, der generellen Arbeitszeitverkürzung oder dem gleitenden Übergang in den Ruhestand.

- Bei der chronologischen Arbeitszeitvariation werden Lage und Verteilung der Arbeitszeit modifiziert, z. B. bei Vertrauensarbeitszeit, Gleitzeit oder Schichtarbeit.

- Bei chronometrischer und chronologischer Arbeitszeitvariation können alle Dimensionen der Arbeitszeit variiert werden, z. B. bei Jahresarbeitszeit oder Job Sharing.

Als „flexible Arbeitszeit" wird hier ein Arbeitszeitmodell verstanden, das bezüglich der inhaltlichen Gestaltungselemente Dauer und Lage sowie seiner formalen Gestaltungselemente variabel ist (vgl. Hornberger/Knauth 2000, S. 23, Lenzing/Janßen/Deinert 2002, S. 83) [11], [12]. Eine einheitliche Begriffsabgrenzung der „Arbeitszeitflexibilisierung" fehlt derzeit noch.

Diese Mehrdeutigkeit macht sich besonders in der aktuellen Diskussion um die Work-Life-Balance bemerkbar: Sowohl von Seiten der Arbeitgeber (z. B. Brützel 1998, S. 162) [13] als auch von der Arbeitnehmerseite (vgl. IDA 2010, S. 36) [14] wird der Wunsch nach flexiblen Arbeitszeiten geäußert. Obwohl augenscheinlich dieselbe Forderung besteht, können die Vorstellungen beider Seiten erheblich voneinander abweichen, sofern beide Seiten das Verfügungsrecht über die Flexibilität für sich beanspruchen. Hierbei können insbesondere durch die betreffende Branche Restriktionen bzgl. der Flexibilität für die Beschäftigten gegeben sein, z. B. bei Betrieben der Grundversorgung (z. B. Wasserwerk, Stromunternehmen, Verkehrsbetrieb), im Dienstleistungsbereich mit direktem Kundenkontakt (z. B. Einzelhandel, Gastronomie, Hotellerie), bei kontinuierlich laufenden verfahrenstechnischen Prozessen (z. B. Stahlproduktion, Kalkherstellung, Pharmaindustrie) oder im Krankenhaus- und Pflegebereich.

11.2   Einfluss der Arbeitszeitflexibilisierung auf die Work-Life-Balance

Im Arbeitsschutzgesetz (ArbSchG) [15] ist eine Gefährdungsbeurteilung durch den Arbeitgeber vorzunehmen, um geeignete Maßnahmen für den Arbeitsschutz zu identifizieren. Hierbei wird in § 5 III Nr. 4 ArbSchG [15] insbesondere auch die Gestaltung von Arbeitszeiten genannt. Für die Auswirkungen von flexiblen Arbeitszeiten liegen bislang relativ wenige gesicherte Erkenntnisse vor, wohingegen es für die Gestaltung der Schichtarbeit bereits seit vielen Jahren arbeitswissenschaftliche Empfehlungen gibt, die zuletzt in einer Leitlinie der Deutschen Gesellschaft für Arbeitsmedizin und Umweltmedizin aktualisiert wurden (DGAUM 2006) [16]. Darüber hinaus hat die Deutsche Gesetzliche Unfallversicherung einen Bericht zur Rechtslage, zu den gesundheitlichen Risiken und zu Präventionsmöglichkeiten von Schichtarbeit veröffentlicht, in dem die vorliegende Literatur zur Schichtarbeit in einer Metaanalyse ausgewertet wurde (Paridon u. a. 2012) [17]. Da viele Aspekte der Schichtarbeit auch auf flexible Arbeitszeitmodelle zutreffen können, z. B. wenn es um Lage oder Länge der Arbeitszeit geht, werden im Folgenden zunächst die Erkenntnisse zur Schichtarbeit vorgestellt.

11.2.1 Auswirkungen der Schichtarbeit auf die Beschäftigten

Die Schichtarbeit unterscheidet sich von der Normalarbeitszeit dahingehend, dass sich die Lage der Einsatzzeiten mit den verschiedenen Schichten verändert und dabei insbesondere auch Nachtarbeit sowie Wochenendarbeit auftreten kann. Untersuchungen zeigen, dass die Beschwerdehäufigkeit bei Beschäftigten, die regelmäßige Schicht-, Nacht- oder Wochenendarbeit leisten, deutlich höher ist als bei Beschäftigten mit Normalarbeitszeit (Bauer u. a. 2004, S. 177 f.) [18]. Allerdings weisen die Autoren darauf hin, dass Schicht- und Wochenendarbeit häufig in Berufen auftritt, die zusätzlich körperlich belastende Tätigkeiten oder Zwangshaltungen beinhalten.

Als gesichert gilt, dass sich die Belastung bei der Schichtarbeit aus der Verschiebung der Arbeitszeit gegenüber der biologischen Tagesrhythmik ergibt (Knauth/Hornberger 1997, S. 26 ff., Paridon u. a. 2012, S. 81 ff.) [19], [17]. Bei experimenteller Schichtarbeit konnte eine partielle Anpassung der biologischen Tagesrhythmik, die über die Körperkerntemperatur gemessen wurde, beobachtet werden, allerdings konnte dies in Feldversuchen nicht bestätigt werden. Dies ist darauf zurückzuführen, dass im Gegensatz zum Laborversuch im Feldversuch die sozialen Zeitgeber unverändert blieben, d. h., die Schichtarbeiter erlebten, dass ihre Tageseinteilung nicht der Lebensweise ihres sozialen Umfelds entsprach (Knauth 1983, S. 96 f.) [20].

Hinzu kommt, dass verschiedene Chronotypen existieren, deren biologische Tagesrhythmik sich voneinander unterscheidet, nämlich den Frühaufsteher („Lerche"), den Normaltyp und den Spätaufsteher („Eule"). Diese reagieren unterschiedlich auf die verschiedenen Schichten. So haben z. B. Spätaufsteher häufig Probleme mit Frühschichten (Paridon u. a. 2012, S. 86 f.) [17].

Durch Schichtarbeit können verschiedene gesundheitliche Effekte auftreten. Als gesichert gilt, dass durch Schichtarbeit Schlafstörungen verursacht werden können. Dies lässt sich darauf zurückführen, dass der Tagschlaf weniger erholsam ist als der Nachtschlaf, da erheblich mehr Störungen auftreten und so die Schlafdauer verkürzt wird (Knauth/Hornberger 1997, S. 31) [19]. Insbesondere kann der Tagschlaf nicht als verschobener Nachtschlaf betrachtet werden (Paridon u. a. 2012, S. 92) [17]. Zudem reagieren die verschiedenen Chronotypen hinsichtlich des fehlenden Schlafes unterschiedlich auf Schichtarbeit (Paridon u. a. 2012, S. 92) [17]. Als weitere Folgen der Schichtarbeit wurden in Untersuchungen gastrointestinale Beschwerden, Veränderung in Ernährung und Körpergewicht, kardiovaskuläre

Folgen, psychovegetative Erkrankungen oder sogar Krebs genannt (z. B. Knauth/ Hornberger 1997, S. 33 ff., Bauer u. a. 2004, S. 177 f., Paridon u. a. 2012, S. 93 ff.) [19], [18], [17]. Die Metaanalyse von Paridon u. a. (2012, S. 93 ff.) [17] zeigt jedoch, dass diese Zusammenhänge als nicht gesichert gelten können und teilweise kontrovers diskutiert werden.

Bereits zu Beginn der 70er Jahre hatten Knauth und Rutenfranz (1972, S. 181, vgl. auch Knauth u. a. 1981) [21], [22] die Auswirkungen der Schichtarbeit auf die Work-Life-Balance untersucht. Hierbei analysierten die Autoren, wie Arbeits-, Wege- und Schlafzeit sowie die echte Freizeit bei verschiedenen Schichten im Verhältnis zueinander stehen. Im Vergleich zu den arbeitsfreien Tagen, an denen die Schlafzeit während der Nacht erfolgt, ist die Freizeit an Arbeitstagen erheblich eingeschränkt. Der prozentuale Anteil der Freizeit sowie deren Lage und Dauer variiert dabei für die verschiedenen Schichten erheblich, so dass ein Einfluss der Arbeitszeit auf Schlaf und Freizeit als sicher angenommen werden kann.

Die Nutzbarkeit der verfügbaren Freizeit hängt allerdings auch eng mit deren Lage zusammen. Nach Knauth und Hornberger (1997, S. 38 f.) [19] liegt die am besten nutzbare Freizeit in den Abendstunden und in den Zeiten am Wochenende, da diese dann z. B. für individuelle Aktivitäten mit Familie, Freunden, Verwandten und für die Teilnahme am weiteren gesellschaftlichen und politischen Leben zur Verfügung stehen. Hierbei lassen sich altersabhängige Unterschiede in der Wertigkeit feststellen (Knauth/Hornberger 1997, S. 39) [19].

Durch Schichtarbeit entsteht somit die Gefahr einer sozialen Desynchronisation. Zudem fällt bei der Schichtarbeit gegenüber der Arbeit in Normalarbeitszeit ein erhöhter Organisationsaufwand in der außerberuflichen Lebenswelt an. Demgegenüber stehen als potenzielle Vorteile der Schichtarbeit Zuschläge für Nacht-, Sonntags- und Feiertagsarbeit sowie freie Wochentage, die für Erledigungen genutzt werden können. Bei Dauernachtschicht kommt die Möglichkeit hinzu, Kinder oder pflegebedürftige Angehörige tagsüber zu betreuen (Paridon u. a. 2012, S. 127) [17].

Langzeitstudien zur Untersuchung der sozialen Folgen für Familien- und Freizeitleben von Schichtarbeitern fehlen allerdings bislang (Paridon u. a. 2012, S. 108 ff.) [17]. Ein besonderer Fall tritt auf, wenn beide Partner in Schichtarbeit arbeiten. Eine Kinderbetreuung ist in diesem Fall oft nur realisierbar, wenn die beiden Partner in Gegenschicht arbeiten, d. h. jeweils zu unterschiedlichen Zeiten; in diesem Fall fehlt allerdings Zeit für die Pflege der Paarbeziehung (Paridon u. a. 2012, S. 125 f.) [17]. In diesem Fall können somit zusätzlich Beeinträchtigungen für die Familie bzw. Partnerschaft entstehen.

Für die Gestaltung von Schichtarbeit existiert eine Vielzahl von Empfehlungen sowie Best-Practice-Beispielen. Eine Übersicht ist z. B. bei Paridon u. a. (2012, S. 132 ff.) [17] zu finden. Arbeitswissenschaftliche Empfehlungen sind z. B. die Begrenzung der Anzahl aufeinanderfolgender Nachtschichten oder die schnelle Vorwärtsrotation von Früh- über Spät- zu Nachtschichten (DGAUM 2006, S. 6 f.) [16].

11.2.2   Auswirkungen flexibler Arbeitszeiten auf die Beschäftigten

Es existiert eine Vielzahl von Arbeitszeitmodellen, die sich hinsichtlich der Flexibilität für den Beschäftigten und das Unternehmen unterscheiden. Zur besseren Unterscheidung dieser beiden Dimensionen wird von Arbeitszeitsouveränität gesprochen, wenn die Arbeitszeit vom Beschäftigten gesteuert wird, und von Arbeitszeitflexibilität, wenn das Verfügungsrecht beim Unternehmen liegt (vgl. Knauth 2002, S. 53) [6].

Die Normalarbeitszeit weist hinsichtlich dieser beiden Dimensionen nur eine niedrige Ausprägung auf und zählt daher nicht zu den flexiblen Arbeitszeitmodellen. Bei der Gleitzeit hingegen besteht eine relativ hohe Arbeitszeitsouveränität des Mitarbeiters (Knauth 2002, S. 53) [6]. Laut einer vom Institut zur Erforschung sozialer Chancen durchgeführten repräsentativen Beschäftigtenbefragung (Bauer u. a. 2004, S. 86) [18] arbeiteten 2003 50 % der Beschäftigten mit festen Anfangs- und Endzeiten, 32 % mit selbstgesteuerten variablen Arbeitszeiten und nur 18 % mit betrieblich gesteuerten variablen Arbeitszeiten, wobei diesbezüglich Unterschiede zwischen Männern und Frauen sowie West- und Ostdeutschland auftreten. Das Ausmaß des Spielraums für selbst gesteuerte Arbeitszeiten variiert dabei und ist meist mit einer betrieblichen Zeiterfassung oder einer Selbstaufschreibung verbunden (Bauer u. a. 2004, S. 94 ff.) [18].

Modelle mit Arbeitszeitflexibilität für das Unternehmen werden i.d.R. eingesetzt, um Schwankungen des Arbeitsvolumens aufzufangen (Bauer u. a. 2004, S. 22 f.) [18]. Die Untersuchungen zeigten, dass 2003 43 % der Beschäftigten täglichen und/oder wöchentlichen Arbeitszeitschwankungen unterlagen, bei denen es sich überwiegend um unregelmäßige, nicht gänzlich kalkulierbare Schwankungen handelte, was zu einem Verlust an Planungssicherheit führte (Bauer u. a. 2004, S. 22) [18].

Im Gegensatz zur Schichtarbeit liegen für die Effekte flexibler Arbeitszeitmodelle keine gesicherten Erkenntnisse vor (Janßen/Nachreiner 2004, S. 10, 26) [23], da sich bislang nur wenige Untersuchungen damit befasst haben. In der Literatur lassen sich einige eher allgemeine Aussagen über den Einfluss von flexiblen Arbeitszeitmodellen finden. So nennt z. B. Knauth (2002, 54 ff.) [6] u. a. den Einfluss auf die Planbarkeit der Freizeit, auf die Synchronisation mit dem sozialen Umfeld, auf das Einkommen und auf die Zufriedenheit. Abhängig von der Gestaltung der flexiblen Arbeitszeit, insbesondere vom Einfluss der Beschäftigten darauf, kann dieser Einfluss positiv oder negativ sein. Konkrete Zusammenhänge zwischen verschiedenen flexiblen Arbeitszeitmodellen bzw. deren Gestaltungsmerkmalen und den Einflüssen auf die genannten Aspekte sind in der Literatur allerdings nicht zu finden.

Auch eine generelle Aussage zur Verbesserung der Work-Life-Balance durch flexible Arbeitszeiten kann generell nicht getroffen werden, da die verschiedenen Arbeitszeitmodelle diesbezüglich ein unterschiedliches Potenzial aufweisen (BAuA 2008, S. 21) [8]. Eine allgemeine Empfehlung für die Gestaltung von flexiblen Arbeitszeitmodellen ist jedoch, prinzipiell Gestaltungsspielräume für die Beschäftigten zu gewähren und die Planbarkeit der

Einsatzzeiten sicherzustellen (Knauth 2002, S. 58, Janßen/Nachreiner 2004, S. 132 ff.) [6], [23].

11.2.3 Auswirkungen langer Arbeitszeiten auf die Beschäftigten

Unabhängig vom Arbeitszeitmodell gibt es verschiedene Untersuchungen dazu, wie sich die Dauer der Arbeitszeit auf den Beschäftigten auswirkt. Nach § 3 des Arbeitszeitgesetzes (ArbZG) [24] muss die werktägliche Arbeitszeit im Durchschnitt von sechs Monaten 8 Stunden betragen. Dabei kann die tägliche Arbeitszeit prinzipiell auf 10 Stunden erweitert werden, allerdings kann dies gemäß § 7 ArbZG [24] durch Tarifvertrag oder Betriebsvereinbarung verlängert werden, wenn „in die Arbeitszeit regelmäßig und in erheblichem Umfang Arbeitsbereitschaft oder Bereitschaftsdienst fällt". Die wöchentliche Arbeitszeit darf nach § 7 VIII ArbZG [24] 48 Stunden wöchentlich im Durchschnitt von zwölf Kalendermonaten nicht überschreiten. In den §§ 18 bis 21 ArbZG [24] werden allerdings diverse Sonderregelungen für ausgewählte Beschäftigungen (z. B. Chefärzte, Beschäftigte im Straßentransport und im liturgischen Bereich der Kirchen) definiert, in denen die genannten Regelungen entweder aufgehoben oder erweitert werden, so dass in der Praxis auch längere werktägliche Arbeitszeiten von mehr als 10 Stunden möglich sind. Dies gilt aber keineswegs für den normalen Produktions- und Dienstleistungsbereich.

Als gesichert kann angenommen werden, dass die Effizienz der Arbeitsleistung bei einer Arbeitsdauer von mehr als 7 oder 8 Stunden deutlich abnimmt (Janßen/Nachreiner 2004, S. 17) [23]. Darüber hinaus ist nachgewiesen, dass die relative Häufigkeit der tödlichen Arbeitsunfälle jenseits der 10. Arbeitsstunde (vgl. Kliesch 1973, zitiert nach Skiba 1985, S. 390) [25] bzw. das relative Unfallrisiko jenseits der 7. oder 8. Arbeitsstunde exponentiell ansteigt (vgl. Nachreiner 2002) [26]. Mit zunehmender Häufigkeit von werktäglicher Arbeitszeit mit mehr als 10 Stunden steigen die gesundheitlichen Beschwerden an, wobei insbesondere die psycho-vegetativen Beschwerden sowie die allgemeine Erschöpfung besonders stark zunehmen (Nachreiner u. a. 2005, S. 40 f.) [27]. Auch die Metaanalyse von Paridon u. a. (2012, S. 108 ff.) [17] zeigte, dass sowohl mit längerer Dauer als auch mit ungünstiger Lage der Arbeitszeit von einem Anstieg des Unfallrisikos auszugehen ist.

Hinsichtlich der wöchentlichen Arbeitszeit variiert der Anteil der gesundheitlichen Beschwerden (Bauer u. a. 2004, S. 177) [18]: Beschäftigte, die über 40 Stunden pro Woche arbeiten, klagen häufiger über Beschwerden (z. B. bzgl. Rückenschmerzen, Kopfschmerzen oder Nervosität, psychischer Erschöpfung) als Beschäftigte mit Normalarbeitszeit (d. h. zwischen 35 und 40 Stunden pro Woche) oder teilzeitig Beschäftigte (d. h., die Wochenarbeitszeit ist geringer als 35 Stunden). Teilzeitig Beschäftigte leiden dabei etwas häufiger unter gesundheitlichen Beschwerden als Beschäftigte mit Normalarbeitszeit, was die Autoren bei teilzeitig beschäftigten Frauen auf die Doppelbelastung durch die Kinderbetreuung zurückführen (Bauer u. a. 2004, S. 177) [18].

Eine repräsentative Sekundäranalyse von Nachreiner, Janßen und Schomann (2005, S. 339 f., vgl. Nachreiner u. a. 2005, S. 12, 18 und 28 ff.) [28], [27] bestätigt den Zusammenhang zwischen der Dauer der wöchentlichen Arbeitszeit und dem Risiko gesundheitlicher Beeinträchtigungen. Dieser Zusammenhang konnte auch für die Europäische Union in verschiedenen Sekundäranalysen nachgewiesen werden (Wirtz 2010, S. 79 ff.) [29]. Darüber hinaus nimmt die Arbeitsproduktivität mit steigender Wochenarbeitszeit ab (Wirtz 2010, S. 31) [29], und die Ausfallzeiten durch Arbeitsunfälle nehmen mit steigender Wochenarbeitszeit zu (Nachreiner u. a. 2005, S. 41 f.) [27].

Hinsichtlich der Vereinbarkeit von beruflichen und privaten Interessen zeigte eine Sekundäranalyse zweier repräsentativer europäischer Stichproben, dass sich diese Balance mit zunehmender Arbeitszeit verschlechtert und insbesondere bei einer wöchentlichen Arbeitszeit ab 40 Stunden ein stärkerer Abfall auftritt (Wirtz 2010, S. 139 f.) [29]. Dabei bewerten Beschäftigte mit fremdbestimmt-variablen Arbeitszeiten die Vereinbarkeit als am schlechtesten, während zwischen den fremdbestimmt-regelmäßigen und den selbstbestimmt-variablen Arbeitszeiten kein Unterschied auftritt (Wirtz 2010, S. 147 f.) [29]. Hinsichtlich der Ausübung außerberuflicher Aktivitäten (z. B. Ehrenamt, Kinderbetreuung, Haushalt, Pflege, Weiterbildung, Sport, Freizeitaktivitäten, Kultur) zeigte sich zudem, dass diese Aktivitäten mit zunehmender wöchentlicher Arbeitszeit deutlich abnehmen (Wirtz 2010, S. 161 ff.) [29]. Insbesondere Freizeitaktivitäten werden dabei von der Variabilität der Arbeitszeiten stark beeinflusst (Wirtz 2010, S. 167 ff.) [29].

11.3   Ergebnisse einer Mitarbeiterbefragung zum Einfluss der Arbeitszeitgestaltung auf die Work-Life-Balance

11.3.1   Aufbau des Fragebogens

Bislang gibt es allerdings nur wenige Erkenntnisse darüber, wie sich die verschiedenen Maßnahmen der Arbeitszeitgestaltung konkret auf die Work-Life-Balance der Beschäftigten auswirken (Beauregard/Henry 2009, S. 9) [30]. Insbesondere ist derzeit kein Instrumentarium verfügbar, mit dem die Entscheidungsträger eines Betriebes prospektiv (also bereits in der Planungsphase möglicher Arbeitszeitmaßnahmen) die Effekte eines flexiblen Arbeitszeitmodells bewerten könnten.

Vor diesem Hintergrund hat sich das BMBF-Projekt „Arbeitszeitgestaltung unter Berücksichtigung der Work-Life-Balance mit Hilfe der rechnerunterstützten Simulation - ARBWOL" zum Ziel gesetzt, diese Effekte aufzudecken und hieraus Empfehlungen zur belastungsreduzierenden Gestaltung von Arbeitszeitmodellen abzuleiten. Leitende Forschungshypothese des ARBWOL-Projektes ist es, dass es unterschiedliche Mitarbeitertypen gibt, die sich hinsichtlich ihrer außerberuflichen Belastungssituation unterscheiden und für die anhand spezifischer Arbeitszeitmodelle ein Ausgleich der Work-Life-Balance erzielt werden kann.

Zur Ermittlung der Mitarbeitertypen sowie deren Belastungen und Arbeitszeitpräferenzen wurde ein Fragebogen zur beruflichen und außerberuflichen Situation von Beschäftigten entwickelt. Als Grundlage hierfür diente der arbeitspsychologische Fragebogen zur „Salutogenetischen Subjektiven Arbeitsanalyse" (*SALSA*, Rimann/Udris 1999) [31]. Zu verschiedenen Kennzahlen liegen für *SALSA* Normwerte vor, und zwar sowohl für die Gesamtheit der Arbeitnehmer als auch differenziert für im Dienstleistungsbereich bzw. in der Produktion beschäftigte Arbeitnehmer (Rimann/Udris 1999, S. 411 f.) [31]. Da *SALSA* ausschließlich die betriebliche Situation betrachtet, wurde dieser Fragebogen um geeignete Fragen zur Belastungssituation im außerberuflichen Bereich ergänzt. Hierzu wurden einerseits Fragen zu Wechselwirkungen zwischen Arbeits- und Privatleben in Anlehnung an Carlson, Kacmar und Williams (2000) [32] eingefügt, andererseits wurden auch Fragen zum Arbeitszeitmodell, zu den Arbeitszeitpräferenzen sowie zur Freizeitverwendung ergänzt. Der erweiterte Fragebogen umfasste damit insgesamt 295 Items; ihre vollständige Beantwortung dauerte durchschnittlich 59 Minuten (zur Vertiefung vgl. z. B. Zülch/Stock/Schmidt 2010, S. 318 ff.) [33].

11.3.2   Beschreibung der Stichprobe

Für die Teilnahme an der Mitarbeiterbefragung wurden zwei Krankenhäuser, ein Call-Center und zwei Betriebe verschiedener Einzelhandelsketten gewonnen, bei denen insgesamt knapp 2.700 Fragebogen ausgegeben wurden. Die vertretenen Branchen weisen einen besonders hohen Bedarf an flexiblen Arbeitszeiten auf und zeichnen sich durch atypische Arbeitszeiten aus. Zudem weisen die genannten Branchen einen überdurchschnittlich hohen Anteil an Frauen auf, für die häufig eine Doppelbelastung durch die außerberufliche Lebenswelt existiert, z. B. durch die Kinderbetreuung oder die Pflege eines Verwandten.

Die Rücklaufquote der Fragebogen lag bei 40,8 %, was als Indiz für die allgemeine Bedeutung der hier aufgegriffenen Problemstellung gewertet werden kann. In der Stichprobe lag erwartungsgemäß ein relativ hoher Frauenanteil von 78,7 % vor. Das durchschnittliche Alter der Befragten lag bei 37,7 Jahren mit einer Varianz von 11,6 Jahren. 81,1 % der Befragten waren verheiratet, 56,1 % hatten Kinder.

Der Anteil der vollzeitig Beschäftigten lag bei 52,2 %, 32,1 % waren teilzeitig beschäftigt und 15,7 % arbeiteten als geringfügig Beschäftigte. Während 61,3 % der männlichen Beschäftigten in Vollzeit arbeiteten, waren dies nur 39,8 % der Frauen. Die praktizierten Arbeitszeitmodelle waren in den Branchen unterschiedlich vertreten (vgl. Tabelle 11.2).

Tabelle 11.2   Praktizierte Arbeitszeitmodelle in der *ARBWOL*-Mitarbeiterbefragung

Praktiziertes Arbeitszeitmodell	Prozentualer Anteil (N = 1.067)			
	Call-Center	Einzelhandel	Krankenhaus	Gesamt
feste Arbeitszeiten	17,2 %	27,9 %	33,3 %	27,3 %
Gleitzeit	7,0 %	9,6 %	7,0 %	9,0 %
2-Schicht-Modell	19,5 %	15,1 %	14,0 %	15,5 %
3-Schicht-Modell	17,2 %	6,0 %	38,0 %	11,2 %
völlig flexible Arbeitszeiten	35,2 %	37,5 %	6,2 %	33,5 %
Sonstiges	3,9 %	3,8 %	1,6 %	3,6 %

11.3.3   Auswertung der Befragung

11.3.3.1   Berufliche Anforderungen und Belastungsarten der Beschäftigten

Abbildung 11.1 zeigt die Einschätzung der subjektiv wahrgenommenen Anforderungen und Belastungsarten durch die berufliche Lebenswelt. Dabei variiert die Anzahl der Antworten n für die verschiedenen Kennzahlen zwischen 1.013 und 1.079 (in der Abbildung mit „N = 1.013 …1.079" dargestellt). Bezüglich der Kennzahlen „Ganzheitlichkeit der Aufgaben" und „Qualifikationsanforderungen und Verantwortung", welche die Anforderungen durch die Arbeit repräsentieren, ist eine hohe Ausprägung wünschenswert, während bezüglich der sonstigen Kennzahlen, die Belastungsarten für die Beschäftigten darstellen, eine niedrige Ausprägung wünschenswert ist. Die Abweichungen der Kennzahlen von den beiden *SALSA*-Normen wurden mit T-Tests auf deren Signifikanz überprüft.

Die wahrgenommenen Anforderungen und Belastungsarten weichen mit Ausnahme der „Ganzheitlichkeit der Aufgaben" signifikant von den *SALSA*-Normwerten für den Dienstleistungsbereich ab. Dabei liegen die wahrgenommenen Ausprägungen der Belastungsarten unterhalb der Normwerte, so dass die Belastungssituation insgesamt als gering eingestuft werden kann. Besonders hervorzuheben ist, dass das Sozialklima weniger belastend ist als der *SALSA*-Normwert für den Dienstleistungsbereich. Auch die Belastungsarten durch die Arbeitsumwelt werden insgesamt nur auf niedrigem Niveau wahrgenommen. Dabei werden die Kunden bzw. Patienten insgesamt als größte Belastungsart empfunden, wobei die Belastungshöhe allerdings als eher gering wahrgenommen wird.

Abbildung 11.1   Wahrgenommene Anforderungen und Belastungen

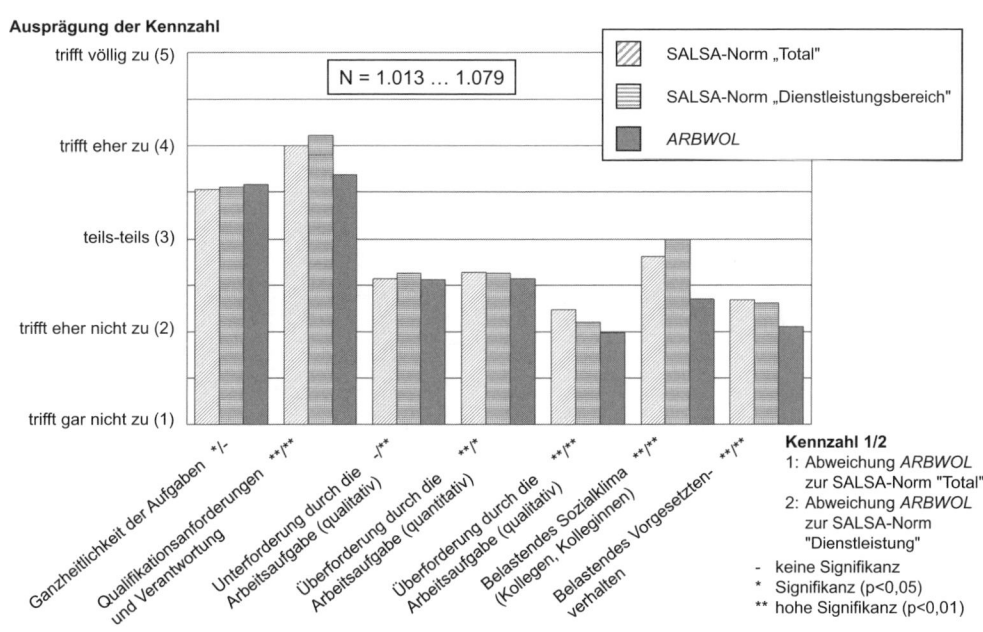

11.3.3.2   Berufliche Ressourcen der Beschäftigen

Die in Abbildung 11.2 dargestellten Ressourcen dienen dem Schutz und der Förderung der Gesundheit der Beschäftigten und wirken damit den Anforderungen und Belastungen entgegen. Sie tragen dazu bei, die Gesundheit einer Person zu erhalten bzw. wiederherzustellen (Rimann/Udris 1999, S. 404 ff.) [31]. Daher ist eine hohe Ausprägung anzustreben. Alle Ressourcen mit Ausnahme des „Mitarbeiterorientierten Vorgesetztenverhaltens" und des „Tätigkeitsspielraums" weichen signifikant von den *SALSA*-Normwerten für den Dienstleistungsbereich ab: Die sozialen Ressourcen sind dabei wesentlich stärker ausgeprägt als die Normwerte. Somit liegt nicht nur kein belastendes Sozialklima vor, sondern das Sozialklima ist insgesamt eher förderlich für die Mitarbeiter. Die organisationalen Ressourcen hingegen weichen nicht alle in derselben Richtung von den Normwerten ab. Das „Qualifikationspotenzial der Arbeitstätigkeit" und die „Partizipationsmöglichkeiten" sind stärker ausgeprägt als die Normwerte; „Aufgabenvielfalt", „Persönliche Gestaltungsmöglichkeiten des Arbeitsplatzes" und „Spielraum für private Dinge" hingegen weichen nach unten von den Normwerten ab.

Abbildung 11.2   Wahrgenommene organisationale und soziale Ressourcen

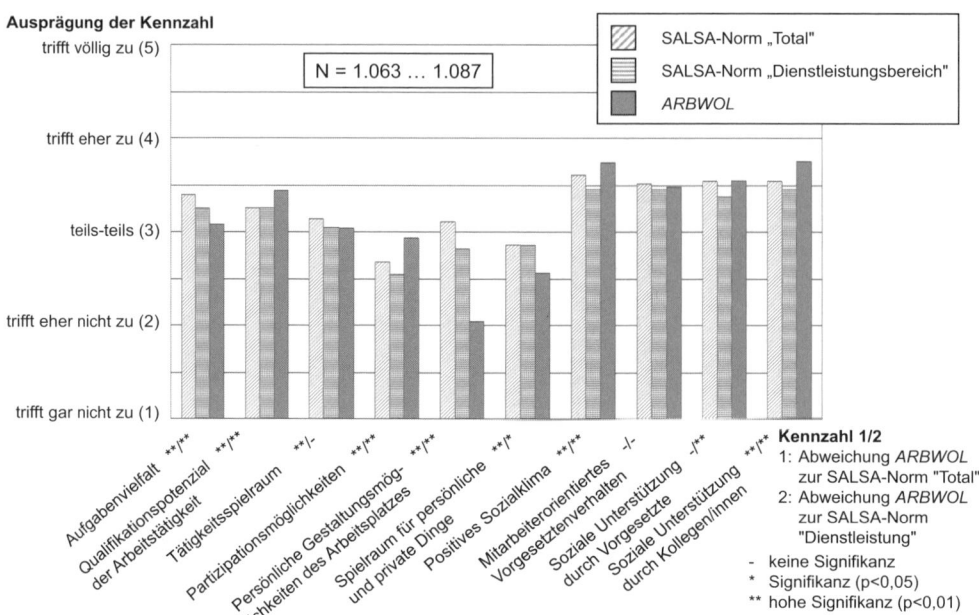

Die Auswertungen der Anforderungen, Belastungen und Ressourcen weichen für die hier einbezogenen Branchen Call-Center, Einzelhandel und Krankenhaus teilweise signifikant voneinander ab. Für die branchenspezifischen Auswertungen sei z. B. auf Zülch, Stock und Schmidt (2010, 2011, 2012) [34], [35], [36] verwiesen.

11.3.3.3   Wechselwirkungen zwischen den Lebenswelten

Carlson, Kacmar und Williams (2000, S. 251) [32] unterscheiden prinzipiell in zwei verschiedene Konfliktrichtungen: „Einfluss der Arbeit auf die Familie" und „Einfluss der Familie auf die Arbeit" sowie in die drei Konfliktformen (d. h. Bereiche, in denen die Konflikte auftreten können) „zeitbasiert", „beanspruchungsbasiert" und „verhaltensbasiert", woraus sich sechs verschiedene Kennzahlen ergeben. Insgesamt bewegen sich diese Kennzahlen in der Befragung auf einem niedrigen Niveau, d. h., es treten nur wenige Wechselwirkungen auf (vgl. Abbildung 11.3).

Die Wechselwirkungen zwischen dem beruflichen und dem außerberuflichen Bereich sind insgesamt auf einem niedrigen Niveau. Allerdings ist die Beeinflussung des Privatlebens durch die Arbeit erheblich höher als diejenige in die andere Richtung.

Abbildung 11.3   Wechselwirkungen zwischen der beruflichen und der außerberuflichen
Lebenswelt

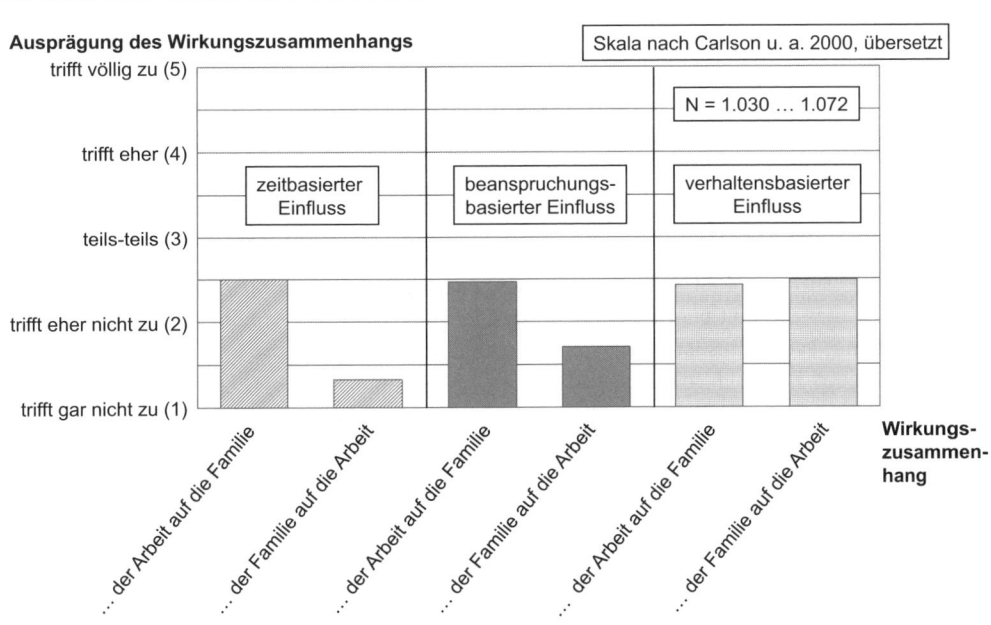

11.3.4   Einfluss der Arbeitszeitgestaltung auf die Work-Life-Balance

11.3.4.1   Gesundheitliche Beeinträchtigungen

Hinsichtlich des körperlichen und psychischen Gesundheitszustandes sowie der Anzahl krankheitsbedingter Fehltage traten bei den verschiedenen Arbeitszeitmodellen keine signifikanten Unterschiede auf. Allerdings wirkte sich das Arbeitszeitmodell auf verschiedene körperliche Beschwerden hoch signifikant auf deren Häufigkeit aus: Magen- oder Verdauungsprobleme, Kopfschmerzen, Nacken- und Schulterschmerzen sowie Herzklopfen bei geringen Anstrengungen traten häufiger bei den Schichtsystemen auf, wohingegen bei festen oder flexiblen Arbeitszeiten eine geringere Häufigkeit beobachtet werden konnte. Demzufolge nahmen Beschäftigte im 3-Schicht-Modell auch signifikant häufiger Schmerzmittel oder Medikamente gegen Magen-Darm-Beschwerden ein.

Auch wirkte sich das Arbeitszeitmodell unterschiedlich auf die Verfassung nach der Arbeit aus. So konnten Beschäftigte, die in einem 3-Schicht-Modell arbeiteten, häufiger nur schwerer nach der Arbeit abschalten, dachten auch zu Hause noch an Schwierigkeiten bei der Arbeit und waren nach der Arbeit eher nervös. Bei Beschäftigten mit festen Arbeitszeiten traten diese Reaktionen allerdings weitaus seltener auf. Auffällig ist hier auch, dass Beschäftigte mit Gleitzeit häufiger diese Reaktionen aufweisen als Beschäftigte mit flexiblen Arbeitszeiten.

11.3.4.2   Zufriedenheit mit der Arbeitszeit

Hinsichtlich der Zufriedenheit mit der eigenen Arbeitszeit, der Zufriedenheit mit der Lage der eigenen Arbeitszeit zu der des (sofern vorhanden) Lebenspartners und bezüglich der Zufriedenheit mit der privaten Situation traten bei den verschiedenen Arbeitszeitmodellen signifikante Unterschiede auf. Für die Zufriedenheit mit dem Leben insgesamt gab es hingegen keine Unterschiede.

Die höchste Zufriedenheit mit dem eigenen Arbeitszeitmodell trat bei Gleitzeit auf, die niedrigste Zufriedenheit bei den Schichtmodellen. Die flexiblen Arbeitszeiten erzielten den zweithöchsten Wert; dies ist wohl darauf zurückzuführen, dass die flexiblen Arbeitszeiten zumindest zum Teil auch selbst bestimmt werden konnten.

Hinsichtlich der Abstimmung der Arbeitszeiten mit denjenigen des Partners liegt die Zufriedenheit insgesamt niedriger als die Zufriedenheit mit dem eigenen Arbeitszeitmodell. Hier wurde bei den festen Arbeitszeiten die höchste Zufriedenheit erreicht, gefolgt von Gleitzeitmodellen. Die Schichtmodelle weisen auch hier die niedrigste Zufriedenheit auf.

Bezüglich der Zufriedenheit mit der privaten Situation liegen alle Arbeitszeitmodelle nahe beieinander. Eine Ausnahme ist das 3-Schicht-Modell mit einer signifikant niedrigeren Zufriedenheit. Insgesamt lässt sich festhalten, dass das 3-Schicht-Modell hinsichtlich der Zufriedenheit mit Abstand am schlechtesten abgeschnitten hat.

11.3.4.3   Wechselwirkungen zwischen den Lebenswelten

Betrachtet man die auftretenden Konflikte zwischen den verschiedenen Lebenswelten differenziert nach den verschiedenen Arbeitszeitmodellen (vgl. Abbildung 11.4), so treten teilweise erhebliche Unterschiede auf, die allerdings nur für die Konfliktrichtung „Einfluss der Arbeit auf die Familie" signifikant sind. Viele zeit- und beanspruchungsbasierte Konflikte treten erwartungsgemäß beim 3-Schicht-Modell auf. Auffällig ist, dass auch bei Gleitzeit viele Konflikte wahrgenommen werden. Dies könnte darauf zurückzuführen sein, dass die durch Gleitzeit realisierte Flexibilität noch nicht ausreichend ist, um allen Ansprüchen aus der außerberuflichen Lebenswelt zu genügen.

Abbildung 11.4 Wechselwirkungen zwischen der beruflichen und der außerberuflichen
Lebenswelt differenziert nach Arbeitszeitmodellen

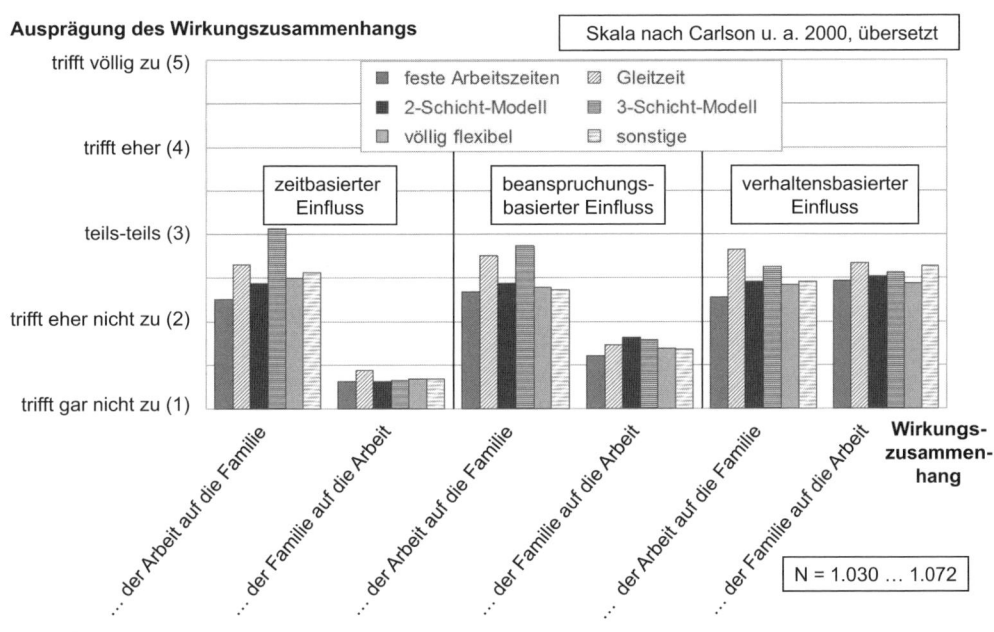

Auch die Berücksichtigung der Arbeitszeitwünsche hat mit Ausnahme des „Zeitbasierten
Einflusses der Familie auf die Arbeit" einen hoch signifikanten Einfluss auf die auftretenden Wechselwirkungen zwischen den Lebenswelten. Wie erwartet treten bei einer ständigen Berücksichtigung der Arbeitszeitwünsche am wenigsten Konflikte auf. Hinsichtlich des
zeitbasierten Einflusses zeigt sich, dass weniger Konflikte auftreten, wenn die Wünsche nie
berücksichtigt werden, als wenn dies nur manchmal oder selten geschieht. Offensichtlich
hat man sich daran gewöhnt, dass die Arbeitszeitwünsche (fast) nie berücksichtigt werden,
und hat sich im Privatleben entsprechend arrangiert. Ein weiterer Grund liegt hier in einer
besseren Planbarkeit für den Mitarbeiter.

Unterschiede treten auch bei den Wechselwirkungen zwischen den Lebenswelten hinsichtlich des Auftretens von kurzfristigen Veränderungen der geplanten Arbeitszeiten hervor,
wobei diese für alle sechs Kennzahlen signifikant sind: Hier nimmt erwartungsgemäß die
Zahl der Konflikte mit der Häufigkeit der kurzfristigen Veränderungen zu.

Schließlich gibt es auch signifikante Unterschiede für alle auftretenden Wechselwirkungen
bei Differenzierung nach der durchschnittlichen Arbeitszeitdauer. Hier nimmt die Zahl der
Konflikte mit steigender Arbeitszeitdauer zu, wobei es einen verhältnismäßig größeren
Anstieg der Konfliktzahl bei einer Arbeitszeitdauer von mehr als 10 Stunden gibt.

11.3.5   Vertiefende Auswertung der Mitarbeiterbefragung

Derzeit werden die erhobenen Daten der Mitarbeiterbefragung mit Hilfe einer Clusterana-lyse ausgewertet, um vorhandene soziale Rollen der Beschäftigten zu identifizieren, die sich hinsichtlich der Zeitverwendung im privaten Bereich und der Arbeitszeitpräferenzen voneinander abgrenzen. Erste Ergebnisse zeigen, dass sich verschiedene Mitarbeitergrup-pen mit unterschiedlichen Arbeitspräferenzen ableiten lassen (zur Vertiefung z. B. Schmidt/Stock/Zülch 2012) [37].

Im Anschluss daran erfolgt eine weitere Auswertung der Mitarbeiterbefragung mit gängi-gen statistischen Verfahren, um spezifische Aussagen über die Belastungssituation der verschiedenen identifizierten sozialen Rollen zu erhalten. Ergebnis wird ein Rollen-Belastungs-Modell sein, das die Zusammenhänge zwischen den identifizierten sozialen Rollen und den daraus resultierenden beruflichen und außerberuflichen Belastungen sowie deren Arbeitszeitpräferenzen widerspiegelt.

11.4   Fazit zum aktuellen Forschungsstand

Bereits die traditionelle Arbeitszeitgestaltung, die ausschließlich auf die betrieblichen Ziele ausgelegt ist, erweist sich aufgrund der Vielzahl an verfügbaren Arbeitszeitmodellen als hoch komplex. In jüngster Zeit erhält das Thema der Work-Life-Balance verstärkte Auf-merksamkeit in Unternehmen, die sich eine bessere Bindung der Mitarbeiter an das Unter-nehmen durch geeignete Maßnahmen zu deren Förderung versprechen. Dabei sind dann aber auch die Arbeitszeitpräferenzen der Mitarbeiter verstärkt bei der Arbeitszeitgestaltung zu berücksichtigen. Hierdurch wird die Komplexität der Arbeitszeitgestaltung noch einmal erhöht. Dies erschwert es den Entscheidungsträgern im Unternehmen, mögliche Arbeits-zeitmodelle bzw. -systeme hinsichtlich ihres Nutzenpotenzials zu überblicken.

Derzeit existieren verschiedene Untersuchungen über die Auswirkungen von Schichtarbeit, relativ wenige Untersuchungen hingegen für flexible Arbeitszeitmodelle. In der Mehrzahl befassen sich diese allerdings mit gesundheitlichen Auswirkungen auf die Beschäftigten, nicht jedoch mit den Effekten auf deren Work-Life-Balance. Während es für die Schichtar-beit bereits einige gesicherte arbeitswissenschaftliche Erkenntnisse und Leitlinien für die Gestaltung gibt, fehlen diese bislang noch für flexible Arbeitszeitmodelle. Derartige Er-kenntnisse sind jedoch für eine zeitgemäße Arbeitszeitgestaltung unabdingbar.

Vor diesem Hintergrund befasst sich das vorgestellte *ARBWOL*-Projekt mit den Effekten der Arbeitszeitgestaltung auf die Work-Life-Balance und damit, Handlungshilfen für den praktischen Einsatz zu entwickeln. Erste Ergebnisse zeigen, dass sich das praktizierte Ar-beitszeitmodell deutlich auf die Wechselwirkungen zwischen den Lebenswelten auswirkt. Inbesondere lassen sich Mitarbeitertypen mit verschiedenen Arbeitszeitpräferenzen identi-fizieren, so dass die Arbeitszeitgestaltung zukünftig speziell auf diese abgestellt werden sollte.

Literatur

[1]   REFA - Verband für Arbeitsstudien und Betriebsorganisation (1997): Wörterbuch der Arbeitswissenschaft. München: Carl Hanser Verlag.

[2]   Bogus, T. (2002): Simulationsbasierte Gestaltung von Arbeitszeitmodellen in Dienstleistungsbetrieben mit kundenfrequenzabhängigem Arbeitszeitbedarf. Aachen: Shaker Verlag.

[3]   Teriet, B. (1979): Freie Arbeitszeitregelungen als Chance für Unternehmen und Mitarbeiter. Freie Arbeitszeit. Neue Betriebliche Arbeitszeitmodelle. Rüschlikon, Gottlieb Duttweiler-Institut, 21 Seiten.

[4]   Seifert, H. (2011): Schaffen ohne Grenzen. Böcklerimpuls, 17, S. 5.

[5]   Seifert, H. (2007): Arbeitszeit. Entwicklungen und Konflikte. Aus Politik und Zeitgeschichte, 4-5, S. 17-24.

[6]   Knauth, P. (2002): Arbeitszeitflexiblisierung aus arbeitswissenschaftlicher Sicht. In: Zülch, G./Stock, P./Bogus, T. (Hrsg.), Arbeitszeitflexibilisierung im Dienstleistungsbereich. Aachen: Shaker Verlag, S. 51-74.

[7]   Knauth, P. (1995): Was kann das betriebliche Zeitmanagement zur sozialverträglichen Gestaltung von Arbeitszeiten beitragen? In: Büssing, A./Seifert, H. (Hrsg.), Sozialverträgliche Arbeitszeitgestaltung. Mering: Rainer Hampp Verlag, S. 209-220.

[8]   BAuA – Bundesanstalt für Arbeitsschutz und Medizin (2008): Im Takt? Risiken, Chancen und Gestaltung von flexiblen Arbeitszeitmodellen. 3. Aufl., Bönen: DruckVerlag Kettler.

[9]   Schlick, C./Bruder, R./Luczak, H. (2010): Arbeitswissenschaft. 3. Aufl., Berlin: Springer-Verlag.

[10] Luczak, H. (1998): Arbeitswissenschaft. 2. Aufl., Berlin: Springer-Verlag.

[11] Hornberger, S./Knauth, P. (2000): Innovative Flexibilisierung der Arbeitszeit. In: Knauth, P./Zülch, G. (Hrsg.), Innovatives Arbeitszeitmanagement. Aachen: Shaker Verlag, S. 23-49.

[12] Lenzing, K./Janßen, D./Deinert, K. (2002): Forschungsprojekt „Flexible Arbeitszeiten". Übersicht und erste Ergebnisse. In: Zülch, G./Stock, P./Bogus, T. (Hrsg.), Arbeitszeitflexibilisierung im Dienstleistungsbereich. Aachen: Shaker Verlag, S. 77-87.

[13] Brützel, U. (1998): Aktive Personalsteuerung für mehr Produktivität. Der Arbeitgeber, 50, 6, S. 162-164.

[14] IDA – Institut für Demoskopie Allensbach (2010): Monitor Familienleben 2010. www.ifd-allensbach.de/pdf/Ber_Monitor_Familienleben_2010.pdf, Zugriff: 12.09.2011.

[15] ArbSchG: Arbeitsschutzgesetz. Vom 20. August 1996, zuletzt geändert am 5. Februar 2009. http://www.gesetze-im-internet.de/bundesrecht/arbschg/gesamt.pdf, Zugriff: 23.06.2012.

[16] DGAUM – Deutsche Gesellschaft für Arbeitsmedizin und Umweltmedizin (2006): Arbeitsmedizinische Leitlinie Nacht- und Schichtarbeit. Aachen. www.dgaum.de/images/stories/Leitlinien/ LL%20Nacht-Schicht-PDF.pdf, Zugriff: 27.03.2012.

[17] Paridon, H./Ernst, S./Harth, V. u. a. (2012): Schichtarbeit. Rechtslage, gesundheitliche Risiken und Präventionsmöglichkeiten. Berlin: Deutsche Gesetzliche Unfallversicherung (DGUV). http://publikationen.dguv.de/dguv/pdf/10002/iag-schicht-1.2012.pdf, Zugriff: 27.03.2012.

[18] Bauer, F./Groß, H./Lehmann, K. u. a. (2004): Arbeitszeit 2003. Arbeitszeitgestaltung, Arbeitsorganisation und Tätigkeitsprofile. Köln: Institut zur Erforschung sozialer Chancen.

[19] Knauth, P./Hornberger, S. (1997): Schichtarbeit und Nachtarbeit. Probleme. Formen. Empfehlungen. 4. Aufl., München: Bayerisches Staatsministerium für Arbeit und Sozialordnung, Frauen und Gesundheit.

[20] Knauth, P. (1983): Ergonomische Beiträge zu Sicherheitsaspekten der Arbeitszeitorganisation. Düsseldorf: VDI-Verlag.

[21] Knauth, P./Rutenfranz, J. (1972): Untersuchung über die Beziehungen zwischen Schichtform und Tagesaufteilung. International Archives of Occupational and Environmental Health, 30, 3, S. 173-191.

[22] Knauth, P./Ernst, G./Schwarzenau, P. u. a. (1981): Möglichkeiten der Kompensation negativer Auswirkungen der Schichtarbeit. Zeitschrift für Arbeitswissenschaft, 35, 1, S. 1-6.

[23] Janßen, D./Nachreiner, F. (2004): Flexible Arbeitszeiten. Bremerhaven: Wirtschaftsverlag NW.

[24] ArbZG: Arbeitszeitgesetz. Vom 6. Juni 1994, zuletzt geändert am 15. Juli 2009. www.gesetze-im-internet.de/bundesrecht/arbzg/gesamt.pdf, Zugriff: 03.02.2012.

[25] Skiba, R. (1985): Taschenbuch Arbeitssicherheit. 5. Aufl., Bielefeld: Erich Schmidt Verlag.

[26] Nachreiner, F. (2002): Arbeitszeit und Unfallrisiko. In: Trimpop, R./Zimolong, B./Kalveram, A. (Hrsg.), Psychologie der Arbeitssicherheit und Gesundheit. Heidelberg: Asanger, S. 5-21.

[27] Nachreiner, F./Rädiker, B./Janßen, D./Schomann, C. (2005): Untersuchung zum Zusammenhang zwi-schen der Dauer der Arbeitszeit und gesundheitlichen Beeinträchtigungen. Ergebnisse einer Mach-barkeitsstudie. Oldenburg: Gesellschaft für Arbeits-, Wirtschafts- und Organisations-psychologische Forschung (GAWO). www.gawo-ev.de/Material/HBS_LAZ_Farbe.pdf, Zugriff: 29.03.2012.

[28] Nachreiner, F./Janßen, D./Schomann, C. (2005): Arbeitszeit und Gesundheit. Zu gesundheitlichen Effekten längerer Wochenarbeitszeiten. In: Gesellschaft für Arbeitswissenschaft (Hrsg.), Personalmanagement und Arbeitsgestaltung. Dortmund: GfA-Press, S. 337-340.

[29] Wirtz, A. K. (2010): Lange Arbeitszeiten. Untersuchungen zu den gesundheitlichen und sozialen Auswirkungen langer Arbeitszeiten. Oldenburg: Universität Oldenburg, Dissertation. http://oops.uni-oldenburg.de/volltexte/2010/996/pdf/wirlan10.pdf, Zugriff: 29.03.2012.

[30] Beauregard, T. A./Henry, L. C. (2009): Making the link between work-life balance practices and organizational performance. Human Resource Management Review, 19, 1, S. 9-22.

[31] Rimann, M./Udris, I. (1999): Fragebogen „Salutogenetische Subjektive Arbeitsanalyse" (SALSA). In: Dunckel, H. (Hrsg.), Handbuch psychologischer Arbeitsanalysen. Zürich: vdf Hochschulverlag an der ETH, S. 404-419.

[32] Carlson, D./Kacmar, K. M./Williams, L. J. (2000): Construction and initial validation of a multidimensional measure of work-family conflict. Journal of Vocational Behavior, 56, 2, S. 249-276.

[33] Zülch, G./Stock, P./Schmidt, D. (2010): Entwicklung einer Methodik der Arbeitszeitgestaltung im Dienstleistungsbereich zur Verbesserung der Work-Life-Balance. In: Möslein, K. u. a. (Hrsg.), BA-LANCE Konferenzband. Göttingen: Cuvillier Verlag, S. 313-322.

[34] Zülch, G./Stock, P./Schmidt, D. u. a. (2010): Conflicts between professional and private life in the different life stages. In: Federation of the European Ergonomic Societies (Hrsg.), Download Papers 1st European FEES Conference on Ergonomics, Assenede, Medicongress. www.ece2010.be/papers/download.php?f=./poster_papers/P14%20-%20Zuelch.pdf, Zugriff: 18.12.2010.

[35] Zülch, G./Stock, P./Schmidt, D. u. a. (2011): Conflicts between work and private life caused by working times. In: Göbel, M. u. a. (Hrsg.), Human factors in organisational design and management X. Santa Monica/CA: IEA Press, 1, S. I-159 – I-164.

[36] Zülch, G./Stock, P./Schmidt, D. (2012): Analysis of the strain on employees in the retail sector considering work-life balance. Work. A Journal of Prevention, Assessment and Rehabilitation, 41, 1, S. 2675-2682. http://iospress.metapress.com/content/w9716708601264kv/fulltext.pdf, Zugriff: 29.02.2012.

[37] Schmidt, D./Stock, P./Zülch, G. (2012): Mitarbeitertypen für die Arbeitszeitgestaltung unter Berücksichtigung der privaten Belastungssituation. In: Gesellschaft für Arbeitswissenschaft (Hrsg.), Gestaltung nachhaltiger Arbeitssysteme. Dortmund: GfA-Press, S. 813-816.

12 Simulationsunterstützte Gestaltung flexibler Arbeitszeitmodelle

Michael Leupold, Patricia Stock, Gert Zülch

12.1   Der Prozess der Arbeitszeitgestaltung

12.1.1   Rahmenbedingungen der Arbeitszeitgestaltung

Zur Entwicklung eines Arbeitszeitmodells müssen die verschiedensten Rahmenbedingungen des betrachteten Betriebsbereiches berücksichtigt werden. Neben gesetzlichen und tariflichen Bestimmungen und arbeitswissenschaftlichen Empfehlungen konkurrieren hierbei betriebliche, mitarbeiter- und kundenorientierte Ziele miteinander (Knauth 2002, S. 51 ff.) [1], wodurch sich i.d.R. nicht alle Ziele in gleichem Maße realisieren lassen. Erschwert wird die Arbeitszeitgestaltung zudem dadurch, dass meist nicht nur ein einzelnes Arbeitszeitmodell, sondern ein Arbeitszeitsystem gefunden werden soll. Unter diesem Begriff versteht man die Zusammenstellung aller Arbeitszeitmodelle im betrachteten Betriebsbereich.

In jüngster Zeit haben die Präferenzen der Mitarbeiter für die Arbeitszeitgestaltung zunehmend an Bedeutung gewonnen: Aus Sicht der Beschäftigten sind flexible Arbeitszeiten wesentlich für eine gute Vereinbarkeit von Familie und Beruf (BMFSFJ 2010, S. 8) [2]. Zudem nannten 2010 34,6 % der Beschäftigten Überstunden, lange Arbeitszeiten und Arbeitswege als häufige Arbeitsbelastung, 20,8 % gaben die Schichtarbeit als Belastung an (Kroll/Müters/Dragano 2011, S. 3) [3]. Der Faktor Arbeitszeit kann somit gezielt genutzt werden, um die Mitarbeiter durch mitarbeiterorientierte Arbeitszeitmodelle an das Unternehmen bzw. den Betrieb zu binden, die Belastungen der Mitarbeiter zu reduzieren und somit deren Leistungsfähigkeit zu erhalten. Darüber hinaus können durch flexible Arbeitszeitmodelle auch Bedarfsschwankungen im Unternehmen besser abgedeckt werden. Hierzu ist es allerdings erforderlich, dass der Betrieb über die Flexibilität der Arbeitszeit zumindest zu einem Teil verfügen kann.

In der Herbstauswertung 2011 des ifaa-Trendbarometers (ifaa 2011, S. 2) [4], an der sich 405 Experten aus der Wirtschaft (77 %), den Verbänden (13 %), der Wissenschaft (5 %) und sonstigen Bereichen (4 %) beteiligten, wurde der Arbeitszeitflexibilisierung die größte Bedeutung beigemessen, da 89 % der Befragten deren Bedeutung als hoch oder sehr hoch bewerteten. Die Arbeitszufriedenheit nimmt hinsichtlich der Bedeutung für die Unternehmen den fünften Platz ein (77 % bewerteten diese mit hoch oder sehr hoch), allerdings hat die Arbeitszufriedenheit insgesamt den größten Zuwachs an Relevanz im Vergleich zu den übrigen Einzelthemen erzielt (ifaa 2011, S. 3) [4].

Vor diesem Hintergrund wurde in Deutschland im Februar 2011 von Bundesregierung, Wirtschaftsverbänden und Deutschem Gewerkschaftsbund die Initiative „Familienbewusste Arbeitszeiten" gestartet, deren Ziel die bessere Vereinbarkeit von Beruf und Familie ist (BMFSFJ 2011) [5]. Derzeit lassen sich in der Literatur einige Best-Practice-Beispiele zur Gestaltung von mitarbeiterorientierten Arbeitszeitmodellen finden (Conlin 2006, Bosshammer 2010, Meise 2010, Gryglewski 2011) [6], [7], [8], [9], die sich jedoch in der Regel nicht einfach auf andere Betriebe übertragen lassen. Zudem werden Berichte über gescheiterte Arbeitszeitmodelle in aller Regel nicht publiziert, so dass Best-Practice-Beispiele für den einzelnen Betrieb nur bedingt eine Hilfe bei der Arbeitszeitgestaltung sind. Somit bedarf es einer geeigneten Methodik, durch welche die betrieblichen Entscheidungsträger bei der Gestaltung mitarbeiterorientierter Arbeitszeitmodelle unterstützt werden können.

12.1.2 Methoden zur Gestaltung von Arbeitszeitmodellen

Der Prozess der Arbeitszeitgestaltung ist aufgrund der Vielzahl an praktizierten Arbeitszeitmodellen und unter Berücksichtigung der verschiedenen Zielsetzungen und Vorgaben in der Regel hoch komplex, nicht routinemäßig lösbar, sehr zeitaufwändig und multipersonal (Ackermann 1990, S. 185, Bauer 1999, S. 12) [10], [11]. Aus diesem Grund ist ein systematisches Vorgehen bei Planung und Implementierung von Arbeitszeitmodellen sinnvoll, das die Vielzahl der Alternativen adäquat in Betracht zieht. Dies gewinnt insbesondere vor dem Hintergrund an Bedeutung, dass viele Entscheidungsträger nur einen geringen Kenntnisstand hinsichtlich der Möglichkeiten und Auswirkungen der Arbeitszeitgestaltung haben (Ferreira/Landau 2001, S. 245) [12]. Schließlich beträgt der Geltungszeitraum eines Arbeitszeitmodells in der Praxis oft mehrere Jahre, wodurch eine falsche Entscheidung sehr langfristig nachwirken kann.

Einen Überblick über existierende Verfahren zur systematischen Arbeitszeitgestaltung liefert Bogus (2002, S. 40) [13]. Die dort genannten Verfahren beinhalten im Allgemeinen nach einer Analyse der Ist-Situation die Suche und Bewertung mehrerer alternativer Arbeitszeitmodelle, die den Zielen des Betriebes möglichst gut entsprechen. Hierzu wird in der Regel auf allgemeine Methoden zurückgegriffen, wobei am häufigsten eine Bewertung mittels Checklisten oder auf Basis einer Nutzwertanalyse durchgeführt wird. Weitere gängige Methoden zur Bewertung von Arbeitszeitmodellen sind die Sensitivitäts-, die Kosten- und Kosten-Nutzen-Analyse, außerdem die Investitionsrechnung, die Argumentenbilanz, die Durchführbarkeitsstudie sowie der Einsatz von Fragebögen.

Mit diesen konventionellen, statischen Planungs- und Bewertungsmethoden sind quantitative Aussagen über die zu erwartenden Auswirkungen des Einsatzes komplexer Arbeitszeitmodelle oder gar -systeme allerdings nur unzureichend möglich (Bogus, 2002, S. 25 f.) [13], da diese weder auf die spezifischen Gegebenheiten des Betriebes noch auf die Belange der Mitarbeiter und die gesetzlichen und tariflichen Regelungen adäquat eingehen. Vor diesem Hintergrund liefern diese Bewertungsmethoden eher eine erste Einschätzung zum Vergleich verschiedener Arbeitszeitmodelle, die dann aber mit spezifischen Methoden zur statischen bzw. dynamischen Bewertung noch vertieft untersucht werden sollten.

12.1.3 Statische Bewertung von Arbeitszeitmodellen

Bei der Bewertung von Arbeitszeitmodellen kann zwischen gesetzlichen und tarifvertraglichen Regelungen sowie ergonomischen Empfehlungen unterschieden werden (Zülch/Stock 2011) [14]:

- Vereinbarungen zur Arbeitszeit können auf verschiedenen Ebenen abgeschlossen werden, nämlich durch Gesetze, Tarifverträge, Betriebsvereinbarungen und durch den individuellen Arbeitsvertrag (Rieble 2002, S. 7) [15]. Hierbei gilt das Günstigkeitsprinzip, d. h., für einen Arbeitnehmer gilt immer die für ihn günstigste Regel auf allen Ebenen. Die dort zu findenden Regelungen über die Arbeitszeit betreffen in der Regel die mini-male und maximale werktägliche Arbeitszeit, die maximale und durchschnittliche Wochenarbeitszeit in einem bestimmten Ausgleichszeitraum, die Mindestanzahl freier Wochenenden bzw. Sonntage sowie den Ausgleich von Mehrarbeit oder Arbeit an Wochenenden.

- Die ergonomischen Empfehlungen betreffen vor allem die Gestaltung von Schichtarbeit, z. B. hinsichtlich Mindestdauer einer Schicht, minimale und maximale Anzahl kontinuierlicher Arbeitstage, Vorwärtsrotation der Schichtfolge (Früh-, Spät-, Nachtschicht), Mindestruhezeit nach einer Nachtschicht und Anzahl freier Wochenenden im Ausgleichszeitraum (DGAUM 2006, S. 6 f.) [16]. Gesicherte arbeitswissenschaftliche Erkenntnisse zur Gestaltung von flexiblen Arbeitszeitmodellen über die Schichtarbeit hinaus existieren derzeit allerdings noch nicht.

Die statische Bewertung erfolgt in der Regel mittels des Abgleichs der gegebenen Rahmenbedingungen für den betrachteten Betriebsbereich mit den verschiedenen Arbeitszeitmodellen. Hierbei müssen die rechtlichen Regelungen eingehalten werden, wobei ein Verstoß gemäß § 22 Arbeitszeitgesetz (ArbZG) [17] als Ordnungswidrigkeit geahndet und mit einer Geldbuße belegt werden kann. Die ergonomischen Empfehlungen sind zwar nicht bindend, dienen aber zur Aufrechterhaltung der Gesundheit der Beschäftigten.

Nicht jede Software zur Arbeitszeitplanung bietet die Möglichkeit der skizzierten statischen Bewertung. Die vier gängigsten kommerziellen Softwareverfahren zur Schichtplangestaltung, die eine solche statische Bewertung ermöglichen, wurden von Böker (2011) [18] getestet. Im Rahmen der Initiative Neue Qualität der Arbeit (INQA) wurden zudem Beratungs- und Unterstützungsangebote für die Arbeitszeitgestaltung zusammengestellt und insbesondere auch ein kostenfrei verfügbares Verfahren zur Online-Risikobewertung von Arbeitszeitmodellen entwickelt (INQA 2012) [19]. Auch diese Verfahren greifen auf einen Soll-Ist-Vergleich zur Bewertung eines Arbeitszeitmodells zurück, wobei meist ein Kriterienkatalog angeboten wird, aus dem Kriterien ausgewählt und ggf. gewichtet werden können (Fergen 2007, S. 143, Höfer u. a. 2009, S. 29 ff., Nachreiner u. a. 2005, S. 35) [20], [21], [22]. Tarifliche und einzelvertragliche Besonderheiten können hier als Prüfkriterien allerdings nicht berücksichtigt werden, da die Programme nicht ergänzt werden können.

Eine Bewertung hinsichtlich der Work-Life-Balance der Beschäftigten wird bislang nicht vorgenommen. Lediglich das Online-Verfahren zur Risikobewertung von INQA prüft pauschal hinsichtlich der Wahrscheinlichkeit von eingeschränkter Teilhabe am sozialen Leben (Dittmar/Schomann/Nachreiner 2010, S. 154) [23].

12.1.4   Dynamische Bewertung von Arbeitszeitmodellen

Erst durch die Untersuchung an einem Rechnermodell, das den zeitlichen Ablauf der Arbeitsaufgaben in einem Betrieb abbilden kann, können mögliche Auswirkungen umfassend aufgedeckt werden. Dynamische Effekte ergeben sich dabei beispielsweise durch stochastische Durchführungszeiten von Arbeitsaufgaben oder durch periodische Schwankungen im Kapazitätsbedarf, welche zwar in der Regel im Durchschnitt bekannt sind, in der Realität jedoch stochastischen Effekten unterliegen (Zülch/Stock/Hrdina, 2006, S. 183 ff.) [24], was die Anpassung des Kapazitätsbestandes an den -bedarf erschwert. Einfache analytische oder numerische Verfahren (z. B. auf Basis der Warteschlangentheorie) stoßen hierbei jedoch schnell an ihre Grenzen (Bogus 2002, S. 53) [13].

Derzeit ist kein Instrumentarium verfügbar, mit dem die Entscheidungsträger in einem Betrieb prospektiv, also vor der Realisierung, den Erfolg der Umgestaltung eines Arbeitszeitmodells oder -systems unter Berücksichtigung der betrieblichen Dynamik und der Einflüsse auf die Work-Life-Balance der Beschäftigten bewerten könnten. Existierende Verfahren zur Gestaltung von Arbeitszeitmodellen berücksichtigen allenfalls Arbeitszeitpräferenzen, nicht jedoch die individuelle Belastungssituation durch Arbeit und Privatleben.

Derartige Prognosen sind jedoch für eine zeitgemäße Personaleinsatzplanung unabdingbar. Dies erschwert es dem Entscheidungsträger, das Problem ganzheitlich zu analysieren und geeignete Gestaltungsmaßnahmen für den eigenen Betrieb zu treffen, und zwar unter expliziter Berücksichtigung der Wechselwirkungen zwischen beruflicher und außerberuflicher Lebenswelt der Beschäftigten.

12.1.5   Simulationsunterstützte Arbeitszeitgestaltung

Ein Werkzeug, das die Bewertung von Arbeitszeitsystemen auch unter diesen stochastischen Einflüssen ermöglicht, ist die ereignisdiskrete Simulation. Bei der rechnerunterstützten Simulation wird die reale Situation durch Abstraktion und Vereinfachung in ein Simulationsmodell überführt. Der Vorteil einer Simulationsstudie ist die (nahezu) unbegrenzte Möglichkeit, die Parameter von Arbeitszeitmodellen zu variieren und schließlich Kausalbeziehungen zwischen diesen Parametern und den sich daraus ergebenden Folgen für die Belastung der Beschäftigten zu entdecken.

In der Praxis ist eine solche Variation jedoch unmöglich, da einerseits der Personaleinsatz (d. h. auch die Belastungssituation) für Untersuchungszwecke praktisch nicht variiert werden kann. Andererseits sind mögliche Arbeitszeitmodelle oftmals zu komplex, um diese im Praxisbetrieb über einen längeren Zeitraum hinweg zu testen.

12.2 Modellierung von Produktions- und Dienstleistungsbetrieben

Als Simulationsverfahren kann hierfür das am Institut für Arbeitswissenschaft und Betriebsorganisation (ifab) des Karlsruher Instituts für Technologie (KIT, vormals Universität Karlsruhe) entwickelte objektorientierte Simulationsverfahren *OSim-GAM* (*Objekt Simulator zur Gestaltung von Arbeitszeitmodellen*; vgl. Bogus 2002, S. 160) [13] eingesetzt werden. Mit diesem Simulationsverfahren können sowohl Produktions- als auch Dienstleistungsbetriebe adäquat abgebildet werden. Es ist durch eine große Anzahl vorgefertigter Modellelemente gekennzeichnet, die durch eine grafische Benutzungsoberfläche zu Simulationsmodellen kombiniert und parametrisiert werden können (vgl. Bogus 2002, S. 100) [13].

Nachfolgend wird zunächst beschrieben, wie die Modellbildung für einen Produktionsbetrieb erfolgt. Weitergehend wird dann darauf eingegangen, wie dieses Konzept für die Modellierung von Dienstleistungsbetrieben, insbesondere auch von Krankenhäusern eingesetzt und erweitert wurde.

12.2.1 Modellierung von Produktionsbetrieben

12.2.1.1 Auftragsarten

Die Grundlage für die Modellierung der Aufgabenabwicklung in *OSim-GAM* bildet das Konzept der Durchlaufpläne. Ein Durchlaufplan repräsentiert im Produktionsbetrieb einen Auftragstyp. Dieser stellt alle Arbeitsvorgänge des betrachteten Auftrags als gerichteten Netzgraph dar, bestehend aus Durchlaufplanknoten und -kanten. Ein Durchlaufplanknoten modelliert dabei einen Arbeitsvorgang innerhalb eines Auftrages, während eine Kante den Übergang zwischen zwei oder mehreren Arbeitsvorgängen darstellt und somit zeitlich-logische Abhängigkeiten zwischen ihnen repräsentiert. Jedem Durchlaufplanknoten werden im Simulationsmodell verschiedene Parameter zugewiesen. Neben der zeitlichen Dauer, die als deterministische Durchführungszeit oder als aus empirischen Daten oder Expertenschätzungen hierfür gewonnene Zufallsverteilung hinterlegt wird, sind dies insbesondere belastungsorientierte Kennzahlen wie die physische Belastung oder der Zeitstress der Beschäftigten (vgl. hierzu auch Abschnitt 12.4.3).

Abbildung 12.1 stellt einen solchen Durchlaufplan für die Essensausgabe einer Großküche mit angeschlossenem Speisesaal dar. Während der Öffnungszeit müssen verschiedene Aktivitäten durchgeführt werden: So müssen z. B. Fragen der Kunden zum Essensangebot beantwortet werden oder während der gesamten Öffnungszeit das Büffet kontrolliert und nachgefüllt werden. Diese Aktivitäten können parallel ausgeführt werden, wodurch auch verschiedene Mitarbeiter eingesetzt werden, sofern diese die notwendige Qualifikation haben und verfügbar sind. Unmittelbar nach Beendigung der Essensausgabe fallen weitere Aktivitäten an, wie z. B. die Säuberung der Tische oder die Lagerung bzw. Entsorgung der Essensreste.

Abbildung 12.1 Durchlaufplan in *OSim-GAM*

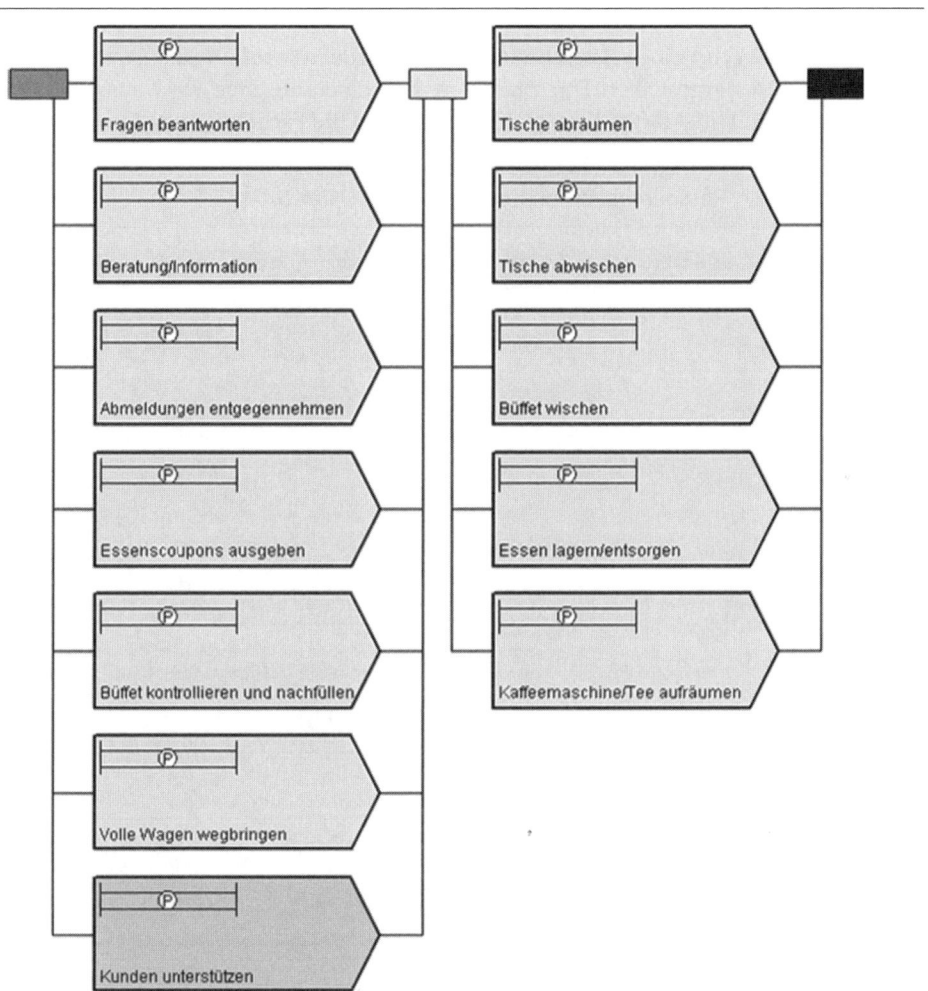

12.2.1.2 Personal, Betriebsmittel und Arbeitsplätze

Personal sowie Betriebsmittel bzw. Arbeitsplätze werden in *OSim-GAM* als Ressourcen modelliert. Sie werden in der Ressourcenverknüpfungsmatrix entsprechend ihrer Qualifikationen bzw. entsprechend ihres Einsatzgebiets mit den Knoten der Durchlaufpläne verbunden, für deren Durchführung sie benötigt werden. Bei Start eines mit einer Ressource assoziierten Arbeitsvorgangs wird diese dann vom Simulator als belegt gekennzeichnet und steht erst nach Beendigung der Durchführung wieder für andere Arbeitsvorgänge zur Verfügung (Jonsson 2000, S. 99) [25]. Parameter, die bei der Modellierung von Ressourcen

Verwendung finden, sind neben deren Bezeichnung auch die durch die Ressource entstehenden fixen und variablen Kosten, die durch Kostensätze spezifiziert werden.

Abbildung 12.2 zeigt einen Ausschnitt aus der Ressourcenverknüpfungsmatrix für den in Abbildung 12.1 dargestellten Durchlaufplan. Die Essensausgabe wird ausschließlich von den Service- und Hilfskräften durchgeführt, während die Fachkräfte nicht involviert sind.

Abbildung 12.2   Ressourcenverknüpfungsmatrix in *OSim-GAM*

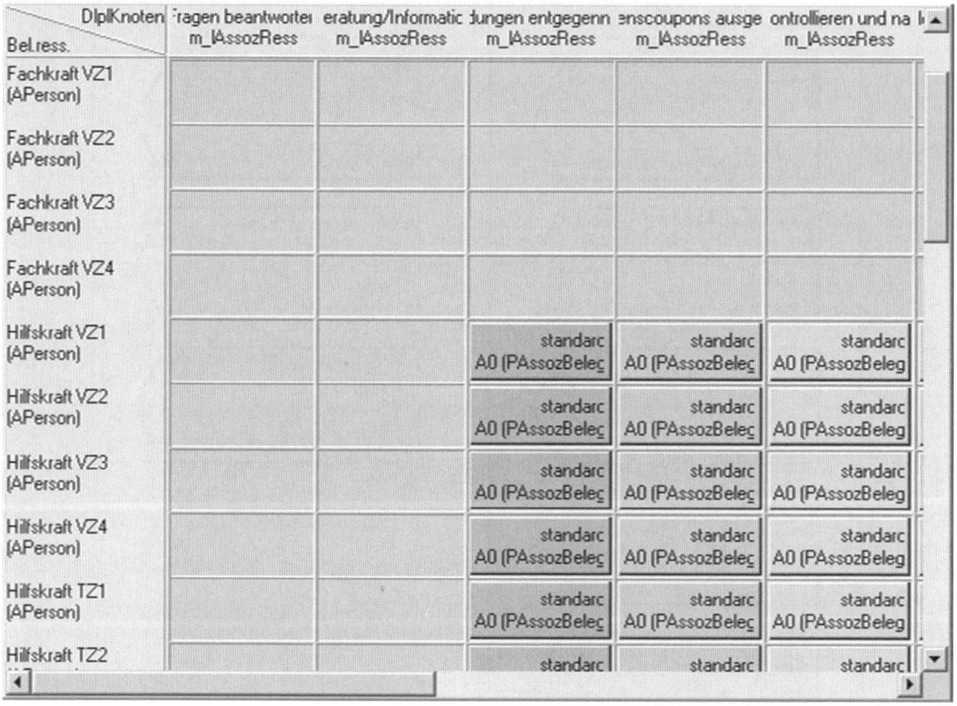

12.2.1.3   Auftragsaufkommen

Das Auftragsaufkommen wird durch die Modellierung so genannter Durchlaufplanauslöser abgebildet. Diese stoßen die Bearbeitung der Durchlaufpläne zu definierten Zeitpunkten an und instanziieren sie damit. Eine solche Auslösung entspricht dem externen oder internen Auftragseingang. Dabei unterscheidet man zwischen statischen Einzelauslösern, bei denen der einzige Auslösezeitpunkt bereits zum Zeitpunkt der Modellierung fest vorgegeben wird, und dynamischen Mehrfachauslösern, bei denen der Auslöser mehrfach mit stochastisch verteilten Zwischenankunftszeiten auslöst (Bogus 2002, S. 109 ff.) [13]. Während Einzelauslöser dabei in der Regel der Abbildung vorgegebener, realer Auftragsprogramme dienen, können Mehrfachauslöser auch mögliche zukünftige Szenarien abbilden, in denen der Auftragseingang Unsicherheiten unterliegt.

12.2.2   Modellierung von Dienstleistungsbetrieben und Krankenhäusern

Bogus (2002, S. 99 ff.) [13] zeigt, wie das in Abschnitt 12.2.1.3 vorgestellte Modellierungs-konzept auch auf Dienstleistungsbetriebe angewendet werden kann. Ihm zufolge ist es dienlich, nicht die angebotenen Dienstleistungen des Betriebes, sondern die Kundentypen mit den mit ihnen auszuführenden Arbeitsaufgaben als Durchlaufpläne zu modellieren (Bogus 2002, S. 101) [13]. Einen Auslöser stellt in diesem Zusammenhang den einzelnen Kunden bzw. dessen Ankunft im simulierten System dar. Auch unterstützende, indirekte Aufgaben, die kundenunabhängig erfüllt werden und z. B. vor- oder nachbereitender Natur sind, werden jeweils als ein Durchlaufplan modelliert. Durch Auslöser wird festgelegt, zu welchen Zeitpunkten diese ausgeführt werden sollen.

Dass diese Modellierungsart auch für Krankenhäuser geeignet ist, zeigen Zülch, Stock und Hrdina (2006) [24]. Dabei werden den Kundentypen entsprechende Patiententypen als Durchlaufpläne gebildet. Die Auslöser dienen zur Darstellung des Patientenaufkommens bzw. ebenfalls zur Auslösung indirekter Tätigkeiten.

12.3   Modellierung von Arbeitszeitsystemen in *OSim-GAM*

12.3.1   Arbeitszeitmodelle und Einsatzzeiten

Die im Beitrag von Stock und Zülch in diesem Band (vgl. Kapitel 11) vorgestellten formalen Gestaltungselemente von Arbeitszeitmodellen reichen nicht aus, um diese geeignet für die Simulation abzubilden. Der Simulator stellt den konkreten zeitlichen Ablauf dar und benö-tigt daher auch konkrete Informationen, wann ein Mitarbeiter im Simulationsmodell einge-setzt werden kann und wann nicht (Bogus 2002, S. 36) [13]. Dies führt im Ergebnis zur Zuordnung von Einsatzzeiten zu einer personellen Ressource in einer entsprechenden Ver-knüpfungsmatrix, die an die Darstellungsweise eines Schichtplans angelehnt ist (vgl. Abbildung 12.3). Eingabedaten für *OSim-GAM* sind somit neben den Einsatzzeitkorridoren mit Beginn und Dauer des Einsatzes auch die tageweise Zuweisung dieser Korridore zu den einzelnen Mitarbeitern.

Für den Fall, dass die Einsatzzeiten für den einzelnen Mitarbeiter nicht explizit festgelegt sind, ist die Verwendung eines Verfahrens nötig, das aus dem Arbeitszeitmodell einen Ein-satzzeitplan erstellt. Ein mögliches Verfahren hierfür, eine zeitscheibenbasierte Heuristik, wurde von Bogus (2002, S. 79 ff.) [13] entwickelt und ist in *OSim-GAM* integriert. Dabei ist zu beachten, dass eine derartige Heuristik in der Regel nur eine von vielen möglichen Lösungen der Zuordnung von Einsatzzeiten zu Mitarbeitern liefert. Der durch sie gene-rierte Einsatzzeitplan kann also lediglich ein Repräsentant aus der Menge möglicher Lösun-gen sein.

Abbildung 12.3   Modellierung des Einsatzzeitplans in *OSim-GAM*

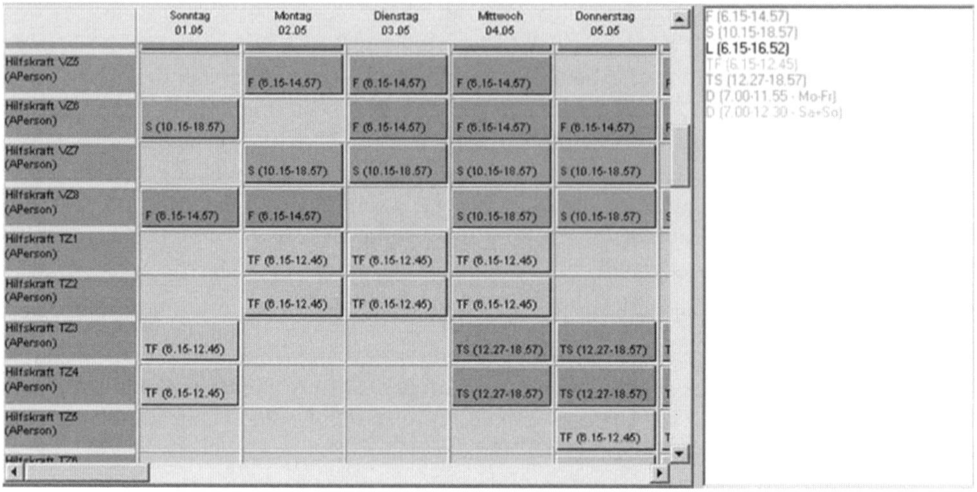

	Sonntag 01.05	Montag 02.05	Dienstag 03.05	Mittwoch 04.05	Donnerstag 05.05
Hilfskraft VZ5 (APerson)		F (6.15-14.57)	F (6.15-14.57)	F (6.15-14.57)	
Hilfskraft VZ6 (APerson)	S (10.15-18.57)		F (6.15-14.57)	F (6.15-14.57)	F (6.15-14.57)
Hilfskraft VZ7 (APerson)		S (10.15-18.57)	S (10.15-18.57)	S (10.15-18.57)	S (10.15-18.57)
Hilfskraft VZ8 (APerson)	F (6.15-14.57)	F (6.15-14.57)		S (10.15-18.57)	S (10.15-18.57)
Hilfskraft TZ1 (APerson)		TF (6.15-12.45)	TF (6.15-12.45)	TF (6.15-12.45)	
Hilfskraft TZ2 (APerson)		TF (6.15-12.45)	TF (6.15-12.45)	TF (6.15-12.45)	
Hilfskraft TZ3 (APerson)	TF (6.15-12.45)			TS (12.27-18.57)	TS (12.27-18.57)
Hilfskraft TZ4 (APerson)	TF (6.15-12.45)			TS (12.27-18.57)	TS (12.27-18.57)
Hilfskraft TZ5 (APerson)					TF (6.15-12.45)

Legende: F (6.15-14.57); S (10.15-18.57); L (6.15-16.52); TF (6.15-12.45); TS (12.27-18.57); D (7.00-11.55 - Mo-Fr); D (7.00-12.30 - Sa+So)

12.3.2   Soziale Rollen und zeitliche Konflikte

Um die durch das außerberufliche Leben der Beschäftigten entstehenden Belastungen und Konflikte geeignet zu berücksichtigen, müssen diese im Simulationsmodell hinterlegt werden. Da es sich bei der Gestaltung von Arbeitszeitmodellen und -systemen nicht um eine kurz-, sondern eine mittel- bis langfristige Aufgabe handelt, wird dabei jedoch auf die Darstellung der individuellen Belastungen der einzelnen Mitarbeiter verzichtet. Vielmehr wird auf das Konzept der sozialen Rolle (vgl. Stock u. a. 2010, S. 430) [26] zurückgegriffen, um die auf einen Mitarbeiter einwirkenden Belastungen und Konflikte aus dem privaten Bereich zu klassifizieren. Jedem Mitarbeiter im Simulationsmodell wird dann eine der modellierten sozialen Rollen zugewiesen.

Die soziale Rolle selbst umfasst neben der Rollenbezeichnung eine Liste möglicher zeitlicher Konflikte mit dem Privatleben. Jeder dieser Konflikte repräsentiert eine Zeitscheibe im Wochenverlauf, in der ein Inhaber dieser Rolle privaten Verpflichtungen nachgehen muss oder möchte; sie wird durch Start- und Endzeitpunkt parametrisiert. Außerdem ist jedem Konflikt auch eine Konfliktschwere zugewiesen, welche die aus ihm resultierenden Konsequenzen als schwerwiegend, mittelschwer oder leicht kennzeichnet (Leupold u. a. 2010, S. 367) [27].

12.4 Bewertung von Arbeitszeitsystemen in *OSim-GAM*

Zum Vergleich verschiedener Arbeitszeitmodelle und -systeme ist ein geeignetes Bewertungskonzept erforderlich, das betriebliche, monetäre sowie mitarbeiter- und kundenorientierte Aspekte beinhaltet. Dafür ist es erforderlich, dass die betrachteten Kennzahlen voneinander unabhängig, standardisiert und dimensionslos sind. Hierzu wird auf ein Bewertungskonzept mittels Zielerreichungsgraden zurückgegriffen (Wedemeyer 1989, S. 69 ff.) [28], das sich bei der Bewertung von Simulationsergebnissen bereits vielfach als geeignet erwiesen hat (Heitz 1994, S. 97 ff., Bogus 2002, S. 126 ff.) [29], [13]. Ein Zielerreichungsgrad nimmt dabei jeweils einen Wert zwischen dem pessimalen Wert von 0 % und dem optimalen Wert von 100 % an. Nachfolgend werden einige Kennzahlen vorgestellt, die in *OSim-GAM* zur Bewertung und zum Vergleich von Arbeitszeitsystemen genutzt werden. Zur Vertiefung sei auf die zu den Kennzahlen genannten Quellen verwiesen.

12.4.1 Betriebsorganisatorische Kennzahlen

12.4.1.1 Zielerreichungsgrad Durchlaufzeitgrad

Unter der Durchlaufzeit versteht man die Zeit zwischen dem Eintreffen und der Beendigung eines simulierten Auftrags (Grobel 1993, S. 86) [30]. Der Durchlaufzeitgrad bezeichnet das Verhältnis der planmäßigen (minimalen) Durchlaufzeit eines Durchlaufplans zu seiner simulierten Durchlaufzeit (Grobel 1993, S. 88) [30]. Der maximale Wert von 100 % wird somit dann erreicht, wenn die simulierte Durchlaufzeit der minimalen entspricht. Der Durchlaufzeitgrad eines gesamten Auftragsprogramms wird durch Mittelwertbildung der Durchlaufzeitgrade aller Aufträge gebildet (REFA 1991, S. 20 f., Brinkmeier 1998, S. 76 ff., Zülch 1999, S. 102 f., Bogus 2002, S. 131 ff.) [31], [32], [33], [13].

12.4.1.2 Zielerreichungsgrad Auslastung

Zur Berechnung der Auslastung wird für jede Ressource der abgeleistete zeitliche Kapazitätsbedarf ins Verhältnis zum zeitlichen Anwesenheitsbestand dieser Ressource gesetzt (REFA 1997, S. 184, Grobel 1993, S. 90 f., Graf 1991, S. 98) [34], [30], [35]. Der Zielerreichungsgrad „Auslastung des Arbeitssystems" wird dann durch Bildung des Mittelwerts der Auslastung der einzelnen Ressourcen berechnet (Bogus 2002, S. 137 f.) [13].

12.4.1.3 Zielerreichungsgrad Bedienungsgrad

Der Bedienungsgrad ist eine Kennzahl, die insbesondere in Dienstleistungsbetrieben Anwendung findet. Sie trägt der Tatsache Rechnung, dass ein Kunde in der Regel nur eine gewisse Zeit zu warten bereit ist und nach dieser maximalen Wartezeit ohne Bedienung den Betrieb verlässt, um z. B. einen konkurrierenden Betrieb aufzusuchen. Der Bedienungsgrad berechnet den Quotienten aus der Zahl der bedienten Kunden zur Gesamtzahl aller

Kunden. Diese Kennzahl steht nach Kundentyp oder als Mittelwert aggregiert zur Verfügung (Bogus 2002, S. 138 ff.) [13].

12.4.2 Monetäre Kennzahlen

12.4.2.1 Zielerreichungsgrad Nutzkostensatz

Da der Stundenlohn eines Mitarbeiters in der Regel genauso wie die Anzahl zu leistender Wochenarbeitsstunden tarif- oder einzelvertraglich festgelegt ist, ist die Höhe der Entgeltzahlung oft konstant und damit nicht zur Bewertung der monetären Auswirkungen eines Arbeitszeitsystems geeignet. Stattdessen wird der simulierte Nutzkostensatz verwendet, der auf Basis des abgeleisteten Kapazitätsbedarfs berechnet wird (Bogus 2002, S. 140) [13]. Dadurch findet implizit auch eine Berücksichtigung der Leerkosten statt (Brinkmeier 1998, S. 150; dort als simulierter Personalstundensatz definiert) [32]. Der simulierte Nutzkostensatz aller Beschäftigten ist dann als Mittelwert der Nutzkostensätze des Einzelnen definiert. Der Zielerreichungsgrad wird gebildet, indem der Personalstundensatz ins Verhältnis zum simulierten Nutzkostensatz gesetzt wird (Bogus 2002, S. 141 f.) [13].

12.4.2.2 Zielerreichungsgrad Kundenabwicklungskosten

Zur Berechnung der Abwicklungskosten für einen Kunden in einem Dienstleistungsbetrieb werden die Kosten addiert, die durch die mit den Durchlaufplanknoten des den Kunden repräsentierenden Durchlaufplans verknüpften Ressourcen entstehen. Die Abwicklungskosten für einen Kundentyp entstehen durch Bildung des Mittelwerts der individuellen Abwicklungskosten. Diese werden zu den minimalen Abwicklungskosten ins Verhältnis gesetzt, die dadurch entstehen, dass anstelle des simulativ ermittelten Nutzkostensatzes die Personalstundensätze für die Beschäftigten herangezogen werden (Bogus 2002, S. 143 ff.) [13].

12.4.3 Mitarbeiterbezogene Kennzahlen

12.4.3.1 Zielerreichungsgrad physische Belastung

Die Kennzahl „physische Belastung" bildet die auf die Beschäftigten wirkenden physischen Belastungen ab, die durch die Aufgabendurchführung entstehen. Dabei ist die Belastungshöhe als Parameter des zugeordneten Durchlaufplanknotens hinterlegt, die Belastungsdauer ergibt sich durch die simulierte Durchführungszeit. Die physische Belastung hat einen exponentiellen Verlauf (Schindele 1996, S. 90) [36] und wird jeweils tageweise protokolliert. Für den Zielerreichungsgrad physische Belastung wird der Mittelwert über alle Beschäftigten errechnet, der dann zwischen 100 % (keine Belastung) und 0 % (maximale Belastung) normiert wird (Bogus 2002, S. 146 ff.; dort als Zielerreichungsgrad Ermüdungsgrad bezeichnet) [13]. Da i.d.R. immer eine physische Belastung vorliegt und somit ein Zielerreichungsgrad von 100 % nicht erreicht werden kann, dient dieser Zielerreichungsgrad bei der Betrachtung eines Arbeitszeitmodells oder -systems hauptsächlich dem Vergleich der physischen Belastung der Beschäftigten. Darüber hinaus kann er zum Vergleich alternativer Arbeitszeitmodelle oder -systeme herangezogen werden (Bogus 2002, S. 151) [13].

12.4.3.2   Zielerreichungsgrad Zeitstressgrad

Zeitstress für einen Beschäftigten entsteht, wenn mehrere Arbeitsaufgaben gleichzeitig auf die Bearbeitung durch ihn warten; er entspricht also der in der Realität entstehenden Wahrnehmung von Zeitdruck. Der Zielerreichungsgrad Zeitstressgrad nimmt ebenfalls Werte zwischen 0 % (maximaler Zeitstress) und 100 % (kein Zeitstress) an und wird zur Bewertung des Arbeitssystems über alle Beschäftigte gemittelt (Bogus 2002, S. 152 ff.) [13].

12.4.3.3   Anzahl Konflikte

Auch die Anzahl zeitlicher Konflikte kann zur Bewertung von Arbeitszeitsystemen herangezogen werden. Als Konflikt wird dabei in der Simulation jede Überlappung der Einsatzzeit eines Beschäftigten und einer möglichen alternativen Zeitnutzung in der ihm zugeordneten Rolle aufgefasst und nach Konfliktintensität getrennt erfasst. Ob und wie diese Anzahl Konflikte geeignet aggregiert werden kann, ist noch Gegenstand weiterführender Untersuchungen. Denkbar wäre einerseits die Bildung einer globalen Kennzahl mittels einer additiven Präferenzfunktion oder die Anwendung einer lexikografischen Präferenzordnung, bei der die Anzahl der Konflikte nach ihrer Schwere lexikografisch geordnet wird, wobei über die Toleranzbreite gesteuert werden kann, dass nicht nur die Anzahl schwerwiegender Konflikte allein ausschlaggebend ist (Leupold u. a. 2010, S. 390) [27].

12.5   Pilotstudie in einer Großküche

12.5.1   Beschreibung des Arbeitssystems

In einer Pilotstudie wurde die Arbeitszeitgestaltung in einer Großküche untersucht, wobei ein starker Fokus auf der Zusammensetzung der sozialen Rollen bei den Beschäftigten und den hieraus resultierenden Konfliktsituationen durch die verschiedenen Arbeitszeitsysteme lag (Zülch/Stock/Leupold 2011) [37]. Die untersuchte Großküche bot täglich drei Mahlzeiten für jeweils ca. 320 Kunden an. An sie angeschlossen war ein Speisesaal. Neben der Zubereitung der Mahlzeiten wurden auch Tätigkeiten ausgeübt, die indirekt waren und somit nicht im Zusammenhang mit den Kunden standen, so z. B. Reinigungstätigkeiten, Bestellung und Annahme von Waren oder administrative Tätigkeiten. Dabei konnten bestimmte indirekte Tätigkeiten in der Küche storniert werden, falls sie nicht zeitnah erledigt werden konnten, so z. B. Reinigungstätigkeiten im Speisesaal. Diesem Umstand wurde in der Kennzahl „Zielerreichungsgrad Servicegrad" Rechnung getragen, der analog zum „Zielerreichungsgrad Bedienungsgrad" (vgl. Abschnitt 12.4.1) definiert wird: Der Servicegrad berechnet den Quotienten aus der Zahl der abgearbeiteten indirekten Tätigkeiten zur Gesamtzahl aller anfallenden indirekten Tätigkeiten.

Das Personal der Küche bestand aus fünf verschiedenen Personaltypen, die sich hinsichtlich ihrer Qualifikation und der Personalkostensätze unterschieden:

- 2 leitende Chefköche in Vollzeit: organisatorische und administrative Tätigkeiten, Führung der übrigen Beschäftigten;

- 4 Köche in Vollzeit: Zubereitung warmer Mahlzeiten;

- 16 Hilfsköche: Unterstützung der Köche und Reinigungsarbeiten in der Küche (davon 8 in Vollzeit, 8 in Teilzeit);

- 12 Mitarbeiter zur Betreuung des Speisesaals: Anrichtung und Überwachung des Büffets, Reinigung des Speisesaals (davon 4 in Vollzeit, 8 in Teilzeit);

- 8 Teilzeitkräfte in der Spülküche.

12.5.2   Soziale Rollen und Rollenverteilungen

Zur Repräsentation der sozialen Rollen wurde auf die Ergebnisse einer empirischen Studie von Lüdtke (2000, S. 74 ff.) [38] zurückgegriffen, in der dieser zwölf Lebensstile ermittelte. Diese hatte der Autor durch Clusteranalyse ermittelt und qualitativ beschrieben, insbesondere durch die typischen Aktivitäten der verschiedenen Lebensstile. Beispiele für diese Rollen sind „Jüngere, männliche, sportinteressierte Vereinsaktive" oder „Passive, Isolierte". Die von Lüdtke (2000, S. 74 ff.) [38] identifizierten Lebensstile wurden hier auf die für die Arbeitszeitgestaltung relevanten zehn Rollen reduziert und zur Simulation mit hypothetischen möglichen Zeitkonflikten versehen. Die Zuweisung der sozialen Rollen zu den Beschäftigten der Großküche erfolgte in fünf verschiedenen Szenarien: Dabei entsprachen die Anteile der sozialen Rollen an der Belegschaft in allen Szenarien den von Lüdtke (2000, S. 74 ff.) [38] ermittelten Anteilen in der Gesamtbevölkerung, während die Zuweisung der sozialen Rollen zu den Mitarbeitern stochastisch erfolgte. Somit blieb der Anteil der vertretenen sozialen Rollen für die Belegschaft der Großküche für alle Szenarien konstant, allerdings veränderte sich die Zusammensetzung der sozialen Rollen für die verschiedenen Personaltypen.

12.5.3   Untersuchte Arbeitszeitsysteme

Zur Abdeckung des Kapazitätsbedarfs wurden verschiedene Vollzeit- und Teilzeitarbeitsmodelle entwickelt. Vollzeitkräfte wurden entweder in einem 2-Schicht-Modell (mit einer Schichtdauer von 8 h) oder in einem Blockmodell (Schichtdauer 10 h mit entsprechend längeren Freizeiten zwischen den Diensten) eingesetzt, wobei die Anzahl der innerhalb eines Monats zu arbeitenden Wochenenden variierte (1, 1 + ½ + ½ oder 2 Wochenenden pro Monat). Somit ergaben sich sechs verschiedene Arbeitszeitmodelle für Vollzeitkräfte. Die Teilzeitkräfte wurden in zwei verschiedenen 2-Schicht-Modellen (Schichtdauer 6 h) eingesetzt, wobei ebenfalls die Anzahl der pro Monat zu arbeitenden Wochenenden variierte (1 + ½ + ½ oder 2 Wochenenden pro Monat). Die Beschäftigten in der Spülküche wurden aufgrund der geringen wöchentlichen Arbeitszeit in einem gesonderten 2-Schicht-Modell eingesetzt, das nicht variiert wurde. Diese verschiedenen Arbeitszeitmodelle wurden so kombiniert, dass sich insgesamt 12 verschiedene Arbeitszeitsysteme ergaben.

Tabelle 12.1   Definition der untersuchten Arbeitszeitmodelle

Arbeitszeitsystem Nr.	Vollzeitbeschäftigte		Teilzeitbeschäftigte	
	Arbeitszeitmodell	Zu arbeitende Wochenenden pro vier Wochen	Arbeitszeitmodell	Zu arbeitende Wochenenden pro vier Wochen
1	2 Schichten zu je 8 h	1	2 Schichten	1 + ½ + ½
2			2 Schichten	2
3		1 + ½ + ½	2 Schichten	1 + ½ + ½
4			2 Schichten	2
5		2	2 Schichten	1 + ½ + ½
6			2 Schichten	2
7	Blockmodell mit je 10 h	1	2 Schichten	1 + ½ + ½
8			2 Schichten	2
9		1 + ½ + ½	2 Schichten	1 + ½ + ½
10			2 Schichten	2
11		2	2 Schichten	1 + ½ + ½
12			2 Schichten	2

nach Zülch/Stock/Leupold (2011) [37]

12.5.4   Versuchsplan und Simulationsergebnisse

In der Simulationsuntersuchung wurden die 5 Rollenszenarien mit den 12 Arbeitszeitsystemen zu insgesamt 60 Szenarien kombiniert. Auch hier wurde jeder Simulationslauf 20 Mal mit verschiedenen Zufallszahlenkeimen wiederholt, um stochas-tische Effekte auszuschließen.

In der Auswertung der Ergebnisse zeigte sich, dass die verwendeten Kennzahlen unterschiedlich stark durch die Wahl des Arbeitszeitsystems beeinflusst werden (vgl. Abbildung 12.4). So variieren die Zielerreichungsgrade für den Zeitstressgrad und den Durchlaufzeitgrad stark, wohingegen jene der Auslastung, der physischen Belastung, des Bedienungsgrads und der Nutzkosten nur geringfügig voneinander abweichen. Dies ist abhängig vom Simulationsmodell und vom gewählten Arbeitszeitsystem. Bei der Interpretation der Ergebnisse ist hier u. a. zu beachten, dass der Bedienungsgrad in allen Fällen beim optimalen Wert von 100 % lag und somit alle direkten und indirekten Tätigkeiten ausgeführt werden konnten.

Abbildung 12.4   Vergleich der Arbeitszeitsysteme bezüglich ausgewählter Kennzahlen

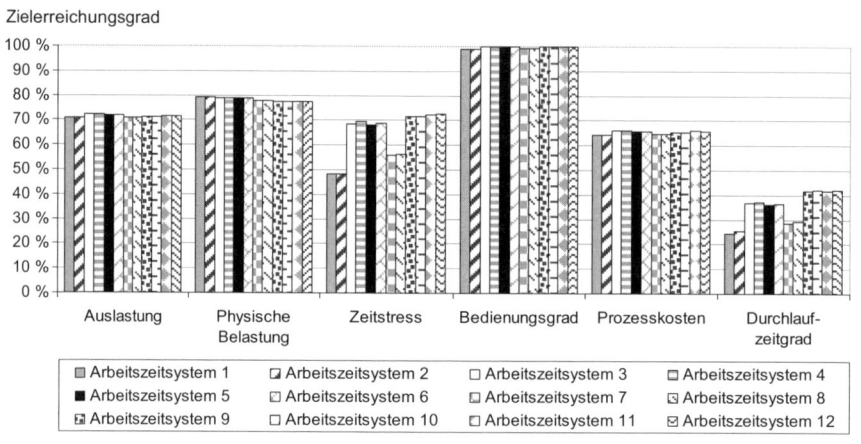

nach Zülch/Stock/Leupold (2011) [37]

Bezüglich der Rollenverteilungen und der mit ihnen assoziierten Konflikte ergab sich, dass die Anzahl der Konflikte je nach Arbeitszeitsystem mitunter stark voneinander abwich, obgleich die Anteile der Belegschaft an den einzelnen Rollen in jedem der Rollenszenarien gleich waren. Abbildung 12.5 zeigt beispielhaft die entstandenen Konflikte für die Rollenverteilungen 4 und 5.

Abbildung 12.5   Anzahl auftretender Konflikte für die Rollenverteilungen 4 und 5,
                      gegliedert nach Arbeitszeitmodellen

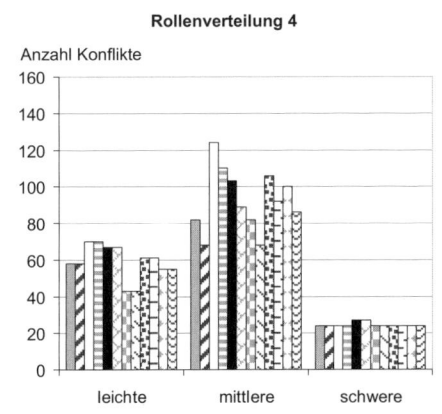
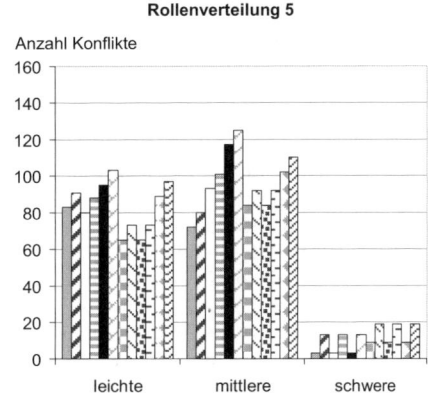

nach Zülch/Stock/Leupold (2011) [37]

12.6   Zusammenfassung und Ausblick

Mit Hilfe der hier vorgestellten simulationsunterstützten Methode zur Bewertung und Gestaltung von Arbeitszeitsystemen ist es möglich, einzelne Arbeitszeitmodelle oder auch komplexe Arbeitszeitsysteme bezüglich ihrer Wirkungen auf betriebliche, kosten- und mitarbeiterbezogene Kennzahlen zu untersuchen. Dabei konnte festgestellt werden, dass sich je nach der Zusammensetzung der Belegschaft aus sozialen Rollen unterschiedliche Arbeitszeitmodelle zur Minderung von zeitlichen Konflikten und damit zur Verbesserung der Work-Life-Balance eignen.

Dennoch bleibt die Gestaltung von Arbeitszeitsystemen eine komplexe Aufgabe, die umfassende Kenntnisse des Arbeitssystems erfordert und bislang nicht automatisiert werden kann. Außerdem konnte die bekannte Erkenntnis bestätigt werden, dass für jeden Betrieb oder Betriebsbereich ein eigenes Arbeitszeitmodell bzw. -system gefunden werden muss, um die gesetzten Ziele bestmöglich zu erfüllen (Grzech-Šukalo u. a. 2001, S. 6) [39].

Literatur

[1]   Knauth, P. (2002): Arbeitszeitflexibilisierung aus arbeitswissenschaftlicher Sicht. In: Zülch, G./Stock, P./Bogus, T. (Hrsg.), Arbeitszeitflexibilisierung im Dienstleistungsbereich. Aachen: Shaker Verlag, S. 51-74.

[2]   BMFSFJ – Bundesministerium für Familie, Senioren, Frauen und Jugend (2010): Familienbewusste Arbeitszeiten. Leitfaden für die praktische Umsetzung von flexiblen, familienfreundlichen Arbeitszeitmodellen. 2. Aufl., Berlin: BMFSFJ. www.bmfsfj.de/BMFSFJ/Service/Publikationen/ publikations liste,did=163862.html, Zugriff: 30.03.2012.

[3]   Kroll, L. E./Müters, S./Dragano, N. (2011): Arbeitsbelastungen und Gesundheit. GBE kompakt, 5/2011, Berlin: Robert Koch-Institut.

[4]   ifaa – Institut für angewandte Arbeitswissenschaft (2011): ifaa-Trendbarometer Auswertung. www.arbeitswissenschaft.net/index.php?eID=tx_nawsecuredl&u=0&file=fileadmin/Redaktion/PD F-downloads/PI_-Trendbarometer__Arbeitswelt__Detailauswertung_Dez.pdf&t=1333219669& hash=f 6430adeabe43 93d07d31ab224ca25bc, Zugriff: 30.03.2012.

[5]   BMFSFJ – Bundesministerium für Familie, Senioren, Frauen und Jugend (2011): Charta für familienbewusste Arbeitszeiten. Berlin. www.erfolgsfaktor-familie.de/data/downloads/webseiten/Char ta_%20Initiative_Familienbewusste_Arbeitszeiten.pdf, Zugriff: 30.03.2012.

[6]   Conlin, M. (2006): Smashing the clock. BusinessWeek. www.businessweek.com/print/magazine/ content/06_50/b4013001.htm?chan=gl, Zugriff: 30.03.2012.

[7]   Bosshammer, U. (2010): REWE bietet individuelle Zeiteinteilung. Lebensmittel Zeitung, 10, S. 48.

[8]   Meise, S. (2010): Spielräume. brand eins, 11, 12, S. 80-83.

[9]   Gryglewski, S. (2011): Lebensphasenorientierte Arbeitszeit ein Element der zukünftigen Arbeitswelt. In: Gesellschaft für Arbeitswissenschaft (Hrsg.), Neue Konzepte zur Arbeitszeit und Arbeitsorganisation. Dortmund: GfA-Press, S. 57-62 (CD-Rom).

[10]   Ackermann, K. F. (1990): Prozeßstandardisierung des Arbeitszeitmanagements. In: Ackermann, K. F./Hofmann, M. (Hrsg.), Innovatives Arbeits- und Betriebszeitmanagement. Frankfurt a.M.: Campus Verlag, S. 183-212.

[11]   Bauer, T. (1999): Entwicklung, Implementierung und Evaluation eines computerunterstützten Lernsystems zur Verbesserung der partizipativen Arbeitszeitflexibilisierung im Rahmen der betrieblichen Weiterbildung. Arbeitswissenschaft in der betrieblichen Praxis. Bd. 15. Frankfurt a.M.: Peter Lang.

[12]   Ferreira, Y./Landau, K. (2001): Umsetzungen flexibler Arbeitszeitregime am Beispiel eines deutschen Großflughafens. In: Gesellschaft für Arbeitswissenschaft (Hrsg.), Arbeitsgestaltung, Flexibilisierung, Kompetenzentwicklung. Dortmund: GfA Press, S. 245-250 (Jahresdokumentation 2001).

[13]   Bogus, T. (2002): Simulationsbasierte Gestaltung von Arbeitszeitmodellen in Dienstleistungsbetrieben mit kundenfrequenzabhängigem Arbeitszeitbedarf. Aachen: Shaker Verlag (ifab-Forschungsberichte aus dem Institut für Arbeitswissenschaft und Betriebsorganisation der Universität Karlsruhe, Bd. 22).

[14]   Zülch, G./Stock, P. (2011): Dynamic assessment of working time models. In: Spath, D./Ilg, R./Krause, T. (Hrsg.), Innovation in product and production. Conference Proceedings, 21st International Conference on Production Research ICPR 21 (CD-ROM, 157_Zuelch.pdf, ISBN 978-3-8396-0293-5).

[15]   Rieble, V. (2002): Arbeitszeitflexiblisierung im Rahmen gesetzlicher und tariflicher Bestimmungen. In: Zülch, G./Stock, P./Bogus, T. (Hrsg.), Arbeitszeitflexibilisierung im Dienstleistungsbereich. Aachen: Shaker Verlag, S. 5-31 (ifab-Forschungsberichte aus dem Institut für Arbeitswissenschaft und Betriebsorganisation der Universität Karlsruhe, Bd. 28).

[16]   DGAUM – Deutsche Gesellschaft für Arbeitsmedizin und Umweltmedizin (2006): Arbeitsmedizini-sche Leitlinie Nacht- und Schichtarbeit. Aachen. www.dgaum.de/ images/stories/Leitlinien/ LL%20Nacht--Schicht-PDF.pdf, Zugriff: 27.03.2012.

[17]   ArbZG: Arbeitszeitgesetz. Vom 6. Juni 1994, zuletzt geändert am 15. Juli 2009. www.gesetze-im-internet.de/bundesrecht/arbzg/gesamt.pdf, Zugriff: 03.02.2012.

[17] ArbZG: Arbeitszeitgesetz. Vom 6. Juni 1994, zuletzt geändert am 15. Juli 2009. www.gesetze-im-internet.de/bundesrecht/arbzg/gesamt.pdf, Zugriff: 03.02.2012.

[18] Böker, K.-H. (2011): Spezielle Software für „Gute Schichtarbeit". Schichtplan-Modellierungs- und Bewertungs-Software im Vergleichstest. Computer und Arbeit, 1, S. 28-32.

[19] INQA – Initiative Neue Qualität der Arbeit (2012): Beratungs- und Unterstützungsangebote für die Arbeitszeitgestaltung und die Planung von Schichtarbeit in der Produktion. http://inqa.gawo-ev.de/ cms/, Zugriff: 03.04.2012.

[20] Fergen, A. (2007): Schichtarbeit. So geht's besser. In: IG Metall Projekt Gute Arbeit (Hrsg.), Handbuch „Gute Arbeit". Hamburg: VSA-Verlag, S. 126-147.

[21] Höfer, K./Holzhäuser, T./Lennings, F./Diel, C. (2009): e-Shift-Design. Die Praxishilfe zur Schichtplanung. Köln: Wirtschaftsverlag Bachem.

[22] Nachreiner, F./Schomann, C./Stapel, W./Nickel, P. u. a. (2005): Softwaregestützte Arbeitszeitgestaltung mit BASS 4. Bremerhaven: Wirtschaftsverlag NW, S. 35.

[23] Dittmar, O./Schomann, C./Nachreiner, F. (2010): Online-Risikobewertung von Arbeitszeiten. In: Zülch, G./Stock, P. (Hrsg.), Einfluss der Arbeitszeitgestaltung auf die Work-Life-Balance. Karlsruhe: Karlsruher Institut für Technologie, Institut für Arbeitswissenschaft und Betriebsorganisation, S. 151-165.

[24] Zülch, G./Stock, P./Hrdina, J. (2006): Simulationsbasierte Gestaltung flexibler Arbeitszeiten im Krankenhaus. In: Wenzel, S. (Hrsg.), Simulation in Produktion und Logistik. San Diego/CA: SCS Publishing House, S. 183-192.

[25] Jonsson, U. (2000): Ein integriertes Objektmodell zur durchlaufplanorientierten Simulation von Produktionssystemen. Aachen: Shaker Verlag (ifab-Forschungsberichte aus dem Institut für Arbeitswissenschaft und Betriebsorganisation der Universität Karlsruhe, Bd. 21).

[26] Stock, P./Schmidt, D./Leupold, M./Zülch, G. (2010): Wechselwirkungen zwischen beruflicher und außerberuflicher Lebenswelt bei Mitarbeitern des Dienstleistungsbereichs. In: Gesellschaft für Arbeitswissenschaft (Hrsg.), Neue Arbeits- und Lebenswelten gestalten. Dortmund: GfA-Press, S. 429-432.

[27] Leupold, M./Stock, P./Schmidt, D./Zülch, G. (2010): Simulationsbasierte Bewertung von Arbeitszeitmodellen bezüglich der Work-Life-Balance. In: Zülch, G./Stock, P. (Hrsg.), Integrationsaspekte der Simulation. Technik, Organisation und Personal. Karlsruhe: KIT Scientific Publishing, S. 365-372.

[28] Wedemeyer, H. G. von (1989): Entscheidungsunterstützung in der Fertigungssteuerung mit Hilfe der Simulation. Fortschritt-Berichte VDI, Reihe 2, Nr. 176, Düsseldorf: VDI-Verlag.

[29] Heitz, M. J. (1994): Ein engpassorientierter Ansatz zur simulationsgestützten Planung von Personalstrukturen. Universität Karlsruhe, Dissertation (ifab-Forschungsberichte aus dem Institut für Arbeitswissenschaft und Betriebsorganisation der Universität Karlsruhe, Bd. 7).

[30] Grobel, T. (1993): Analyse der Einflüsse auf die Aufbauorganisation von Produktionssystemen. Universität Karlsruhe, Dissertation (ifab-Forschungsberichte aus dem Institut für Arbeitswissenschaft und Betriebsorganisation der Universität Karlsruhe, Bd. 6).

[31] REFA – Verband für Arbeitsstudien und Betriebsorganisation (1991): Planung und Steuerung. Teil 3. München: Carl Hanser Verlag.

[32] Brinkmeier, B. (1998): Prozessorientiertes Prototyping von Organisationsstrukturen im Produktionsbereich. Aachen: Shaker Verlag (ifab-Forschungsberichte aus dem Institut für Arbeitswissenschaft und Betriebsorganisation der Universität Karlsruhe, Bd. 17).

[33] Zülch, G. (1999): Arbeitswirtschaft. In: Eversheim, W./Schuh, G. (Hrsg.), Gestaltung von Produktionssystemen. Berlin: Springer-Verlag, S. 12-124.

[34] REFA – Verband für Arbeitsstudien und Betriebsorganisation (1997): Datenermittlung. Teil 2. München: Carl Hanser Verlag.

[35] Graf, K. R. (1991): Systematische Untersuchung von Einflussgrößen einer Fertigungssteuerung nach dem Zieh- und Schiebeprinzip. Universität Karlsruhe, Dissertation (ifab-Forschungsberichte aus dem Institut für Arbeitswissenschaft und Betriebsorganisation der Universität Karlsruhe, Bd. 2).

[36] Schindele, H. (1996): Planung qualitätsförderlicher Personalstrukturen im Fertigungsbereich. Universität Karlsruhe, Dissertation (ifab Forschungsberichte aus dem Institut für Arbeitswissenschaft und Betriebsorganisation der Universität Karlsruhe, Bd. 12).

[37] Zülch, G./Stock, P./Leupold, M. (2011): Simulation-aided design and evaluation of flexible working times. In: Jain, S./Creasey, R. R./Himmelspach, J./White, K. P./Fu, M. (Hrsg.), Proceedings of the 2011 Winter Simulation Conference. Piscataway/NJ: IEEE, S. 2159-2170.

[38] Lüdtke, H. (2000): Zeitverwendung und Lebensstile. Marburger Beiträge zur Sozialwissenschaftlichen Forschung. Bd. 5. Münster: Lit Verlag.

[39] Grzech-Šukalo, H./Hänecke, K./ Jäger, C./Nachreiner, F. (2001): Positive Gestaltungsbeispiele der DV-gestützten Schichtplangestaltung. Bundesanstalt für Arbeitsschutz und Arbeitsmedizin, Bremerhaven: Wirtschaftsverlag NV.

13 Auswirkungen von Schichtarbeit auf die Work-Life-Balance

Bettina Wiener

Eine balanceorientierte Personalpolitik wird in den letzten Jahren zunehmend von Seiten der Beschäftigten wie auch von Seiten der Unternehmen als unerlässlich erkannt. Immer mehr Personalverantwortliche versuchen gemeinsam mit den Beschäftigten, die unterschiedlichen Problemlagen und Ansprüche im Zusammenspiel von Arbeits- und Privatleben möglichst im Gleichgewicht zu halten. In dem Projekt SCHICHT werden die Spannungen und Konflikte zwischen Flexibilität und Stabilität bei Schichtarbeit durch Mitarbeiterbefragungen empirisch untersetzt und gemeinsam mit Betrieben nach Lösungen für unterstützende Dienstleistungen, beispielsweise in Form von Servicebüros, gesucht (vgl. Böttcher, in diesem Band).

Gerade Schichtarbeit ist seit Langem ein Problemfeld, für das längst noch nicht ausreichend Ausgleichslösungen zur Begegnung der auftretenden Belastungen gefunden wurden. Nacht- und Schichtarbeit stören den menschlichen Organismus beträchtlich und können eine Vielzahl von teils schweren Erkrankungen auslösen (vgl. Paridon u. a. 2012) [1]. Der Schichtrhythmus geht somit auf Kosten der Gesundheit, erzwingt zudem einen Verzicht auf regelmäßige soziale Kontakte und führt zu einer mangelnden Beteiligung an gesellschaftlichen Ereignissen.

Wenn die Arbeitswelt zu wenig Rücksicht auf die individuelle und familiäre Lebensgestaltung nimmt und wenn die Organisation der Arbeit kaum lebensphasenorientiert (vgl. Rump 2011) [2] ist, kommt es zusätzlich zu starken Belastungen. In dem Beitrag werden drei Belastungstypen von Beschäftigten vorgestellt, die anhand einer Befragung von mehreren hundert Mitarbeitern am Chemiestandort Leuna durch eine Clusteranalyse aus der Kombination ihrer sozialen Rollen in Erwerbstätigkeit und Privatleben identifiziert werden konnten (vgl. Zülch/Stock, in diesem Band). Diese Arbeitnehmertypen wurden dann zu ihrer persönlichen Einschätzung der Lebenssituation im Hinblick auf Familie, Freunde, Freizeit und Ehrenamt untersucht.

Es wird nachgewiesen, dass das Belastungsempfinden für Mitarbeiter in vollkontinuierlicher Schicht besonders hoch ist. In diesem Cluster sind fast ausschließlich junge, häufig familienorientierte Männer zu finden. Das neue Rollenverständnis der Männer in ihrer Familienverantwortung wird von Personalverantwortlichen noch viel zu wenig berücksichtigt und muss in Zukunft mehr Beachtung finden (vgl. Buchwald/Wiener 2012) [3]. Das bedeutet für die Personalverantwortlichen, dass sie bei Themen wie Kinderbetreuung oder Pflegeverantwortung in ihrer Personalarbeit nicht nur die Frauen, sondern ebenso die Männer in den Blick nehmen müssen.

Ein weiteres wichtiges Ergebnis der Untersuchung besteht darin, dass es relativ vielen Beschäftigten gelingt, zumindest ihr Familienleben zufriedenstellend zu organisieren, dass aber alle drei Beschäftigungstypen besonders hohe Belastungswerte bei der Einschätzung ihrer Freizeitgestaltung aufweisen. Damit entfallen häufig die Erholungsphasen, die als Ausgleich zu den hohen Arbeitsbelastungen benötigt werden. Gerade unter gesundheitspolitischen Aspekten sollte im Hinblick auf die Erhöhung des Rentenalters, die ein längeres Durchhalten im Arbeitsleben der Beschäftigten nach sich zieht, an dieser Stelle aufmerksam hingesehen und für ausreichenden Ausgleich gesorgt werden.

13.1 Schichtarbeit als Belastungsursache

In der neueren Debatte wird viel über die Flexibilisierung von Beschäftigungsverhältnissen und mögliche Folgen dieser Entwicklung für die Erwerbspersonen diskutiert (vgl. Kratzer u. a. 2011) [4]. Goedicke und Brose (2008) [5] weisen in dieser Diskussion darauf hin, dass private Lebensformen auf bestimmten Formen des Arbeitens und Wirtschaftens beruhen und sich mit diesen verändern. Die Unternehmen variieren ihre Personalpolitiken gemäß der Wettbewerbsstrategie, was unterschiedliche Auswirkungen auf die ökonomischen, erwerbsbiografischen und familienbezogenen Risiken und Chancen der Beschäftigten hat.

Schichtarbeit, als eine Flexibilisierungsform mit verschiedenen Facetten, ist dabei ein Thema, zu dem bereits seit langer Zeit geforscht wird. Dabei wird Schichtarbeit „als eine Form der Tätigkeit mit Arbeit zu wechselnden Zeiten (Wechselschicht) oder konstant ungewöhnlicher Zeit (z. B. Dauerspätschicht, Dauernachtschicht)" verstanden (vgl. AWMF 2006) [6].

Es stehen vorrangig vier Perspektiven zur physischen, psychischen und sozialen Belastung bei Schichtarbeitern im Mittelpunkt wissenschaftlicher Untersuchungen und Diskussionen, die in vielfältigen Programmen und Initiativen durch Bund, Länder, Sozialpartner und andere Akteure initiiert und durchgeführt werden. Die vier Perspektiven lauten:

1. Gesundheitliche Beeinträchtigungen

2. Vereinbarkeit von Familie und Beruf

3. Geschlechtsspezifische Sichtweisen

4. Arbeitszeitorganisation

13.1.1 Gesundheitliche Beeinträchtigungen durch Schichtarbeit

Seit Langem ist unumstritten, dass Schichtarbeit zu gesundheitlichen Belastungen führt. In dem DGUV Report 1/2012 (Paridon u. a. 2012) [1] ist der Status quo zur Rechtslage in Deutschland und der EU nachzulesen. Aufgenommen und diskutiert wird der Stand der wissenschaftlichen Fachliteratur zu gesundheitlichen Auswirkungen und zu Unfallrisiken. Die Studie kommt zu dem Schluss, dass sich Schichtarbeit auf physiologische Prozesse wie Schlaf negativ auswirkt. Aber viele Untersuchungsergebnisse zu Auswirkungen auf Erkrankungen wie Krebs u. a. sind nicht immer eindeutig. Paridon u. a. betonen weiterhin deutliche Konsequenzen für das Sozial- und Privatleben (vgl. Paridon 2012 [1], Stock/Zülch, in diesem Band).

In einer vom ZSH[6] im Jahre 2008 in Bitterfeld-Wolfen durchgeführten Mitarbeiterbefragung wurde beklagt, dass der Schichtrhythmus sehr auf Kosten der Gesundheit und vor allem

---

[6] Zentrum für Sozialforschung Halle e. V. an der Martin-Luther-Universität Halle-Wittenberg.

eines störungsfreien Familien- und Freizeitlebens geht (vgl. Wiener/Buchwald 2008) [7]. „Der Verzicht auf regelmäßige soziale Kontakte und die fehlende Beteiligung an gesellschaftlichen Ereignissen sind Stressfaktoren. Die gesamte Familie muss sich auf die Schichtarbeit einstellen und Rücksicht nehmen. Jeder Kontakt mit Freunden und Verwandten muss langfristig geplant werden" (vgl. Fergen/Böhm 2009) [8]. Diese Stressfaktoren wirken dann wiederum negativ auf das gesundheitliche Befinden.

13.1.2   Vereinbarkeit von Familie und Beruf

Gerade Schichtarbeit beeinträchtigt das familiäre und soziale Leben beträchtlich. In ZSH-Mitarbeiterbefragungen aus den Jahren 2008 bis 2010 wurde deutlich, dass das Thema Vereinbarkeit von Familie und Beruf vor allem für Mitarbeiter in Schichtarbeit, Alleinerziehende (Frauen und Männer), Familien mit Kindern im betreuungspflichtigen Alter und Familien mit Pflegeverantwortung wichtig ist. Durch die Arbeit im Schichtsystem ist der Organisationsaufwand sehr hoch und die Koordination von Arbeit und Familie schwer zu bewältigen. So bleibt durch die Schichten viel weniger Zeit für Familie und Freizeitgestaltung (vgl. Wiener/Buchwald 2008) [7]. Zudem muss jeder, der abends oder nachts in Schichten arbeitet, auf vieles verzichten, etwa auf regelmäßige Kurse, Sport, politische, kulturelle oder religiöse Veranstaltungen, auf Aktivitäten am Wochenende u. a. mehr (vgl. Fergen/Böhm 2009) [8].

Die „Bilanz Chancengleichheit" verweist darauf, dass die vom BMFSFJ[7] und der Bertelsmann-Stiftung ins Leben gerufene „Allianz für die Familie"[8] Zeichen für eine nachhaltige Familienpolitik setzt. Unter dem Dach der „Allianz für die Familie" sind seit Mitte 2003 Initiativen für eine bessere Balance von Familie und Arbeitswelt gebündelt. Starke Partner aus Wirtschaft, Verbänden und Politik setzen sich öffentlich und beispielhaft für eine familienfreundliche Unternehmenskultur und Arbeitswelt ein, die für alle Beteiligten Gewinn bringt. Im Mittelpunkt stehen dabei folgende Handlungsfelder: Unternehmenskultur, Arbeitsorganisation, Arbeitszeit, Personalentwicklung und familienunterstützende Dienstleistungen. Die Allianz basiert auf dem Konsens, dass:

■ Deutschland eine höhere Geburtenrate braucht,

■ die Wirtschaft auf qualifizierte Arbeitskräfte und damit eine höhere Erwerbstätigkeit von Frauen angewiesen ist,

■ Kinder eine frühe Förderung, Erziehung und Bildung benötigen.

---

[7]   Bundesministerium für Familie, Senioren, Frauen und Jugend.
[8]   Seit Inkrafttreten der Vereinbarung zwischen der Bundesregierung und den Spitzenverbänden der deutschen Wirtschaft zur Förderung der Chancengleichheit von Frauen und Männern in der Privatwirtschaft im Jahr 2001 werden quantitative und qualitative Vergleiche der Erwerbssituation von Männern und Frauen dargestellt, Unternehmen Handlungsempfehlungen zur Sicherung der Chancengleichheit gegeben und gemeinsame Projekte und Veranstaltungen geplant.

Zurzeit ändert sich die Situation von ehemals fehlenden Arbeitsplätzen für qualifizierte Arbeitslose zu zukünftig fehlenden Fachkräften für die Unternehmen. Wer sich auf familienfreundliche Arbeitsbedingungen einlässt, kann sich somit für die Zukunft einen deutlichen Wettbewerbsvorteil sichern.

13.1.3   Geschlechterspezifik der Thematik

Für Frauen wie für Männer gibt es besondere Problemlagen, die aufgrund traditionell behafteter Einstellungen immer wieder kritisch in den Blick genommen werden müssen (vgl. Wiener 2011) [9].

Bei Frauen zeigt sich nach wie vor viel ausgeprägter als bei Männern die Doppelbelastung von Familie und Beruf. Nach Fergen und Böhm (2009) [8] besitzen sie deutlich häufiger als Männer ein Verständnis von Familienverantwortung, das sie die Nachtschicht wählen lässt, um tagsüber die Kinder betreuen zu können. Die Versorgung der Kinder bietet aber noch weniger Freiraum für das Erholungsbedürfnis der Schichtarbeitenden. Frauen, die in Nachtschicht arbeiten, bekommen somit deutlich weniger Schlaf als Männer und äußern häufiger gesundheitliche Beschwerden (vgl. Fergen/Böhm 2009) [8].

Gesellschaftlich gewachsene Unterschiede gibt es derzeit auch noch zwischen Ost- und Westdeutschland. Dabei wird eine Anpassung des Beschäftigungsverhaltens der westdeutschen Frauen an das Erwerbsverhalten der ostdeutschen Frauen beobachtet und auch für die Zukunft prognostiziert. Auf der Basis ökonometrischer Schätzungen nimmt eine IAB-Projektion die deutliche Zunahme der Erwerbsbeteiligung westdeutscher Frauen an (Fuchs/Dörfler 2005) [10]. Die Erwerbsquoten der westdeutschen Frauen sind in der Vergangenheit stark gestiegen und das IAB schätzt eine weitere Zunahme auf mehr als 90 %. Die noch deutlich höheren Erwerbsquoten ostdeutscher Frauen sinken im Projektionszeitraum nur unwesentlich, so dass eine Angleichung der ost- und westdeutschen Erwerbsquoten bis 2050 erwartet wird (vgl. Fuchs/Dörfler 2005) [10].

Bei der Standortbefragung in Leuna 2010, die hier Gegenstand der weiteren Analysen ist, wird deutlich, dass die Belastungen, die beispielsweise durch die schwierige Vereinbarkeit von Erwerb und Kinderbetreuung entstehen, für Frauen wie Männer gleichermaßen gelten. Deutlich wird außerdem, dass Männer mehr familiäre Verantwortung übernehmen wollen (vgl. Kratzer u. a. 2011) [4].

Somit zeigt sich ein Wandel im Rollenverständnis junger Frauen durch eine zunehmende Erwerbsorientierung und junger Männer, die stärker ihre Familienrolle einnehmen wollen. Eine gut durchdachte Work-Life-Balance-Politik wird also nicht nur wegen der prognostizierten ansteigenden Erwerbsbeteiligung von Frauen, sondern auch wegen der wachsenden Familienorientierung der Männer wichtig.

13.1.4   Arbeitszeitorganisation

Zielstellung aller Unternehmen ist es, die Produktivität zu steigern und die Kosten möglichst gering zu halten. Das geschieht u. a. durch eine maximale Auslastung der Fertigungsanlagen. Da sich die Betriebe dabei an der Auftragslage und an speziellen Kundenwünschen orientieren müssen, hat die Flexibilisierung von betrieblichen Arbeitszeiten und Arbeitsabläufen durch die Einrichtung von unterschiedlichsten Schichtmodellen stark zugenommen. Laut den Analysen der Deutschen Gesetzlichen Unfallversicherung (DGUV) (Paridon u. a. 2012) [1] hält der Trend zu belastenden Arbeitszeiten weiter an, um den „Rund-um-die-Uhr-Service im Dienstleistungsbereich und im durchgehenden Produktionsbetrieb" zu sichern.

Flexible Arbeitszeiten können sich hinsichtlich der Dauer, der Lage und der Verteilung innerhalb der Woche, des Monats oder des Jahres unterscheiden. Daraus ergeben sich sehr unterschiedliche Konstellationen von Teilzeitarbeit, Gleitzeit, Arbeitszeitkonten, Telearbeit, zeitautonomen Gruppen und Schichtarbeit. Bei Letzterer gibt es unterschiedliche Modelle, die sich z. B. hinsichtlich Schichtzyklen, Schichtdauer und Schichtwechsel unterscheiden. Wenn in 2- oder 3-Schicht-Systemen gearbeitet wird, die zwischen Früh-, Spät- und ggf. Nachtschicht wechseln, handelt es sich um Wechselschichten. Bei vollkontinuierlicher Schichtarbeit werden die Schichten rund um die Uhr auf die sieben Tage der Woche verteilt (vgl. BAuA 2007) [11].

In den meisten wissenschaftlichen Untersuchungen zur Schichtarbeit, die sich auf die Ausgestaltung der Arbeitszeiten beziehen, wird vor allem eine bessere Organisation der Schicht- und Nachtarbeit thematisiert. Dabei ist das hauptsächliche Ziel, die Belastungen möglichst auf ein unvermeidbares Maß zu reduzieren, um die Gesundheit und Leistungsfähigkeit so wenig wie nötig zu beeinträchtigen. Folgende Gestaltungsmerkmale sollten im Allgemeinen beachtet werden:

1. „Es sollte nicht mehr als drei aufeinanderfolgende Nachtschichten geben.

2. Wenn Rotation, dann sollten Schichten vorwärts rotieren.

3. Es sollten nicht mehr als fünf Schichten aufeinander folgen, um eine Massierung der Arbeitszeit zu vermeiden.

4. Die Freizeiten sollten im Block genommen werden, nicht als einzelne Tage.

5. Die Ruhezeiten zwischen zwei Schichten sollten ausreichend sein (mindestens 11 Stunden)." (Paridon u. a. 2012) [1].

Mit einer zunehmenden Individualisierung der Arbeitszeiten, soweit dies in der betrieblichen Praxis umsetzbar ist, wird mit Hilfe neuer Arbeitszeitmodelle versucht, gesundheitliche, familiäre und soziale Probleme zu vermeiden oder wenigstens zu mindern (vgl. hierzu auch Stock/Zülch, in diesem Band).

13.2   Standortbefragung Leuna 2010

Die Chemieindustrie ist eine Branche, in der sich aufgrund der Produktionsdurchläufe die Notwendigkeit zur Schichtarbeit in besonderem Maße ergibt. Dabei betrifft die Schichtarbeit Männer und Frauen. Da es in Ostdeutschland, anders als in Westdeutschland, bis Anfang der 90er Jahre kein Schichtarbeitsverbot für Industriearbeiterinnen gab (vgl. Wiener 2011) [12], sind in Ostdeutschland bis heute Frauen ebenfalls häufig in den Schichtprozess involviert.

Im Sommer 2010 wurden am Chemiestandort Leuna Mitarbeiter zu Themen der Work-Life-Balance befragt. Ziel war es, von Schichtarbeitern (vor allem in vollkontinuierlicher Schicht), aber auch von allen anderen Mitarbeitergruppen etwas über ihre Schwierigkeiten bei der Vereinbarkeit von Erwerbsarbeit und Privatleben zu erfahren.

Die Befragung wurde vom ZSH in Zusammenarbeit mit der InfraLeuna GmbH vorbereitet und durchgeführt. Insgesamt beteiligten sich 43 Unternehmen (darunter viele Klein- und Mittelständler, die das Betriebsbild am Chemiestandort dominieren) an der Befragung.

Inhaltlich standen folgende Themenkomplexe im Mittelpunkt:

- Arbeitssituation (Arbeitsumfang, Arbeitsplatz, Arbeitsweg, Schichtsysteme),

- Kinderbetreuung (Kinder im Haushalt, Alter, Betreuungsabsicherung, Unterstützung),

- Pflegeverantwortung (Wer wird gepflegt? Wo findet die Pflege hauptsächlich statt? Wie viel Zeit wird regelmäßig für Pflege verwendet? Unterstützung),

- Freizeitgestaltung (Freizeitaktivitäten und eventuelle Beeinträchtigungen durch Arbeitszeit),

- Doppelbelastung (Erfahrungen mit der Vereinbarkeit von Erwerbs- und Privatleben),

- Servicebüro (Bekanntheit, Nutzung, Veränderungswünsche, Informationsbedarf),

- Demografie (Alter, Geschlecht, allein- oder zusammenlebend).

Die Schwerpunkte der Vereinbarkeit von Erwerbsarbeit und Privatleben konzentrieren sich vor allem auf die drei Themen Kinderbetreuung, Pflegeverantwortung und Freizeitgestaltung. Informationen zu den Arbeitsbedingungen (wie Arbeitsort, Arbeitszeit und Arbeitsweg), aber auch demografische Angaben zu Alter, Geschlecht und Familienstand (Single oder zusammenlebend) helfen zu unterscheiden, welche Personen in welchen Lebenslagen besonderen Herausforderungen gewachsen sein müssen.

Die InfraLeuna GmbH betreibt am Chemiestandort gemeinsam mit anderen größeren Unternehmen ein Servicebüro, dessen Ziele u. a. die „Verbesserung der sozialen Rahmenbedingungen für die Mitarbeiter am Standort; die Schaffung eines positiven Standort- und Unternehmensimages durch bessere Vereinbarkeit von Beruf und Familie (...) sowie mehr

Akzeptanz für familiäre und soziale Belange"[9] sind. Im Zusammenspiel mit den Einschätzungen zur Balance von Erwerbsarbeit und Privatleben sollte über den Bekanntheitsgrad und die Nutzung dieser Einrichtung geprüft werden, ob der angebotene Service positive Auswirkungen auf die Situation der Beschäftigten hat.

13.2.1   Durchführung und Rücklauf der Befragung

Anfang Juni 2010 wurden 4.905 Fragebögen durch die InfraLeuna GmbH an die einzelnen Betriebe am Chemiestandort verteilt und von diesen an die Beschäftigten weitergeleitet. Der Rücklauf der Befragung (unterstellt man, dass alle Fragebögen verteilt wurden) lag bei 17 %. Im Ergebnis stehen 826 auswertbare Fälle der Befragung und damit ein ausgezeichnetes Material für differenzierte Analysen bereit. Mit dieser Fallzahl sind repräsentative Aussagen für den Chemiestandort möglich.

Die Fragebögen wurden in zwei farblichen Varianten verteilt, um unterscheiden zu können, ob die Mitarbeiter zu Unternehmen gehören, die bereits das Servicebüro finanzieren und damit die zusätzlichen Work-Life-Balance-Angebote für die Beschäftigten am Chemiestandort unterstützen oder nicht. Insgesamt gingen 3.405 Fragebögen an Unternehmen, die sich bisher nicht finanziell an dem Servicebüro beteiligen (im Folgenden „Nichtfinanzier" genannt), und 1.500 Fragebögen an Unternehmen, die das Servicebüro bereits finanziell unterstützen (im Folgenden „Finanzier" genannt).

Die Rücklaufquote zeigt eine doppelt so hohe Beteiligung der Befragten aus Unternehmen, die sich u. a. durch die Finanzierung des Servicebüros um eine Work-Life-Balance-Politik am Chemiestandort bemühen (vgl. Tabelle 13.1).

Tabelle 13.1   Beteiligung an der Standortbefragung

Betrieb beteiligt sich am Servicebüro	FB verteilt	FB zurück	Rücklaufquote
Ja (gelber FB) „Finanzier"	1.500	368	24,5%
Nein (grüner FB) „Nichtfinanzier"	3.405	411	12,1%

Die höhere Beteiligung von Beschäftigten der Finanziers könnte damit zusammenhängen, dass dort das Thema bereits stärker kommuniziert wird und dass sich die Mitarbeiter in diesen Unternehmen häufiger von den Fragen angesprochen fühlten und sich dazu mitteilen wollten.

---

[9]   Zitiert aus dem Werbeflyer des Servicebüros „Familienfreundlicher Standort Leuna".

13.2.2   Demografische Angaben zu den Befragten

Die Beteiligung an der Befragung entspricht dem aktuellen Beschäftigungsanteil von Frauen und Männern in der ostdeutschen Chemieindustrie. Insgesamt haben sich mit 63,4 % mehr Männer als Frauen an der Befragung beteiligt. In den finanzierenden Unternehmen des Servicebüros, in denen der Produktionsanteil gegenüber den Bürotätigkeiten höher ist als in den anderen Unternehmen, liegt der Männeranteil an den Antwortenden noch etwas höher. Die Erwartung der Chemieunternehmen am Standort, dass die Befragungsthemen Männer weniger beschäftigen als Frauen, wurde durch ihr Antwortverhalten widerlegt.

Der Altersdurchschnitt der befragten Beschäftigten am Chemiestandort Leuna liegt derzeit bei 42 Jahren. Der Anteil der über 40-Jährigen ist bei den Nichtfinanziers etwas höher, so dass sich in diesen Betrieben ein Altersdurchschnitt von 43 Jahren ergibt, der sich vor allem aus dem etwas höheren Alter der weiblichen Beschäftigten am Standort erklären lässt.

Vier von fünf der Befragten (80,9 %) sind verheiratet oder leben mit einem Partner zusammen. 39,4 % haben Kinder, die im Haushalt leben. Fast jeder zehnte Beschäftigte (9,7 %) gibt an, in kontinuierlicher Pflegeverantwortung zu sein.

13.2.3   Arbeitssituation

Teilzeitbeschäftigung spielt am Chemiestandort kaum eine Rolle. Männer sind fast durchgängig in Vollzeit beschäftigt (99,8 %), und bei den Frauen arbeitet nur jede Zehnte in Teilzeit (10,4 %). Die Schichten verteilen sich in etwa zu je einem Drittel in feste Tagschicht (33,1 %), flexible Tagschicht (32,0 %), vollkontinuierliche Schicht (31,4 %) und in sonstige Schichtmodelle (3,6 %). In der vollkontinuierlichen Schicht sind sechsmal so viele Männer wie Frauen beschäftigt. Frauen arbeiten hingegen häufiger in flexibler und fester Tagschicht. Ältere arbeiten eher in starren Arbeitszeiten (besonders in der vollkontinuierlichen Schicht), Junge arbeiten häufiger in flexiblen Arbeitszeiten. In der Produktion arbeiten nur 15,5 % Frauen (vs. 45,6 % der Männer), im Büro mit 70,7 % etwas mehr als zwei Drittel (vs. 37,7 % der Männer). Der Rest verteilt sich auf Aufgaben wie Werkschutz, Wachschutz u. a. (13,8 % Frauen und 16,6 % Männer). Die Mitarbeiter in der Produktion sind im Durchschnitt älter als diejenigen im Büro.

Bei der Einstiegsfrage nach der eigenen Work-Life-Balance „Ergeben sich aus Ihrer Arbeitszeit und dem Arbeitsweg Schwierigkeiten für die Vereinbarkeit von Beruf und Familie?" antworteten 28,8 % mit „Ja". Dabei waren große Unterschiede zwischen den Beschäftigten in den verschiedenen Schichtformen erkennbar. Während in den meisten Schichtformen jeder Fünfte bis Sechste Probleme beklagte (16,5 bis 21,5 %), waren es in der vollkontinuierlichen Schicht 50,6 %.

13.2.4   Kinder im Haushalt

Die meisten Befragten haben nur ein Kind (61,0 %). Nicht überraschend ist, dass die Mitarbeiter mit Kindern jünger sind als der Durchschnitt aller Befragten. Zumeist leben sie in Partnerschaft. Wenn sie alleinerziehend sind, betrifft das Frauen doppelt so häufig wie Männer (21,8 % zu 10,9 % der Alleinstehenden). Die Beschäftigten mit Kindern verteilen sich ansonsten anteilig zwischen Männern (64,8 %) und Frauen (35,2 %) genau wie im Durchschnitt aller Beschäftigten. Die Mitarbeiter mit Kindern arbeiten in allen Schichtformen, besonders häufig in der flexiblen Tagschicht (41,2 %) und bei Unternehmen, die das Servicebüro mitfinanzieren, in der vollkontinuierlichen Schicht (36,7 %).

Probleme mit der Arbeitszeit und dem Arbeitsweg ziehen sich in dieser Befragung durch alle Mitarbeitergruppen, haben aber für die Beschäftigten mit Kindern eine besondere Bedeutung (37,2 % mit Kindern vs. 23,0 % ohne Kinder). Das hängt in erster Linie mit den Öffnungszeiten der Kinderbetreuungseinrichtungen zusammen. Dabei ist vor allem für die Eltern der bis zu Dreijährigen wegen fehlender Krippenangebote und der Elf- und Zwölfjährigen wegen kaum angebotener Hortplätze für diese Altersgruppe die außerfamiliäre Betreuung schwierig. Das Alter der Kinder hat also einen besonderen Einfluss auf die Balance. Die Schwierigkeiten nehmen mit der Kinderzahl zu. Je mehr Kinder im Haushalt sind, umso mehr Probleme werden benannt. Alleinerziehende Frauen und Männer geben unabhängig von der Kinderzahl grundsätzlich die meisten Probleme an.

Die Frage nach Schwierigkeiten bei der Absicherung der Kinderbetreuung beantworteten 21,6 % mit „Ja". D. h., vier von fünf Beschäftigten mit Kindern in Betreuungsverantwortung können diese Anforderungen mit den beruflichen Aufgaben vereinbaren. Jeder Fünfte schafft es zurzeit nicht ohne Probleme. Männer, die überdurchschnittlich viel in der vollkontinuierlichen Schicht arbeiten, benannten mit 24,6 % deutlich häufiger Probleme als Frauen (15,7 %).

13.2.5   Pflegeverantwortung

Fast jeder zehnte befragte Mitarbeiter (9,7 %) steht bereits neben seiner beruflichen Tätigkeit in Pflegeverantwortung. Dabei ist der Anteil der Frauen an den pflegenden Beschäftigten mit 11,6 % höher als bei den Männern, die aber ebenfalls mit 8,7 % einen bedeutenden Beitrag leisten. Wie zu erwarten, besteht ein Zusammenhang zwischen Alter und Pflege. Diese Beschäftigten sind durchschnittlich etwas älter. Bei der so genannten „Sandwichgeneration" der 45- bis 49-Jährigen treffen zudem öfter Kindererziehung und Pflegeverantwortung aufeinander. Es pflegen vor allem die Kinder (76,9 %), aber auch Enkel (12,8 %), Partner (7,7 %) oder Eltern (2,6 %).

In der Mehrheit findet die Pflege im Haushalt des Pflegebedürftigen statt (70,1 %) und 22,1 % pflegen im eigenen Haushalt. Die anderen 7,8 % geben an, dass hauptsächlich im betreuten Wohnen, in ambulanter, teilstationärer oder Tagespflege betreut wird. Im Durchschnitt pflegen die Beschäftigten ihre Angehörigen innerhalb der Woche unter fünf Stunden und an den Wochenenden unter zwei Stunden, wobei sich die zeitliche Belastung auf die Wochentage nicht gleich verteilt. Einige Betroffene bringen auch wesentlich mehr Zeit für die Pflege der Angehörigen auf. Für die restliche Pflegezeit wird Unterstützung hinzugezogen.

Unterstützung erhalten die Pflegenden vor allem durch familiäre und/oder nachbarschaftliche Hilfe (68,3 %), die Einbeziehung ambulanter Pflegedienste (24,8 %), ambulante und teilstationäre Tagespflege (4,0 %) und die Einbeziehung privater Pflegekräfte (3,0 %).

Schwierigkeiten bei der Absicherung der Pflegeaufgaben geben mit 27,3 % schon mehr als ein Viertel der Beschäftigten an, die in Pflegeverantwortung stehen. Das Pflegethema ist in vielen Betrieben noch nicht so präsent, doch es wird zunehmend wichtiger, berufliche und individuelle pflegerische Anforderungen in Einklang zu bringen (Böttcher/Buchwald 2011) [13]. In der Studie gaben die Jüngeren vor allem Beratungsbedarf an, die Älteren hatten vor allem Probleme mit der organisatorischen Umsetzung der Pflegeaufgaben.

13.2.6   Freizeit

Insgesamt werden am häufigsten Probleme bei der Organisation der Freizeit (Familie, Freunde, Verein, Hobby) benannt. 44,9 % aller Befragten äußern hierbei im Zusammenhang mit ihrer beruflichen Tätigkeit Probleme.

Gründe für Schwierigkeiten bei der Freizeitgestaltung ergeben sich vor allem im Zusammenhang mit der Arbeitszeit (66,2 %). Hauptsächliches Problem ist dabei die Schichtarbeit. Im Zusammenhang mit der Freizeit wird vor allem angemerkt, dass das Schichtsystem als solches nicht optimal, die Erholungsphasen zu kurz und die Wochenendarbeit prinzipiell unbeliebt sei. Fehlende Planbarkeit wurde ebenfalls angemahnt.

Im Ergebnis gaben mehr Männer (51,7 %) als Frauen (32,9 %) eine Beeinträchtigung der Freizeitgestaltung an. Dabei klagen Männer wie Frauen besonders häufig über erschwerte Freizeitaktivitäten mit der Familie. Außerdem betreiben Männer häufiger Hobbys als Frauen und haben dann auch häufiger Probleme, diesen nachzugehen. Auch bei Vereinsaktivitäten und im Ehrenamt sind Männer im Erwerbsalter aktiver als Frauen, so dass diese dann in der Befragung ebenfalls mehr Probleme benennen.

Von Freizeitproblemen sind besonders Jüngere betroffen. Dabei wurde ein deutlicher Zusammenhang zwischen Kindern im Haushalt oder Pflegeverantwortung und Freizeitmangel festgestellt. Da deutlich mehr Beschäftigte Kinder betreuen als pflegen, erklärt sich das Alter vor allem über diesen Zusammenhang.

13.3   Drei markante Beschäftigungstypen

In den ersten Analysen der oben benannten Merkmale (Arbeitsbedingungen und Demografie) sowie der Themengruppen (Kinderbetreuung, Pflege und Freizeit) gab es durch Kreuztabellenauswertungen und Mittelwertvergleiche bereits zum Teil überraschende Ergebnisse:

- Männer geben häufiger als Frauen Probleme bei der Kinderbetreuung an.

- Pflegeverantwortung übernehmen die Kinder- und die Enkelgeneration. Während die Jüngeren vor allem Beratungsbedarf sehen, haben die Älteren mehr Probleme mit der Organisation der Pflege.

- Freizeitprobleme werden von allen Beschäftigten am häufigsten thematisiert. Jüngere fühlen sich besonders betroffen.

- Die Arbeitszeitformen haben einen besonders starken Einfluss auf die Belastungswerte.

Um der Komplexität des Themas Vereinbarkeit von Erwerbsarbeit und Privatleben gerecht zu werden und typische Arbeitnehmergruppen identifizieren zu können, wurde in einem nächsten Schritt eine Clusteranalyse angeschlossen. In die hier vorgestellte Clusterbildung (Ward-Methode)[10] wurden folgende demografische und arbeitsbezogene Variablen aufgenommen: Alter (unter 40/40 und älter), Geschlecht (männlich/weiblich), allein- oder zusammenlebend, Arbeitsort (Büro/Produktion), Arbeitszeit (Vollzeit/Teilzeit), Arbeitsweg (unter 1 Stunde/1 Stunde und mehr), Schicht (Einschichtsystem/Mehrschichtsystem), Arbeitszeitorganisation (starr/flexibel).

Bei der Clusterung ergaben sich drei Gruppen (Arbeitnehmertypen), die sich nahezu entlang der Schichtaufteilung voneinander abgrenzen, die aber eine deutlich bessere Bestimmung der dazugehörigen Merkmale aufweisen und in der Kurzform folgende Namen erhalten:

- *Jüngere flexible Tagschicht,*

- *Ältere starre Tagschicht,*

- *Männliche Vollkonti-Schicht.*

13.3.1   Cluster 1 – Jüngere flexible Tagschicht

Der erste Cluster liegt im Altersdurchschnitt unter dem aller Beschäftigten und umfasst vor allem Mitarbeiter in der flexiblen Tagschicht. Daher rührt auch der oben stehende Name. In diesem Cluster arbeiten etwas mehr Frauen und häufiger Beschäftigte mit Kindern im Haushalt.

---

[10] Es werden diejenigen Elemente geclustert, bei denen sich durch das Zusammenfassen der geringste Zuwachs der Gesamtsumme aus den Distanzen ergibt.

In der Untersuchung wurde für die flexible Tagschicht unterstellt, dass sie vor allem Entlastungen für die zeitliche Organisation von Beruflichem und Privatem ermöglicht. Wenn es um familiäre Verpflichtungen und Freizeitgestaltung geht, schneidet dieser Cluster aber gegenüber dem nächsten Cluster (*Ältere feste Tagschicht*) deutlich schlechter ab. Das bedeutet, Flexibilität führt nicht zwangsläufig zu einer positiveren Wahrnehmung der persönlichen Situation. Allerdings wären die Ergebnisse dieser Gruppe vermutlich unter starren Arbeitszeiten noch schlechter.

13.3.2   Cluster 2 – Ältere feste Tagschicht

In dem zweiten Cluster findet man häufiger ältere Mitarbeiter, die etwas seltener Single sind, eher im Büro arbeiten und anteilig relativ häufig Pflegeverantwortung übernehmen.

Die feste Tagschicht ist sehr unflexibel in der Arbeitszeit und ließ mehr Vereinbarkeitsprobleme vermuten. Das zeigt sich im Ergebnis nicht so. Eine Ausnahme bilden die Beschäftigten in der Gruppe, die in Pflegeverantwortung stehen. Ein Grund für die höhere Zufriedenheit könnte darin liegen, dass die älteren Mitarbeiter kompromissbereiter sind, ein anderer Grund kann auch in der gewohnten Regelmäßigkeit der Arbeitszeit liegen, die eine hohe Planbarkeit der anderen Lebensinhalte erlaubt. Weiterhin lässt sich die höhere Zufriedenheit der Älteren dadurch erklären, dass sie weniger private Verpflichtungen haben. So sind die Mitarbeiter dieser Gruppe, wenn sie nicht in Pflegeverantwortung stehen, deutlich zufriedener.

13.3.3   Cluster 3 – Männliche Vollkonti-Schicht

In diesem Cluster befinden sich fast ausschließlich Männer, die in der Produktion mit arbeitserschwerenden Bedingungen beschäftigt und im Schnitt etwas jünger als die Gesamtheit der Befragten sind.

Die Produktion – bestimmt durch vollkontinuierliche Schicht – ist wegen der permanenten zeitlichen Gebundenheit an den Arbeitsprozess besonders unflexibel und belastend. Probleme zeigen sich in fast allen Lebenslagen, vor allem in der Freizeitgestaltung und bei fehlenden Erholungsphasen.

13.3.4   Unterschiedliche Vereinbarkeitsprobleme

Die nachfolgenden Tabellen (Tabelle 13.2 und Tabelle 13.3) belegen die Unterschiedlichkeit der Belastungen für die vorher identifizierten drei Beschäftigungstypen. Wie bei der Frage nach Vereinbarkeitsproblemen von Arbeitszeit und Arbeitsweg gab es zu jedem anderen Themenschwerpunkt (Kinder, Pflege, Freizeit) ebenfalls die Frage nach Schwierigkeiten bei der Vereinbarkeit.

Tabelle 13.2   Vereinbarkeitsprobleme der Cluster im Vergleich, in Prozent

Vereinbarkeitsprobleme mit ... (N = 826)	Jüngere flexible Tagschicht	Ältere feste Tagschicht	Männliche Vollkonti-Schicht	Alle
Arbeitszeit und Arbeitsweg	28,1**	14,8**	50,2**	28,8
Kinderbetreuung	26,0	17,0	21,9	21,6
Pflegeverantwortung	50,0	20,0	34,6	27,3
Freizeitgestaltung	34,9**	31,7**	71,8**	44,9

*Signifikanzniveau 0,05 bis 0,01.
**Signifikanzniveau unter 0,01.

Die Schwierigkeiten, die sich aus Arbeitszeit und Arbeitsweg ergeben, zeigen sich nun vor allem bei der *Männlichen Vollkonti-Schicht* (50,2 %). Zu den hohen Schichtbelastungen kommt bei diesem Cluster noch der längere Arbeitsweg von einer Stunde, der im Durchschnitt aller Beschäftigten nur bei 50 Minuten liegt.

Probleme bei der Kinderbetreuung geben vor allem Jüngere an. Diese Beschäftigten arbeiten besonders häufig in der flexiblen Tagschicht, weil es zurzeit die vermeintlich beste Möglichkeit ist, die Kinderbetreuung bei gegebenen Arbeitszeiten und Kinderbetreuungszeiten der öffentlichen und privaten Einrichtungen abzusichern. Aber auch mit der flexiblen Tagschicht ist die Absicherung ohne familiäre Netzwerke kaum zu schaffen. Das wurde an den Befragungsergebnissen der Alleinerziehenden besonders deutlich.

In Pflegeverantwortung stehen eher ältere Beschäftigte. Trotzdem sind die Vereinbarkeitsprobleme in der Gruppe *Ältere feste Tagschicht* am geringsten. Eher werden die Probleme von der *Jüngeren flexiblen Tagschicht* benannt. Hier paart sich Pflegeverantwortung häufiger mit Kinderbetreuungsaufgaben. Das wird als besonders belastend empfunden.

Wie groß das Defizit für ausreichenden zeitlichen Raum zur Freizeitbeschäftigung und Erholung ist, zeigt sich besonders bei der *Männlichen Vollkonti-Schicht*. 71,8 % beklagen hier Probleme. Es sind vor allem junge Männer in Familienverantwortung mit rigiden Schichtsystemen, die unzufrieden mit der Situation sind.

Die *Männliche Vollkonti-Schicht* übersteigt die Werte im Vergleich zu den anderen beiden Clustern bei allen Freizeitproblemen, ob es sich nun um Familie, Freunde, Hobbys oder Vereine und Ehrenamt handelt. Der *Jüngeren flexiblen Tagschicht* fehlen zudem vor allem Möglichkeiten, die Hobbys zu pflegen. Die *Ältere feste Tagschicht* weist überall die geringsten Unzufriedenheitswerte auf.

Tabelle 13.3   Vereinbarkeitsprobleme im Freizeitbereich, in %

Freizeitbereiche	Jüngere flexible Tagschicht	Ältere feste Tagschicht	Männliche Voll-konti-Schicht	Alle
Familie	52,8**	52,0**	83,5**	61,9
Freunde	45,5**	44,3**	84,3**	57,2
Hobbys	52,8**	43,4**	78,0**	56,5
Vereine und Ehrenamt	29,5**	27,4**	63,7**	39,2

*Signifikanzniveau 0,05 bis 0,01.
**Signifikanzniveau unter 0,01.

13.4   Mehr Balance durch das Servicebüro

Ein signifikanter Zusammenhang wurde zwischen Unternehmen, die das Servicebüro finanzieren, und dem Anteil von Beschäftigten in vollkontinuierlicher Schicht festgestellt. Bei den Finanziers ist die vollkontinuierliche Schicht mehr als doppelt so häufig vertreten (43,4 %) wie bei den Nichtfinanziers (20, 5 %), was die Frage aufwirft, ob der Handlungsdruck für diese Unternehmen besonders groß ist, so dass sie sich zu zusätzlichen Work-Life-Balance-Maßnahmen, wie den Angeboten des Servicebüros, entschließen.

Auch wenn der Handlungsdruck bei den Finanziers größer ist, kann doch festgestellt werden, dass sie bereits erfolgreich an einer Ausbalancierung der Problemlagen der Beschäftigten arbeiten. Interessant ist, dass die benannten Vereinbarkeitsprobleme bei den Finanziers lange nicht so dominant sind, wie sich aus der Schichtverteilung vermuten ließe. Ein knappes Drittel der Mitarbeiter in den Unternehmen, die das Servicebüro finanzieren (32,0 %), und ein gutes Viertel bei den Nichtfinanziers (26,2 %) benannten ganz allgemein im Zusammenhang mit der Arbeitszeit und dem Arbeitsweg Vereinbarkeitsprobleme zwischen dem beruflichen und dem privaten Bereich. Auch bei der Kinderbetreuung weichen die Angaben zwischen Finanziers (23,5 %) und Nichtfinanziers (20,3 %) nicht bedeutend voneinander ab. Bei der Pflegeverantwortung sind die benannten Probleme bei den Finanziers sogar geringer (22,0 vs. 31,4 %). Im Freizeitbereich geben die Beschäftigten der Finanziers wiederum häufiger Probleme an (50,3 %) als die Nichtfinanziers (39,3 %). Trotzdem verwundert das Ergebnis, da vollkontinuierliche Schichten besonders zeitunflexibel sind und somit deutlich mehr Probleme bei Finanziers mit doppelt so viel vollkontinuierlich Beschäftigten erwartet werden mussten.

Mehr als der Hälfte der befragten Beschäftigten am Chemiestandort Leuna ist das Servicebüro bekannt. Das geben deutlich mehr Mitarbeiter aus finanzierenden Unternehmen (64,4 %) als aus nichtfinanzierenden Unternehmen (46,6 %) an. Erfahrungen mit dem Dienstleistungsangebot sammelten 32,1 % der Beschäftigten von Finanziers und nur 13,7 % der anderen. Hierbei handelt es sich um ein höchst signifikantes Ergebnis. Sicherlich kommunizieren die Unternehmen, die sich an der Finanzierung der Serviceleistungen beteiligen, die Angebote mehr bei den Beschäftigten und halten diese dazu an, die Leistungen bei bestimmten Problemlagen in Anspruch zu nehmen. Die Gesamteinschätzung mit der Zufriedenheit der Dienstleistungen (von 1 „sehr zufrieden" bis 5 „sehr unzufrieden") ist mit einer Note von 1,4 sehr positiv ausgefallen. Dabei unterscheiden sich die Beschäftigten der Finanziers in ihrer Einschätzung nicht von den Beschäftigten der Nichtfinanziers.

13.5   Fazit und Ausblick

Die in der Chemie vorherrschende Produktionsweise ist Schichtarbeit, zumeist in der besonders belastenden Form der vollkontinuierlichen Wechselschicht. Sie vergrößert die belastenden Momente aus betriebsspezifischen und beschäftigtenindividuellen Stabilitäts- und Flexibilitätsansprüchen. Mit Blick auf die chemische Industrie zeigt sich insbesondere in Ostdeutschland eine Ausgangssituation, die den Reaktionsspielraum auf diese potenziellen Konfliktlagen zusätzlich einengt und erschwert: Die ostdeutsche Chemieindustrie arbeitet mit sehr qualifiziertem Personal, welches insbesondere unter dem Einfluss des demografischen Wandels immer knapper wird. Ihre Unternehmen sind sehr kleinbetrieblich organisiert und müssen – wie die großen – den Anforderungen des internationalen, zunehmend globaleren Marktes gerecht werden. Gleichzeitig ist in der ostdeutschen Chemie die Frauenbeschäftigung mit rund 40 % schon jetzt relativ hoch und wird zukünftig weiter steigen.

Wer sich auf familienfreundliche Arbeitsbedingungen einlässt, kann sich somit für die Zukunft einen deutlichen Wettbewerbsvorteil sichern. Darum sollte in der Arbeitswelt Rücksicht auf die individuelle und familiale Lebensgestaltung genommen und Arbeit lebensphasenorientiert organisiert werden. Denn wer seine Aufgaben in beiden Lebensbereichen (Arbeitswelt und Lebenswelt) ernst nimmt, gerät ohne Unterstützung von Betrieb, Familie und Freundeskreis fast zwangsläufig in Konflikte.

Ein erster Ansatz, um sich individuell gestalteter Personalpolitik zu nähern, ist die Suche nach typischen Arbeitnehmergruppen in den Betrieben. Für den Chemiestandort Leuna konnten erste Arbeitnehmertypen mit ihren besonderen Problemlagen identifiziert werden. Diese Arbeitnehmertypen lassen sich weiter ausdifferenzieren. Damit können entsprechende Maßnahmen zur Unterstützung bei Doppel- und Mehrfachbelastung gezielt geplant und umgesetzt sowie praktikable Lösungen abgeleitet werden. Das wurde am Chemiestandort anhand der Befragung mit der Themenschwerpunktsetzung Kinderbetreuung und Pflege bereits getan (vgl. dazu www.familieplusunternehmen.de) [14].

Dass Themen zur Vereinbarkeit von Erwerbsarbeit und Privatleben nicht alleinige „Frauensache" sind, sondern dass sich Männer gleichermaßen von dem Thema angesprochen fühlten, wird an der Befragungsbeteiligung beider Geschlechter deutlich. Über 60 % der Teilnehmer der Standortbefragung waren männlich. Das entspricht dem Beschäftigungsanteil von Frauen und Männern am Chemiestandort Leuna. Probleme bei der Kinderbetreuung und Pflegeverantwortung wurden von Frauen wie Männern thematisiert. Interessant ist, dass das Thema Pflege nicht nur die Beschäftigten über 50 Jahre betrifft. Durch den kurzen Generationenwechsel zu DDR-Zeiten, in dem die Kinder häufig von sehr jungen Eltern geboren wurden, sind heute oft auch die Enkel mit in die Pflegeverantwortung einbezogen. Das gibt es in dieser Deutlichkeit in den alten Bundesländern nicht.

Auch Beschäftigte, die weder Pflegeverantwortung noch Kinderbetreuung als Problem für sich benennen, weisen häufig hohe Stressfaktoren auf. So waren die Belastungswerte, die bei den Freizeitabfragen erhoben wurden, für Mitarbeiter in vollkontinuierlicher Schicht besonders hoch. Gegen diese Stressfaktoren lässt sich betrieblicherseits einiges tun. Das Servicebüro am Chemiestandort ist ein Beispiel hierfür.

Lebensphasenorientierte Personalpolitik ist ein wichtiger Bestandteil moderner Unternehmensführung. Die neuen Möglichkeiten für eine zukunftsfähige Personalpolitik sind vielfältig. Ein Weg ist es, Männer in ihrer Familienrolle, die sie zunehmend ausfüllen wollen, ernst zu nehmen. Ein weiterer Schritt besteht in der Sensibilisierung für das Thema familiäre Pflegeverantwortung, wobei hier nicht nur die 50plus-Mitarbeiter im Blick stehen dürfen. In jedem Fall müssen die Mitarbeiter ganzheitlich, also auch mit ihren privaten Interessen und Verpflichtungen, beachtet werden.

Literatur

[1]   Paridon, H./Ernst, S./Harth, V. u. a. (2012): Schichtarbeit. Rechtslage, gesundheitliche Risiken und Präventionsmöglichkeiten. Berlin: Deutsche Gesetzliche Unfallversicherung (DGUV).

[2]   Rump, J. (2011): Zukunft von Arbeit und Freizeit. http://web.fh-ludwigshafen.de/ibe/index.nsf/de/zukunftvonarb, Zugriff: 10.02.2012.

[3]   Buchwald, C./Wiener B. (2012): Employee branding als neue Personalstrategie. Familienfreundlichkeit als strategischer Vorteil. Baden-Baden: Nomos Verlagsgesellschaft.

[4]   Kratzer, N./Nies, S./Pangert, B./Vogl, G. (2011): Leistungspolitik und Work-Life-Balance. Eine Trend-analyse des Projekts Lanceo. Balanceorientierte Leistungspolitik. Freiburg/München/Oldenburg.   www.lanceo.de/   files/lanceo_brosch__re_lay_ v3_downloadversion.pdf, Zugriff: 18.08.2011.

[5]   Goedicke, A./Brose, H.-G. (2008): The proof of the pudding is in the eating. Was heißt Familienfreundlichkeit von Personalpolitik? In: Szydlik, M. (Hrsg.), Flexibilisierung. Folgen für Arbeit und Familie. Wiesbaden: Verlag für Sozialwissenschaften, S. 170-192.

[6]   AWMF (2006): Nacht- und Schichtarbeit. Leitlinien der Deutschen Gesellschaft für Arbeitsmedizin und   Umweltmedizin   e.V.   www.awmf.org/uploads/tx_szleitlinien/002-030_S1_Nacht_und_ Schichtar beit_ 07--2006_07-2011_01.pdf, Zugriff: 31.07.2011.

[7]   Wiener, B./Buchwald, C. (2008): Vereinbarkeit von Familie und Beruf. Ergebnisse einer Befragung von Mitarbeiterinnen und Mitarbeitern in fünf Unternehmen des Chemiestandortes Bitterfeld-Wolfen. QFC-Beiträge, H. 2/2008, Halle.

[8]   Fergen, A./Böhm, M. (2009): Nacht- und Schichtarbeit. www.ergo-online.de/site.aspx?url=html/ar beitsorganisation/pausen/schichtarbeit.htm, Zugriff: 31.07.2011.

[9]   Wiener, B. (2011): Die Arbeitswelt wird weiblicher. Schicht, 01/2011.

[10] Fuchs, J./Dörfler, K. (2005): Projektion des Erwerbspersonenpotenzials bis 2050. Annahmen und Datengrundlage. IAB-Forschungsbericht, 25/2005, Nürnberg.

[11] BAuA – Bundesanstalt für Arbeitsschutz und Arbeitsmedizin (2007): Im Takt? Risiken, Chancen und Gestaltung von flexiblen Arbeitszeitmodellen. Bremerhaven.

[12] Wiener, B. (2011): Nie wieder rausgehen. Frauen in der Chemie. In: Wiekert, I./Winge, S. (Hrsg.), Jun-ges altes Sachsen-Anhalt. Ein Bundesland im Blick der Sozialforschung. Halle: Universitäts-verlag Halle-Wittenberg.

[13] Böttcher, S./Buchwald, C. (2011): Leitfaden für Unternehmen zur Förderung der Vereinbarkeit von Erwerbsarbeit und Pflege. Forschungsberichte aus dem zsh, 11-1.

[14] SCHICHT – Schichtarbeit zwischen Anforderungen von Arbeitswelt und Lebenswelt: www.familieplusunternehmen.de, Zugriff: 3.6.2012.

14 Gesundheitliche Mehrbelastungen durch Zeitarbeit?

Sandra Lemanski, Hicham Benkhai

14.1   Ausgangslage

Zur Beantwortung der Frage, ob der Einsatz von Zeitarbeit eine gesundheitliche Mehrbelastung darstellt, bedarf es zu Beginn deren Konkretisierung:

1. Ausgehend von welcher Basis kann von einem „Mehr" an Belastungen gesprochen werden, und welche gesundheitlichen Folgen bringen Belastungen mit sich?

2. Welche stressrelevanten Auswirkungen hat der Einsatz von Zeitarbeit auf die beteiligten Beschäftigtengruppen?

Entsprechend diesen Teilfragen wird zuerst darauf eingegangen, was Belastungen und ein „Mehr" an Belastungen im Kontext der allgemeinen und der arbeitsbezogenen Stressforschung bedeuten und welche gesundheitlichen Folgen diese Belastungen haben können. Im zweiten Teil geht es um Belastungen und mögliche Mehrbelastungen durch den Einsatz von Zeitarbeit und zwar vor dem Hintergrund, dass der Einsatz der Zeitarbeitnehmer im Kundenunternehmen auch immer die dort tätigen Stammbeschäftigten betrifft und sich unter Umständen auch negative, nicht intendierte Folgen daraus ergeben können. Die Ergebnisse einer im Rahmen des vom Bundesministerium für Bildung und Forschung (BMBF) geförderten Projektes Flex4Work durchgeführten Studie zu möglichen gesundheitlichen Mehrbelastungen durch den Einsatz von Zeitarbeit werden im dritten Abschnitt dieses Beitrages vorgestellt.

14.2   Belastungen im Arbeitskontext

Wenn wir von Belastungen sprechen, dann sind damit alle von außen auf den Menschen einwirkenden Faktoren gemeint (Rohmert/Rutenfranz 1975) [1], die in Abhängigkeit von individuellen Eigenschaften und der Situation zu Beanspruchungen führen können und damit unmittelbare Auswirkungen der Belastungen darstellen. In Abhängigkeit der individuellen Charakteristiken können aus diesen wahrgenommenen Beanspruchungen Fehlbeanspruchungen und somit Stress entstehen, welcher sehr umfassend von Greif (1991, S. 13) [2] definiert wurde als „…ein subjektiv intensiv unangenehmer Spannungszustand, der aus der Befürchtung entsteht, dass eine stark aversive, subjektiv zeitlich nahe (oder bereits eingetretene) und subjektiv lang andauernde Situation sehr wahrscheinlich nicht vollständig kontrollierbar ist, deren Vermeidung aber subjektiv wichtig erscheint". Mögliche Auslöser für Stress werden als Stressoren bezeichnet und sind als Risikofaktoren zu verstehen, die die Wahrscheinlichkeit erhöhen, Stress zu erleben, diesen aber nicht zwangsläufig auslösen. Demgegenüber stehen die Schutzfaktoren oder Ressourcen, deren Vorhandensein und Ausprägung maßgeblich darüber entscheidet, ob eine Belastung überhaupt zu einer Fehlbeanspruchung führt oder wie gut mit einer solchen umgegangen werden kann.

Wie kann nun aus einer Belastung Stress entstehen? Hierzu haben sich in der Psychologie eine ganze Reihe von Stresstheorien etabliert, von denen kurz zwei grundlegende Erwähnung finden sollen: Zum einen ist dies das Transaktionale Stressmodell von Lazarus und Folkman (1984) [3], welches davon ausgeht, dass es dann zum Stresserleben kommt, wenn:

- es eine Situation von Relevanz für die betroffene Person ist,

- diese Situation oder das Ereignis als Bedrohung wahrgenommen wird und

- die individuellen Ressourcen und/oder Bewältigungsmöglichkeiten als nicht ausreichend zum Umgang mit dem Stressor bewertet werden.

Nach Lazarus und Folkman (1984) [3] findet ein ständiger Abgleich mit der Umwelt statt und zwar hinsichtlich möglicher Implikationen für unser Wohlbefinden. Dabei kann eine Situation drei subjektiven Bewertungskategorien zugeordnet werden: (1) neutral, (2) positiv und (3) stressrelevant. Wird eine Situation oder ein Ereignis der Kategorie „stressrelevant" zugeordnet, erfolgt eine weitere Differenzierung nach Schädigung/Verlust, Herausforderung oder Bedrohung. Unter Schädigung/Verlust wird dabei ein Ereignis verstanden, welches in der Vergangenheit liegt und nicht mehr geändert werden kann. Hier geht es vorrangig darum, die Folgen abzumildern. Die Einschätzung einer Situation als Herausforderung oder Bedrohung bezieht sich auf die Zukunft. Der Unterschied zwischen beiden liegt in der Einschätzung der eigenen Ressourcen und Bewältigungsmöglichkeiten. Werden diese als gerade ausreichend zur Bewältigung der Situation eingeschätzt, so wird eine Herausforderung wahrgenommen. Endet dieser Vergleich hingegen damit, dass diese als unzureichend bewertet werden, kommt es zur Wahrnehmung einer Bedrohung. Es wird also eine mögliche Schädigung oder ein Verlust befürchtet, da die vorhandenen Mittel als nicht ausreichend zur Bewältigung der Anforderungen eingeschätzt werden. Die Situation kann somit nicht kontrolliert werden, da der Ausgang ungewiss ist.

Zum anderen verfolgt Hobfoll (1989) [4] in seiner Theorie der Ressourcenerhaltung einen zwar ähnlichen Ansatz wie Lazarus und Folkman (1984) [3], legt den Schwerpunkt aber auf die individuell verfügbaren Ressourcen. Nach Hobfoll (1989) [4] kommt es dann zum Stresserleben, wenn unsere Ressourcen bedroht werden und zwar entweder durch einen tatsächlichen oder angenommenen Verlust oder indem getätigte Investitionen von Ressourcen nicht ausreichend entlohnt werden. Zudem geht er davon aus, dass Ressourcenverluste stärker ins Gewicht fallen als Ressourcengewinne.

Aus beiden Modellen lassen sich zwei Kernpunkte ableiten:

Ressourcen, worunter Wissen, soziale Unterstützung, körperliche Gesundheit, Geld, Zeit, aber auch individuelle Werte oder Erfahrungen fallen können, spielen eine bedeutende Rolle in der Stressentstehung, da sie entweder dazu beitragen, dass eine Situation gar nicht erst als stressrelevant und somit bedrohlich wahrgenommen wird oder abgemildert werden kann, oder aber im Sinne Hobfolls (1989) [4] die Bedrohung oder der Verlust einer Ressource erst zum Erleben von Stress führt. Beiden Modellen liegt die Implikation zugrunde, dass eine gute und breite Ausstattung mit Ressourcen, und zwar sowohl innerhalb der Person (z. B. Wissen) als auch extern (z. B. soziale Unterstützung), zu einem besseren Umgang mit Belastungen beiträgt. In beiden Modellen ist mangelnde Kontrolle oder gar ein Kontrollverlust ursächlich für das Erleben von Stress und schlägt sich u. a. in der Wahrnehmung einer Bedrohung nieder.

Neben diesen allgemeinen Ansätzen findet sich auch eine Vielzahl an Stresstheorien, die sich speziell mit Stress im Arbeitskontext auseinandergesetzt haben. Als wichtigste Vertreter sind hier das Anforderungs-Kontroll-Modell von Karasek und Theorell (1990) [5] sowie das Modell der beruflichen Gratifikationskrisen von Siegrist (1996) [6] zu nennen.

In ihrem Anforderungs-Kontroll-Modell gehen Karasek und Theorell (1990) [5] davon aus, dass sich Arbeiten anhand der Dimensionen Anforderungen und Handlungsspielraum beschreiben und dadurch in vier Typen unterteilen lassen (Abbildung 14.1).

Abbildung 14.1   Anforderungs-Kontroll-Modell

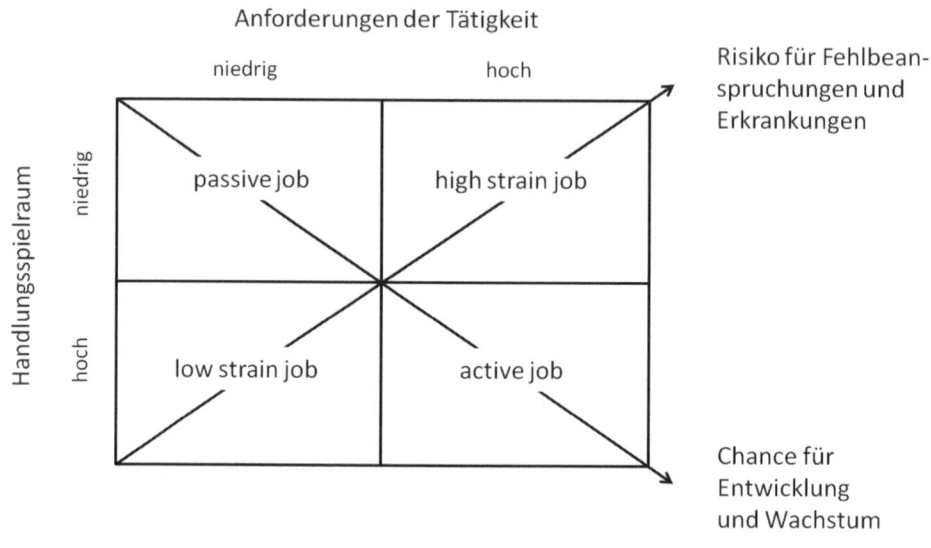

Quelle: eigene Darstellung in Anlehnung an Karasek (1979) [7]

In ihren Studien konnten die Autoren zeigen, dass vor allem Arbeiten mit hohen Anforderungen und einem geringen Handlungsspielraum, so genannte „high strain jobs", wie sie prototypisch die Fließbandarbeit darstellt, das größte Stresspotenzial aufweisen. Diese arbeitsbezogenen „strains" sind als Belastungen zu verstehen, wie sie zu Beginn als ursächlich für die Entstehung von Beanspruchungen dargestellt wurden, und beziehen sich in diesem Modell ausschließlich auf den Arbeitskontext. Als Beispiele für die Anforderungen können ein hohes Arbeitstempo oder eine hohe Intensität der Arbeit und für den Handlungsspielraum Entscheidungsbefugnisse innerhalb der Tätigkeit oder die Möglichkeit, viele Fähigkeiten einsetzen zu können, angeführt werden. Allerdings bedeutet ein „high strain job" nicht automatisch, dass der Inhaber eines solchen Arbeitsplatzes auch Stress erleben muss. Wie schon bei der Vorstellung der allgemeinen theoretischen Modelle betont, spielen die vorhandenen Ressourcen eine bedeutende Rolle. Im Zusammenhang mit dem Anforderungs-Kontroll-Modell konnten Untersuchungen zeigen, dass eine gute soziale Unterstützung den negativen Folgen der hochbeanspruchenden Arbeit entgegenwirken kann (Viswesvaran/Sanchez/Fischer 1999) [8].

Auf diesem Prinzip der Kompensation von Belastungen durch Ressourcen beruht das arbeitsbezogene Stressmodell von Siegrist (1996) [6]. Basis seines Modells der beruflichen Gratifikationskrisen ist die Annahme, dass es arbeitnehmerseitig dann zum Stresserleben kommt, wenn die investierten Ressourcen, z. B. die Arbeitsleistung, nicht den erwarteten Gratifikationen entsprechen, wobei sich die Gratifikationen nicht nur auf Geld, sondern auch auf Anerkennung, Respekt, Wertschätzung, Aufstiegsmöglichkeiten oder die Sicherheit des Arbeitsplatzes beziehen können. Besondere Berücksichtigung finden in diesem Modell auch individuelle Faktoren wie eine übersteigerte Leistungsbereitschaft, die von Siegrist (1996) [6] als Overcommitment bezeichnet wird und an der Entstehung von Gratifikationskrisen maßgeblich beteiligt ist.

Wie die bisherigen Ausführungen gezeigt haben, gibt es kein objektives Kriterium für das Erleben von Stress, da dieses eine subjektive Wahrnehmung und von vielen individuellen und externen Faktoren abhängig ist. Zwei Personen in der gleichen Situation können diese sehr unterschiedlich wahrnehmen. Daher kann zur Beantwortung der Frage nach der Mehrbelastung durch Zeitarbeit nur mit Vergleichswerten und zwar in Form der ebenfalls subjektiven Einschätzungen der Stammarbeitnehmer gearbeitet werden. Sollte sich bei sonst vergleichbaren individuellen Merkmalen, Bedingungen im Kundenunternehmen und unter Ausschluss anderer Einflussquellen für die Zeitarbeitnehmer z. B. eine erhöhte Stresswahrnehmung zeigen, dann kann dies auf die Beschäftigungsform Zeitarbeit und deren Besonderheiten zurückgeführt werden und als eine Mehrbelastung im Vergleich zu Stammbeschäftigten interpretiert werden.

14.3   Auswirkungen von Stress auf die Gesundheit

Stress als subjektive Wahrnehmung geht mit diversen Reaktionen unseres Körpers einher, die uns dazu befähigen sollen, mit der als bedrohlich wahrgenommenen Situation umzugehen. Diese Reaktionen sollen den Körper in Alarmbereitschaft versetzen, so dass schnell und effektiv auf die Gefahr reagiert werden kann. Dazu erfolgt über die Ausschüttung von Hormonen eine Aktivierung verschiedener Körperfunktionen, so werden z. B. die Herzschlagfrequenz und der Blutdruck gesteigert, Energiereserven mobilisiert und Schmerzen unterdrückt (Kaluza 2007) [9]. Dieses aus evolutionsgeschichtlicher Sicht sehr alte Reaktionsmuster funktioniert bei Stressoren, die von kurzer Dauer sind oder schnell bewältigt werden können, recht gut, verfehlt jedoch seine Wirkung bei langandauernden oder immer wiederkehrenden Stressoren. Letztgenannter chronischer Stress führt zu einer Daueraktivierung des Stresssystems und kann zur Dysregulation dieses Systems führen. Die Folgen des chronischen Stresses äußern sich auf verschiedenen Ebenen (Plaumann/Busse/Walter 2006, Kaluza 2007, Litzcke/Schuh 2007) [10], [9], [11]:

- Physisch kann sich Stress z. B. in Bluthochdruck, Muskelverspannungen, Kopfschmerzen, Schlafstörungen, Magen-Darm-Beschwerden/-Geschwüren, Störungen des Herz-Kreislauf-Systems oder Herz-Kreislauf-Erkrankungen, Verschiebungen des Hormonhaushaltes oder Hautveränderungen niederschlagen.

- Auf behavioraler Ebene lässt sich häufig ein gesteigerter Konsum von Alkohol und Nikotin feststellen, aber auch die (gesteigerte) Einnahme von Medikamenten beobachten. Außerdem können sich die Essgewohnheiten ändern und der Umgang mit anderen Personen kann konfliktreicher werden.

- Psychische und kognitive Folgen können sich u. a. in Nervosität, Unzufriedenheit, Ärger, Angst, Schlafstörungen, Konzentrationsschwächen, Täuschungen und Denkstörungen, erhöhter Ablenkbarkeit und Fehlerhäufigkeit, Burn-out oder Depressionen zeigen.

Alle aufgeführten gesundheitlichen Auswirkungen tragen zu einer Abnahme des Wohlbefindens bei und machen sich auch im Arbeitskontext bemerkbar. Hier kann es zu weniger Arbeitszufriedenheit, weniger Leistung oder Leistungsschwankungen, hoher Fluktuation, Absentismus, längerer Arbeitsunfähigkeit oder krankheitsbedingter Frühberentung kommen (De Lange u. a. 2003, Heyde/Macco 2010, Siegrist/Dragano 2008, De Jong u. a. 2000) [12], [13], [14], [15].

Die physischen und psychischen Auswirkungen des chronischen Stresses sind demnach sehr vielfältig. Gemeinsam ist allen, dass sie unser physisches und psychisches Wohlbefinden gefährden und zu schweren Erkrankungen führen können.

14.4   Art der Beschäftigung als Stressor

Die Frage nach möglichen gesundheitlichen Mehrbelastungen durch Zeitarbeit impliziert die Frage nach den Besonderheiten dieser Beschäftigungsform im Vergleich zum Normalarbeitsverhältnis, welches bisher den Ausgangspunkt für die Stressforschung im Arbeitskontext bildete.

Unter einem Normalarbeitsverhältnis versteht man eine unbefristete, sozialversicherungspflichtige und abhängige Vollzeitbeschäftigung (Dietz/Walwei 2006) [16]. Der Sachverständigenrat zur Begutachtung der gesamtwirtschaftlichen Entwicklung (2008) [17] versteht dies als enge Definition und schließt in einem weiteren Verständnis des Normalarbeitsverhältnisses auch Teilzeitbeschäftigungsverhältnisse ein. Ein daraus resultierender Aspekt, der aus psychologischer Perspektive von besonderer Relevanz ist, ist die Dauerhaftigkeit und Stabilität, die mit dieser Form der Beschäftigung verbunden ist. Kann eine Situation als stabil und dauerhaft eingeschätzt werden, wird diese als kontrollierbar, sicher und planbar wahrgenommen und somit nicht als bedrohlich erlebt. Ausdruck findet diese Sicherheit und Stabilität nicht nur im unbefristeten Vertragsverhältnis, sondern auch in der damit einhergehenden Integration in die betrieblichen und sozialen Strukturen einer Organisation.

Stellt man nun diese Beschäftigungsform der Zeitarbeit gegenüber, lassen sich Übereinstimmungen wie auch Unterschiede ausmachen. Zwar ist auch der Großteil der Zeitarbeitnehmer unbefristet, sozialversicherungspflichtig, abhängig und in Vollzeit beschäftigt, aber er untersteht nicht der dauerhaften Weisungsbefugnis dieses Arbeitgebers, da diese an das jeweilige Kundenunternehmen für die Dauer der Überlassung übertragen wird. Durch die im Vergleich sehr kurze Überlassung an die Kundenunternehmen (Institut der deutschen Wirtschaft Köln 2011) [18], ist für den Zeitarbeitnehmer eine Integration in die vorhandenen betrieblichen und sozialen Strukturen meist nicht möglich.

Darüber hinaus lässt sich für die Zeitarbeitsbranche in Deutschland nach Angaben der Bundesagentur für Arbeit (2012) [19] Folgendes feststellen:

- *Qualifikation:* Im Gegensatz zu allen sozialversicherungspflichtigen Beschäftigungsverhältnissen, in denen 11 % der Arbeitnehmer über einen Hochschul- oder Fachhochschulabschluss verfügen, sind es in der Zeitarbeit nur 3% der Beschäftigten. Dafür finden sich dort überdurchschnittlich viele Arbeitnehmer ohne eine abgeschlossene Berufsausbildung (29 %) im Vergleich zu allen sozialversicherungspflichtigen Beschäftigungsverhältnissen (13 %).

- *Dynamik:* Die hohe Flexibilität dieser Beschäftigungsform zeigt sich auch in den Zu- und Abgängen. Hier stehen den 580.000 im ersten Halbjahr 2011 neu abgeschlossenen Zeitarbeitsverhältnissen 569.000 im gleichen Zeitraum beendete Arbeitsverhältnisse gegenüber. Bezogen auf alle sozialversicherungspflichtigen Beschäftigungsverhältnisse lassen sich insgesamt 14 % der in 2011 verzeichneten Zugänge in die Arbeitslosigkeit auf den Abgang aus der Zeitarbeit zurückführen.

- *Chance:* Andererseits muss berücksichtigt werden, dass die Zeitarbeit vor allem für Arbeitslose, von Arbeitslosigkeit bedrohte Arbeitnehmer, Berufseinsteiger oder Berufsrückkehrer eine Beschäftigungsperspektive darstellt. Knapp zwei Drittel der neu abgeschlossenen Zeitarbeitsverhältnisse im ersten Halbjahr 2011 wurden mit Personen geschlossen, die zuvor keine Beschäftigung ausübten oder noch nie beschäftigt waren.

Zusammenfassend und als Ausgangspunkt für die weiteren Betrachtungen kann also festgestellt werden, dass in der Zeitarbeit

- eine hohe Fluktuation herrscht,

- die Beschäftigungsdauer im Durchschnitt deutlich kürzer ausfällt,

- überdurchschnittlich viele Arbeitnehmer ohne abgeschlossene Berufsausbildung tätig sind und

- vor allem Personen eine Beschäftigungsperspektive geboten wird, die aufgrund geringer Qualifikation, Arbeitslosigkeit oder durch ihre Unerfahrenheit (Berufseinsteiger) geringere Chancen auf dem ersten Arbeitsmarkt haben.

14.5   Gesundheitliche Mehrbelastung durch Zeitarbeit

De Cuyper u. a. (2008) [20] identifizieren in ihrem Literaturreview folgende drei Stressoren für temporär Beschäftigte, zu denen auch Zeitarbeitnehmer gezählt werden:

1. Zeitarbeitnehmer gehören zur peripheren Belegschaft: Zeitarbeitnehmern wird aufgrund ihrer Einsatzdauer und ihrer Funktion im Unternehmen oft die Rolle der peripheren Belegschaft zugeordnet. Investitionen, die zur Sicherung und Bindung der Kernbelegschaft seitens des Unternehmens getätigt werden, wie Geld, Sozialleistungen oder Aufstiegs- und Entwicklungschancen, sind meist für Zeitarbeitnehmer nicht zugänglich (Zeytinoglu/Cooke 2005) [21]. Als Mitglieder der Randbelegschaft sind sie aufgrund ihrer Qualifikation leicht zu ersetzen und spielen damit eine eher untergeordnete strategische und personalpolitische Rolle für das Unternehmen. Das Fehlen dieser Investitionen kann für die Zeitarbeitnehmer zum Stressor werden und zu geringerem Wohlbefinden führen (De Witte/Näswall 2003, Zeytinoglu u. a. 2004) [22], [23].

2. Zeitarbeitnehmer sind schlechteren Arbeitsbedingungen ausgesetzt: Es wird davon ausgegangen, dass Zeitarbeitnehmer mehr Belastungen durch schlechtere Arbeitsbedingungen, Rollenstress und eingeschränkte Unterstützung erleben. Temporär Beschäftigte erleben meist weniger Autonomie (Benach/Gimeno/Benavides 2002, Goudswaard/Andries 2002) [24], [25], die Arbeit ist oft monoton und lässt wenige Chancen zur Nutzung der vorhandenen Fähigkeiten. Rollenstress bezieht sich auf den Umstand, dass Zeitarbeitnehmer bei jedem Wechsel des Kundenunternehmens die Neuen sind und sich erst mit den organisationalen Abläufen vertraut machen müssen. Die eingeschränkte Unterstützung durch festangestellte Kollegen (Byoung-Hoo/Frenkel 2004) [26] ergibt sich zum einen ebenfalls aus der kurzen Einsatzdauer, aber auch aus der sozialen Position, mit der Zeitarbeitnehmer in das Kundenunternehmen kommen.

3. Zeitarbeitnehmer sind Beschäftigungsunsicherheit ausgesetzt: Lewchuk u. a. (2005) [27] hoben das von Karasek und Theorell (1990) [5] etablierte Konzept der „high strain jobs" auf die Ebene der Beschäftigung. Die höheren Anforderungen ergeben sich für die Zeitarbeitnehmer aus den Anstrengungen, die Beschäftigung zu behalten, und aus der Sicherung eines positiven Eindrucks hinsichtlich der Arbeitsleistung beim Arbeitgeber. Die geringe Kontrolle ergibt sich in diesem Modell aus der erhöhten Beschäftigungsunsicherheit. Da sie nicht an einen Arbeitsplatz gebunden sind, entscheidet ihre Beschäftigungsfähigkeit über den Verbleib im Zeitarbeitsunternehmen. Zudem haben Zeitarbeitnehmer wenig Kontrolle über die Ausgestaltung ihrer Arbeit, die Ausführung sowie die Art ihrer Arbeit (Krausz 2000, Wheeler/Buckley 2001) [28], [29].

Diese Annahmen konnten zwar in empirischen Untersuchungen bestätigt werden, allerdings fanden sich auch konträre Ergebnisse:

1. Die angenommene Trennung von Kern und Peripherie wird von den Arbeitnehmern nicht als solche wahrgenommen (Saloniemi/Virtanen/Vahtera 2004, Stamper/Masterson 2002) [30], [31]. Darüber hinaus wurde argumentiert, dass einige als negativ bezeichnete Folgen von den temporär Beschäftigten nicht als negativ wahrgenommen werden (Kunda/Barley/Evans 2002) [32]. So kann z. B. die Zugehörigkeit zum Rand einer Organisation auch bedeuten, dass dem Arbeitnehmer zusätzliche Freiräume zur Verfügung stehen, weniger Engagement verlangt wird und er nicht in die Probleme und die Politik des Unternehmens involviert ist.

2. Folgt man der Stresstheorie von Karasek und Theorell (1990) [5], so sollten temporär Beschäftigte weniger Kontrolle über ihre Arbeit und deren Rahmenbedingungen haben, da sie aufgrund ihrer meist einfachen Tätigkeiten hohen Anforderungen bei einem gleichzeitig geringen Handlungsspielraum ausgesetzt sind. Studien konnten aber zeigen, dass ein temporäres Beschäftigungsverhältnis mit weniger Anforderungen assoziiert war, wodurch wiederum die möglichen negativen Folgen einer geringen Kontrolle oder Autonomie reduziert werden könnten (Parker u. a. 2002, Saloniemi/Virtanen/ Vahtera 2004, De Cuyper/De Witte 2006a) [33], [30], [34].

3. Neben diesen gegenläufigen Befunden konnten einige Studien auch keine Unterschiede zwischen Stamm- und Zeitarbeitnehmern nachweisen. Als mögliche Erklärung führten einige Autoren die positiven Aspekte der Zeitarbeit an, die bislang zu wenig Beachtung gefunden haben. Zum einen kann die Zeitarbeit Ressourcen bereitstellen, die die negativen Aspekte kompensieren können (De Cuyper/De Witte 2006b) [35]. So konnte gezeigt werden, dass Zeitarbeitnehmer eine bessere Work-Life-Balance besitzen (Polivka 1996) [36], sie profitieren von der Arbeitszeitflexibilität, dem Training und der Weiterentwicklung ihrer Fähigkeiten oder den vielfältigen Erfahrungen (Kalleberg/Reskin/ Hudson 2000, Feldman/Doerpinghaus/Turnley 1994) [37], [38]. Abgesehen davon kann die Zeitarbeit, wie bereits erwähnt, eine Beschäftigungsperspektive bieten (De Cuyper u. a. 2008, Polivka 1996, Feldman/Doerpinghaus/Turnley 1994, Bundesagentur für Arbeit 2012, Gagliarducci 2005) [20], [36], [38], [19], [39].

Wie die bisherigen Ausführungen zu den Einflüssen der Beschäftigungsform auf die individuelle Stresswahrnehmung zeigen, gibt es hinsichtlich des Vergleichs von Stamm- und Zeitarbeitnehmern keinen eindeutigen Wirkungstrend. Dies setzt sich auch für weitere individuelle und organisationale Einstellungen wie die Arbeitszufriedenheit oder das Commitment fort (vgl. De Cuyper u. a. 2008) [20]. Als eine mögliche Erklärung für diese Befundlage wurde eine zwischen Stamm- und Zeitarbeitnehmern unterschiedlich ausgeprägte Arbeitsplatzunsicherheit diskutiert (Bernhard-Oettel/Sverke/De Witte 2005, De Witte/Näswall 2003, Parker u. a. 2002) [40], [22], [33]. Während eine hohe Arbeitsplatzunsicherheit die Arbeitszufriedenheit und das Commitment bei Stammarbeitnehmern reduzierte, konnten diese Effekte für Zeitarbeitnehmer nicht nachgewiesen werden (De Cuyper/De Witte 2005, 2006b, 2007, De Witte/Näswall 2003) [41], [35], [42], [22].

Betrachtet man die Zahlen der Bundesagentur für Arbeit (2012) [19] zur Fluktuation in der Zeitarbeit, in der das Entlassungsrisiko im Jahr 2011 mit 3,9 % viermal so hoch war wie im Schnitt über alle Branchen mit 0,9 %, muss zwar festgestellt werden, dass Zeitarbeitnehmer objektiv einer höheren Arbeitsplatzunsicherheit ausgesetzt sind. Ergebnisse von De Cuyper und De Witte (2008) [43] sowie Forrier und Sels (2003) [44] weisen allerdings darauf hin, dass bei temporär Beschäftigten eher die Beschäftigungsfähigkeit denn die Arbeitsplatzunsicherheit eine Rolle spielt. Zudem gehen einige Autoren davon aus, dass Arbeitsplatzunsicherheit u. a. durch die wahrgenommene Beschäftigungsfähigkeit beeinflusst wird und davon ausgegangen werden kann, dass eine als gering eingeschätzte Beschäftigungsfähigkeit zu einer erhöhten Arbeitsplatzunsicherheit führt (Howe 2001, King 2003) [45], [46].

Weitere Gründe für die inkonsistenten Ergebnisse werden neben den schon ausgeführten Aspekten zudem in individuellen Unterschieden zwischen Arbeitnehmern z. B. hinsichtlich der Präferenz für eine Beschäftigungsform, der Bildung sowie weiterer soziodemografischen Merkmalen gesehen, aber auch in Rahmenbedingungen beim Zeitarbeitgeber und im Kundenunternehmen. Darüber hinaus werden „versteckte Kosten" für die Stammbelegschaft diskutiert. Diese können ebenfalls zu Mehrbelastungen für die Stammarbeitnehmer führen oder negative Auswirkung auf unternehmensrelevante Einstellungen haben. Beide Erklärungsansätze werden nachfolgend kurz vorgestellt.

Der erste Ansatz betrifft die *Präferenz für eine Beschäftigungsform*. Positivere Ergebnisse für die Zeitarbeitnehmer im Vergleich zur Stammbelegschaft werden dann angenommen, wenn diese eine Beschäftigung in Zeitarbeit einer festen Anstellung vorziehen. Zeitarbeitnehmer, die nicht freiwillig in der Zeitarbeit tätig sind, haben wenige Anreize, mehr zu leisten als unbedingt erforderlich (Moorman/Harland 2002) [47]. So zeigte ein Vergleich von freiwillig und unfreiwillig temporär Beschäftigten, dass die Freiwilligen zufriedener mit ihrer Arbeit waren (Ellingson/Gruys/Sackett 1998) [48]. Andererseits könnte sich die unfreiwillige Beschäftigung in der Zeitarbeit auch darin äußern, dass die Beschäftigten besonders motiviert sind, da sie eine feste Anstellung anstreben, und dass sich dies in einem hohem Leistungslevel niederschlägt (Moorman/Harland 2002, Von Hippel u. a. 1997) [47], [49]. Der Aspekt der Präferenz betrifft aber nicht nur die Zeitarbeitnehmer. Der alleinige Umstand, dass ein Arbeitnehmer in einem Normalarbeitsverhältnis beschäftigt ist, bedeutet noch nicht, dass dies auch seiner Präferenz entspricht. Vorteile einer Stammbeschäftigung wie das Senioritätsprinzip oder die Attraktivität des sicheren Beschäftigungsverhältnisses können Stammbeschäftigte dazu bewegen, in ihrer Position zu verbleiben, obwohl sie diese nicht präferieren. Dieses widerwillige Bleiben kann zu negativen Einstellungen, schlechter Gesundheit und schädigenden Verhaltensweisen führen (Aronsson/Göransson 1999) [50].

Der zweite Ansatz betrifft *versteckte Kosten für Stammbeschäftigte*. Der intensive Einsatz von Zeitarbeit kann unbeabsichtigt die Arbeitsbedingungen der Stammbeschäftigten beeinflussen (Broschak/Davis-Blake 2006, Davis-Blake/Broschak/George 2003, Liukkonen u. a. 2004) [51], [52], [53]. So kann z. B. die wahrgenommene Arbeitsbelastung steigen (Pearce 1993) [54], da sich durch den Einsatz von Zeitarbeit die Aufgaben der Stammbeschäftigten ändern können (Ang/Slaughter 2001, Pearce 1993) [55], [54]. Typischerweise werden nicht die komplexen, sondern die einfachen Aufgaben an die Zeitarbeitnehmer delegiert, womit die kognitiv und sozial anspruchsvollen Aufgaben bei den Stammarbeitnehmern verbleiben (Connelly/Gallagher 2004) [56]. Wird die Zeitarbeit sehr intensiv genutzt, kann sich auf

Seiten der Stammbeschäftigten zudem das Gefühl der Austauschbarkeit einstellen und somit die subjektive Arbeitsplatzunsicherheit steigen (Davis-Blake/Broschak/George 2003, S. 279) [52]. Reaktionen darauf können ein geringeres Commitment und eine geringere Arbeitsleistung sein (Ang/ Slaughter 2001, Pearce 1993) [55], [54]. Auch der Konkurrenzgedanke ist nicht zu unterschätzen. So nimmt durch den Einsatz von Zeitarbeit die Anzahl möglicher Konkurrenten hinsichtlich der Entwicklungs- und Aufstiegschancen zu, was vor allem für Stammarbeitnehmer am unteren Ende der Hierarchie eine Bedrohung darstellen kann (Broschak/Davis-Blake 2006) [51].

Wie die Darstellung der aktuellen Forschung deutlich gezeigt hat, ist die allgemeine Befundlage als inkonsistent zu bewerten. Dafür sind neben unterschiedlichen Ansätzen und Perspektiven auch methodische Aspekte verantwortlich (De Cuyper u. a. 2008) [20]. So kann allein am Beispiel der Erfassung der gesundheitlichen Auswirkungen festgestellt werden, dass sehr unterschiedliche Formate eingesetzt werden, die von allgemeinen Stressabfragen über Fehlzeiten bis hin zu gesundheitlichen Beschwerden wie Rückenschmerzen reichen (Quinlan/Mayhew/Bohle 2001) [57]. Zur Klärung der Inkonsistenzen scheint es daher zum einen angebracht, die Erfassung der relevanten Variablen vergleichbar zu gestalten. Innerhalb der subjektiven Stresserfassung scheint es zum anderen erforderlich, allgemeine Einschätzungen weiter zu differenzieren, um mögliche Unterschiede zwischen Zeit- und Stammarbeitnehmern aufdecken zu können. So können sich beispielsweise Stamm- und Zeitarbeitnehmer als ähnlich gestresst einschätzen, unterscheiden sich aber hinsichtlich der Stressoren, die sich auf sehr unterschiedliche Bereiche des Arbeitslebens beziehen können.

14.6 Untersuchung zur Mehrbelastung durch den Einsatz von Zeitarbeit

Im Rahmen des BMBF-geförderten Projektes Flex4Work wurde eine Befragung von Stamm- und Zeitarbeitnehmern bei einem mittelständischen Fertigungs- und Logistikdienstleister der Elektronik und Elektrotechnik durchgeführt, der das Projekt als Verbundpartner unterstützte. Unter anderem sollte der Frage nachgegangen werden, ob es Mehrbelastungen durch den Einsatz von Zeitarbeit gibt. Als Kriterium für eine mögliche Mehrbelastung wurde das chronische Stresserleben erfasst. Dieses wurde aber nicht als allgemeine Abfrage in die Auswertung einbezogen, sondern entsprechend der erfassten Stressdimensionen separat betrachtet. Damit sollte explorativ geprüft werden, ob eine Differenzierung mehr Aufschluss über mögliche Unterschiede zwischen den Beschäftigtengruppen geben kann.

14.6.1 Erhebungsinstrumente, Stichprobe und statistische Verfahren

Folgende Skalen wurden zum Einsatz gebracht:

- *Chronisches Stresserleben:* In Anlehnung an das Trierer Inventar zum Chronischen Stress (TICS, Schulz/Schlotz/Becker 2004) [58] wurden vier Dimensionen des chronischen Stresserlebens mit jeweils einem Item abgefragt: Mangel an sozialer Anerkennung, Überforderung bei der Arbeit (qualitative Überlastung), Arbeitsüberlastung (quantitative Überlastung) und soziale Überlastung.

Als zwei wichtige Stressoren, die auch die Grundlage für eine Reihe von negativen Auswirkungen auf organisationale Einstellungen infolge des Einsatzes von Zeitarbeit, wie eine geringere Arbeitszufriedenheit oder ein geringeres Commitment, darstellen, gelten die Arbeitsplatzunsicherheit und die Beschäftigungsfähigkeit (De Cuyper u. a. 2008) [20]. Es wird angenommen, dass die Arbeitsplatzunsicherheit eher für die Stammbeschäftigten einen Stressor darstellt und eine geringe Beschäftigungsfähigkeit einen solchen für die Zeitarbeitnehmer. Die Variablen wurden wie folgt in der Befragung operationalisiert.

- *Arbeitsplatzunsicherheit:* Die Arbeitsplatzunsicherheit wurde durch zwei Items in Anlehnung an Borg (1992) [59] erhoben.

- *Beschäftigungsfähigkeit:* Erhoben wurden fünf Dimensionen der Beschäftigungsfähigkeit (Kompetenz, Gesundheit, individuelle Fitness, Lernfähigkeit, Integration) aus der Kurzversion des Selbstchecks zur Beschäftigungsfähigkeit (www.demobib.de) [60] durch jeweils ein Item. Die Dimension Kompetenz bezieht sich auf die Passung des Arbeitnehmers und des jetzigen Arbeitsplatzes, die Gesundheit auf körperliche Belastungen, die Abfrage zur individuellen Fitness auf den gegenwärtigen und zukünftigen subjektiven Gesundheitszustand, die Lernfähigkeit auf die Freude am Lernen und die Integration auf die Wichtigkeit von sozialen Kontakten sowie die Teamfähigkeit.

Entsprechend der angedeuteten notwendigen Differenzierung soll dies auch auf die Beschäftigungsfähigkeit übertragen werden. Daher werden die Einzeldimensionen in die Berechnungen eingeschlossen. Um ein möglichst umfassendes Bild zu erhalten, wurden weiterhin individuelle Merkmale in die Untersuchung einbezogen. Es handelt sich dabei um Geschlecht, Alter, Familienstand (Single/geschieden, in Partnerschaft/verheiratet), Qualifikation (berufliche Ausbildung/Hochschule), Schichtarbeit (ja/nein) und die Präferenz für die derzeitige Beschäftigungsform (ja/nein).

Da die Befragung in einem Unternehmen durchgeführt wurde, welches auch Zeitarbeitnehmer einsetzt, konnten nahezu gleiche organisationale Bedingungen gewährleistet werden. Verglichen wurden 56 Stammbeschäftigte und 57 Zeitarbeitnehmer in Vollzeit. In Tabelle 14.1 findet sich die Stichprobenbeschreibung.

Die Daten wurden mittels hierarchischer Regressionsanalyse ausgewertet. Die individuellen Merkmale der Beschäftigten wurden im ersten Schritt in die Regression eingeführt. Im zweiten folgten die arbeitsbezogenen Merkmale der Arbeitnehmer. Arbeitsplatzunsicherheit wurde im dritten Schritt und im letzten die Beschäftigungsfähigkeit in die Gleichung eingeschlossen. Geprüft werden sollte, welche Erklärungskraft die im jeweiligen Schritt eingeführten Variablen über die anderen hinaus haben. Da die oben beschriebene Befundlage Anlass zu der Annahme gibt, dass es vielfältige Interaktionen und Kombinationen von Faktoren gibt, die sowohl Stamm- als auch Zeitarbeitnehmer in sehr unterschiedlicher Weise beeinflussen können, wurden hier die beiden Beschäftigtengruppen separat ausgewertet, um mögliche gegenläufige Trends oder Überlagerungen entdecken zu können.

Tabelle 14.1   Stichprobenbeschreibung

Merkmale	Ausprägung	Stammarbeitnehmer	Zeitarbeitnehmer
Geschlecht	Weiblich	26 (46%)	17 (30%)
	Männlich	30 (54%)	40 (70%)
Alter		21-59 (M = 44)	20-56 (M = 37)
Qualifikation	Berufliche Ausbildung	42 (75%)	54 (95%)
	Hochschule/ Fachhochschule	14 (25%)	3 (5%)
Familienstand	Ledig	14 (25%)	21 (37%)
	Partner	42 (75%)	36 (63%)
Schicht	Ja	21 (37%)	48 (84%)
	Nein	35 (63%)	9 (16%)
Präferenz	Ja	50 (89%)	40 (70%)
	Nein	6 (11%)	17 (30%)

14.6.2   Ergebnisse

Die Ergebnisse der vollständigen Modelle für alle eingeschlossenen Variablen sind in Tabelle 14.2 dargestellt. Aufgeführt sind die standardisierten Regressionskoeffizienten (β), die Änderung in der aufgeklärten Varianz (ΔR^2) sowie das korrigierte R^2 für das jeweilige Gesamtmodell.

Tabelle 14.2   Ergebnisse der hierarchischen Regressionsanalysen

	Mangel an sozialer Anerkennung		Überforderung		Soziale Überlastung		Arbeitsüberlastung	
1. Schritt	Stamm	Zeit	Stamm	Zeit	Stamm	Zeit	Stamm	Zeit
Geschlecht	-.24	.18	-.12	.09	.04	-.15	-.19	.19
Alter	-.35	.06	.05	.35*	.15	-.17	-.07	-.08
Familienstand	-.06	.12	.08	-.15	-.07	-.11	.18	.08
ΔR^2	.10	.05	.05	.02	.03	.06	.08	.03
2. Schritt								
Qualifikation	.23	-.07	-.01	.15	.09	.16	.06	-.13
Schicht	-.25	.03	-.17	-.13	-.34*	-.04	-.28	-.15
Präferenz	.16	-.08	-.01	-.19	.16	.05	-.03	-.12
ΔR^2	.01	.01	.03	.05	.07	.03	.04	.04
3. Schritt								
Arbeitsplatz-unsicherheit	.03	.27	.05	-.59***	-.24	.19	-.24	.23
ΔR^2	.04	.02	.02	.17**	.01	.08*	.01	.03
4. Schritt								
Kompetenz	-.00	-.30*	-.08	-.07	-.16	.00	-.14	.34*
Gesundheit	-.25	-.04	.37*	.03	.10	.27*	.03	.05
individuelle Fitness	-.47*	-.19	.16	-.49***	-.50**	-.26*	-.42*	-.29
Lernfähigkeit	-.39*	.39**	.06	-.06	-.06	-.15	-.11	.21
Integration	-.17	-.21	-.30	.14	-.16	-.32**	-.02	-.15
ΔR^2	.21*	.30**	.18	.21*	.40***	.32***	.21*	.18
korr. R^2	.17	.20	.07	.30	.37	.35	.16	.08

* $p < .05$, ** $p < .01$, *** $p < .001$; Geschlecht (0 = weiblich, 1 = männlich); Familienstand (0 = Single/geschieden, 1 = in Partnerschaft/verheiratet), Qualifikation (0 = berufliche Ausbildung, 1 = Hochschule), Schicht (0 = nein, 1 = ja), Präferenz für ausgeführte Beschäftigungsart (0 = ja, 1 = nein).

Im Vergleich der untersuchten Stressdimensionen zeigen sich deutliche Unterschiede hinsichtlich des Einflusses der Arbeitsplatzunsicherheit und der Einzeldimensionen der Beschäftigungsfähigkeit sowie zwischen den Beschäftigtengruppen.

Für die Dimension „Mangel an sozialer Anerkennung" zeigt sich für keine der beiden Beschäftigtengruppen ein Effekt der Arbeitsplatzunsicherheit. Anders die Ergebnisse für die Beschäftigungsfähigkeit. So nehmen Stammbeschäftigte dann einen Mangel an sozialer Anerkennung wahr, wenn sie ihre Lernfähigkeit als gering und ihren Gesundheitszustand als eher schlecht einschätzen.

Für Zeitarbeitnehmer hingegen sind eine hoch ausgeprägte Lernfähigkeit und ein als nicht passend eingeschätzter Arbeitsplatz ausschlaggebend für die Wahrnehmung von mangelnder sozialer Anerkennung.

Für die Stressdimension „Qualitative Überforderung durch die Arbeit" zeigt sich für die Stammbeschäftigten kein Effekt für die Arbeitsplatzunsicherheit, wohl aber für die Zeitarbeitnehmer. Dieser negative Zusammenhang widerspricht der Annahme, dass Arbeitsplatzunsicherheit als Stressor für die Stammarbeitnehmer fungiert. Hier ist eher davon auszugehen, dass eine qualitativ anspruchsvolle Arbeit die Arbeitsplatzunsicherheit reduziert. Seitens der Beschäftigungsfähigkeit scheint die individuelle Fitness von Bedeutung. Je geringer diese ausgeprägt ist, desto eher wird eine qualitative Überforderung durch die Arbeit wahrgenommen. Ebenfalls zeigt sich für das Alter ein bedeutsamer Effekt. Je älter die Zeitarbeitnehmer, desto eher fühlen sie sich überfordert. Die Stammbeschäftigten nehmen eher dann eine Überforderung wahr, wenn sie ihre Gesundheit als beeinträchtigt durch die Arbeit einschätzen.

Wiederum kein Effekt für die Arbeitsplatzunsicherheit zeigt sich für die Stressdimension „Soziale Überlastung". Stammbeschäftigte fühlen sich umso stärker sozial überlastet, je geringer sie ihre individuelle Fitness einschätzen. Zeitarbeitnehmer erleben diese Art der Überlastung verstärkt dann, wenn sie ihren Arbeitsplatz als passend für sich wahrnehmen.

Das Erleben einer „Quantitativen Arbeitsüberlastung" wird nicht von der subjektiv wahrgenommenen Arbeitsplatzunsicherheit beeinflusst. Hinsichtlich der Beschäftigungsfähigkeit zeigt sich für die Stammbeschäftigten die Dimension „Individuelle Fitness" als bedeutsam. Je geringer deren Ausprägung eingeschätzt wird, desto eher erleben sie eine Arbeitsüberlastung. Hinzu kommt ein Effekt für das jeweilige Arbeitszeitsystem. Stammarbeitnehmer, die nicht in Schichten arbeiten, nehmen eine höhere Arbeitsüberlastung wahr. Für Zeitarbeitnehmer hingegen spielen drei Dimensionen der Beschäftigungsfähigkeit eine Rolle. Sie schätzen sich vor allem dann als quantitativ überlastet ein, wenn sie sich körperlichen Belastungen durch die Arbeit gegenübersehen und wenn sie ihre individuelle Fitness sowie ihre Teamfähigkeit und damit die Integration als gering einschätzen.

Abgesehen von den beiden bereits beschriebenen Ausnahmen konnten weder die im ersten Schritt eingeschlossenen soziodemografischen Variablen noch die arbeitsbezogenen Merkmale im Schritt zwei für eine der beiden Beschäftigtengruppen einen Beitrag zur Erklärung des chronischen Stresserlebens leisten.

Für die im Schritt drei eingeführte Arbeitsplatzunsicherheit wurde ein Effekt auf das chronische Stresserleben der Stammbeschäftigten angenommen. Diese Vermutung wurde durch die Daten nicht bestätigt. Nur für die Stressdimension „Qualitative Überforderung durch die Arbeit" konnte ein statistisch bedeutsamer Effekt festgestellt werden. Allerdings ist einschränkend anzumerken, dass sich dieser nur für die Zeitarbeitnehmer zeigte und zudem konträr zur erwarteten Richtung ausfiel. Ebenfalls nicht durch die Daten bestätigt, wurde die Annahme, dass die Beschäftigungsfähigkeit vorrangig für die Zeitarbeitnehmer einen Stressor darstellt. Entgegen dieser Vermutung zeigte diese auch für die Stammbeschäftigten signifikante Effekte.

14.7   Fazit und Ausblick

Die Ergebnisse bestätigen die Annahme, dass eine einfache Übertragung der Ergebnisse aus der arbeitsbezogenen Stressforschung im Rahmen des Normalarbeitsverhältnisses auf die Zeitarbeit nicht ausreicht, um die komplexen Wirkfaktoren und Interaktionen, die sich aus dem Einsatz der Zeitarbeit sowohl für die Zeit- als auch für die Stammbeschäftigten ergeben, in vollem Umfang zu berücksichtigen. Vielmehr deuten die explorativen Befunde auf die Notwendigkeit einer weiteren Differenzierung hin und zwar in zweierlei Hinsicht:

■   Zum einen gilt es, die Wirkung des Einsatzes von Zeitarbeit dahingehend auszudifferenzieren, dass sowohl die positiven als auch die negativen relevanten Aspekte der verschiedenen Beschäftigungsformen berücksichtigt werden.

■   Zum anderen sollte eine Differenzierung dahingehend vorgenommen werden, dass einbezogene Aspekte, wie hier das chronische Stresserleben oder die Beschäftigungsfähigkeit, entsprechend ihrer grundlegenden Dimensionen erfasst und ausgewertet werden. Dies bietet die Möglichkeit, einen detaillierteren Blick auf die Wirkzusammenhänge zu werfen.

So zeigt z. B. der Einfluss der Lernfähigkeit auf die Stressdimension „Mangel an sozialer Anerkennung" sehr deutlich die unterschiedlichen Wirkrichtungen auf die beiden Beschäftigtengruppen. Diese Erkenntnisse können in der Praxis genutzt werden, um besser auf die verschiedenen Bedürfnisse der Beschäftigten einzugehen. Stammarbeitnehmern könnten z. B. Angebote in Form von neuen Aufgaben oder Rotationssystemen gemacht werden. Für Zeitarbeitnehmer steht diesbezüglich eher die Passung zwischen der vorhandenen und der vom Kundenunternehmen geforderten Qualifikation im Vordergrund. Als praktische Implikation ließen sich aus diesen Erkenntnissen mögliche Ansatzpunkte für ein Integrationsmanagement ableiten. Dieses könnte in Form eines Ansprechpartners für die Zeitarbeitnehmer im jeweiligen Kundenunternehmen umgesetzt werden. Der Ansprechpartner könnte, als Schnittstelle zwischen Kunden- und Zeitarbeitsunternehmen, die Integration der neu eingesetzten Zeitarbeitnehmer vor Ort erleichtern, da er in die Strukturen beider Unternehmen eingebunden wäre. Dies könnte u. a. eine bessere Passung zwischen vorhandenen und angeforderten Qualifikationen der Zeitarbeitnehmer sowie eine bessere Integration im Sinne der Teamfähigkeit ermöglichen und damit gleichzeitig zur Stressreduktion beitragen. Aber auch den Stammbeschäftigten sollte ein solcher Ansprechpartner im Unternehmen zur Verfügung stehen, da auch sie durch den Einsatz von Zeitarbeit in verschiedener Hinsicht beeinflusst werden.

Literatur

[1] Rohmert, W./Rutenfranz, J. (1975): Arbeitswissenschaftliche Beurteilung der Belastung und Beanspruchung an unterschiedlichen industriellen Arbeitsplätzen. Bonn: Bundesministerium für Arbeit und Sozialordnung, Referat Öffentlichkeitsarbeit.

[2] Greif, S. (1991): Stress in der Arbeit. Einführung und Grundbegriffe. In: Greif, S./Bamberg, E./Semmer, N. (Hrsg.), Psychischer Stress am Arbeitsplatz. Göttingen: Hogrefe Verlag, S. 1-28.

[3] Lazarus, R. S./Folkman, S. (1984): Stress, appraisal and coping. New York: Springer Publishing Company, Inc.

[4] Hobfoll, S. E. (1989): Conservation of resources. A new attempt at conceptualizing stress. American Psychologist, 44, S. 513-524.

[5] Karasek, R. A./Theorell, T. (1990): Healthy work. Stress, productivity and the reconstruction of working life. New York: Basic Books.

[6] Siegrist, J. (1996): Adverse health effects of high effort. Low reward conditions at work. Journal of Occupational Health Psychology, 1, S. 27-43.

[7] Karasek, R. A. (1979): Job demands, job decision latitude and mental strain. Implications for job redesign. Administrative Science Quarterly, 24, S. 285-308.

[8] Visweswaran, C./Sanchez, J. I./Fisher, J. (1999): The role of social support in the process of work stress. A meta-analysis. Journal of Vacational Behavior, 54, 2, S. 314-334.

[9] Kaluza, G. (2007): Gelassen und sicher im Stress. Heidelberg: Springer Medizin Verlag.

[10] Plaumann, M./Busse, A./Walter, U. (2006): Grundlagen zu Stress. In: KKH Kaufmännische Krankenkasse (Hrsg.) in Zusammenarbeit mit MHH Medizinische Hochschule Hannover, Weißbuch Prävention 2005/2006. Stress? Ursachen, Erklärungsmodelle und präventive Ansätze. Berlin: Springer-Verlag, S. 3-12.

[11] Litzcke, S. M./Schuh, H. (2007): Stress, Mobbing und Burn-out am Arbeitsplatz. Heidelberg: Springer Medizin Verlag.

[12] De Lange, A. H./Taris, T. W./Kompier, M. A. J./Houtman, I. L. D./Bongers, P. M. (2003): The very best of the millennium. Longitudinal research and the demand-control-(support) model. Journal of Occupational Health Psychology, 8, 4, S. 282-305.

[13] Heyde, K./Macco, K. (2010): Krankheitsbedingte Fehlzeiten aufgrund psychischer Erkrankungen. Eine Analyse der AOK-Arbeitsunfähigkeitsdaten des Jahres 2008. In: Badura, B./Schröder, H./Klose, J./ Macco, K. (Hrsg.), Fehlzeiten-Report 2009. Berlin: Springer-Verlag, S. 30-40.

[14] Siegrist, J./Dragano, N. (2008): Psychosoziale Belastungen und Erkrankungsrisiken im Erwerbsleben. Befunde aus internationalen Studien zum Anforderungs-Kontroll-Modell und zum Modell beruflicher Gratifikationskrisen. Bundesgesundheitsblatt – Gesundheitsforschung Gesundheitsschutz, 51, 3, S. 305-312.

[15] De Jonge, J./Bosma, H./Peter, R./Siegrist, J. (2000): Job strain, effort-reward imbalance and employee well-being. A large scale cross-sectional study. Social Science & Medicine, 50, S. 1317-1327.

[16] Dietz, M./Walwei, U. (2006): Beschäftigungswirkungen des Wandels der Erwerbsformen. WSI Mitteilungen, 5/2006, S. 278-286.

[17] Statistisches Bundesamt – Sachverständigenrat zur Begutachtung der gesamtwirtschaftlichen Entwicklung (2008). Die Finanzkrise meistern. Wachstumskräfte stärken. Jahresgutachten 2008/09, Wiesbaden.

[18] Institut der deutschen Wirtschaft Köln (2011): Zeitarbeit in Deutschland. Treiber für Flexibilität und Wachstum. Köln.

[19] Bundesagentur für Arbeit (2012): Der Arbeitsmarkt in Deutschland. Zeitarbeit in Deutschland. Aktuelle Entwicklungen. Nürnberg.

[20] De Cuyper, N./De Jong, J./De Witte, H./Isaksson, K./Rigotti, T./Schalk, R. (2008): Literature review of theory on the psychological impact of temporary employment. Towards a conceptual model. International Journal of Management Reviews, 10, 1, S. 25-51.

[21] Zeytinoglu, I. U./Cooke, G. B. (2005): Non-standard work and benefits. Has anything changed since the Wallace report? Industrial Relations, 60, S. 29-63.

[22] De Witte, H./Näswall, K. (2003): Objective versus subjective job insecurity. Consequences of temporary work for job satisfaction and organizational commitment in four European countries. Economic and Industrial Democracy, 24, 2, S. 149-188.

[23] Zeytinoglu, I. U./Lillevik, W./Seaton, M. B./Moruz, J. (2004): Parttime and casual work in retail trade. Stress and other factors affecting the workplace. Industrial Relations, 59, S. 516-544.

[24] Benach, J./Gimeno, D./Benavides, F. G. (2002): Types of employment and health in the European Union. Luxembourg: European Foundation for the Improvement of Living and Working Conditions, Office for Official Publications in the European Community.

[25] Goudswaard, A./Andries, F. (2002): Employment status and working conditions. Luxembourg: European Foundation for the Improvement of Working and Living Conditions, Office for Official Publications of The European Community.

[26] Byoung-Hoo, L./Frenkel, S. J. (2004): Divided workers. Social relations between contract and regular workers in a Korean auto company. Work, Employment and Society, 18, S. 507-530.

[27] Lewchuk, W./de Wolff, A./King, A./Polanyi, M. (2005): Beyond job strain. Employment strain and the health effects of precarious employment. Work in a global society. Working paper series, 2005-1, Labour Studies Programme, Hamilton: McMaster University.

[28] Krausz, M. (2000): Effects of short- and long-term preference for temporary work upon psychological outcomes. International Journal of Manpower, 21, S. 635-647.

[29] Wheeler, A. R./Buckley, M. R. (2001): Examining the motivation process of temporary employees. A holistic model and research framework. Journal of Managerial Psychology, 16, S. 339-354.

[30] Saloniemi, A./Virtanen, P./Vahtera, J. (2004): The work environment in fixed-term jobs. Are poor psychosocial conditions inevitable? Work, Employment and Society, 18, S. 193-208.

[31] Stamper, C. L./Masterson, S. S. (2002): Insider or outsider? How employee perceptions of insider status affect their work behaviour. Journal of Organizational Behaviour, 23, S. 875-894.

[32] Kunda, G./Barley, S. R./Evans, J. (2002): Why do contractors contract? The experience of highly skilled technical professionals in a contingent labour market. Industrial and Labor Relations Review, 55, 2, S. 234-257.

[33] Parker, S. K./Griffin, M. A./Sprigg, C. A./Wall, T. A. (2002): Effect of temporary contracts on perceived work characteristics and job strain. A longitudinal study. Personnel Psychology, 55, S. 689-717.

[34] De Cuyper, N./De Witte, H. (2006a): Autonomy and workload among temporary workers. Their effects on job satisfaction, organizational commitment, life satisfaction and self-rated performance. International Journal of Stress Management, 13, S. 441-459.

[35] De Cuyper, N./De Witte, H. (2006b): The impact of job insecurity and contract type on attitudes, well-being and behavioural reports. A psychological contract perspective. Journal of Occupational and Organizational Psychology, 79, S. 395-409.

[36] Polivka, A.E. (1996): Into contingent and alternative employment. By choice? Monthly Labor Review, S. 55-74.

[37] Kalleberg, A .L./Reskin, B. F./Hudson, K. (2000): Bad jobs in America. Standard and no standard employment relations and job quality in the United States. American Sociological Review, 65, S. 256-278.

[38] Feldman, D./Doerpinghaus, H./Turnley, W. (1994): Managing temporary workers. A permanent HRM challenge. Organizational Dynamics, 23, 2, S. 49-63.

[39] Gagliarducci, S. (2005): The dynamics of repeated temporary jobs. Labour Economics, 12, S. 429-448.

[40] Bernhard-Oettel, C./Sverke, M./De Witte, H. (2005): Comparing three alternative types of employment with permanent full-time work. How do employment contract and perceived job conditions relate to health complaints? Work and Stress, 19, S. 301-318.

[41] De Cuyper, N./De Witte, H. (2005): Job insecurity. Mediator or moderator of the relationship between contract type and well-being. SA Journal of Industrial Psychology, 31, 4, S. 79-86.

[42] De Cuyper, N./De Witte, H. (2007): Job insecurity among temporary versus permanent workers. Effects on job satisfaction, organizational commitment, life satisfaction and self-rated performance. Work and Stress, 21, S. 65-84.

[43] De Cuyper, N./De Witte, H. (2008): Job insecurity and employability among temporary workers. A theoretical approach based on the psychological contract. In Näswal, K./Hellgren, J./Sverk, M. (Hrsg.), The individual in the changing working life. Cambridge: Cambridge University Press.

[44] Forrier, A./Sels, L. (2003): Temporary employment and employability. Training opportunities and efforts of temporary and permanent employees in Belgium. Work, Employment and Society, 17, S. 641-666.

[45] Howe, P. E. (2001): Employability. Finding a sense of security. Pennsylvania CPA Journal, 72, S. 18-19.

[46] King, Z. (2003): New or traditional careers? A study of UK graduates' preferences. Human Resource Management Journal, 13, 1, S. 5-26.

[47] Moorman, R. H./Harland, L. (2002): Temporary employees as good citizens. Factors influencing their OCB performance. Journal of Business and Psychology, 17, S. 171-187.

[48] Ellingson, J. E./Gruys, M. L./Sackett, P. R. (1998): Factors related to the satisfaction and performance of temporary employees. Journal of Applied Psychology, S. 83, 913-921.

[49] Von Hippel, C./Mangum, S. L./Greenberger, D. B./Heneman, R. L./Skoglind, J. D. (1997): Temporary employment. Can organizations and employees both win? Academy of Management Executive, 11, 1, S. 93-104.

[50] Aronsson, G./Göransson, S. (1999): Permanent employment but not in a preferred occupation. Psychological and medical aspects, research implications. Journal of Occupational Health Psychology, 4, 2, S. 152-163.

[51] Broschak, J. P./Davis-Blake, A. (2006): Mixing standard work and nonstandard deals. The consequences of heterogeneity in employment arrangements. Academy of Management Journal, 49, S. 371-393.

[52] Davis-Blake, A./Broschak, J. P./George, E. (2003): Happy together? How using non standard workers affects exit, voice, and loyalty among standard employees. Academy of Management Journal, 46, S. 475-485.

[53] Liukkonen, V./Virtanen, P./Kivimäki, M./Pentii, J./Vahtera, J. (2004): Social capital in working life and the health of employees. Social Science and Medicine, 59, S. 2447-2458.

[54] Pearce, J. L. (1993): Toward an organizational behavior of contract laborers. Their psychological involvement and effects on employee co-workers. Academy of Management Journal, 36, S. 1082-1096.

[55] Ang, S./Slaughter, S. A. (2001): Work outcomes and job design for contract versus permanent information systems professionals on software development teams. MIS Quarterly, 25, 3, S. 321-350.

[56] Connelly, C. E./Gallagher, D. G. (2004): Emerging trends in contingent work research. Journal of Management, 30, S. 959-983.

[57] Quinlan, M./Mayhew, C./Bohle, P. (2001): The global expansion of precarious employment, work disorganization and consequences for occupational health. Placing the debate in a comparative historical context. International Journal of Health Services, 31, S. 507-536.

[58] Schulz, P./Schlotz, W./Becker, P. (2004): Das Trierer Inventar zum chronischen Stress (TICS). Manual. Göttingen: Hogrefe Verlag.

[59] Borg, I. (1992): Überlegungen und Untersuchungen zur Messung der subjektiven Unsicherheit der Arbeitsstelle. Zeitschrift für Arbeits- und Organisationspsychologie, 36, 3, S. 107-116.

[60] www.demobib.de, Zugriff: 10.06.2012.

15 Commitment und Arbeitszufriedenheit bei Zeitarbeitnehmern und Stammbeschäftigten

Cynthia Sende, Jan Vitera

15.1   Bedeutung von Commitment und Arbeitszufriedenheit

Arbeitszufriedenheit und organisationales Commitment sind zwei Konzepte, die sowohl von wissenschaftlicher Seite als auch in der Praxis der Unternehmensführung eine besondere Beachtung finden. Unternehmer gehen davon aus, dass zufriedene Mitarbeiter, die sich dem Unternehmen in hohem Maße verbunden fühlen, leistungsbereiter sind und sich stärker für die Interessen ihres Arbeitgebers einsetzen. Betrachtet man die Forschungsergebnisse bzgl. der Arbeitsleistung (vgl. Iaffaldano/Muchinsky 1985) [1], wirken diese jedoch auf den ersten Blick eher ernüchternd: Zufriedenheit bzw. Commitment korrelieren geringer mit Leistung als gemeinhin angenommen. Heißt das nun, dass Unternehmen der Zufriedenheit und dem Commitment ihrer Beschäftigten keine Beachtung mehr schenken müssen? Keineswegs, denn zum einen gilt es zu bedenken, dass zahlreiche weitere Faktoren, wie die Fähigkeiten und die Berufserfahrung der Mitarbeiter oder die Ressourcen und Unterstützung, die diese für die Erfüllung ihrer Aufgaben erhalten, Einfluss auf das Arbeitsergebnis nehmen. Zum anderen ist die Arbeitsleistung nicht das einzige und vielleicht nicht einmal das wichtigste potenzielle Ergebnis einer hohen Arbeitszufriedenheit und starken Verbundenheit mit dem Unternehmen. Sich über die vertraglichen Pflichten hinaus zu engagieren, das Unternehmen loyal gegenüber Dritten zu vertreten oder diesem auch dann treu zu bleiben, wenn sich attraktive Beschäftigungsalternativen bieten, sind Beispiele weiterer positiver Wirkungen. Bevor wir uns aber der praktischen Bedeutung von Arbeitszufriedenheit und Commitment im Unternehmen widmen, werden beide Konzepte kurz erläutert und von theoretischer wie empirischer Seite betrachtet. Dabei wird zunächst ein kurzer Überblick über die an Normalbeschäftigten gewonnenen wissenschaftlichen Erkenntnisse gegeben. Diese Befunde sind allerdings nur bedingt auf atypische Beschäftigungsformen übertragbar, da diese neue Rahmenbedingungen (und Erschwernisse) für die Entwicklung von Arbeitszufriedenheit und Commitment mit sich bringen. Daher gehen wir anschließend auf einige Besonderheiten der Zeitarbeit als Prototyp einer flexiblen Beschäftigung ein und diskutieren mögliche Auswirkungen auf Arbeitszufriedenheit und Commitment. Neben einem kurzen Überblick über den Forschungsstand zu diesen beiden Konzepten im Kontext der Zeitarbeit werden exemplarisch aktuelle Ergebnisse aus den beiden Forschungsprojekten „Flex4Work" und „FlexPro" vorgestellt. Den Abschluss dieses Beitrags bilden aus den bisherigen Forschungsergebnissen abgeleitete Empfehlungen für die Praxis.

15.2 Arbeitszufriedenheit und Commitment bei Normalbeschäftigten

15.2.1 Begriffsbestimmung

Arbeitszufriedenheit und organisationales Commitment sind zwei verwandte Konzepte, deren gemeinsame Basis die Bewertung der Arbeitstätigkeit und der Organisation vor dem Hintergrund der persönlichen Ziele und Werte ist. Dabei ist Arbeitszufriedenheit die Einstellung von Beschäftigten gegenüber ihrer Arbeit oder einzelner Aspekte der Arbeit (Spector 1997) [2]. Sie beschreibt einen positiven emotionalen Zustand, der sich aus der Bewertung der eigenen Arbeit und der Arbeitserlebnisse einer Person ergibt (Locke 1976) [3]. Neben dieser emotionalen Bewertung im Sinne eines Mögens oder Nicht-Mögens spielen hierbei auch kognitive Prozesse eine Rolle, z. B. der Vergleich der aktuellen Arbeitssituation mit den eigenen Bedürfnissen und Zielen. Während bei der Arbeitszufriedenheit die Bewertung einer aktuellen Arbeitssituation und die gegenwärtige Einstellung gegenüber dem Unternehmen im Vordergrund stehen, zeichnet sich Commitment eher durch Stabilität und Langfristigkeit aus (Mowday/Steers/Porter 1979) [4]. Das Konzept des organisationalen Commitments, welches von Mathieu und Zajac (1990) [5] als das psychologische Band zwischen Mitarbeitern und Organisation bezeichnet wurde, ist durch Mitarbeiterbindung, Identifikation mit der Organisation sowie das Gefühl der Zugehörigkeit und der Verpflichtung charakterisiert. Grundsätzlich wird unterschieden, gegenüber welchem Bindungsziel das subjektive Bindungserleben vorliegt. Das können zum einen konkrete Bindungsziele wie die Organisation, das Arbeitsteam oder der Vorgesetzte sein oder auch abstrakte Bindungsziele wie der Beruf oder der Beschäftigungsstatus. Trotz einer langen Forschungstradition besteht hinsichtlich der Bedeutung und Verwendung des Begriffs Commitment Uneinheitlichkeit (Meyer 2009) [6], was im Deutschen durch die Vielzahl an Übersetzungsmöglichkeiten wie Verpflichtung, Bindung, Festlegung, Engagement, Hingabe u. a. deutlich wird. Da keiner dieser Begriffe für sich genommen das Konzept vollständig widerspiegelt, soll im Folgenden der englische Begriff Commitment beibehalten werden.

15.2.2 Arbeitszufriedenheit: Bedingungen und Konsequenzen

Arbeitszufriedenheit kann als Einstellung gegenüber der Arbeit insgesamt (also als Globalurteil) erfasst werden. Vielfach werden auch Zufriedenheitsurteile gegenüber einzelnen Aspekten der Arbeit, wie z. B. der Arbeitsaufgabe, der Bezahlung oder der Vorgesetzten, erhoben. Die Arbeitszufriedenheit gilt als eines der am besten untersuchten Konzepte in der Arbeits- und Organisationspsychologie, wobei sich die Forschung insbesondere auf die Untersuchung von Konsequenzen und Bedingungen von Arbeitszufriedenheit konzentriert. Jedoch gibt es bisher nur wenige theoretische Modelle, weswegen die Arbeitszufriedenheit manchen als theoriefreies Konzept gilt. In den letzten Jahren sind aber auch hier Fortschritte zu verzeichnen. Ein Beispiel dafür sind aktuelle Weiterentwicklungen des Modells von Bruggemann (1974) [7]. Bruggemann versteht Arbeitszufriedenheit als das Ergebnis eines Vergleichs der erlebten Arbeitssituation mit den eigenen Ansprüchen. Dabei resultieren aus der Übereinstimmung bzw. Abweichung von Ist- und Soll-Zustand qualitativ unterschiedliche Formen der Arbeitszufriedenheit, die mittlerweile zumindest teilweise empirisch bestätigt sind. Einen detaillierten Überblick über empirische Arbeiten zum und Weiterentwicklungen des Bruggemann-Modells bieten Baumgarten und Udris (2006) [8].

Tabelle 15.1   Bedingungen für eine hohe Arbeitszufriedenheit

Bereich	Förderliche Bedingungen
Arbeitstätigkeit	vielfältige Arbeitsanforderungen, ganzheitliche, bedeutsame Aufgaben, Handlungsspielraum, Rückmeldung der Arbeitsergebnisse
Soziales Arbeitsumfeld	mitarbeiterorientierter und transformationaler Führungsstil, Partizipationsmöglichkeiten, Unterstützung durch Kollegen und Vorgesetzte
Organisation	Qualifizierungsmöglichkeiten, organisationale Unterstützung, organisationale Gerechtigkeit, Arbeitsplatzsicherheit
Arbeitsperson	höheres Lebensalter und längere Betriebszugehörigkeit, emotionale Stabilität, positive Affektivität, berufliche Selbstwirksamkeit

Welche (Arbeits-)Bedingungen tragen nun zur Zufriedenheit der Mitarbeiter bei? Einer der wichtigsten Einflussfaktoren ist der Arbeitsinhalt, wie beispielsweise eine Metaanalyse (Fried/Ferris 1987) [9] zum Job-Characteristics-Modell von Hackman und Oldham (1980) [10] zeigt. Das Job-Characteristics-Modell geht von der Frage aus, wie Arbeitstätigkeiten gestaltet sein müssen, um motivations- und leistungsfördernd zu wirken, und identifiziert dabei fünf Tätigkeitsaspekte: Anforderungsvielfalt, Ganzheitlichkeit, Bedeutsamkeit der Aufgaben, Autonomie und Rückmeldung. Für alle fünf Merkmale finden sich signifikante positive Zusammenhänge mit der allgemeinen Arbeitszufriedenheit, wobei der durchschnittliche, artefaktbereinigte Zusammenhang zwischen dem Gesamtwert der Arbeitsmerkmale und der allgemeinen Arbeitszufriedenheit (mit $\varrho = .63$) recht hoch ausfällt. Neben dem Arbeitsinhalt hat das soziale Arbeitsumfeld Einfluss auf die Arbeitszufriedenheit. Ein partizipatives, mitarbeiterorientieres Führungsverhalten oder ein transformationaler Führungsstil haben sich hier als förderlich erwiesen (Podsakoff/MacKenzie/Bommer 1996) [11]. Zudem fällt die Arbeitszufriedenheit bei hoher wahrgenommener Unterstützung durch die Kollegen höher aus (Abele/Cohrs/Dette 2006) [12]. Als weitere zufriedenheitsfördernde Rahmenbedingungen sind die Qualifizierungs- und Aufstiegsmöglichkeiten (Abele/Cohrs/Dette 2006) [12], die erlebte organisationale Unterstützung (Kwan u. a. 2010, Miao 2011) [13], [14] und die wahrgenommene organisationale Gerechtigkeit (Loi/Yang/Diefendorff 2009) [15] zu nennen. Belege gibt es ebenfalls für die positive Wirkung einer hohen Arbeitsplatzsicherheit (bzw. einer negativen Wirkung von Arbeitsplatzunsicherheit; vgl. De Cuyper u. a. 2009) [16]. Die Höhe der Bezahlung weist dagegen nur einen geringen positiven Zusammenhang mit der Arbeitszufriedenheit auf (Judge u. a. 2010) [17]. Dass auch Personenmerkmale wie Alter und Geschlecht (Mathieu/Zajac 1990) [5] oder Persön-lichkeit – insbesondere positive Affektivität und Selbstwert (vgl. Abele/Cohrs/Dette 2006, Connolly/Viswesvaran 2000, Judge/Bono 2001) [12], [18], [19] – mit Arbeitszufriedenheit zusammenhängen, sei hier nur der Vollständigkeit halber erwähnt, da diese Faktoren von Unternehmen kaum beeinflussbar sind. Tabelle 15.1 gibt einen Überblick über die Arbeits-zufriedenheit fördernde Bedingungen.

Tabelle 15.2   Konsequenzen von Arbeitszufriedenheit

Konsequenz	Zusammenhang mit Arbeitszufriedenheit
Arbeitsleistung (In-Role-Verhalten)	++
Extra-Role-Verhalten/Organizational Citizenship Behavior (freiwilliges, zusätzliches Engagement für die Organisation)	+
Gesundheit (Wohlbefinden)	++
psychische und psychosomatische Beschwerden (z. B. Depressionen)	- -
Absentismus	-
Fluktuation	-

(--) mittlerer, negativer Zusammenhang ($\varrho \leq -.30$), (-) geringer, negativer Zusammenhang (-.10 $\geq \varrho >-.30$), (+) geringer, positiver Zusammenhang (.10 $\leq \varrho < .30$), (++) mittlerer, positiver Zusammenhang ($\varrho \geq .30$). in Anlehnung an Felfe/Six (2006, S. 47, 51 und 53) [20]

Aus Unternehmenssicht ist neben der Frage nach den Bedingungen für eine hohe Arbeits-zufriedenheit vor allem ihr unternehmerischer Nutzen, beispielsweise in Form der Arbeits-leistung der Mitarbeiter, von Bedeutung. Die in älteren Studien berichteten sehr geringen Zusammenhänge zwischen Arbeitszufriedenheit und Leistung (z. B. ϱ = .17 bei Iaffaldano/ Muchinsky 1985) [1] wurden inzwischen in einer aktuelleren Metaanalyse (Judge u. a. 2001) [21], die methodische Mängel der älteren Arbeiten aufzeigt, relativiert. Die Autoren kom-men dabei zu einem durchschnittlichen, artefaktbereinigten Zusammenhang von ϱ = .33, wobei dieser bei komplexeren Arbeitstätigkeiten höher ausfällt als bei einfachen. Die Be-deutung der Arbeitszufriedenheit ist mittlerweile auch für die Produktivität und den Un-ternehmenserfolg bestätigt (Harter/Schmidt/Hayes 2002) [22]. Zudem weist sie mit weiteren wünschenswerten Konsequenzen positive und mit unerwünschten Konsequenzen negative Zusammenhänge auf, wie in Tabelle 15.2 überblicksartig dargestellt ist.

15.2.3   Commitment: Bedingungen und Konsequenzen

Die Commitment-Forschung hat ihren Ursprung in der Frage, welche Faktoren Einfluss darauf haben, dass Mitarbeiter in ihren Unternehmen verbleiben. Vor diesem Hintergrund verstand Becker (1960) [23] Commitment als das Auftreten von konsistentem Verhalten, welches daraus resultiert, dass einer Person bewusst ist, welche Nachteile sie bei inkonsistentem Verhalten erleidet bzw. welche bereits getätigten Investitionen sie beim Verlassen ihres Unternehmens verlieren würde. Dies kann z. B. der Verlust von Senioritätsrechten oder des Anspruchs auf eine betriebliche Rentenversicherung sein. Gemäß diesem rationalen, kalkulativen Verständnis besteht eine sehr enge Verbindung zwischen Commitment und dem Ausbleiben von Kündigungen. Die damit verbundene Sicherung von Humankapital gehört auch heute noch zu den zentralen Aufgaben im Unternehmen, wenn es darum geht, den Verlust personengebundener Kompetenzen zu vermeiden (Gmür/Thommen 2006) [24].

In den 70er (Mowday/Steers/Porter 1979) [4] und 80er Jahren (O'Reilly/Chatman 1986) [25] erfährt das kalkulative Grundmotiv von Commitment entscheidende, konzeptionelle Veränderungen. Danach geht organisationales Commitment über eine rationale, emotionslose Zugehörigkeit des Mitarbeiters hinaus und bezieht sich auf eine vom Mitarbeiter befürwortete und aktiv geförderte Bindung. Im Vergleich zu Becker (1960) [23] kann hierbei von einer gänzlich anderen Qualität der Bindung gesprochen werden, welche vor allem durch die subjektiv erlebte Übereinstimmung von persönlichen Werten und Zielen mit denen der Organisation bestimmt wird. Verbunden mit den konzeptionellen Veränderungen gewinnt Commitment in diesem Zeitabschnitt an Bedeutung für die organisationale Praxis. O'Reilly und Chatman (1986) [25] verweisen erstmals auf den Zusammenhang von Commitment mit verschiedenen, organisationsförderlichen Verhaltensweisen, die über die arbeitsvertraglichen Verpflichtungen eines Mitarbeiters hinausgehen.

Eine Integration der verschiedenen Strömungen innerhalb der Commitment-Forschung findet schließlich im Drei-Komponenten-Modell von Meyer und Allen (1991) [26] statt, dem gegenwärtig dominierenden theoretischen Ansatz. Die Unterteilung von Commitment in drei Komponenten trägt der historischen Vielfalt an theoretischen Annahmen zu Voraussetzungen, Konsequenzen und Erlebensweisen von Commitment Rechnung und verleiht ihm durch die Bezeichnungen affektiv, normativ und kalkulativ eine intuitiv verständliche Ordnung. Überträgt man die Komponenten ganz allgemein auf ein beliebiges Bindungsziel, so führen Personen mit hohem Commitment ihr Verhalten gegenüber dem Bindungsziel fort, weil sie es wollen (affektives Commitment), weil sie das Gefühl haben, dazu verpflichtet zu sein (normatives Commitment) oder weil sie sich der Kosten bzw. Nachteile bewusst sind, die bei einer Aufkündigung des Beschäftigungsverhältnisses eintreten würden (kalkulatives Commitment; vgl. Meyer/Herscovitch 2001) [27]. Entscheidend ist, dass sich die Komponenten nicht gegenseitig ausschließen. Eine Person kann gleichzeitig zu unterschiedlichen Anteilen affektiv, normativ und kalkulativ committet sein. Tabelle 15.3 gibt einen Überblick über die Komponenten und die jeweils förderlichen Einflussfaktoren. Dabei ist beispielhaft als Bindungsziel die Organisation gewählt worden, da sie das Bindungsziel mit der längsten Forschungstradition ist. In der aktuellen Forschung treten jedoch weitere, abstrakte Bindungsziele wie der Beruf oder die Beschäftigungsform in den Fokus (Felfe u. a. 2005) [28].

Tabelle 15.3 Das Drei—Komponenten—Modell am Beispiel des Bindungsziels „Organisation"

Kompo-nente	Erlebensweise	Grundlagen der Komponenten	Wichtigste förderliche Einflussfaktoren
Affektiv	Wunsch, die Mitglied-schaft im Unternehmen fortzusetzen	- Identifikation mit dem Unter-nehmen - emotionale Verbundenheit zum Unternehmen - persönliche Einbezogenheit im Unternehmen (involvement)	- erlebte organisationale Gerechtigkeit - erlebte organisationale Unterstützung - transformationaler Führungsstil
Normativ	Gefühl der Verpflich-tung, im Unternehmen zu bleiben	Norm- und Wertesystem einer Person (vermittelt durch Sozialisierungsprozesse)	Investitionen in Mitarbeiter (z. B. Weiterbildungen)
Kalkulativ	Bewusstsein möglicher Nachteile bzw. Kosten, beim Verlassen des Unternehmens	- Angst vor Verlusten bereits getätigter Investitionen - keine Alternativen zur aktuellen Anstellung	Dauer der Anstellung/ Beschäftigung

Das Drei-Komponenten-Modell bietet Unternehmen den Vorteil, ein differenziertes Bild über die Bindung ihrer Mitarbeiter gewinnen zu können. Da sich die Komponenten in der Art und der Stärke unterscheiden, mit der sie unternehmensrelevante Größen wie z. B. die Arbeitsleistung beeinflussen, lassen sich im Anschluss an die Commitment-Diagnostik (z. B. mittels psychologischer Fragebögen) gezielt Maßnahmen ableiten. Von besonderer Bedeutung für Unternehmen ist dabei die Förderung des affektiven Commitments, denn für diese Komponente konnten wiederholt negative Zusammenhänge mit Kündigungen und Kündigungsabsichten sowie positive Zusammenhänge mit der Arbeitsleistung und dem Extra-Rollen-Verhalten von Arbeitnehmern aufgezeigt werden (Meyer u. a. 2002) [29]. Zu Letzterem gehört eine Vielzahl an freiwilligen Verhaltensweisen, die über das arbeitsver-traglich geforderte Verhalten hinausgehen und dem Unternehmen zugutekommen, ohne von diesem explizit belohnt oder bezahlt zu werden. Die aufgezeigten Zusammenhänge fallen für das normative Commitment geringer aus als für die affektive Komponente. Für das kalkulative Commitment zeigen sich meist keine oder gar negative Zusammenhänge mit erwünschtem Verhalten wie der Arbeitsleistung. Aus Arbeitnehmerperspektive wird die Bedeutung des Commitments meist im Hinblick auf gesundheitlich relevante Aspekte und ihre Beziehung zur Arbeitszufriedenheit (vgl. Abschnitt 15.2.4) diskutiert. Auch hier zeigt sich, warum es wichtig ist, vor allem das affektive Commitment zu fördern. So weisen Arbeitnehmer mit hohem affektiven Commitment ein geringeres Stresserleben auf, wäh-rend eine hohe Ausprägung der kalkulativen Komponente zu stärkerem Stresserleben führt (Meyer u. a. 2002) [29].

15.2.4   Beziehung von Arbeitszufriedenheit und Commitment

Die bisherigen Ausführungen lassen konzeptionelle Gemeinsamkeiten von Arbeitszufriedenheit und Commitment erkennen. Beide Konzepte enthalten sowohl eine kognitive Komponente im Sinne von Vergleichsprozessen als auch eine emotionale Bewertung. Auch Metaanalysen berichten relativ hohe Zusammenhänge zwischen den Konzepten ($\varrho = .53$; vgl. Mathieu/Zajac 1990) [5], die noch höher ausfallen, wenn man nur die affektive Komponente von Commitment betrachtet ($\varrho = .65$; vgl. Meyer u. a. 2002) [29]. Zudem ist mit beiden Konzepten die Annahme verbunden, dass eine hohe Ausprägung für Unternehmen von Nutzen ist. Empirisch zeigen sich hier sowohl für Arbeitszufriedenheit als auch für organisationales Commitment positive Zusammenhänge mit Arbeitsleistung und negative Zusammenhänge mit unerwünschtem Verhalten wie Fluktuation. Ähnlichkeiten bestehen ebenfalls hinsichtlich der förderlichen Faktoren: Die wahrgenommene organisationale Unterstützung, die erlebte organisationale Gerechtigkeit und das Führungsverhalten beeinflussen sowohl Arbeitszufriedenheit als auch Commitment. Kann daraus geschlussfolgert werden, dass die Konzepte redundant sind und sich die Forschung auf die Erfassung jeweils eines der beiden beschränken kann? Felfe (2008) [30] verneint dies und verweist darauf, dass sich Commitment auch unabhängig von der Arbeitszufriedenheit entwickeln kann, z. B. weil sich Mitarbeiter ihrer Organisation moralisch verpflichtet fühlen oder sie keine Beschäftigungsalternativen haben. Zugleich ist es denkbar, dass Mitarbeiter zwar zufrieden sind, sich ihrem Unternehmen aber nicht verbunden fühlen und es verlassen würden, wenn sich attraktive Alternativen böten. Empirisch zeigen sich in den meisten Studien verbesserte Vorhersagen, wenn beide Konzepte gemeinsam berücksichtigt werden, und es scheint, dass Arbeitszufriedenheit etwas bessere Prognosen des vertraglich festgelegten Arbeitsverhaltens erlaubt, während Commitment etwas höhere Zusammenhänge mit freiwilligem, zusätzlichem Engagement aufweist (Felfe/Six 2006) [20]. Beides spricht gegen eine Redundanz der Konzepte.

15.3   Arbeitszufriedenheit und Commitment in der Zeitarbeit

15.3.1   Besonderheiten der Beschäftigungsform Zeitarbeit

Zeitarbeit wird zu den atypischen Beschäftigungsformen gezählt, da Arbeits- und Beschäftigungsverhältnis nicht übereinstimmen (vgl. § 1 I und II sowie § 14 I Arbeitnehmerüberlassungsgesetz – AÜG) [31]. Zeitarbeitnehmer sind bei einer Zeitarbeitsfirma (Personaldienstleister) angestellt, werden von dieser aber an (verschiedene) Einsatzunternehmen verliehen und erbringen dort ihre Arbeitsleistung. In den letzten Jahren verzeichnete die Zeitarbeitsbranche starke Zuwächse. Zwischen 2000 und 2010 nahm die Anzahl der Zeitarbeitnehmer um fast 140 % zu, so dass Ende 2010 ca. 3 % aller sozialversicherungspflichtigen Beschäftigten in der Zeitarbeit tätig waren (Bundesagentur für Arbeit 2011) [32]. Von den deutschen Unternehmen setzen mittlerweile rund die Hälfte Zeitarbeitnehmer ein (Sende u. a. 2011)

[33]. Was veranlasst auf der einen Seite Unternehmen, Zeitarbeitnehmer zu beschäftigen, und was bewegt auf der anderen Seite Arbeitnehmer dazu, eine Beschäftigung in der Zeitarbeit aufzunehmen? Auf Unternehmensseite ist das zentrale Motiv die Erhöhung der personellen Flexibilität. Dies wird dadurch erreicht, dass bei Auftragsspitzen schnell zusätzliches Personal beschafft und dieses bei Auftragsrückgang unkompliziert freigesetzt werden kann (Sende u. a. 2011, EUROCIETT 2007) [33] [34], Sitte/Lehmann, in diesem Band). Auch der kurzfristige Ersatz bei Personalausfällen ist für Unternehmen ein häufiger Grund, auf Zeitarbeit zurückzugreifen. Flexibilität, bei gleichzeitiger Ersparnis von Zeit und Kosten für Personalauswahl, -verwaltung und -freisetzung macht Zeitarbeit also für Unternehmen attraktiv. Für die Zeitarbeitnehmer spielt Flexibilität, z. B. im Sinne der Möglichkeit, verschiedene Arbeitgeber kennenzulernen und vielfältige Arbeitstätigkeiten auszuüben, dagegen eine untergeordnete Rolle. Für die meisten stellt Zeitarbeit eine Not- oder Übergangslösung dar, die in ihren Augen besser ist, als arbeitslos zu sein, und meist mit der Hoffnung verbunden ist, von einem Einsatzunternehmen in ein Normalarbeitsverhältnis übernommen zu werden (EUROCIETT 2007) [34]. Die Quote der tatsächlichen Übernahmen durch das Einsatzunternehmen fällt laut einer Schätzung des Instituts für Arbeitsmarkt- und Berufsforschung IAB (Crimmann u. a. 2009) [35] mit 7 % bis 15 % jedoch sehr gering aus. Die Diskrepanz zwischen Flexibilisierungszielen der Unternehmen auf der einen und dem Wunsch der Zeitarbeitnehmer nach Übernahme und Normalbeschäftigung auf der anderen Seite könnte sich auch auf Arbeitszufriedenheit und Commitment der Beschäftigten auswirken. Dies ist insbesondere dann zu erwarten, wenn eine erhoffte oder gar vom Unternehmen in Aussicht gestellte Übernahme nicht erfolgt (Galais/Moser 2009) [36].

Nachfolgend werden mögliche Einflussfaktoren auf Arbeitszufriedenheit und Commitment in der Zeitarbeit genauer betrachtet. Grundsätzlich ist zwar davon auszugehen, dass die (in Abschnitt 15.2 genannten) Faktoren, die bei Normalbeschäftigten Arbeitszufriedenheit und Commitment beeinflussen, auch bei Zeitarbeitnehmern eine Rolle spielen. Jedoch kommen in der Zeitarbeit einige Besonderheiten der Beschäftigungssituation hinzu. Daher werden im Folgenden Charakteristika der Zeitarbeit sowie deren potenzielle Konsequenzen für Arbeitszufriedenheit und Commitment dargestellt. Zunächst nehmen wir dabei die Perspektive der Zeitarbeitnehmer ein, um anschließend auf mögliche Wirkungen auf die Stammbelegschaft einzugehen.

15.3.1.1 Einfluss der Beschäftigungsform Zeitarbeit auf die Zeitarbeitnehmer

Der Arbeitsalltag von Zeitarbeitnehmern ist geprägt durch häufig wechselnde Arbeitseinsätze bei verschiedenen Einsatzunternehmen. Oftmals dauern diese nicht länger als drei Monate (Antoni/Jahn 2009) [37], obwohl – vor allem bei höher und hoch qualifizierten Zeitarbeitnehmern – auch Einsatzzeiten von über einem Jahr nicht unüblich sind (vgl. Haseloh, in diesem Band). Mit den Einsatzwechseln verbunden sind Wechsel des Arbeitsplatzes und ggf. auch des Arbeitsortes, der Arbeitstätigkeit sowie der Kollegen und Vorgesetzten in den Einsatzunternehmen. Wie viel Zeit bleibt Zeitarbeitnehmern da, um sich im jeweiligen

Einsatzunternehmen einzuarbeiten, sich in ein bestehendes Team zu integrieren, das Unternehmen kennenzulernen und sich schlussendlich ihm verbunden zu fühlen?

Selbstverständlich ist die Entwicklung von Commitment und Arbeitszufriedenheit nicht nur eine Frage der zur Verfügung stehenden Zeit. Mit kurzen Einsatzzeiten und Einsatzwechseln verbunden sind jedoch weitere Aspekte, die Arbeitszufriedenheit und Commitment beeinflussen können. So wechselt mit dem Einsatzunternehmen auch das soziale Arbeitsumfeld. Zeitarbeitnehmer sind im Unternehmen immer „die Neuen", die zudem voraussichtlich nicht lange bleiben. Daraus folgt die Frage, inwieweit es sich für Einsatzunternehmen lohnt, externe Mitarbeiter für die begrenzte Zeit im Unternehmen zu integrieren. Bei den Geschäftsführern, Unternehmensinhabern und Führungskräften geht die Meinung hierzu auseinander, wie eine Unternehmensbefragung (Sende u. a. 2011) [33] zeigt. So gaben einerseits 15 % der befragten Zeitarbeit nutzenden Unternehmen an, klar zwischen Zeitarbeitnehmern und den eigenen Beschäftigten zu trennen, und fast die Hälfte stimmte der Aussage zu, dass es wichtiger sei, die eigenen Beschäftigten zu fördern, als Zeit und Geld in Zeitarbeitnehmer zu investieren. Andererseits betrachtet knapp die Hälfte der Unternehmer ihre externen Mitarbeiter als vollwertige Mitglieder mit allen Rechten und Pflichten. Unabhängig von der Einstellung der Unternehmensführung zu „ihren" Zeitarbeitnehmern ist der Beschäftigungsstatus eine soziale Kategorie, die mit darüber entscheiden kann, ob jemand als Mitglied der (Arbeits-)Gruppe oder als Außenseiter wahrgenommen wird. So weisen Studien darauf hin, dass Zeitarbeitnehmer weniger soziale Unterstützung erhalten als Stammbeschäftigte (Nienhüser/Matiaske 2006) [38], und es gibt Befunde (Boyce u. a. 2007, Rogers 1995) [39], [40], die auf Ausgrenzung und Mobbing von Zeitarbeitnehmern hindeuten. Zudem kann sich Heterogenität im Beschäftigungsstatus der Belegschaft insgesamt negativ auf die gegenseitige arbeitsbezogene Unterstützung unter den Kollegen sowie auf deren Beziehung zum Vorgesetzten auswirken (Broschak/Davis-Blake 2006) [41]. Geringe soziale Unterstützung und fehlende Integration lassen wiederum negative Konsequenzen für Arbeitszufriedenheit und Commitment gegenüber dem Einsatzunternehmen erwarten.

Neben der sozialen Unterstützung haben die Qualifizierungs- und Karrieremöglichkeiten, die ein Unternehmen bietet, einen positiven Einfluss auf Arbeitszufriedenheit und Commitment. Zudem ist der Erwerb von neuen Kompetenzen und Berufserfahrung ein weiteres wichtiges Motiv für die Aufnahme einer Beschäftigung in der Zeitarbeit (EUROCIETT 2007, Galais/Moser/Münchhausen 2007) [34], [42]. Kurze Einsatzzeiten und häufige Einsatzwechsel bringen es jedoch mit sich, dass es für Unternehmen kaum lohnenswert erscheint, in intensive Einarbeitung oder Weiterbildung zu investieren (Sende/von Garrel/Tackenberg 2010) [43] – zumal die meisten Einsatzunternehmen die alleinige Verantwortung für Qualifizierungsmaßnahmen beim (aus rechtlicher Sicht zuständigen) Personaldienstleister sehen. Daher erhalten Zeitarbeitnehmer kaum formale Weiterbildungen (Nienhüser/Matiaske 2006) [38], sie können aber zumindest auf informellem Weg (Lernen „on the job") Kompetenzen erwerben (Galais/Moser/Münchhausen 2007) [42]. Insgesamt betrachtet gibt es also relativ wenig Qualifizierungs- und Karrieremöglichkeiten in der Zeitarbeit, was sich negativ auf Arbeitszufriedenheit und Commitment auswirken könnte (vgl. Abschnitte 15.2.2 und 15.2.3).

Eine weitere „Erschwernis" für die Entwicklung von Commitment und Arbeitszufriedenheit kommt durch die Art der ausgeübten Arbeit hinzu. Zeitarbeitnehmer werden vorwiegend im niedrig- bis mittelqualifizierten Bereich eingesetzt. Etwa jeder dritte ist im Helferbereich beschäftigt (Crimmann u. a. 2009) [35]. Das legt einen geringen Anforderungsgehalt der Arbeitsaufgaben und wenig Autonomie nahe, was durch internationale Studien gestützt wird (Nienhüser/Matiaske 2006) [38]. Auch bei einer Befragung von Zeitarbeit nutzenden Unternehmen in Deutschland (Sende u. a. 2011) [33] gaben knapp 60 % der Geschäftsführer und Inhaber an, dass Zeitarbeitnehmer in ihrem Unternehmen weniger Verantwortung für die Organisation und Planung ihrer Arbeit tragen. Häufig (44 %) sind zudem ihre Arbeitsaufgaben weniger vielfältig als die der Stammbeschäftigten. Vor dem Hintergrund der Entwicklung von Arbeitszufriedenheit und Commitment sind Einsatztätigkeiten ungünstig, wenn sie überwiegend einfache Routineaufgaben beinhalten, wenig Abwechslung bieten und dem Arbeitnehmer insgesamt wenig Handlungsspielraum lassen (Fried/Ferris 1987, Hackman/Oldham 1980) [9], [10]. Dies gilt sicher nicht für alle Einsatztätigkeiten, zumal sich auch in der Zeitarbeit allmählich ein Trend hin zum Einsatz von höher qualifiziertem Personal für anspruchsvollere Aufgaben abzeichnet (Connolly/Gallagher 2006) [44]. Je nachdem, wie die Arbeitstätigkeit im konkreten Fall gestaltet ist, wäre entsprechend eine positive oder eine negative Wirkung auf Arbeitszufriedenheit und Commitment zu erwarten.

Durch Zeitarbeit können Unternehmen ihre personelle Flexibilität erhöhen, indem sie Zeitarbeitnehmer nur bei Auftragsspitzen einsetzen (vgl. Haseloh, in diesem Band), und oftmals dabei noch Kosten sparen. Für die Zeitarbeitnehmer bedeutet dies aber eine größere Arbeitsplatzunsicherheit (Hecker/Galais/Moser 2006, Lemanski 2011) [45], [46], da ihr Einsatz von Kundenseite jederzeit beendet werden kann und ungewiss ist, ob es anschließend einen Folgeeinsatz in einem anderen Unternehmen gibt. Darüber hinaus fällt ihr Nettolohn meist geringer aus als der der Stammbeschäftigten. Zwar können Beschäftigte vorübergehend durchaus bereit sein, Einkommensverluste im Vergleich zu regulärer Beschäftigung in Kauf zu nehmen, um Arbeitslosigkeit zu vermeiden und ihre Beschäftigungschancen zu verbessern (Crimmann u. a. 2009) [35]. Langfristig ist aber mit Unzufriedenheit bzgl. der Bezahlung und mit dem Gefühl einer ungerechten Behandlung zu rechnen, was sich negativ auf das organisationale Commitment auswirken dürfte. Tabelle 15.4 fasst Arbeitsbedingungen in der Zeitarbeit zusammen, die sich negativ auf Arbeitszufriedenheit und affektives Commitment bei Zeitarbeitnehmern auswirken können.

Deutlich wird, dass viele der Merkmale, deren positiver Einfluss auf Arbeitszufriedenheit und Commitment belegt ist (vgl. Abschnitte 15.2.2 und 15.2.3), bei Zeitarbeitnehmern oftmals in geringerem Maße ausgeprägt sind. Das lässt negative Effekte auf Arbeitszufriedenheit und organisationales Commitment von Zeitarbeitnehmern vermuten. Inwieweit die Forschung diese Vermutung bestätigen kann, ist Thema von Abschnitt 15.3.2.

Tabelle 15.4   Überblick über mögliche Risikofaktoren für Arbeitszufriedenheit und Commitment bei Zeitarbeitnehmern

Faktoren	Konkrete Arbeitsbedingungen mit potenziell negativer Wirkung
Arbeitstätigkeit	oft physisch belastende Arbeitsaufgaben oder Routineaufgaben mit wenig Handlungsspielraum
Soziales Arbeitsumfeld	geringere soziale Integration (insbesondere bei Kurzzeiteinsätzen) und soziale Unterstützung, gelegentlich Ausgrenzung und Stigmatisierung, keine betriebliche Mitbestimmung im Einsatzunternehmen
Entwicklungsmöglichkeiten	wenig formelle Weiterbildungsangebote, wenig Zeit für Information und Einarbeitung, kaum Aufstiegsmöglichkeiten
Arbeitsplatzunsicherheit	höhere Arbeitsplatzunsicherheit, geringe Übernahmechancen
Organisationale Gerechtigkeit	Ungerechtigkeitsempfinden bei Diskriminierung, z. B. durch geringere Bezahlung oder bei sozialer Ausgrenzung

15.3.1.2   Einfluss des Zeitarbeitseinsatzes auf die Stammbeschäftigten

Der Einfluss des Zeitarbeitseinsatzes auf die Stammbelegschaft ist weit schwieriger vorherzusagen. Auf der einen Seite kann sich die erlebte Arbeitsplatzunsicherheit reduzieren, wenn Stammbeschäftigte darum wissen, dass (z. B. im Falle von Auftragsrückgängen) eher Zeitarbeitnehmer abgemeldet als Stammbeschäftigte entlassen werden. Auf der anderen Seite stehen jedoch Befürchtungen, sie könnten zukünftig durch billigere Zeitarbeitnehmer ersetzt werden. Auch wenn die Analysen des IAB (Crimmann u. a. 2009) [35] kaum darauf hinweisen, dass in Deutschland Zeitarbeitnehmer systematisch Stammbeschäftigte ersetzen, bleiben die Befürchtungen der Mitarbeiter bestehen. Diese sind zudem umso größer, je höher der Zeitarbeitnehmeranteil im Unternehmen ist (De Cuyper u. a. 2009) [16]. Unterschiedlich kann auch die Arbeitsentlastung bzw. -belastung für die Stammbeschäftigten ausfallen. Einerseits kann der Einsatz zusätzlicher, externer Mitarbeiter eine tatkräftige Arbeitsentlastung für die Stammbeschäftigten bedeuten. Andererseits kann er für diese aber auch mit Mehraufwand, etwa bei der Einarbeitung, verbunden sein. Abschließend sei noch darauf hingewiesen, dass sich eine als ungerecht erlebte Behandlung nicht nur auf die Stimmung der Zeitarbeitnehmer niederschlagen kann. Erleben Stammbeschäftigte, dass Zeitarbeitnehmer unfair behandelt werden, ist zu erwarten, dass sie die Ungerechtigkeit auch ihrem Arbeitgeber anlasten. In diesem Falle wäre mit einer Abnahme von Commitment und Arbeitszufriedenheit zu rechnen. Das gilt auch, wenn Zeitarbeitnehmer als Belastung oder als Bedrohung erlebt werden.

15.3.2 Forschung zu Arbeitszufriedenheit und Commitment bei Zeitarbeitnehmern und Stammbeschäftigten

Die Forschung der letzten Jahre kann die naheliegende Vorstellung, dass Zeitarbeitnehmer mit ihrer Arbeit grundsätzlich weniger zufrieden sind und sich dem Einsatzunternehmen weniger verbunden fühlen, nicht bestätigen. Während einige Forschungsarbeiten tatsächlich geringere Werte bei Zeitarbeitnehmern berichten, gibt es in anderen Studien keinen Unterschied im Vergleich zu den Stammbeschäftigten, oder Zeitarbeitnehmer weisen sogar eine höhere Arbeitszufriedenheit und ein stärkeres Commitment auf (De Cuyper/de Jong/De Witte/ Isaksson/Rigotti/Schalk 2008, Connelly/Gallagher 2004) [47], [44]. Wo liegen die Gründe für die Heterogenität der wissenschaftlichen Befunde?

Zum Ersten sind Zeitarbeitnehmer keine homogene Gruppe. Sie verfügen über unterschiedliche Qualifikationen und Berufserfahrungen, sie werden für unterschiedliche Arbeitsaufgaben eingesetzt und sie erleben je nach Einsatzunternehmen ein mehr oder weniger positives Betriebsklima sowie einen mehr oder weniger mitarbeiterorientierten Führungsstil. Dazu kommt bei internationalen Studien noch, dass Zeitarbeit in verschiedenen Ländern z. T. recht unterschiedlichen gesetzlichen Rahmenbedingungen unterliegt (Vanselow/Weinkopf 2009) [48]. Zweitens kann die widersprüchliche Befundlage darin begründet sein, dass die Mehrzahl der bisherigen Studien potenzielle negative Auswirkungen der Zeitarbeit auf die Stammbeschäftigten vernachlässigt. Dies kann dazu führen, dass sich Unterschiede zwischen Normalbeschäftigten und Zeitarbeitnehmern nivellieren oder sogar ins Gegenteil verkehren. Drittens könnte der Übernahmewunsch der Zeitarbeitnehmer eine Rolle spielen. Die Mehrzahl der Zeitarbeitnehmer möchte von einem Einsatzunternehmen übernommen werden (vgl. EUROCIETT 2007) [34]. Daher ist zu erwarten, dass sie bemüht sind, eine gute Leistung zu erbringen, und sich selbst und ihren potenziellen zukünftigen Arbeitgeber von der besten Seite präsentieren. Deshalb scheint es wichtig, die Stärke des Übernahmewunsches in der Forschung zu berücksichtigen.

Eng mit dem Übernahmemotiv verbunden ist die Freiwilligkeit (bzw. Unfreiwilligkeit), mit der sich Menschen für eine Beschäftigung in der Zeitarbeit entschieden haben. Freiwillige Zeitarbeitnehmer fühlen sich ihrer Beschäftigungsform verbunden, arbeiten gern in der Zeitarbeit und sind mit ihrer Arbeitssituation zufriedener (Marler/Barringer/Milkovich 2002) [49]. Personen, die in der Zeitarbeit nur eine Übergangslösung sehen und auf eine Übernahme hoffen, erbringen allerdings höhere Arbeitsleistungen (Marler/Barringer/Milkovich 2002) [49]. Für sie ist die Zeitarbeit wie ein Probearbeiten, bei dem man sich durch gute Leistungen als potenzieller neuer Mitarbeiter empfehlen kann. Freiwilligkeit der Zeitarbeit und Übernahmewunsch hängen auch mit dem Commitment zusammen. Zeitarbeitnehmer fühlen sich meist dem Einsatzunternehmen stärker verbunden als ihrer Zeitarbeitsfirma, wobei das organisationale Commitment zum Einsatzunternehmen bei einem starken Übernahmewunsch besonders hoch ist (Connelly/Gallagher/Gilley 2007) [50]. Personen, die sich der Zeitarbeit als Beschäftigungsform verbunden fühlen (und daher kaum Übernahmewünsche hegen), weisen jedoch ein ebenso hohes Commitment zum Personaldienstleister wie zum Einsatzunternehmen auf (Felfe u. a. 2005) [28]. Hier wird deutlich, dass bei der Frage nach Arbeitszufriedenheit bzw. Commitment zu berücksichtigen ist, wem es entgegengebracht wird – dem Personaldienstleister oder dem Einsatzunternehmen –, denn Zeitarbeitnehmer können sehr wohl mit einem Part zufrieden und mit dem anderen unzufrieden sein, sich dem einen verbunden und dem anderen nicht verbunden fühlen. Forschungsergebnisse (Felfe u. a. 2005, Liden u. a. 2003) [28], [51] zeigen, dass Merkmale des Einsatzunternehmens (z. B. Arbeitsinhalt, Betriebsklima, Führungsverhalten) stärker mit dem Commitment gegenüber dem Kunden zusammenhängen, während Merkmale der Zeitarbeitsfirma (z. B. Führungsverhalten des Vorgesetzten beim Personaldienstleister, Einkommenssituation) eher mit dem Commitment gegenüber der Zeitarbeitsfirma zusammenhängen.

15.3.3   Ausgewählte Forschungsergebnisse

15.3.3.1   Ergebnisse aus dem BMBF-Projekt „Flex4Work"

Im Verbundprojekt Flex4Work wurde neben weiteren psychologischen Faktoren (z. B. Stress) verstärkt das multiple Commitment von Zeitarbeitnehmern untersucht. In einer ersten Studie wurden die Commitmentunterschiede zwischen Stamm- und Zeitarbeitnehmern sowie die dynamische Entwicklung des Zeitarbeitnehmer-Commitments untersucht. Eine zweite Studie widmete sich den Faktoren, die die Bindungen gegenüber den Einsatzunternehmen beeinflussen.

Studie 1: Commitment im Zeitverlauf

In Rahmen einer Untersuchung an 190 Stamm- und Zeitarbeitnehmern eines Unternehmens der Metall- und Elektroindustrie wurde zunächst untersucht, inwiefern sich das Commitment beider Gruppen unterscheidet. Neben den Einschätzungen zum Einsatzunternehmen beurteilten die Zeitarbeitnehmer auch ihre Bindung an den Personaldienstleister. In Bezug auf das Einsatzunternehmen zeigen die Befunde, dass Zeitarbeitnehmer ein wesentlich geringeres Commitment erleben als die Stammarbeitnehmer des Unternehmens. Zeitarbeitnehmer zeigen zudem gegenüber ihrem Personaldienstleister ein geringeres Commitment als gegenüber dem Einsatzunternehmen. Insgesamt bestätigten die Befunde bereits bekannte Untersuchungsergebnisse zum dualen Commitment von Zeitarbeitnehmern (Felfe u. a. 2005) [28]. Analysiert man den Einfluss der Zugehörigkeitsdauer zum Einsatzunternehmen auf das Zeitarbeitnehmer-Commitment, wird zudem deutlich, dass die Commitmentwerte erheblichen Schwankungen unterliegen. Der Verlauf des Commitments zeigt, dass sich nach einer ersten Phase der Orientierung (bis zu 3 Monaten) stärkere Bindungen an den Entleiher entwickeln, die als Hoffnung zur Übernahme interpretiert werden können. Geht diese Hoffnung verloren, sinken die Commitmentwerte drastisch ab und erholen sich erst nach sehr langen Überlassungsdauern wieder (Vitera/Bornewasser 2011) [52]. Für die Einsatzunternehmen leitet sich aus diesem Befund die Aufgabe ab, der Phase des Commitmentabfalls vorzubeugen. Hierzu empfiehlt es sich, den betroffenen Zeitarbeitnehmern realistische Prognosen zur Weiterentwicklung ihres Beschäftigungsverhältnisses zu vermitteln und eine ausbleibende Übernahme durch beispielsweise verbesserte Formen betrieblicher Unterstützung zu kompensieren.

Abbildung 15.1   Durchschnittliche Ausprägungen der resignativen Bindung und des Commitments gegenüber dem Entleihunternehmen — aufgeteilt nach den Qualifikationssegmenten der Zeitarbeit

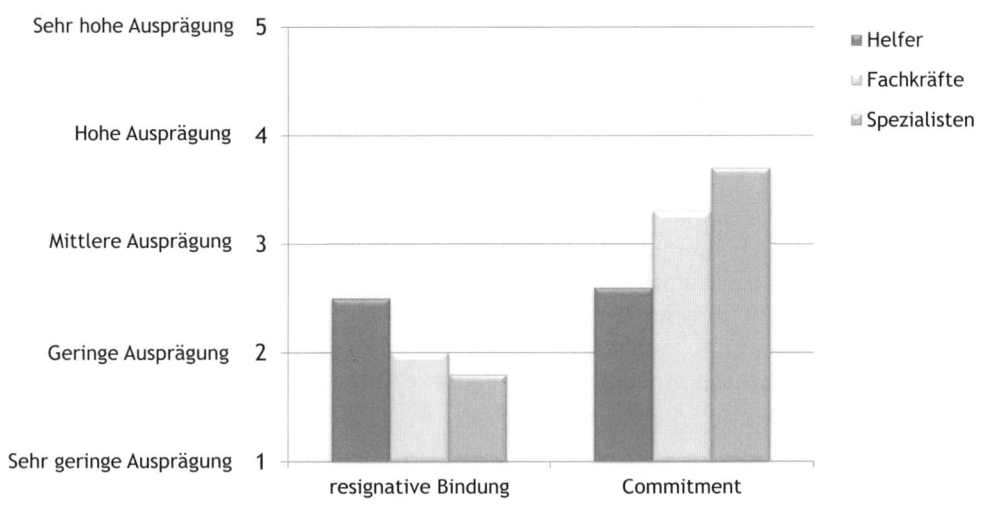

Studie 2: Commitmentunterschiede in Abhängigkeit von der Qualifikation

In einer zweiten Studie mit 155 Teilnehmern aus mehreren Unternehmen wurde untersucht, wie Zeitarbeitnehmer aus verschiedenen Qualifikationssegmenten (Helfer/Fachkräfte/Spezialisten) die Beziehungen zu ihren Einsatzunternehmen einschätzen. Die Einschätzungen bezogen sich hierbei auf soziale Faktoren (z. B. Wertschätzung, Integration) und ökonomische Faktoren (z. B. Übernahmemöglichkeit, Weiterbildung), die in den Beziehungen zu den Entleihern aus Sicht der Zeitarbeitnehmer eine wichtige Rolle spielen. Unter gleichzeitiger Beachtung der Bindung gegenüber dem Personaldienstleister (und einer Vielzahl an Kontrollvariablen) wurde überprüft, wie groß der Einfluss der sozialen und ökonomischen Beziehungsaspekte auf die Zeitarbeiterbindungen gegenüber dem Entleiher ist. Beim Commitment wurde – abweichend von bisherigen Untersuchungen – zwischen zwei verschiedenen Typen nach dem Modell von Klein, Molloy und Brinsfield (2012) [53] unterschieden. Neben dem Commitment als Form der willentlichen Bindung wurde auch ein resignatives Bindungserleben bestimmt. Während committete, d. h. willentlich oder freiwillig gebundene, Zeitarbeitnehmer die zeitlich begrenzte Beschäftigung beim Einsatzunternehmen befürworten und sich bewusst in den Dienst des Unternehmens stellen, erleben Zeitarbeitnehmer mit ausgeprägtem resignativen Bindungserleben die Beziehung zum Entleiher als aufgezwungen und stark belastend. Es zeigt sich zudem, dass Zeitarbeitnehmer des Helfersegments die Beziehung zum Entleihunternehmen hinsichtlich sozialer und ökonomischer Aspekte wesentlich unattraktiver bewerten als Fachkräfte oder Spezialisten. Diese Unterschiede schlagen sich im Bindungserleben nieder: Helfer erleben stärkere, resignative Bindungen, während Fachkräfte und Spezialisten zu einem hohen willentlichen Commitment gegenüber dem Entleihunternehmen tendieren (vgl. Abbildung 15.1).

Diese Ergebnisse verdeutlichen, dass Einsatzunternehmen einen entscheidenden Einfluss auf das Bindungserleben der von ihnen entliehenen Zeitarbeitnehmer haben. Dieser Einfluss besteht vornehmlich in der Qualität der sozialen Austauschbeziehungen, die sie mit den Zeitarbeitnehmern aufrechterhalten. Ökonomische Faktoren wie die Möglichkeit zur Übernahme in das Entleihunternehmen spielen hingegen eine untergeordnete Rolle. Darüber hinaus erweist sich die Bindung zum Personaldienstleister als bedeutsamer Einflussfaktor auf die Bindung zum Entleiher. Dieser Befund verweist auf die Möglichkeit, bereits durch die richtige Auswahl des Personaldienstleisters förderliche Voraussetzungen für ein hohes Commitment zum Entleiher zu schaffen.

15.3.3.2   Ergebnisse aus dem BMBF-Projekt FlexPro – „Flexible Produktionskapazität innovativ managen"

Im Verbundprojekt FlexPro werden Flexibilisierungsstrategien in produzierenden Unternehmen untersucht. Ein Forschungsschwerpunkt liegt dabei auf den Rahmenbedingungen des Zeitarbeitseinsatzes sowie auf den Folgen für Zeitarbeitnehmer und Stammbeschäftigte. Nachfolgend werden Ergebnisse aus zwei Mitarbeiterbefragungen vorgestellt. In der ersten Studie wurden Zeitarbeitnehmer eines Personaldienstleisters danach befragt, wie gut sie sich im Einsatzunternehmen integriert fühlen und welche Unterscheidungs- und Ausgrenzungspraktiken sie erleben. Die zweite Studie untersucht vergleichend Zeitarbeitnehmer und Stammbeschäftigte im gleichen Industrieunternehmen, wobei zwischen Stammbeschäftigten, die direkt mit Zeitarbeitnehmern zusammenarbeiten, und solchen, die dies nicht tun, unterschieden wird.

Studie 1: Integration von Zeitarbeitnehmern im Einsatzunternehmen

Wie Integration in Einsatzunternehmen gelebt wird, wurde mittels einer Befragung von 269 überwiegend höher und hoch qualifizierten Zeitarbeitnehmern eines Personaldienstleisters untersucht (Galais/Sende 2011) [54]. Unter anderem wurde danach gefragt, ob Zeitarbeitnehmer durch bestimmte Merkmale von Stammbeschäftigten unterscheidbar sind. Dazu gehören zum einen „Kennzeichnungsmerkmale", wie eine andere Arbeitskleidung, und zum anderen Merkmale der sozialen Unterscheidung bzw. Ausgrenzung, wie der Ausschluss von sozialen Aktivitäten. Eine äußere Kennzeichnung durch andere Arbeitskleidung berichteten 14 % der Zeitarbeitnehmer. Häufiger (52 %), aber diskreter ist die Verwendung unterschiedlicher Firmenausweise für Stammbeschäftigte und Zeitarbeitnehmer. Jeder fünfte Befragte berichtete von einem eingeschränkten Zugang zu Arbeitsmitteln, und jeder zehnte fühlte sich von sozialen Aktivitäten (z. B. Betriebsfeiern, Betriebsausflügen) ausgeschlossen. Zudem fühlte sich jeder fünfte Zeitarbeitnehmer durch die Vorgesetzten im Einsatzunternehmen zumindest teilweise benachteiligt. Der Qualität der Beziehung zum

Vorgesetzten kommt im Hinblick auf das Commitment eine besondere Bedeutung zu. Während sich eine äußerliche Kennzeichnung durch andere Arbeitskleidung direkt negativ auf das affektive Commitment zum Einsatzunternehmen auswirkt, werden die Effekte einer sozialen Ausgrenzung und der Führungsbeziehungsqualität teilweise über den wahrgenommenen Außenseiterstatus vermittelt. Insgesamt betrachtet hat eine gute Führungsbeziehungsqualität einen stärkeren Einfluss auf das Commitment als Kennzeichnungs- oder Ausgrenzungspraktiken.

Studie 2: Wirkung des Zeitarbeitseinsatzes auf die Stammbelegschaft

Inwieweit der Einsatz von Zeitarbeitnehmern Arbeitszufriedenheit und affektives Commitment von Stammbeschäftigten beeinflusst, wurde in einer Studie (Sende/Galais/Moser) [55] mit 198 Beschäftigten eines Industrieunternehmens untersucht. Die nachfolgend dargestellten Ergebnisse beziehen sich auf eine Teilstichprobe von 157 Produktionsmitarbeitern. Diese Auswahl wurde getroffen, da Zeitarbeitnehmer im Unternehmen fast nur in der Produktion einsetzt werden und weil der Einsatzbereich selbst (Produktion vs. Verwaltung) einen Einfluss auf die Arbeitszufriedenheit hat. Unter den befragten Produktionsmitarbeitern sind 25 Zeitarbeitnehmer. Von den Stammbeschäftigten arbeiten 64 % mit Zeitarbeitnehmern im Team zusammen.

Abbildung 15.2   Anteil der Befragten mit überdurchschnittlicher Arbeitszufriedenheit und überdurchschnittlichem Commitment

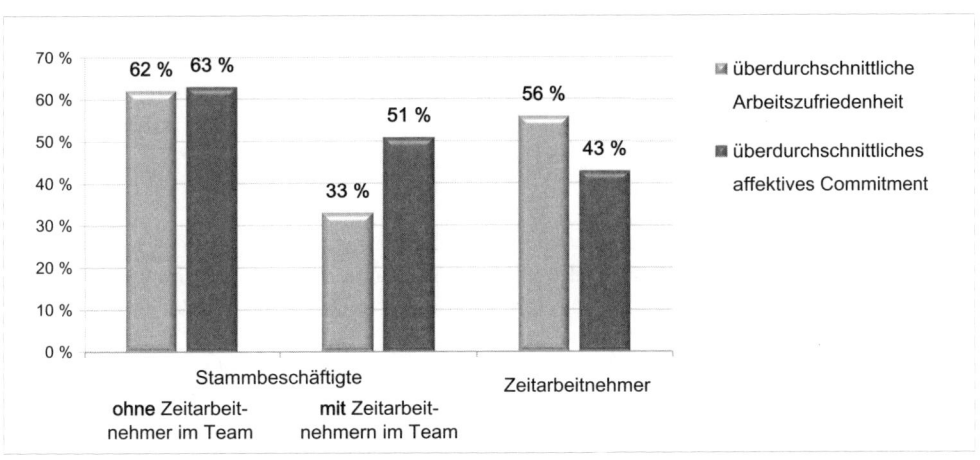

Abbildung 15.2 zeigt den Anteil überdurchschnittlich zufriedener bzw. überdurchschnittlich committeter Personen unter den Stammbeschäftigten, die mit Zeitarbeitnehmern im Team arbeiten, und denjenigen ohne arbeitsbezogenen Zeitarbeitnehmerkontakt (als überdurchschnittlich gelten hier Werte oberhalb des Medians der Teilstichprobe „Produktionsmitarbeiter"). Zudem sind die Werte vergleichend denen der Zeitarbeitnehmer im Betrieb

gegenübergestellt. Da neben der Zusammenarbeit mit Zeitarbeitnehmern weitere personenbezogene Variablen, wie das Alter oder das Qualifikationsniveau, sowie arbeitsplatzbezogene Merkmale, wie die Passung zwischen Qualifikationsniveau und Anspruchsniveau der Tätigkeit, Einfluss auf Arbeitszufriedenheit und Commitment haben, wurden diese in einer linearen hierarchischen Regression kontrolliert. Es zeigte sich, dass die Tatsache, mit Zeitarbeitnehmern zusammenzuarbeiten, einen zusätzlichen Erklärungsbeitrag zu den relevanten Kontrollvariablen leistet (Sende/Galais/Moser) [55]. Stammbeschäftigte, die direkt mit Zeitarbeitnehmern zusammenarbeiten, sind demnach weniger zufriedenen mit ihrer Arbeit und fühlen sich ihrem Unternehmen weniger verbunden als Stammbeschäftigte ohne arbeitsbezogenen Zeitarbeitnehmerkontakt. Die Zeitarbeitnehmer wiesen dagegen keine geringeren Werte auf als die Gesamtgruppe der Stammbeschäftigten.

15.4   Implikationen für die Praxis

Arbeitszufriedenheit und organisationales Commitment haben eine große Bedeutung sowohl für den einzelnen Mitarbeiter als auch für das Unternehmen. Zufriedene Mitarbeiter, die sich ihrem Unternehmen verbunden fühlen, leiden seltener unter psychosomatischen Beschwerden und berichten ein höheres Wohlbefinden. Sie engagieren sich stärker im Unternehmen, beispielsweise indem sie ihre Kollegen unterstützen, und sie weisen weniger unentschuldigte Fehlzeiten und eine geringere Fluktuationsneigung auf (vgl. Abschnitte 15.2.2 und 15.2.3). Dass sich Arbeitszufriedenheit und Commitment durch motivations-, lern- und persönlichkeitsförderlich gestaltete Arbeitsinhalte erhöhen lassen, ist wissenschaftlich hinreichend belegt. Auch die Rolle des Führungsverhaltens, der kollegialen und organisationalen Unterstützung und der organisationalen Gerechtigkeit soll hier noch einmal hervorgehoben werden. In Abschnitt 15.3.1 wurde bereits erläutert, dass es schwieriger ist, im Rahmen des Zeitarbeitseinsatzes Bedingungen zu schaffen, die förderlich für Arbeitszufriedenheit und Commitment sind. Abschließend werden nun Empfehlungen gegeben, wie dies dennoch gelingen kann.

Nachfolgend wird ein Gestaltungsvorschlag, der die unterschiedlichen Phasen des Zeitarbeitseinsatzes berücksichtigt, vorgestellt (vgl. Abbildung 15.3). Vor dem Hintergrund der unternehmensspezifischen Flexibilitätserfordernisse gilt es, zunächst die Vor- und Nachteile der Zeitarbeit für das eigene Unternehmen abzuwägen. Dabei sind u. a. die Anlernzeiten zu bedenken (vgl. Jeske, in diesem Band) sowie die erwarteten Reaktionen der Stammbelegschaft. Außerdem empfiehlt es sich, die Chancen und Risiken der Zeitarbeit mit den Möglichkeiten anderer Flexibilisierungsmaßnahmen (z. B. flexible Arbeitszeitgestaltung, Qualifizierung der Mitarbeiter für den bereichs- und abteilungsübergreifenden Personaleinsatz, Vergabe von Werkverträgen an Freelancer) zu vergleichen. Ist die Entscheidung für die Zeitarbeit gefallen, folgt die Vorbereitung ihres Einsatzes. Spätestens zu diesem Zeitpunkt sollten auch die Stammbeschäftigten und der Betriebsrat informiert werden, insbesondere über die damit verfolgten Ziele. Wichtig ist es, Bedenken der Beschäftigten, z. B. Ängste um ihren Arbeitsplatz oder wegen zusätzlicher Mehrarbeiten bei der Einarbeitung und Betreuung, ernst zu nehmen. In die Vorbereitungsphase fällt auch die Auswahl eines oder ggf. mehrerer Personaldienstleister (eine Checkliste zur Auswahl von Personal-dienstleistern bieten z. B. die GRAziL-Toolbox [56] und Haseloh (2012) [57]). Damit ein Personaldienstleister passgenau Mitarbeiter entsenden kann, benötigt er eine konkrete und realistische Beschreibung der Stelle(n), der Arbeitsaufgaben und Anforderungen. Schließ-lich will auch überlegt sein, wie und durch wen die Zeitarbeitnehmer eingearbeitet und betreut werden sollen.

Abbildung 15.3 Phasenmodell des Zeitarbeitseinsatzes

Informationssammlungs- und Entscheidungsphase
- Abwägen von Chancen und Risiken von Zeitarbeit im Vergleich zu anderen Flexibilisierungsmaßnahmen
- Entscheidung für Zeitarbeit (oder für alternative Maßnahmen)

Vorbereitungsphase
- Information der Stammbelegschaft und des Betriebsrats
- Anforderungsanalyse und Stellenprofil
- Auswahl eines oder mehrerer Personaldienstleister

Einführungsphase
- Einführung am ersten Arbeitstag
- Einarbeitungsplan, persönlicher Ansprechpartner
- Klärung der Rahmenbedingungen (z. B. Übernahmechancen)

Einsatzphase
- Integration statt Ausgrenzung
- Schlüsselrolle der Führungskraft
- Beachten der Stimmung und mögliche Belastungen der Stammbelegschaft

Beendigungs-/Übernahmephase
- Beendigung: Ankündigung, Transparenz, „Verabschiedungsrituale"
- Übernahme: Ankündigung und Klärung mit dem Personaldienstleister

Mit deren erstem Tag im Unternehmen beginnt die Einführungsphase, in welcher die Leih-arbeitnehmer – möglichst von ihrem zukünftigen Ansprechpartner oder Vorgesetzten – in ihre Aufgaben eingeführt, über die Sicherheitsvorschriften informiert und ihren Kollegen vorgestellt werden. Es empfiehlt sich, die Rahmenbedingungen des Einsatzes, beispielswei-se die Zuständigkeiten und ggf. Qualifizierungs- oder Übernahmemöglichkeiten, gleich zu Beginn zu klären, um späteren Enttäuschungen vorzubeugen (eine Checkliste für den ers-ten Arbeitstag bietet z. B. Haseloh (2012) [57]). Eventuell kann man auch über ein Patenmodell nachdenken (vgl. GRAziL-Toolbox) [56], bei dem ein Stammbeschäftigter (Pate) einem Leiharbeitnehmer von Anfang an zur Seite steht und als erster Ansprechpartner fungiert.

An die Phase der Einführung und Einarbeitung schließt sich eine mehr oder weniger lange Einsatzphase an. In dieser sind insbesondere die bereits besprochenen Einflussfaktoren auf Arbeitszufriedenheit und Commitment von Bedeutung. Wenn möglich, sollte man auf diskriminierende Praktiken, wie andere Arbeitskleidung oder die Beschränkung der Teilnahme an sozialen Aktivitäten der Belegschaft, verzichten. Eine wichtige Rolle spielt zudem das Verhalten der direkten Führungskraft. Behandelt sie Zeitarbeitnehmer mit Wertschätzung, steht sie ihnen als Ansprechpartner zur Verfügung und bietet Unterstützung an, stehen die Chancen gut, dass Zeitarbeitskräfte sich als Teil des Unternehmens fühlen und sich entsprechend verhalten. Gegebenenfalls bietet sich eine Schulung der Führungskräfte zur Sensibilisierung für das Thema Zeitarbeit an (vollständige Schulungsunterlagen sind z. B. bei der GRAziL-Toolbox [56] online abrufbar). Werden Zeitarbeitnehmer über viele Monate im Unternehmen beschäftigt, kann man prüfen, ob sie mit der Zeit anspruchsvollere Aufgaben übernehmen können, um sich persönlich weiter zu qualifizieren, denn auch das ist ein wichtiger Einflussfaktor auf Arbeitszufriedenheit und Commitment. Des Weiteren empfiehlt es sich, die Stimmung in der Stammbelegschaft zu beobachten. Mitarbeiter, die mit der Einarbeitung und Unterstützung der Zeitarbeitskräfte betraut sind, sollten zudem anderweitig entlastet werden, damit Zeitarbeitnehmer nicht als Zusatzbelastung erlebt werden.

Irgendwann endet die Einsatzphase schließlich durch Übernahme oder durch Beendigung des Zeitarbeitnehmereinsatzes. Im Falle einer geplanten Übernahme empfiehlt es sich, dies frühzeitig mit dem Personaldienstleister und dem betreffenden Mitarbeiter zu besprechen. Auch wenn Zeitarbeitnehmer „abbestellt" werden, sollten sie das so früh wie möglich erfahren. Ideal wäre es, wenn das Einsatzunternehmen in diesem Fall Informationen über Arbeitsaufgaben und Arbeitsverhalten an den Personaldienstleister weitergibt, damit dieser ein aussagekräftiges und individuelles Arbeitszeugnis erstellen kann (eine Checkliste für den Austritt aus dem Unternehmen findet sich z. B. bei Haseloh (2012) [57]).

Abschließend sei noch darauf hingewiesen, dass, trotz zahlreicher Belege für die positiven Effekte eines hohen affektiven Commitments, dieses in der Zeitarbeit etwas differenzierter zu bewerten ist. Mitarbeiter, die sich ihrem Unternehmen in hohem Maße verbunden fühlen, neigen weniger zu Fluktuation. Fluktuation kann jedoch in manchen Fällen durchaus gewünscht sein. Dies betrifft neben Mitarbeitern mit schwachen Arbeitsleistungen auch Arbeitnehmer, die ein Unternehmen nur für eine begrenzte Zeit beschäftigen möchte, wie z. B. Zeitarbeitnehmer. In einer solchen Situation kann sich ein hohes affektives Commitment zum Einsatzunternehmen negativ auf das Befinden derjenigen Zeitarbeitnehmer auswirken, die nach Einsatzende nicht übernommen werden (Galais/Moser 2009) [36]. Was also kann ein Unternehmen tun, das seinen externen Mitarbeitern keine langfristige Beschäftigungsperspektive in Form einer Übernahme bieten kann oder will?

Eine Lösung könnte darin liegen, beispielsweise über Wertschätzung, anspruchsvollere Aufgaben und Qualifizierungsmöglichkeiten eine gewisse Verbundenheit zum Einsatzunternehmen zu fördern, jedoch gleichzeitig zu verdeutlichen, dass die Verbundenheit nicht mit einer langfristigen Bindung an das Unternehmen gleichzusetzen ist. Ist eine Übernahme von vornherein ausgeschlossen, sollte man dies auch offen kommunizieren, um keine falschen Erwartungen zu wecken. Zeitarbeitnehmer erbringen ihre Arbeitsleistung, müssen flexibel sein und nehmen eine hohe Arbeitsplatzunsicherheit in Kauf. Dafür erwarten sie eine adäquate Gegenleistung, die wie bereits angesprochen darin bestehen kann, dass ihnen Lern- und Entwicklungsmöglichkeiten, vielfältige Aufgaben und ein gutes Arbeitsklima geboten werden. Zudem empfiehlt es sich bei der Auswahl des Personaldienstleisters, mit dem man längerfristig zusammenarbeiten möchte, zu berücksichtigen, wie dieser mit seinen Mitarbeitern umgeht. Bildet er sie weiter? Kümmert es sich um ihre Anliegen und hält er regelmäßig Kontakt zu ihnen? Dies sind Dinge, die man z. B. im regelmäßigen Gespräch mit den Zeitarbeitnehmern erfahren kann. Wenn ein Personaldienstleister als Arbeitgeber attraktiv ist und seine Mitarbeiter gerne in der Zeitarbeit arbeiten, stehen die Chancen gut, dass auch Zeitarbeitnehmer – ein entsprechendes Verhalten des Einsatzunternehmens vorausgesetzt – zufrieden mit ihrer Arbeit sein können; und dies nicht nur dann, wenn sie Aussicht auf Übernahme haben.

Literatur

[1] Iaffaldo, M. T./Muchinsky, P. M. (1985): Job satisfaction and job performance. A meta-analysis. Psychological Bulletin, 97, S. 251-273.

[2] Spector, P. E. (1997): Job satisfaction. Thousand Oaks/CA: Sage.

[3] Locke, E. A. (1976): The nature and causes of job satisfaction. In: Dunnette, M. D. (Hrsg.), Handbook of industrial and organizational psychology. Chicago/IL: Rand McNally, S. 1297-1349.

[4] Mowday, R. T./Steers, R. M./Porter, L. W. (1979): The measurement of organizational commitment. Journal of Vocational Behavior, 14, S. 224-247.

[5] Mathieu, J. E./Zajac, D. M. (1990): A review and meta-analysis of the antecedents, correlates, and consequences of organizational commitment. Psychological Bulletin, 180, S. 171-194.

[6] Meyer, J. P. (2009): Commitment in a changing world of work. In: Klein, H. J./Becker, T. E./Meyer, J. P. (Hrsg.), Commitment in organizations. Accumulated wisdom and new directions. New York: Routledge/Taylor and Francis, S. 37-68.

[7] Bruggemann, A. (1974): Zur Unterscheidung verschiedener Formen von „Arbeitszufriedenheit". Arbeit und Leistung, 28, S. 281-284.

[8] Baumgarten, C./Udris, I. (2006): Das „Züricher Modell" der Arbeitszufriedenheit. 30 Jahre „still going strong". In: Fischer, L. (Hrsg.), Arbeitszufriedenheit. Konzepte und empirische Befunde. Göttingen: Hogrefe Verlag, S. 111-134.

[9] Fried, Y./Ferris, G. R. (1987). The validity of the job characteristic model. A review and meta-analysis. Personnel Psychology, 40, S. 287-322.

[10] Hackman, J. R./Oldham, G. R. (1980): Work redesign. Reading/MA: Addison-Wesley.

[11] Podsakoff, P. M./MacKenzie, S. B./Bommer, W. H. (1996): Transformational leader behaviors and substitutes for leadership as determinants of employee satisfaction, commitment, trust and organizational citizenship behaviors. Journal of Management, 22, S. 259-298.

[12] Abele, A. E./Cohrs, J. C./Dette, D. E. (2006): Arbeitszufriedenheit. Person oder Situation? In: Fischer, L. (Hrsg.), Arbeitszufriedenheit. Konzepte und empirische Befunde. Göttingen: Hogrefe Verlag, S. 205-225.

[13] Kwan, C./Chung, B.Y./Xu, Y./Eun-Jung, C. (2010): Relationship of job satisfaction with perceived organizational support and quality of care among south korean nurses. A questionnaire survey. International Journal of Nursing Studies, 47, 10, S. 1292-1298.

[14] Miao, R.-T. (2011): Perceived organizational support, job satisfaction, task performance and organizational citizenship behavior in china. Journal of Behavioral and Applied Management, 12, 2, S. 105-127.

[15] Loi, R./Yang, J./Diefendorff, J. M. (2009): Four-factor justice and daily job satisfaction. A multilevel investigation. Journal of Applied Psychology, 94, 3, S. 770-781.

[16] De Cuyper, N./Sora, B./De Witte, H./Caballer, A./Peiró, J. M. (2009): Organizations' use of temporary employment and a climate of job insecurity among belgian and spanish permanent workers. Economic and Industrial Democracy, 30, 4, S. 564-589.

[17] Judge, T. A./Piccolo, R. F./Podsakoff, N. P./Shawn, J. C./Rich, B. L. (2010): The relationship between pay and job satisfaction. A meta-analysis of the literature. Industrial and Organizational Psychology, 77, 2, S. 157-167.

[18] Connolly, J. J./Viswesvaran, C. (2000): The role of affectivity in job-satisfaction. A meta-analysis. Personality and Individual Differences, 29, 2, S. 265-281.

[19] Judge, T. A./ Bono, J. E. (2001): Relationship of core self-evaluations traits. Self-esteem, generalized self-efficacy, locus of control, and emotional stability. With job satisfaction and job performance. A meta-analysis. Journal of Applied Psychology, 86, 1, S. 80-92.

[20] Felfe, J./ Six, B. (2006): Die Relation von Arbeitszufriedenheit und Commitment. In: Fischer, L. (Hrsg.), Arbeitszufriedenheit. Konzepte und empirische Befunde. Göttingen: Hogrefe Verlag, S. 37-60.

[21] Judge, T. A./Thoresen, C. J./Bono, J. E./Patton, G. K. (2001): The job satisfaction-job performance relationship. A qualitative and quantitative Review. Psychological Bulletin, 127, S. 376-407.

[22] Harter, J. K./Schmidt, F. L./Hayes, T. L. (2002): Business-unit-level relationship between employee satisfaction, employee engagement, and business outcomes. A meta-analysis. Journal of Applied Psychology, 87, S. 268-279.

[23] Becker, H. S. (1960): Notes on the concept of commitment. American Journal of Sociology, 66, S. 32-40.

[24] Gmür, M./Thommen, J.-P. (2006): Human resource management. Strategien und Instrumente für Führungskräfte und das Personalmanagement in 13 Bausteinen. Zürich: Versus.

[25] O'Reilly, C. A./Chatman, J. (1986): Organizational commitment and psychological attachment. The effects of compliance, identification and internalization on prosocial behavior. Journal of Applied Psychology, 71, S. 492-499.

[26] Meyer, J. P./Allen, N. J. (1991): A three-component conceptualization of organizational commitment. Human Resource Management Review, 1, S. 61-89.

[27] Meyer, J. P./Herscovitch, L. (2001): Commitment in the workplace. Toward a general model. Human Resource Management Review, 11, S. 299-326.

[28] Felfe, J./Schmook, R./Six, B./Wieland, R. (2005): Commitment gegenüber Verleiher und Entleiher bei Zeitarbeitern. Zeitschrift für Personalpsychologie, 4, 3, S. 101-115.

[29] Meyer, J. P./Stanley, D. J./Herscovitch, L./Topolnytsky, L. (2002): Affective, continuance, and normative commitment to the organization. A meta-analysis of antecedents, correlates, and consequences. Journal of Vocational Behavior, 61, S. 20-52.

[30] Felfe, J. (2008): Mitarbeiterbindung. Göttingen: Hogrefe Verlag.

[31] AÜG: Arbeitnehmerüberlassungsgesetz. Vom 3. Februar 1995, zuletzt geändert am 20. Dezember 2011. www.gesetze-im-internet.de/a_g/, Zugriff: 08.06.2012.

[32] Bundesagentur für Arbeit (2011): Arbeitsmarktberichterstattung. Der Arbeitsmarkt in Deutschland, Zeitarbeit in Deutschland. Aktuelle Entwicklungen, Nürnberg.

[33] Sende, C./Hasenau, K./Galais, N./Moser, K. (2011): Flexibler Mitarbeitereinsatz. Ergebnisse einer deutschlandweiten Unternehmensbefragung. Industrie Management, 27, 4, S. 52-56.

[34] EUROCIETT (2007): More work opportunities for more people. Unlocking the private employment agency industry's contribution to a better functioning labour market. Brüssel.

[35] Crimmann, A./Ziegler, K./Ellguth, P./Kohaut, S./Lehmer, F. (2009): Forschungsbericht zum Thema „Arbeitnehmerüberlassung". Endbericht des IAB zum 29. Mai 2009. Nürnberg: Bundesministerium für Arbeit und Soziales, Forschungsbericht Arbeitsmarkt, Nr. 397.

[36] Galais, N./Moser, K. (2009): Organizational commitment and well-being of temporary agency workers. A longitudinal study. Human Relations, 62, S. 589-620.

[37] Antoni, M./Jahn, E. (2009): Do changes in regulation affect employment duration in temporary help agencies? Industrial and Labor Relations Review, 62, 2, S. 226-251.

[38] Nienhüser, W./Matiaske, W. (2006): Effects of the 'principle of non-discrimination' on temporary agency work. Compensation and working conditions of temporary agency workers in 15 European countries. Industrial Relations Journal, 37, 1, S. 64-77.

[39] Boyce, A. S./Ryan A. M./Imus, A. L./Morgeson, F. P. (2007): „Temporary Workers, Permanent Losers?" A model of the stigmatization of temporary workers. Journal of Management, 33, 1, S. 5-29.

[40] Rogers, J. K. (1995): Just a temp. Experience and structure of alienation in temporary clerical employment. Work and Occupations, 22, S. 137-166.

[41] Broschak, J. P./Davis-Blake, A. (2006): Mixing standard work and non-standard deals. The consequences of heterogeneity in employment arrangements. Academy of Management Journal, 49, 2, S. 371-393.

[42] Galais, N./Moser, K./Münchhausen, G. (2007): Arbeiten, Lernen und Weiterbildung in der Zeitarbeit. Eine Befragung von Zeitarbeitnehmer/innen in Deutschland. In: Münchhausen, G. (Hrsg.), Kompetenzentwicklung in der Zeitarbeit. Potenziale und Grenzen (Schriftenreihe des Bundesinstituts für Berufsbildung Bonn). Bielefeld: Bertelsmann, S. 161-179.

[43] Sende, C./von Garrel, J./Tackenberg, S. (2010): Strategien des flexiblen Personaleinsatzes. Personalwirtschaft, Sonderheft Zeitarbeit, 10, S. 27-29.

[44] Connelly, C. E./Gallagher, D. G. (2004): Emerging trends in contingent work research. Journal of Management, 30, 6, S. 959-983.

[45] Hecker, D./ Galais, N./ Moser, K. (2006): Atypische Erwerbsverläufe und Arbeitsorganisationsformen und ihr Zusammenhang zu wahrgenommenen Fehlbelastungen. Bremerhaven: Wirtschaftsverlag NW.

[46] Lemanski, S. (2011): Mitarbeiterbefragung zum Vergleich von Zeit- und Stammarbeitern. In: Bouncken, R. B./Bornewasser, M. (Hrsg.), Beiträge zur Flexibilisierung. Bd. 1. Mering: Rainer Hampp Verlag, S. 61-85.

[47] De Cuyper, N./De Jong, J./De Witte, H./Isaksson, K./Rigotti, T./Schalk, R. (2008): Literature review of theory and research on the psychological impact of temporary employment. Towards a conceptual model. International Journal of Management Reviews, 10, 1, S. 25-51.

[48] Vanselow, A./Weinkopf, C. (2009): Zeitarbeit in europäischen Ländern. Lehren für Deutschland? Arbeitspapier 182. Düsseldorf: Hans-Böckler-Stiftung.

[49] Marler, J. H./Barringer, M. W./Milkovich, G. T. (2002): Boundaryless and traditional contingent employees. Worlds apart. Journal of Organizational Behavior, 23, S. 425-453.

[50] Connelly, C. E./Gallagher, D. G./Gilley, K. M. (2007): Organizational and client commitment among contracted employees. A replication and extension with temporary workers. Journal of Vocational Behavior, 70, 2, S. 326-335.

[51] Liden, R. C./Wayne, S. J./Kraimer, M. L./Sparrowe, R. T. (2003): The dual commitments of contingent workers. An examination of contingents' commitment to the agency and the organization. Journal of Organizational Behavior, 24, S. 609-625.

[52] Vitera, J./Bornewasser, M. (2011): Commitment und Zeitarbeit. In: Bouncken, R. B./Bornewasser, M. (Hrsg.), Beiträge zur Flexibilisierung. Bd. 1. Mering: Rainer Hampp Verlag, S. 33-60.

[53] Klein, H. J./Molloy, J. C./Brinsfield, C. T. (2012): Reconzeptualizing workplace commitment to redress a stretched construct. Revisiting assumptions and removing confounds. Academy of Management Review, 37, 1, S. 131-150.

[54] Galais, N./Sende, C. (2011): Außenseiterstatus, Commitment und Stress bei Zeitarbeitnehmer/innen. Vortrag auf der 7. Tagung der Fachgruppe Arbeits- Organisations- und Wirtschaftspsychologie, Rostock.

[55] Sende, C./Galais, N./Moser, K. (in Vorbereitung): Zeitarbeitnehmer im Unternehmen. Segen oder Fluch für die Stammbeschäftigten?

[56] GRAziL – Gestaltung, Umsetzung und Transfer von Instrumenten zum Ressourcenmanagement und zum Arbeitsschutz im Rahmen eines zielgruppenbezogenen Ansatzes für Leiharbeitnehmer in Entleihunternehmen. http://grazil.net/toolbox/, Zugriff: 06.06.2012.
[57] Haseloh, G. (2012): Zeitarbeit in kleinen und mittleren Unternehmen. Praxis-Leitfaden für die Zertifizierung nach DIN EN ISO 9001. In: Bouncken, R. B./Bornewasser, M. (Hrsg.), Beiträge zur Flexibilisierung. Bd. 4. Mering: Rainer Hampp Verlag, S. 11-41.

Teil 4

Neue organisatorische Gestaltung

im Kontext von Flexiblisierung:

Beispiele aus der Praxis

16 Unterstützung durch Beratung: Servicebüros zur Hilfestellung im Erwerbs- und Privatleben

Sabine Böttcher

16.1   Servicebüros für Familienfreundlichkeit

Servicebüros sind keine neuen Einrichtungen[1] – sie finden sich z. B. bei der Bahn, bei Kommunen, Theatern, Universitäten und Versicherungsunternehmen oder auch für spezifische Themen wie Geschichtsrecherchen, Konfliktschlichtung und Bürodienste, um nur einige wenige aufzuzählen. Der Name „Servicebüro" ist nicht geschützt und kann daher individuell bzw. spezifisch verwendet werden. Aus diesem Grund ist wichtig darzulegen, worüber gesprochen bzw. geschrieben wird: Im folgenden Beitrag stehen Servicebüros für Familienfreundlichkeit oder Work-Life-Balance, nachfolgend Servicebüros für Familienfreundlichkeit genannt, im Mittelpunkt. Sie stellen ein Dienstleistungsangebot für Beschäftigte, Betriebsräte und Personalverantwortliche dar und verfolgen das Ziel, durch individuelle, situations- oder unternehmensspezifische Beratungs- und Unterstützungsangebote die Vereinbarkeit von Erwerbs- und Privatleben zu verbessern. Von großer Wichtigkeit war und ist den beteiligten Initiatoren und Akteuren der Servicebüros, dass den Beschäftigten eines Standortes kompetente Ansprechpartner zur Seite gestellt werden, die sie persönlich beraten und unterstützen.

Die mit dem demografischen Wandel einhergehende zunehmende Alterung der Gesellschaft birgt Handlungspotenziale für Servicebüros für Familienfreundlichkeit: Einerseits müssen attraktive Arbeitsbedingungen für junge, gut qualifizierte Fachkräfte geschaffen werden, die eine gute Vereinbarkeit von Erwerbsleben und Familie, insbesondere Kinderbetreuung ermöglichen. Andererseits sollen Beschäftigte unter Erhalt ihrer Gesundheit länger im Unternehmen bleiben, um sowohl ihre Qualifikationen als auch ihre Berufserfahrung für den Unternehmenserfolg langfristig nutzen zu können. Diese Beschäftigten stehen oftmals gleichzeitig zu ihrer Erwerbstätigkeit in Familienverantwortung für Kinder sowie für ältere oder pflegebedürftige Angehörige und bedürfen ebenso wie die jüngeren Beschäftigten vereinbarkeitsfördernder Angebote, wenn sie dem Unternehmen als Fachkräfte weiterhin zur Verfügung stehen sollen. Da Personalgewinnung und -bindung längere soziale Prozesse sind und nicht unbeeinflusst von der lebensweltlichen Situation der Beschäftigten verlaufen, gilt es, die darin enthaltene Herausforderung im Sinne der Unternehmen und der Beschäftigten zu bewältigen.

Familienfreundlichkeit gewinnt damit als Standortfaktor zunehmend an Bedeutung. Zwar ist das Interesse der Unternehmen primär auf den wirtschaftlichen Erfolg am Markt ausgerichtet, doch im Rahmen der Sicherung des qualifizierten Fachkräftebestandes – vor allem bei zunehmender Konkurrenz um Mitarbeiter – nehmen familienfreundliche Maßnahmen und betriebliche Angebote zur besseren Vereinbarkeit von Familienverantwortung und Erwerbsarbeit einen immer größeren Stellenwert ein (vgl. Buchwald/Wiener 2012) [1].

In Bezug auf die Themen „Familienfreundlichkeit" und „Work-Life-Balance" lassen sich dabei vor allem drei Reaktionsweisen seitens der Unternehmen beobachten:

---

[1]   Etwa 1.450.000 Nennungen erscheinen bei einer Internet-Suche nach „Servicebüro" mit Google.

1. Unternehmen, die sich aktiv mit den Themen auseinandersetzen,

2. Unternehmen, die den Themen eine (hohe) Bedeutung beimessen, sich aber aus verschiedenen Gründen bisher nicht aktiv damit beschäftigen, und

3. Unternehmen, für die diese Themen in den privaten Bereich ihrer Beschäftigten gehören und im Unternehmen keine öffentliche Ansprache finden.

Unternehmen der ersten beiden Gruppen stehen dem Dienstleistungsangebot eines Servicebüros für Familienfreundlichkeit oft aufgeschlossen gegenüber und sehen in seinem Leistungsspektrum eine Bereicherung oder einen Anstoß für unternehmensspezifische Angebote für ihre Beschäftigten sowie eine Entlastung von Arbeits-, Recherche- und Organisationsaufwänden für die Personalverantwortlichen und Betriebsräte.

Unternehmen, in denen die Themen „Familienfreundlichkeit" und „Work-Life-Balance" im privaten Bereich der Beschäftigten verortet sind oder im betrieblichen Alltag nicht angesprochen werden, begründen dies vor allem mit fehlenden Bedarfen bzw. Anfragen seitens der Beschäftigten (*Da hat noch nie einer nachgefragt.*"), mit Nicht-Wecken-Wollen von Bedarfen (*Das will ich gar nicht anbieten, wer weiß, was dann noch gewollt wird.*"), keinem Interesse an Unterstützung oder ausschließlicher Eigenaktivität der Personalverantwortlichen bzw. Betriebsräte (*Das machen wir alles selbst.*").[2]

Servicebüros für Familienfreundlichkeit können unternehmensspezifisch, aber auch an Standorten bzw. für ganze Regionen aufgebaut werden. Die folgenden Ausführungen konzentrieren sich auf standort- und regionalspezifische Servicebüros. So werden das „Servicebüro familienfreundlicher Chemiestandort Leuna", das „Servicebüro Bitterfeld-Wolfen" für den Chemiestandort Bitterfeld-Wolfen und die „Servicestelle Rostock" für die Stadt Rostock und das engere Umfeld[3] näher vorgestellt.

16.2 Zielstellung und Leistungsspektrum von Servicebüros für Familienfreundlichkeit

Servicebüros für Familienfreundlichkeit agieren vor dem Hintergrund von Spannungen und Konflikten, die vor allem in zwei (ambivalenten) Richtungen wirksam werden: Einerseits zeigen sich solche Spannungen zwischen der betriebsnotwendigen Flexibilität in den Arbeitszeiten bei wechselnden Auftragslagen und dem Stabilitätsbedarf der Beschäftigten im Sinne sicherer Arbeitsplätze und Einkommen. Andererseits und durchaus auch (fast) gleichzeitig ergeben sich Spannungen zwischen dem betrieblichen Interesse an Leistungs- und Arbeitszeitstabilität für die Sicherung qualitativ hochwertiger Arbeit und den lebens-

---

[2]   Zitate aus Expertengesprächen mit Unternehmens-, Personalverantwortlichen und Betriebsräten.
[3]   Nach eigenen Aussagen umwirbt die Servicestelle Rostock Unternehmen im Umkreis von 25 km der Stadt Rostock.

weltlichen Flexibilitätsansprüchen der Beschäftigten, um familiären und persönlichen Verpflichtungen und Präferenzen gerecht werden zu können.

Ein Lösungsansatz dafür ist die Organisation und Bereitstellung betriebsnaher sozialer Unterstützungsleistungen für Beschäftigte, Personalverantwortliche und Betriebsräte durch ein Servicebüro für Familienfreundlichkeit, welches einen schnellen und gezielten Zugang zu professioneller Hilfe und Unterstützung in bestimmten Lebenslagen bietet.

Die Initiatoren der Servicebüros (vgl. Abschnitt 16.4.1) verfolgen neben der Verbesserung der Vereinbarkeit von Familie und Erwerbsarbeit sowie der nachhaltigen Erhöhung des Standortimage durchaus auch unterschiedliche weitere Zielstellungen wie die Erhöhung der Mitarbeiterbindung und -zufriedenheit (Servicebüro familienfreundlicher Chemiestandort Leuna), die Verbesserung des Image der Kommune (Servicebüro Bitterfeld-Wolfen) und den Ausbau der eigenen Angebotsstruktur (Servicestelle Rostock).

Das Leistungsspektrum der Servicebüros für Familienfreundlichkeit ist abhängig von ihrer spezifischen Ausrichtung und reicht von individuellen Beratungs- und Unterstützungsleistungen (Abschnitt 16.2.1) über regional- oder standortspezifische Dienstleistungen (Abschnitt 16.2.2) bis hin zu zugehenden Unterstützungsangeboten für Unternehmen (Abschnitt 16.2.3).

16.2.1   Individuelle Beratungs- und Unterstützungsleistungen

Die individuellen Beratungs- und Unterstützungsleistungen orientieren sich einerseits an individuellen Anfragen von Beschäftigten und andererseits an unternehmensspezifischen Bedarfen. Dabei ist es von besonderer Wichtigkeit, dass die Mitarbeiter des Servicebüros für Familienfreundlichkeit situationsbezogen und höchst individuell sowie kompetent, schnell und die Anonymität des anfragenden Beschäftigten oder Unternehmens wahrend arbeiten, da oftmals Lebenskrisen Auslöser für Hilfe- und Unterstützungsbedarfe sind. Aktuelle individuelle Hilfebedarfe zeigt die nachfolgende Tabelle 16.1 beispielhaft für das Servicebüro familienfreundlicher Chemiestandort Leuna.

Potenzielle Themen der Zukunft werden aus Sicht von Personalverantwortlichen und Betriebsräten vor allem sein:

- Stress, Überlastung oder Unterforderung,

- Beziehungsprobleme und die sich daraus ergebenden psychischen Folgen,

- Schulden oder mangelnde Kompetenz im Umgang mit Geld sowie

- Pflege und Verantwortung für ältere Angehörige.

Aber auch Informationen und Angeboten zur betrieblichen Altersvorsorge sowie zur Schaffung betrieblicher Kontakte zu Schulen, zur Berufsinformation für Schüler, zur Kontaktaufnahme für Schülerpraktika und damit letztlich zur Gewinnung von Nachwuchsfachkräften wird eine zunehmende Bedeutung zugesprochen.

Tabelle 16.1   Anfragen an das Servicebüro „Familienfreundlicher Chemiestandort Leuna" (Auszug)

Wohnung	Gesundheit	Sucht	Allgemeines
Behörden	Ärzte	Alkoholsucht	Behörden
Formalitäten	Haushaltshilfe	Handysucht	Hochzeit
Makler	Krankenkasse	Schulden	Lebensberatung
Pensionen	Physiotherapeuten	Selbsthilfegruppen	Rechtsangelegen-heiten
Umzug	Selbsthilfegruppen	Therapien	
Wohnungs-gesellschaften			Regionale Informationen
			Rente
			Sprachkurse
			Versicherung

Schwangerschaft	Kind	Ausbildung	Pflege
Behörden	Adoptionsverfahren	Agentur für Arbeit	Anträge
Bereitstellung von Formularen	Babysitter	Ausbildungsberufe	Betreutes Wohnen
Elterngeld	Ferienbetreuung	BAB (Berufsausbildungsbeihilfe)	Erbrecht
Elternzeit	Freizeitangebote		Essen auf Rädern
Geburtsvorbereitung	Frühförderung	BAföG	Hospiz
Hebammen	Hausaufgabenhilfe	Berufsschule	Kurzzeitpflege
Krankenhäuser	Impfungen	Bewerbungstipps	Patientenverfügung
Krankenkasse	Kindergeld	Bildungsurlaub	Pflegedienste
Mutterschutz	Kita-Plätze	Sprachkurse	Pflegeheime
Mutterschaftsgeld	Krankentage	Stipendien	Pflegehilfsmittel
Sorgerecht	Logopädie	Studienprogramme	Pflegestützpunkte
Vaterschafts-anerkennung	Musikschule	Studium	Pflegezeitgesetz
	Pflegeverfahren		Seniorenberatung
	Sorgerecht		Tagespflege
	Unterhalt		Vorsorgevollmacht

16.2.2   Regional- und standortspezifische Dienstleistungen

Regional- und standortspezifische Dienstleistungen offerieren ein Angebot, das unabhängig von Unternehmen oder Branchen auf potenzielle Nachfrage seitens der Beschäftigten bzw. Personalverantwortlichen und Betriebsräte treffen kann. Dazu zählen z. B. Übersichten über die Größe, das Profil und die Lage von Kindertagesstätten, Schulen und Pflegeeinrichtungen, zusammenfassende Darstellungen zur regionalen Vereinsstruktur oder zu den Kultur- und Freizeitangeboten.

Für Beschäftigte mit betreuungspflichtigen Kindern stellen die Ferienzeiten immer wieder eine besondere Herausforderung dar (Böttcher/Csongár 2011) [2]. Eine Zusammenstellung regionaler Ferienangebote in der Form eines Ferienkatalogs bietet sowohl für die Beschäftigten als auch für deren Unternehmen eine wichtige Unterstützung. Gleichzeitig profitieren die regionalen Anbieter von dieser Dienstleistung, da ihnen oftmals ausreichende (finanzielle) Mittel und Wege fehlen, um auf sich und ihre Angebote aufmerksam zu machen.

Von hohem Interesse für Unternehmen – gerade im ländlichen Raum – ist auch der Erfahrungsaustausch mit anderen Unternehmen zu bestimmten Themen und Problemlagen. Hier kann das Servicebüro durch seinen Kontakt zu verschiedenen Unternehmen und die sich daraus ergebenden Möglichkeiten einer erfolgreichen Netzwerksarbeit mittels der Organisation und Koordination von Netzwerkveranstaltungen wertvolle Hilfestellung leisten.

16.2.3   Zugehende Unterstützungsangebote für Unternehmen

Eine dritte Form der Unterstützung eröffnen die zugehenden Angebote eines Servicebüros für Familienfreundlichkeit. Zugehend bedeutet, dass die Mitarbeiter des Servicebüros in die Unternehmen oder an den Standort gehen und vor Ort ihre Dienstleistungen anbieten, um damit den Beschäftigten den Zugang zur Nutzung des Angebots zu erleichtern. Dies ist u. a. in Form eines mobilen Servicebüros denkbar, welches entweder zu bestimmten, sich dann möglichst regelmäßig wiederholenden Zeiten oder bei Bedarf bzw. auf Anfrage in ein Unternehmen kommt und seine individuellen Beratungs- und Unterstützungsleistungen anbietet. Ein mobiles Servicebüro als regelmäßige, zugehende Dienstleistung muss dabei die spezifischen Arbeits- bzw. Schichtzeiten der Unternehmen berücksichtigen, um möglichst alle Beschäftigten mit seinen Angeboten erreichen zu können.

Darüber hinaus kann sich ein Servicebüro für Familienfreundlichkeit als kompetenter und zuverlässiger Partner für Unternehmen bei thematischen Betriebsversammlungen, Tagen der offenen Tür, bei Gesundheits- oder Familientagen im Unternehmen oder am Standort erweisen. Auf diesen Veranstaltungen kann es dann sowohl seine Informations- und Beratungsdienstleistungen anbieten als auch auf sich und sein Leistungsangebot aufmerksam machen.

16.3   Kommunikationswege und positive Effekte von Servicebüros für Familienfreundlichkeit

Die positiven Effekte eines Servicebüros für Familienfreundlichkeit steigen mit seinem Grad an Bekanntheit, dem gewonnenen Vertrauen und seiner erfahrenen bzw. erlebten Verlässlichkeit. Dabei stehen einem Servicebüro in Abhängigkeit seiner Organisationsstruktur (vgl. Abschnitt 16.4.2) verschiedene Kommunikationswege offen, um auf sich aufmerksam zu machen und seine Leistungen anzubieten (vgl. Tabelle 16.2). Der Kommunikationsweg mit der größten Erreichbarkeit unter den Beschäftigten stellt die Beigabe eines Flyers des Servicebüros zur Lohn- bzw. Gehaltsabrechnung der Beschäftigten dar. Dies erfolgt z. B. bei einem Partnerunternehmen der Servicestelle Rostock im quartalsweisen Abstand, ist aber auch bei einer Organisationsstruktur mit kommunaler Unterstützung denkbar.

Tabelle 16.2   Kommunikationswege von Servicebüros verschiedener Organisationsstrukturen

Organisationsstruktur eines Servicebüros		
Einzelbetrieblich oder in betrieblicher Kooperation organisiert	In betrieblicher und unternehmensbegleitender Kooperation	Mit Unterstützung der Kommune
Servicebüro familienfreundlicher Chemiestandort Leuna	Servicestelle Rostock	Servicebüro Bitterfeld-Wolfen
Flyer in „Lohntüten", Informationen am Schwarzen Brett, in Betriebszeitungen, im Intranet		Flyer (ggf. in „Lohntüten"), öffentliche und betriebliche Aushänge, Amtsblatt der Kommune, regionale Presse, Homepage der Kommune
Informationsveranstaltungen, Betriebsversammlungen, Mundpropaganda, über das (sozialdienstleistende) Netzwerk des Servicebüros selbst		

Daneben gibt es verschiedene Kommunikationswege, die aber immer vom Interesse der Beschäftigten abhängig sind. Zu diesen Kommunikationswegen gehören Informationen und Aushänge im Betrieb, im öffentlichen Raum, im (betrieblichen) Intranet oder auf der Homepage der Kommune sowie in anderen betrieblichen und regionalen Medien. Gleichzeitig dienen aber auch Informationsveranstaltungen, themenspezifische Betriebsversammlungen und vor allem eine positive Mundpropaganda der Förderung des Bekanntheitsgrades eines Servicebüros.

Analysen zur Effizienz der verschiedenen Kommunikationswege liegen noch nicht vor. Aus Sicht der Akteure aller drei Servicebüros besitzen aber die regelmäßige, kontinuierliche Kontaktarbeit und das persönliche Gespräch die höchste Bedeutung. Gleichzeitig ist ein Mix aus unterschiedlichen Informationswegen einem einzelnen Kontaktweg vorzuziehen. Nachfolgend werden die Nutzeffekte für die verschiedenen Zielgruppen differenziert dargestellt.

16.3.1   Nutzen für Beschäftigte

Den Beschäftigten stehen für ihre individuellen Anfragen zu ihrer persönlichen Lebenssituation (z. B. Suche nach einer neuen Freizeitbeschäftigung) oder zur Lösung spezifischer Problemlagen (z. B. plötzlicher Pflegefall) kompetente Ansprechpartner zur Seite, die sowohl über Erfahrungen als auch über ein tragfähiges Informations- und Dienstleistungsnetzwerk zur Klärung solcher individuellen Anfragen verfügen. Die Beschäftigten gewinnen Zeit, da sie nicht selbst recherchieren müssen, und gleichzeitig entfallen doppelte (wegen fehlender Unterlagen) oder unnütze (wegen falscher Ansprechpartner) Wege, wodurch sich in Summe eine doppelte Zeitersparnis ergibt.

Durch die Abgabe der Recherche- und Informationssuche in kompetente Hände können Problemlagen schneller entspannt oder gelöst werden, da das Servicebüro eine Lösungs-struktur anbietet, die u. a. falsche Kontaktpersonen, fehlende Unterlagen oder Informatio-nen vermeidet und im Bedarfsfall auch eine aufbauende Terminabfolge bereitstellt. Somit haben die Beschäftigten ihren Kopf letztlich eher wieder frei für anderes, können sich bes-ser konzentrieren, entspannen und erholen. Insgesamt gewinnen sie so Zeit für sich, die Familie, für Hobbys oder persönliches Engagement.

Durch die betriebliche Bereitstellung der Angebote des Servicebüros fühlen sich die Be-schäftigten in ihrer gesamten, aber doch individuellen Lebenssituation durch das Unter-nehmen wahrgenommen und nicht nur auf ihre Arbeitskraft reduziert. Die Wahrnehmung und Beachtung der lebensweltlichen Verantwortung der Beschäftigten durch das Unterneh-men führt zu einer höheren Zufriedenheit der Beschäftigten und fördert so auch ihre Bin-dung an das Unternehmen.

16.3.2   Nutzen für Personalverantwortliche und Betriebsräte

Der hauptsächliche Nutzen eines Servicebüros für Familienfreundlichkeit für die Personal-verantwortlichen und Betriebsräte liegt in der Einsparung von Arbeitszeit. Die Suche nach kompetenten Ansprechpartnern bei besonderen Problemlagen, wie z. B. die Einrichtung eines geschützten Arbeitsplatzes für einen verunfallten Beschäftigten, aber auch die Re-cherche nach freien Kapazitäten in Kindertagesstätten sind sehr aufwändig und kosten vor allem viel Zeit, die für das übrige Tagesgeschäft dann nicht mehr zur Verfügung steht. Durch die Unterstützung von Beschäftigten bei verschiedenen familiären Schwierigkeiten verringern sich die familiär bedingten Fehlzeiten im Unternehmen, sinken die (vor-übergehende oder vollständige) Fluktuation und damit auch der zeitliche und monetäre Aufwand für Personalrekrutierung und Wiedereingliederungen. Gleichzeitig kann ein Servicebüro aber auch durch die Übernahme „klassischer Personalführungsaufgaben", wie z. B. der An- bzw. Abmeldung bei Krankenkassen, Personalabteilungen entlasten.

Daneben konzentrieren sich bei der Zusammenarbeit mit einem Servicebüro die Anfragen an einer Stelle, wodurch Wissen gesammelt, Erfahrungen gewonnen und gebündelt, An-sprechpartner gefunden und Kontakte geknüpft werden. Im Ergebnis oder im Verlauf entsteht auf diese Weise ein kompetentes Netzwerk für Informations-, Beratungs- und Unterstützungsleistungen. Dadurch gewinnen einerseits die Personalverantwortlichen Zeit für ihre übrige Arbeit und andererseits erfahren sie und die Beschäftigten eine schnellere und auch kompetentere Unterstützung.

Die Zusammenarbeit mit einem Servicebüro für Familienfreundlichkeit bedeutet für Perso-nalverantwortliche und Betriebsräte folglich neben der Zeitersparnis auch einen Kompetenzgewinn insbesondere dann, wenn auf Akutfälle des Lebens und sehr individuelle Problemlagen der Beschäftigten reagiert werden muss.

16.3.3 Nutzen für die Region

Die regionale Vielfalt an Angeboten zur Erleichterung familiärer oder haushaltsnaher Aufgaben ist groß. Viele Vereine, Initiativen, Bündnisse und andere (soziale) Partner stellen Leistungen zur Verfügung, die oftmals im bekannten (kleinen) regionalen Raum gut funktionieren, aber aufgrund der regional begrenzten Bekanntheit auf nachhaltig eher wackligen Füßen stehen. Auch hier kann ein Servicebüro ein hohes Unterstützungspotenzial bieten.

Die Zielstellung eines Servicebüros – ein umfangreiches Beratungsangebot zu den verschiedensten Fragestellungen der Vereinbarkeit von Erwerbs- und Privatleben zu unterbreiten – bedarf zu ihrer erfolgreichen Umsetzung eines großen (über-)regionalen Netzwerks aus Vereinen, Initiativen, Bündnissen und anderen (sozialen) Partnern. Mit dieser aktiven Netzwerkarbeit, die ein funktionierendes Servicebüros „fast" nebenbei leistet, erhöht sich der Bekanntheitsgrad durch eine stärkere Sichtbarkeit und damit auch die Frequenz der Inanspruchnahme der regional vorhandenen Leistungsanbieter. Gleichzeitig können über das Servicebüro Anstöße und Ideen für neue Angebote gegeben und potenzielle Partner für die Umsetzung neuer Angebotsstrukturen gefunden oder vermittelt werden.

16.4 Entstehung und Organisation von Servicebüros für Familienfreundlichkeit

Die Initiatoren der in diesem Beitrag vorgestellten drei Servicebüros für Familienfreundlichkeit sind sehr verschieden. Das Servicebüro familienfreundlicher Chemiestandort Leuna wurde auf Initiative der Industriegewerkschaft Bergbau, Chemie, Energie, dem Arbeitgeberverband Nordostchemie e.V., der InfraLeuna GmbH und der TOTAL Raffinerie Mitteldeutschland GmbH errichtet. Demgegenüber entstanden das Servicebüro Bitterfeld-Wolfen auf Initiative der Kommune Bitterfeld-Wolfen und die Servicestelle Rostock auf Initiative einer Unternehmensberatung.

16.4.1 Entstehungsgeschichte

Nachfolgend werden die Entstehungswege der drei Servicebüros kurz nachgezeichnet, um die Vielfalt potenzieller Wege, Initiatoren und Partner zur Entwicklung und Bereitstellung eines solchen Angebotes aufzuzeigen.

16.4.1.1 Servicebüro familienfreundlicher Chemiestandort Leuna

Im Zuge von Restrukturierungen des Chemiestandortes Leuna im Jahr 2004 entstand en passant die Idee, dort ein Servicebüro einzurichten[4]. Angestoßen durch die Restrukturierungen rückten Fragestellungen in den Mittelpunkt, die sich aufgrund der zunehmenden Schwierigkeiten, qualifizierte Fachkräfte zu finden, mit der Gewinnung und der Bindung von Beschäftigten an den Standort beschäftigten. In Personalgesprächen wurde deutlich, dass immer stärker so genannte weiche Faktoren, d. h. die sozialen Rahmenbedingungen neben der Arbeit, für junge Fachkräfte an Bedeutung gewinnen und dass die Höhe des Einkommens nicht mehr die allein entscheidende Rolle spielt. Gleichzeitig wurde es schwieriger, gutes Fachpersonal zu gewinnen.

Im Rahmen des „audit berufundfamilie" wurde eine Arbeitsgruppe gebildet, in der sich Beschäftigte aus allen Bereichen und Leitungsebenen der InfraLeuna GmbH engagierten und sich mit Fragen wie „Welche betrieblichen Angebote gibt es?", „Welche brauchen wir noch?" und „Wie funktioniert die Umsetzung neuer Ideen?" auseinandersetzten. Hierdurch wurden viele Anregungen aus den verschiedenen Arbeitsteams in die Arbeitsgruppe getragen und wieder rückgekoppelt.

Fast gleichzeitig entstand eine standortübergreifende Projektgruppe aus Personalverantwortlichen und Betriebsratsmitgliedern, die sich dann als Steuerungsgruppe mit der Implementierung des Servicebüros beschäftigte. Eine zuvor durchgeführte Standortbefragung zur Erfassung der Bedarfe, Problemlagen und Wünsche der Beschäftigten unterstrich, dass die Vereinbarkeit von Erwerbsarbeit und Familie ein komplexes Themenfeld ist und ein Dienstleister am Standort die größtmögliche Hilfestellung darstellen würde. Da externe Leistungsanbieter teuer, in ihrem Serviceangebot zu eingeschränkt waren und die Initiatoren dem persönlichen Gespräch mit kompetenten Partnern bei der Lösung von Schwierigkeiten besondere Wichtigkeit beimaßen, wurde ein eigenes Servicebüro am Standort Leuna gegründet und in den folgenden Jahren ausgebaut.

Eine grundlegende Voraussetzung für die Entstehung eines solchen betrieblichen bzw. in betrieblicher Kooperation betriebenen Servicebüros ist die gemeinsame Zielstellung von Unternehmensführung und Betriebsrat, ein Servicebüro für Familienfreundlichkeit im Unternehmen oder am Standort zu etablieren. Diese gemeinsame Zielstellung wurde in einer Betriebsvereinbarung verankert.

---

[4] InfraLeuna GmbH, Servicebüro Beruf und Familie, Elke Raue: e.raue@infraleuna.de.

16.4.1.2   Servicebüro Bitterfeld-Wolfen

Auf Initiative der Stadt Bitterfeld-Wolfen, in Begleitung des Projektes „SCHICHT – Schichtarbeit zwischen den Anforderungen von Arbeits- und Lebenswelt" (www.familieplusunternehmen.de) [3] und in Anlehnung an das Servicebüro familienfreundlicher Chemiestandort Leuna nahm das Servicebüro Bitterfeld-Wolfen im Mai 2010 seine Arbeit in den Räumlichkeiten des Rathauses auf[5]. Vorab galt es, unter erheblichem Rechercheaufwand einen Pool an Informationen zu verschiedensten Dienstleistungsangeboten, potenziellen sozialen Partnern und in der Region ansässigen Unternehmen zusammenzustellen.

Mit Hilfe der regionalen Presse, von Aushängen und Flyern wurde auf das Servicebüro aufmerksam gemacht. Parallel dazu erfolgte die Bekanntmachung in den Unternehmen am Standort über eine auf die Unternehmen zugehende Kontaktaufnahme, d. h., die Mitarbeiter des Servicebüros und des Projektes gingen auf die Unternehmen zu, informierten über das Leistungsspektrum des Servicebüros und boten den Unternehmen ihre Dienstleistungen für die Beschäftigten, Personalverantwortlichen und Betriebsräte an.

Das Servicebüro Bitterfeld-Wolfen kämpfte in seiner Anfangszeit u. a. damit, dass einige Unternehmen städtischen Aktivitäten eher skeptisch abwartend gegenüberstanden und vor allem Bedenken in Bezug auf die Flexibilität und Schnelligkeit kommunaler Strukturen äußerten. Hier war es von besonderer Wichtigkeit, diese Haltung ernst zu nehmen und mit freundlicher, aber unaufdringlicher Hartnäckigkeit regelmäßig über die Aktivitäten des Servicebüros zu informieren und die entwickelten Unterstützungsstrukturen anzubieten.

16.4.1.3   Servicestelle Rostock

Mit der Gründung des Rostocker Arbeitskreises für Strategische Personalpolitik war auch die Entwicklung einer Servicestelle in Anlehnung an das Servicebüro familienfreundlicher Chemiestandort Leuna im Gespräch. In diesem Arbeitskreis treffen sich Personalverantwortliche verschiedener Rostocker Unternehmen, um Erfahrungen auszutauschen und u. a. gemeinsam nach Lösungen für vor allem standortbezogene Schwierigkeiten und Herausforderungen zu suchen. Die Servicestelle bot dafür interessante Ansatzpunkte.

Mit Beginn der vorbereitenden Arbeiten wurde (zufällig) das Aktionsprogramm des Landes Mecklenburg-Vorpommern „Vereinbarkeit Leben" mit einem passenden Förderschwerpunkt ausgerufen. Die eingereichte Projektidee einer Servicestelle Rostock gewann den Zuschlag, verbunden mit einer eineinhalbjährigen finanziellen Förderung. Diese Förderung ermöglichte es, die grundlegenden Aufbauarbeiten für eine Servicestelle, wie das Zusammenstellen von Übersichten, das Recherchieren von (Dienstleistungs-) Angeboten und Kooperationspartnern sowie die Entwicklung von Finanzierungsgrundlagen, konzentriert und umfassend durchzuführen. Der damit verbundene Aufwand war weitaus größer als anfangs geplant, da vor allem die vorhandenen Netzwerke nicht die notwendige Informationsstruktur aufwiesen, viele Detailanalysen erforderlich waren und

---

[5]   Stadtverwaltung Bitterfeld-Wolfen, Servicebüro, Heike Heldt: heike.heldt@bitterfeld-wolfen.de.

Netzwerke somit neu bzw. in veränderter Form aufgebaut werden mussten. Gleichzeitig zur Recherche- und Netzwerkarbeit wurde im Juni 2011 die Servicestelle eröffnet und die ersten Unternehmen konnten als Partner gewonnen werden.[6]

16.4.2 Organisationsstruktur von Serviceangeboten

Die Organisation von Serviceangeboten durch bzw. über Unternehmen kann in unterschiedlichen Strukturen erfolgen. Idealtypisch kann zwischen folgenden Organisationsstrukturen differenziert werden:

1. einzelbetriebliche Organisation,

2. betriebliche Kooperationen,

3. Kooperationen von Unternehmen und anderen unternehmensbegleitenden oder sozialen Partnern sowie

4. Organisation mit Unterstützung von Kommunen.

Einzelbetrieblich organisierte Serviceangebote für die Beschäftigten bieten vor allem sehr große Unternehmen an. Eine zumeist mit Personalaufgaben betraute Person oder ein Mitglied des Betriebsrates fungiert als Ansprechpartner für die Beschäftigten.

Bei Kooperationen von Unternehmen schließen sich mehrere Betriebe eines Standortes zusammen und bieten den Beschäftigten über einen gemeinsamen Ansprechpartner Unterstützung in verschiedenen Lebensbereichen. Eine solche Kooperationsform nutzt das Servicebüro familienfreundlicher Chemiestandort Leuna.

Kooperationen von Unternehmen und anderen unternehmensbegleitenden oder sozialen Partnern entstehen vor allem dann, wenn die Verantwortung für die Bereitstellung der Dienstleistung nicht in den Unternehmen selbst, sondern bei einem externen Partner liegt. Die Servicestelle Rostock ist in dieser Organisationsstruktur aufgebaut.

Mit Unterstützung der Kommune bietet das Servicebüro Bitterfeld-Wolfen seine Dienstleistungen für Unternehmen und deren Beschäftigte an, um so die Standortattraktivität insgesamt zu erhöhen. Dabei konzentriert sich die Zielstellung nicht allein auf die schon ansässigen Unternehmen, auch bei der Einwerbung von Neuansiedlungen könnte das Servicebüro ein interessantes Argument darstellen.

Mit diesen verschiedenen Organisationsstrukturen sind bestimmte Vor- und Nachteile für die Unternehmen (Tabelle 16.3) und die Beschäftigten (Tabelle 16.4) verbunden. Dabei gibt es zwischen einem einzelbetrieblich organisierten Serviceangebot und einem Servicebüro in betrieblicher Kooperation durchaus vergleichbare Abhängigkeiten, insbesondere dann, wenn das Servicebüro in einem der an der Kooperation beteiligten Unternehmen angesiedelt wird. In diesem Fall können die gleichen Vor- und Nachteile für die Personalverant-

---

[6] Servicestelle Rostock, Karsten Schwarz: karsten.schwarz@servicestelle-rostock.de.

wortlichen, Betriebsräte und Beschäftigten in diesem Unternehmen wirken wie bei einem einzelbetrieblich organisierten Angebot.

Ein im Unternehmen organisiertes Serviceangebot bietet den Vorteil, dass dieses Angebot in den Arbeitsalltag einbezogen wird. Zusätzlicher Organisations-, Zeit- und Wegeaufwand, z. B. für Absprachen, fällt aufgrund der Integration in den betrieblichen Ablauf nicht an oder wird nicht in seiner Zusätzlichkeit wahrgenommen. Der mit der Bereitstellung dieser Unterstützungsleistung verbundene Recherche- und Kontakt- bzw. Vernetzungsaufwand kann aber gerade bei einer inhomogenen Beschäftigtenstruktur sehr hoch sein und die Kapazitäten der Personalverantwortlichen, Betriebsräte oder anderer damit betrauter Mitarbeiter übersteigen.

Je mehr betriebliche, unternehmensbegleitende oder soziale Partner in die Organisation eines Servicebüros eingebunden werden, desto höher sind der Organisations- und Zeitaufwand für die Koordinierung und Lenkung der Kooperation. Gleichzeitig entfallen der Recherche- und Kontaktaufwand zu bestimmten Fragestellungen bzw. diese konzentrieren sich an einer Stelle. Dadurch wird jedes einzelne Unternehmen entlastet. Außerdem erhöht sich durch die zunehmende Professionalisierung der Arbeit des Servicebüros dessen fachliche Kompetenz.

Tabelle 16.3 Vorteile (V) und Nachteile (N) verschiedener Organisationsstrukturen von Servicebüros für Unternehmen

	Organisationsstruktur des Servicebüros			
	Einzelbetrieblich organisiert	Betriebliche Kooperation	Betriebliche Kooperation mit unternehmens-begleitenden oder sozialen Partnern	Mit Unterstützung der Kommune
		Servicebüro familien-freundlicher Chemie-standort Leuna	Servicestelle Rostock	Servicebüro Bitterfeld-Wolfen
V	Servicebüro eingefügt in das betriebsspezifische Geschehen.			Kommunale Kontakte zu Partnern und Dienstleistern nutzbar.
		Geringerer Aufwand für jeden einzelnen Betrieb.		
N	Vielzahl von Angeboten und Nachfragen können Kapazitäten von Personalverantwort-lichen oder Betriebsräten überschreiten.			Die notwendige betriebliche Flexibili-tät darf durch kom-munale Strukturen nicht unterbunden werden.
		Eine kritische Masse zuverlässiger Partner wird benötigt.		

Im Unternehmen organisierte Serviceangebote haben den Vorteil, dass die Schwierigkeiten und Problemlagen, mit denen sich die Beschäftigten auseinandersetzen, der mit dem Serviceangebot betrauten Person bekannt werden. Somit können im Unternehmen Strukturen geschaffen werden, um angemessen zu reagieren und passende Hilfestellung anzubieten. So ist es möglich, zeitnah das Problem der betroffenen Beschäftigten aufzunehmen und eine mögliche Verschärfung der Problemlage zu verhindern. Erschwerend wirkt in dieser Organisationsstruktur, dass von der Bereitschaft der Beschäftigten, sich im Unternehmen zu ihren Problemen zu öffnen, nicht per se ausgegangen werden kann. Gerade bei sehr persönlichen, schwierigen oder mit einer öffentlichen Tabuisierung verbundenen Themen könnten Beschäftigte die größere Anonymität eines Servicebüros außerhalb des eigenen Unternehmens bevorzugen. Die dabei manchmal notwendigerweise zurückzulegenden Wege können als Hemmnis wirken und somit einen nachteiligen Einfluss auf die Nutzung eines Servicebüros durch die Beschäftigten ausüben. Hier kann das Angebot verschiedener Wege der (Erst-)Kontaktaufnahme (Telefon, E-Mail, schriftliche Mitteilung) mildernd wirken und die Bereitschaft erhöhen, das Unterstützungsangebot in Anspruch zu nehmen.

Tabelle 16.4   Vorteile (V) und Nachteile (N) verschiedener Organisationsstrukturen von Servicebüros für Beschäftigte

Organisationsstruktur eines Servicebüros			
Einzelbetrieblich organisiert	Betriebliche Kooperation	Betriebliche Kooperation mit unternehmens-begleitenden oder sozialen Partnern	Mit Unterstützung der Kommune
	Servicebüro familien-freundlicher Chemie-standort Leuna	Servicestelle Rostock	Servicebüro Bitterfeld-Wolfen
V	Den Personalverantwortlichen bzw. dem Betriebsrat ist das Anliegen der Beschäftigten bekannt und so kann darauf eingegangen werden.	Das Servicebüro ist an zentraler, öffentlich zugänglicher Stelle angesiedelt und sichert so eine höhere Anonymität als im Betrieb.	
	Ein Servicebüro außerhalb des eigenen Betriebes ist anonymer.		
N	Die Beschäftigten wollen nicht alle Anliegen gegenüber Personalverantwortlichen oder Betriebsrat bekannt geben.	Die Entfernung und die damit verbundenen Wege können Beschäftigte abhalten, die Angebote des Servicebüros wahrzunehmen.	
	Im Betrieb sind die Anliegen der Beschäftigten nicht bekannt und es kann nicht darauf reagiert werden.		

Für den nachhaltigen Erfolg der Servicebüros für Familienfreundlichkeit ist es – unabhängig von ihrer Organisationsstruktur – von immenser Bedeutung, eine kontinuierliche

Kontrolle der eigenen Arbeit durchzuführen, Feedback zu sammeln, neue Ideen aufzunehmen und eigene Angebote zu entwickeln.

16.4.3 Finanzierung von Servicebüros

Die Möglichkeiten der Finanzierung eines Servicebüros für Familienfreundlichkeit sind vielfältig und vor allem abhängig von den regionalen Besonderheiten wie der Lage (ländlich-peripher, städtisch), der Bevölkerungsentwicklung, der regionalen Arbeitsmarktdynamik und der Fachkräftestruktur sowie der Größe und Finanzkraft der Unternehmen am Standort bzw. der Region und der (anderen) Partner des Servicebüros. Folgende Finanzierungsstrukturen eines Servicebüros sind denkbar:

- Pauschalbetrag je Beschäftigtem, unabhängig vom spezifischen Fall und damit auch unabhängig von der tatsächlichen Bearbeitungszeit einer Dienstleistung.

- Pauschalbetrag je vergleichbarem Fall (Voraussetzung: Dienstleistungskatalog).

- Kosten gemäß tatsächlicher Bearbeitungszeit einer Dienstleistung (Voraussetzung: Nachweisstrukturen über geleistete Bearbeitungszeit).

- Festpreise für standort- bzw. regionalspezifische Dienstleistungsangebote wie
  - Ferienspiel- und Ferienlagerkatalog,
  - „Rundum-Paket" für neue Beschäftigte,
  - Informationsstand beim Tag der offenen Tür, bei Gesundheitstagen oder Betriebsversammlungen in einzelnen Unternehmen bzw. an einem Standort sowie
  - themenspezifische Informationsveranstaltungen.

Wichtig ist, dass ein Unternehmen im Vorfeld erfasst, welche maximalen Kosten entstehen dürfen, um den Beschäftigten eine Unterstützungsstruktur für eine bessere Vereinbarkeit von Erwerbsarbeit und Familie anzubieten. Eine kontinuierliche Kostenplanung und -kalkulation verhindert, dass unerwartet hohe Kosten entstehen, die vom Unternehmen nicht getragen werden können. Verschiedene Möglichkeiten der Kostenteilung, z. B. zwischen den am Standort ansässigen Unternehmen bei einem Unterstützungsangebot für den Standort, aber auch zwischen Beschäftigten und Unternehmen, z. B. bei der Organisation von Ferienangeboten, sollten nicht grundsätzlich außer Acht gelassen werden.

16.4.4 Fragen und Herausforderungen

Aus den unterschiedlichen möglichen Organisationsstrukturen eines Servicebüros ergeben sich sowohl für ein Unternehmen als auch für das Servicebüro selbst Fragestellungen und Herausforderungen, die bedacht und beantwortet werden müssen. Für Flächenunternehmen und große Unternehmen mit einem weiten regionalen Einzugsgebiet stellt sich z. B. die Frage, wie Beschäftigte unterstützt werden können, die nicht am Standort und auch nicht im regionalen Einzugsbereich eines kooperierenden Servicebüros wohnen. Insbesondere dem Anspruch, für alle Beschäftigten vergleichbare Unterstützungsleistungen bereit-zustellen, ist mit einem regional begrenzten Angebot kaum gerecht zu werden.

Dagegen muss sich ein Servicebüro mit kommunaler Unterstützung mit der Frage beschäf-tigen, wie mit Anfragen von Einwohnern der Kommune umgegangen wird, die nicht er-werbstätig sind. Mit einer vergleichbaren Fragestellung müssen sich auch Servicebüros in betrieblichen Kooperationsformen auseinandersetzen, wenn sich nicht alle am Standort ansässigen Unternehmen an der Finanzierung des Servicebüros beteiligen.

16.5   Fazit, Visionen, Ausblick

Servicebüros für Familienfreundlichkeit bieten Unterstützungsstrukturen für Beschäftigte, Personalverantwortliche und Betriebsräte. Ihrem hauptsächlichen Ziel, Zeit, Kraft und Wege für die Bewältigung lebensweltlicher Probleme einzusparen, können sie dann gerecht werden, wenn es gelingt, das Unterstützungsangebot an die potenzielle Klientel heranzu-tragen und hier das Vertrauen zu gewinnen, das für die Nutzung eines solchen Angebotes notwendig ist. Dabei ist es von immenser Bedeutung, dass die Mitarbeiter des Servicebüros ihr Angebot als Dienstleistung verstehen und mit hoher fachlicher und sozialer Kompetenz sowie gleichzeitig mit Verschwiegenheit und ehrlicher Offenheit den anfragenden Beschäf-tigten, Personalverantwortlichen und Betriebsräten gegenübertreten.

Das für ein Unternehmen ohne Zweifel vorteilhafte Angebot eines Servicebüros ist trotz aller Gewinne für das Unternehmen nachrangig gegenüber dem Tagesgeschäft und muss sich den damit verbundenen Abhängigkeiten unterordnen. So können z. B. langfristig vor-bereitete Themen trotz ihrer erkannten Wichtigkeit für das Unternehmen insbesondere in wirtschaftlichen Krisensituationen, aber auch bei unerwartet hoher Nachfrage oder Auf-tragslage zurückgestellt werden.

Servicebüros agieren zwischen Unternehmen und deren Beschäftigten auf der einen sowie regionalen Anbietern von Dienst- und Freizeitleistungen auf der anderen Seite. Mit dem Ausbau ihres Leistungsangebotes gewinnen aber auch andere Servicebüros als potenzielle Kooperationspartner an Attraktivität. Eine Vision wäre z. B. die Vernetzung mehrerer Ser-vicebüros zu einem Wissenspool (à la Wikipedia im Internet), in das jedes Servicebüro sein gewonnenes Wissen einspeisen und damit sowohl anderen teilnehmenden Servicebüros zur Verfügung stellen als auch deren gewonnenes Wissen nutzen kann.

Da für viele Beschäftigte der Arbeitsort nicht unbedingt identisch mit dem Wohnort ist, erscheint eine enge Vernetzung regionaler Servicebüros von besonderem Interesse. Vor allem für die Region Leuna – Halle – Bitterfeld-Wolfen bietet sich – sowohl im Interesse der Beschäftigten und ihrer Unternehmen als auch im Interesse der Servicebüros selbst – eine kooperative Zusammenarbeit an. Erste gemeinsame Schritte konnten mit dem Projekt SCHICHT gegangen werden. Dabei gelang es neben der Förderung der Zusammenarbeit zwischen den Servicebüros Leuna und Bitterfeld-Wolfen auch, in Halle – als Region dazwischen – Interesse zu wecken und für die Bereitstellung eines Ferienkatalogs mit dem Familienzentrum St. Georgen einen Kooperationspartner zu gewinnen.

Literatur

[1]   Buchwald, C./Wiener B. (2012): Employee Branding als neue Personalstrategie. Familienfreundlichkeit als strategischer Vorteil. Baden-Baden: Nomos Verlagsgesellschaft.
[2]   Böttcher, S./Csongár, J. (2011): Kinderbetreuung und Schichtarbeit. Ein Unternehmensratgeber. SCHICHT, 02/2011.
[3]   www.familieplusunternehmen.de, Zugriff am 06.06.2012.

17 Einsatzzeitplanung in der betrieblichen Praxis: Paracelsus-Klinik Karlsruhe

Kathrin May

17.1   Einleitung

Der Dienstleistungssektor stellt große Anforderungen hinsichtlich der Arbeitszeit an seine Mitarbeiter, aber auch an diejenigen, die diese Arbeitszeiten planen. Dies ist insbesondere dadurch begründet, dass der Fokus bei der Planung immer auf dem Kunden und seinen Bedürfnissen liegt. Im Gegensatz zur Dienstplangestaltung in anderen Branchen ist es im Krankenhaus nur äußerst begrenzt möglich, Prozesse oder Aufgaben zu verschieben. Die Planung von Arbeitszeiten in einem Krankenhaus stellt auch deshalb einen Sonderfall dar, weil ein 24-Stunden-Betrieb aufrechterhalten werden muss. Diese Arbeitszeitplanung erfolgt im Spannungsfeld zwischen den „harten" Faktoren wie Regelungen aufgrund des Arbeitszeitgesetzes, insbesondere bezüglich der Ruhezeiten, sowie dem notwendigen Abgleich von Soll- und Ist-Stunden, und den „weichen" Faktoren wie Mitarbeiterwünschen hinsichtlich bestimmter Schichten und der Urlaubsplanung.

Über die 24-Stunden-Betreuung der Patienten hinaus sind die Anforderungen an die Qualität der Pflege in den letzten Jahren enorm gewachsen. Besonders zu erwähnen sei an dieser Stelle, dass sich die Qualität der Pflege nicht ausschließlich durch den unmittelbaren Kontakt mit dem Patienten ausdrückt, sondern dass der Pflege eine bedeutende Rolle hinsichtlich der Pflegedokumentation zufällt. Die diesbezüglichen Dokumente sind sehr gewichtig bei Kostenanfragen seitens der Krankenkassen und dienen hierbei als juristische Grundlage für erbrachte Leistungen.

In diesem Beitrag wird die Dienstplangestaltung in der Paracelsus-Klinik Karlsruhe aus der Perspektive des Krankenhaus-Mitarbeiters betrachtet, der diese Pläne erstellt. Mögliche Schichtmodelle werden exemplarisch erläutert, und es wird aufgezeigt, welche Bedeutung der Dienstplan hat. Die Dienstpläne werden in dieser Klinik rechnerunterstützt erstellt und anschließend von den jeweiligen Stationsleitungen übernommen.

17.2   Erstellung und Bedeutung des Dienstplans im Krankenhaus

Bei der Dienstplanerstellung sind folgende Kriterien zu berücksichtigen:

- rechtliche Vorschriften wie Arbeitszeitgesetz und Manteltarifvertrag,

- betriebliche Vereinbarungen,

- Urlaubsregelungen,

- Wunsch-Arbeitszeiten der Mitarbeiter,

- vertraglich vereinbarte tägliche Arbeitszeiten der Mitarbeiter (Vollzeit-/Teilzeitkräfte),

- vorgeschriebene Mindestschichtbesetzungen für Früh-, Spät- und Nachtschicht,

- vorgeschriebene Qualifikationen bei der Schichtbesetzung.

Neben diesen Kriterien sind folgende Planungsaufgaben im Rahmen der Dienstplanerstellung zu berücksichtigen:

- Ausgleich von Soll- und Ist-Zeiten durch Arbeitszeitkonten,

- Kompensation bereits bekannter Ausfälle von Mitarbeitern z. B. durch Krankheit oder Weiterbildungen,

- Feststellung der unterschiedlichen Personalbedarfe (reguläre Wochenplanung, Wochenendplanung sowie ggf. Feiertagsplanung),

- Berücksichtigung der persönlichen Umstände der Mitarbeiter, z. B. Pflege eines Angehörigen oder Kinder.

Der Dienstplan in einem Krankenhaus erfüllt zwei wesentliche Aufgaben. Erstens ist über den Dienstplan ersichtlich und geregelt, wer was wann und in welchem Zusammenhang zu tun hat. Zweitens ist er ein juristisch relevantes Dokument, anhand dessen ersichtlich ist, wer wo wann und wozu eingeteilt war. Daraus ergibt sich, dass Änderungen, die nach der Freigabe des Dienstplans durch die Pflegedienstleitung und den Betriebsrat (vgl. Abbildung 17.3) notwendig werden, in diesen eingetragen werden müssen. Die Pflegedienstleitung stellt die oberste Hierarchieebene in der Pflege dar. Darunter folgen die Stationsleitungen.

17.3   Arbeitszeitmodell und Ausgleichsregelungen

In der Paracelsus-Klinik Karlsruhe ist tariflich eine 38,5-Stunden-Woche bei einer 5-Tage-Woche geregelt, und zwar mit einer durchschnittlichen Arbeitszeit von 7,7 Stunden pro Tag. Im Pflegedienst ist jedes zweite Wochenende im Dienstplan eines Mitarbeiters eingeplant, was bei der Dienstplanerstellung bereits durch die Software überprüft wird. Jeder Mitarbeiter wird in einem für ihn sinnvollen Rhythmus eingeplant. Falls ein Mitarbeiter außerhalb dieses vorgesehenen Rhythmus frei haben möchte, ist dies nach Rücksprache mit der Stationsleitung möglich.

Bei einer Vollzeit-Arbeitskraft sieht die betriebliche Regelung ein Jahresüberstundenkonto von maximal 120 Stunden vor. Falls Überstunden in diesem Maße angefallen sind, besteht für den Betriebsrat die Möglichkeit, einen so genannten „Time-out" einzufordern. Dies bedeutet, dass der betreffende Mitarbeiter aufgebaute Überstunden abbauen darf bzw. muss, bevor er wieder zur Verfügung steht. Außerdem besteht für die Mitarbeiter die Möglichkeit, sich Überstunden ausbezahlen zu lassen. Der Mitarbeiter kann sich frei entscheiden, was er davon vorzieht; der Arbeitgeber kann hierauf keinen Einfluss nehmen.

Ausnahmen können nach Rücksprache mit der Pflegedienstleitung in gegenseitiger Abstimmung zugelassen werden, z. B. wenn ein Mitarbeiter für 38,5 Stunden in der Woche voll eingeplant wurde, aber aufgrund von Personalausfällen seine Arbeitskraft benötigt wird und er dazu bereit ist, länger als die 38,5 Stunden in der Woche zu arbeiten.

Gerade bei der Spätschicht kann es leicht passieren, dass Arbeitsaufgaben nicht in der zur Verfügung stehenden Zeit absolviert werden können. Innerhalb dieser Schicht fallen besonders häufig Überstunden an.

Die Stationsleitung muss bei der Erstellung von Dienstplänen die Überstunden der einzelnen Mitarbeiter berücksichtigen und ggf. einen entsprechenden Überstundenabbau einplanen. In den Dienstplänen wird überprüft, wer im betrachteten Monat Unterstunden ausweist bzw. bereits aus Vormonaten Unterstunden mitbringt. Die Berücksichtigung des Überstundenausgleichs ist besonders schwierig in Zeiten mit einer erhöhten Ausfallquote des Personals.

Bei Teilzeitkräften spielen Überstunden eine noch speziellere Rolle, da sie wesentlich schneller Überstunden aufbauen als Vollzeitkräfte. Daher ist hier besonderes Fingerspitzengefühl seitens der Stationsleitungen bei der Planung der Schichten gefragt. Hinzu kommt, dass Arbeitskräfte in Teilzeit bei Personalausfällen eine enorme Hilfe darstellen.

Bei der Erstellung des Dienstplans liegt das besondere Augenmerk darauf, pro Schicht eine Schichtleitung festzulegen. Diese Schichtleitung übernimmt jeweils eine examinierte Pflegekraft mit mindestens 3 Jahren Berufserfahrung. Die Schichtleitung ist für ihre Schicht zuständig, um ggf. Personalausfälle zu regeln, den Überblick über Patientenaufnahmen zu behalten und den Schlüssel für den Betäubungsmittelsafe zu verwalten. Auch diesbezüglich ist bei der Planung der Schichten ein besonderes Fingerspitzengefühl gefragt. Dabei ist es sehr schwierig, allen Bedürfnissen der Mitarbeiter gerecht zu werden. Aus dieser Problematik können sich durchaus wechselnde Rollenverhältnisse in den verschiedenen Schichten ergeben.

17.4   Praktiziertes Schichtsystem

In der Paracelsus-Klinik Karlsruhe beginnt die Frühschicht um 6:45 Uhr und endet um 13:45 Uhr, die darauf folgende Spätschicht beginnt um 13:30 Uhr und endet um 20:45 Uhr. Die Nachtschicht beginnt um 20:30 Uhr und übergibt an die Frühschicht.

Die Schichten haben jeweils Überschneidungen von 15 Minuten, so dass die Akten übergeben und notwendige Informationen ausgetauscht werden können. Hierfür ist die Zeit oft sehr knapp, da der normale Betrieb weiterläuft. Dies kommt besonders bei Notfällen vor oder wenn in der Übergabezeit ein Patient nach einer Pflegekraft ruft. Die Zeiten der Übergabe gelten als unbedingt notwendig, weil hier die medizinischen und pflegerischen Notwendigkeiten und Bedürfnisse der Patienten an die nächste Schichtbesetzung weitergegeben werden, um eine schnelle Heilung des Patienten auch dadurch zu unterstützen, dass er sich und seine Bedürfnisse wahrgenommen fühlt. Bei der Übergabe ist von allen Beteiligten äußerste Konzentration gefordert, um einen schnellen und reibungslosen Ablauf zu gewährleisten.

17.5   Durchführung des Dienstplans in der Realität

In der Realität wird kein Dienstplan so durchgeführt, wie er ursprünglich geplant wurde. Gerade krankheitsbedingter Ausfall des Personals ist in Krankenhäusern ein häufiger Grund für kurzfristige Änderungen. Die Mitarbeiter haben aber auch die Möglichkeit, selbst eine Schicht mit einem anderen Mitarbeiter zu tauschen. Hierbei müssen jedoch die oben bereits genannten Kriterien, vor allem Arbeitszeitregelungen und notwendige Qualifikationen, in einer Schichtbesetzung beachtet werden. Daher muss ein Tausch zwischen Kollegen über die Stationsleitung koordiniert werden, da diese auch die genannten Kriterien abzuklären hat.

Mitarbeiter, die sich in der Freizeit befinden, können angefragt werden, ob sie eine bestimmte Schicht übernehmen können. Diesbezüglich werden Kollegialität untereinander und Verantwortungsbereitschaft gefordert; viele Mitarbeiter kommen diesen Aufforderungen nach. Als Gründe werden angeführt, dass man seine Kollegen nicht im Stich lassen will oder kann und dass man selbst sehr gut weiß, wie eng es wird, wenn nicht genügend Kollegen vorhanden sind.

Kein Mitarbeiter wird bzw. kann gezwungen werden, dieser Anfrage nachzukommen. Jeder Mitarbeiter muss also für sich selbst die Frage beantworten, ob er diese Schicht übernehmen kann, ohne dass seine Gesundheit (physischer bzw. psychischer Natur) damit gefährdet wird. Die Zustimmung sollte nur erfolgen, wenn er dies mit gutem Gewissen positiv beantworten kann. Eine Ausnahme hiervon stellt eine Sondersituation dar, wie z. B. eine Epidemie, bei der ein Mitarbeiter auch bei geplanter Freizeit eine Schicht ausführen muss, für die er nicht eingeplant war.

17.6   Möglichkeiten des Mitarbeiters zur Gestaltung seiner Work-Life-Balance

17.6.1   Aufstellung eines Wunschdienstplans

Die Mitarbeiter einer Station haben die Möglichkeit, Wunschdienstpläne für ein Jahr im Voraus, zumindest aber für sechs Monate im Voraus auszufüllen. Dazu dient ein Blanko-Dienstplan (vgl. Abbildung 17.1), der nach Monaten und Tagen gegliedert ist. Für alle Mitarbeiter der Station ist ihre Einteilung an Wochenenden nach einem festen Turnus bereits eingetragen, was jedoch nur ein Vorschlag ist und noch auf keiner Planung beruht. In diesem Plan fehlt noch die konkrete Einteilung in Schichten. In den Blanko-Dienstplan können die Mitarbeiter dann ihre Wunscharbeitszeiten eintragen. Dabei werden nur einzelne spezielle Wünsche erfasst, so dass sich kein Mitarbeiter für einen gesamten Monat einträgt. Vielmehr kann er sich nur für bestimmte Schichten bzw. für bestimmte Tage eintragen.

Abbildung 17.1   Beispiel eines Blanko-Dienstplans mit eingetragenen Arbeits-und Frei-
zeitwünschen

	1	2	3	4	5	6	7	8	9	10	11	12
	Do	Fr	Sa	So	Mo	Di	Mi	Do	Fr	Sa	So	Mo
Mitarbeiter 1	S	S			U	U						
Mitarbeiter 2			XX								XX	
Mitarbeiter 3					X•							
Mitarbeiter 4			N	N					N			

Wenn ein Mitarbeiter an einem bestimmten Tag frei haben möchte, dann trägt er „XX" in
den Blanko-Dienstplan ein. Falls er aus persönlichen Gründen, wie z. B. einem runden
Geburtstag, an einem bestimmten Tag unbedingt frei haben möchte, dann trägt er dazu
„X•" (ein X mit einen roten Punkt) ein. Diese Wunschzeiten werden bei der Planung besonders beachtet und nur nach persönlicher Rücksprache anderweitig eingeplant. Ur-
laubswünsche kann der Mitarbeiter in diesem Blanko-Dienstplan mit „U" eintragen.
Grundsätzlich muss der Urlaub von der Stationsleitung und der übergeordneten Pflegedienstleitung des Krankenhauses genehmigt werden; die Beantragung des Urlaubs stellt
daher einen eigenen Prozess dar.

Ebenso wie spezielle Freizeitwünsche können die Mitarbeiter in diesem Blanko-Dienstplan
auch bestimmte Wunschschichten eintragen. Dies ist besonders für Mitarbeiter interessant,
die Kinder haben oder deren Partner ebenfalls im Schichtbetrieb arbeitet. Wünsche werden
über die entsprechenden Kürzel eingetragen: „F" steht für Frühschicht, „S" für Spätschicht
und „N" für Nachtschicht.

Über dieses Wunschdienstplan-Instrument hat jeder Mitarbeiter die Möglichkeit, seine
persönlichen Arbeitszeitwünsche auszudrücken und damit seinen Bedürfnissen Ausdruck
zu verleihen. Der Mitarbeiter wird somit aufgefordert, aktiv seine Bedürfnisse und Wünsche zu artikulieren und mit den Notwendigkeiten der Station in Übereinstimmung zu
bringen.

17.6.2   Einarbeitung der Wunscharbeitszeiten in Dienstpläne

Die Wunschdienstpläne werden von der Stationsleitung als Basis für den nächsten auszu-
arbeitenden Dienstplan verwendet, haben aber nicht höchste Priorität bei der Erstellung
des Dienstplans. Hierzu werden zunächst die Pflichtschichten bzw. die „besonderen"
Dienste geplant, bevor der Wunschdienstplan herangezogen wird (vgl. Abbildung 17.2).

Abbildung 17.2 Prozess zur Erstellung eines Dienstplans

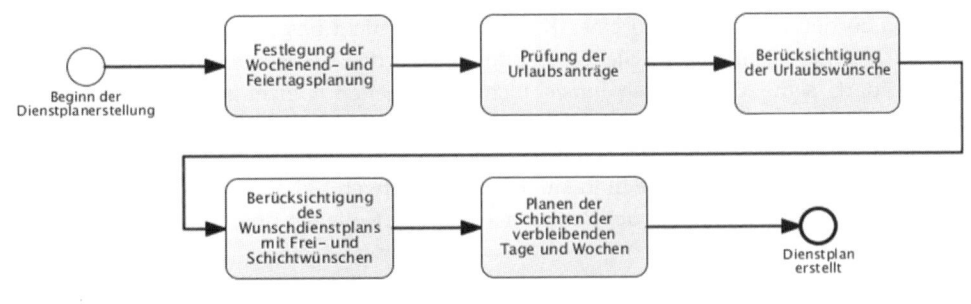

Abbildung 17.3 Prozess zur Freigabe eines Dienstplans

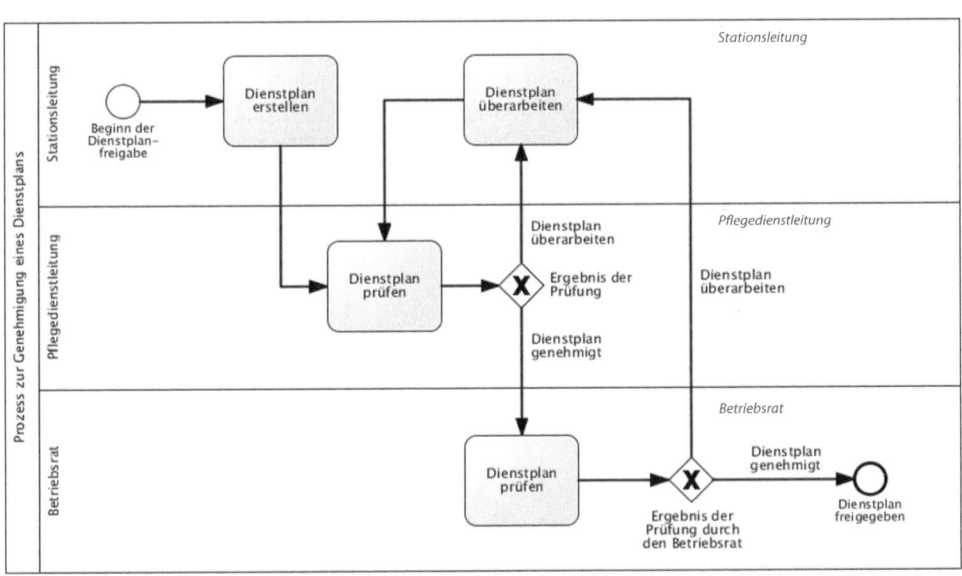

Die Dienstpläne werden zwei Monate im Voraus erstellt. Dies beruht auf einer betrieblichen Vereinbarung, wodurch es der zuständigen Pflegedienstleitung und dem Betriebsrat ermöglicht werden soll, die Dienstpläne zu prüfen. Der Stationsleitung soll dann auch noch genügend Zeit bleiben, um eventuell notwendige Anpassungen vornehmen zu können. Der Dienstplan durchläuft somit verschiedene Stadien und eventuell Rückmeldeschleifen bis zu seiner Freigabe (vgl. Abbildung 17.3).

17.7   Fazit

Gerade weil die vorhandenen Gestaltungsfreiräume für die eigenen Arbeitszeitwünsche in Relation zu den Erfordernissen eines Krankenhauses nicht besonders groß sind, ist deren Nutzung umso wichtiger für die Work-Life-Balance des Einzelnen. Jeder Mitarbeiter ist aufgefordert, seine Bedürfnisse hinsichtlich der eigenen Freizeitgestaltung anzugeben, damit einerseits seinen Bedürfnissen bestmöglich entsprochen werden kann. Falls er andererseits in seiner Freizeit angefragt wird, ob er einen Dienst übernimmt, sollte er auch hier seine Grenzen und Bedürfnisse in Relation zu den Notwendigkeiten setzen. Dies ist besonders wichtig, weil sich sowohl der Patient als auch die Kollegen untereinander aufeinander verlassen können müssen.

Die Anforderungen an die Stationsleitungen bei der Erstellung von Dienstplänen sind besonders groß, da ein Ausgleich zwischen rechtlichen Rahmenbedingungen, qualifikatorischen Anforderungen, Arbeitszeitwünschen und der Work-Life-Balance für den einzelnen Mitarbeiter gefunden werden muss. In absehbarer Zeit sollte es ermöglicht werden, die Stationsleitung bei dieser Aufgabe über eine intelligente Software stärker zu entlasten. Außerdem sollte es eine mobile Anwendung geben, über die jeder Mitarbeiter seinen persönlichen Dienstplan aufrufen und seine Arbeits- und Freizeitwünsche benutzungsfreundlich eingeben kann. Eine solche Anwendung müsste das Arbeitszeitgesetz und die betrieblichen Regelungen beachten und auf Verstöße direkt aufmerksam machen, andererseits aber auch die Qualifikationsanforderungen für eine Schicht widerspiegeln.

Dies würde sicherlich die konkrete Planung durch eine Stationsleitung nicht ersetzen, könnte aber doch zu einer besseren Work-Life-Balance der Mitarbeiter beitragen. Außerdem würde ein solches Instrument eine deutliche Zeitersparnis für die Stationsleitung bewirken.

18 Systemische Unterstützung der Mitarbeitereinsatzplanung bei dm-drogerie markt

Theo Köberlin

18.1   Einleitung

Arbeiten ist heute für viele Mitarbeiter in den Filialen bei dm-drogerie markt gekennzeichnet durch eine grundsätzliche Absprache der individuellen Arbeitszeiten innerhalb der Arbeitsgruppe. Die Abstimmung bezüglich der Lage der individuellen Arbeitszeiten erfolgt selbstbestimmt durch die Mitarbeiter entsprechend den filial- und bedarfsspezifischen Anforderungen, und zwar im Einklang mit persönlichen Belangen und unter Beachtung von Arbeitsvertrag, Gesetzen und tarifrechtlichen Bestimmungen.

Diese Abstimmung erfolgt mittels eines rechnerunterstützten Systems zur Mitarbeiter-einsatzplanung (MEP). Mit dieser systemischen Unterstützung ist ausdrücklich nicht gemeint, eine genaue Erfassung der individuellen Arbeitszeiten zu gewährleisten sowie stringente Arbeitsprozesse und Arbeitsstrukturen vorzugeben, sondern vielmehr regel-mäßig mit Mitarbeitern über die Arbeit ins Gespräch zu kommen.

Über die geleistete Arbeit von Mitarbeitern und deren Ergebnis kann ohnehin das beste Zeiterfassungssystem in den Filialen nichts aussagen. Eine Zeiterfassung ist höchstens in der Lage, Anwesenheiten zu erfassen, aber nicht die gearbeitete Zeit. Was zwischen Anfang und Ende der Zeiterfassung als Arbeit zu werten ist/empfunden wird, weiß eigentlich nur der Mitarbeiter selbst. Eine Zeiterfassung ist zudem vergangenheitsbezogen und trägt daher nichts dazu bei, Arbeit und Mitarbeitereinsatz in der Zukunft zu planen.

Möglichst viele starre Standardprozesse für die Filialarbeiten vorzugeben und deren Ein-haltung zu beobachten und dies sowohl in ausführender als auch zeitlicher Sicht als Füh-rungsaufgabe anzusehen, hat sich für dm-drogerie markt als Trugschluss erwiesen. Qualität in der Filialarbeit und Dienstleistung für den Kunden sicherstellen zu können, erfordert anderes Führungsverhalten und andere Rahmenbedingungen.

18.2   Worin besteht die systemische Unterstützung?

Die systematische Unterstützung basiert zunächst auf drei grundsätzlichen – eigentlich gesellschaftlichen und sozialen – Aspekten, ohne deren inhaltliche Akzeptanz eine Mitar-beitereinsatzplanung in der Praxis nicht ideal funktionieren kann:

1. Ein Menschenbild auf Seiten der Verantwortlichen, das die Mitarbeiter als gleich „gül-tig" anerkennt und behandelt, das auf deren Eigenverantwortung baut und beispiels-weise Arbeitszeit nicht als Statussymbol fördert.

2. Eine Unternehmenskultur, die Rahmenbedingungen für die „geistige Beteiligung" ihrer Filialmitarbeiter an der Erkennung von Kundenbedürfnissen, an allen Arbeitszusam-menhängen und Prozessen, am Planen und nicht zuletzt an der Transparenz für das persönliche und filialwirtschaftliche Ergebnis schafft.

3. Mitarbeiter, die unter solchen Rahmenbedingungen das befriedigende Bewusstsein er-langen, ihre Leistung wertschöpfend zu erbringen und dadurch die Wertschätzung ih-

rer Kunden zu erhalten. Das Einkommen ist dann eine logische Folge und nicht das Ziel von erbrachter Arbeit.

Damit wird insgesamt ein Handeln begünstigt, das sich den kundenorientierten Sachzwängen, wie z. B. erweiterte Öffnungszeiten, beliebte Einkaufszeiten, Wunsch nach Erlebniseinkäufen, anmutende Einkaufsatmosphäre, klare und eindeutige Kommunikation usw. nicht auf Kosten der Mitarbeiter beugt. Vielmehr sind diese Veränderungen in den Anforderungen auch immer wieder in Einklang zu bringen mit den persönlichen Belangen der Mitarbeiter, z. B. bezüglich Weiterbildung (im Sinne einer laufenden Verbesserung der Übereinstimmung von Mitarbeiter und Arbeitsaufgaben), Wahrnehmung von familiären und ehrenamtlichen Aufgaben und nicht zuletzt mit individuellen Bedürfnissen nach Gesunderhaltung, Sport und Hobby.

18.3   Mitarbeitereinsatzplanung ist Arbeitsplanung

Eigentlich müsste man ganzheitlich von Arbeitsplanung statt von Mitarbeitereinsatzplanung sprechen, sind doch viele Tätigkeiten im persönlichen und „eigenunternehmerischen" Bereich ebenfalls als Arbeit zu bewerten. Dies trifft gerade für die im Handel typischerweise in Teilzeit arbeitenden Frauen zu, was das Stichwort „Sorgearbeit" zeigt, die in Einklang mit „betrieblicher Arbeit" zu bringen ist.

Grundsätzlich muss dabei auch das wirtschaftliche Denken verändert werden. Dabei darf nicht primär in „Kosten", sondern muss in „Leistungen" gedacht werden. Die Fragestellung, was dem Kunden, dem Mitarbeiter und der Filiale am meisten nützt, ist vorrangig. Im Fokus von Führungsarbeit soll dabei nicht die Minimierung von Kosten stehen, die in der Vergangenheit entstanden sind. Vielmehr sollen Leistungen, die in der Zukunft zu erbringen sind, verändert, geplant und verbessert werden. Darüber hinaus sind Vorstellungen von Arbeitsinhalten und Prozessen zu generieren, zu vereinbaren, transparent zu machen und eine angemessene Ergebnisperspektive zu eröffnen. Konkret bedeutet dies z. B.:

- keine Tätigkeiten-Hierarchie,

- kein ausgeprägtes Spezialistentum,

- Selbstverantwortung und

- gleiche Augenhöhe.

In der Arbeitssituation soll die „beste Idee" das Leitbild sein. Die „Unternehmenszentrale" wandelt sich vom Anweiser/Kontrolleur zum „Empfehler" und „Dienstleister", Vorgesetzte werden zu „Beratern", der Kunde entwickelt sich vom „Selbstbediener" zum „Partner", „Wegarbeiter" avancieren zum „Mitarbeiter".

18.4   Implementierung in den Filialen

18.4.1   Vorgehen bei der Umsetzung und Anwendung

Die Umsetzung eines neuen Systems in den Arbeitsalltag vollzieht sich nach unseren Erfahrungen beginnend mit der Einführungsphase in kleinen praktischen Schritten und langsam wachsenden Einsichten. Sich ständig zu verändern, seine Arbeit und somit seinen persönlichen Beitrag zur Arbeitsgruppe hinsichtlich Qualität und Zeit ständig zu hinterfragen, ist für viele Filialmitarbeiter keine Selbstverständlichkeit. Freie Gestaltung kämpft ständig gegen Formerhaltung und Regelstreben.

Über persönliche Wünsche und Bedürfnisse in der Arbeitswelt im Zusammenhang mit privaten Erfordernissen zu sprechen und dabei gleichzeitig die sozialen Gestaltungsnotwendigkeiten zu beachten, ist noch nicht verbreitet. Hinzu kommt, dass dies von Führungsverantwortlichen auch noch nicht regelmäßig gefordert und gefördert wird. Überdies ist es für viele Mitarbeiter heute noch ungewohnt, in eine quasi-unternehmerische Rolle versetzt zu werden, selbstführend statt fremdgesteuert zu agieren und persönliche Zeitsouveränität praktisch umzusetzen.

Die „Systeme" zur Umsetzung in den Filialen heißen bei dm-drogerie markt Bedarfsplanung und individuelle Arbeitszeiten für Filialmitarbeiter. Diese Aspekte werden im Folgenden im Überblick dargestellt. Die informationstechnische Abwicklung, die Gestaltung der Benutzungsoberfläche und insbesondere die Berücksichtigung neuer Parameter für die modellhafte Abbildung von Arbeit werden hier nicht vertieft. Letztere werden in laufenden Projekten immer wieder im Hinblick auf neueste logistische, prozessorientierte und informationstechnische Veränderungen angepasst, aber auch im Hinblick auf die Einhaltung gesetzlicher und tarifvertraglicher Regelungen sowie Datenschutzbestimmungen.

Nicht nur in neu zu eröffnenden Filialen, auch in langjährig bestehenden mit häufiger Mitarbeiter-Fluktuation müssen die Arbeitsplanung und die Mitarbeitereinsatzplanung den Mitarbeitern immer wieder bewusst gemacht werden. Unter den sich wandelnden Kundenbedürfnissen, veränderten Rahmenbedingungen im Ladenbild, in Warenversorgung, Sortiment und Dienstleistung sind die Planungsannahmen ständig auf den Prüfstand zu stellen.

Als hilfreich im Rückblick auf die Einführung der Mitarbeitereinsatzplanung, aber auch zur beschriebenen ständigen Weiterentwicklung des Bewusstseins bei neuen und alten Mitarbeitern in einem expandierenden Unternehmen hat sich das in Abbildung 18.1 dargestellte Flussdiagramm bewährt. Es dient zur Darstellung des Ablaufs und der laufenden Kommunikation der Inhalte der Mitarbeitereinsatzplanung.

Abbildung 18.1   Ablaufplan für die Einführung und die Anwendung der Mitarbeitereinsatzplanung

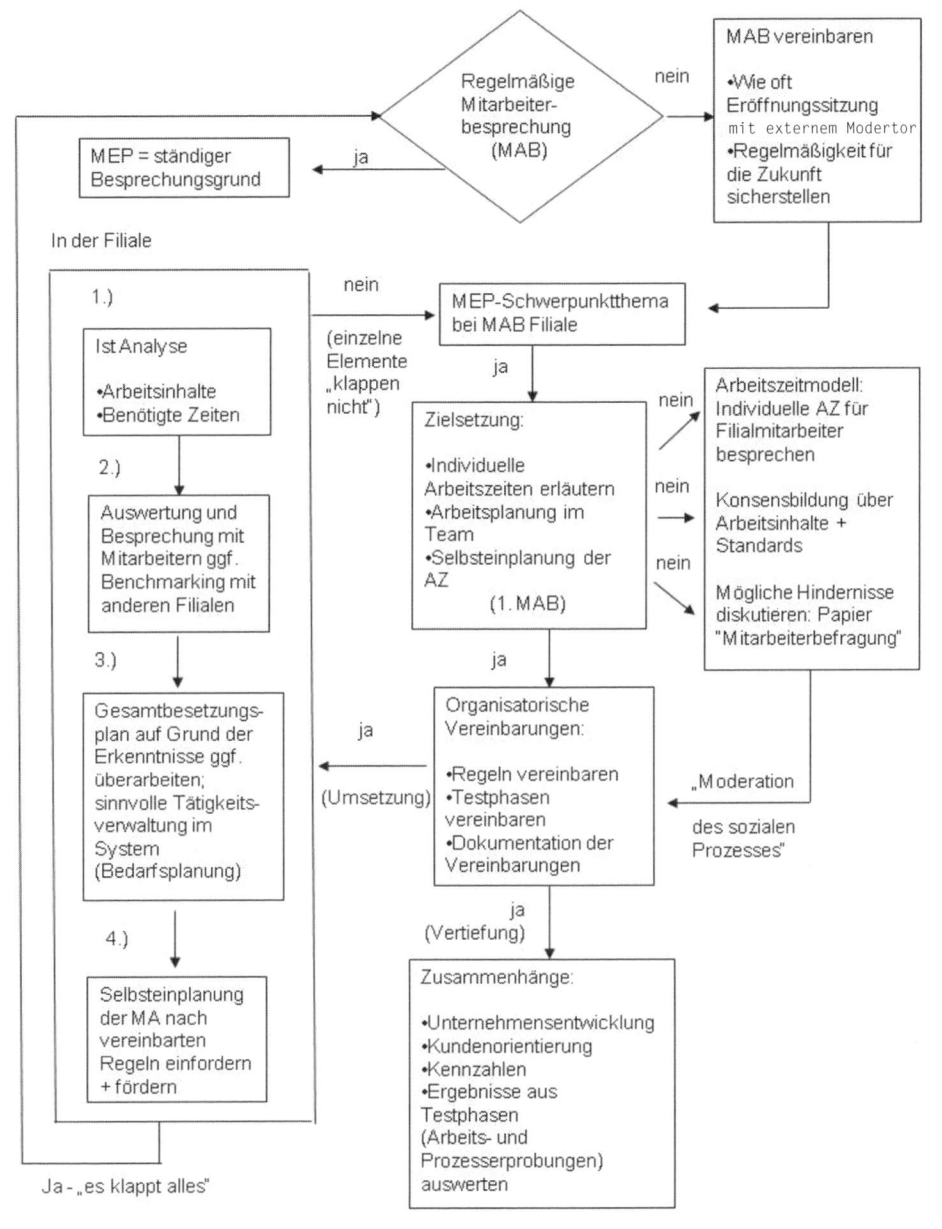

Quelle: Projektteam „dm 170" (1998) [1]

18.4.2   Bedarfsplanung

Die Voraussetzung für eine funktionierende Mitarbeitereinsatzplanung bildet die Bedarfsplanung: die Abbildung geplanter regelmäßiger, aber auch einmaliger Tätigkeiten. Diese Daten sind für jeden Öffnungstag bzw. Arbeitstag erforderlich (vgl. Abbildung 18.2). Notwendige Zusatzbedarfe können weiter aufgeschlüsselt werden, so dass für die Mitarbeiter auch ersichtlich ist, zu welcher Zeit welche zusätzlichen Arbeitsaufgaben über Kassieren, Regalpflege und Kundenberatung hinaus erforderlich sind. Dies erleichtert es den Mitarbeitern, über die zeitliche Lage ihrer Beteiligung an der Filialarbeit besser zu entscheiden.

Oft wird die Lage der täglichen Arbeitszeiten für solche Arbeiten, die unabhängig vom Kundenaufkommen sind, gemeinsam von den Mitarbeitern einer Filiale geplant. Damit können die individuellen Arbeitszeiten besser in Einklang mit bereits bekannten persönlichen Zeitbedürfnissen gebracht werden. Letzteres ist für Berufe im Einzelhandel schlichtweg der pragmatische Dreh- und Angelpunkt für die Work-Life-Balance.

Abbildung 18.2   Bedarfsplan

Bedarfsplan erstellt am: 14.06.2012

Montag, 13.08.2012   KW 33 vom 13.08.2012 -18.08.2012   Umsatz: 17.300,00   geplante Arbeitsstd. : 68,60
geleistete Arbeitsstd. : 0,00

	06:29		07:29		08:29		09:29		10:29		11:29		12:29		13:29		14:29		15:29		16:29		17:29		18:29		19:29			
	06:00	06:30	07:00	07:30	08:00	08:30	09:00	09:30	10:00	10:30	11:00	11:30	12:00	12:30	13:00	13:30	14:00	14:30	15:00	15:30	16:00	16:30	17:00	17:30	18:00	18:30	19:00	19:30	20:00	20:30
Anzahl Bons					17	17	46	46	71	71	88	88	96	96	93	93	80	80	95	95	100	100	90	90	63	63	30	30		
Kassenbedarf	0,0	0,0	0,0	0,0	0,4	0,4	1,0	1,0	1,6	1,6	2,0	2,0	2,1	2,1	2,1	2,1	1,8	1,8	2,1	2,1	2,2	2,2	2,0	2,0	1,4	1,4	0,7	0,7	0,0	
Normalbedarf	0,0	0,0	0,0	0,0	0,5	0,5	1,3	1,3	2,1	2,1	2,5	2,5	2,8	2,8	2,7	2,7	2,3	2,3	2,7	2,7	2,9	2,9	2,6	2,6	1,8	1,8	1,3	1,3	0,0	
WE-Bedarf	3,7	3,7	3,7	3,7	3,7	3,7	3,7	3,7	3,7	3,7	3,7	3,7	0,0	0,0	0,0	0,0	0,0	0,0	0,0	0,0	0,0	0,0	0,0	0,0	0,0	0,0	0,0	0,0	0,0	
Zusatzbedarf	0,0	0,0	0,0	0,0	0,0	0,0	0,0	0,0	0,0	0,0	0,0	0,0	0,0	0,0	0,0	0,0	0,0	0,0	0,0	0,0	0,0	0,0	0,0	0,0	0,0	0,0	1,0	1,0	1,0	
Gesamtbedarf	3,7	3,7	3,7	3,7	4,6	4,6	6,0	6,0	7,4	7,4	8,2	8,2	4,9	4,9	4,8	4,8	4,1	4,1	4,8	4,8	5,1	5,1	4,6	4,6	3,2	3,2	3,0	3,0	1,0	
Geplant anw.	0,0	0,0	0,0	0,0	0,0	0,0	0,0	0,0	0,0	0,0	0,0	0,0	0,0	0,0	0,0	0,0	0,0	0,0	0,0	0,0	0,0	0,0	0,0	0,0	0,0	0,0	0,0	0,0	0,0	

Quelle: Projektteam „dm 170" (1998) [1]

Normalbedarf und Kassenbedarf sind standardmäßig im System hinterlegt. Der Normalbedarf im Hinblick auf Kundenberatung und täglich feststehende Tätigkeiten ist oft für mehrere Wochen festgelegt. Der Kassenbedarf wird ständig aus der aktuellen Umsatzentwicklung automatisch neu generiert.

Orientierung für den sich eintragenden Mitarbeiter gibt die Zeile „Gesamtbedarf", die halbstündlich die erforderliche Mitarbeiteranzahl (auf- und abgerundet) angibt. Die Beschäftigten sind beim Setzen ihres „Zeitbalkens" gehalten, die „Besetzungsvorgabe" nach bekannten filialspezifischen Regeln nicht wesentlich zu unter- bzw. überschreiten. Eine filialspezifische Vereinbarung zur Rundung nach oben und unten („ganze Mitarbeiter") bietet dazu einen ersten Gestaltungsspielraum. Dieser kann je nach „Saison" eng oder auch großzügig vorgegeben sein.

Die Eintragung der Mitarbeiter erfolgt in einer unter ihnen rollierenden Reihenfolge oder auch nach „Chaosprinzip“. Dabei sind jedoch in der Arbeitsgruppe vereinbarte Regeln zu den Schichtmodellen, wie z. B. der tägliche „Kassenanteil“ an der Arbeitszeit oder eine allgemeine Regel wie „Der Samstag vor Beginn einer Urlaubswoche ist nicht grundsätzlich frei.“ zu beachten. Einzelabsprachen zur Erledigung außerordentlicher Tätigkeiten erfolgen durch die Mitarbeiter selbst. Ein fertiger Mitarbeitereinsatzplan sieht dann beispielsweise wie in Abbildung 18.3 dargestellt aus.

Abbildung 18.3 Mitarbeitereinsatzplan

Einsatzplan erstellt am: 14.06.2012

Montag, 18.06.2012 KW 25 vom 18.06.2012 -23.06.2012 Umsatz: 16.000,00 geplante Arbeitsstd. : **48,10**
geleistete Arbeitsstd. : **64,34**

	08:29		09:29		10:29		11:29		12:29		13:29	
	08:00	08:30	09:00	09:30	10:00	10:30	11:00	11:30	12:00	12:30	13:00	13:30
Anzahl Bons	16	16	42	42	66	66	81	81	89	89	86	86
Kassenbedarf	0,4	0,4	1,0	1,0	1,6	1,6	1,9	1,9	2,1	2,1	2,0	2,0
Normalbedarf	2,6	2,6	2,0	2,0	2,0	2,0	2,5	2,5	2,7	2,7	2,6	2,6
Zusatzbedarf	0,0	0,0	0,0	0,0	0,0	0,0	0,0	0,0	0,0	0,0	0,0	0,0
Gesamtbedarf	**3,0**	**3,0**	**3,0**	**3,0**	**3,6**	**3,6**	**4,4**	**4,4**	**4,8**	**4,8**	**4,6**	**4,6**
Geplant anw.	**5,0**	**5,0**	**5,0**	**5,0**	**5,0**	**5,0**	**6,0**	**6,0**	**4,0**	**4,0**	**5,0**	**5,0**

	14:29		15:29		16:29		17:29		18:29		19:29			
	14:00	14:30	15:00	15:30	16:00	16:30	17:00	17:30	18:00	18:30	19:00	19:30	20:00	20:30
Anzahl Bons	74	74	88	88	92	92	83	83	59	59	27	27		
Kassenbedarf	1,7	1,7	2,0	2,0	2,1	2,1	2,0	2,0	1,4	1,4	0,6	0,6	0,0	
Normalbedarf	2,2	2,2	2,6	2,6	2,8	2,8	2,6	2,6	1,8	1,8	1,4	1,4	0,0	
Zusatzbedarf	0,0	0,0	0,0	0,0	0,0	0,0	0,0	0,0	0,0	0,0	1,0	1,0	1,0	
Gesamtbedarf	**3,9**	**3,9**	**4,6**	**4,6**	**4,9**	**4,9**	**4,6**	**4,6**	**3,2**	**3,2**	**3,0**	**3,0**	**1,0**	
Geplant anw.	**4,0**	**4,0**	**4,0**	**4,0**	**5,0**	**5,0**	**5,0**	**5,0**	**5,0**	**5,0**	**3,0**	**3,0**	**3,0**	

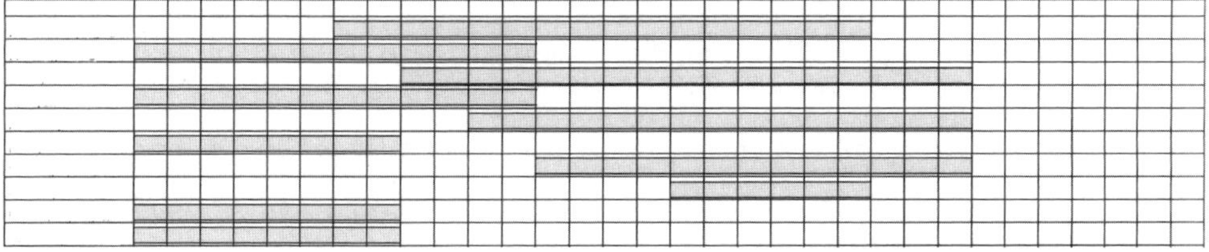

Quelle: Projektteam „dm 170“ (1998) [1]

18.4.3 Individuelle Arbeitszeiten für Filialmitarbeiter

Das „System Arbeitszeiten“ in den Filialen basiert auf einem wöchentlichen Durchschnittsprinzip, da die wöchentliche Arbeitszeit in den Arbeitsverträgen als Durchschnitt vereinbart ist. Hierbei wird eine 6-Tage-Woche zugrunde gelegt. Die Vermeidung einer gleich bleibenden wöchentlichen Arbeitszeit bringt sowohl für den Mitarbeiter als auch für die Filiale Flexibilität. Arbeitszeitkonten sorgen auf beiden Seiten für Transparenz. Die gültigen Grundsätze für die Gestaltung der individuellen Arbeitszeit werden den Mitarbeitern in der in Abbildung 18.4 und Abbildung 18.5 dargestellten Form kommuniziert.

Abbildung 18.4　Grundsätze der individuellen Arbeitszeitgestaltung

Individuelle Arbeitszeiten für Filialmitarbeiter

Liebe Kolleginnen,
liebe Kollegen,

„Umfang und Struktur unseres Unternehmens zu erkennen, sich mit den gestellten Aufgaben verbinden zu können –
Bereitschaft zur Zusammenarbeit in Gruppen" – Ihnen dabei zu helfen, sind Bestandteile unserer Mitarbeitergrundsätze.
Die Wettbewerbsfähigkeit unseres Unternehmens hängt in hohem Maße davon ab, inwieweit es uns allen gelingt, zu den
von Kunden gewünschten Einkaufszeiten qualitativ und quantitativ angemessen mit Mitarbeitern besetzt zu sein.
Individuelle Arbeitszeiten sind hierbei ein wesentliches Element für das Gestalten unserer Vertrauens- und
Empfehlungskultur. Deshalb ist es unser gemeinsames Ziel, das Bestreben nach Kundenorientierung, Wirtschaftlichkeit
und Wettbewerbsfähigkeit mit guten Arbeitsbedingungen – insbesondere hinsichtlich Arbeitszeit- und Teamgestaltung – in
Einklang zu bringen.
Bei der weiteren Entwicklung unseres Arbeitszeitmodells besteht die Herausforderung darin, Eigenverantwortlichkeit zu
fördern und dabei voneinander zu lernen.

Grundsätze
1. *Die Arbeitszeit bestimmt sich nach Bedarf, d. h. Basis für Ihren täglichen Arbeitseinsatz sind*
   Wareneingangsprognosen, Umfang und zeitliche Erfordernisse der zu leistenden Tätigkeiten, sowie die
   Kundenfrequenz.
2. *Ihre individuellen Arbeitszeitwünsche, die mit dem Bedarf vereinbar sind, sind zu realisieren. Die Vereinbarung*
   erfolgt gemeinsam im Team.
3. *Der Filialleiter greift in die selbstverantwortliche Steuerung der Arbeitszeiten im Team nur noch dann ein, wenn den*
   Erfordernissen der Arbeitsaufgaben anders nicht entsprochen werden kann.

Quelle: Projektteam „dm 170" (1998) [1]

Abbildung 18.5   Einzelvertragliche Arbeitszeit und Flexibilitätsregeln

---

Einzelvertragliche Arbeitszeit

Die durchschnittliche wöchentliche Vertragsarbeitszeit ist Basis für Ihre individuellen Arbeitszeiten. Bitte berücksichtigen Sie stets die gesetzlichen Grenzen, für deren Einhaltung Sie Mitverantwortung tragen. Diese sind insbesondere:

- *die Tageshöchstarbeitszeit von 10 Stunden,*
- *die Mindestpausenzeit von 30 Minuten/45 Minuten in Blöcken von mindestens 15 Minuten bei einer Tagesarbeitszeit größer als 6 Stunden/9 Stunden*
- *die Mindestruhezeit zwischen zwei Arbeitstagen von 11 Stunden*

Die durchschnittliche tägliche Arbeitszeit ergibt sich aus der wöchentlichen Vertragsarbeitszeit dividiert durch 6 Werktage.

Beispiel:

Bei einer Vollzeitkraft mit durchschnittlicher Wochenarbeitszeit von 37,5 Stunden sind dies täglich 6 Stunden und 15 Minuten (bei 39 Stunden 6 Stunden und 30 Minuten).
Auch der tarifliche Urlaubsanspruch basiert bei allen Mitarbeitern immer auf 6 Werktagen.
*Bei **anrechnungsfähigen Abwesenheiten** wie Urlaub, Feiertag, Krankheit wird die durchschnittliche tägliche Arbeitszeit berücksichtigt. Bei Weiterbildungen und Seminaren wird die Dauer der Weiterbildung/des Seminars abzüglich der Pausen angerechnet.*

Flexibilitätsregeln

1. *Es ist zu gewährleisten, dass die Planungsphase der Einsatzplanung mit mindestens 14 Tagen Vorlauf abgeschlossen ist und Sie spätestens zu diesem Zeitpunkt Ihre Einsatzzeiten kennen. Ausnahmen sind möglich, wenn kurzfristiger Bedarf auftritt.*
2. *Auf Ihrem Arbeitszeitkonto werden Abweichungen von der durchschnittlichen täglichen Vertragsarbeitszeit saldiert. Dabei sollen Plus-Salden die doppelte durchschnittliche wöchentliche Arbeitszeit nicht übersteigen, z. B. ist bei einer 20-Stunden-Kraft ein Zeitsaldo bis + 40 Stunden möglich. Höhere Zeitsalden bedürfen einer ausdrücklichen*
3. *Abstimmung mit der Filialleitung. Für Minus-Salden bestehen keine Begrenzungen.*
   Jedes Filialteam legt sich eigenverantwortlich Regeln für eine effiziente Durchführung der Arbeitszeitgestaltung fest.

Quelle: Projektteam „dm 170" (1998) [1]

18.4.4   Mitarbeitergespräche über Arbeit und deren zeitliche Lage

Um mit Mitarbeitern ins Gespräch über Arbeitszeiten im Einklang mit persönlichen Zeitbedürfnissen zu kommen, haben sich die in Abbildung 18.6 dargestellten Fragen als hilfreich erwiesen. Die Führungsverantwortlichen sollten sich diese Fragen zunächst selbst beantworten.

Abbildung 18.6 Fragen für Mitarbeitergespräche über Arbeit und Arbeitszeiten

Fragen zu den Mitarbeitern

- *Welche Arbeitszeitwünsche haben die einzelnen Mitarbeiter, Rangfolge der Prioritäten?*
- *Welche Schichten, Zeitblöcke, Vereinbarungen haben wir heute?*
- *Wie werden Arbeitszeitwünsche heute berücksichtigt?*
- *Welche Veränderungsmöglichkeiten haben die Mitarbeiter, welche die Filiale?*
- *Welche Gründe hindern Mitarbeiter, andere Arbeitszeiten auszuprobieren?*
- *Welche Hinderungsgründe haben Gewohnheitscharakter?*
- *Welche Hinderungsgründe sind sachlich klar erkennbar und nachvollziehbar bzw. durch Vereinbarungen (Arbeitsvertrag) bekannt?*
- *Welche Mitarbeiter können noch Arbeiten übernehmen, die sie bisher noch nicht gemacht haben (Delegation!)?*
- *Welcher Weiterbildungsbedarf ergibt sich hieraus?*
- *Welche Mitarbeiter sehen bereits heute den „Bedarf" und zeigen „Geschäftsinteresse" unabhängig von den von Ihnen verlangten Arbeiten?*
- *Welche Arbeiten werden von einzelnen Mitarbeitern jeweils bevorzugt?*
- *Welche Vereinbarungen treffen Sie mit neuen Mitarbeitern?*
- *Was ist bei Neueinstellungen prioritätsmäßig zu beachten?*
- *Welche möglichen Zeitmodelle sehen Sie für die Zukunft?*

Fragen zur Arbeit

- *Welche Arbeiten benötigen wie viel Zeit?*
- *Welche Arbeiten sind Kunden bezogen und fallen deshalb nur während der Geschäftszeit an?*
- *Welche Arbeiten („Logistik") sind möglichst außerhalb der Geschäftszeit oder in kundenfrequenzschwachen Zeiten zu erledigen?*
- *Welche Arbeiten kann ich während der Geschäftszeit erledigen, ohne dabei den Kunden zu stören?*
- *Welche Arbeiten lassen sich sinnvoll mit der Kassiertätigkeit im Kassenbereich kombinieren?*
- *Wie ist die Kassierleistung in meiner Filiale?*
- *Zu welchen Zeiten erkenne ich Engpässe (Kassenschlangen, Präsenzlücken, fehlende Beratung) und wie kann ich diese beseitigen?*
- *Welche neuen Arbeiten müssen geschult und angeleitet werden?*
- *Mit welcher Besetzung erledige ich heute alle Arbeiten?*
- *Welche Mitarbeiter können welche Arbeiten erledigen?*
- *Welche Arbeiten werden von einzelnen Mitarbeitern jeweils bevorzugt?*

Quelle: Projektteam „dm 170" (1998) [1]

18.5 Fazit

Vielerorts herrscht im Verhalten von Führungskräften heute noch der Grundsatz des Einbringens von Arbeitsleistungen im System Filiale vor. Dieses Bestreben muss zunehmend ersetzt werden durch eine die Work-Life-Balance berücksichtigende Mitarbeit aller Beteiligten. Die Benutzungsoberfläche des Mitarbeitereinsatzplanungssystems wird zur Nebensache, wenn Einsichten in die Arbeit gewährt werden und bisherige Führungsrelikte wie „Mitarbeiter einplanen ist Chefsache" ersetzt werden durch die Selbsteinplanung der Mitarbeiter.

Dieses Verhalten erfordert von allen Mitarbeitern eine hohe soziale Kompetenz. Dies zu fördern und zu pflegen, ist die eigentliche ständige Herausforderung für alle Mitarbeiter.

Einige Teile dieses Beitrages basieren auf Unterlagen des Projektteams „dm 170", das unter dem Thema „PC-unterstützte Mitarbeitereinsatzplanung" (MEP per PC) von August 1995 bis 2001 bei dm-drogerie markt die Flexibilisierung der Arbeitszeit in den Filialen eingeführt hat. Der damalige Teamleiter ist der Autor dieses Beitrags.

Literatur

[1] Projektteam „dm 170" (1998): PC-unterstützte Mitarbeitereinsatzplanung (MEP per PC). Karlsruhe: dm-drogerie markt (Unveröffentlichte Projektunterlagen).

19 Flexible Arbeitsgestaltung und Lernprozesse in der Montage

Tim Jeske, Katharina Hasenau, Christopher M. Schlick

19.1   Ausgangssituation und Zielsetzung

Eine flexible Gestaltung von Produktionssystemen eröffnet Unternehmen zahlreiche Handlungsalternativen. So kann beispielsweise die Nutzung von vorhandenen Produktionskapazitäten kurzfristig an die jeweils aktuelle Nachfragesituation angepasst werden. Eine solche Anpassung führt häufig zu Veränderungen in der Zuordnung von Arbeitspersonen zu Arbeitsaufgaben. Dies bedeutet für die beteiligten Arbeitspersonen, dass sie entweder mit ihnen bekannten Aufgaben betraut werden, die sie in der Vergangenheit bereits ausgeführt haben, oder dass ihnen Aufgaben zugewiesen werden, die ihnen bislang unbekannt sind.

Die genannten kurzfristigen Anpassungen finden typischerweise in Fertigungs- und Montagebereichen statt. Die in diesen Bereichen zu verrichtenden Arbeitsaufgaben erfordern meist sowohl motorische als auch sensorische Fertigkeiten und werden daher als sensumotorisch bezeichnet. Werden Arbeitspersonen in diesen Bereichen mit einer ihnen unbekannten Arbeitsaufgabe betraut, so bedeutet dies, dass sie die zur Ausführung benötigten sensumotorischen Fertigkeiten zunächst erlernen und trainieren müssen, sodass sie eine entsprechende Qualifikation erlangen (Schlick/Bruder/Luczak 2010) [10]. Daher können sie Referenzleistungen, die üblicherweise in Form von Vorgabezeiten festgelegt sind, anfänglich nicht erbringen. Damit verbunden kann zumeist auch die Ausbringungsmenge bzw. Leistung des gesamten Produktionssystems anfangs nicht erreicht werden. Dabei wird der Zeitraum, den eine Arbeitsperson benötigt, um eine ihr unbekannte Arbeitsaufgabe kennenzulernen und bis zum Erreichen einer Referenzleistung zu üben, bzw. um die entsprechende Qualifikation zu erlangen, als Lernzeit bezeichnet. Die Referenzleistung kann als Vorgabezeit einerseits a priori mit Hilfe von Systemen vorbestimmter Zeiten wie Methods-Time Measurement (MTM) oder Work Factor (WF) bestimmt werden. Andererseits ist eine Bestimmung durch Zeitaufnahmen nach REFA möglich. In beiden Fällen wird jedoch die Leistung einer geübten Arbeitsperson ermittelt bzw. vorgegeben. Die Folge ist, dass zwar die Referenzleistung bekannt ist, nicht aber die Lernzeit.

Die Lernzeit kann bisher nicht oder nur über vergleichende Betrachtungen ähnlicher Arbeitsaufgaben und Arbeitsumfeldbedingungen ermittelt bzw. prognostiziert werden. Aussagen über die Lernzeit sind dementsprechend subjektiv geprägt und von geringer Validität. Ein allgemeingültiges Modell zur Prognose der Lernzeit liegt nicht vor (Bokranz/Landau 2006) [1]. Die mangelnde Kenntnis der Lernzeit erschwert Wirtschaftlichkeitsbetrachtungen, wie sie im Zusammenhang mit kurzfristigen – ggf. tagesaktuellen – Anpassungen von flexiblen Produktionssystemen erfolgen. Die Folge ist, dass nur mit großer Unsicherheit ermittelt werden kann, welcher Zeitraum benötigt wird, bis ein Produktionssystem in seiner veränderten Ausgestaltung seine volle Ausbringungsmenge bzw. Leistung erreicht. Die möglichen Folgen reichen von einer stressbedingt erhöhten Beanspruchung der beteiligten Arbeitspersonen über die Nichteinhaltung von Lieferterminen bis hin zum Verlust von Kunden.

Vor dem geschilderten Hintergrund wurde im Forschungsprojekt „FlexPro – Flexible Produktionskapazität innovativ managen" das Erlernen sensumotorischer Fertigkeiten untersucht. Auf Grundlage der dabei ermittelten Erkenntnisse wurden Handlungsempfehlungen abgeleitet, die eine verbesserte Gestaltung von Lernprozessen ermöglichen.

19.2   Grundlagen

19.2.1   Typische Tätigkeiten in der Montage

Trotz einer hohen Automatisierung vieler Produktionssysteme sind Arbeitspersonen in der Montage meist unverzichtbar. Sie verrichten in diesem Bereich vorwiegend Tätigkeiten, die sowohl motorische Anteile haben, wie beispielsweise Handlungen mit Hilfe des Hand-Arm-Systems, als auch sensorische Anteile, wie die Wahrnehmung der erzielten Veränderungen an Werkstücken (Rohmert/Kirchner 1969) [2]. Dabei wirken die wahrgenommenen Informationen auf die Regulation der ausgeführten Handlung ein. Derartige Tätigkeiten werden als sensumotorisch bezeichnet und erfordern entsprechende Fertigkeiten seitens der Arbeitsperson. Die benötigten Fertigkeiten können von den jeweiligen Arbeitspersonen durch Lernen und Üben erworben und verbessert werden (Laurig 1992) [3]. Damit verbunden wird eine entsprechende Qualifikation erlangt (Schlick/Bruder/Luczak 2010) [10].

Abbildung 19.1   Aufteilung der Lernzeit

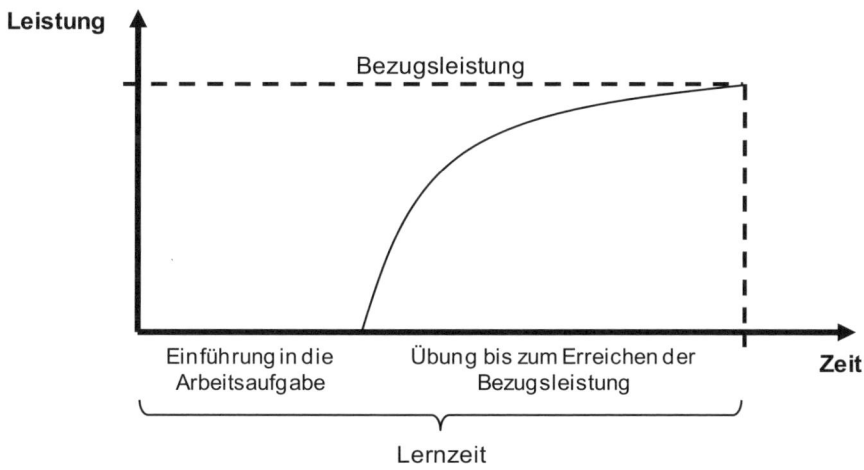

Quelle: Schlick u. a. (2011) [4]

19.2.2   Begriff und Beschreibung der Lernzeit

Wird eine Arbeitsperson mit einer ihr unbekannten oder veränderten Arbeitsaufgabe betraut, so muss sie diese zunächst kennenlernen und anschließend die zu ihrer Ausführung notwendigen Fertigkeiten erwerben bzw. anpassen. Dementsprechend erfolgt die Ausführung der Aufgabe zunächst mit einer geringen Arbeitsleistung. Mit der Anzahl der Arbeitsausführungen verbessern sich die notwendigen Fertigkeiten, so dass die Arbeitsleistung ansteigt. Bei Erreichen oder Überschreiten einer zuvor festgelegten Referenzleistung bzw. bei Erreichen oder Unterschreiten einer entsprechenden Vorgabezeit wird die Arbeitsperson hinsichtlich einer konkreten Arbeitsaufgabe als geübt bzw. qualifiziert bezeichnet. Der Zeitraum vom Kennenlernen der Arbeitsaufgabe bis zum Erreichen der Referenzleistung wird im Folgenden als Lernzeit bezeichnet und ist in Abbildung 19.1 dargestellt. In der Literatur und Praxis ist auch der Begriff der Anlernzeit gebräuchlich. Der genaue Verlauf der Lernkurve ist dabei vom spezifischen Einzelfall abhängig.

Die erstmalige theoretische und mathematische Beschreibung des Verlaufs einer Lernkurve für die industrielle Verwendung wird Wright (1936) [5] zugerechnet (Laarmann 2005) [6]. Darauf aufbauend entwickelte Levy (1965) [7] ein weiteres Modell, das auf einer Exponentialfunktion basiert und einen langfristigen Grenzwert berücksichtigt. Auf Grundlage dieses Modells kann die Ausführungszeit jeder einzelnen Arbeitsausführung bestimmt werden (vgl. Gleichung 19.1):

$$t_n = c + (t_1 - c)e^{-k(n-1)} \tag{19.1}$$

Dabei bezeichnet c den langfristigen Grenzwert, für den näherungsweise auch die oben genannte Referenzleistung bzw. -zeit eingesetzt werden kann. Mit t_1 wird die Dauer der erstmaligen Arbeitsausführung bezeichnet; k beschreibt den Verlauf der Lernkurve und kann daher als Lerngeschwindigkeit interpretiert werden. Schließlich ist n die Anzahl der Arbeitsausführungen.

Neben den genannten Modellen wurden weitere entwickelt, die zum Teil für bestimmte Branchen oder Tätigkeiten angepasst wurden. Ergänzende Informationen dazu finden sich beispielsweise bei Greiff (2001) [8] und Laarmann (2005) [6].

19.3   Einflussfaktoren der Lernzeit

Der Verlauf der Lernkurve wird im Einzelfall von zahlreichen Einflussgrößen bestimmt, die nach Greiff (2001) [8] in drei Klassen unterteilt werden können. Diese umfassen (1.) die Einflüsse, die sich aus den Eigenschaften der jeweiligen Arbeitsperson ergeben, (2.) die Einflüsse der Arbeitsaufgabe und (3.) die Einflüsse der eingesetzten Lernmethode. Dabei werden Wechselwirkungen zwischen den Klassen nicht ausgeschlossen.

19.3.1 Arbeitsperson

Die Einflüsse der Arbeitsperson bzw. die Eigenschaften des Menschen werden durch zahlreiche Merkmale bestimmt, die nach ihrer Veränderlichkeit unterteilt werden können. Dabei werden unveränderliche Merkmale wie beispielsweise Erbanlagen und Körperbau von veränderlichen Merkmalen unterschieden. Unter den veränderlichen Merkmalen sind beispielsweise Alter und Persönlichkeit langfristig veränderlich. Lang- bis kurzfristig veränderlich sind beispielsweise Wissen, Erfahrungen und Fertigkeiten. Kurzfristig veränderlich sind beispielsweise Motivation, Zufriedenheit und Ermüdung (Luczak 1989, Schlick/Bruder/Luczak 2010) [9], [10].

Erkenntnisse, wie aus diesen Merkmalen auf die Lernzeit sensumotorischer Arbeitsaufgaben geschlossen werden kann, liegen nur sehr begrenzt vor. Insbesondere kann eine Lerngeschwindigkeit oder eine vergleichbare Größe für eine Nutzung in der industriellen Praxis nicht im Voraus bestimmt werden.

19.3.2 Arbeitsaufgabe

Der Einfluss der Arbeitsaufgabe auf das Lernen umfasst neben der Tätigkeit auch das Arbeitsumfeld, in dem die Tätigkeit zu verrichten ist. Zur systematischen Ermittlung dieses Einflusses ist zunächst eine Beschreibung der Arbeitsaufgabe erforderlich. Sie ermöglicht, soweit sie nach einer einheitlichen bzw. standardisierten Methodik erfolgt, eine systematische Analyse der Arbeitsaufgabe und bildet damit die Grundlage für die Identifikation ihrer Einflüsse auf das Lernen.

Bei sensumotorischen Arbeitsaufgaben können einerseits die zu handhabenden Werkstücke bzw. Arbeitsobjekte beschrieben werden. Mögliche Beschreibungsmerkmale sind hier u. a. die Anzahl der Objekte und der Anteil an gleichen Teilen. Andererseits können die zur Verrichtung der Aufgabe notwendigen Körperbewegungen wie beispielsweise Greifen und Hinlangen beschrieben werden. Da die Art und Anzahl der Bewegungen vom konkreten Arbeitsumfeld abhängig sind, wird es bei der Betrachtung von Körperbewegungen gleichfalls berücksichtigt. Zur Beschreibung der mit sensumotorischen Arbeitsaufgaben verbundenen Köperbewegungen haben sich Systeme vorbestimmter Zeiten bewährt. In diesen Systemen sind Bewegungselemente für genau spezifizierte Körperbewegungen wie beispielsweise Hinlangen unter Sichtbehinderung oder Greifen besonders kleiner Objekte definiert und die zu ihrer Ausführung notwendige Zeit hinterlegt. Bekannte Systeme vorbestimmter Zeiten sind Work Factor (WF), Maynard Operation Sequence Technique (MOST) und Methods-Time Measurement (MTM). Da diese Systeme u. a. zur Bestimmung von Vorgabezeiten entwickelt wurden, kann bei ihrem Einsatz auch die Vorgabezeit als Beschreibungsmerkmal herangezogen werden. Nachfolgend wird die Betrachtung auf ein Bausteinsystem von MTM beschränkt. Dabei handelt es sich um das so genannte Universelle Analysier-System MTM-UAS, das auf Basis des sehr detaillierten Grundverfahrens MTM-1 entstand und demgegenüber einen deutlich geringeren Analyseaufwand verursacht, so dass es entsprechend häufig eingesetzt wird.

Eine Bewertung von Arbeitsaufgaben wird zumeist zum Zwecke der Entgeltfindung bzw. zur Einordnung der Tätigkeit in Entgeltgruppen oder -stufen vorgenommen. Dabei wird zwischen einer leistungs- und einer anforderungsorientierten Vorgehensweise unterschieden (REFA 1991) [11]. Da das leistungsorientierte Vorgehen die Leistung einer Arbeitsperson in den Betrachtungsfokus der Bewertung rückt und die Leistung steigern soll, kann es zur Charakterisierung einer Arbeitsaufgabe nicht eingesetzt werden. Dagegen richtet sich das anforderungsorientierte Vorgehen auf die Anforderungen, die durch die Arbeitsaufgabe an die tätige Arbeitsperson gestellt werden. Das Vorgehen ist damit zur Charakterisierung von Aufgaben geeignet.

Zur anforderungsorientierten Bewertung von Arbeitsaufgaben wird zwischen einer summarischen und einer analytischen Betrachtung unterschieden (REFA 1991) [11]. Beide Betrachtungsweisen basieren auf Tabellenwerken und sind mit einem teilweise hohen Ermessensspielraum verbunden. Insbesondere ist ihr Detaillierungsgrad begrenzt. Eine Bewertung von Arbeitsaufgaben, die unmittelbar auf ihrer Beschreibung nach MTM basiert, kann über die Art und Anzahl der enthaltenen Bewegungselemente erfolgen. Analog zur Beschreibung der Arbeitsobjekte ist der Anteil gleicher Bewegungselemente ein mögliches Beschreibungsmerkmal.

Vor diesem Hintergrund untersuchten Stier (1968) [12] sowie Rohmert, Rutenfranz und Ulich (1974) [13] die mit einer Arbeitsaufgabe verbundene Informationsmenge. Dabei wurden Entropiemaße herangezogen; eine Vorgehensweise zur Bewertung der Schwierigkeit des Erlernens einer Aufgabe konnte jedoch nicht identifiziert werden.

19.3.3 Lernmethode

Die Lernmethode ist die Grundlage, auf der eine Arbeitsperson in eine ihr unbekannte Arbeitsaufgabe eingeführt wird und diese kennenlernt. Dementsprechend beeinflusst die Methode den weiteren Verlauf des Lernens bzw. dessen Erfolg. Die Auswahl einer Lernmethode ist auf die jeweilige Kombination aus Arbeitsperson und -aufgabe abzustimmen.

Nach Schelten (2005) [14] können für das Lernen sensumotorischer Arbeitsaufgaben drei wesentliche Methoden unterschieden werden. Diese erfordern von der anleitenden und der lernenden Person ein unterschiedliches Maß an Eigenbeteiligung. So ist beim Lernen mit Hilfe von Anweisungen hauptsächlich die anleitende Person aktiv. Sie nutzt Anweisungen, um die lernende Person zu informieren und ihre Tätigkeit zu lenken. Bei der Vier-Stufen-Methode, die auch als REFA-Methode bezeichnet wird, sind die anleitende und die lernende Person in gleichem Umfang aktiv. Dabei wechselt der Aktivitätsschwerpunkt im Laufe der vier Stufen schrittweise von der anleitenden zur lernenden Person. Bei der Leittextmethode ist hauptsächlich die lernende Person aktiv. Sie nutzt Leitfragen, um die Arbeitsaufgabe kennenzulernen, Vorgehensweisen zu ihrer Ausführung zu entwickeln und die Aufgabe schließlich auszuführen. Der anleitenden Person kommen dabei hauptsächlich beratende und kontrollierende Aufgaben zu.

In diesem Zusammenhang ist auf die Gestaltung von Pausen während des Lernens zu achten. Sie fördern nicht nur die körperliche Erholung, sondern auch das Lernen. Dabei nimmt die lernbegünstigende Wirkung von Pausen mit ihrer Dauer exponentiell zu (Iskander 1968, Rohmert/Rutenfranz/Ulich 1974) [15], [13].

Neben der Lernmethode sind auch die eingesetzten Lernmedien geeignet, auszuwählen und zu gestalten. Dabei kommt der Anschaulichkeit und Verständlichkeit von Arbeitsplänen eine besondere Bedeutung zu (Hacker/Skell 1993) [16]. In diesem Zusammenhang zeigte eine deutschlandweite Befragung, welche Formen von Arbeitsplänen in der industriellen Praxis relevant sind bzw. eingesetzt werden (Jeske/von Garrel/Starke 2011) [17]: So nutzen über 70 % der befragten Unternehmen schriftliche Arbeitspläne. Demgegenüber setzen etwa 45 % der Unternehmen strukturierte Darstellungen wie Zeichnungen ein, während 13 % computeranimierte Darstellungen verwenden. Aussagen über die Eignung der unterschiedlichen Arbeitspläne bzw. den Anwendungserfolg konnten dabei nicht abgeleitet werden.

19.4   Empirische Untersuchungen

Vor dem Hintergrund, dass weder genaue Angaben dazu vorliegen, wie ein Arbeitsplan im Hinblick auf das Lernen bestmöglich gestaltet werden sollte, noch Aussagen darüber getroffen werden können, wie sich Arbeitsaufgaben in der Schwierigkeit ihres Erlernens unterscheiden, wurden im Rahmen des Projektes FlexPro zwei empirische Studien durchgeführt. Davon richtete sich eine auf die Gestaltung von Arbeitsplänen, die andere auf die Schwierigkeit von Arbeitsaufgaben.

19.4.1   Untersuchung von Arbeitsplänen

Im Hinblick auf die Gestaltungsmöglichkeiten für Arbeitspläne wurde unter Laborbedingungen untersucht, wie sich unterschiedliche Arbeitspläne für die Unterstützung des Lernens eignen bzw. welchen Einfluss sie auf das Erlernen von Montagetätigkeiten haben.

Zu diesem Zweck wurden für eine identische Versuchsaufgabe drei verschiedene Arbeitspläne erstellt. Dabei handelte es sich um einen textuellen, einen bildbasierten und einen animierten Arbeitsplan, so dass die in der genannten Befragung (vgl. Abschnitt 19.3.3) identifizierten Grundtypen von Arbeitsplänen untersucht werden konnten. Als Versuchsaufgabe wurde die Montage eines Vergasers vom Typ Stromberg 175 CD-2 gewählt, der aus drei Aluminium-Gussteilen sowie mehreren Kleinteilen und Schrauben besteht. Die Versuchsaufgabe und die Arbeitspläne wurden jeweils in drei Teilschritte unterteilt. In Abbildung 19.2 ist beispielhaft der zweite Teilschritt, die Montage von Vergaserkolben und -deckel, für die unterschiedlichen Arbeitspläne dargestellt.

An der Untersuchung nahmen insgesamt 60 Versuchspersonen im Alter zwischen 21 und 35 Jahren teil, davon hatte jeweils die Hälfte ingenieurwissenschaftliche Vorkenntnisse bzw. keine ingenieurwissenschaftlichen Vorkenntnisse. Zudem waren in beiden Teil-gruppen Frauen und Männer in gleicher Anzahl vertreten.

Abbildung 19.2   Untersuchte Arbeitspläne: (a) textuell, (b) bildbasiert, (c) animiert

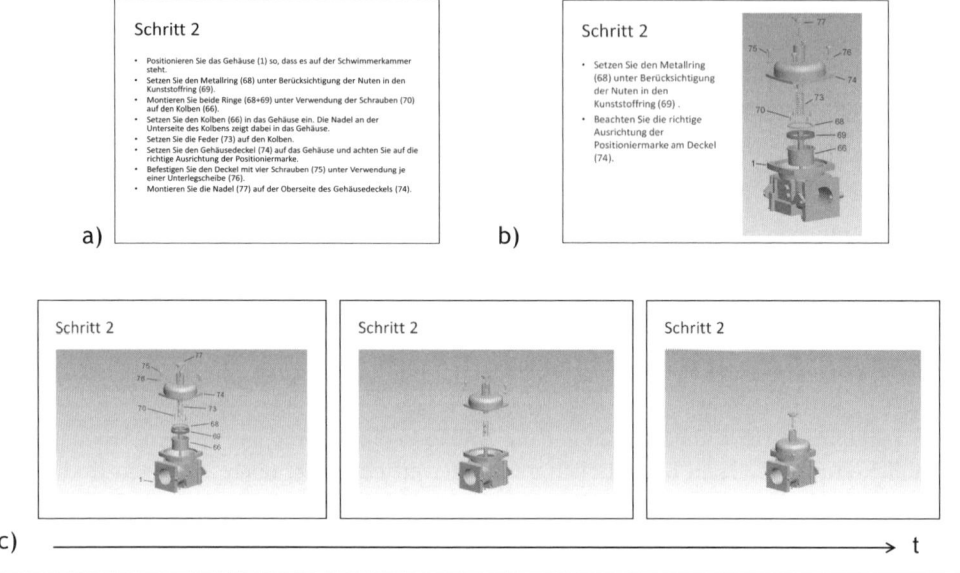

Quelle: Schlick u. a. (2010) [4]

Die Untersuchungen wurden an einem standardisierten Montagearbeitsplatz (Garant System-Arbeitsplatz) mit blend- und flimmerfreier Beleuchtung nach DIN 5035 durchgeführt (vgl. Abbildung 19.3). Der Arbeitsplatz war als Sitzarbeitsplatz eingerichtet und mit einem Touchscreen-Monitor ausgestattet, auf dem der jeweilige Arbeitsplan dargestellt wurde. Durch Antippen des Monitors konnte der Arbeitsplan von den Versuchspersonen weiter-geblättert bzw. im Falle der Animation angehalten und erneut gestartet werden. Werkzeuge wie auch zu montierende Materialien bzw. Bauteile wurden standardisiert in Kunst-stoffboxen bereitgestellt. Die Boxen waren mit Referenznummern versehen, die entspre-chend auf den Arbeitsplänen angegeben wurden.

Im Rahmen der Untersuchung wurde der Lernerfolg sowohl hinsichtlich der Arbeitsaus-führungszeiten in den einzelnen Wiederholungen als auch hinsichtlich der dabei auf-tretenden Anzahl an Fehlern gemessen. Zudem wurde erfasst, welche subjektive Bean-spruchung die Versuchspersonen bei der Versuchsdurchführung erlebten.

Abbildung 19.3   Versuchsaufbau

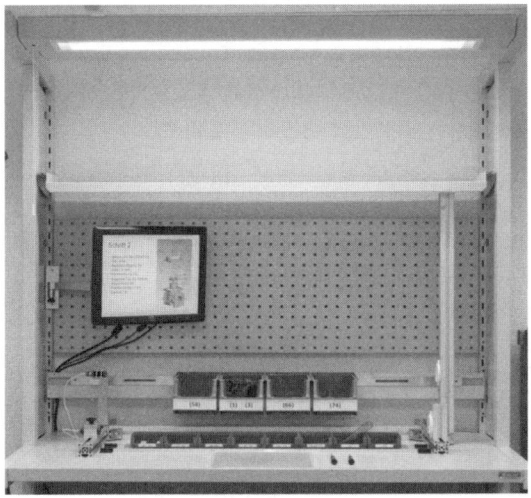

Quelle: Schlick u. a. (2010) [4]

Die Durchführung der Untersuchung unterteilte sich in drei Phasen: Vortests, Haupttest und Nachtest. Im Rahmen der Vortests wurden persönliche Daten wie das Alter, die Erfahrung mit Montage und die Art der beruflichen Bildung erfragt. Weiterhin wurden das räumliche Vorstellungsvermögen, das Sehvermögen und die motorischen Fertigkeiten anhand entsprechender Standardtests erfasst. Der Haupttest bestand aus einer zehnfach wiederholten Montage des Vergasers auf der Grundlage eines zufällig zugeteilten Arbeitsplans. Dabei wurde zwischen den Wiederholungen eine Pausenzeit von zwei Minuten eingehalten. Diese Pause diente einerseits zur Förderung des Lernens (Iskander 1968) [15] und andererseits dazu, die Versuchsperson ggf. über Fehler in der letzten Wiederholung zu informieren. Dies geschah auf Basis eines Formblatts, auf dem mögliche Fehler zusammengestellt waren, so dass aufgetretene Fehler markiert werden konnten. Abschließend wurde im Rahmen eines Nachtests (NASA Task-Load-Index) erfasst, welche subjektive Beanspruchung die Versuchspersonen empfunden hatte.

19.4.2   Untersuchung der Aufgabenschwierigkeit

Die Aufgabenschwierigkeit wurde als Gegenstand einer weiteren Laborstudie ausgewählt, um festzustellen, wie sich Arbeitsaufgaben hinsichtlich ihrer Erlernbarkeit unterscheiden und welches Maß zu ihrer Unterscheidung geeignet ist. Zu diesem Zweck wurden verschiedene Montageaufgaben anhand ihres Lernverlaufs und ihrer Aufgabencharakteristika verglichen.

Als Versuchspersonen nahmen insgesamt 18 Industriemechaniker teil, die sich überwiegend im 3. und 4. Lehrjahr ihrer Ausbildung befanden. Industriemechanikerinnen konnten mangels Verfügbarkeit nicht untersucht werden.

Die Untersuchungen wurden an dem bereits beschriebenen Montagearbeitsplatz durchgeführt (vgl. Abschnitt 19.4.1). Dabei wurden der Arbeitsplatz und die Materialbereitstellung für jeweils eine der Versuchsaufgaben eingerichtet.

Bei den Versuchsaufgaben handelte es sich um den bereits vorgestellten Vergaser (vgl. Abschnitt 19.4.1), eine hydraulische Sortiervorrichtung und einen prototypischen Motorblock (vgl. Abbildung 19.4). Die Aufgaben unterschieden sich hinsichtlich verschiedener Charakteristika, wie der Anzahl der Bauteile, der Ausführungszeit nach MTM-UAS und der Anzahl der Bewegungselemente, die zur Beschreibung nach diesem System benötigt wurden (vgl. Tabelle 19.1). Als Maß für die mit der Aufgabe verbundene Informationsmenge, die zu erlernen war, wurde außerdem die Entropie erster Ordnung H ermittelt. Die Berechnung erfolgte nach Gleichung 19.2 und wurde für die Bauteile wie auch für die benötigten Elemente nach MTM-UAS durchgeführt.

$$H = -\sum_{i=1}^{N} p_i \log_2 p_i \tag{19.2}$$

Dabei ist N die Anzahl unterschiedlicher Arten von Bauteilen oder Bewegungselementen nach MTM, während p_i der Anteil der jeweiligen Art an der Gesamtzahl ist.

Abbildung 19.4   Eingesetzte Versuchsaufgaben

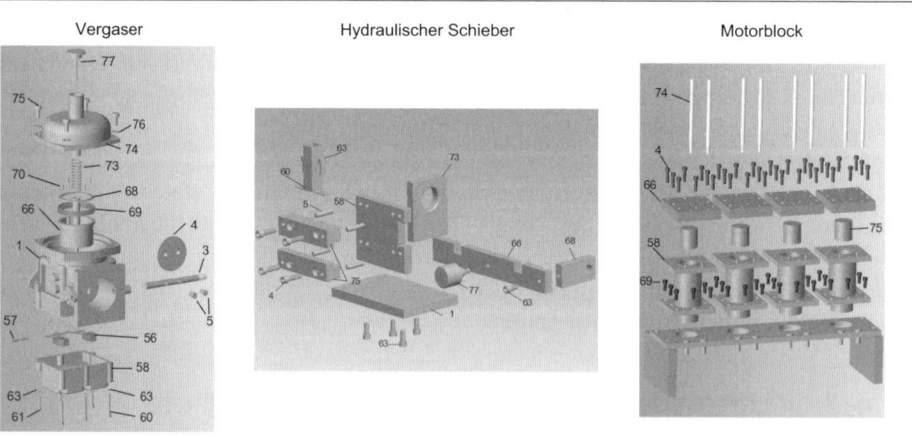

Quelle: Jeske/Schlick (2011) [18]

Im Rahmen der Untersuchung wurde der Lernerfolg basierend auf den Ausführungszeiten in den einzelnen Wiederholungen der verschiedenen Arbeitsaufgaben gemessen. Die Versuchsdurchführung begann mit den gleichen Vortests wie die Untersuchung der Arbeitspläne (vgl. Abschnitt 19.4.1). Im Haupttest montierte jede Versuchsperson jede der drei Versuchsaufgaben auf Grundlage der in Abbildung 19.4 dargestellten Explosionszeichnungen. Dabei war jede Aufgabe über einen Zeitraum von zwei Stunden auszuführen. Zwischen den einzelnen Wiederholungen war eine Pausenzeit von zwei Minuten einzuhalten, in der die Versuchspersonen ggf. mittels eines Formblatts über Fehler in der letzten Wiederholung informiert wurden (vgl. Abschnitt 19.4.1).

Tabelle 19.1   Charakteristika der Versuchsaufgaben

Charakteristikum	Vergaser	Sortiervorrichtung	Motorblock
Anzahl der Bauteile	32	24	85
Entropie der Bauteile	3,875	3,016	2,080
Ausführungszeit nach MTM-UAS [s]	146,2	122,6	460,8
Anzahl der Elemente nach MTM-UAS	181	169	904
Entropie der Elemente nach MTM-UAS	2,627	2,074	1,462

Quelle: Jeske/Schlick (2011) [18]

19.5   Ergebnisse und Handlungsempfehlungen

Die Ergebnisse aus den dargestellten empirischen Untersuchungen wurden zur Ableitung von Handlungsempfehlungen für die betriebliche Praxis genutzt. Darüber hinaus wurden sie im Zusammenhang mit Handlungsempfehlungen aus der Literatur betrachtet.

19.5.1   Gestaltung von Arbeitsplänen

Die Ergebnisse der Untersuchung von Arbeitsplänen sind in Abbildung 19.5 dargestellt. Sie zeigen anhand der abnehmenden Arbeitsausführungszeiten einen deutlichen Lerneffekt, der statistisch bestätigt werden kann und unabhängig von der Art des eingesetzten Arbeitsplans ist. Während das langfristig erreichte Niveau sich zwischen den unterschiedlichen Arbeitsplänen nahezu nicht unterscheidet, zeigen sich bei der Erstausführungsdauer und dem anfänglichen Verlauf der Lernkurven deutliche Unterschiede. Darüber hinaus zeigen sich zwischen Personen mit und ohne ingenieurwissenschaftlichen Vorkenntnissen nur sehr geringe Unterschiede, die statistisch nicht belegt werden können.

Abbildung 19.5   Gegenüberstellung der mittleren Ausführungszeiten

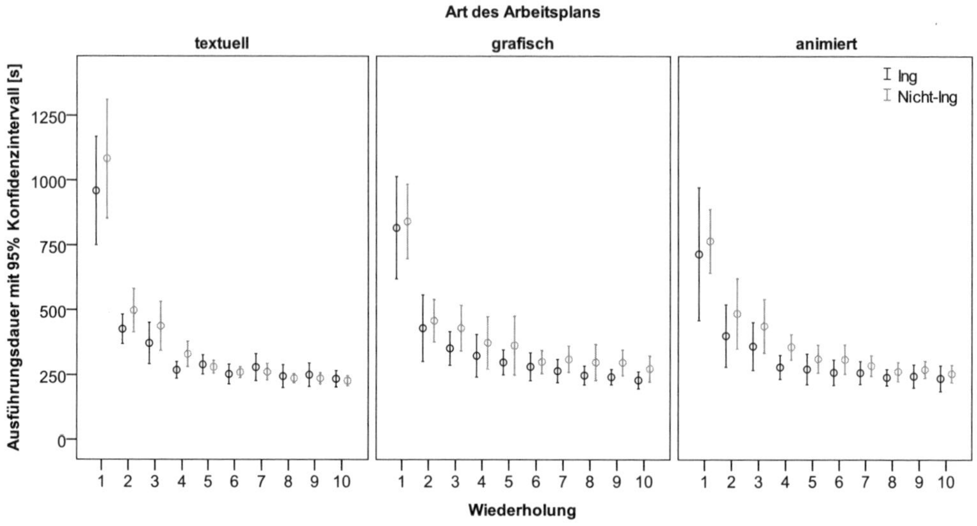

Quelle: Jeske/Hasenau/Schlick (2011) [19]

Die Ausführungszeiten zeigen, dass der animierte Arbeitsplan zu den geringsten Erstausführungszeiten führt, zugleich aber einen besonders flachen Verlauf der Lernkurve bzw. eine geringe Lerngeschwindigkeit aufweist. Im Gegensatz dazu steht der textuelle Arbeitsplan, der zwar die höchste Erstausführungszeit aufweist, zugleich aber auch durch einen besonders steilen Verlauf der Lernkurve bzw. eine hohe Lerngeschwindigkeit gekennzeichnet ist.

In diese Betrachtung ist die durchschnittliche Anzahl aufgetretener Fehler einzubeziehen. Sie ist bei Personen mit ingenieurwissenschaftlichen Vorkenntnissen zumeist geringer (textuell: 3,38; grafisch: 4,98; animiert: 4,18) als bei Personen ohne diese Vorkenntnisse (textuell: 3,90; grafisch: 4,70; animiert: 5,70). In beiden Teilgruppen tritt die geringste durchschnittliche Anzahl an Fehlern beim textuellen Arbeitsplan auf. Bei den Versuchspersonen mit ingenieurwissenschaftlichen Vorkenntnissen treten die meisten Fehler beim grafischen Arbeitsplan auf. Bei Versuchspersonen ohne ingenieurwissenschaftliche Vorkenntnisse gilt dies für den animierten Arbeitsplan.

Weiterhin ist die durchschnittliche subjektiv erlebte Beanspruchung der Versuchspersonen zu betrachten. Sie ist bei Personen ohne ingenieurwissenschaftliche Vorkenntnisse nahezu konstant (textuell: 7,34; grafisch: 7,28; animiert: 7,18) und weist eine umgekehrte Proportionalität zur Fehleranzahl auf. Diese umgekehrte Proportionalität kann auch für Personen mit ingenieurwissenschaftlichen Vorkenntnissen festgestellt werden (textuell: 8,31; grafisch: 6,40; animiert: 7,81). Es wird deutlich, dass eine geringe subjektiv erlebte Beanspruchung zu einer höheren Fehleranzahl führt. Dementsprechend wird beispielsweise angenommen, dass die hohe Fehleranzahl von Personen mit ingenieurwissenschaftlichen Vorkenntnissen bei Verwendung eines grafischen Arbeitsplans durch eine vermeintliche Unterforderung entsteht, da diese Personen aufgrund ihrer technischen Ausbildung grafische Arbeitspläne kennen.

Die Ergebnisse bestätigen die Ansätze der konstruktivistischen Lerntheorie (Dubs 1995) [20], die beschreibt, dass eine Arbeitsperson sich ein eigenes mentales Modell von der ihr übertragenen Aufgabe erarbeiten muss, um diese zu erlernen und fehlerfrei ausführen zu können.

Insgesamt kann im Rahmen der Untersuchung keine Art der Arbeitsplangestaltung hinsichtlich des Lernens uneingeschränkt empfohlen werden. Die Gestaltung ist daher auf jeden Einsatzfall abzustimmen. Zu berücksichtigen sind dabei u. a. die Anzahl möglicher Fehler bei der Aufgabenausführung und die geplante Anzahl der Aufgabenausführungen bzw. die Losgröße.

19.5.2   Gestaltung von Arbeitsaufgaben

Die Ergebnisse der Untersuchung zur Schwierigkeit von Arbeitsaufgaben sind in Abbildung 19.6 dargestellt. Dabei wurden die gemessenen Arbeitsausführungszeiten auf die mit MTM-UAS ermittelten Zeitwerte bezogen, so dass die erbrachte Leistung der Versuchspersonen zwischen den drei Arbeitsaufgaben verglichen werden kann. Die unterschiedlichen Zeitwerte für die einzelnen Arbeitsaufgaben spiegeln sich in den unterschiedlichen erreichten Wiederholhäufigkeiten im Rahmen der jeweils zweistündigen Versuchsdauer wider. Die für jede der Aufgaben mit der Wiederholhäufigkeit zunehmende Leistung beschreibt einen Lerneffekt, der statistisch nachgewiesen werden kann.

Die unterschiedlichen Anfangsleistungen und die Höhe der während der Versuchsdurchführung erreichten Leistungsniveaus zeigen, dass die untersuchten Arbeitsaufgaben sich hinsichtlich der Schwierigkeit ihres Erlernens deutlich unterscheiden. Eine Betrachtung der einzelnen Anfangsleistungen und der in Tabelle 19.1 dargestellten Aufgabencharakteristika zeigt starke Zusammenhänge zwischen der Anfangsleistung und den berechneten Entropien auf. Dementsprechend können die Entropie der Bauteile wie auch die Entropie der Bewegungselemente nach MTM-UAS als Indikator für die Schwierigkeit von Montageaufgaben herangezogen werden (Jeske/Schlick 2012) [21].

Die beiden Entropiewerte beschreiben unterschiedliche Dimensionen der Aufgabenschwierigkeit: jene, die sich aus Art und Anzahl der physischen Bauteile ergibt, und jene, die sich aus den zu verrichtenden menschlichen Bewegungen ergibt. Beide Dimensionen können euklidisch (durch die Wurzel aus der Summe der quadrierten Einzelentropien) zusammengefasst werden und beschreiben so die Aufgabenschwierigkeit mit einem einzelnen Wert, der ebenfalls in einem starken Zusammenhang mit der Aufgabenschwierigkeit steht (Jeske/Schlick 2012) [21]. Auf diese Weise wird auch die Schwierigkeit von Aufgaben mit besonders vielen Gleichteilen und unterschiedlichen Bewegungen bzw. besonders vielen gleichartigen Bewegungen und unterschiedlichen Bauteilen erfasst.

Abbildung 19.6   Gegenüberstellung der mittleren Leistung relativ zu MTM-UAS

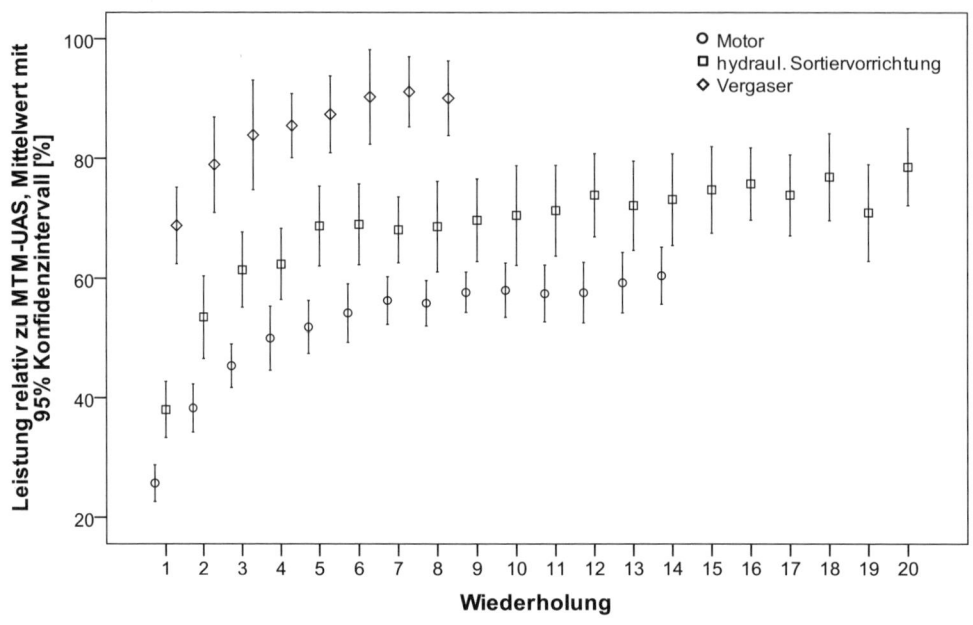

nach Jeske/Schlick (2011) [18]

Das vorliegende Ergebnis bestätigt die genannten Arbeiten von Stier (1968) [12] sowie Rohmert, Rutenfranz und Ulich (1974) [13] zur Informationsmenge als Beschreibungsmerkmal von Arbeitsaufgaben (vgl. Abschnitt 19.3.2). Die Entropien der Bauteile und der Bewegungselemente nach MTM-UAS können darüber hinaus die Gestaltung von Produkten und Arbeitsplätzen als objektive Messgrößen, einzeln wie auch euklidisch zusammengefasst, unterstützen.

Für die Entwicklung und Konstruktion neuer Produkte bedeutet dies, dass auf Grundlage der Entropie der Bauteile bereits frühzeitig auf eine geringe Vielfalt an Bauteilen hingewirkt werden kann. Dieser Ansatz kann somit Richtlinien zur Beherrschung von Produktvielfalt durch beispielsweise schlank gestaltete Variantenbäume ergänzen. Gleichermaßen können übliche Richtlinien und Hilfsmittel zur Arbeitsplatzgestaltung, wie beispielsweise Greifraumdarstellungen, durch die Entropie der Elemente nach MTM-UAS um einen zusätzlichen Indikator erweitert werden.

Die euklidisch zusammengefassten Entropiewerte können zudem die Planung arbeitsteiliger Produktionssysteme unterstützen. Sie können die zeitliche Abtaktung von Montagelinien um ein weiteres Kriterium ergänzen und so zu einer lernoptimalen Arbeitsteilung beitragen. Dies steht im Einklang mit Untersuchungen von Mathieu/Roos (1955) [22] und Hacker/Skell (1993) [16], die feststellten, dass umfangreiche Aufgaben leichter erlernt werden können, wenn diese in Teilaufgaben unterteilt werden. Dabei wird entsprechende Teilbarkeit der Aufgaben vorausgesetzt.

19.6   Zusammenfassung und Ausblick

Die vorgestellten Untersuchungen und die daraus abgeleiteten Handlungsempfehlungen bestätigen und erweitern die bestehenden Kenntnisse zum Erlernen von Montagetätigkeiten. So sind die erlangten Erkenntnisse über die Gestaltung von Arbeitsplänen insbesondere vor dem Hintergrund flexibler Produktionssysteme und flexiblen Personaleinsatzes von großer Bedeutung. Bei Berücksichtigung der anwendungsspezifischen Rahmenbedingungen ermöglichen sie eine kurz- bis mittelfristige Verbesserung der Flexibilität im Hinblick auf die Stabilität und Robustheit von Produktionsprozessen, die manuelle Tätigkeiten enthalten.

Die Kenntnis über die Schwierigkeit von Arbeitsaufgaben kann kurzfristig die Gestaltung von Arbeitsplätzen unterstützen und mittel- bis langfristig im Rahmen von Konstruktion und Arbeitsplanung zur Gestaltung einfach zu erlernender Arbeitsaufgaben beitragen.

In nachfolgenden Forschungsarbeiten können die identifizierten Einflussgrößen des Lernens näher untersucht und ggf. ergänzt werden. Insbesondere sind die Auswirkungen des demografischen Wandels auf die Gestaltung des Lernens im betrieblichen Umfeld wie auch auf flexible Produktionssysteme in ihrer Gesamtheit zu untersuchen.

Literatur

[1] Bokranz, R./Landau, K. (2006): Produktivitätsmanagement von Arbeitssystemen. Stuttgart: Schäffer-Poeschel Verlag.
[2] Rohmert, W./Kirchner, J.-H. (1969): Anlernung sensumotorischer Fertigkeiten in der Industrie. Berlin: Beuth Verlag.
[3] Laurig, W. (1992): Grundzüge der Ergonomie. Erkenntnisse und Prinzipien. Berlin: Beuth Verlag.
[4] Schlick, C. M./Jeske, T./Jochems, N./Hasenau, K./Tackenberg, S. (2010): Untersuchung des Einflusses der informatorischen Reichhaltigkeit von Arbeitsplänen auf die Anlernzeit sensumotorischer Fertigkeiten. In: Nyhuis, P. (Hrsg.), Wandlungsfähige Produktionssysteme. Berlin: GITO Verlag, S. 325-344.
[5] Wright, T. P. (1936): Factors affecting the cost of airplanes. Journal of Aeronautical Sciences, 3, 4, S. 122-128.
[6] Laarmann, A. (2005): Lerneffekte in der Produktion. Wiesbaden: Deutscher Universitäts-Verlag.
[7] Levy, F. K. (1965): Adaptation in the production process. Management Science, 11, 6, S. B136-B154.

[8]   Greiff, M. (2001): Die Prognose von Lernkurven in der manuellen Montage unter besonderer Berücksichtigung der Lernkurven von Grundbewegungen. Düsseldorf: VDI Verlag.

[9]   Luczak, H. (1989): Wesen menschlicher Leistung. In: Institut für angewandte Arbeitswissenschaft e.V. (Hrsg), Arbeitsgestaltung in Produktion und Verwaltung. Köln: Wirtschaftsverlag Bachem, S. 39-64.

[10] Schlick, C. M./Bruder, R./Luczak, H. (2010): Arbeitswissenschaft. 3. Aufl., Berlin: Springer-Verlag.

[11] REFA Bundesverband e.V. (1991): Methodenlehre der Betriebsorganisation. Entgeltdifferenzierung. München: Carl Hanser Verlag.

[12] Stier, F. (1968): Informationsverarbeitung am Arbeitsplatz. Werkstatt und Betrieb, 101, S. 473-478.

[13] Rohmert, W./Rutenfranz, J./Ulich, E. (1974): Das Anlernen sensumotorischer Fertigkeiten. Frankfurt a.M.: Europäische Verlagsanstalt.

[14] Schelten, A. (2005): Grundlagen der Arbeitspädagogik. Stuttgart: Gentner Verlag.

[15] Iskander, A. (1968): Über den Einfluss von Pausen auf das Anlernen sensumotorischer Fertigkeiten. Dissertation an der TH Darmstadt. Berlin: Beuth Verlag.

[16] Hacker, W./Skell, W. (1993): Lernen in der Arbeit. Berlin: Bundesinstitut für Berufsbildung.

[17] Jeske, T./von Garrel, J./Starke, J. (2011): Erfolgsfaktor Flexibilität. Ergebnisse einer deutschlandweiten Unternehmensbefragung. Industrial Engineering, 64, 1, S. 20-23.

[18] Jeske, T./Schlick, C. M. (2011): Influence of task complexity on learning times of sensorimotor tasks in assembly systems. In: Spath, D./Ilg, R./Krause, T. (Hrsg.), Innovation in product and production. Conference proceedings, 21st International Conference on Production Research (ICPR 21). CD-ROM, Stuttgart.

[19] Jeske, T./Hasenau, K./Schlick, C. (2011): Influence of task descriptions on learning sensorimotor tasks. In: Göbel, M./Christie, C./Zschernack, S./Todd, A./Mattison, M. (Hrsg.), Human factors in organisational design and management X. Santa Monica/CA: IEA Press, S. I343-I348.

[20] Dubs, R. (1995): Konstruktivismus. Einige Überlegungen aus der Sicht der Unterrichtsgestaltung. Zeitschrift für Pädagogik, 41, 6, S. 889-903.

[21] Jeske, T./Schlick, C. M. (2012): Einfluss der Schwierigkeit sensumotorischer Arbeitsaufgaben auf die Anlernung. In: Gesellschaft für Arbeitswissenschaft e.V. (Hrsg.), Gestaltung nachhaltiger Arbeitssysteme. Wege zur gesunden, effizienten und sicheren Arbeit. Bericht zum 58. Kongress der Gesellschaft für Arbeitswissenschaft. Dortmund: GfA-Press, S. 821-824.

[22] Mathieu, J./Roos, C. A. (1955): Die Anlernung von Industriearbeitern. Forschungsbericht des Wirtschafts- und Verkehrsministeriums NRW, Nr. 130. Köln: Westdeutscher Verlag.

20 Qualifizierung und Kompetenzentwicklung in der Zeitarbeit

Marisa Kaufhold, Hajo Fischer

20.1 Bedeutung von Qualifizierung und Kompetenzentwicklung in der Zeitarbeit

Die Bedeutung von Weiterbildung in Unternehmen hat in den letzten Jahren im Zuge der Verknappung von Fachkräftepersonal weiter an Bedeutung zugenommen. Neben dem Erhalt der Beschäftigungsfähigkeit wird sie immer mehr auch zu einem Aspekt der Attraktivität eines Arbeitsplatzes. Deutlich erkennbar ist aber vor allem, dass der wirtschaftliche Erfolg und damit die Wettbewerbsfähigkeit von Unternehmen wesentlich durch die Qualifikation der Beschäftigten geprägt wird. Gut ausgebildete Mitarbeiter sind ein hohes Gut der Unternehmen, womit es ihnen gelingen kann, schnell und kompetent auf immer wieder neue Herausforderungen der Märkte zu reagieren.

Insbesondere Unternehmen der Zeitarbeit, deren Geschäftsmodell auf dem Know-how der Beschäftigten und der Qualität ihrer Arbeit aufbaut, sind auf gute Mitarbeiter angewiesen, wenn sie im Wettbewerb bestehen wollen. Im Zuge der demografischen Entwicklungen und der damit einhergehenden Verknappung von Arbeitskräften allgemein und Fachkräften im Besonderem sind Zeitarbeitsunternehmen (synonym: Personaldienstleister, Verleihunternehmen) bereits heute immer mehr auf Personal angewiesen, das nicht alle gewünschten Qualifikationsanforderungen mitbringt. Dies führt dazu, dass auch in der Zeitarbeit die eigenen Weiterbildungsmöglichkeiten und die Notwendigkeit einer gezielteren Qualifizierung zu drängenden Themen der Zukunftsfähigkeit werden. Unter betrieblicher Weiterbildung wird in diesem Zusammenhang eine Bildungsaktivität verstanden, die der Vertiefung, Erweiterung oder Ergänzung einer Vorbildung dient und zeitlich einer Grundbildung und der Aufnahme einer vollen Berufstätigkeit nachgelagert ist; mit ihrer Durchführung wird eine berufliche Qualifizierung beabsichtigt (Diedrich 1988, S. 27) [1]. Qualifizierung wiederum beinhaltet die gezielte Kompetenzentwicklung von Mitarbeitern.

Im Vergleich zu anderen Branchen sind in Zeitarbeitsunternehmen die Aktivitäten bzgl. Weiterbildung nach wie vor eher gering ausgeprägt. Allerdings bestehen teilweise große Diskrepanzen zwischen einzelnen Unternehmen, wobei die empirische Datenlage wenig zufriedenstellend ist. Es lässt sich aber feststellen, dass große Anbieter von Zeitarbeit seit Jahren über eine systematische Personalentwicklungsplanung und eigene Weiterbildungsorganisationen in unterschiedlichen Formen verfügen (vgl. Kaufhold/Düsseldorff 2010) [2]. Trotz eines starken Rückgangs von kleinen Zeitarbeitsunternehmen während der Wirtschaftskrise 2009 (IW Köln 2011) [3] und einer Verschiebung in den Größenstrukturen gibt es nach wie vor zahlreiche Klein- und Kleinstunternehmen in der Branche (Gutmann/Kilian 2011, S. 94) [4]. Diese Struktur erklärt die mitunter fehlenden Weiterbildungsaktivitäten in der Branche, denn es ist bekannt, dass allgemein mit abnehmender Betriebsgröße die Weiterbildungsaktivitäten in Unternehmen sinken.

Da die Qualifikationsanforderungen an Zeitarbeitnehmer aus dem jeweiligen Einsatzfeld resultieren, ergeben sich recht unterschiedliche Weiterbildungsbedarfe. So besteht das berufliche Qualifikations- und Kompetenzprofil eines Zeitarbeitnehmers nicht nur in der fachlichen Tiefe des Wissens und Könnens, sondern auch in der Breite an Tätigkeiten und

Aufgaben, die er abzudecken vermag. Dies zu gestalten und zu organisieren, ist besonders komplex und stellt hohe Anforderungen an die Branche und die verantwortlichen Personen, wobei es sich zumeist um die so genannten Disponenten handelt. Diese sind jedoch in der Regel nicht für Weiterbildungs- und Personalentwicklungsaufgaben geschult.

Handlungsbedarf ergibt sich daher hinsichtlich der strukturellen Rahmenbedingungen betrieblicher Qualifizierung, insbesondere in den kleinen und mittleren Zeitarbeitsunternehmen. Er umfasst zum einen die Qualifizierung der Disponenten für Personalentwicklungsaufgaben und zum anderen die Unterstützung der Unternehmen hinsichtlich des Umgangs mit weiterbildungsspezifischen Fragestellungen.

Die Umsetzung und Organisation von Weiterbildung sehen sich aufgrund der Spezifika der Branche zudem besonderen Herausforderungen gegenüber, auf die es Antworten zu finden gilt. Im vorliegenden Beitrag werden nach einer Auseinandersetzung mit den qualifizierungsrelevanten Besonderheiten der Zeitarbeit branchengerechte Handlungsansätze für die informelle Kompetenzentwicklung diskutiert. Abschließend wird der Frage nachgegangen, ob die unterdurchschnittliche Intensität formaler Weiterbildung in der Branche Zeitarbeit möglicherweise ökonomisch gerechtfertigt ist. Dabei kann entgegen dem ersten Anschein gezeigt werden, dass formale Weiterbildungsmaßnahmen insbesondere für Höherqualifizierte signifikant zum Erfolg von Zeitarbeitsunternehmen beitragen.

20.2 Besonderheiten der Zeitarbeitsbranche im Qualifizierungskontext

Die Qualifizierung in der Zeitarbeit ist mit der anstehenden Umsetzung des IGZ-DGB Tarifvertrags (vgl. IGZ) [5] verstärkt ins Blickfeld der öffentlichen Diskussion gerückt. Ein erster Ansatz zur Verbesserung der aktuellen Situation wird von den Tarifparteien unternommen, die im Tarifvertrag erstmals eine Regelung zur Qualifizierung von Zeitarbeitnehmern verankern wollen.

Vielfältige Studien und Forschungsprojekte wurden durchgeführt, um die Qualifizierungspraxis und ihre Rahmenbedingungen zu erfassen (Bolder/Naevecke/Schulte 2005, Münchhausen 2007, Schwaab/Durian 2009, Goertz 2009) [6], [7], [8], [9]. Bisher ist es jedoch noch nicht gelungen, Qualifizierungsmodelle für Arbeitnehmer der Zeitarbeit zu entwickeln, die einem nennenswerten Anteil von Zeitarbeitnehmern einen vergleichbaren Zugang zu Qualifizierungschancen eröffnen wie in anderen Beschäftigungsformen. Gründe für die nur unterdurchschnittliche Weiterbildungspartizipation von Zeitarbeitnehmern liegen zum einen in den Charakteristika der Beschäftigten selbst, zum anderen in den Besonderheiten der Beschäftigungsform an sich.

20.2.1   Besonderheiten der Beschäftigtenstruktur in der Zeitarbeit

Die Rahmenbedingungen für die Qualifizierung in der Zeitarbeit unterscheiden sich in Bezug auf das Segment der Normalarbeitsverhältnisse erheblich. So zeigen beispielsweise die Daten der Bundesagentur für Arbeit (2012, S. 17) [10], dass knapp zwei Drittel der neuen Zeitarbeitsverhältnisse mit Personen geschlossen wurden, die unmittelbar zuvor keine Beschäftigung ausübten bzw. noch nie beschäftigt waren, was sich unmittelbar auf die Qualifizierungsvoraussetzungen auswirkt.

Ein Vergleich der Strukturmerkmale von Zeitarbeitnehmern und der Durchschnittswerte für alle regulär sozialversicherungspflichtig Beschäftigten kann der Tabelle 20.1 entnommen werden (Mai 2008, Puch 2008, Basisik u. a. 2008, S. 88) [11], [12], [13]. Der Vergleich zeigt zum Teil erhebliche Unterschiede auf. Neben dem überproportionalen Männer- und Ausländeranteil fällt insbesondere der vergleichsweise niedrige Bildungsgrad von Zeitarbeitnehmern ins Auge. Auch haben Zeitarbeitnehmer naturgemäß deutlich weniger Zeit, sich betriebspezifisches Wissen anzueignen.

Tabelle 20.1   Vergleich der Strukturmerkmale von Zeitarbeitnehmern und allen regulär sozialversicherungspflichtig Beschäftigten (Durchschnittswerte)

	Zeitarbeitnehmer	Alle regulär SV-Beschäftigten
Frauenanteil	26%	42,5%
Anteil Teilzeitbeschäftigte	4,8%	16,3%
Ausländeranteil	18,8%	7,6%
Altersgruppe 15 bis 30 Jahre	31%	21%
Altersgruppe 45 bis 60 Jahre	24%	34%
ohne Schulabschluss/mit Hauptschulabschluss	44%	31%
(Fach-)Hochschulreife	17%	30%
ohne beruflichen Bildungsabschluss	25%	19%
Hochschulabschluss, Meister oder Ähnliches	11%	25%
Beschäftigungsaufnahme beim derzeitigen Arbeitgeber innerhalb der letzten 12 Monate	43%	14%

20.2.2 Besonderheiten der Beschäftigungsform Zeitarbeit

Zeitarbeit ist ein Flexibilisierungsinstrument, das den Entleihunternehmen zum Ausgleich von schwankendem Personalbedarf und kurzfristig auftretenden Personalengpässen dient. Dementsprechend sind die Kundeneinsätze von eher geringer Dauer. Gerade im Helferbereich werden von den Verleihunternehmen die Kundeneinsätze und die Dauer der Beschäftigungsverhältnisse noch sehr häufig synchronisiert. In der Konsequenz ergeben sich so im Brachendurchschnitt vergleichsweise kurze Beschäftigungszeiten. 2010 betrug die durchschnittliche Dauer sozialversicherungspflichtiger Beschäftigungsverhältnisse in der Arbeitnehmerüberlassung schätzungsweise 8,7 Monate. Im Durchschnitt über alle anderen Branchen war die Dauer annähernd sechsmal so lang (Bundesagentur für Arbeit 2012, S. 19) [10].

Zeitarbeitnehmer werden überdurchschnittlich häufig in den klassischen Fertigungsberufen eingesetzt (Mai 2008, S. 474) [11]. Jedoch hat auch hier in den vergangenen Jahren ein Strukturwandel hin zu einem höheren Anteil der Dienstleistungsberufe stattgefunden. Noch stärker ist der Anteil an Zeitarbeitnehmern gewachsen, die als reine Hilfsarbeiter eingesetzt werden (Mai 2008, S. 473) [11]. Auf das typischerweise eher wenig anspruchsvolle Niveau der Einsatztätigkeiten von Zeitarbeitnehmern weist auch die relativ kurze Einarbeitungszeit hin (Galais 2005, S. 11) [14]: Nur ca. 25 % brauchen länger als einen Monat für die Einarbeitung.

Zudem besteht ein Dreiecksverhältnis in der Zeitarbeit. Ein Zeitarbeitnehmer arbeitet also für das Entleihunternehmen, wird aber von seinem Personaldienstleister (Verleihunternehmen) bezahlt. Dieses Dreiecksverhältnis führt dazu, dass der Zeitarbeitnehmer einem Spannungsverhältnis von Loyalität und Zugehörigkeit unterliegt. Seine Leistung kommt zunächst einmal ausschließlich dem Entleihunternehmen zugute. Dies gilt auch für eine Mehrleistung nach einer Qualifizierungsmaßnahme. Zudem besteht dabei die Gefahr für das Zeitarbeitsunternehmen bzw. die Chance für den Zeitarbeitnehmer, dass dieser vom Entleihunternehmen auf einen Stammarbeitsplatz übernommen wird. So ist dann aus Sicht des Personaldienstleisters nicht unmittelbar zu erkennen, wer letztendlich den Nutzen der Weiterbildung erhalten wird, und insbesondere auch, ob und wie lange das Entleihunternehmen bereit sein wird, dies durch höhere Stundensätze zu honorieren.

20.2.3　Praxis der Qualifizierung

Gezielte betriebliche Förderung der Qualifizierung kommt Zeitarbeitnehmern in sehr viel geringerem Maße zugute als anderen Beschäftigtengruppen (vgl. dazu Tabelle 20.2).

Tabelle 20.2　Zugang einzelner Beschäftigtengruppen zu Weiterbildung (CVTS3-Zusatzerhebung, gewichtete Daten)

	Anteil der Unternehmen in %		
	mit Teilzeit-beschäftigten	mit befristet Beschäftigten	mit Zeitarbeit-nehmern
Anteil Unternehmen mit atypischen Beschäftigungsverhältnissen	80	48	24
Anteil der Unternehmen, die folgende Lernformen anbieten:			
Interne Lehrveranstaltungen	69	62	44
Externe Lehrveranstaltungen	78	67	30
Unterweisung/Einarbeitung	77	70	64
Job Rotation/Austauschprogramme	15	20	6
Lernzirkel/Qualitätszirkel	17	22	12
Selbstgesteuertes Lernen	33	28	4
Informationsveranstaltungen	89	77	41

Quelle: Moraal u. a. (2008, S. 20) [15]

Wenn Qualifizierung stattfindet, dann in Form der Einarbeitung oder zur Vermittlung kurzfristig notwendiger Fachkenntnisse und -fähigkeiten sowie gesetzlich vorgeschriebener Schulungen und Unterweisungen (meist Sicherheitszertifikate u. Ä., vgl. Bolder/Naevecke/Schulte 2005, S. 10 und S. 15, Galais 2005, S. 15, Heckmann 2010, S. 46 ff., Sossna 2009, S. 6) [6], [14], [16], [17]. So gibt es seit vielen Jahren typische Qualifizierungsmaßnahmen der Personaldienstleister für ihre Mitarbeiter, z. B. Gabelstaplerscheine, PC-Kurse und Sprachkurse, zum Teil auch Schweißerpässe und Löterschulungen. Dabei entstehen vergleichsweise geringe Kosten für diese Weiterbildungen (Spermann 2009, S. 22) [18].

Neben der weit geringeren Qualifizierungshäufigkeit von Zeitarbeitnehmern wird somit deutlich, dass Weiterbildung wenig strategisch und langfristig erfolgt, sondern in erster Linie operativ und kurzfristig, um die Einsatzfähigkeit zu gewährleisten. Die Vermittlung von weiterführenden Inhalten, die über den aktuellen Bedarf an Fachwissen und Fertigkeiten hinausgehen, wird kaum gefördert.

20.2.4 Hinderungsgründe für Qualifizierung in der Zeitarbeit aus Sicht der Verleihunternehmen

Selbst wenn die Qualifizierung der Beschäftigten aus Sicht der Zeitarbeitsunternehmen angestrebt wird, gibt es offensichtlich eine Reihe von zeitarbeitsspezifischen Faktoren, welche die Zielerreichung erschweren oder verhindern. Es sind verschiedene empirische Untersuchungen vorhanden, die direkt nach der Bewertung dieser Entscheidungskriterien durch die Unternehmen fragen. Nach Einschätzung der Zeitarbeitsunternehmen lassen sich drei Problembereiche identifizieren, welche quasi im Hindernislauf zu überwinden sind, bevor es an die Qualifizierung geht (Lehmann/Ratzmann/Bouncken 2010, S. 8, FlexPro 2010, S. 18) [19], [20]:

- Es ist organisatorisch schwierig, Weiterbildungsmaßnahmen für Zeitarbeitnehmer so zu organisieren, dass sie planmäßig in den verleihfreien Zeiten stattfinden können. Hierzu fehlt es offenbar an den geeigneten Angeboten.

- Weiterbildungsmaßnahmen werden als zu teuer angesehen bzw. es fehlt dem Zeitarbeitsunternehmen der finanzielle Spielraum, um in größerem Maße Qualifizierung für seine Zeitarbeitnehmer durchzuführen. Dieser fehlende finanzielle Spielraum mag eine Folge des nachfolgenden dritten Problembereiches sein.

- Nach Angaben der Zeitarbeitsunternehmen sind die Kunden nicht bereit, nach einer Qualifizierungsmaßnahme dafür in „angemessenem" Maße höhere Stundensätze zu zahlen.

Für Verleih- und Entleihunternehmen bestehen unter betriebswirtschaftlichen Gesichtspunkten also mehrere Hinderungsgründe, Zeitarbeitnehmer weiterzuqualifizieren. Von zentraler Bedeutung sind die fehlenden finanziellen Mittel und die fehlende Eignung der am Markt angebotenen Qualifizierungsmaßnahmen für die besonderen Bedingungen der Zeitarbeit.

20.3 Ansatzpunkte zur Qualifizierung und Kompetenzentwicklung im Arbeitsprozess

20.3.1 Kompetenzentwicklung von Zeitarbeitnehmern und Disponenten

Die Qualifizierung und Kompetenzentwicklung von Zeitarbeitnehmern kann auf unterschiedliche Art und Weise erfolgen. Eine der zentralen Unterscheidungen, die hier anzubringen wäre, ist die in formale und informelle Qualifizierung bzw. Kompetenzentwicklung. Die formale Weiterbildung und Kompetenzentwicklung entspricht im weitesten Sinne der klassischen Weiterbildung. Hierunter fallen u. a. externe Weiterbildungskurse.

Die Möglichkeiten der informellen Kompetenzentwicklung sind komplexer und stehen im Fokus der folgenden Überlegungen. Zunächst ist festzuhalten, dass informelles Lernen eher beiläufig erfolgt. Solche Lernmöglichkeiten finden sich in nahezu allen Lebensbereichen, also sowohl in der Freizeit und im sozialen Umfeld als auch bei der Bewältigung von Arbeitsaufgaben im Arbeitsprozess. In all diesen Situationen lassen sich Qualifikationen und Kompetenzen erwerben, die für den beruflichen Alltag von Nutzen sein können. Aufgrund der vielfältigen Arbeitseinsätze, die zum Teil auch mit unterschiedlichen Tätigkeiten einhergehen, werden der Zeitarbeit viele informelle Lernmöglichkeiten während der Ausübung der Arbeit zugeschrieben. Dies ist jedoch mit Vorsicht zu betrachten, denn Arbeit an sich ist nicht per se qualifizierend und kompetenzfördernd, sondern ist diesbezüglich vielmehr differenziert zu prüfen.

So sind die mit der Bewältigung einer Arbeitsaufgabe verbundenen Lernchancen sowohl von der Komplexität der Arbeitsaufgabe als auch von den jeweils individuellen Vorerfahrungen in Bezug auf diese Tätigkeit abhängig. Einfache, repetitive Routineaufgaben im Helferbereich enthalten, wenn überhaupt, nur sehr begrenzte Lernpotenziale. Komplexe Arbeitsaufgaben, die ein reflektiertes wie auch vorausschauendes Handeln erfordern, können hingegen durchaus wertvolle Lernpotenziale enthalten. Hinsichtlich der individuellen Vorerfahrungen ist von Bedeutung, an welche Lernerfahrungen und an welches Wissen des Beschäftigten angeknüpft werden kann. Ebenfalls relevant ist der Neuigkeitsgehalt der Arbeitsaufgabe für den Beschäftigten. So können die Lernchancen je nach Kenntnisstand für den Einzelnen bei einer Arbeitstätigkeit höher sein, wenn er diese bisher eher selten ausgeführt hat. Lernmöglichkeiten bieten somit vor allem solche Tätigkeiten, die bereits bekannt sind, gleichwohl aber auch neue Elemente enthalten (Kaufhold/Düsseldorff 2010, S. 10 ff., Bergmann u. a. 2001) [2], [21].

Es wurde bereits darauf verwiesen (vgl. Abschnitt 20.1), dass die Anforderungen an Zeitarbeitnehmer sehr heterogen sind. So ergeben sich Lernchancen aus der Vielfalt an unterschiedlichen Arbeitsaufgaben, -zusammenhängen und -bedingungen (Düsseldorff/Görtz 2011) [22], wobei zwischen überfachlichen und fachlichen Lernchancen unterschieden werden muss. Lernchancen im Bereich der überfachlichen Qualifikationen und Kompetenzen resultieren nahezu aus allen Tätigkeiten. Dies kann mit der Spezifik der Zeitarbeit begründet werden, in der sich die Beschäftigten durch häufige Arbeits- und Tätigkeitswechsel immer wieder neu auf mitunter sehr verschiedene Rahmenbedingungen von Arbeit einstellen müssen. Dies bestätigt auch eine Studie, in der über 70 % der befragten Zeitarbeitnehmer einen wesentlichen Lerngewinn darin sehen, „sich schnell in neue Tätigkeiten einarbeiten zu können" und „sich in wechselnden Situationen zurechtzufinden" (66 %) (Galais/ Moser/Münchhausen 2007, S. 173) [23]. Gerade solche Kompetenzen sind für Beschäftigte in der Zeitarbeit sehr wertvoll, weil sie es ihnen ermöglichen, ihren flexiblen Arbeitsalltag anzunehmen und zu bewältigen.

Fachliche Lernchancen bieten sich am ehesten in qualifikationsadäquaten Einsätzen (s.o.). Allerdings muss eine fachliche Weiterentwicklung nicht immer in der fachlichen Tiefe erfolgen, sondern kann sich aufgrund der unterschiedlichen Einsätze und Rahmenbedingungen auch in der Breite auszeichnen. Dies verdeutlicht ein Beispiel: Die Verrichtung von einfachen Bürodienstleistungen umfasst auch die optimale Bedienung eines Kopiergerätes. Hier kann eine Zeitarbeitskraft durch verschiedene Arbeitseinsätze die Bedienung höchst unterschiedlicher Geräte erlernen, was sich mitunter für die Entleihunternehmen als hilfreich erweist. Der Qualifizierungsaspekt liegt in diesem Beispiel darin, dass eine Tätigkeit (auch im gewerblichen Bereich) mit unterschiedlichen Maschinen oder Geräten ausgeführt werden kann. Die Zeitarbeitskraft lernt, eine Tätigkeit also unter äußerst unterschiedlichen Umständen und Rahmenbedingungen auszuführen, und ist damit in der Lage, Gelerntes auch unter anderen Bedingungen anzuwenden, anzupassen und zu erweitern. Dies ist ein wesentliches Unterscheidungsmerkmal im Vergleich zu Stammarbeitskräften, die jeweils die Rahmenbedingungen ihres Arbeitsplatzes kennen.

Diese Ausführungen zeigen, dass die Arbeitsprozesse von Zeitarbeitnehmern durchaus Lernchancen beinhalten können. Diese gilt es jedoch, durch eine entsprechende Arbeitsgestaltung zu unterstützen und zu fördern. Aus Perspektive eines Zeitarbeitsunternehmens sind daher vor allem qualifikationsadäquate Arbeitseinsätze zu organisieren, in denen sich das bisherige Wissen und Können der Beschäftigten anwenden und durch neue Kontexte und/oder Aufgaben erweitern lässt.

Das Lernen im Arbeitsprozess ist durch gezielte (Qualifizierungs-)Maßnahmen weiter zu unterstützen. Dies wiederum setzt voraus, dass die Disponenten den jeweiligen Entwicklungs- und Kompetenzstand der Beschäftigten kennen und deren Weiterentwicklung unterstützen. Damit entsteht eine neue, erweiterte Verantwortung der Disponenten für die Beschäftigten, die nicht zuletzt für ihre eigene Arbeit immer wichtiger wird. An dieser Stelle wird auch die Weiterbildung der Disponenten hinsichtlich der erweiterten Aufgaben zu einer Zukunftsaufgabe von Zeitarbeitsunternehmen (Dobischat/Düsseldorff/Wolf 2012) [24].

Will ein Zeitarbeitsunternehmen Qualifizierung und Kompetenzentwicklung langfristig und strategisch fördern, sind neben der Vorbereitung der Disponenten hierauf auch Strukturen zu schaffen, die es ermöglichen, die damit verbundenen Aufgaben in die täglichen Arbeitsprozesse einfließen zu lassen. Ziel ist es, den entstehenden zusätzlichen Aufwand gering zu halten und zum Gegenstand der täglichen Arbeitsprozesse werden zu lassen. Damit würden die Förderung von informellen Lernmöglichkeiten, deren Erfassung, Dokumentation und Nutzung der gewonnenen Erkenntnisse zu einer weiteren Kernaufgabe der Disponenten. Einen Ansatzpunkt zur Realisierung dieses Prozesses bietet ein systematisches Kompetenzmanagement.

20.3.2   Systematisches Kompetenzmanagement

Systematisches Kompetenzmanagement wird als kontinuierlicher Prozess verstanden, der bei neuen Mitarbeitenden bereits bei der Einstellung beginnen sollte. Dieser Prozess ist anschließend u. a. in regelmäßigen Personalgesprächen fortzuführen.

Abbildung 20.1   Systematisches Kompetenzmanagement in der Zeitarbeit

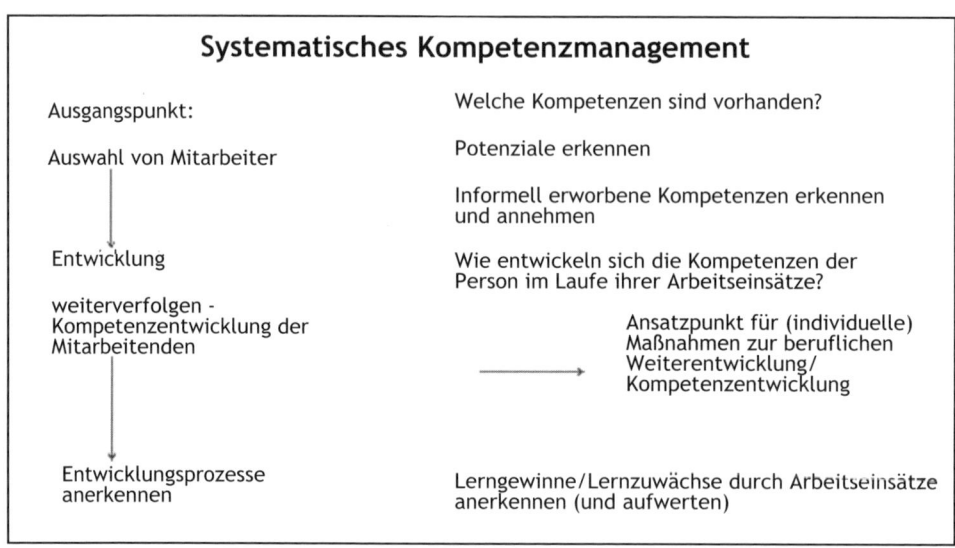

Der Aufwand für die Anwerbung von neuen Mitarbeitern ist für Zeitarbeitsunternehmen im Zuge der demografischen Entwicklungen und der Verknappung von Arbeits- und Fachkräften deutlich gestiegen. Zudem bringen die Bewerber häufig nicht alle gewünschten und erforderlichen Qualifikationen bzw. Kompetenzen mit. Die daraus resultierende Aufgabe besteht nach der Einstellung darin, Motivation und Entwicklungspotenziale der neuen Mitarbeiter zu erkennen und zu fördern. Dabei ist ein ganzheitlich erweiterter Blick auf die Person notwendig, der neben formalen schulischen und beruflichen Abschlüssen auch informelle Lernerfahrungen aus dem privaten Umfeld und Engagement in ehrenamtlichen Tätigkeitsfeldern (z. B. Vereinen) einschließt.

Im Verlauf der Beschäftigung muss es dann darum gehen, die Entwicklungen der Beschäftigten weiterzuverfolgen. Hier wird daran angeknüpft, dass vor allem im Rahmen von Arbeitseinsätzen durch die Bewältigung unterschiedlicher Aufgaben- und Tätigkeitsfelder eine Weiterentwicklung der Beschäftigten stattfindet, wodurch deren Qualifikations- und Kompetenzprofile erweitert werden. Diese Entwicklung gilt es zu begleiten, zu erfassen und zu dokumentieren, um die Erkenntnisse gewinnbringend für alle Beteiligten zu nutzen. Für die Begleitung dieses Prozesses wurden im Verbundprojekt „Wachstumsbranche Zeitarbeit – Handlungsfelder, Kompetenzentwicklung, Bildungsprofile (BildungsZeit)" vor allem zwei Ansätze verfolgt:

■ So wird einerseits die Nutzung eines „Notizbuches"[1] vorgeschlagen, in dem die Beschäftigten ihre Arbeitseinsätze mit den jeweiligen Rahmenbedingungen und Erfahrungsfeldern festhalten. Auf diese Weise können Informationen zur Einsatzdauer, zu(r) ausgeführten Tätigkeit(en), zu neuen Aspekten bei der Ausführung der Tätigkeit sowie eine Einschätzung bzgl. des eigenen Lern- bzw. Erfahrungsgewinns gesammelt werden. Dies ist von Relevanz, da die betreuenden Disponenten häufig keinen direkten bzw. nur einen begrenzten Einblick in die Arbeitseinsätze der Beschäftigten haben (Kaufhold 2012) [25].

■ Ein weiteres Instrument, das die Entwicklung von Beschäftigten in den vielfältigen Arbeitseinsätzen dokumentiert, ist der in diesem Projekt entwickelte MobiFlexPass Metall[2] (Goertz 2012) [26]. In diesem Pass wurden die am häufigsten vorkommenden Lernfelder aus den elf am stärksten besetzten Ausbildungsberufen[3] der Metallbearbeitung zusammengefasst. Anhand dieser Modularisierung von Lernfeldern über verschiedene Berufe hinweg bietet der Pass die Chance, einschlägige Lernerfahrungen zu dokumentieren und entsprechend zu ordnen. Darüber hinaus wurden praxisorientierte Qualifizierungsmodule entwickelt, die sich auf berufstypische und einsatzübliche Tätigkeiten beziehen.

20.3.3   Zertifizierung erworbenen Wissens

Letztlich muss es auch darum gehen, die beobachteten und dokumentierten Entwicklungsprozesse der Personen anzuerkennen. Vor diesem Hintergrund wurde das LERNSTÜCK©-Verfahren (Kaufhold 2012, Kaufhold/Homburg 2011) [25], [27] in Zeitarbeitsunternehmen erprobt. Dieses branchenunabhängige Verfahren ermöglicht es, im Arbeitsprozess erworbene Kenntnisse und Fertigkeiten zu ermitteln, zu dokumentieren und nach einem erfolgreichen Test vor der Industrie- und Handelskammer Ostthüringen in Gera in ein IHK-Zertifikat zu überführen. Damit haben teilnehmende Personen die Chance, auch im Arbeitsprozess erworbenes Wissen und Können darzustellen und in einen Nachweis zu überführen. Dies ist besonders für neu erworbenes Wissen interessant sowie für Personen, die als Quereinsteiger in einem für sie neuen Tätigkeitsfeld arbeiten.

Neben diesem Nutzen für die Beschäftigten stellt LERNSTÜCK© auch für Unternehmen ein wichtiges Instrument dar. Es ist als personalpolitisches Instrument zu betrachten, das in mehrerlei Hinsicht von Bedeutung ist und mit dem den Beschäftigten Wertschätzung entgegengebracht wird. Durch eine Dokumentation der durchgeführten Arbeitsprozesse werden das Wissen und Können dokumentiert. Gleichzeitig bietet diese Dokumentation einen

---

[1]   Das Notizbuch wurde im Rahmen des Projektes gemeinsam mit der ZIP Zeitarbeit + Personalentwicklung GmbH entwickelt und erprobt.
[2]   Der MobiFlexPass wurde von der Universität Duisburg-Essen, am Fachgebiet Wirtschaftspädagogik/Berufliche Aus- und Weiterbildung, entwickelt.
[3]   Industriemechaniker, Anlagenmechaniker, Zerspannungsmechaniker, Metallbauer für Konstruktionstechnik, Konstruktionsmechaniker, Werkzeugmechaniker, Feinmechaniker, Maschinen- und Anlagenführer, Teilzurichter, Anlagenmechaniker, Fertigungsmechaniker.

guten Überblick über die tatsächliche Ausgestaltung der durchgeführten Arbeitsprozesse in Entleihunternehmen und kann beispielsweise für Stellenbeschreibungen herangezogen werden oder Ansatzpunkt für Veränderungsprozesse sein. Von diesen Aspekten können sowohl Zeitarbeits- als auch Entleihunternehmen profitieren.

Das LERNSTÜCK©-Verfahren erfolgt in drei aufeinander folgenden Schritten: (1.) die Identifizierung von Kenntnissen und Fertigkeiten, (2.) die Dokumentation des durchgeführten Arbeitsprozesses und (3.) die Zertifizierung der Kenntnisse und Fertigkeiten. Der zeitliche Aufwand beträgt im Durchschnitt 60 Stunden, von denen ca. 20 Stunden zu fest vereinbarten Zeiten absolviert werden müssen. Der größte Zeitanteil wird für die Erstellung der eigentlichen Arbeitsprozessdokumentation aufgebracht und selbstverantwortlich durch die teilnehmenden Personen (Beschäftigte) dokumentiert. Während der zentralen Arbeits- und Lernphase steht ein Ansprechpartner aus der LERNSTÜCK©-Betreuung (i.d.R. extern) zur Seite, der in methodischen Fragen unterstützt.

Die Ausführungen verdeutlichen vor allem die vielfältigen Lernchancen in den Arbeitsprozessen selbst. Diese stellen für Zeitarbeitsunternehmen eine gute Möglichkeit dar, sich mit angemessenem Aufwand aktiv um die Weiterentwicklung ihrer Beschäftigten zu bemühen. Im Kontakt mit Zeitarbeitsunternehmen wird mehr und mehr erkennbar, dass sie die Notwendigkeit zur Weiterbildung ihrer Mitarbeiter erkennen und zunehmend bereit sind, in diese zu investieren. Die Erfahrung zeigt aber auch, dass kleine und mittlere Unternehmen schnell an ihre Grenzen geraten und professioneller Unterstützung bei der Etablierung entsprechender Vorgehensweisen bedürfen.

20.4   Erfolgswirkungen der Qualifizierung durch Zeitarbeitsunternehmen

20.4.1   Forschungsstand

In den vorangehenden Abschnitten wurden zum einen zeitarbeitsspezifische Besonderheiten und Dilemmata der Qualifizierung von Zeitarbeitnehmern aufgezeigt. Zum anderen ist deutlich geworden, dass die informelle Qualifizierung in der Zeitarbeit eine große Rolle spielt und ihre systematische Förderung noch vielfältige Entwicklungspotenziale bietet. Von besonderem Interesse ist daher die Frage, ob es eine ökonomische Rechtfertigung für die Durchführung bzw. Unterlassung betrieblicher Weiterbildung durch Zeitarbeitsunternehmen gibt. Um dies objektiv erfassen zu können, ist der empirische Zusammenhang zwischen Weiterbildungsaktivitäten und Unternehmenserfolg zu untersuchen.

Es existieren bisher nur wenige empirische Untersuchungen, die sich mit dem Zusammenhang von betrieblicher Weiterbildung und Unternehmenserfolg im Allgemeinen beschäftigen (Tippelt/von Hippel 2010, S. 380) [28]. Sie unterscheiden sich sowohl hinsichtlich der einbezogenen unabhängigen Variablen als auch hinsichtlich der berücksichtigten Kontextfaktoren (Sonntag/Stegmaier 2006) [29]. Empirische Studien, die einen positiven Zusammenhang von betrieblicher Weiterbildung mit dem wirtschaftlichen Erfolg der Unternehmen überzeugend belegen, sind jedoch selten (Weiß 2010, S. 380) [30].

Es gibt eine Vielzahl von Rahmenbedingungen für die Qualifizierung von Arbeitnehmern. So wirken unterschiedliche Qualifizierungsanforderungen, -möglichkeiten, -motive und -voraussetzungen wiederum als Einflussfaktoren auf beispielsweise Qualifizierungsniveau, -intensität und -formen. Dabei unterscheiden sich die Rahmenbedingungen für die Qualifizierung in der Zeitarbeit erheblich von denen der Normalarbeitsverhältnisse (vgl. Abschnitt 20.3).

Eine Übertragung dieser Untersuchungsergebnisse auf die Zeitarbeitsbranche ist aufgrund der spezifischen strukturellen Rahmenbedingungen problematisch. Daher wurde 2010 eine eigene Studie im Rahmen des Projektes Flex4Work „Integration und Implementierung von Flexibilisierungsstrategien bei Stamm- und Zeitarbeitnehmern" durchgeführt. Hierzu wurden 346 Zeitarbeitsunternehmen zu verschiedenen Aspekten von Weiterbildung in der Zeitarbeit sowie zu wesentlichen Kontextmerkmalen und ihrem Unternehmenserfolg befragt (Bouncken/Lehmann/Fischer 2012) [31]. Neben dem Zusammenhang zwischen Kontextfaktoren und Weiterbildungsaktivitäten zielt die zentrale Fragestellung der Erhebung auf den Zusammenhang von betrieblicher Weiterbildung und Erfolg eines Zeitarbeitsunternehmens ab.

20.4.2 Beschreibung der Erhebung

Im Rahmen der Online-Erhebung wurden im Frühjahr 2010 346 Filialen deutscher Personaldienstleister zu ihren Strategien, unternommenen Weiterbildungsaktivitäten und ihrem Wettbewerbserfolg befragt. Ziel der Befragung war es, Strukturmerkmale der Personaldienstleister sowie die Situation der betrieblichen Weiterbildung und den ggf. daraus resultierenden Erfolg der Personaldienstleister zu erfassen.

Zur Messung der unabhängigen Variablen Weiterbildung wurde ein Faktor verwendet, der sich aus sechs formalen Weiterbildungsmaßnahmen zusammensetzt, wobei jeweils die Intensität verschiedener spezifischer Maßnahmen erfragt wurde. Die Auswahl und Zuordnung erfolgt in Anlehnung an Klimecki und Gmür (1998, S. 207) [32]. Es handelt sich hierbei um arbeitsplatznahe (near-the-job) und arbeitsplatzentkoppelte (off-the-job) Maßnahmen der Qualifizierung. Hierzu gehören z. B. die Teilnahme an Qualitätszirkeln, Seminaren/Konferenzen und Workshops sowie der Besuch von Lehrveranstaltungen.

Als Erfolgsmaßstab wurde der Wettbewerbserfolg verwendet, der als externer Faktor ein mittel- bis langfristiges Maß für die Wettbewerbsfähigkeit eines Unternehmens darstellt (Grönroos 1997, S. 8) [33]. Zur Operationalisierung dieses Faktors wird auf drei Items zurückgegriffen, welche die Marktposition des Unternehmens, den Marktanteil und die Rendite im Vergleich zu Wettbewerbern beinhalten. Gemessen wird der Wettbewerbserfolg anhand einer fünfstufigen Likert-Skala. Die Faktorladungen der drei verwendeten Items liegen zwischen 0,50 und 0,90, Cronbachs-Alpha des Faktors beträgt 0,73.

20.4.3   Ergebnisse zu Weiterbildung und Wettbewerbserfolg

Zur Überprüfung der Erfolgswirksamkeit von Weiterbildung in der Zeitarbeit wurden zwei Hypothesen formuliert:

- H2a: Die Weiterbildung des eigenen Zeitarbeitspersonals fördert den Wettbewerbserfolg des Personaldienstleisters.

- H2b: Der Zusammenhang zwischen formaler Weiterbildung und dem Wettbewerbserfolg ist für höher Qualifizierte stärker als für gering Qualifizierte.

Die Frage nach der Erfolgswirksamkeit von Weiterbildung (H2a) wurde mittels einer hierarchischen Regression mit den Kontrollvariablen Arbeitnehmer- und Kundenzahl des Personaldienstleisters, der formalen Weiterbildung als Prädiktor und dem Wettbewerbserfolg als Prognosevariable überprüft. Das Ergebnis ist in Tabelle 20.3 dargestellt.

Tabelle 20.3   Ergebnis der hierarchischen Regression zur Wirkung von Weiterbildung auf den Wettbewerbserfolg

AV: Wettbewerbserfolg	Beta-Koeffizient (standardisiert)	R^2	$\triangle R^2$
Kundenanzahl Verleiher	,69	,23$^+$	,23
Arbeitnehmer Verleiher	,125		
Weiterbildung	,216**	,069**	,46

Ergebnisse signifikant auf dem Niveau *** $p < 0{,}001$; ** $p < 0{,}01$; * $p < 0{,}05$; $^+$ $p < 0{,}1$.

Unter Berücksichtigung der Kontrollvariable „Größe des Personaldienstleisters" besteht ein signifikant positiver Zusammenhang zwischen der Weiterbildung und dem Wettbewerbserfolg von Personaldienstleistern. Investitionen in die Qualifizierung des Personals wirken sich daher, unabhängig von der Unternehmensgröße, positiv auf die Wettbewerbsfähigkeit aus. Die Hypothese H2a wird demzufolge angenommen. Die Hypothese 2b zum Einfluss des Qualifikationsniveaus der Beschäftigten auf die Stärke des Zusammenhangs zwischen Weiterbildung und Wettbewerbserfolg eines Personaldienstleisters wurde mittels einer Moderatoranalyse untersucht. Als Moderator wird eine Variable bezeichnet, deren Ausprägung die (positive oder negative) Richtung oder die Stärke des Effektes zwischen zwei Variablen beeinflusst (Frazier u. a. 2004) [34]. Hierfür wurde der Datensatz anhand des Anteils von Fachkräften und Spezialisten an der Gesamtbelegschaft mittels Median-Split in zwei annähernd gleich große Gruppen (hohe Qualifikation vs. geringe Qualifikation) aufgeteilt. Für beide Gruppen wurde die Wirkung formaler Weiterbildung auf den Wettbewerbserfolg mittels einer linearen Regression überprüft (vgl. Abbildung 20.2).

Abbildung 20.2 Zusammenhang zwischen Weiterbildung und Wettbewerbserfolg

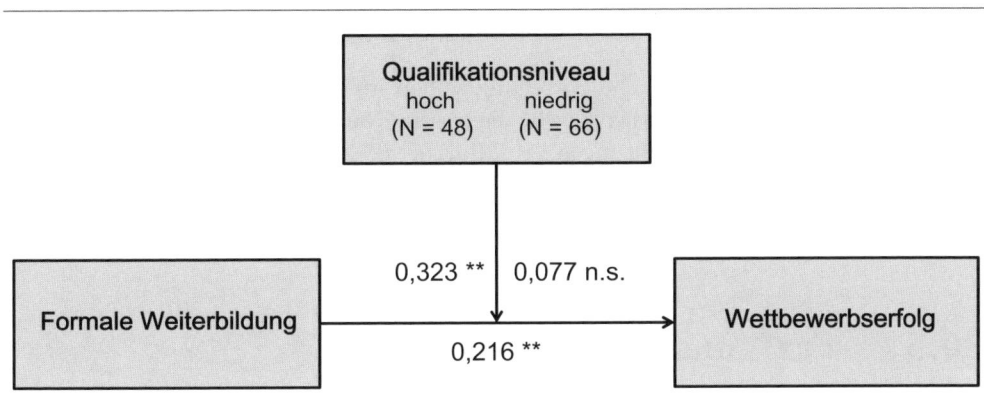

Ergebnisse signifikant auf dem Niveau ** p < 0,01.

Es wird ersichtlich, dass sich der Effekt zwischen den Gruppen in Abhängigkeit vom Qualifikationsniveau unterscheidet. Während die formale Weiterbildung im Falle eines hohen
Qualifikationsniveaus eine positive, stark signifikante Wirkung auf den Wettbewerbserfolg
des Personaldienstleisters aufweist (Beta = 0,323; p < 0,01), ist der Effekt im Falle eines geringen Qualifikationsniveaus deutlich geringer (Beta = 0,077; p > 0,05) und zudem nicht
signifikant von Null verschieden. Die Hypothese H2b wird somit angenommen.

20.4.4 Interpretation der Ergebnisse

Die Untersuchungsergebnisse lassen den Schluss zu, dass Weiterbildung ein effektives
Instrument des Personalmarketings ist, sich also gut zur Gewinnung und Bindung von (potenziellen) Arbeitskräften eignet. Die Attraktivität für Mitarbeiter und deren Bindung an
das Unternehmen können hierdurch erhöht werden. Nicht zuletzt profitieren Personal-
dienstleistungsunternehmen auch in besonderem Maße, wenn sie den Kunden eigene Mitarbeiter mit speziellen Kompetenzen und Qualifikationen anbieten können, die sonst nur
schwer am Arbeitsmarkt zu beschaffen sind. Somit steigt die Verleihwahrscheinlichkeit von
Fachkräften. Auch ist Qualifizierung ein Mittel zur Spezialisierung des Personaldienstleisters am Markt, was langfristig zu höheren Verleihsätzen zu führen scheint (Lehmann/
Ratzmann 2011) [35].

Die Ergebnisse zur Hypothese H2b, die den Einfluss des Qualifikationsniveaus auf die
Stärke des Zusammenhangs zwischen Weiterbildung und Wettbewerbserfolg untersuchte,
zeigen, dass formale Weiterbildung bei einem hohen Qualifikationsniveau der Beschäftigten deutlich zum Erfolg eines Personaldienstleisters beiträgt. Bei einem geringen Qualifikationsniveau der Zeitarbeitnehmer ist dieser Zusammenhang nicht nachweisbar. Dies wirft
die Frage auf, inwieweit un- bzw. angelernte Zeitarbeitnehmer aus ökonomischer Sicht

überhaupt die Chance auf eine Qualifizierung durch ihren Arbeitgeber haben bzw. ob sich für gering Qualifizierte nicht eher andere Weiterbildungsformen eignen, die offenbar eher im Bereich der informellen Lernmöglichkeiten zu suchen sind.

Für die weiterführende empirische Forschung sollten insbesondere auch die Marktbearbeitungsstrategien der Personaldienstleister als wesentliche Kontextfaktoren berücksichtigt werden. Hierzu sind die Ausführungen von Mitlacher (2006) [36], der zwischen Qualitätsorientierung und Kostenorientierung der Verleihunternehmen unterscheidet, ein erster Ansatz. Für die zukünftige Forschung ist also eine weitere systematische Ausdifferenzierung erforderlich.

20.5   Fazit und Ausblick

In diesem Beitrag wurde auf die Möglichkeiten und Grenzen der Qualifizierung und Kompetenzentwicklung von Zeitarbeitnehmern eingegangen. Bislang erfolgen entsprechende Maßnahmen häufig kurzfristig und punktuell, kaum jedoch systematisch und langfristig. Die Besonderheiten der Branche erfordern spezifische Gestaltungsansätze für Qualifizierung und Kompetenzentwicklung. Formale und informelle Ansätze von systematischer Weiterbildung im Rahmen der Personal- und Unternehmensentwicklung bedürfen unterstützender Rahmenbedingungen. Am vordringlichsten erscheinen eine entsprechende Qualifizierung der verantwortlichen Personen im Zeitarbeitsunternehmen (insbesondere der Disponenten) sowie die Integration der Ansätze in bestehende Arbeitsprozesse. In einem systematischen Kompetenzmanagement lassen sich Ansatzpunkte für informelle Lernmöglichkeiten finden, die sinnvoll durch formale Angebote ergänzt werden können.

Dass sich Investitionen in Qualifizierung und Kompetenzentwicklung für die Personaldienstleister lohnen, zeigt die angeführte Studie, in der positive ökonomische Aspekte für die Nutzung formaler Weiterbildung herausgestellt werden konnten. Die Ergebnisse zeigen aber auch, dass sich die Erfolgsaussichten von Weiterbildung je nach Beschäftigtengruppe unterscheiden. So ist bei Personen mit höherer Qualifizierung ein positiver Erfolgsbeitrag durch formale Weiterbildung zu erwarten, der bei gering qualifizierten Zeitarbeitnehmern nicht nachgewiesen werden kann. Diese Erkenntnis lässt jedoch nicht den Schluss zu, dass formale Weiterbildung bei gering Qualifizierten nicht zum Erfolg führt. Vielmehr ist bei der Entwicklung entsprechender Angebote neben den zeitarbeitsspezifischen Erfordernissen auch die Situation der jeweiligen Beschäftigtengruppe zu berücksichtigen. Des Weiteren ist auch der Erfolgsbeitrag informeller Lernmöglichkeiten noch weitgehend unerforscht.

Der vorgestellte Ansatz des systematischen Kompetenzmanagements zeigt ein Instrumentarium auf, das als Strategie für alle Beschäftigten in Erwägung gezogen werden kann und ein zentrales Instrument zur Personalentwicklung darstellt. Individuelle Bedarfe zur Entwicklung einzelner Beschäftigter können auf Basis dieser Erkenntnisse initiiert werden. Dabei sind sowohl Formen des informellen als auch des formalen Lernens zu berücksichtigen und anzuregen. Die Weiterbildungsforschung verweist darauf, dass insbesondere für Lernungewohnte solche Lernformen zu wählen sind, die an deren Lebens- und Bildungsrealität anknüpfen. Informelle Lernformen bieten somit für alle Beschäftigtengruppen Potenziale, die es zu fördern gilt. Dies spricht vor allem für eine stärkere Forcierung arbeitsplatznaher Lernformen (vgl. Abschnitt 20.3).

Um über die Realisierungschancen und die Erfolgswirkungen von Qualifizierungs- und Kompetenzentwicklungsmaßnahmen sowohl aus Sicht eines Personaldienstleisters wie auch der Zeitarbeitnehmer fundierte Aussagen treffen zu können, bedarf es einer differenzierten Betrachtung. So ergeben sich unterschiedliche Bezugspunkte für Gestaltungsansätze z. B. nach Unternehmensgröße (interne vs. externe Bildungsorganisation), Lernvoraussetzungen, Motivation und Bindungsstärke der Zeitarbeitnehmer. Kooperationsmodelle bei der Qualifizierung können insbesondere bei längerfristiger Dauer von Kundenbeziehungen eine gute Lösung sein.

Die Nachfragesituation auf dem Arbeitsmarkt bietet für sich genommen ausreichende ökonomische Anreize für viele Maßnahmen der Aufstiegs- und Anpassungsweiterbildung, während gerade im Helferbereich möglicherweise ohne staatliche Weiterbildungsförderung auch in Zukunft kaum nachhaltige Berufschancen entwickelt werden. Eine differenzierte Entwicklung von Lösungsansätzen kann nur durch die Beteiligung und das Engagement der Praxis innovativer Verleih- und Entleihunternehmen zu langfristig tragfähigen Lösungen führen. In diesem Beitrag wurde gezeigt, dass sich diese Aufgabe lohnt und dass es auch heute schon praxistaugliche Ansätze gibt.

Literatur

[1] Diedrich, A. (1988): Effizienz betrieblicher Weiterbildung. Betriebliche Weiterbildung als einzelwirtschaftliches Entscheidungsproblem. Köln: Wirtschaftsverlag Bachem.
[2] Kaufhold, M./Düsseldorff, C. (2010): Möglichkeiten der Weiterbildung in nicht klassischen Erwerbsformen am Beispiel der Zeitarbeit. bwp@ Berufs- und Wirtschaftspädagogik online, 19/2010, S. 1-15. www.bwpat.de/ausgabe19/kaufhold_duesseldorff_bwpat19.pdf, Zugriff: 20.12.2010.
[3] Institut der deutschen Wirtschaft IW Köln (2011): Zeitarbeit in Deutschland. Köln.
[4] Gutmann, J./Kilian, S. (2011). Zeitarbeit. Fakten, Trends und Visionen. Freiburg: Haufe-Lexware.
[5] Interessenverband Deutscher Zeitarbeitsunternehmen e.V. IGZ (2012): www.ig-zeitarbeit.de/datei/ 59, Zugriff: 08.06.2012.
[6] Bolder, A./Naevecke, S./Schulte, S. (2005): Türöffner Zeitarbeit? Kompetenz und Erwerbsverlauf in der Praxis der Leiharbeit. Köln: Verlag für Sozialwissenschaften.
[7] Münchhausen, G. (2007): Kompetenzentwicklung der Zeitarbeit. Potenziale und Grenzen. Schriftenreihe des Bundesinstituts für Berufsbildung. Bonn: Bertelsmann.
[8] Schwaab, M.-O./Durian, A. (Hrsg.) (2009): Zeitarbeit. Chancen. Erfahrungen. Herausforderungen. Wiesbaden: Gabler.
[9] Goertz, B. (2009): Zeitarbeit im Wandel!? Vortrag auf der Fachtagung des Forschungsverbundprojekts BildungsZeit am 29. Oktober 2009, Erfurt. www.bildungszeit.net/Downloads/Vortrag_ Goertz.pdf, Zugriff: 08.06.2012.
[10] Bundesagentur für Arbeit (2012): Arbeitsmarktberichterstattung. Der Arbeitsmarkt in Deutschland, Zeitarbeit in Deutschland. Aktuelle Entwicklungen. Nürnberg.
[11] Mai, C. M. (2008): Arbeitnehmerüberlassungen. Bestand und Entwicklungen. In: Statistisches Bundesamt (Hrsg.), Wirtschaft und Statistik 6/2008. Wiesbaden, S. 469-476.

[12] Puch, K. (2008): Zeitarbeitnehmer 2006. Ergebnisse der EU-weiten Arbeitskräfteerhebung. In: Statistisches Bundesamt (Hrsg.), Wirtschaft und Statistik 4/2008. Wiesbaden, S. 298-301.

[13] Basisik, B. u. a. (2008): Flexibilisierung und Prekarität von Arbeit und Beschäftigung in Südhessen. Endbericht Lehrforschungsprojekt Institut für Soziologie, TU Darmstadt.

[14] Galais, N. (2005): Arbeiten, Lernen und Weiterbildung in der Zeitarbeit. Eine Befragung von Zeitar-beitnehmer/innen. Tagungsdokumentation zur Veranstaltung „Kompetenzentwicklung in der Zeitarbeit – Potenziale und Grenzen" am 20.10.2005. Bonn: Bundesinstitut für Berufsbildung. www.bibb.de/dokumente/pdf/a31_kompetenzentwicklung-zeitarbeit_galais_praesentation.pdf, Zugriff: 08.06.2012.

[15] Moraal, D. u. a. (2008): Betriebliche Weiterbildung in Deutschland. Erste empirische Ergebnisse der CVTS3-Zusatzerhebung. BIBB-Projekt, Bonn.

[16] Heckmann, A. (2010): Weiterbildung in der Zeitarbeit. Diplomarbeit am Lehrstuhl für Allgemeine Betriebswirtschaftslehre und Organisation, Personal sowie Innovationsökonomie, Universität Bayreuth.

[17] Sossna, M. (2009): Dilemma der Qualifizierung in der Zeitarbeit. Vortrag auf der Fachtagung „Zeitarbeit im Wandel?!" am 29.10.2009, Erfurt.

[18] Spermann, A. (2009): Die neue Rolle der Zeitarbeit im (in-)flexiblen deutschen Arbeitsmarkt. Vor-läufige Version vom 21.09.2009. www.wiwiss.fu-berlin.de/institute/wirtschaftspolitik-geschichte/stei ner/VfS/Spermann_Ausschuss_N__rnberg_21-9-09_17Uhrx.pdf, Zugriff: 08.06.2012.

[19] Lehmann, C./Ratzmann, M./Bouncken, R. B. (2010): Erhebung Mittelständische Zeitarbeit. Bayreuth Reports on Strategy (BaRos), 1/2010, S. 1-18. http://opus.ub.uni-bayreuth.de/schriftenreihen.php, Zugriff: 04.10.2010.

[20] FlexPro (2010): Deutschlandweite Unternehmensbefragung zu Flexibilisierungsanforderungen und flexiblem Mitarbeitereinsatz. Einzelne Ergebnisse zum Schwerpunkt Zeitarbeit. Hrsg.: Lehrstuhl für Wirtschafts- und Sozialpsychologie, Universität Erlangen-Nürnberg. www.ig-zeitarbeit.de/system/ files/studie_zeitarbeit_uni_erlangen_nuernberg.pdf, Zugriff: 08.06.2012.

[21] Bergmann, B. u. a. (2001): Kompetenzentwicklung und Berufsarbeit. Münster: Waxmann.

[22] Düsseldorff, C./Görtz, B. (2012): Wie können sich Zeitarbeitnehmer durch den Prozess der Arbeit weiterbilden? Forschungsprojekt Bildungszeit. Wachstumsbranche Zeitarbeit. Handlungsfelder, Kompetenzentwicklung, Bildungsprofile an der Universität Duisburg-Essen. In: Zukunftsvertrag Zeitarbeit (Hrsg.), Zukunft Zeitarbeit. Perspektiven für Wirtschaft und Gesellschaft. Berlin: Springer, S. 203.

[23] Galais, N./Moser, K./Münchhausen, G. (2007): Arbeiten und Lernen in der Zeitarbeit. Eine Befragung von Zeitarbeitnehmer/innen in Deutschland. In: Münchhausen, G. (Hrsg.), Kompetenzentwicklung in der Zeitarbeit. Potenziale und Grenzen. Bielefeld: Bertelsmann, S. 161-178.

[24] Dobischat, R./Düsseldorff, C./Wolf, B. (2012): Kompetenzmanagement und Qualifizierung in der Zeitarbeit. (Im Druck.)

[25] Kaufhold, M. (2012): Kompetenzmanagement in der Zeitarbeit. In: Dobischat, R./Düsseldorff, C./Wolf, B. (Hrsg.), Kompetenzmanagement und Qualifizierung in der Zeitarbeit. (Im Druck.)

[26] Goertz, B. (2012): Der MobiFlexPass Metall als Qualifizierungsinstrument in der Zeitarbeit. Anforderungen an ein Qualifizierungsmodell des Lernens im Prozess der Arbeit. In: Dobischat, R./Düsseldorff, C./Wolf, B. (Hrsg.), Kompetenzmanagement und Qualifizierung in der Zeitarbeit. (Im Druck.)

[27] Kaufhold, M./Homburg, V. (2011): Das LERNSTÜCK©-Verfahren, Zertifizierung im Arbeitsprozess erworbener Kompetenzen. Berufsbildung und Wissenschaft und Praxis (BWP), 5/2011, S. 28-31.

[28] Tippelt, R./von Hippel, A. (2010): Handbuch Erwachsenenbildung/Weiterbildung. 4. Aufl., Wiesbaden: Verlag für Sozialwissenschaften.

[29] Sonntag, K.-H./Stegmaier, R. (2006): Personalentwicklung und Unternehmensperformance. Eine Evaluationsperspektive für das Human Ressource Management. In: Sonntag, K.-H. (Hrsg.), Personalentwicklung in Organisationen. Göttingen: Hogrefe Verlag, S. 389-410.

[30] Weiß, R. (2010): Bildungsökonomie und Weiterbildung. In: Tippelt, R./von Hippel, A. (Hrsg.), Handbuch Erwachsenenbildung/Weiterbildung. 4. Aufl., Wiesbaden: Verlag für Sozialwissenschaften, S. 367-384.

[31] Bouncken, R. B./Lehmann, C./Fischer, H. (2012): Weiterbildung in der Zeitarbeit. Einflussfaktoren und Erfolg. (Manuskript eingereicht bei der Zeitschrift für Personalforschung.)

[32] Klimecki, R./Gmür, M. (1998): Personalmanagement. Funktionen, Strategien, Entwicklungsperspektiven. 1. Aufl., Stuttgart: Uni-Taschenbücher UTB.

[33] Grönroos, C. (1997): From marketing mix to relationship marketing-towards a paradigm shift in marketing. Management decision, 35, 4, S. 322-339.

[34] Frazier, P. u. a. (2004): Testing moderator and mediator effects in counseling psychology research. Journal of counseling psychology, 51, 1, S. 115-134.

[35] Lehmann, C./Ratzmann, M. (2011): Erfolgsorientierte Segmentierung von Personaldienstleistern. Kontingenzen und Konsequenzen im Wettbewerb. In: Bouncken, R. B./Bornewasser, M. (Hrsg.), Beiträge zur Flexibilisierung. Bd. 1. Mering: Rainer Hampp Verlag, S. 138-156.

[36] Mitlacher, L. W. (2006): The organization of human resource management in temporary work agencies. Towards a comprehensive research agenda on temporary agency work in Germany, the Netherlands and the US. Human Resource Management Review, 16, S. 67-81.

21 Flexibilität von KMU durch situationsspezifische Auslegung der Fertigung

Jörg von Garrel, Sven Tackenberg

21.1   Einleitung

Die Zeiten einer stabilen Wirtschaft, welche durch beständige Produktportfolios, klar abgegrenzte Märkte und stabile Kundenbedürfnisse gekennzeichnet sind, gehören der Vergangenheit an. Stattdessen sind Unternehmen durch zunehmende Turbulenzen in ihrer Umwelt sowie in den zu bedienenden Märkten gekennzeichnet (Nyhuis u. a. 2009) [1]. Wirtschaftliche Krisen, verschärfte Wettbewerbsbedingungen, eine erhöhte Marktdynamik und eine insgesamt voranschreitende Globalisierung fordern innovative, leistungsfähige sowie schnell verfügbare Produkte. Diese sollen in einer hohen Variantenvielfalt, geringer Stückzahl und zu geringen Kosten gefertigt werden (Kinkel 2005) [2]. Zusätzlich besteht die Forderung nach betriebswirtschaftlich optimalen Fertigungsabläufen, welche sich zusätzlich an weiteren Erfordernissen wie Ergonomie, Arbeitssicherheit oder Ressourceneffizienz orientieren müssen.

In der deutschen Automobilindustrie werden zur Realisierung von Rationalisierungspotenzialen Arbeitsinhalte je Arbeitsplatz und Arbeitsperson reduziert (Haweanek 2008) [3]. So ist nach Ansicht der Produktionsplaner die „perfekte Automobilproduktion" gekennzeichnet durch eine extrem kurze Taktzeit, in der eine Arbeitsperson nur wenige Handgriffe auszuführen hat und insbesondere Ältere einer hohen Beanspruchung ausgesetzt sind (Haweanek 2008) [3]. Flexibilisierungsstrategien für das produzierende Umfeld, wie sie einst – in Form von autonomer Gruppenarbeit – Einzug in die europäischen und amerikanischen Fabriken hielten, erscheinen angesichts des Kostendrucks und des verstärkten Einsatzes von angelernten Leiharbeitnehmern heute überholt. Der Erfolg dieser Unternehmen und damit verbunden die Sicherung der Arbeitsplätze am Standort Deutschland werden unmittelbar determiniert von der Flexibilität der Arbeitsorganisation sowie der Beschäftigten (Wüstner 2006) [4]. Flexibilität um jeden Preis führt aber nicht zwangsläufig zu einem profitablen, stabilen Produktionssystem. Produzierende Unternehmen und insbesondere kleine und mittelständische Unternehmen (KMU) stehen daher vor der Herausforderung, die richtige Management- und Implementierungsstrategie zwischen einem stabilen, zieloptimierten Produktionssystem und hochgradig flexiblen Produktionsabläufen zu finden. Nur so können Innovationsfähigkeit und technischer Fortschritt als Alleinstellungsmerkmal der deutschen Industrie erhalten und die Preisgestaltung deutscher Produktionsgüter international wettbewerbsfähig bleiben. Um in dem daraus resultierenden Spannungsfeld bestehen zu können, sind Unternehmen gezwungen, ihre bisherigen statischen Strategien den dynamischen Änderungen anzupassen und ihre Produkte und Produktion ständig neu zu überdenken und neu zu gestalten (Seidel/Garrel 2010) [5]; sie müssen flexibel sein.

> Unter Flexibilität wird dabei die Fähigkeit eines Produktionssystems und seiner Ressourcen verstanden, notwendige funktionale, dimensionale und strukturelle Wandlungs- und Gestaltungsprozesse durchzuführen. Gestaltungsbereiche sind das Produkt, der Prozess und die Organisation. Innerhalb dieser Gestaltungsbereiche weisen auch Mitarbeiter sowie Maschinen und Anlagen Potenziale zur Flexibilitätsgestaltung auf.

Traditionell gestaltete Produktionssysteme führen dabei zu einem Zielkonflikt der Größen der Produktivität und Flexibilität, der tendenziell zu Lasten der Flexibilität gelöst wird. Bereits seit geraumer Zeit werden aber Ansätze vorgestellt und diskutiert, die zwar weiterhin die Ziele niedrige Kosten und kurze Durchlaufzeiten verfolgen, aber als Hauptziele die Steigerung der Flexibilität und die Erhöhung der Innovationsfähigkeit anstreben (Blecker/ Kaluza 2004) [6]. Um solche Ansätze in einem Unternehmen zu implementieren, ist ein ganzheitliches Vorgehensmodell notwendig.

Im Rahmen des Beitrags wird ein solcher Veränderungsprozess dargestellt, indem aufbauend auf einer näheren Erläuterung und Analyse des Flexibilitätskonzeptes als zentrale Eigenschaft der Veränderungsfähigkeit einer Fertigung Maßnahmen zur Flexibilitätsgestaltung in einem Unternehmen vorgestellt werden. So wird aufgezeigt, wie ein flexibles Produktionssystem auszugestalten ist und wie eine systematische und zugleich flexible Anpassung an veränderte Umweltsituationen erfolgen kann, ohne dass die Produktivität des Systems abnimmt. Daraus ergibt sich für Unternehmen eine Vielzahl an Optionen, um auf eine spezifische Umweltsituation – Nachfrageschwankungen, Ausfall von Mitarbeitern und Maschinen etc. – zu reagieren. Zur frühzeitigen Absicherung der Funktionsfähigkeit und zur Entscheidungsunterstützung werden Simulationsstudien durchgeführt. Da gängige Simulationswerkzeuge die Besonderheiten von flexiblen Produktionssystemen nicht ausreichend abbilden können, wird eine eigenständige Lösung präsentiert. So sind insbesondere die Wechselbeziehungen zwischen Beschäftigung und Produktionsprozess optimal auszugestalten.

21.2 Veränderungsfähigkeit der Produktion: Flexible Produktionssysteme

Allgemein lässt sich unter dem Begriff der Produktion die Kombination und Transformation von Produktionsfaktoren nach bestimmten Verfahren zu Produkten verstehen. Produktionsfaktoren und Produkte können sowohl materielle Güter als auch immaterielle Güter (Informationen, Dienstleistungen) sein (Schiemenz 1996) [7]. Bei der industriellen Betrachtung der Produktion findet die Transformation der Produktionsfaktoren in speziellen Produktionsstätten (Fabrik) statt (Corsten 1996) [8]. Nach Westkämper (2006) [9] beinhaltet der Produktionsbegriff neben der reinen fertigungstechnischen Leistungserstellung zusätzlich auch die damit verbundenen steuernden und organisatorischen Funktionen. Eine einheitliche Definition von Produktionssystemen ist in diesem Zusammenhang in der Literatur nicht vorzufinden. Eine praxisnahe Definition beschreibt ein Produktionssystem als eine „[…] ganzheitliche Produktionsorganisation, die alle notwendigen Konzepte, Methoden und Werkzeuge nutzt, um einen effizienten und effektiven Produktionsablauf zu gestalten" (Schuh 2006) [10]. Diese Definition charakterisiert ein Produktionssystem als ein strukturelles Rahmenwerk der Produktion, die eine bestmögliche Wertschöpfung ermöglichen soll (Günther/Tempelmeier 2005) [11].

Die Grundvoraussetzung für eine erfolgreiche Wertschöpfung bildet dabei das gelungene Zusammenspiel der vier (teilweise konkurrierenden) Unternehmensziele Zeit, Qualität, Wirtschaftlichkeit und Flexibilität (Nyhuis/Reinhardt/Abele 2008) [12].

Die Flexibilität bzw. das Flexibilitätspotenzial von Produktionssystemen steht dabei auf den ersten Blick in direkter Konkurrenz zur Wirtschaftlichkeit, entstehen doch bei der Bereitstellung eines Flexiblitätspotenzials Aufwände bzw. Kosten.

Auf der anderen Seite kann aber ein zu geringes Flexibilitätspotenzial auch zu Kosten führen, z. B. in Form entgangener Gewinne aufgrund der Tatsache, dass das Produktionssystem nicht schnell genug den Kundenwünschen angepasst werden kann. Thielen (1993) [13] bezeichnet diese Belastungen als Kosten der Inflexibilität, die sich jedoch im Vergleich zu den Kosten für die Flexibilitätsbereitstellung nur sehr schwer oder gar nicht quantifizieren lassen. Theoretisch liegt daher das optimale Maß an Flexibilität bei einem Gleichgewicht zwischen Flexibilitätsbedarf und -potenzial.

Abbildung 21.1 Flexibilitätsbedarf und Flexibilitätspotenzial

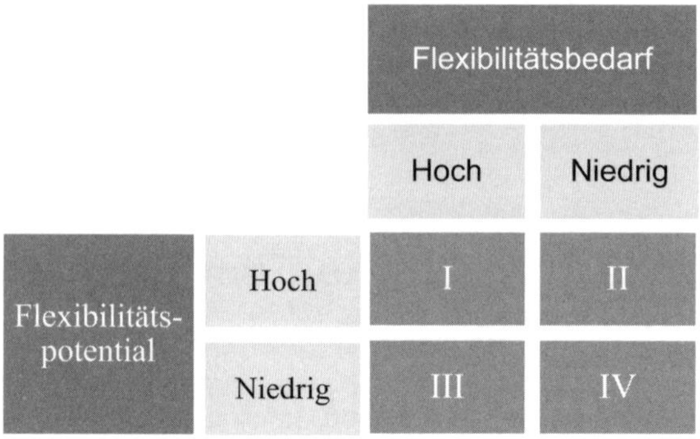

Quelle: vgl. Kaluza (1993) [14]

Zur Charakterisierung des Flexibilitätspotenzials eines Produktionssystems sind insbesondere der Handlungsspielraum (Schneeweiß 1996) [15], die Handlungszeit (Hillmer 1987) [16] und die Handlungsbereitschaft (Nagel 2003) [17] zu nennen.

Der Handlungsspielraum wird durch die möglichen realisierbaren Zustände des Produktionssystems definiert (Janssen 1997) [18]. Diese denkbaren Situationen wiederum werden durch die Eigenschaften und deren Ausprägung, d. h. inwieweit die Eigenschaften die Fähigkeit der Wandlung besitzen und wie stark diese ausgeprägt ist, beschrieben.

Die Handlungszeit wird definiert als die Zeit, die notwendig ist, um zwischen Handlungsalternativen zu wechseln oder neue Handlungsalternativen zu erstellen. Es werden für diese Eigenschaft auch Begriffe wie Reaktionsschnelligkeit, Handlungsgeschwindigkeit, Reagibilität oder Handlungsschnelligkeit verwendet (Hillmer 1987) [16].

Die Handlungsbereitschaft kann als Differenz zwischen dem möglichen Flexibilitätspotenzial und der nutzbaren Flexibilität eines Unternehmens bezeichnet werden (Hillmer 1987, Janssen 1997) [16], [18]. Kennzeichnend für die Handlungsbereitschaft ist, inwieweit das Unternehmen in der Lage ist, vorhandene Handlungsspielräume mit gegebener Handlungsschnelligkeit auszunutzen (Hillmer 1987) [16].

Ein flexibles Produktionssystem lässt sich dadurch charakterisieren, dass es eine abnehmerorientierte, lagerlose Fertigung ermöglicht, bei der in der Menge organisiert und produziert wird, die zu dem Zeitpunkt benötigt wird (Lieferflexibilität). Dabei ist generell eine variantenreiche Fertigung (Produkt- bzw. Variantenflexibilität) möglich, die eine hohe Qualität der jeweiligen Produkte und somit eine fehlerfreie Fertigung (Produktqualität) unter Wahrung einer effizienten Aufwand-Nutzen-Relation (Produktkosten) garantiert.

21.3 Maßnahmen zur Flexibilitätsgestaltung

Teamarbeit, KVP, Kanban, TQM etc. sind Maßnahmen, die seit Anfang der 90er Jahre immer mehr Verbreitung gefunden haben. Sie stellten die Antwort auf die Erkenntnis dar, dass westliche Industrieunternehmen einen erheblichen Rückstand auf japanische Wettbewerber aufwiesen. Durch zahlreiche bekannt gewordene Reorganisationsprojekte sind deutliche Verbesserungen im Hinblick auf Zeit, Kosten, Flexibilität und Qualität erreicht worden. Wie sich mittlerweile zeigte, bringt die isolierte Realisierung jedes dieser Organisationsbausteine tatsächlich signifikante Performanceverbesserungen in den jeweils anvisierten Zielgrößen mit sich.

Dies ist jedoch u. a. mit den folgenden beiden Problemen verbunden: Die Fokussierung der Anstrengungen auf die Qualität, die Durchlaufzeit, die Flexibilität, die Kundenorientierung oder andere in den jeweiligen Konzepten in den Mittelpunkt gestellte Zielgrößen berücksichtigte nicht, dass diese Ziele zumindest partiell miteinander konkurrieren. Das isolierte Verfolgen einer dieser Zielgrößen und die Maximierung des Erfolgs in dieser Zielgröße haben unter Umständen negative Nebenwirkungen auf andere, für die Wettbewerbsposition ebenfalls essenzielle Faktoren. Die Umsetzung der Bausteine hatte also oftmals zur Folge, dass man über das sinnvolle Maß der Zielverfolgung hinausschoss und mit der Verfolgung des nächsten Bausteins das Steuer wieder herumriss. Die Umsetzung jedes der in den letzten Jahren verfolgten Konzepte erwies sich – sofern diese ernsthaft betrieben wurde – in den Konsequenzen weiterreichender als geplant. Unabhängig davon, ob man bei der (Um-)Gestaltung des Entlohnungskonzepts, der Umstellung der Produktionsstrukturen vom Verrichtungsprinzip auf ein Produkt- oder Kundenprinzip, der Ablösung von Einzelarbeit durch Gruppenarbeit oder mit einer anderen Aufgabe begann, zeigte sich, dass die jeweils nicht unmittelbar in Angriff genommenen Bausteine auch mit in den Umgestaltungsprozess einbezogen werden mussten. Andernfalls war keine Passfähigkeit erreichbar. Angesichts dieser Situation haben insbesondere Großunternehmen vorrangig aus dem Automobil- und Automobilzuliefersektor unter dem Stichwort „Ganzheitliche Produktionssysteme" begonnen, ganzheitliche Konzepte zu entwickeln. Hierbei fügten sie Versatzstücke der Reorganisationsmaßnahmen der letzten 15 Jahre so zusammen, dass für die jeweilige Unternehmenssituation und Zielsetzung umfassende und in sich konsistente Konzepte entstanden. Diese Unternehmen berichten über Verbesserungen der Leistungsfähigkeit in Bezug auf Flexibilität, gleichbleibend hohe Qualität, Kostensenkung und Innovation sowie auf die Verbesserung der Arbeits- und Leistungsbedingungen der Menschen, beispielsweise im Hinblick auf ein geordnetes, beruhigtes und sicheres Arbeiten.

Diese Konzepte beinhalten aber umfassende methodische Vorgehensweisen, welche u. a.

- einen hohen Ressourcenanspruch benötigen,

- entsprechende Methodenkompetenzen sowie Freiräume vom operativen Tagesgeschäft für die Implementierung und Umsetzung der Methoden bei Mitarbeitern erfordern und

- sich erst nach langer Einarbeitungszeit als rentabel erweisen,

so dass eine Übernahme solcher Konzepte für KMU, die durch ihr geringeres Potenzial hinsichtlich finanzieller, personeller und kapazitiver Ressourcen charakterisiert sind, nicht als sinnvoll erscheint.

Um die Wettbewerbsfähigkeit des deutschen Mittelstandes nachhaltig zu fördern, müssen diese Konzepte auch KMU zugänglich gemacht werden. Allerdings ergeben sich gerade für diese Zielgruppe etliche Fragestellungen, die bisher noch nicht beantwortet wurden. Die wesentlichen Fragestellungen, die KMU bei der Umsetzung von flexibilitätsfördernden Konzepten beschäftigen, werden im Folgenden aufgeführt:

- *Anpassung auf KMU-Bedürfnisse:* Ganzheitliche Konzepte zur Gestaltung von Produktionssystemen spiegeln bislang ausschließlich den Bedarf von Großunternehmen wider, nämlich eine Vereinheitlichung der großen Menge von angewendeten Methoden und Konzepten über alle Standorte im Unternehmen hinweg. Kleinen und mittelständischen Unternehmen geht es hingegen um die konsequente Integration vorhandener, aber auch neuer Methoden und Konzepte an einem Standort sowie um deren Kompatibilität zur Unternehmensstrategie.

- *Branchenübergreifende Lösungen:* Die bisher bekannten Konzepte sind spezifisch auf Bedingungen der Automobilindustrie ausgerichtet. Takt- und Fließfertigung oder auch Just-in-time sind Beispiele für Produktionsprinzipien, die für viele vor allem kleine und mittelständische Unternehmen aus anderen Branchen nicht relevant sind. Hier fehlen nachvollziehbare Ansätze und Vorgehensweisen zur Ausgestaltung von Produktionssystemen, die mit jeweils unterschiedlichen Markt- und Produktionsstrategien sowie den spezifischen betrieblichen Rahmenbedingungen kompatibel sind.

- *Praxisgerechte Handlungsanleitungen für die Implementierung:* KMU benötigen für die Einführung solcher Maßnahmen Handlungsempfehlungen und Vorgehensweisen, wie beispielsweise Change Management oder Einführungsstufenmodelle.

Eine Möglichkeit zur Gestaltung der Flexibilität von KMU kann dabei durch ein vom Fraunhofer-Institut für Fabrikbetrieb und -automatisierung (IFF) entwickeltes ganzheitliches Vorgehensmodell (inkl. Methodenbaukasten) erfolgen[4], mit dessen Hilfe KMU des produzierenden Gewerbes ihre bestehenden Methoden und Konzepte effektiv ausgestalten können.

Abbildung 21.2   Ganzheitliches Vorgehensmodell zur Flexibilitätsgestaltung

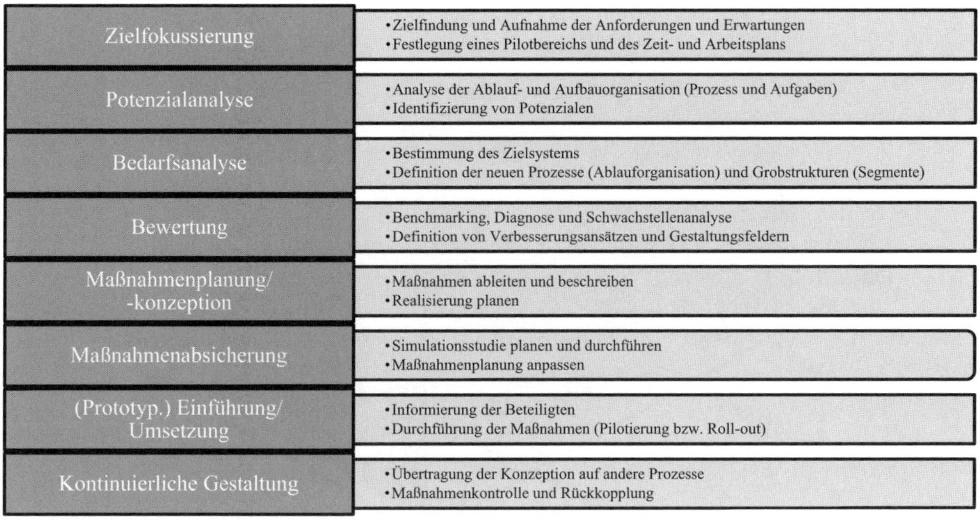

Zielfokussierung	• Zielfindung und Aufnahme der Anforderungen und Erwartungen • Festlegung eines Pilotbereichs und des Zeit- und Arbeitsplans
Potenzialanalyse	• Analyse der Ablauf- und Aufbauorganisation (Prozess und Aufgaben) • Identifizierung von Potenzialen
Bedarfsanalyse	• Bestimmung des Zielsystems • Definition der neuen Prozesse (Ablauforganisation) und Grobstrukturen (Segmente)
Bewertung	• Benchmarking, Diagnose und Schwachstellenanalyse • Definition von Verbesserungsansätzen und Gestaltungsfeldern
Maßnahmenplanung/ -konzeption	• Maßnahmen ableiten und beschreiben • Realisierung planen
Maßnahmenabsicherung	• Simulationsstudie planen und durchführen • Maßnahmenplanung anpassen
(Prototyp.) Einführung/ Umsetzung	• Informierung der Beteiligten • Durchführung der Maßnahmen (Pilotierung bzw. Roll-out)
Kontinuierliche Gestaltung	• Übertragung der Konzeption auf andere Prozesse • Maßnahmenkontrolle und Rückkopplung

Im Vordergrund steht dabei der Gedanke, dass mittelständische Unternehmen die Gestaltung ihres Produktionssystems zu einem möglichst großen Teil in Selbstanwendung realisieren können.

In einem ersten Schritt werden das Produktionssystem analysiert und Potenziale zur Flexibilitätserhöhung identifiziert. Im Rahmen einer anschließenden Bedarfsanalyse werden daraufhin das gewünschte Zielsystem bestimmt sowie die entsprechenden Gestaltungsmaßnahmen und Handlungsfelder strukturiert aufbereitet. Auf dieser Basis wird ein konkreter Flexibilisierungsplan abgeleitet, in dessen Rahmen auch die Auswahl der geeigneten Methoden erfolgt, um diese abschließend im Produktionssystem zu implementieren und mittels regelmäßiger Kontrollen hinsichtlich ihres Erfolges zu überprüfen.

Die Auswahl von Methoden bzw. Maßnahmen wird mittels eines Methodenbaukastens unterstützt. Der Methodenbaukasten klassifiziert entsprechende Maßnahmen zur Verände-

---

[4]   Der Aufbau des Methodenbaukastens ist Teil des aktuellen Forschungsprojektes „FlexPro – Flexible Produktionskapazitäten innovativ managen" (Förder-Nr: 01FH09023), das gemeinsam vom BMBF und ESF unter Leitung des PT DLR gefördert wird.

rungsgestaltung und differenziert zwischen den drei Dimensionen „Objekttyp" (Typen von Subsystemen, auf die die Methoden wirken), „Zeitperspektive" (Flexibilitäts- oder Wandlungsmaßnahmen) und „Methodentyp" (Zielstellung und Art der Methode) und spannt auf dieser Basis einen Würfel auf. Über eine grafische Benutzeroberfläche ist diesem Würfel eine Methodendatenbank hinterlegt, so dass abhängig vom Anforderungsprofil eine Übersicht der jeweiligen Methoden mit idealtypischen Vorgehensweisen aufgerufen wird.

Abbildung 21.3   Grundstruktur des Methodenbaukastens

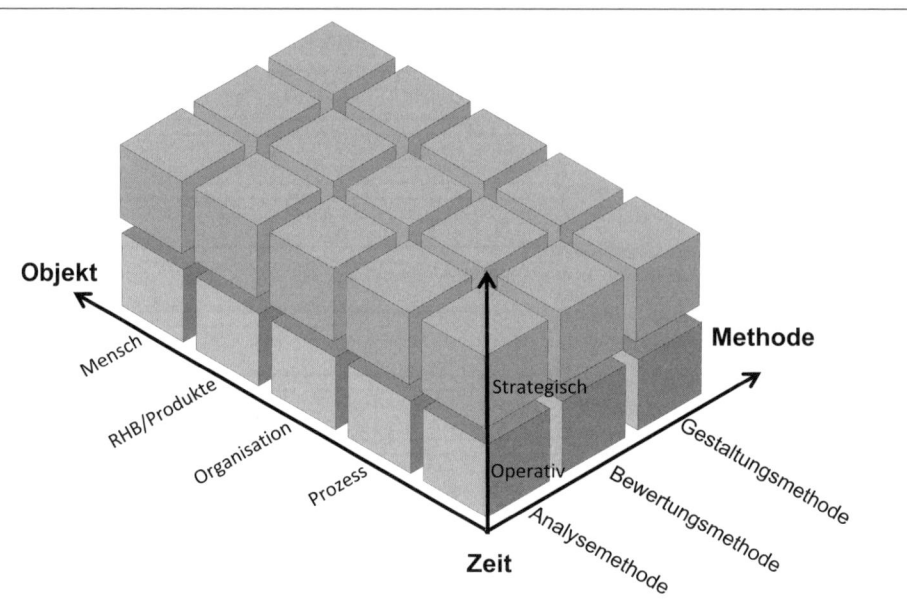

Zur Verdeutlichung der Methodik, wie auch der praktischen Anwendbarkeit, wird das Vorgehensmodell anhand eines (anonymen) Praxisbeispiels kurz vorgestellt.

21.4   Praxisbeispiel

21.4.1   Ausgangslage: Einzel- vs. Serienfertigung

Die Anlagenbau GmbH ist ein mittelständisches Unternehmen für Elektrowärmetechnik, welches an einem Standort im Rheinland produziert und der Maschinen- und Anlagenbaubranche zuzuordnen ist. Die Fertigung und Montage von kundenindividuellen Elektrowärmetechnikkomponenten mit metallischer Verarbeitung sind technische Kernkompetenzen des traditionellen Unternehmens. Durch die eigene Entwicklung und Fertigung individueller Lösungen im Metall-, Apparate- und Behälterbau in Kombination mit Elektrowärmetechnik werden dem Kunden hohe Qualitätsprodukte in unterschiedlichen Seriengrößen angeboten. Die Fertigung beinhaltet CNC-Maschinen, fertigungstechnische Anlagen zum Biegen, Umformen, Schweißen, für Oberflächenbehandlungen und eine Anlage zur Montage der Komponenten. Den erhöhten Servicegrad sieht dieses metall- und blechverarbeitende Unternehmen in der Termintreue, in Angeboten von Komplettlösungen und intensivem Kundenkontakt. Zu den Hauptkunden zählen die Kunststoff- und Chemieindustrie, die Lebensmittel- und Verpackungsindustrie, die Labortechnik sowie die Branche der erneuerbaren Energien.

Durch die hohe Individualisierung der Produkte, eine damit verbundene stark schwankende, nicht planbare Nachfrage sowie eine hohe Bandbreite an zu fertigenden Mengen der einzelnen Produkte sind flexible und zugleich stabile Produktionsprozesse zu konzipieren, die situationsspezifisch auf die wöchentlichen, ggf. die täglichen Rahmenbedingungen angepasst werden können. Es bestand somit die Herausforderung, eine Dualität zwischen kundenindividueller Einzel- bzw. Kleinserienfertigung und standardisierter Serienfertigung in einem (historisch gewachsenen) Produktionssystem zu bewerkstelligen. Dabei sollte die Anpassung des Produktionssystems und der zugrunde liegenden Produktionsprozesse tagesbezogen, d. h. mit geringem Aufwand, erfolgen. Aus diesen Vorgaben bzw. Randbedingungen ließ sich das folgende Ziel ableiten:

> Ziel des Unternehmens war die Entwicklung und Implementierung eines Produktionssystems, welches eine situationsspezifische Anpassung auf eine Einzel- bzw. Kleinserienfertigung und eine standardisierte Serienfertigung ermöglicht, um eine Produktflexibilität und eine Volumenflexibilität bei gleichzeitiger Standardisierung der Arbeitsabläufe zu erreichen.

21.4.2   Analyse: Schaffung von Transparenz

Um dieser Zielsetzung gerecht zu werden, war es in einem ersten Schritt notwendig, eine ganzheitliche Analyse des Produktionssystems durchzuführen. Gemeinsam mit den Vertretern der Maschinenbau GmbH wurde daher der entwickelte Methodenbaukasten herangezogen, um entsprechende Methoden zu identifizieren, die diesem Anspruch gerecht werden: Neben einer Wertschöpfungsanalyse, die die Fertigungsabläufe, deren Relationen sowie die Zeitreihen der einzelnen Prozesse hinsichtlich ihres Wertschöpfungsbeitrags betrachtet, wurde eine ergänzende Layoutanalyse ausgewählt, die die Materialflüsse sowie Transportwege erfasst. Für die Wertschöpfungsanalyse wurden hierbei in einem ersten Schritt sowohl Workshops mit den Verantwortlichen der einzelnen Produktionsbereiche als auch persönliche Interviews mit den jeweils an den Prozessschritten beteiligten Mitarbeitern durchgeführt. Diese ermittelten Prozessschritte wurden in einem nächsten Schritt mittels teilnehmender Beobachtung mit Zeiten unterlegt, um so Aussagen über den jeweiligen Wertschöpfungsbeitrag des Prozessschrittes zu erhalten und überflüssige Prozesse zu identifizieren, die später im Rahmen der Konzeptions- und Umsetzungsphase entsprechend eliminiert werden. Die Layoutanalyse umfasste eine genaue Aufnahme der Fabrikhalle sowie der entsprechenden Stellplätze, um so die Struktur und den Aufbau des Produktionssystems zu visualisieren. Im Ergebnis konnte auf diese Weise ein ganzheitlicher Überblick der Material- und Fertigungsflüsse sowie logistischen Prozesse geschaffen werden.

Abbildung 21.4   Strukturelle Dimension des Produktionssystems

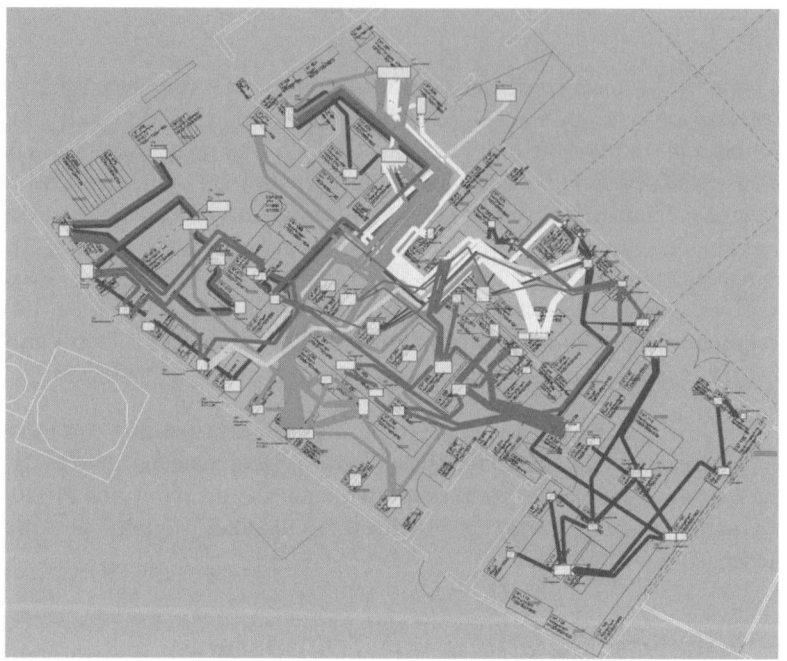

Dieser Überblick verdeutlicht die aktuelle „Situation des Produktionssystems", das nach dem Ablaufprinzip „Werkstattfertigung" organisiert ist,

- in der keine festen Transportbeziehungen zwischen den Fertigungsmitteln vorherrschen,

- die Prozesse in Abhängigkeit von den Mitarbeitern unterschiedlich bearbeitet werden und

- keine Trennung des Material- und Fertigungsflusses erfolgt, so dass eine (teilweise) Abholung von Material durch Montagemitarbeiter aus dem Lager stattfinden muss.

Dadurch kann eine hohe Elastizität und Anpassungsfähigkeit gegenüber den wechselnden Anforderungen verschiedener Produkte und somit eine hohe Produktflexibilität garantiert werden.

Weitere Ergebnisse der Analysen waren dabei u. a., dass

- zeitliche Verzögerungen im Prozess vorherrschen (z. B. aufgrund der Suche von Werkzeug und Material),

- keine eindeutige Definition des Arbeitsplatzes sowie des Arbeitsumfelds existiert,

- die Organisation der Fertigung ohne IT- Unterstützung erfolgt und

- keine klare Fertigungssteuerungsstrategie definiert war.

21.4.3 Bedarfsanalyse

Das Produktionssystem war somit zwar hinsichtlich der Herstellung kundenindividueller Produkte in Einzel- bzw. Kleinserie gut aufgestellt, wies jedoch aufgrund seiner werkstattbezogenen Anordnung Kapazitätsgrenzen zur Herstellung standardisierter Produkte in Serienfertigung auf, die somit nur eine geringe Bandbreite hinsichtlich einer Volumenflexibilität erlaubte. Gerade wenn es darum geht, nicht nur die Bedarfe in einem Unternehmen zu identifizieren, sondern insbesondere den betroffenen Mitarbeitern die Notwendigkeit einer Änderung darzulegen, entstehen in vielen Unternehmen bzw. bei Mitarbeitern Widerstände, so dass in der Folge Konzepte entstehen, die nicht gelebt werden, Methoden implementiert werden, die nur in der Theorie funktionieren, aber auch Werkzeuge bereitgestellt werden, die ungenutzt bleiben.

Um nun entsprechende Bedarfe des Unternehmens bestimmen zu können, entschied das Fraunhofer IFF gemeinsam mit den Unternehmensvertretern, ein „händisches" Planspiel durchzuführen, in dem das Zusammenspiel der Prozesse sowohl als kundenindividuelle Einzel- bzw. Kleinserienfertigung als auch als standardisierte Serienfertigung haptisch durch die Mitarbeiter des Unternehmens nachgeahmt wurde. Dazu schlüpften die Mitarbeiter und Führungskräfte in die verschiedenen Funktionen und Rollen, die auch im „echten Leben" die Prozesse des Unternehmens bestimmen. Die Datengrundlage für die Prozesse bildete dabei ein festgelegtes Produktionsprogramm, aus dem die Strukturen der zu produzierenden Erzeugnisse sowie die angestrebten Fertigungsstückzahlen hervorgehen. Durch diese (prozessorientierte) Vogelperspektive, die im Seminar vermittelt wurde, gelang es, dass die Teilnehmer das Unternehmen als Ganzes begriffen und Zusammenhänge erkannten. Die Erkenntnisse aus dem Planspielerlebnis wurden daraufhin im Rahmen einer Diskussion ausgewertet und anschließend in potenzielle Ansatzpunkte zur Verbesserung des Produktionssystems expliziert.

21.4.4 Bewertung und Maßnahmenplanung

Entsprechend dem Vorgehen im Rahmen der Analysephase erfolgte auch innerhalb der Bewertungsphase die Auswahl einer entsprechenden Maßnahme unter Zuhilfenahme des Methodenbaukastens. Ziel dieser Bewertungsmaßnahme sollte es sein, die im Rahmen des Planspiels identifizierten Ansatzpunkte hinsichtlich ihrer Umsetzbarkeit zu beurteilen. Gerade vor dem Hintergrund der beschränkten Ressourcen der Maschinenbau GmbH wurde hierbei eine Aufwand-Nutzen-Analyse als entsprechende Bewertungsmaßnahme ausgewählt.

Abbildung 21.5   Bewertung potenzieller Maßnahmen durch eine Aufwand-Nutzen-Analyse (Auswahl)

► **Produktionssteuerung**
  ► Keine stabile, prognostizierbare Produktion
  ► Kein vorhandener Produktions-/Kapazitätsplan
  ► Keine Berücksichtigung Instandhaltungs- und
    Qualitätsprozesse in der Planung

  ► **To do: Konzeption und Umsetzung Produktions-
    planung - Voraussetzung ist verlässliche
    Technologie**

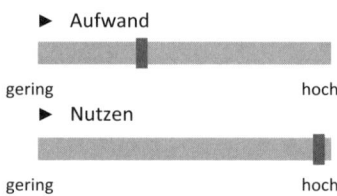

► **Produktionsprozess**
  ► Kein einheitlicher Prozessablauf in der Produktion
    d. h. Einhaltung von Reihenfolgen, Ablagepunkte für
    (Zwischen-)Produkte etc.
  ► Produktionsstillstände durch fehlende Materialien,
    allgemeine Abstimmungsprobleme,

  ► **To do: Sollprozessdefinition; Verantwortlichkeiten
    definieren und wahrnehmen/durchsetzen**

Entsprechend dieser Bewertung erfolgte eine Auswahl der Maßnahmen, die einen geringen Aufwand sowie hohen Nutzen prognostizierten, so dass erste Erfolge der Maßnahmenumsetzung kurzfristig im Unternehmen sichtbar werden. Gerade der Fertigungsprozess und der entsprechende Materialfluss stellten auf Basis dieser Bewertung die vorrangige Stellschraube zur Gestaltung eines wandlungsfähigen Produktionssystems dar. Auf Basis der Mengengrößen, Sortimentsbreite und des Wiederholgrades bei der Fertigung der einzelnen Erzeugnisse ließen sich Empfehlungen für die Fertigungsformen (Strukturtypen) ableiten, so dass neue alternative Konzepte für ein optimiertes, d. h. flexibleres, aber auch klar strukturiertes Layout (U-Anordnung, Kamm, Stern-Anordnung usw.) der Produktionsstätte entwickelt und bewertet wurden. Neben potenziellen Wegersparnissen im Materialfluss fanden weiterhin die Flächenproduktivität, die Lagerhaltung, die Durchlaufzeiten, die Ergonomie, die Realisierungskosten sowie die Produktqualität besondere Berücksichtigung. Ergänzend zu diesen Maßnahmen erfolgte dazu eine genaue Untersuchung der jeweiligen Prozessschritte nach dem Komplexitätsgrad (Tätigkeitsinhalte, erforderliche Qualifikationen, benötigte Maschinen etc.), um potenzielle, zu standardisierende Prozessmodule zu identifizieren. In diesem Zusammenhang wurden weiterhin für jeden Arbeitsplatz Stellenbeschreibungen vorgenommen, die durch die eindeutige Definition der Prozessschritte und -verantwortlichkeiten zu einer verbesserten Standardisierung der Tätigkeiten beitrugen. Im Ergebnis wurden zwei idealtypische Varianten identifiziert, die jeweils für eine Einzel- bzw. Kleinserienfertigung (Stern-Anordnung) sowie Serienfertigung (Kam) am besten geeignet sind.

Abbildung 21.6   Idealtypische Ausgestaltung des Produktionssystems für Einzel- und Kleinserienfertigung (Stern-Anordnung (links)) sowie Serienfertigung (Kamm (rechts))

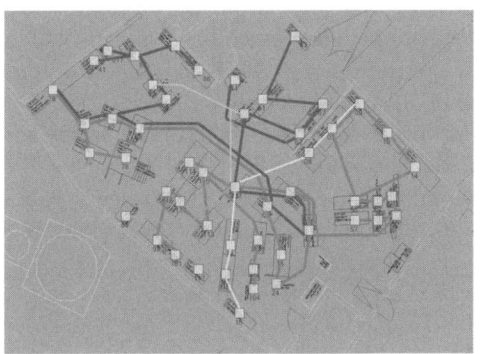 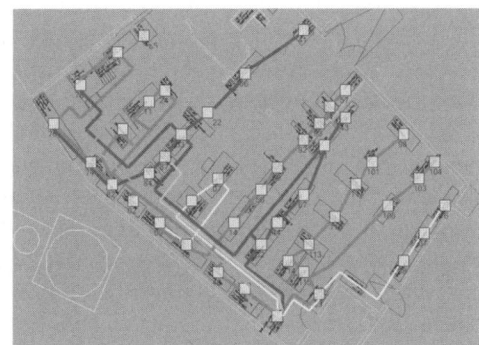

Beide Varianten zeichnen sich dabei durch schlanke Strukturen und kurze Wege aus und ermöglichen eine Standardisierung der Arbeitsabläufe durch eindeutige Definition der Prozessschritte. Die Stern-Anordnung zeichnet sich durch eine besonders hohe Arbeitsgestaltungsmöglichkeit aus, die ausgehend von einem zentralen Bereich eine objektorientierte Struktur ausprägt und somit eine hohe Produktflexibilität zur Herstellung kundenindividueller Produkte in Einzel- bzw. Kleinserienfertigung erlaubt. Die Kammstruktur ist verrichtungsorientiert strukturiert und ermöglicht die Herstellung standardisierter Produkte in Serienfertigung. In diesem Zusammenhang ist eine leichte Realisierung von Erweiterungen möglich, ohne wesentlich in bestehende Strukturen einzugreifen. Um nun das bestgeeignete Produktionssystem für die Maschinenbau GmbH zu identifizieren, wurde in einem nächsten Schritt eine Simulation durchgeführt.

21.4.5   Absicherung einer potenziellen Methodenwirkung durch Simulation

Zur Absicherung der Vielzahl an kurzfristig umsetzbaren arbeitsorganisatorischen Maßnahmen in einem wandlungsfähigen Produktionssystem und zur prospektiven Bewertung der Produktivität des Produktionssystems bietet sich der Einsatz eines Simulationsmodells an. Modellierungskonzepte für schwach strukturierte, flexibel anzupassende Produktionsprozesse, wie sie beispielsweise bei einer kombinierten Einzelfertigung und Kleinserienfertigung in einem KMU anzutreffen sind, bestehen trotz des Potenzials von Simulationsmodellen bisher nur begrenzt. So sind die Funktionen von bestehenden Materialflusssimulationswerkzeugen wie beispielsweise *eMPlant* und *Enterprise Dynamics* auf die Simulation einer Serienfertigung mit Varianten ausgerichtet, die durch einen vorab definierten, zyklischen Produktionsverlauf, eine vorgegebene Belegung von Maschinen sowie durch deterministische Prozesszeiten gekennzeichnet sind. Bei einer Einzel- und Kleinserienfertigung werden die Arbeitsobjekte aber entsprechend dem Werkstattprinzip in einer sachlogisch (technologisch) bedingten Bearbeitungsreihenfolge an die einzelnen Arbeitsplätze gebracht. Die Materialflüsse zwischen den Maschinen und den Montagearbeitsplätzen des Produktionssystems sind voneinander zeitlich entkoppelt und keinem Produkt bzw. keiner Produktgruppe unmittelbar zugeordnet. Dies führt für eine Menge an zu produzierenden Produkten zu einer Vielzahl an zulässigen Bearbeitungsreihenfolgen bzw. -möglichkeiten, deren Auswahl durch die Arbeitspersonen situationsbezogen in der Fertigung erfolgt und deren Auswirkungen es in einem Simulationsmodell für eine kombinierte Werkstatt- und Kleinserienfertigung prospektiv abzubilden gilt. Eine prospektive Analyse der verschiedenen Ausprägungen eines wandlungsfähigen Produktionssystems für eine Menge an Produkten ist mit den bestehenden Materialflusssimulationswerkzeugen durch deren Fokussierung auf die Serienfertigung aber nur bedingt umsetzbar, da neben stark strukturierten Produktionsprozessen auch schwach strukturierte Prozesse zu simulieren sind, deren Ausprägung (Aktivitätsabfolgen, Art und Weise der Aufgabenbearbeitung etc.) von den arbeitsorganisatorischen Vorgaben, dem Entscheidungsverhalten der Arbeitspersonen im Produktionsprozess sowie dem aktuellen Zustand des Produktionssystems bestimmt wird.

Für die prospektive Beschreibung von schwach strukturierten Arbeitsprozessen eignen sich insbesondere personenzentrierte Simulationsmodelle, die das Verhalten der Personen in Arbeitssystemen abbilden (Schlick/Bruder/Luczak 2010) [19]. Diese virtuellen Arbeitspersonen sind als aktive Elemente aufzufassen, die Aufgaben der Produktionsprozesse bearbeiten und Zeit verbrauchen. Den einzelnen virtuellen Arbeitspersonen des Simulationsmodells werden somit die Aufgaben des Produktionsprozesses zugeordnet und bearbeiten diese unter Einbeziehung von Arbeitsmitteln und Arbeitsobjekten. Dabei können Arbeitspersonen und Arbeitsobjekte zu einem Zeitpunkt ausgelastet bzw. nicht verfügbar sein, so dass Warteschlangenprobleme Bestandteil des Modells sind. Durch die Möglichkeit, Teile des Produktionssystems kurzfristig umzugestalten bzw. die Produktionsprozesse und die arbeitsorganisatorischen Vorgaben anzupassen, besteht eine Vielzahl an Entscheidungsoptionen für den Produktionsplaner. Diese Entscheidungen werden in KMU, die nur in seltenen Fällen eine Abteilung bzw. eine Stelle für die Produktionsplanung haben, durch einen Meister bzw. einen Vorarbeiter in der Fertigung getroffen. Die Entscheidungsunterstützung ist demnach auf die Bedürfnisse von Mitarbeitern in der Fertigung abzustimmen und entsprechend auszugestalten. Zu diesen Anforderungen zählen die einfache Modellierung des Produktionssystems und die verständliche Ableitung von konkreten Maßnahmen auf Basis der Simulationsergebnisse für eine vorgegebene Produktionsmenge.

Im Vergleich zu den bestehenden Materialflusssimulationsmodellen bietet die hier vorgenommene Aktororientierung des Simulationsmodells nicht nur eine differenzierte Sichtweise auf schwach strukturierte Arbeitsprozesse, sondern ebenfalls ein Konzept für eine Ablauflogik, mit der wandlungsfähige, auf situationsbezogenen Entscheidungen basierende Produktionsprozesse durch ein Simulationsmodell beschrieben werden können. Das in Vorarbeiten des Instituts für Arbeitswissenschaft der RWTH Aachen entwickelte aktororientierte Simulationsmodell (Tackenberg/Duckwitz/Schlick 2010, Duckwitz/ Tackenberg/Schlick 2010) [20], [21] eignete sich zur prospektiven Beschreibung der Auswirkungen von arbeitsorganisatorischen Maßnahmen bei schwach strukturierten Arbeitsprozessen. Eine vollständige Überführung und Anwendung des bestehenden Modells für die Entscheidungsunterstützung bei der situationsbezogenen Ausgestaltung von Produktionssystemen war dennoch nicht gegeben, da charakteristische Restriktionen und Entscheidungsvariablen bei der Auslegung von Produktionssystemen nicht Bestandteil des Modells waren. Im Rahmen des Verbundprojektes FlexPro wurden daher u. a. Arbeitsmittel und nicht-erneuerbare Ressourcen ebenso ergänzt wie die Auswirkungen von unterschiedlichen Kompetenzniveaus der Arbeitspersonen auf den zeitlichen Aufwand und die iterative Bearbeitung einer Produktionsaufgabe.

21.4.5.1   Aktororientiertes Simulationswerkzeug

Ein aktororientiertes Modell eines wandlungsfähigen Produktionssystems wird zur Bildung und Bewertung von Entscheidungsalternativen in ein Simulationswerkzeug überführt. Ausgangspunkt einer solchen simulationsbasierten Ausgestaltung und Bewertung verschiedener Ausprägungen eines Produktionssystems ist die formale Beschreibung der schwach strukturierten Arbeitsprozesse für die zu fertigenden Produkte durch ein semiformales grafisches Prozessmodell. Zu diesem Zweck werden mit einer entsprechenden Spezifikationstechnik – beispielsweise der *K3-Methode* (Kausch 2010) [22] – die Arbeitssysteme, die Arbeitsprozesse sowie die verfügbaren Arbeitspersonen und Ressourcen modelliert. Hierbei werden die zu berücksichtigenden sachlogisch bedingten Vorgänger-Nachfolger-Beziehungen zwischen Aufgaben nur dann angegeben, wenn diese zur Herstellung des Produktes zwingend erforderlich sind. Des Weiteren werden Anforderungen hinsichtlich der für eine Bearbeitung der Produktionsaufgaben erforderlichen Qualifikationen und Kompetenzniveaus der Arbeitspersonen, die benötigten Funktionen der Arbeitsmittel sowie die Struktur des Produktionssystems definiert und zeitliche Aufwände für die Bearbeitung der Aufgaben festgelegt.

Mit der Überführung des semi-formalen Modells in das Simulationswerkzeug erfolgt eine Definition eines Planungsproblems durch die Zuordnung von Aufgaben zu Organisationseinheiten (Abteilungen). Einer solchen Organisationseinheit sind eine Menge an Arbeitspersonen mit spezifischen Qualifikationen und Kompetenzen zugeordnet (vgl. Abbildung 21.7). Weist ein Produktionssystem keine Aufbauorganisation auf, so werden alle zu bearbeitenden Aufgaben einer einzelnen, globalen Organisationseinheit zugeordnet.

Mit der Integration eines neuen Produktionsauftrags in das Simulationswerkzeug werden die auszuführenden Aufgaben erfasst und in den jeweiligen Aufgabenpools der Organisationseinheiten abgelegt. Eine vollständige Zuordnung der Aufgaben aller Produktionsaufträge bildet den Ausgangspunkt für den Start eines Simulationslaufs. Nach der erstmaligen Initialisierung aller Aufgabenpools der Organisationseinheiten weisen alle Aufgaben den Status „nicht ausführbar" auf. Die Übergänge zwischen den beiden Status „nicht ausführbar" und „ausführbar" einer Aufgabe wie auch die Bearbeitungsreihenfolgen von Aufgaben werden im Folgenden anhand der Abbildung 21.7 eingeführt.

Zu Beginn eines Simulationslaufs werden die Aufgaben in den Aufgabenpools der Organisationseinheiten gesucht, die keine Vorgängerbeziehung aufweisen. Diesen Aufgaben wird der Status „ausführbar" zugeordnet, so dass diese von allen die Mindestanforderungen für eine Ausführung erfüllenden Arbeitspersonen einer Organisationseinheit ab diesem Zeitpunkt bearbeitet werden können. Die Zuordnung einer solchen Aufgabe zu einem oder mehreren Aufgabenpools von Arbeitspersonen erfolgt durch einen implementierten Matching-Algorithmus. Wird eine Aufgabe einer Arbeitsperson unter Berücksichtigung der zu beachtenden Restriktionen zugeordnet, erscheint die zu bearbeitende Aufgabe im Aufgabenpool der Arbeitsperson und kann von dieser bearbeitet werden. Befinden sich mehrere Aufgaben in einem Aufgabenpool einer Arbeitsperson, so organisiert diese die Bearbeitung der Aufgaben selbstständig und kann dabei eine Aktivitätsausführung unterbrechen, um zwischen verschiedenen Aufgaben zu wechseln.

Abbildung 21.7   Vereinfachte Darstellung eines aktororientierten Simulationsmodells

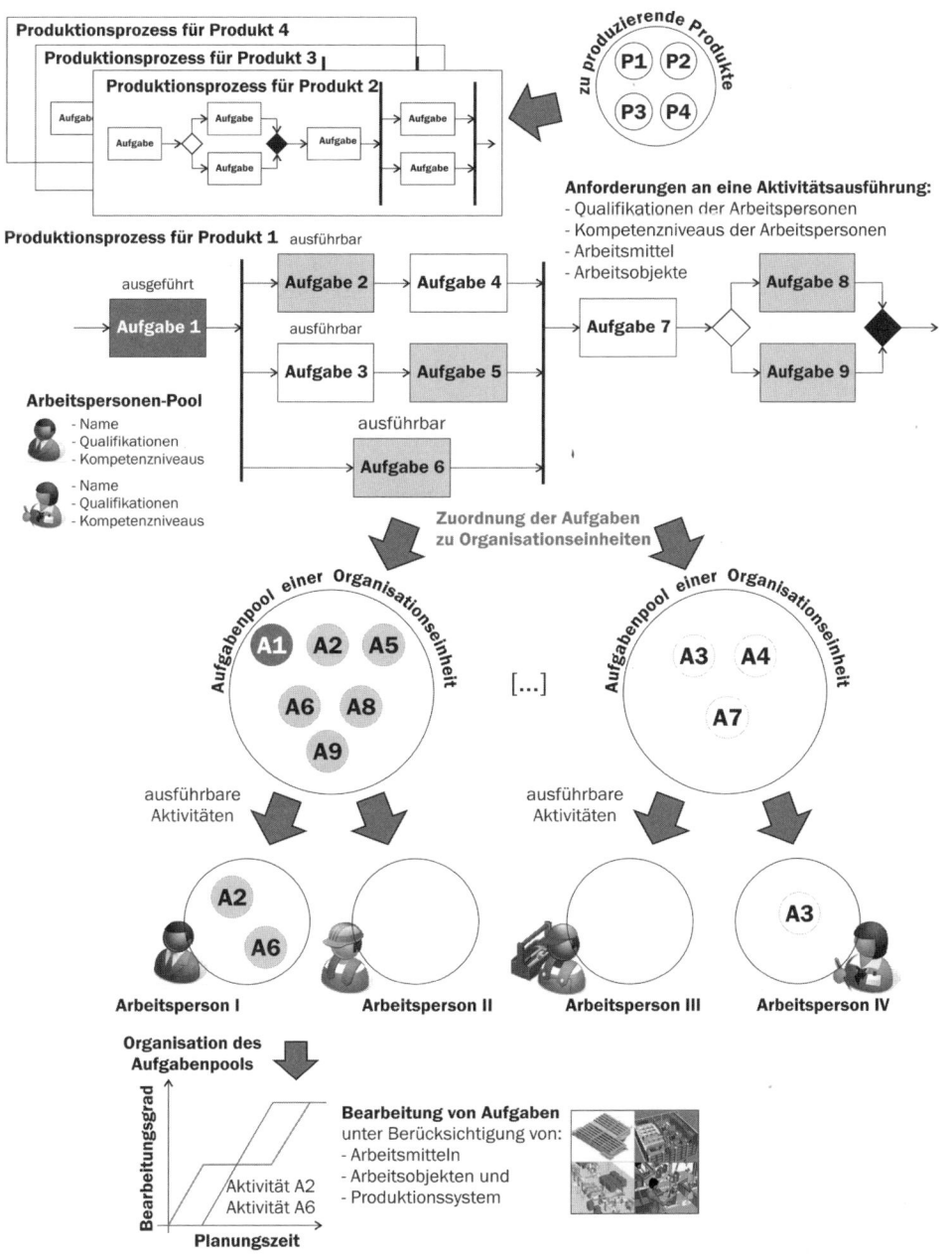

Quelle: Duckwitz u. a. (2010) [21]

Der zur Auswahl der Aufgaben des Aufgabenpools einer Arbeitsperson eingesetzte Algorithmus berücksichtigt, dass der Mensch bei Handlungsentscheidungen sowohl den Nutzen als auch die Kosten der verschiedenen Handlungsalternativen vergleicht (Duckwitz u. a. 2010) [21]. Dabei entscheidet ein Mensch während der Auswahl von Aufgaben nicht immer rational, da er die Auswirkungen seines Handelns auf die Produktionsprozesse des Produktionssystems nur begrenzt überblickt und kurzfristige Aufgaben oftmals als wichtiger ansieht als langfristige. So kommt es erst mit einer zunehmenden Reduzierung des Zeitraums bis zur Fertigstellung der Aufgabe oder des Produktes zu einer höheren Priorität. Dieses Verhalten von Menschen wird in der Literatur als begrenzt rationales Verhalten bezeichnet (Kahneman 2003) [23]. Vereinfacht lässt sich daher schreiben (Kausch 2010) [22]:

$$Priorität\ einer\ Aufgabe\ = \frac{Restaufwand\ x\ Wichtigkeit}{verbleibende\ Zeit}$$

Während der simulierten Ausführung von Aufgaben eines Produktionsprozesses wird in regelmäßigen Abständen oder nach Auftreten eines Ereignisses (Zuteilung einer neuen Aufgabe in den Aufgabenpool einer Arbeitsperson, vollständige Bearbeitung einer Aufgabe etc.) eine Organisation der sich zu diesem Zeitpunkt im Pool der Arbeitsperson befindlichen Aufgaben durchgeführt. Die Arbeitsperson wählt dabei die Aufgabe mit der höchsten Priorität aus, sofern die Voraussetzungen für eine Aktivitätsausführung durch eine Verfügbarkeit von Arbeitsobjekten, Arbeitsmitteln und anderen Arbeitspersonen erfüllt sind.

In dem Simulationsmodell werden die Varianten eines wandlungsfähigen Produktionssystems (Fertigungstyp, Layout, Materialfluss etc.) durch die Aufgaben und deren Verkettung abgebildet. Die Modellierung einer kurzfristigen Umstellung von einer Werkstattfertigung eines Produktes auf eine Kleinserienfertigung mit Zeitvorgaben erfolgt beispielsweise durch eine veränderte Beschreibung der Transportaufgaben, der Input- und Output-Relationen zwischen Aufgaben (Fertigungsschritte, Losgrößen etc.) und eine damit verbundene Anpassung der Arbeitsprozesse sowie der Anforderungen an eine Aktivitätsausführung. Um eine situationsbezogene Modellanpassung zu gewährleisten, wurden in diesem Zusammenhang Module entwickelt, aus denen für die wesentlichen Produktklassen und Produktionsprozesse eines Unternehmens zulässige Varianten des Produktionssystems kurzfristig entwickelt werden können.

Ist eine Variante des wandlungsfähigen Produktionssystems definiert, wird die Aufgabenbearbeitung durch die Arbeitspersonen simuliert, wobei das unterschiedliche Entscheidungsverhalten der Arbeitspersonen sowie Unsicherheiten bei der Aufgabenausführung (Unsicherheit hinsichtlich des zeitlichen Aufwands und der Grundbelastung der Arbeitspersonen) in Verbindung mit den schwach strukturierten Arbeitsprozessen unterschiedliche Produktionsverläufe ergeben. Anhand dieser Ergebnisse wird der verantwortliche Mitarbeiter in der Fertigung in die Lage versetzt, das Layout und den Produktionsprozess vorab zu evaluieren sowie Vorgaben für die Aufgabenbearbeitung abzuleiten, um eine produktive Fertigung zu gewährleisten.

21.4.5.2 Simulationsergebnisse

Das entwickelte Simulationswerkzeug wurde von den Autoren eingesetzt, um die Varianten des wandlungsfähigen Produktionssystems für eine vorgegebene Menge von zu fertigenden Produkten zu bewerten. Zur Entwicklung einer entsprechenden Datengrundlage wurden historische Produktionsdaten des Unternehmens analysiert und Experteninterviews durchgeführt. Diese bildeten die Grundlage für die Abbildung der Produktionsprozesse mit insgesamt 15 Arbeitssystemen (Arbeitsplätzen), der zu untersuchenden Produktklassen (unterschiedliche Fertigungskomplexität) und Produktmengen. Das Produktionsprogramm bestand aus fünf Produkten mit den zu fertigenden Mengen: P_1: 3 Stk., P_2: 2 Stk., P_3: 4 Stk., P_4: 5 Stk. und P_5: 1 Stk., die durch eine unterschiedliche, vorgegebene Kombination der wandlungsfähigen Arbeitssysteme hergestellt werden. Die gegebenen Arbeitssysteme und die erhobenen Ausführungszeiten je Arbeitssystem bildeten somit die Grundlage für die Simulationsstudie.

Durchgeführt wurden Simulationsläufe für die verschiedenen zulässigen Ausprägungen des Produktionssystems: eine Werkstattfertigung ohne arbeitsorganisatorische Vorgaben (Layout 1 – basierend auf der Sternanordnung in Abbildung 21.6), eine Werkstattfertigung mit teilweise fest vorgegebenen Produktionssequenzen (Layout 2) sowie eine kombinierte Werkstatt- und Kleinserienfertigung (Layout 3 – basierend auf der Kammstruktur in Abbildung 21.6). Bei Layout 1 hatten alle Produkte die gleiche Wichtigkeit und wurden gleichzeitig in das Produktionssystem eingelastet. Die virtuellen Arbeitspersonen konnten bei dieser Variante die Aufgaben entsprechend ihrer Prioritäten und den technisch bedingten Aktivitätsabfolgen auswählen und bearbeiten. Die Aufgabenbearbeitung in einem Arbeitssystem erfolgte dabei immer für die entsprechende Losgröße des Produktes, wobei Aufgaben von verschiedenen Produkten sich gleichzeitig im Aufgabenpool einer Arbeitsperson befinden konnten. Das Layout 2 zielte auf die kurzfristige, vollständige Herstellung eines Produktes ab (Stückzahl: 1), um dieses schnell an den Kunden ausliefern zu können. Hierzu wird ein Produkt unabhängig von der Losgröße immer vollständig von den Arbeitspersonen hergestellt, bevor ein weiteres Produkt des gleichen Auftrags gefertigt werden kann. Ein solches Vorgehen ermöglicht eine kürzere Durchlaufzeit für das erste kundenindividuelle Produkt, führt allerdings zu Verzögerungen bei den weiteren identischen Produkten des Auftrags. Die Kunden des Unternehmens wünschen aber oftmals eine schnelle Auslieferung von mindestens einem Produkt, da dieses für Reparaturarbeiten an Maschinen benötigt wird, so dass sich die Aufteilung des Auftrags aufgrund der langen Fertigungszeiten eines Produktes lohnt. Das Layout 3 beschreibt eine Kleinserienfertigung für die Produkte P_3 und P_4. Hierbei werden die Bauteile der Produkte jeweils mit der Losgröße 1 an das nächste Arbeitssystem weitergereicht, so dass eine zeitgleiche Bearbeitung von verschiedenen Bauteilen eines Produktes in unterschiedlichen Arbeitssystemen erfolgen kann. Der Fokus der Simulationsstudie für die drei Varianten lag dabei auf der Korrelation zwischen den Arbeitspersonen und den arbeitsorganisatorischen Vorgaben (kommunizierte Bearbeitungsreihenfolge und Wichtigkeit der Aufgaben) sowie der Ausgestaltung der Produktionsprozesse.

Abbildung 21.8   Simulationsläufe für Layoutvarianten

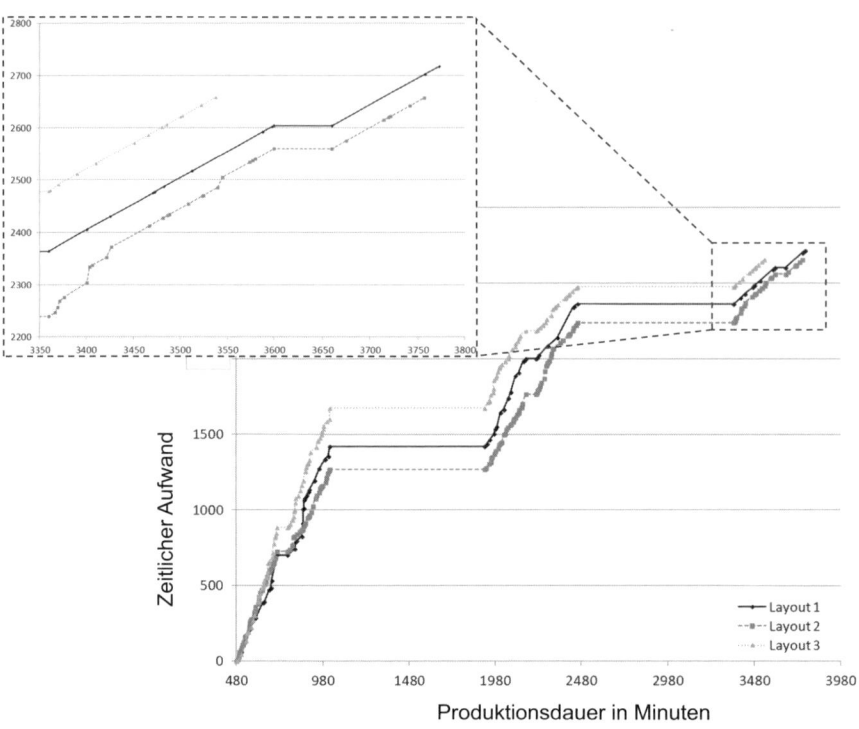

Die durchgeführte Simulationsstudie und die Ergebnisanalysen zeigen Unterschiede zwischen den verschiedenen Varianten des Produktionssystems und den arbeitsorganisatorischen Vorgaben. Eine vergleichende Übersicht bietet die Darstellung des benötigten kumulierten zeitlichen Aufwands zur vollständigen Herstellung der Produkte (geleistete Arbeit) im Verhältnis zur Fertigungsdauer aller Produkte. Aus Gründen der Übersichtlichkeit werden in Abbildung 21.8 nur die Simulationsläufe mit der jeweils kürzesten Herstellzeit für eine Variante des Produktionssystems dargestellt, wobei die Ausstattung an Arbeitspersonen und erneuerbaren sowie nicht-erneuerbaren Ressourcen jeweils identisch ist. Variiert wurden dagegen aufgrund der veränderten Produktionsprozesse bei den Produktionssystemvarianten die zeitlichen Aufwände, die arbeitsorganisatorischen Vorgaben sowie die Zuordnung von Arbeitspersonen zu Aufgaben.

Für das konkrete Produktionsplanungsproblem konnte durch die Simulationsergebnisse nachgewiesen werden, dass die situationsbezogene Umstellung der Fertigung auf eine Serienfertigung bei den Produkten P_3 und P_4 zu einer Zeitersparnis von 235 bzw. 219 Minuten im Vergleich zum Layout 1 und 2 führt. Nichtarbeitszeiten durch Pausen bzw. Nicht-Arbeitszeiten (Kurvensegmente mit Steigung null) wurden bei der Berechnung der Zeitersparnis nicht berücksichtigt. Das Layout 1 weist aufgrund der fehlenden arbeitsorganisatorischen Vorgaben und der damit verbundenen unkoordinierten Ausführung von Aktivitäten durch die virtuellen Arbeitspersonen die längste Fertigungszeit auf. So ergab die detaillierte Analyse des simulierten Fertigungsverlaufs, dass von den Arbeitspersonen Bauteile von verschiedenen Produkten aufgrund ihres personenindividuellen Entscheidungsverhaltens häufig im Wechsel gefertigt werden, so dass Wartezeiten für nachgelagerte Prozessstufen entstehen. Somit erklärt sich die kürzere Durchlaufzeit für das Layout 2 durch die Gewichtung der Produkte und die zeitgleiche Fertigung von jeweils nur einer Einheit eines Produktes, wobei mehrere Produkte parallel gefertigt werden. Aufwände für die Umstellung des Produktionssystems und der Produktionsprozesse wurden dabei berücksichtigt, so dass durch die erzeugten Simulationsergebnisse den Mitarbeitern in der Fertigung eine unmittelbare Unterstützung gegeben wird, wie die Fertigung zeitoptimal auszugestalten ist.

Die Simulationsstudie zeigt, dass durch ein aktororientiertes Modell eine realitätsnahe und zugleich verbesserte Planung einer Werkstattfertigung möglich ist, die mit herkömmlichen Materialflusssimulationen situationsbezogen nicht erreicht werden kann. So können durch die vorgenommene Aktororientierung, die Freiheitsgrade von schwach strukturierten Arbeitsprozessen und der Einfluss von Arbeitspersonen auf die Bearbeitung von wertschöpfenden und nichtwertschöpfenden Aufgaben bei einer Werkstattfertigung ausreichend abgebildet werden. Die durchgeführte Studie ist als ein erster Ansatz zu verstehen, aus dem ein umfangreiches Werkzeug zur situationsbezogenen Ausgestaltung einer Werkstattfertigung bzw. Kleinserienfertigung entstehen kann. Darüber hinaus hat die Simulationsstudie gezeigt, dass sich die kurzfristige, situationsbezogene Anpassung des Produktionssystems und der arbeitsorganisatorischen Maßnahmen in unterschiedlicher Weise auf die Arbeitsproduktivität auswirkt.

21.5   Fazit

Der Handlungsdruck auf Produktionsunternehmen, die sich in einem von Turbulenzen beherrschten Umfeld behaupten wollen, hat zugenommen. Der Wettbewerb wird durch rasante Veränderungen und globale Entwicklungen geprägt. Um jetzt und in Zukunft bestehen zu können, müssen die Unternehmen auf dieses Umfeld reagieren und sich vorausschauend entwickeln können. Obwohl die Flexibilität als Antwort auf diese Entwicklungen immer mehr an Bedeutung gewinnt, fehlen den Unternehmen Instrumentarien zur Gestaltung der Flexibilität eines Produktionssystems. Der vorliegende Beitrag ist in diesem Zusammenhang als ein Lösungsansatz zu verstehen, um Unternehmen entsprechende Lösungsoptionen anbieten zu können.

Literatur

[1]   Nyhuis, P. u. a. (2009): Wandlungsfähige Produktionssysteme. Ergebnisse der BMBF-Vorstudie „Wandlungsfähige Produktionssysteme". wt Werkstattstechnik online, 99, H.4, S. 205-210.

[2]   Kinkel, S. (2005): Anforderungen an die Fertigungstechnik von morgen. Wie verändern sich Variantenzahlen, Losgrößen, Materialeinsatz, Genauigkeitsanforderungen und Produktlebenszyklen tatsächlich? Mitteilungen aus der Produktionsinnovationserhebung, 9, S. 1-12.

[3]   Haweanek, D. (2008): Neues Takt-Gefühl. www.spiegel.de/spiegel/0,1518,571270,00.html, Zugriff: 12.04.2011.

[4]   Wüstner, K. (2006): Arbeitswelt und Organisation. Ein interdisziplinärer Ansatz. Wiesbaden: Gabler.

[5]   Seidel, H./von Garrel, J. (2010): Flexible Produktionssysteme innovativ managen. In Nyhuis, P. (Hrsg.), Wandlungsfähige Produktionssysteme. Berlin: GITO, S. 407-416.

[6]   Blecker, T./Kaluza, B. (2004): Produktionsstrategien. Ein vernachlässigtes Forschungsgebiet? In: Braßler, A./Corsten, H. (Hrsg.), Entwicklungen im Produktionsmanagement. München: Vahlen, S. 3-27.

[7]   Schiemenz, B. (1996): Komplexität von Produktionssystemen. In: Kern, W./Schröder, H. H./Weber, J. (Hrsg.), Handwörterbuch der Produktionswirtschaft. 2. Aufl., Stuttgart: Schäffer-Poeschel Verlag, S. 895-904.

[8]   Corsten, H. (1996): Produktionswirtschaft. 6. Aufl., München: Oldenbourg Wissenschaftsverlag.

[9]   Westkämper, E. (2006): Einführung in die Organisation der Produktion. Strategien der Produktion. Berlin: Springer-Verlag.

[10] Schuh, G. (2006): Produktionsplanung und -steuerung. Grundlagen, Gestaltung und Konzepte. 3. Aufl., Berlin: Springer-Verlag.

[11] Günther, H. O./Tempelmeier, H. (2005): Produktion und Logistik. 5. Aufl., Berlin: Springer-Verlag.

[12] Nyhuis, P./Reinhardt, G./Abele, E. (2008): Wandlungsfähige Produktionssysteme. Heute die Industrie von morgen gestalten. Garbsen: PZH-Verlag.

[13] Thielen, C. A. L. (1993): Management der Flexibilität. Integriertes Anforderungskonzept für eine flexible Gestaltung der Unternehmung. St. Gallen, Dissertation.

[14] Kaluza, B. (1993): Betriebliche Flexibilität. In: Grochla, E./Wittmann, W. (Hrsg.), Handwörterbuch der Betriebswirtschaft. Bd. 1. A - H. 5. Aufl., Stuttgart: Schäffer-Poeschel Verlag, S. 1173-1184.

[15] Schneeweiß, C. (1996): Flexibilität, Elastizität und Reagibilität. In: Kern, W/Schröder, H.-H./Weber, J. (Hrsg.), Handbuch der Produktionswirtschaft. 2. Aufl., Stuttgart: Schäffer-Poeschel Verlag, S. 489-501.

[16] Hillmer, H.-J. (1987): Planung der Unternehmensflexibilität. Eine allgemeine theoretische Konzeption und deren Anwendung zur Bewältigung strategischer Flexibilitätsprobleme. Schriften zur Unternehmensplanung, 7. Frankfurt a.M.: Peter Lang.

[17] Nagel, M. (2003): Flexibilitätsmanagement. Ein Systemdynamischer Ansatz zur quantitativen Bewertung von Produktionsflexibilität. Wiesbaden: Deutscher Universitäts-Verlag.

[18] Janssen, H. (1997): Flexibilitätsmanagement. Theoretische Fundierung und Gestaltungsmöglichkeiten in strategischer Perspektive. Universität München, Dissertation. Stuttgart: Schäffer-Poeschel Verlag.

[19] Schlick, C. M./Bruder R./Luczak H. (2010): Arbeitswissenschaft. 3. Aufl., Berlin: Springer-Verlag.

[20] Tackenberg, S./Duckwitz, S./Schlick, C. (2010): Activity- and actor-oriented simulation approach for the management of development projects. International Journal of Computer Aided Engineering and Technology, 2/2010, 4.

[21] Duckwitz, S./Tackenberg, S./Schlick, C./Mütze-Niewöhner, S. (2011): Simulationsgestützte Bewertung der Produktivität von wissensintensiven Dienstleistungen. In: Bruhn, M./Hadwich, K. (Hrsg.), Dienstleistungsproduktivität. Innovationsentwicklung, Internationalität, Mitarbeiterperspektive.Bd. 2. Forum Dienstleistungsmanagement. Wiesbaden: Gabler.

[22] Kausch, B. (2010): Integrative Methodik zur grafischen Modellierung und ereignisdiskreten Simulation von Entwicklungsprozessen in der Verfahrenstechnik. In: Schlick, C. (Hrsg.), Schriftenreihe Industrial Engineering and Ergonomics. RWTH Aachen, Dissertation. Aachen: Shaker Verlag.

[23] Kahneman, D (2003): Maps of bounded rationality. A perspective on intuitive judgment and choice. In: Frängsmyr, T. (Hrsg.), Prize Lecture, Les Prix Nobel, The Nobel Prizes 2002. Stockholm: Nobel Foundation.

Projektverzeichnis

ARBWOL: Arbeitszeitgestaltung unter Berücksichtigung der Work-Life-Balance mit Hilfe der rechnerunterstützten Simulation — ARBWOL

Ein Verbundprojekt zum Themenfeld „Balance von Flexibilität und Stabilität in einer sich wandelnden Arbeitswelt" im Rahmen des Programms „Arbeiten – Lernen – Kompetenzen entwickeln" des BMBF (01FH09046, Beendigung der Förderung April 2013)

Ziel des ARBWOL-Projekts war die Aufdeckung von Effekten flexibler Arbeitszeitmodelle auf die Work-Life-Balance und die daraus resultierende ganzheitliche Belastungssituation der Mitarbeiter. Hierzu wurden innerhalb einer heterogenen Gruppe von Beschäftigten im Dienstleistungsbereich zunächst so genannte soziale Rollen identifiziert, mit denen die Position einzelner Beschäftigter in ihrem außerberuflichen Umfeld sowie die daraus resultierenden Verpflichtungen und Erwartungen modellhaft beschrieben werden können.

Im Anschluss daran wurden typische Belastungen sowie potenzielle Konflikte zwischen Privat- und Berufsleben für die verschiedenen sozialen Rollen ermittelt und ein Rollen-Belastungs-Modell abgeleitet, das die Wirkungszusammenhänge erklärt. Hierzu wurde in diesem Forschungsprojekt ein dualer Forschungsansatz verfolgt:

- Einerseits wurde durch eine Befragung die Belastungssituation der Beschäftigten in Dienstleistungsbetrieben analysiert, um ein genaueres Bild bezüglich der individuell von den Beschäftigten empfundenen Beanspruchungssituation zu erhalten.

- Andererseits wurden mittels einer systematischen, personalorientierten Simulationsstudie die Auswirkungen verschiedener Arbeitszeitmodelle auf die Work-Life-Balance in Abhängigkeit von den sozialen Rollen ermittelt.

Aus den Ergebnissen konnten Handlungsanleitungen und Empfehlungen zur belastungsreduzierenden Gestaltung von Arbeitszeitmodellen abgeleitet werden. Die gewonnenen Erkenntnisse wurden in ein simulationsunterstütztes Analyse- und Gestaltungsinstrument eingebunden, das es nunmehr ermöglicht, für spezifische Anwendungsfälle konkrete Empfehlungen für die Arbeitszeitgestaltung abzuleiten. Ziel ist es, bei einem vorgegebenen Arbeitsaufkommen die Arbeitszeiten der Beschäftigten mit ihren sozialen Rollen so zu gestalten, dass Konflikte zwischen Privat- und Berufsleben möglichst vermieden und Belastungen insgesamt reduziert werden. Zur Verifizierung wurde dieser Ansatz für den praktischen Piloteinsatz aufbereitet.

Als Kooperationspartner standen zwei Krankenhäuser, ein Call-Center und zwei Einzelhandelsketten zur Verfügung. Ferner wirkten die Berufsgenossenschaft Handel und Warendistribution (Bonn), die Dienstleistungsgewerkschaft ver.di (Berlin) und der Handelsverband Deutschland (Berlin) als Informationspartner mit. Die vertretenen Dienstleistungsbranchen weisen einen besonderen Bedarf an flexiblen Arbeitszeiten auf. Darüber hinaus sind viele Beschäftigte im Dienstleistungsbereich durch längere oder sogar atypische Betriebsöffnungszeiten dazu gehalten, ihre Tätigkeit in den üblicherweise für das Familienleben und zur Freizeitgestaltung genutzten Abendstunden oder auch am Wochenende auszuüben. Vor diesem Hintergrund wurden Pilotstudien zur Arbeitszeitgestaltung bei den Kooperationspartnern durchgeführt.

FlexPro: Flexible Produktionskapazität innovativ managen

Ein Verbundprojekt zum Themenfeld „Balance von Flexibilität und Stabilität in einer sich wandelnden Arbeitswelt" im Rahmen des Programms „Arbeiten – Lernen – Kompetenzen entwickeln" des BMBF (01FH090-19, -20, -22, -23, -24, Beendigung der Förderung April 2013)

Unternehmen agieren heutzutage größtenteils in dynamischen Märkten. Sie müssen in der Lage sein, sowohl kurzfristig und zielgerichtet auf die aktuelle Nachfragesituation zu reagieren als auch potenzielle Veränderungen der Märkte und des Kundenverhaltens proaktiv in die Gestaltung ihrer Produktionssysteme einfließen zu lassen. Ein wesentlicher Erfolgsfaktor ist für viele produzierende Unternehmen daher eine hohe Flexibilität. Dies belegen Ergebnisse einer im Rahmen des Projekts FlexPro durchgeführten deutschlandweiten Befragung, an der mehr als 1.200 überwiegend kleine und mittelständische Unternehmen teilnahmen.

Im Projekt FlexPro wurde daher ein ganzheitliches Instrumentarium für produzierende Unternehmen entwickelt, welches diese bei der Flexibilisierung und Steuerung ihrer Produktionskapazität und ihres Produktionsportfolios systematisch unterstützt. Besondere Aufmerksamkeit wurde dabei dem Spannungsfeld zwischen einem stabilen, zieloptimierten Produktionssystem und hochgradig flexiblen Produktionsabläufen gewidmet. Dazu wurden u. a. praxisnahe Lösungskonzepte für die Neuzuordnung von Stammpersonal wie auch für die Einbindung externer, zeitlich befristeter Mitarbeiter in flexible Produktionssysteme systematisch konzipiert, erprobt und etabliert. Erfolgsfaktoren waren dabei eine gelungene fachliche und soziale Integration flexibler interner wie auch externer Mitarbeiter und die nachhaltige Entwicklung ihrer Kompetenzen.

Die am Projekt FlexPro beteiligten Forschungseinrichtungen das Institut für Arbeitswissenschaft der RWTH Aachen, der Lehrstuhl für Wirtschafts- und Sozialpsychologie der FAU Erlangen-Nürnberg und das Fraunhofer IFF bearbeiteten die interdisziplinäre Aufgabenstellung gemeinsam mit dem ALROUND-Verband, der kleine und mittelständische Unternehmen der Luft- und Raumfahrt vertritt, sowie mit dem Praxispartner RKM GmbH, einem Personaldienstleister für Fachkräfte, wie sie beispielsweise in der Luft- und Raumfahrt oder im Bereich der erneuerbaren Energien benötigt werden.

In der vorliegenden Publikation werden Ergebnisse zur situationsspezifischen Auslegung von Produktionssystemen sowie zur Anlernung von Arbeitspersonen in der Montage vorgestellt. Diese und weitere Ergebnisse wie beispielsweise ein Konzept für eine prozessbezogene Personalplanung auf Grundlage vorhandener und erforderlicher Qualifikationen und Kompetenzen werden zudem in einem eigenen praxisorientierten Handbuch veröffentlicht und darin detailliert erläutert.

Flex4Work: Integration und Implementierung von Flexibilitätsstrategien bei Stamm- und Zeitarbeitnehmern

Ein Verbundprojekt zum Themenfeld „Balance von Flexibilität und Stabilität in einer sich wandelnden Arbeitswelt" im Rahmen des Programms „Arbeiten – Lernen – Kompetenzen entwickeln" des BMBF (01FH09127, Beendigung der Förderung April 2013)

Das klassische Normalarbeitsverhältnis verliert an Bedeutung. So genannte atypische Beschäftigungsformen liefern interessante neue Ansätze zur Steigerung der Flexibilität von Unternehmen. Hierzu zählt auch die Zeitarbeit. Sie hat seit dem Jahr 2000 stark zugenommen. Der zentrale Grund für diese Zunahme liegt in immer weniger planbaren Auslastungen der vorgehaltenen Personal- und Maschinenkapazitäten infolge erheblicher Auftragsschwankungen. Letztere erfordern die rasche Zu- und Abführung von Personal, die durch flexible Überlassungen realisiert wird. Gerade in dieser Flexibilitätskompetenz der Zeitarbeit einsetzenden Unternehmen wird ein entscheidender Wettbewerbsvorteil gesehen.

Das Projekt Flex4Work untersuchte interdisziplinär die Einsatzstrategien von Zeitarbeit mit dem Ziel, die unterschiedlichen Anforderungen von Betrieben und Mitarbeitern hinsichtlich Flexibilität und Stabilität zu ermitteln und sie zu einem akzeptablen Ausgleich zwischen Arbeitgeber- und Arbeitnehmerseite zu bringen.

Zielsetzung des Verbundprojektes war es, im Spannungsfeld von Flexibilität und Stabilität für die Industrie Handlungsempfehlungen zu erarbeiten, die die Produktivität und Wettbewerbsfähigkeit der Unternehmen aufrechterhalten oder gar fördern, ohne die gesundheitliche und soziale Integrität der Beschäftigten zu beeinträchtigen. Die beteiligten Wissenschaftler der Universitäten Bayreuth und Greifswald bearbeiteten gemeinsam mit zwei Praxispartnern (ml&s GmbH & Co. KG, Greifswald, ein mittelständischer Fertigungs- und Logistikdienstleister der Elektrotechnik, sowie Dipl.-Ing. H. Sitte GmbH & Co. KG, Bramstedt, ein auf die Elektrobranche spezialisierter Personaldienstleister) verschiedene Forschungsfragen, die Aspekte der demografischen Entwicklung, der arbeitsrechtlichen Ausformung sowie der arbeitsmedizinischen, arbeitspsychologischen und betriebswirtschaftlichen Gestaltung von Zeitarbeit betrafen. Im praktischen Teil des Projektes wurden neuartige Verfahren zur Integration sowie zur Qualifizierung von Zeitarbeitnehmern erprobt, evaluiert und in einem Praxishandbuch zusammengetragen.

In der Gesamtschau bleibt festzustellen, dass Zeitarbeit sich zu einem etablierten Instrument am Arbeitsmarkt entwickelt hat. Allerdings stellt Zeitarbeit kein homogenes Phänomen dar: Unterschiedliche Einsatz- und Qualifikationsprofile der Zeitarbeitnehmer spannen ein Spektrum auf, das von einfachen Helfern bis hin zu Ingenieuren und Ärzten reicht. Zeitarbeit ist nicht gleich Zeitarbeit. In der sich nun anschließenden Transferphase werden die Projektergebnisse weiter ausgearbeitet und ihre Anwendung auf andere Branchen überprüft. Darüber hinaus wurde der Arbeitskreis „Arbeitszeitmanagement" bei der Arbeitsgemeinschaft wirtschaftliche Verwaltung ins Leben gerufen, um die Nachhaltigkeit der Projektergebnisse zu gewährleisten. Das gleiche Ziel verfolgt das innerhalb des Projektes entstandene „Forum für Zeitarbeit" in Kooperation mit dem Institut für Arbeitsmarkt- und Berufsforschung (IAB), welches mittlerweile zu einer festen Institution geworden ist.

SCHICHT: Schichtarbeit zwischen Anforderungen von Arbeitswelt und Lebenswelt

Ein Verbundprojekt zum Themenfeld „Balance von Flexibilität und Stabilität in einer sich wandelnden Arbeitswelt" im Rahmen des Programms „Arbeiten – Lernen – Kompetenzen entwickeln" des BMBF (01FH09124, 01FH09125, 01FH09126 Beendigung der Förderung April 2013)

Unter dem Motto „Familie – ein Plus für Unternehmen" befasst sich das Verbundprojekt „Schichtarbeit zwischen Anforderungen von Arbeitswelt und Lebenswelt" (SCHICHT) mit der Balance zwischen Flexibilität und Stabilität, die sich vor dem Wunsch nach Vereinbarkeit von Beruf und Familie vor allem in zwei Spannungsfeldern zwischen Betrieben und Beschäftigten bewegt:

Interesse der Betriebe an der *Flexibilität* von Arbeitszeiten, um z. B. auf Produktionsschwankungen zu reagieren	⇔	Interesse der Beschäftigten an der *Stabilität* von Arbeitsplatz und Einkommen, um ihren Lebensunterhalt zu sichern
Interesse der Betriebe an der *Stabilität* von Arbeitszeiten und Leistungserbringung zur Sicherung des Unternehmens	⇔	Interesse der Beschäftigten an der *Flexibilität* ihrer Arbeitszeiten, um auf private Anforderungen reagieren zu können

Gemeinsam mit mehreren Betrieben der beiden Chemiestandorte Leuna und Bitterfeld-Wolfen wie z. B. der InfraLeuna GmbH, SOEX TSG & TRG mbH und der Sovello AG werden praxistaugliche und zukunftsstabile Lösungen für Unternehmen und Beschäftigte, deren Leben durch Schichtarbeit und andere betriebliche wie individuelle Einflüsse besonders geprägt sind, entwickelt, erprobt und umgesetzt.

Langfristige Ziele sind dabei (1) die Entwicklung und Etablierung einer tragfähigen Beratungsinfrastruktur für alle Beschäftigten und Unternehmen an den Chemiestandorten, (2) Kooperationslösungen für die Zusammenarbeit von Unternehmen, sozialen Institutionen und Kommunen sowie (3) flexible Arbeitszeitlösungen für kleine und mittelständische Unternehmen, die den Belangen von Unternehmen und Beschäftigten gerecht werden. Dazu arbeiten drei Projektpartner eng zusammen: die Stadtverwaltung Bitterfeld-Wolfen, die Qualifizierungsförderwerk Chemie GmbH (QFC) und das Zentrum für Sozialforschung Halle e.V.

Die Ergebnisse aus den unterschiedlichen methodischen und umsetzungspraktischen Ansätzen werden in dem Projekt kontinuierlich aufgearbeitet und systematisiert (siehe auch www.familieplusunternehmen.de), so dass sich daraus anwendungsbezogene Modelle für die Vereinbarkeit von Erwerbsarbeit und Familie entwickeln lassen, die in praktischen Handlungsanleitungen und wissenschaftlichen Publikationen münden. Als Visualisierung zur Darstellung der persönlichen Work-Life-Balance im Ist- und Wunschzustand dient ein Buffet der Wahrnehmung und der Film „Felix Flex" mit zwei SCHICHT-Teilen zu den Themen Fachkräfterekrutierung, -gewinnung und -bindung.

Autorenverzeichnis

Norbert Baszenski absolvierte nach Abschluss seines Maschinenbaustudiums an der Helmut-Schmidt-Universität, Hamburg, als Dipl.-Ing. ein Aufbaustudium zum Dipl.-Wirtschaftsingenieur. Er ist seit Mitte 2001 am Institut für angewandte Arbeitswissenschaft e.V. (ifaa) beschäftigt. Schwerpunkte seiner Arbeit waren anfangs Benchmarking für die Unternehmen der Metall- und Elektroindustrie und Arbeitszeitgestaltung, mittlerweile konzentriert sich seine Forschungs- und Projektarbeit auf die methodisch gestützte Produktivitätssteigerung. Dazu wurde u. a. eine Methodensammlung erstellt und publiziert, die in 4. Auflage vorliegt. Aktuelle Arbeiten beschäftigen sich mit der Untersuchung der in den Unternehmen benötigten Flexibilität und unterschiedlichen Maßnahmen zu deren Realisierung.

Prof. Dr. Lutz Bellmann, geboren 1956, studierte in Hannover Wirtschaftswissenschaften, wo er auch promovierte und habilitierte. Von 1981 bis 1988 war er wissenschaftlicher Mitarbeiter am Institut für Quantitative Wirtschaftsforschung der Universität Hannover und wechselte 1988 an das Institut für Arbeitsmarkt- und Berufsforschung der Bundesagentur für Arbeit. Dort leitet er seit 1997 das IAB-Betriebspanel. Seit 2009 ist er Universitätsprofessor für Volkswirtschaftslehre, insbes. Arbeitsökonomie, an der Universität Erlangen-Nürnberg. Er übernahm Lehraufträge an den Universitäten Bamberg, Basel, Passau, Speyer, Tübingen und Würzburg. Zudem ist Lutz Bellmann Research Fellow am Forschungsinstitut zur Zukunft der Arbeit, Bonn. Er ist Mitglied verschiedener Beiräte, u. a. des Bundesministeriums für Bildung und Forschung zur Früherkennung von Qualifikationsbedarfen, des Kuratoriums des Qualifizierungsförderungswerks der Chemischen Industrie und des Scientific Advisory Board des International Data Service Centers des Forschungsinstituts zur Zukunft der Arbeit. Sein Forschungsfeld ist die Arbeitsmarktökonomik, insbesondere Fragen der Lohnstruktur und Beschäftigungsdynamik, der betrieblichen Aus- und Weiterbildung sowie der Beschäftigung älterer Arbeitnehmer.

Hicham Benkhai schloss sein Studium zum Dipl.-Humanbiologen 2010 ab. Seitdem ist er als wissenschaftlicher Mitarbeiter in den BMBF-geförderten Projekten „Flex4Work" und „MISSinG" tätig sowie seit Juli 2012 als wissenschaftlicher Mitarbeiter und Projektkoordinator im Rahmen des BMWI-geförderten Projekts „Endotoxinretentiver Filter". Zu seinen Forschungsthemen zählen Stress und das Antioxidative Potenzial, Endotoxine in Trinkwassersystemen und die Entwicklung von antibakteriellen und biokompatiblen Implantaten.

Prof. Dr. Burkhard Boemke studierte Rechtswissenschaften an der Georg-August-Universität Göttingen und wurde dort zum Dr. jur. promoviert. Seine Habilitation verfasste er an der Ruprecht-Karls-Universität Heidelberg. Seit 1997 ist er an der Universität Leipzig tätig und forscht und lehrt im Bereich des Arbeits- und Sozialrechts sowie des Bürgerlichen Rechts. Seine Forschungsschwerpunkte im Bereich des Arbeitsrechts sind das Recht der Arbeitnehmerüberlassung, das Betriebsverfassungsrecht, die Inhaltskontrolle arbeitsvertraglicher Vereinbarungen sowie die Zulässigkeit und Umsetzung von Corporate-Compliance-Maßnahmen im Arbeitsverhältnis. Im bürgerlichen Recht liegen seine Forschungsschwerpunkte in Fragen der Vertragsgestaltung sowie der Kontrolle Allgemeiner Geschäftsbedingungen. Neben seiner wissenschaftlichen Tätigkeit berät er Unternehmen und Betriebe für die Kanzlei Boemke und Partner Rechtsanwälte, insbesondere auf dem

Gebiet des Individual- und Kollektivarbeitsrechts, in Schlichtungsverfahren zwischen Betriebs-, Sozial- und Tarifpartnern sowie bei Unternehmensumstrukturierungen.

Sabine Böttcher studierte Soziologie an der Martin-Luther-Universität Halle-Wittenberg. Seit 2000 ist sie wissenschaftliche Mitarbeiterin am Zentrum für Sozialforschung Halle e.V. Ihre Arbeitsschwerpunkte sind vor allem der Bereich Arbeitsmarkt und lokale Governance (u. a. Evaluation von Bürgerarbeit in Bad Schmiedeberg und Mecklenburg-Vorpommern) sowie die Vereinbarkeit von Erwerbstätigkeit und Familienverantwortung, insbesondere die Themen Schichtarbeit, Kinderbetreuung außerhalb der Regelzeiten und Verantwortung für ältere oder pflegebedürftige Angehörige. Aktuelle Forschungsprojekte sind die begleitende Evaluation von Bürgerarbeit in Mecklenburg-Vorpommern (BüA_MV), die Brandenburger Fachkräftestudie Pflege (BraFa Pflege) und die Förderung der Vereinbarkeit von Arbeits- und Lebenswelt bei Schichtarbeit (SCHICHT).

Prof. Dr. Manfred Bornewasser absolvierte seine Ausbildung zum Dipl.-Psych. und seine Promotion zum Dr. soc. wiss. an der Fakultät für Soziologie der Universität Bielefeld. Anschließend habilitierte er an der Universität Münster. Seit 1994 forscht und lehrt er an der Universität Greifswald im Bereich der Sozialpsychologie und Arbeits- und Organisationspsychologie. Seine Forschungsschwerpunkte im Bereich der Sozialpsychologie sind Gewalt und soziale Devianz, Kriminalprävention und Videoüberwachung, im Bereich der Arbeitspsychologie atypische Beschäftigung, Belastungen und Commitment sowie im Bereich der Organisationspsychologie die Diagnostik von Strukturen und Prozessen, darauf abgestimmte Maßnahmen der Personal- und Organisationsentwicklung sowie deren Evaluation. Aktuelle Forschungsprojekte beschäftigen sich mit der Flexibilisierung der Arbeitszeit (Flex4Work), der Produktivität von Dienstleistungen im Gesundheitsbereich (Service4Health) sowie der Innovationsfähigkeit in altersgemischten Teams (Derobino).

Prof. Dr. Ricarda B. Bouncken leitet den Lehrstuhl für „Strategisches Management und Organisation" an der Universität Bayreuth und kann auf über 150 Publikationen verweisen. Sie leitet eine hohe Anzahl von großen Forschungsprojekten, viele davon als große Drittmittelprojekte. Projekte sind z. B. Flex4Work, Service4Health, Move2Health oder Derobino. Beispielsweise werden in dem Projekt Flex4Work Strategien und Einsatzbedingungen der Zeitarbeit untersucht. Zu ihren Forschungsschwerpunkten zählen das Strategische Management und die Organisation von Unternehmen, Flexibilisierungs- und Innovationsstrategien von nationalen und internationalen Unternehmen – auch unter Handhabung von personellen Diversitäten – sowie die Gestaltung, Führung und Strategie von Unternehmenskooperationen. Sie promovierte 1997 an der Universität Str. Gallen (HSG). Nach ihrer Habilitation 2002 an der Universität Lüneburg folgte sie einem Ruf an die BTU Cottbus auf den „Lehrstuhl für Allgemeine BWL und Besondere der Planung und des Innovationsmanagements". Von 2004 bis 2009 war sie Lehrstuhlinhaberin „ABWL und Organisation, Personal sowie Innovationsökonomie" an der Ernst-Moritz-Arndt-Universität Greifswald. Im Jahr 2009 erhielt sie den Ruf an die Universität Bayreuth.

Andreas Crimmann ist nach einer kaufmännischen Ausbildung und dem Studium zum Dipl.-Volkswirt an der Friedrich-Alexander-Universität Erlangen-Nürnberg seit 2008 wissenschaftlicher Mitarbeiter am Institut für Arbeitsmarkt- und Berufsforschung, Forschungsbereich Betriebe und Beschäftigung. Er ist Doktorand und wissenschaftlicher Mitarbeiter am Lehrstuhl für Volkswirtschaftslehre, insbesondere Arbeitsökonomie, von Prof. Dr. Lutz Bellmann an der Universität Erlangen-Nürnberg sowie Lehrbeauftragter an der Technischen Universität Kaiserslautern. Seine Forschungsschwerpunkte sind Determinanten und Effekte des betrieblichen Innovationsverhaltens, Fragen zu den Auswirkungen der Wirtschafts- und Finanzkrise und Zeitarbeit.

Katalin Evers absolvierte zunächst ein Studium zur Dipl.-Volkswirtin an der Friedrich-Alexander-Universität Erlangen-Nürnberg. Seit August 2009 ist sie wissenschaftliche Mitarbeiterin am IAB und Promotionsstudentin bei Prof. Dr. Lutz Bellmann. Die Schwerpunkte ihrer Forschung liegen im Bereich Innovationen, insbesondere bei den Determinanten und Wirkungen von Innovationen aus betrieblicher Perspektive. Sie arbeitet mit im bundesdeutschen, BMBF- und ESF-geförderten Projekt „Matching von Innovationsfähigkeit und nachhaltigen Organisationsmodellen" sowie im Projekt „Innovationen in Sachsen", das vom Sächsischen Staatsministerium für Wirtschaft, Arbeit und Verkehr und vom ESF gefördert wird. Zudem forscht sie im Bereich Beschäftigungsformen, insbesondere zur Zeitarbeit. Sie arbeitet mit der Industriegewerkschaft Bergbau, Chemie, Energie zusammen und führt auch Untersuchungen über die Beschäftigungsformen im Organisationsbereich der IG BCE durch.

Dr. Hajo Fischer machte eine Ausbildung zum Dipl.-Oek. und promovierte zum Dr. rer. pol. am Lehrstuhl für Unternehmensführung und Personal der Universität Bremen. Von 2009 bis 2011 war er Mitarbeiter der Universitäten Greifswald und Bayreuth. Er forscht und publiziert im Bereich der Mittelständischen Unternehmensführung, Organisation und Personal. Er arbeitet in Forschungsprojekten in den Bereichen Seeverkehrswirtschaft und Flexibilisierung der Arbeitszeit. Aktuell ist er als Unternehmensberater tätig.

Gunther Gerner studierte Rechtswissenschaften und Verwaltungswissenschaften an der Universität Konstanz. Seit seinem Rechtsassessorexamen im Herbst 1989 ist er bei der Bundesagentur für Arbeit tätig, aktuell als operativer Geschäftsführer bei der Agentur für Arbeit Stralsund. Seine Aufgabenschwerpunkte sind Arbeitsvermittlung und Arbeitsberatung, Berufsorientierung und Berufsberatung sowie die Gewährung von Lohnersatzleistungen. Zudem ist er beschäftigt mit der Planung und Umsetzung der regionalen Arbeitsmarktpolitik sowie der Entwicklung einer regionalen Arbeitsmarktstrategie. Er ist Mitglied in verschiedenen Gremien mit schwerpunktmäßig arbeitsmarktpolitischen Aufgabenstellungen. Zusätzlich engagiert er sich in Vereinen und ist seit 1994 ehrenamtlicher Richter, zurzeit am Landesarbeitsgericht Mecklenburg-Vorpommern.

Gudrun Haseloh studierte Germanistik, Publizistik und Kunstgeschichte an der Universität Münster, zudem Betriebswirtschaftlehre (IWW) an der Fernuniversität Hagen. Sie war in verschiedenen Fachverlagen und der Elektronik-Industrie tätig. Seit 2003 ist sie bei ml&s GmbH & Co. KG in Greifswald beschäftigt, wo sie nach siebenjähriger Tätigkeit als Betriebsratsvorsitzende nun mit Prozessoptimierungsprojekten betraut ist. Sie ist ehrenamtliche Arbeitsrichterin an der ersten Kammer des Arbeitsgerichts Stralsund und arbeitet im

Forschungsprojekt Flex4Work in der Schnittstellenfunktion zwischen dem Verbundpartner ml&s einerseits und den Universitäten Greifswald und Bayreuth andererseits.

Katharina Hasenau absolvierte ein Studium der Pädagogik (Dipl.-Päd.) an der Philipps-Universität Marburg und war von 2008 bis 2012 wissenschaftliche Mitarbeiterin am Institut für Arbeitswissenschaft der RWTH Aachen in den Abteilungen Human Resources und Arbeitsorganisation; dort lagen ihre Forschungsschwerpunkte im Bereich der Personal- und Organisationsentwicklung, der Auswirkungen des demografischen Wandels auf KMU sowie des flexiblen Mitarbeitereinsatzes (Kompetenzerfassung und -entwicklung). Seit 2012 arbeitet sie als Beraterin für Personal- und Organisationsentwicklung der BET Büro für Energiewirtschaft und technische Planung GmbH.

Tim Jeske ist nach dem Studium des Maschinenbaus (Dipl.-Ing.) und des Wirtschaftsingenieurwesens (Dipl.-Wirt.Ing.) an der RWTH Aachen seit 2007 dort am Institut für Arbeitswissenschaft in der Abteilung Arbeitsorganisation tätig. Sein Forschungsschwerpunkt liegt im Bereich des Industrial Engineerings, insbesondere in der Anlernung typischer Montagetätigkeiten. Aktuell ist er mit dem Forschungsprojekt „FlexPro – Flexible Produktionskapazität innovativ managen" betraut.

Dr. Marisa Kaufhold machte eine Ausbildung zur Dipl.-Pädagogin an der Pädagogischen Hochschule Erfurt und wurde zum Dr. phil an der Fakultät für Erziehungswissenschaften an der Universität Erfurt promoviert; sie ist Mitglied im Graduiertennetzwerk „Lernkultur Kompetenzentwicklung". Seit 2005 ist sie Mitarbeiterin der Eichenbaum GmbH. Der Schwerpunkt ihrer Arbeit sind forschungs- und anwendungsbezogene Projekte im Bereich der beruflichen und betrieblichen Weiterbildung und Personalentwicklung, z. B. mit den Schwerpunkten Erfassung, Dokumentation und Anerkennung von Kompetenz, Kompetenzentwicklung und Kompetenzmanagement. Aktuell forscht sie u. a. in Projekten zu Wissens- und Kompetenzmanagement im Rahmen der Verbundprojektes GenBa und zur Erhaltung der Beschäftigungsfähigkeit in der Altenpflege (ProAge).

Theo Köberlin studierte Wirtschafts- und Organisationswissenschaften (Dipl.-Kfm.) an der Hochschule der Bundeswehr München. Er war in mehreren Organisationsprojekten in unterschiedlichen Führungsaufgaben bei der Bundeswehr tätig. Zudem arbeitete er an Projekten zur Erforschung und Validierung flexibler Fertigungssysteme bei BMW München und im Controlling bei AEG, Frankfurt mit. Seit 1986 ist er bei dm-drogerie markt GmbH + Co. KG in der Filialbetreuung tätig. Dort war er als Projektleiter verantwortlich für die Entwicklung des innerbetrieblichen Berichtswesens und der Mitarbeitereinsatzplanung in den Filialen. Sowie in der Folge national tätig für die Einführung und Umsetzung von Maßnahmen der Mitarbeiter- und Organisationsentwicklung, insbesondere im Bereich der Flexibilisierung der Arbeitszeit. Heute betreut er als Gebietsverantwortlicher 30 dm Filialen mit über 500 Mitarbeitern in Süddeutschland.

Dr. Nick Kratzer machte eine Ausbildung zum Verlagskaufmann und war als Werbemittelhersteller tätig, bevor er an der LMU München Soziologie studierte (Dipl.-Soziologe). Er wurde an der Uni Augsburg zum Dr. rer. pol. promoviert. Seit 1996 ist er Wissenschaftler am ISF München. Seine Arbeitsschwerpunkte liegen in der Forschung zu betrieblichen

Reorganisations- und Rationalisierungsstrategien, zu Leistungspolitik und Arbeitsgestaltung und zu deren Folgen für Arbeit und Beschäftigung und in der Unterstützung betrieblicher Gestaltungsprojekte (dabei forscht er u. a. zu den Themen leistungsorientierte Vergütung, Gesundheitsmanagement und Work-Life-Balance). Er ist langjähriges Mitglied des Vorstands des Sonderforschungsbereichs 536 „Reflexive Modernisierung" und des Vorstands des ISF München und war von 2009 bis 2011 Mitglied des Vorstands der DGS-Sektion Arbeits- und Industriesoziologie. Er ist Mitherausgeber der „AIS-Studien", des Online-Journals der Sektion Arbeits- und Industriesoziologie.

Christian Lehmann studierte Betriebswirtschaftslehre an den Universitäten Münster, Berlin (FU) und Lille (F). Seit 2004 ist er als Berater tätig und seit 2008 am Lehrstuhl von Frau Prof. Dr. Bouncken. Sein Forschungsschwerpunkt ist die Flexibilisierung der Arbeit mit dem Schwerpunkt Zeitarbeit. Seine Promotion befasst sich mit dem Thema Nutzungsstrategien der Zeitarbeit im Verarbeitenden Gewerbe.

Sandra Lemanski beendete ihr Psychologiestudium an der Ernst-Moritz-Arndt-Universität Greifswald 2009 und ist seitdem wissenschaftliche Mitarbeiterin und Promotionsstudentin im Bereich der Arbeits- und Organisationspsychologie. Sie hat eine Vollzeitstelle im BMBF-geförderten Projekt „Flex4Work", wo sie sich mit der Problematik der Unsicherheit und Beanspruchung von Zeitarbeitnehmern befasst. Ihr Forschungsschwerpunkt liegt im Bereich von Stress, insbesondere in der Frage, wie er über das Antioxidative Potenzial operationalisiert und über Verfahren des ambulatorischen Assessments erfasst wird.

Michael Leupold studierte Informatik an der Universität Karlsruhe (TH) und ist seit 2009 wissenschaftlicher Mitarbeiter am Institut für Arbeitswissenschaft und Betriebsorganisation des Karlsruher Instituts für Technologie. Er forscht und lehrt im Bereich der Arbeitswissenschaft und Betriebsorganisation. Seine Forschungsschwerpunkte sind Arbeitszeitgestaltung und Simulation. Aktuell ist er in einem Forschungsprojekt im Bereich der Arbeitszeitgestaltung unter Berücksichtigung der Work Life Balance mit Hilfe rechnerunterstützter Simulation (ARBWOL) beschäftigt sowie in Transferprojekten im Bereich Simulation.

Kathrin May studierte Geistes- und Sozialwissenschaften an der Universität Karlsruhe (TH) mit dem Abschluss M.A. Sie absolvierte Forschungsaufenthalte an der Universität Basel sowie am Trinity College, Dublin. Sie absolvierte einen B.A. in Neuerer und Neuester Geschichte und Angewandten Kulturwissenschaften an der Universität Karlsruhe und zusätzlich ein Aufbaustudium in Entrepreneurship. Ihre Arbeitsschwerpunkte sind Organisations- und Personalentwicklung sowie Change-Management und -kommunikation. Für die Paracelsus Klinik Karlsruhe war sie für den Bereich Unternehmenskommunikation und Marketing verantwortlich. Zuvor war die Autorin für ein Beratungsunternehmen im Bereich internationale Personalentwicklung tätig.

Dr. Wolfgang Menz studierte Soziologie in Marburg, Edinburgh/Schottland und Frankfurt am Main. Er wurde zum Dr. phil. an der Johann-Wolfgang-Goethe-Universität Frankfurt promoviert, wo er anschließend als wissenschaftlicher Projektmitarbeiter beschäftigt war. Darauf folgte eine Tätigkeit als Promotionsstipendiat der Hans-Böckler-Stiftung und als Mitarbeiter am Institut für Sozialforschung. Seit 2007 arbeitet er als Wissenschaftler am ISF

München. Seine Arbeitsschwerpunkte sind Leistungs- und Gesundheitspolitik, Work-Life-Balance und Interessenpolitik.

Dr. Barbara Pangert machte eine Ausbildung zur Dipl.-Psych. an der Katholischen Universität Eichstätt-Ingolstadt und verfasste anschließend eine Promotion zum Dr. phil. an der Wirtschafts- und Verhaltenswissenschaftlichen Fakultät der Albert-Ludwigs-Universität Freiburg. Sie ist seit 2006 als wissenschaftliche Mitarbeiterin in der Arbeitsgruppe für Arbeits- und Organisationspsychologie tätig. Sie engagiert sich ehrenamtlich im Vorstand des Freiburger Vereins für Arbeits-, Organisations- und Wirtschaftspsychologie. Ihre Arbeitsschwerpunkte sind Instrumente zur Erfassung der Work-Life-Balance, organisationale und individuelle Erklärungs- und Gestaltungsansätze der Work-Life-Balance, Belastungs- und Beanspruchungsanalysen, Begleitung und Unterstützung von Unternehmen bei der Einführung sowie Systematisierung und Verstetigung von betrieblicher Gesundheitsförderung. Ihr aktuelles Forschungsprojekt ist „Balanceorientierte Leistungspolitik – Ansätze zur leistungspolitischen Gestaltung der Work-Life-Balance" (Lanceo).

Prof. Dr. Christopher M. Schlick absolvierte ein Simultanstudium der Automatisierungstechnik und Wirtschaftswissenschaften an der TU Berlin. 1992 und 1993 arbeitete er als Projektingenieur in der Industrie. 1994 startete er seine Laufbahn als wissenschaftlicher Mitarbeiter am Institut für Arbeitswissenschaft der RWTH Aachen. Als Oberingenieur promovierte er 1999 an der Fakultät für Maschinenwesen der RWTH Aachen zum Dr.-Ing., wo er 2004 auch habilitierte. Ab dem Jahr 2000 leitete er die Abteilung Ergonomie und Führungssysteme bei der Forschungsgesellschaft für Angewandte Naturwissenschaften bis er 2004 an die RWTH Aachen berufen wurde. Als Direktor des Instituts für Arbeitswissenschaft der RWTH Aachen verantwortet er seither zahlreiche Forschungsvorhaben auf den Gebieten der Arbeits- und Prozessorganisation, der Ergonomie sowie der Gestaltung von Mensch-Maschine-Systemen. Zudem ist er seit April 2005 Mitglied der Institutsleitung des Fraunhofer-Instituts für Kommunikation, Informationsverarbeitung und Ergonomie.

Daniel Schmidt studierte Maschinenbau (Dipl.-Ing.) an der Universität Karlsruhe (TH) und war ab 2008 wissenschaftlicher Mitarbeiter am Institut für Arbeitswissenschaft und Betriebsorganisation des Karlsruher Instituts für Technologie (vormals Universität Karlsruhe). Er forscht und lehrt im Bereich der Arbeitswissenschaft und des Produktionsmanagements. Sein Forschungsschwerpunkt ist derzeit die Arbeitszeitgestaltung. Sein aktuelles Forschungsprojekt beschäftigt sich mit Arbeitszeitgestaltung unter Berücksichtigung der Work-Life-Balance mit Hilfe rechnerunterstützter Simulation (ARBWOL).

Cynthia Sende studierte Psychologie mit dem Schwerpunkt Arbeits- und Organisationspsychologie an der TU Dresden. Anschließend war sie als Projektleiterin bei der S & F Personalpsychologie Managementberatung GmbH in Stuttgart tätig, mit dem Schwerpunkt in der Entwicklung und Validierung psychologischer Verfahren zur Eignungsdiagnostik und Berufsberatung. Seit 2009 ist sie wissenschaftliche Mitarbeiterin am Lehrstuhl für Psychologie an der Universität Erlangen-Nürnberg. Sie forscht im Bereich Unternehmensflexibilität, Zeitarbeit und Arbeitszeugnisse. Ihr aktuelles Forschungsprojekt ist „FlexPro – Flexible Produktionskapazität innovativ managen".

Dr. Bernd Sitte leitete nach einer Ausbildung zum Diplom-Physiker an der Universität Bremen und der University of Maryland und einer Promotion zum Dr.-Ing. am Zentrum für angewandte Raumfahrttechnologie und Mikrogravitation (ZARM) in Bremen eine Forschungsgruppe zu Strömungen in rotierenden Systemen. Ab 2004 war er Unternehmensberater bei der Boston Consulting Group, seit 2008 geschäftsführender Gesellschafter der Dipl.-Ing. H. Sitte Unternehmensgruppe. Sein Tätigkeitsschwerpunkt ist neben der Fertigung von Niederspannungsschaltanlagen die Erbringung von Personaldienstleistungen im Bereich der Elektrotechnik. Im Rahmen dieser Tätigkeit erfolgte das Engagement für das „Flex4Work"-Forschungsprojekt mit Pilot-Projekten zur Weiterbildung von Mitarbeitern.

Dr.-Ing. Patricia Stock studierte Wirtschaftsingenieurwesen an der Universität Karlsruhe (TH). Sie war von 2001 bis 2005 wissenschaftliche Mitarbeiterin und ab 2005 Oberingenieurin am Institut für Arbeitswissenschaft und Betriebsorganisation des Karlsruher Instituts für Technologie (vormals Universität Karlsruhe). Sie forscht und lehrt im Bereich der Arbeitswissenschaft und Betriebsorganisation. Die Schwerpunkte ihrer Forschung liegen in der Arbeitszeitgestaltung, Fertigungssteuerung und Simulation. Ihr aktuelles Forschungsprojekt beschäftigt sich mit derArbeitszeitgestaltung unter Berücksichtigung der Work Life Balance mit Hilfe rechnerunterstützter Simulation (ARBWOL).

Prof. Dr. Sascha Stowasser ist seit 2008 Direktor und geschäftsführendes Vorstandsmitglied des Instituts für angewandte Arbeitswissenschaft e.V. (ifaa) in Düsseldorf. Außerdem ist er außerplanmäßiger Professor am Karlsruher Institut für Technologie (KIT). Zuvor war Prof. Stowasser tätig in Führungsaufgaben bei der BoschRexroth AG in Witten, als wissenschaftlicher Mitarbeiter sowie Oberingenieur am Institut für Arbeitswissenschaft und Betriebsorganisation (ifab) der Universität Karlsruhe. Dort promovierte und habilitierte er sich im Themenschwerpunkt Arbeitswissenschaft. Prof. Stowasser ist Autor zahlreicher Publikationen und wirkt in z. T. leitender Funktion in zahlreichen Gremien von DIN, BDA, GESAMTMETALL, gfo, VDI u. a. mit.

Sven Tackenberg absolvierte eine Ausbildung zum Industrieelektroniker und anschließend ein Studium des Wirtschaftsingenieurwesens (B.A.) mit der Fachrichtung Elektrotechnik an der Technischen Universität Kaiserslautern, der Oita University, Japan und der Universität Paderborn mit der Spezialisierung Fabrikplanung und Fabrikautomatisierung. Er war Stipendiat der International Graduate School Dynamic Intelligent Systems und ist seit Juni 2007 in verschiedenen Funktionen am Institut für Arbeitswissenschaft der RWTH Aachen und beim Projektträger im DLR (Abteilung Arbeitsgestaltung und Dienstleistungen) tätig. Ein wesentlicher Forschungsschwerpunkt besteht im Bereich der Produktivitätsmessung und -steigerung von wissensintensiven Dienstleistungen und Produktionsprozessen durch robuste mehrkriterielle Optimierungsheuristiken.

Dr. Jörg von Garrel studierte und promovierte an der Otto-von-Guericke-Universität Magdeburg. Seit 2006 leitet er am Fraunhofer-Institut für Fabrikbetrieb und -automatisierung IFF Beratungs- und Forschungsprojekte zur Umsetzung innovativer Lösungen in den Bereichen Innovationsmanagement, Wissensmanagement, Dienstleistungsentwicklung und Flexibilisierungsstrategien für produzierende Unternehmen. Aktuelle Forschungsprojekte befassen sich mit der situationsspezifischen Auslegung von Produktionssystemen (FlexPro) und der Produktivität wissensintensiver industrieller Dienstleistungen (WiDiPro).

Jan Vitera studierte Psychologie an der Ernst-Moritz-Arndt-Universität Greifswald und forscht als wissenschaftlicher Mitarbeiter im Bereich der Arbeits- und Organisationspsychologie. Seit 2010 ist er Stipendiat des Landesgraduiertenkollegs und promoviert zum Thema Commitment. Aktuell betreut er den Arbeitsbereich des BMBF-geförderten Forschungsprojektes „Flex4Work", der sich mit Bindungsunterschieden bei Stamm- und Zeitarbeitnehmern befasst.

Bettina Wiener war nach ihrer Ausbildung zur Dipl.-Soziologin an der Martin-Luther-Universität Halle-Wittenberg von 1992 bis 1995 wissenschaftliche Mitarbeiterin am Institut für Soziologie der Martin-Luther-Universität Halle-Wittenberg. Seit 1995 war sie im Auftrag der Landesregierung mit der Organisation, Betreuung und Aktivierung des Netzwerkes zu den Arbeitsmarktdaten Sachsen-Anhalt betraut. Seit 1997 ist sie wissenschaftliche Mitarbeiterin am Zentrum für Sozialforschung Halle e.V., seit 2002 Geschäftsführerin des Zentrums für Sozialforschung Halle e.V. Ihre Arbeitsschwerpunkte und Forschungsinteressen waren bzw. sind die Bereiche Arbeitsmarkt und berufliche Bildung sowie Personal- und Organisationsentwicklung vor allem in kleinen und mittleren Unternehmen. Seit Längerem konzentriert sie sich auf die Fachkräfteentwicklung besonders in der Chemieindustrie und in der Landwirtschaft. Aktuelle Forschungsprojekte beschäftigen sich mit der Rolle der Frau in männerdominierten Branchen und der Vereinbarkeit von Beruflichem (besonders Schichtarbeit) und Privatem für Männer und Frauen (SCHICHT), zudem mit den Wünschen und Ansprüchen junger Akademiker beim Berufseinstieg (Türen öffnen sich — Aspekte der Arbeitgeberwahl), Fachkräftestudien für die ostdeutsche Chemie (NORDOST-CHEMIE) und mit den Wachstumsfeldern des Trendatlas (Fachkräfte Thüringen).

Dr. Claudio Zettel studierte Geographie und Wirtschaftssoziologie an der Rheinischen Friedrich-Wilhelms-Universität Bonn. Forschungsaufenthalte zum informellen Sektor und Lehraufträge führten ihn mehrere Jahre an Universitäten in Brasilien, Lima (Peru) und Talca (Chile). In Brasilien beriet er die dortige Regierung bei der Umgestaltung des Systems der beruflichen Bildung. 1997 bis 2002 betreute er im Internationalen Büro des BMBF die wissenschaftlich-technologische Zusammenarbeit mit Ländern Lateinamerikas. Seit 2003 ist er wissenschaftlicher Mitarbeiter beim Projektträger des Bundesministeriums für Bildung und Forschung im DLR, seit 2007 Gruppenleiter "Innovative Arbeitsgestaltung" und zuständig für das Forschungsprogramm „Arbeiten – Lernen – Kompetenzen entwickeln. Innovationsfähigkeit in einer modernen Arbeitswelt". Arbeitsschwerpunkte sind Innovationsstrategien, Arbeitsorganisation und Unternehmenskultur.

Prof. Dr.-Ing. Dipl.-Wirtsch.-Ing. Gert Zülch absolvierte ein Maschinenbaustudium an der TU Braunschweig sowie ein wirtschaftswissenschaftliches Aufbaustudium an der RWTH Aachen. Von 1974 bis 1980 war er wissenschaftlicher Mitarbeiter, anschließend Oberingenieur und Leiter der Abteilung Arbeitsstrukturierung und Personalplanung des Forschungsinstituts für Rationalisierung an der RWTH Aachen. Von 1980 bis 1985 leitete er die Abteilung Arbeitsstrukturierung im Zentralbereich Forschung und Technik der Firma Siemens in

München. Von 1985 bis 2012 war er Lehrstuhlinhaber und Leiter des Instituts für Arbeitswissenschaft und Betriebsorganisation der Universität Karlsruhe, nunmehr Karlsruher Institut für Technologie. Zudem war er von 1993 bis 1997 Präsident der Europäischen Hochschullehrergruppe Technische Betriebsführung, nunmehr Academy of Industrial Management, sowie von 2005 bis 2011 Mitglied des Vorstandes und später Präsident der Gesellschaft für Arbeitswissenschaft. Von 2009 bis 2012 war er Mitglied des Council der International Ergonomics Association. Seit 2012 ist er als wissenschaftlicher Leiter der gefora-Beratungs-Gesellschaft für Organisation und Arbeitswirtschaft, Weingarten (Baden), tätig.